MATHIEU NEBRA
MATTHIEU SCHALLER

PROGRAMMEZ AVEC LE LANGAGE C++

TOUTE LA PUISSANCE DU LANGAGE C++ EXPLIQUÉE AUX DÉBUTANTS

le Livre du Zéro
www.siteduzero.com

DANS LA MÊME COLLECTION

APPRENEZ À PROGRAMMER EN C

MATHIEU NEBRA

ISBN : 978-2-9535278-0-3

CONCEVEZ VOTRE SITE WEB AVEC PHP ET MYSQL

MATHIEU NEBRA

ISBN : 978-2-9535278-1-0

RÉDIGEZ DES DOCUMENTS DE QUALITÉ AVEC LATEX

NOËL-ARNAUD MAGUIS

ISBN : 978-2-9535278-4-1

REPRENEZ LE CONTRÔLE À L´AIDE DE LINUX

MATHIEU NEBRA

ISBN : 978-2-9535278-2-7

APPRENEZ À PROGRAMMER EN JAVA

CYRILLE HERBY

ISBN : 978-2-9535278-3-4

RÉDIGEZ FACILEMENT DES DOCUMENTS AVEC WORD

MICHEL MARTIN

ISBN : 978-2-9535278-7-2

MATHIEU NEBRA
MATTHIEU SCHALLER

PROGRAMMEZ AVEC LE LANGAGE C++

TOUTE LA PUISSANCE DU LANGAGE C++ EXPLIQUÉE AUX DÉBUTANTS

le Livre du Zéro
www.siteduzero.com

Simple IT 2011 - ISBN : 978-2-9535278-5-8

Avant-propos

De tous les langages de programmation qui existent, le C++ est certainement celui qui nourrit le plus de fantasmes. Est-ce parce que c'est un des langages les plus utilisés au monde ? Ou parce que c'est un des langages les plus puissants et les plus rapides ?

Toujours est-il que c'est *le* langage de prédilection de beaucoup de développeurs : il est devenu quasi-incontournable dans la création de jeux vidéo. On l'enseigne d'ailleurs dans la plupart des écoles d'informatique.

Alors vous y voilà vous aussi ? Vous voulez tout savoir sur le C++ mais vous n'avez jamais programmé ? Cela peut sembler difficile au premier abord étant donné le nombre d'ouvrages, certes intéressants mais complexes, qui existent sur le sujet. Il faut dire que le C++ est un langage très riche qui demande de la précision et de l'organisation.

Peut-on débuter en programmation avec le C++ ? Oui, bien sûr que oui ! Nous l'avons d'ailleurs déjà prouvé ces dernières années grâce à la version de ce cours disponible en ligne sur le Site du Zéro. Elle a permis à de très nombreux débutants en programmation de se former avec succès sur ce langage.

L'ouvrage que vous allez lire est le premier de la collection Livre du Zéro rédigé par deux auteurs. Nous avons combiné nos expertises pédagogiques et techniques pour vous proposer un cours qui soit à la fois :

- **Accessible** : c'est un cours pour débutants, il était donc indispensable qu'il puisse être lu sans difficulté par tout le monde !
- **Concret** : nous ne sommes pas là pour vous assommer de définitions abstraites. Nous essaierons toujours d'aller vers du concret en prenant pour exemples des programmes que vous connaissez déjà. Le cours est jalonné de plusieurs travaux pratiques ; l'un d'eux vous permettra d'ailleurs de créer votre propre navigateur web !
- **Attrayant** : grâce aux travaux pratiques qui se veulent amusants bien sûr, mais aussi grâce à la présentation de la bibliothèque Qt qui vous permettra de créer vos propres fenêtres avec une étonnante facilité !
- **Complet** : non content de s'adresser aux débutants, ce cours va vous présenter des notions avancées du C++ telles que les exceptions, les templates, les itérateurs, foncteurs, algorithmes de la bibliothèque standard... et bien d'autres choses !

Écrire ce cours était un passionnant défi que nous avons pris plaisir à relever. Nous espérons que vous ressentirez ce même plaisir lors de votre découverte du C++ !

Qu'allez-vous apprendre en lisant ce livre ?

Le plan de ce livre a mûri pendant plusieurs années. Il se veut à la fois orienté débutants, progressif et complet. Voici les différentes parties qui vous attendent.

1. **Découverte de la programmation en C++** : cette première partie démarre tout en douceur en vous présentant le langage C++ et ses domaines d'application. Nous apprendrons ensuite à installer et à utiliser les outils nécessaires pour programmer, que ce soit sous Windows, Mac OS X ou Linux. Vous serez alors prêts à découvrir les fondamentaux de la programmation en C++ et à créer vos premiers programmes.
2. **La Programmation Orientée Objet** : nous nous intéresserons à la *programmation orientée objet*. Il s'agit d'une manière d'organiser ses programmes qui fait la force du C++. Nous y verrons ce que sont les objets, les classes, l'héritage, le polymorphisme, etc. Ces chapitres seront plus difficiles que ceux de la première partie, mais ils sont essentiels à la maîtrise du langage. La difficulté sera néanmoins progressive afin de ne perdre personne en cours de route.
3. **Créez vos propres fenêtres avec Qt** : grâce aux bases que vous aurez acquises précédemment, nous pourrons passer à des notions concrètes et amusantes. Grâce à la bibliothèque Qt, nous apprendrons à créer des programmes utilisant des fenêtres, des boutons, des menus, des zones de texte, etc. Au cours de cette partie, nous verrons comment créer notre propre navigateur web !
4. **Utilisez la bibliothèque standard** : nous allons apprendre à apprivoiser la fameuse *Standard Library* du C++. Il s'agit d'un ensemble de briques de base utilisables dans de nombreux programmes. Vous pourrez alors facilement et rapidement écrire des programmes très efficaces [1].
5. **Notions avancées** : enfin, cet ouvrage se terminera avec plusieurs notions plus avancées. Nous y parlerons de gestion des erreurs et de *templates*, un mécanisme quasiment unique au C++ qui permet de créer des morceaux de programme réutilisables.

Comment lire ce livre ?

Suivez l'ordre des chapitres

Lisez ce livre comme on lit un roman. Il a été conçu de cette façon.

Contrairement à beaucoup de livres techniques qu'il est courant de parcourir en diagonale en sautant parfois certains chapitres, il est ici très fortement recommandé de suivre l'ordre du cours, à moins que vous ne soyez déjà un peu expérimentés.

1. Notez qu'il est rare qu'un livre pour débutants présente ces notions !

Pratiquez en même temps

Pratiquez régulièrement. N'attendez pas d'avoir fini la lecture de ce livre pour allumer votre ordinateur et faire vos propres essais. Lorsque vous découvrez une nouvelle commande, essayez-la et testez de nouveaux paramètres pour voir comment elle se comporte.

Utilisez les codes web !

Afin de tirer parti du Site du Zéro dont ce livre est issu, celui-ci vous propose ce que l'on appelle des « codes web ». Ce sont des codes à six chiffres qu'il faut saisir sur une page du Site du Zéro pour être automatiquement redirigé vers un site web sans avoir à en recopier l'adresse.

Pour utiliser les codes web, rendez-vous sur la page suivante[2] :

`http://www.siteduzero.com/codeweb.html`

Un formulaire vous invite à rentrer votre code web. Faites un premier essai avec le code ci-dessous :

▷ Code web : 123456

Ces codes web ont plusieurs intérêts :

- ils vous redirigent vers les sites web présentés tout au long du cours, vous permettant ainsi d'obtenir les logiciels dans leur toute dernière version ;
- ils vous permettent de télécharger les codes sources inclus dans ce livre, ce qui vous évitera d'avoir à recopier certains programmes un peu longs.

Ce système de redirection nous permet de tenir à jour le livre que vous tenez entre vos mains sans que vous ayez besoin d'acheter systématiquement chaque nouvelle édition. Si un site web change d'adresse, nous modifierons la redirection mais le code web à utiliser restera le même. Si un site web disparaît, nous vous redirigerons vers une page du Site du Zéro expliquant ce qui s'est passé et vous proposant une alternative. Si une capture d'écran n'est plus à jour, nous vous indiquerons ce qui a changé et comment procéder.

En clair, c'est un moyen de nous assurer de la pérennité de cet ouvrage sans que vous ayez à faire quoi que ce soit !

Ce livre est issu du Site du Zéro

Cet ouvrage reprend le cours de C++ du Site du Zéro dans une édition revue et corrigée, augmentée de nouveaux chapitres plus avancés[3] et de notes de bas de page.

Il reprend les éléments qui ont fait le succès des cours du site, à savoir leur approche

2. Vous pouvez aussi utiliser le formulaire de recherche du Site du Zéro, section « Code web ».

3. Vous y découvrirez notamment comment utiliser des itérateurs sur les flux, les chaînes de caractères, les tableaux... et vous verrez que le C++ permet de faire du calcul scientifique !

progressive et pédagogique, leur ton décontracté, ainsi que les nombreux schémas permettant de mieux comprendre le fonctionnement de la programmation en C++.

Bien que ce cours soit rédigé à quatre mains, vous verrez que nous nous exprimons à la première personne du singulier. Cela renforce la proximité entre le lecteur et l'auteur [4]. Imaginez tout simplement que vous êtes seuls avec votre professeur dans une même pièce.

Remerciements

Nous tenons à remercier toutes les personnes qui nous ont aidés et soutenus dans la réalisation de ce livre.

Mathieu Nebra

Je souhaite remercier :

- Mes parents, qui me font confiance et continuent de suivre attentivement mes projets ;
- Élodie, qui est toujours là pour me donner la dose de courage dont j'ai besoin ;
- Pierre Dubuc, qui s'est mis en quatre pour que ce livre soit publié dans les meilleures conditions possibles ;
- Notre infographiste, Fan Jiyong, pour sa réalisation de la couverture du livre et des illustrations des chapitres ;
- Matthieu Schaller, pour ses conseils avisés qui ont permis à ce cours — dont il est devenu co-auteur — de gagner en rigueur et en précision ;
- L'équipe de Simple IT qui fait un travail formidable pour améliorer le Site du Zéro ;
- Et tous nos visiteurs qui nous font confiance : merci, merci, merci !

Matthieu Schaller

Je souhaite remercier :

- Mes parents et ma famille pour leur soutien indéfectible quel que soit le projet dans lequel je m'embarque ;
- Mathieu Nebra pour sa confiance, son enthousiasme, ses leçons de pédagogie et son temps passé à corriger mon orthographe ;
- L'équipe du Site du Zéro et Simple IT pour leur travail et leur aide lors de la relecture des chapitres ;
- Luc Hermitte (lmghs) pour ses précieux conseils et son immense expérience du C++ ;
- Jean-Cédric Chappelier, mon professeur d'informatique, pour son enseignement et la rigueur qu'il a su apporter à mon bagage technique.

4. Il faut noter que nous nous sommes réparti la rédaction des chapitres. Ainsi, nous nous exprimons en « je » à tour de rôle.

Sommaire

Première partie

Découverte de la programmation en C++

Chapitre 1

Qu'est-ce que le C++ ?

Difficulté :

L'informatique vous passionne et vous aimeriez apprendre à programmer ? Et pourquoi pas après tout ! La programmation peut sembler difficile au premier abord mais c'est un univers beaucoup plus accessible qu'il n'y paraît !

Vous vous demandez sûrement par où commencer, si le C++ est fait pour vous, s'il n'est pas préférable de démarrer avec un autre langage. Vous vous demandez si vous allez pouvoir faire tout ce que vous voulez, quelles sont les forces et les faiblesses du C++...

Dans ce chapitre, je vais tenter de répondre à toutes ces questions. N'oubliez pas : c'est un *cours pour débutants. Aucune connaissance préalable n'est requise.* Même si vous n'avez jamais programmé de votre vie, tout ce que vous avez besoin de faire c'est de lire ce cours progressivement, sans brûler les étapes et en pratiquant régulièrement en même temps que moi !

Les programmes

Les programmes sont à la base de l'informatique. Ce sont eux qui vous permettent d'exécuter des actions sur votre ordinateur.

Prenons par exemple la figure 1.1 qui représente une capture d'écran de mon ordinateur. On y distingue 3 fenêtres correspondant à 3 programmes différents. Du premier plan à l'arrière-plan :

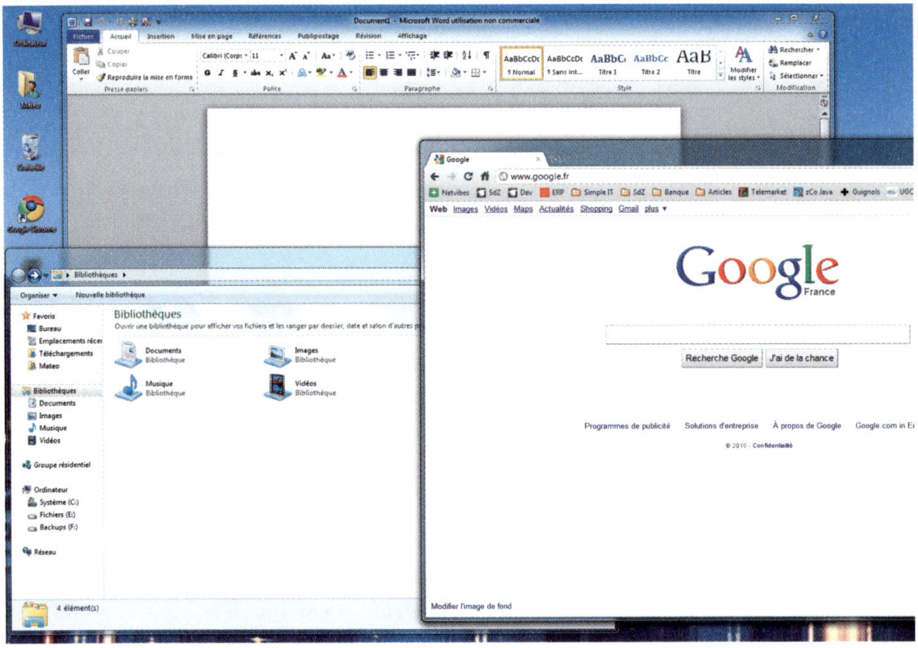

FIGURE 1.1 – Des programmes

- le navigateur web Google Chrome, qui permet de consulter des sites web ;
- l'explorateur de fichiers, qui permet de gérer les fichiers sur son ordinateur ;
- le traitement de texte Microsoft Word, qui permet de rédiger lettres et documents.

Comme vous le voyez, chacun de ces programmes est conçu dans un but précis. On pourrait aussi citer les jeux, par exemple, qui sont prévus pour s'amuser : Starcraft II (figure 1.2), World of Warcraft, Worms, Team Fortress 2, etc. Chacun d'eux correspond à un programme différent.

Tous les programmes ne sont pas forcément visibles. C'est le cas de ceux qui surveillent les mises à jour disponibles pour votre ordinateur ou, dans une moindre mesure, de votre antivirus. Ils tournent tous en « tâche de fond », ils n'affichent pas toujours une fenêtre ; mais cela ne les empêche pas d'être actifs et de travailler !

FIGURE 1.2 – Les jeux vidéo (ici Starcraft II) sont le plus souvent développés en C++

Moi aussi je veux créer des programmes ! Comment dois-je m'y prendre ?

Tout d'abord, commencez par mesurer vos ambitions. Un jeu tel que Starcraft II nécessite des dizaines de développeurs à plein temps, pendant plusieurs années. Ne vous mettez donc pas en tête des objectifs trop difficiles à atteindre.

En revanche, si vous suivez ce cours, vous aurez de solides bases pour développer des programmes. Au cours d'un TP, nous réaliserons même notre propre navigateur web (simplifié) comme Mozilla Firefox et Google Chrome ! Vous saurez créer des programmes dotés de fenêtres. Avec un peu de travail supplémentaire, vous pourrez même créer des jeux 2D et 3D si vous le désirez. Bref, avec le temps et à force de persévérance, vous pourrez aller loin.

Alors oui, je n'oublie pas votre question : vous vous demandez comment réaliser des programmes. La programmation est un univers très riche. On utilise des *langages de programmation* qui permettent d'expliquer à l'ordinateur ce qu'il doit faire. Voyons plus en détail ce que sont les langages de programmation.

Les langages de programmation

Votre ordinateur est une machine étonnante et complexe. À la base, il ne comprend qu'un langage très simple constitué de 0 et de 1. Ainsi, un message tel que celui-ci :

1010010010100011010101001010

... peut signifier quelque chose comme « Affiche une fenêtre à l'écran ».

Ouah ! Mais c'est super compliqué ! On va être obligé d'apprendre ce langage ?

Heureusement non. S'il fallait écrire dans ce langage (qu'on appelle *langage binaire*), il ne faudrait pas des années pour concevoir un jeu comme Starcraft II mais plutôt des millénaires (sans rire !).

Pour se simplifier la vie, les informaticiens ont créé des langages intermédiaires, plus simples que le binaire. Il existe aujourd'hui des centaines de langages de programmation. Pour vous faire une idée, vous pouvez consulter une liste des langages de programmation sur Wikipédia. Chacun de ces langages a des spécificités, nous y reviendrons.

▷ Langages de programmation
Code web : 649494

Tous les langages de programmation ont le même but : vous permettre de parler à l'ordinateur plus simplement qu'en binaire. Voici comment cela fonctionne :

1. Vous écrivez des instructions pour l'ordinateur dans un langage de programmation (par exemple le C++) ;
2. Les instructions sont traduites en binaire grâce à un programme de « traduction » ;
3. L'ordinateur peut alors lire le binaire et faire ce que vous avez demandé !

Résumons ces étapes dans un schéma (figure 1.3).

FIGURE 1.3 – La compilation

Le fameux « programme de traduction » s'appelle en réalité le *compilateur*. C'est un outil indispensable. Il vous permet de transformer votre code, écrit dans un langage de programmation, en un vrai programme exécutable.

Reprenons le schéma précédent et utilisons un vrai vocabulaire d'informaticien (figure 1.4).

Voilà ce que je vous demande de retenir pour le moment : ce n'est pas bien compliqué mais c'est la base à connaître absolument !

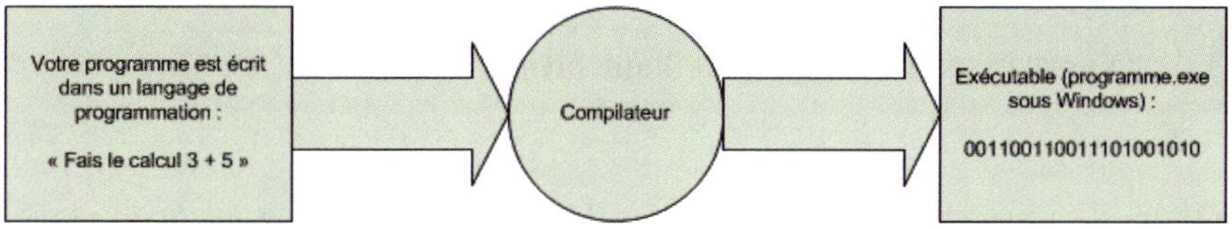

FIGURE 1.4 – La compilation en détail

Mais justement, comment dois-je faire pour choisir le langage de programmation que je vais utiliser ? Tu as dit toi-même qu'il en existe des centaines ! Lequel est le meilleur ? Est-ce que le C++ est un bon choix ?

Les programmeurs (aussi appelés *développeurs*) connaissent en général plusieurs langages de programmation et non pas un seul. On se concentre rarement sur un seul langage de programmation.

Bien entendu, il faut bien commencer par l'un d'eux. La bonne nouvelle, c'est que vous pouvez commencer par celui que vous voulez ! Les principes des langages sont souvent les mêmes, vous ne serez pas trop dépaysés d'un langage à l'autre.

Néanmoins, voyons plus en détail ce qui caractérise le C++ par rapport aux autres langages de programmation... Et bien oui, c'est un cours de C++ ne l'oubliez pas ! Que vaut le C++ par rapport aux autres langages ?

Le C++ face aux autres langages

Le C++ : langage de haut ou de bas niveau ?

Parmi les centaines de langages de programmation qui existent, certains sont plus populaires que d'autres. Sans aucun doute, le C++ est un langage *très populaire*. Des sites comme langpop.com tiennent à jour un classement des langages les plus couramment utilisés, si cette information vous intéresse. Comme vous pourrez le constater, le C, le Java et le C++ occupent régulièrement le haut du classement.

La question est : faut-il choisir un langage parce qu'il est populaire ? Il existe des langages très intéressants mais peu utilisés. Le souci avec les langages peu utilisés, c'est qu'il est difficile de trouver des gens pour vous aider et vous conseiller quand vous avez un problème. Voilà entre autres pourquoi le C++ est un bon choix pour qui veut débuter : il y a suffisamment de gens qui développent en C++ pour que vous n'ayez pas à craindre de vous retrouver tous seuls !

Bien entendu, il y a d'autres critères que la popularité. Le plus important à mes yeux est le niveau du langage. Il existe des langages de *haut niveau* et d'autres de plus *bas niveau*.

Qu'est-ce qu'un langage de haut niveau ?

C'est un langage assez éloigné du binaire (et donc du fonctionnement de la machine), qui vous permet généralement de développer de façon plus souple et rapide. Par opposition, un langage de bas niveau est plus proche du fonctionnement de la machine : il demande en général un peu plus d'efforts mais vous donne aussi plus de contrôle sur ce que vous faites. C'est à double tranchant.

Le C++ ? On considère qu'il fait partie de la seconde catégorie : c'est un langage dit « de bas niveau ». Mais que cela ne vous fasse pas peur ! Même si programmer en C++ peut se révéler assez complexe, vous aurez entre les mains un langage très puissant et particulièrement rapide. En effet, si l'immense majorité des jeux sont développés en C++, c'est parce qu'il s'agit du langage qui allie le mieux puissance et rapidité. Voilà ce qui en fait un langage incontournable.

Le schéma ci-dessous représente quelques langages de programmation classés par « niveau » (figure 1.5).

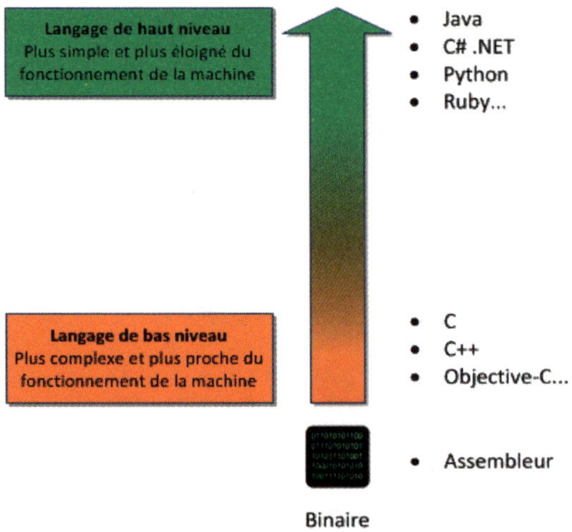

FIGURE 1.5 – Les niveaux des langages

Vous constaterez qu'il est en fait possible de programmer en binaire grâce à un langage très basique appelé l'assembleur. Étant donné qu'il faut déployer des efforts surhumains pour coder ne serait-ce qu'une calculatrice, on préfère le plus souvent utiliser un langage de programmation.

En programmation, la notion de « niveau » est relative. Globalement, on peut dire que le C++ est « bas niveau » par rapport au Python, mais il est plus « haut niveau » que l'assembleur. Tout dépend de quel point de vue on se place.

Résumé des forces du C++

- Il est **très répandu**. Comme nous l'avons vu, il fait partie des langages de programmation les plus utilisés sur la planète. On trouve donc beaucoup de documentation sur Internet et on peut facilement avoir de l'aide sur les forums. Il paraît même qu'il y a des gens sympas qui écrivent des cours pour débutants dessus. :-°
- Il est **rapide**, très rapide même, ce qui en fait un langage de choix pour les applications critiques qui ont besoin de performances. C'est en particulier le cas des jeux vidéo, mais aussi des outils financiers ou de certains programmes militaires qui doivent fonctionner en temps réel.
- Il est **portable** : un même code source peut théoriquement être transformé sans problème en exécutable sous Windows, Mac OS et Linux. Vous n'aurez pas besoin de réécrire votre programme pour d'autres plates-formes !
- Il existe de **nombreuses bibliothèques** pour le C++. Les bibliothèques sont des extensions pour le langage, un peu comme des plug-ins. De base, le C++ ne sait pas faire grand chose mais, en le combinant avec de bonnes bibliothèques, on peut créer des programmes 3D, réseaux, audio, fenêtrés, etc.
- Il est **multi-paradigmes** (outch !). Ce mot barbare signifie qu'on peut programmer de différentes façons en C++. Vous êtes encore un peu trop débutants pour que je vous présente tout de suite ces techniques de programmation mais l'une des plus célèbres est la *Programmation Orientée Objet* (POO). C'est une technique qui permet de simplifier l'organisation du code dans nos programmes et de rendre facilement certains morceaux de codes réutilisables. La partie II de ce cours sera entièrement dédiée à la POO !

Bien entendu, le C++ n'est pas LE langage incontournable. Il a lui-même ses défauts par rapport à d'autres langages, sa complexité en particulier. Vous avez beaucoup de contrôle sur le fonctionnement de votre ordinateur (et sur la gestion de la mémoire) : cela offre une grande puissance mais, si vous l'utilisez mal, vous pouvez plus facilement faire planter votre programme. Ne vous en faites pas, nous découvrirons tout cela progressivement dans ce cours.

Petit aperçu du C++

Pour vous donner une idée, voici un programme très simple affichant le message « Hello world ! [1] » à l'écran. Ce sera l'un des premiers codes source que nous étudierons dans les prochains chapitres.

```
#include <iostream>

using namespace std;

int main()
{
        cout << "Hello world!" << endl;
```

1. « Hello World » est traditionnellement le premier programme que l'on effectue lorsqu'on commence la programmation.

```
        return 0;
}
```

La petite histoire du C++

La programmation a déjà une longue histoire derrière elle. Au début, il n'existait même pas de clavier pour programmer ! On utilisait des cartes perforées comme celle ci-dessous pour donner des instructions à l'ordinateur (figure 1.6).

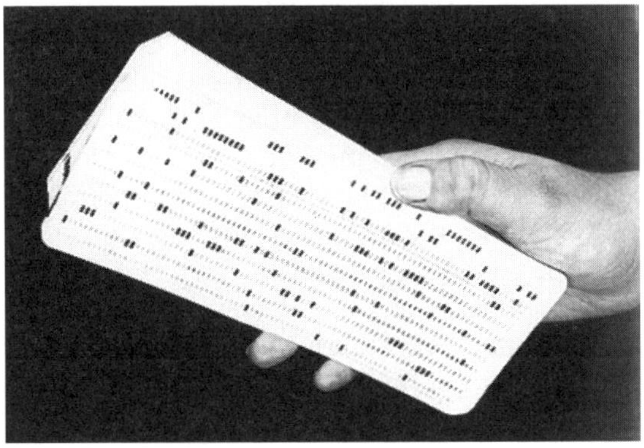

FIGURE 1.6 – Carte perforée

Autant vous dire que c'était long et fastidieux !

De l'Algol au C++

Les choses ont ensuite évolué, heureusement. Le clavier et les premiers langages de programmation sont apparus :

- 1958 : il y a longtemps, à l'époque où les ordinateurs pesaient des tonnes et faisaient la taille de votre maison, on a commencé à inventer un langage de programmation appelé **l'Algol**.
- 1960-1970 : ensuite, les choses évoluant, on a créé un nouveau langage appelé le **CPL**, qui évolua lui-même en **BCPL**, puis qui prit le nom de **langage B** (vous n'êtes pas obligés de retenir tout ça par coeur).
- 1970 : puis, un beau jour, on en est arrivé à créer encore un autre langage qu'on a appelé... le **langage C**. Ce langage, s'il a subi quelques modifications, reste encore un des langages les plus utilisés aujourd'hui.
- 1983 : un peu plus tard, on a proposé d'ajouter des choses au langage C, de le faire évoluer. Ce nouveau langage, que l'on a appelé « C++ », est entièrement basé sur le C. **Le langage C++** n'est en fait rien d'autre que le langage C avec plusieurs nouveautés. Il s'agit de concepts de programmation poussés comme la programmation orientée objet, le polymorphisme, les flux... Bref, des choses bien compliquées pour nous pour le moment mais dont nous aurons l'occasion de reparler par la suite !

Une minute... Si le C++ est en fait une amélioration du C, pourquoi y a-t-il encore tant de gens qui développent en C ?

Tout le monde n'a pas besoin des améliorations apportées par le langage C++. Le C est à lui seul suffisamment puissant pour être à la base des systèmes d'exploitation comme Linux, Mac OS X et Windows. Ceux qui n'ont pas besoin des améliorations (mais aussi de la complexité !) apportées par le langage C++ se contentent donc très bien du langage C et ce, malgré son âge. Comme quoi, un langage peut être vieux et rester d'actualité.

Le concepteur

C'est Bjarne Stroustrup, un informaticien originaire du Danemark, qui a conçu le langage C++. Insatisfait des possibilités offertes par le C, il a créé en 1983 le C++ en y ajoutant les possibilités qui, selon lui, manquaient.

Bjarne Stroustrup est aujourd'hui professeur d'informatique à l'université Texas A&M, aux Etats-Unis. Il s'agit d'une importante figure de l'univers informatique qu'il faut connaître, au moins de nom [2]. De nombreux langages de programmation se sont par la suite inspirés du C++. C'est notamment le cas du langage Java.

Le langage C++, bien que relativement ancien, continue à être amélioré. Une nouvelle version, appelée « C++1x », est d'ailleurs en cours de préparation. Il ne s'agit pas d'un nouveau langage mais d'une mise à jour du C++. Les nouveautés qu'elle apporte sont cependant trop complexes pour nous, nous n'en parlerons donc pas ici !

En résumé

- Les programmes permettent de réaliser toutes sortes d'actions sur un ordinateur : navigation sur le Web, rédaction de textes, manipulation des fichiers, etc.
- Pour réaliser des programmes, on écrit des instructions pour l'ordinateur dans un langage de programmation. C'est le code source.
- Le code doit être traduit en binaire par un outil appelé compilateur pour qu'il soit possible de lancer le programme. L'ordinateur ne comprend en effet que le binaire.
- Le C++ est un langage de programmation très répandu et rapide. C'est une évolution du langage C car il offre en particulier la possibilité de programmer en orienté objet, une technique de programmation puissante qui sera présentée dans ce livre.

2. Du moins si vous arrivez à le retenir !

Chapitre 2

Les logiciels nécessaires pour programmer

Difficulté :

Maintenant que l'on en sait un peu plus sur le C++, si on commençait à pratiquer pour entrer dans le vif du sujet ?

Ah mais oui, c'est vrai : vous ne pouvez pas programmer tant que vous ne disposez pas des bons logiciels ! En effet, il faut installer certains logiciels spécifiques pour programmer en C++. Dans ce chapitre, nous allons les mettre en place et les découvrir ensemble.

Un peu de patience : dès le prochain chapitre, nous pourrons enfin commencer à véritablement programmer !

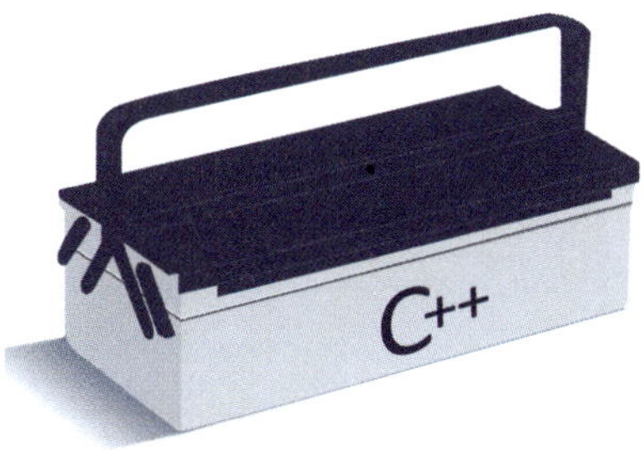

Les outils nécessaires au programmeur

Alors à votre avis, de quels outils un programmeur a-t-il besoin ? Si vous avez attentivement suivi le chapitre précédent, vous devez en connaître au moins un !

Vous voyez de quoi je parle ?

Eh oui, il s'agit du *compilateur*, ce fameux programme qui permet de traduire votre langage C++ en langage binaire !

Il en existe plusieurs pour le langage C++. Mais nous allons voir que le choix du compilateur ne sera pas très compliqué dans notre cas.

Bon, de quoi d'autre a-t-on besoin ? Je ne vais pas vous laisser deviner plus longtemps. Voici le strict minimum pour un programmeur :

- **Un éditeur de texte** pour écrire le code source du programme en C++. En théorie un logiciel comme le Bloc-Notes sous Windows ou **vi** sous Linux fait l'affaire. L'idéal, c'est d'avoir un éditeur de texte intelligent qui colore tout seul le code, ce qui vous permet de vous y repérer bien plus facilement. Voilà pourquoi aucun programmeur sain d'esprit n'utilise le Bloc-Notes.
- **Un compilateur** pour transformer (« compiler ») votre code source en binaire.
- **Un débugger** [1] pour vous aider à traquer les erreurs dans votre programme (on n'a malheureusement pas encore inventé le « correcteur », un truc qui corrigerait tout seul nos erreurs).

A priori, si vous êtes un casse-cou de l'extrême, vous pourriez vous passer de débugger. Mais bon, je sais pertinemment que 5 minutes plus tard vous reviendriez me demander où on peut trouver un débugger qui marche bien.

À partir de maintenant on a 2 possibilités :

- Soit on récupère chacun de ces 3 programmes *séparément*. C'est la méthode la plus compliquée, mais elle fonctionne. Sous Linux en particulier, bon nombre de programmeurs préfèrent utiliser ces 3 programmes séparément. Je ne détaillerai pas cette solution ici, je vais plutôt vous parler de la méthode simple.
- Soit on utilise un programme « 3-en-1 » (oui oui, comme les liquides vaisselle) qui combine éditeur de texte, compilateur et débugger. Ces programmes « 3-en-1 » sont appelés **IDE** (ou en français « EDI » pour « Environnement de Développement Intégré »).

Il existe plusieurs environnements de développement. Au début, vous aurez peut-être un peu de mal à choisir celui qui vous plaît. Une chose est sûre en tout cas : *vous pouvez faire n'importe quel type de programme, quel que soit l'IDE que vous choisissez.*

Les projets

Quand vous réalisez un programme, on dit que vous travaillez sur un *projet*. Un projet est constitué de plusieurs fichiers de code source : des fichiers `.cpp`, `.h`, les images du programme, etc.

1. « Débogueur » ou « Débugueur » en français

Le rôle d'un IDE est de rassembler tous ces fichiers d'un projet au sein d'une même interface. Ainsi, vous avez accès à tous les éléments de votre programme à portée de clic. Voilà pourquoi, quand vous voudrez créer un nouveau programme, il faudra demander à l'IDE de vous préparer un « *nouveau projet* ».

Choisissez votre IDE

Il m'a semblé intéressant de vous montrer quelques IDE parmi les plus connus. Tous sont disponibles gratuitement. Personnellement, je navigue un peu entre tous ceux-là et j'utilise l'IDE qui me plaît selon l'humeur du jour.

- Un des IDE que je préfère s'appelle **Code::Blocks**. Il est gratuit et disponible pour la plupart des systèmes d'exploitation. *Je conseille d'utiliser celui-ci pour débuter* (et même pour la suite s'il vous plaît bien !). Fonctionne sous Windows, Mac et Linux.
- Le plus célèbre IDE sous Windows, c'est celui de Microsoft : **Visual C++**. Il existe à la base en version payante (chère !) mais, heureusement, il en existe une version gratuite intitulée **Visual C++ Express** qui est vraiment très bien (il y a peu de différences avec la version payante). Il est très complet et possède un puissant module de correction des erreurs (débuggage). Fonctionne sous Windows uniquement.
- Sur Mac OS X, vous pouvez aussi utiliser XCode, généralement fourni sur le CD d'installation de Mac OS X. C'est un IDE très apprécié par tous ceux qui font de la programmation sur Mac. Fonctionne sous Mac OS X uniquement.

Note pour les utilisateurs de Linux : il existe de nombreux IDE sous Linux, mais les programmeurs expérimentés préfèrent parfois se passer d'IDE et compiler « à la main », ce qui est un peu plus difficile. Vous aurez le temps d'apprendre à faire cela plus tard. En ce qui nous concerne nous allons commencer par utiliser un IDE. Si vous êtes sous Linux, je vous conseille d'installer Code::Blocks pour suivre mes explications. Vous pouvez aussi jeter un coup d'œil du côté de l'IDE Eclipse pour les développeurs C/C++, très puissant et qui, contrairement à l'idée répandue, ne sert pas qu'à programmer en Java !

▷ Eclipse pour les développeurs C/C++
Code web : 688198

Quel est le meilleur de tous ces IDE ?

Tous ces IDE vous permettront de programmer et de suivre le reste de ce cours sans problème. Certains sont plus complets au niveau des options, d'autres un peu plus intuitifs à utiliser, mais dans tous les cas les programmes que vous créerez seront les mêmes quel que soit l'IDE que vous utilisez. Ce choix n'est donc pas si crucial qu'on pourrait le croire.

Durant tout ce cours, j'utiliserai Code::Blocks. Si vous voulez avoir exactement les mêmes écrans que moi, surtout au début pour ne pas être perdus, je vous recommande donc de commencer par installer Code::Blocks.

Code::Blocks (Windows, Mac OS, Linux)

Code::Blocks est un IDE libre et gratuit, *disponible pour Windows, Mac et Linux*. Il n'est disponible pour le moment qu'en anglais. *Cela ne devrait PAS vous décourager de l'utiliser*. En fait, nous utiliserons très peu les menus.

Sachez toutefois que, quand vous programmerez, vous serez de toute façon confronté bien souvent à des documentations en anglais. Voilà donc une raison de plus pour s'entraîner à utiliser cette langue.

Télécharger Code::Blocks

Rendez-vous sur la page de téléchargements de Code::Blocks.

▷ Télécharger Code::Blocks
Code web : 405309

- Si vous êtes sous Windows, repérez la section « Windows » un peu plus bas sur cette page. Téléchargez le logiciel *en choisissant le programme dont le nom contient* `mingw` (ex. : `codeblocks-10.05mingw-setup.exe`). L'autre version étant sans compilateur, vous aurez du mal à compiler vos programmes.
- Si vous êtes sous Linux, le mieux est encore d'installer Code::Blocks via les dépôts (par exemple avec la commande `apt-get` sous Ubuntu). Il vous faudra aussi installer le compilateur à part : c'est le paquet build-essential. Pour installer le compilateur et l'IDE Code::Blocks, vous devriez donc taper la commande suivante :

```
apt-get install build-essential codeblocks
```

- Enfin, sous Mac, choisissez le fichier le plus récent de la liste.

J'insiste là-dessus : si vous êtes sous Windows, *téléchargez la version du programme d'installation dont le nom inclut* `mingw` (figure 2.1). Si vous prenez la mauvaise version, vous ne pourrez pas compiler vos programmes par la suite !

L'installation est très simple et rapide. Laissez toutes les options par défaut et lancez le programme (figure 2.2).

On distingue dans la fenêtre 4 grandes sections (numérotées dans la figure 2.2) :

1. **La barre d'outils** : elle comprend de nombreux boutons, mais seuls quelques-uns d'entre eux nous seront régulièrement utiles. J'y reviendrai plus loin.

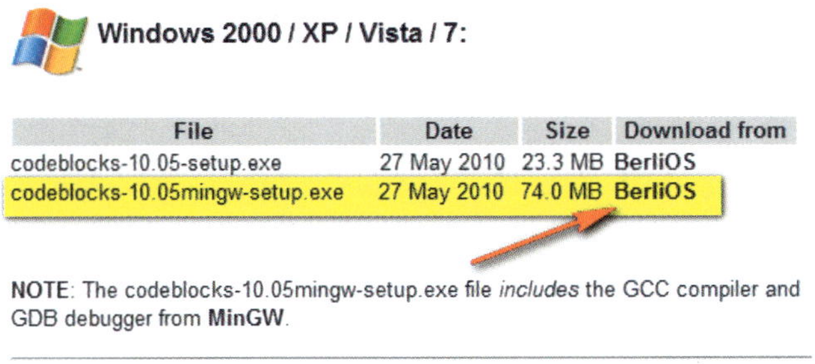

FIGURE 2.1 – CodeBlocks avec mingw

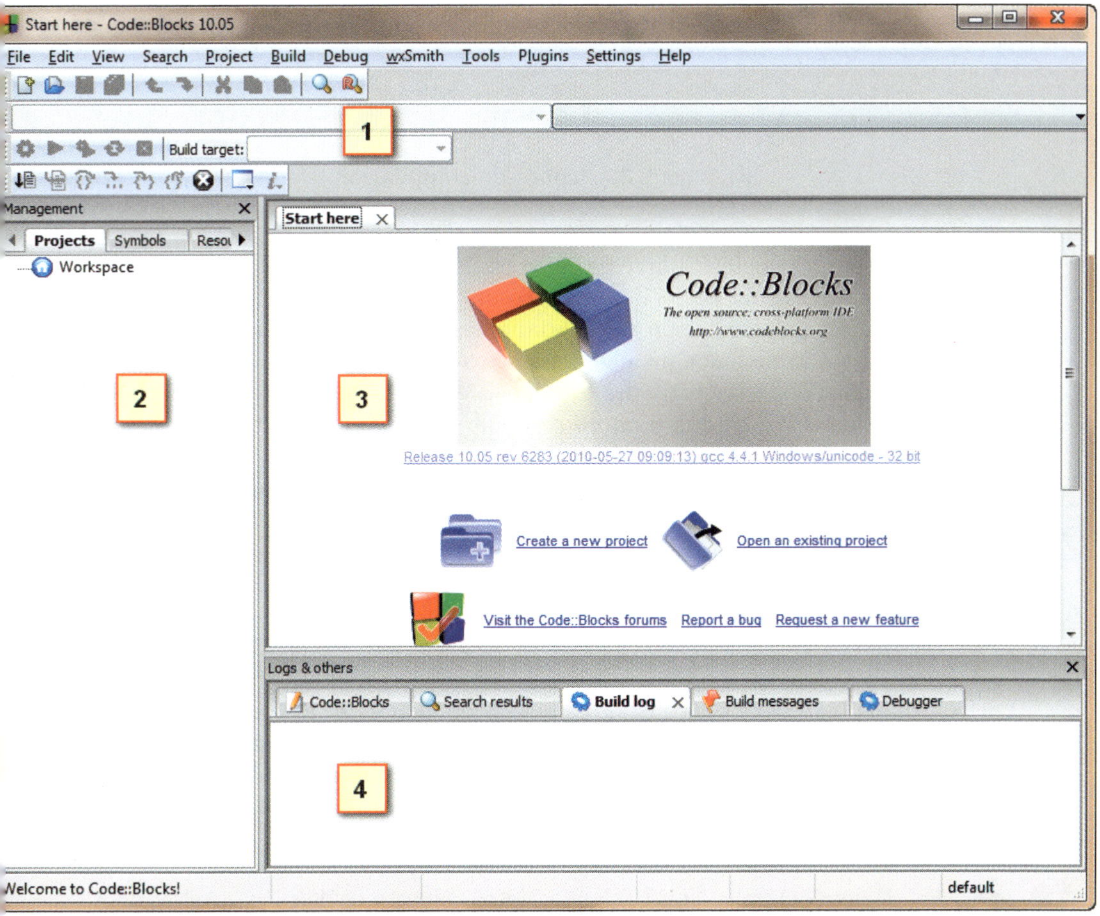

FIGURE 2.2 – Code Blocks

2. **La liste des fichiers du projet** : c'est à gauche que s'affiche la liste de tous les fichiers source de votre programme. Notez que, sur cette capture, aucun projet n'a été créé : on ne voit donc pas encore de fichier à l'intérieur de la liste. Vous verrez cette section se remplir dans cinq minutes en lisant la suite du cours.

3. **La zone principale** : c'est là que vous pourrez écrire votre code en langage C++ !

4. **La zone de notification** : aussi appelée la « Zone de la mort », c'est ici que vous verrez les erreurs de compilation s'afficher si votre code comporte des erreurs. Cela arrive très régulièrement !

Intéressons-nous maintenant à une section particulière de la barre d'outils. Vous trouverez dans l'ordre les boutons suivants : `Compiler`, `Exécuter`, `Compiler & Exécuter` et `Tout recompiler` (figure 3.5). Retenez-les, nous les utiliserons régulièrement.

FIGURE 2.3 – Icônes de compilation

- **Compiler** : tous les fichiers source de votre projet sont envoyés au compilateur qui se charge de créer un exécutable. S'il y a des erreurs (ce qui a de fortes chances d'arriver), l'exécutable n'est pas créé et on vous indique les erreurs en bas de Code: :Blocks.
- **Exécuter** : cette icône lance juste le dernier exécutable que vous avez compilé. Cela vous permet donc de tester votre programme et voir ainsi ce qu'il donne. Dans l'ordre, si vous avez bien suivi, on doit d'abord compiler puis exécuter le binaire obtenu pour le tester. On peut aussi utiliser le 3ème bouton...
- **Compiler & Exécuter** : pas besoin d'être un génie pour comprendre que c'est la combinaison des 2 boutons précédents. C'est d'ailleurs ce bouton que vous utiliserez le plus souvent. Notez que s'il y a des erreurs pendant la compilation (pendant la génération de l'exécutable), le programme n'est pas exécuté. À la place, vous avez droit à une liste d'erreurs à corriger.
- **Tout reconstruire** : quand vous choisissez de `Compiler`, Code: :Blocks ne recompile en fait que les fichiers modifiés depuis la dernière compilation et pas les autres. Parfois (je dis bien *parfois*) vous aurez besoin de demander à Code: :Blocks de vous recompiler tous les fichiers. On verra plus tard quand on a besoin de ce bouton et vous verrez plus en détail le fonctionnement de la compilation dans un chapitre futur. Pour l'instant, on se contente d'apprendre le minimum nécessaire pour ne pas tout mélanger. Ce bouton ne nous sera donc pas utile de suite.

Je vous conseille d'utiliser les raccourcis plutôt que de cliquer sur les boutons, parce que c'est quelque chose qu'on fait vraiment très très souvent. Retenez en particulier qu'il faut appuyer sur la touche F9 pour `Compiler & Exécuter`.

Créer un nouveau projet

Pour créer un nouveau projet, c'est très simple : allez dans le menu `File` > `New` > `Project`. Dans la fenêtre qui s'ouvre, choisissez `Console application` (figure 2.4).

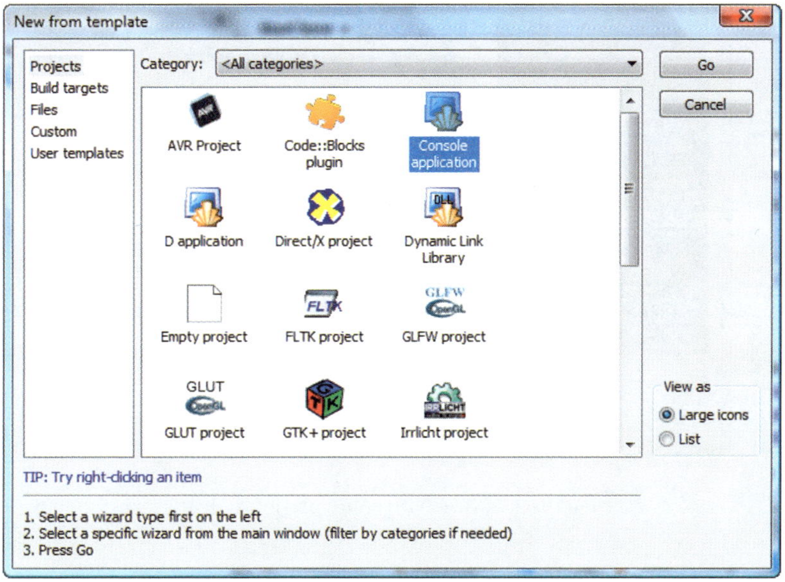

FIGURE 2.4 – Nouveau projet

Comme vous pouvez le voir, Code: :Blocks propose de réaliser bon nombre de types de programmes différents qui utilisent des bibliothèques connues comme la SDL (2D), OpenGL (3D), Qt et wxWidgets (Fenêtres) etc. Pour l'instant, ces icônes n'ont d'intérêt que cosmétique car *les bibliothèques ne sont pas installées sur votre ordinateur*, vous ne pourrez donc pas les faire marcher. Nous nous intéresserons à ces autres types de programmes bien plus tard. En attendant il faudra vous contenter de `Console` car vous n'avez pas encore le niveau nécessaire pour créer les autres types de programmes.

Cliquez sur `Go` pour créer le projet. Un assistant s'ouvre.

La première page ne servant à rien, cliquez sur `Next`. On vous demande ensuite si vous allez faire du C ou du C++ : répondez C++ (figure 2.5).

On vous demande le nom de votre projet et dans quel dossier seront enregistrés les fichiers source (figure 2.6).

Enfin, la dernière page vous permet de choisir de quelle façon le programme doit être compilé. Vous pouvez laisser les options par défaut, cela n'aura pas d'incidence pour ce que nous allons faire dans l'immédiat [2] (figure 2.7).

2. Veillez à ce qu'au moins `Debug` ou `Release` soit coché.

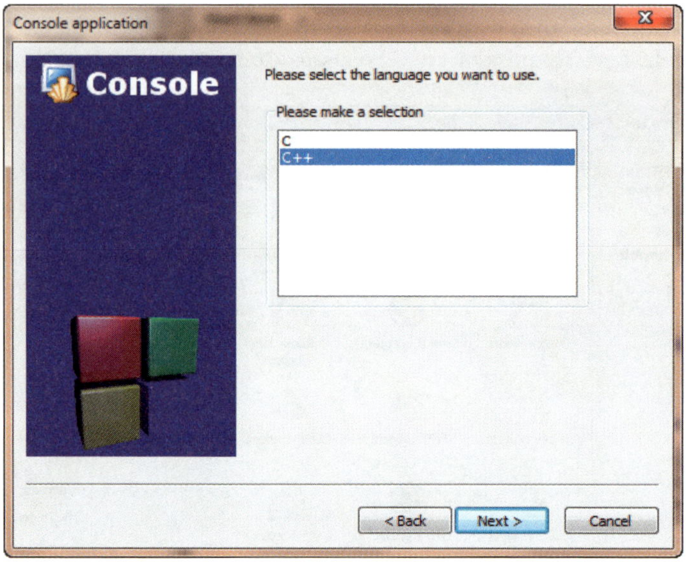

FIGURE 2.5 – Nouveau projet C++

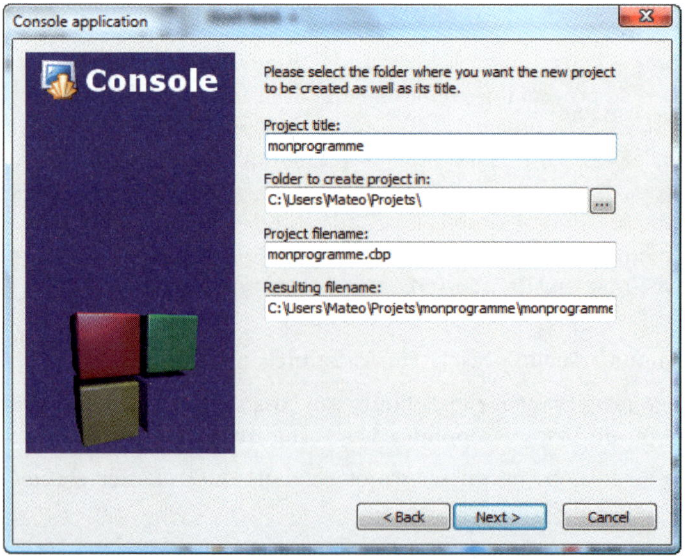

FIGURE 2.6 – Nom et dossier du projet

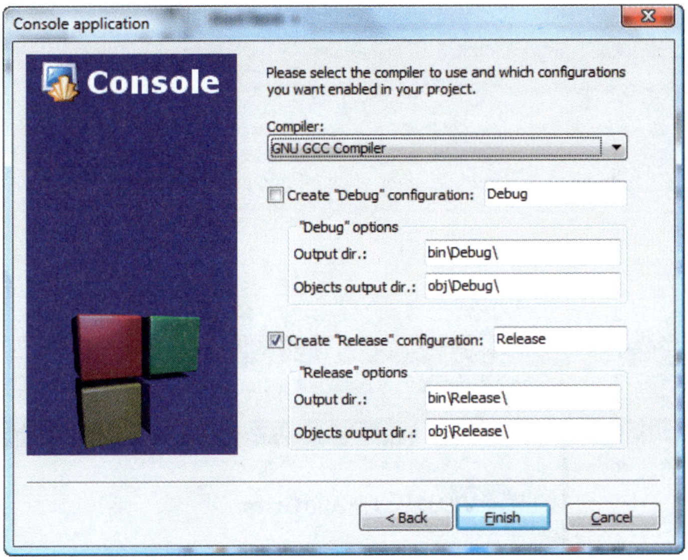

FIGURE 2.7 – Modes de compilation

Cliquez sur `Finish`, c'est bon ! Code::Blocks vous crée un premier projet contenant déjà un tout petit peu de code source.

Dans le panneau de gauche intitulé `Projects`, développez l'arborescence en cliquant sur le petit `+` pour afficher la liste des fichiers du projet. Vous devriez avoir au moins un fichier `main.cpp` que vous pouvez ouvrir en faisant un double-clic dessus.

Et voilà !

Visual C++ (Windows seulement)

Quelques petits rappels sur Visual C++ :

- c'est l'IDE de Microsoft.
- il est à la base payant, mais Microsoft en a sorti une version gratuite intitulée Visual C++ Express.

Nous allons bien entendu voir ici la version gratuite, Visual C++ Express (figure 2.8).

Quelles sont les différences avec le « vrai » Visual ?

Il n'y a pas d'éditeur de ressources (vous permettant de dessiner des images, des icônes ou des fenêtres). Mais bon, entre nous, on s'en moque parce qu'on n'aura pas besoin de s'en servir dans ce livre. Ce ne sont pas des fonctionnalités indispensables, bien au

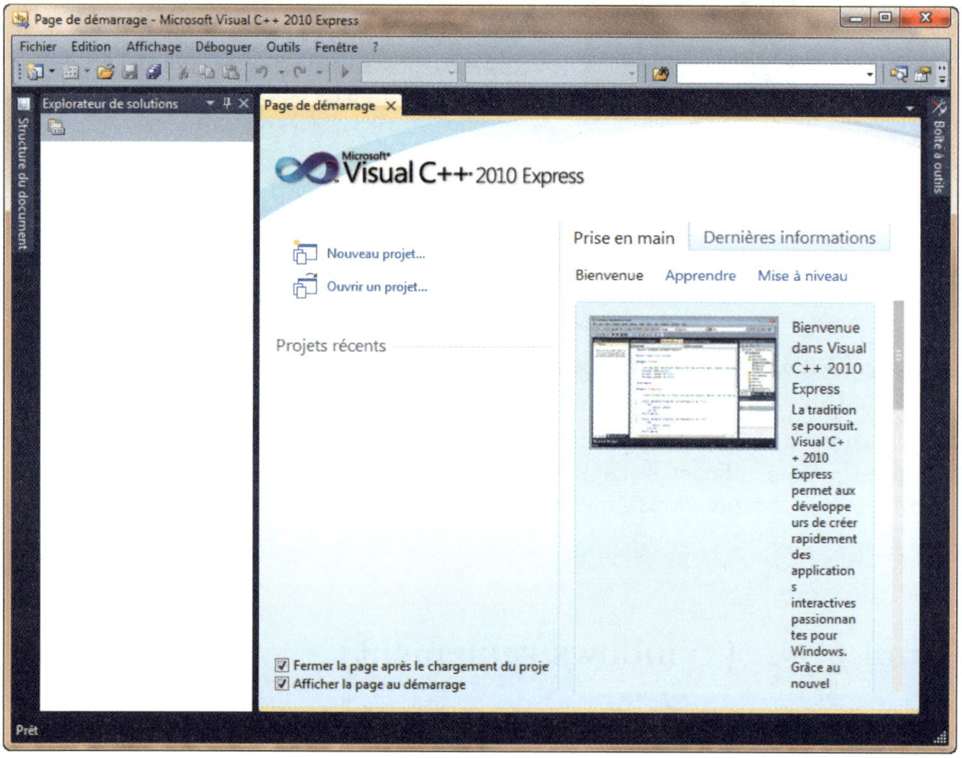

FIGURE 2.8 – Visual C++ Express

contraire.

▷ Visual C++ Express Edition
Code web : 737620

Sélectionnez Visual C++ Express Français un peu plus bas sur la page.

Visual C++ Express *est en français et est totalement gratuit.* Ce n'est donc pas une version d'essai limitée dans le temps.

Installation

L'installation devrait normalement se passer sans encombre. Le programme d'installation va télécharger la dernière version de Visual sur Internet. Je vous conseille de laisser les options par défaut.

À la fin, on vous dit qu'il faut vous enregistrer dans les 30 jours. Pas de panique, c'est gratuit et rapide mais il faut le faire. Cliquez sur le lien qui vous est donné : vous arrivez sur le site de Microsoft. Connectez-vous avec votre compte Windows Live ID (équivalent du compte Hotmail ou MSN) ou créez-en un si vous n'en avez pas, puis répondez au petit questionnaire.

À la fin du processus, on vous donne à la fin une clé d'enregistrement. Vous devez recopier cette clé dans le menu `?` > `Inscrire le produit`.

Créer un nouveau projet

Pour créer un nouveau projet sous Visual, allez dans le menu `Fichier` > `Nouveau` > `Projet`. Sélectionnez `Win32` dans le panneau de gauche puis `Application console Win32` à droite.

Entrez un nom pour votre projet, par exemple « test » (figure 2.9).

Validez. Une nouvelle fenêtre s'ouvre (figure 2.10). Cette fenêtre ne sert à rien. Par contre, cliquez sur `Paramètres de l'application` dans le panneau de gauche (figure 2.11).

Veillez à ce que l'option `Projet vide` soit cochée comme à la figure 2.11. Puis, cliquez sur `Terminer`.

Ajouter un nouveau fichier source

Votre projet est pour l'instant bien vide. Faites un clic droit sur le dossier `Fichiers sources` situé dans le panneau de gauche puis allez dans `Ajouter` > `Nouvel élément` (figure 2.12).

Une fenêtre s'ouvre. Sélectionnez `Fichier C++ (.cpp)`. Entrez le nom « main.cpp » pour votre fichier (figure 2.13).

Cliquez sur `Ajouter`. C'est bon, vous allez pouvoir commencer à écrire du code !

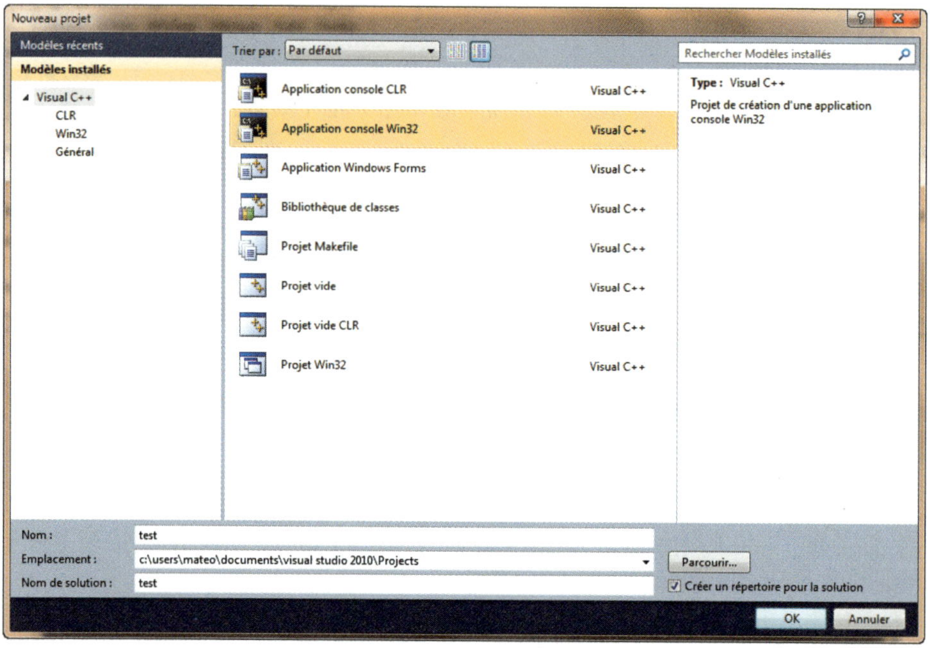

FIGURE 2.9 – Ajout d'un projet

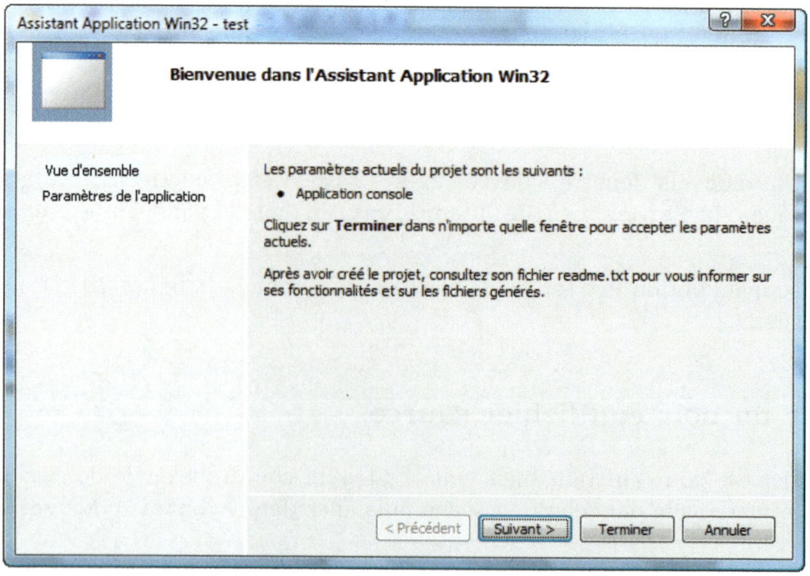

FIGURE 2.10 – Assistant application

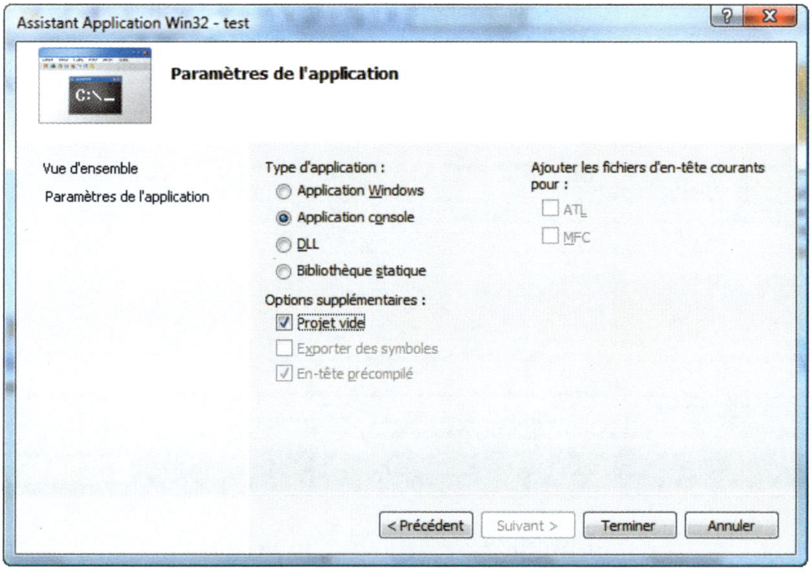

FIGURE 2.11 – Paramétrage du projet

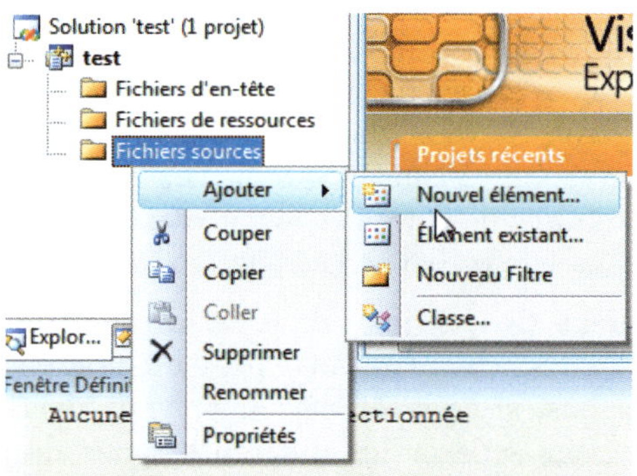

FIGURE 2.12 – Ajout d'un nouvel élément

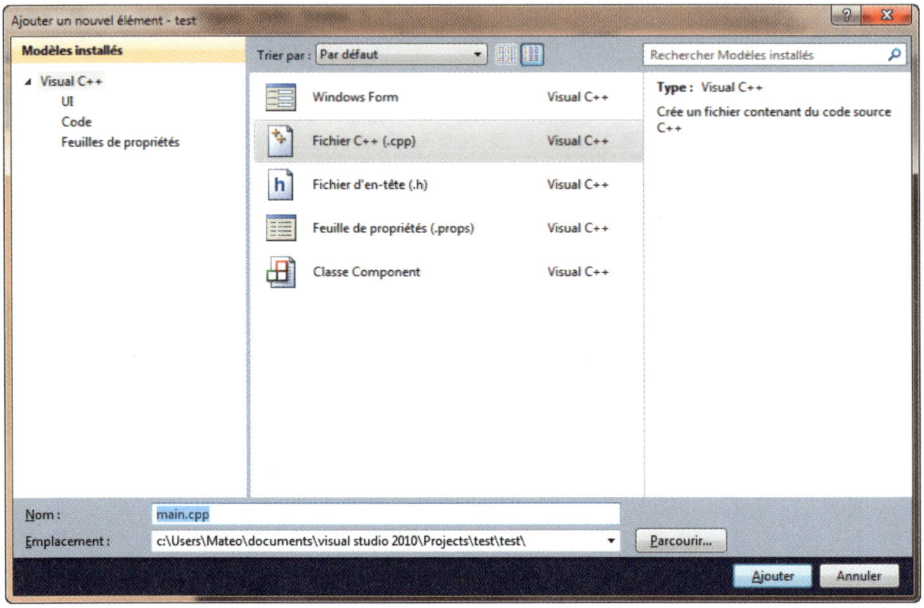

FIGURE 2.13 – Ajout d'un fichier

La fenêtre principale de Visual

Voyons ensemble le contenu de la fenêtre principale de Visual C++ Express (figure 2.14). On va rapidement se pencher sur ce que signifie chacune des parties :

1. **La barre d'outils** : tout ce qu'il y a de plus standard. `Ouvrir`, `Enregistrer`, `Enregistrer tout`, `Couper`, `Copier`, `Coller` etc. Par défaut, il semble qu'il n'y ait pas de bouton de barre d'outils pour compiler. Vous pouvez les rajouter en faisant un clic droit sur la barre d'outils puis en choisissant `Déboguer` et `Générer` dans la liste. Toutes ces icônes de compilation ont leur équivalent dans les menus `Générer` et `Déboguer`. Si vous choisissez `Générer`, cela crée l'exécutable (cela signifie « Compiler » pour Visual). Si vous sélectionnez `Déboguer / Exécuter`, on devrait vous proposer de compiler avant d'exécuter le programme. La touche F7 permet de générer le projet et F5 de l'exécuter.
2. **La liste des fichiers du projet** : dans cette zone très importante, vous voyez normalement la liste des fichiers de votre projet. Cliquez sur l'onglet `Explorateur de solutions`, en bas, si ce n'est déjà fait. Vous devriez voir que Visual crée déjà des dossiers pour séparer les différents types de fichiers de votre projet (« sources », « en-têtes » et « ressources »). Nous verrons un peu plus tard quels sont les différentes sortes de fichiers qui constituent un projet.
3. **La zone principale** : c'est là qu'on modifie les fichiers source.
4. **La zone de notification** : c'est là encore la « zone de la mort », celle où l'on voit apparaître toutes les erreurs de compilation. C'est également dans le bas de

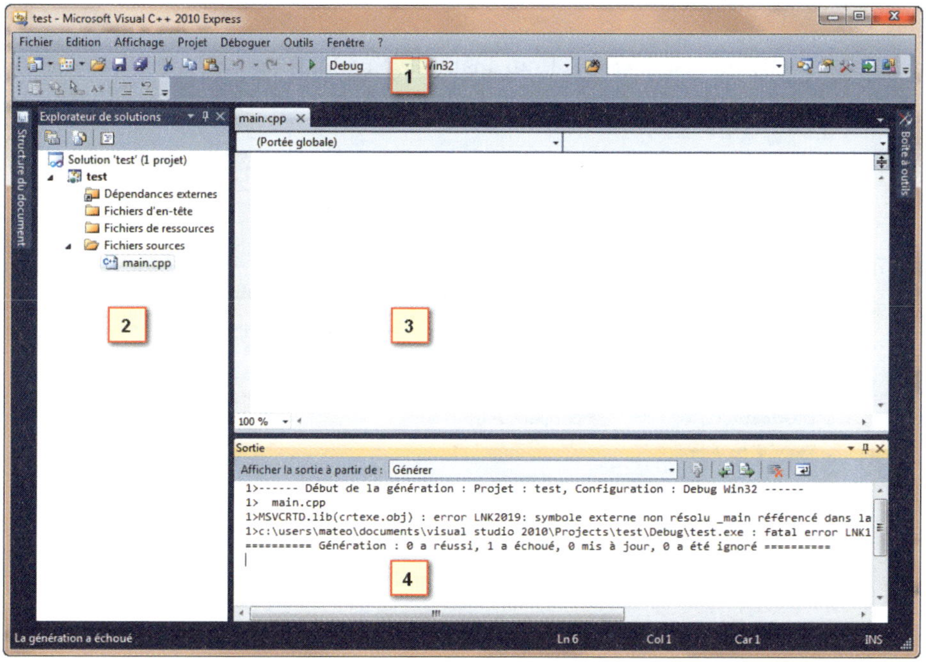

FIGURE 2.14 – Fenêtre de Visual C++

l'écran que Visual affiche les informations de débuggage quand vous essayez de corriger un programme buggé. Je vous ai d'ailleurs dit tout à l'heure que j'aimais beaucoup le débugger de Visual et je pense que je ne suis pas le seul.

Voilà, on a fait le tour de Visual C++. Vous pouvez aller jeter un œil dans les options (`Outils` > `Options`) si cela vous chante, mais n'y passez pas 3 heures. Il faut dire qu'il y a tellement de cases à cocher partout qu'on ne sait plus trop où donner de la tête.

Xcode (Mac OS seulement)

Il existe plusieurs IDE compatibles Mac. Il y a Code::Blocks bien sûr, mais ce n'est pas le seul. Je vais vous présenter ici l'IDE le plus célèbre sous Mac : Xcode[3].

Xcode, où es-tu ?

Tous les utilisateurs de Mac OS ne sont pas des programmeurs. Apple l'a bien compris et, par défaut, n'installe pas d'IDE avec Mac OS. Heureusement, pour ceux qui voudraient programmer, tout est prévu. En effet, Xcode est présent sur le CD d'installation

3. Merci à prs513rosewood pour les captures d'écrans et ses judicieux conseils pour réaliser cette section.

de Mac OS.

Insérez donc le CD dans le lecteur. Pour installer Xcode, il faut ouvrir le paquet `Xcode Tools` dans le répertoire `Installation facultative` du disque d'installation. L'installeur démarre (figure 2.15).

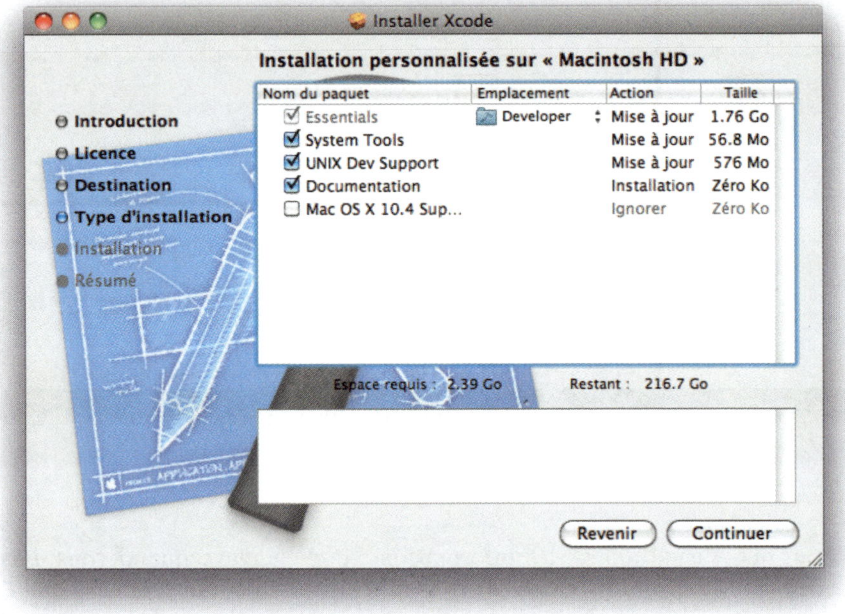

FIGURE 2.15 – Installation de Xcode

Par ailleurs, je vous conseille de mettre en favori la page dédiée aux développeurs sur le site d'Apple. Vous y trouverez une foule d'informations utiles pour le développement sous Mac. Vous pourrez notamment y télécharger plusieurs logiciels pour développer. N'hésitez pas à vous inscrire à l'ADC (Apple Development Connection), c'est gratuit et vous serez ainsi tenus au courant des nouveautés.

▷ Page développeurs Apple
Code web : 745577

Lancement

L'application Xcode se trouve dans le répertoire `/Developer/Applications/` (figure 2.16).

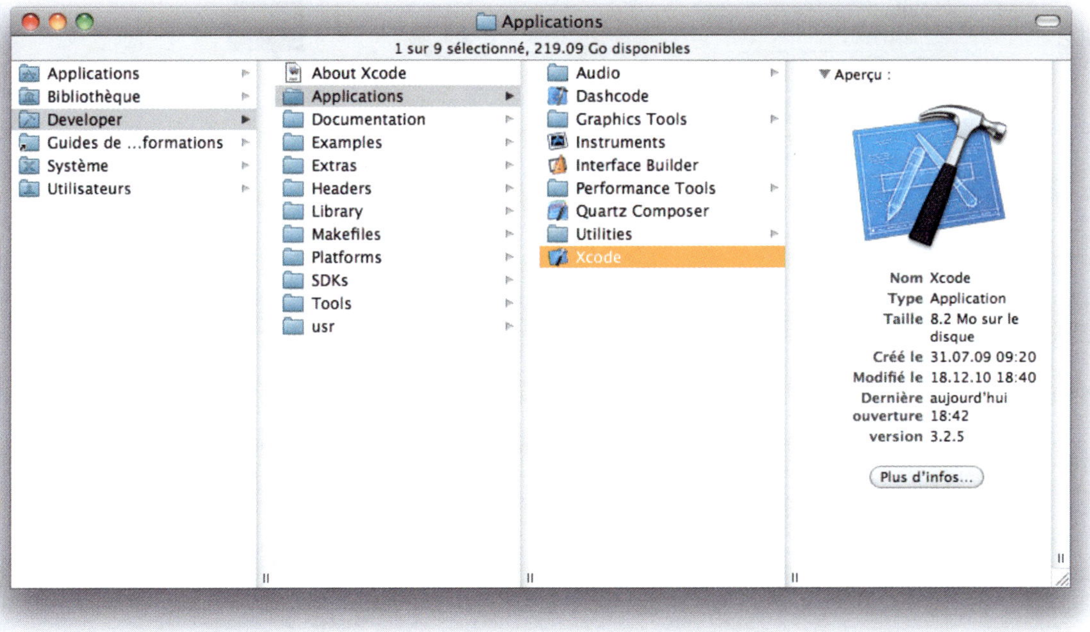

FIGURE 2.16 – Lancement de Xcode

Nouveau projet

Pour créer un nouveau projet, on clique sur `Create a new Xcode project`, ou `File` > `New Project`. Il faut choisir le type `Command Line Tool` et sélectionner `C++ sdtc++` dans le petit menu déroulant (figure 2.17).

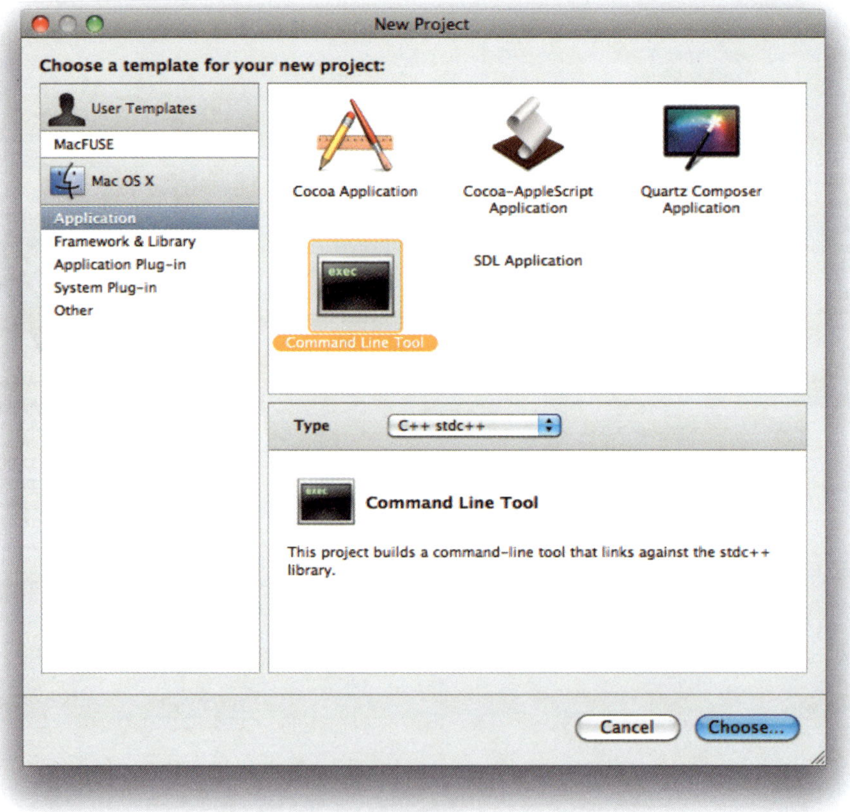

FIGURE 2.17 – Nouveau projet Xcode

Une fois le projet créé, la fenêtre principale de Xcode apparaît (2.18).

Le fichier `sdz-test` (icône noire) est l'exécutable et le fichier `sdz-test.1` est un fichier de documentation. Le fichier `main.cpp` contient le code source du programme. Vous pouvez faire un double-clic dessus pour l'ouvrir.

Vous pouvez ajouter de nouveaux fichiers C++ au projet via le menu `File` > `New File`.

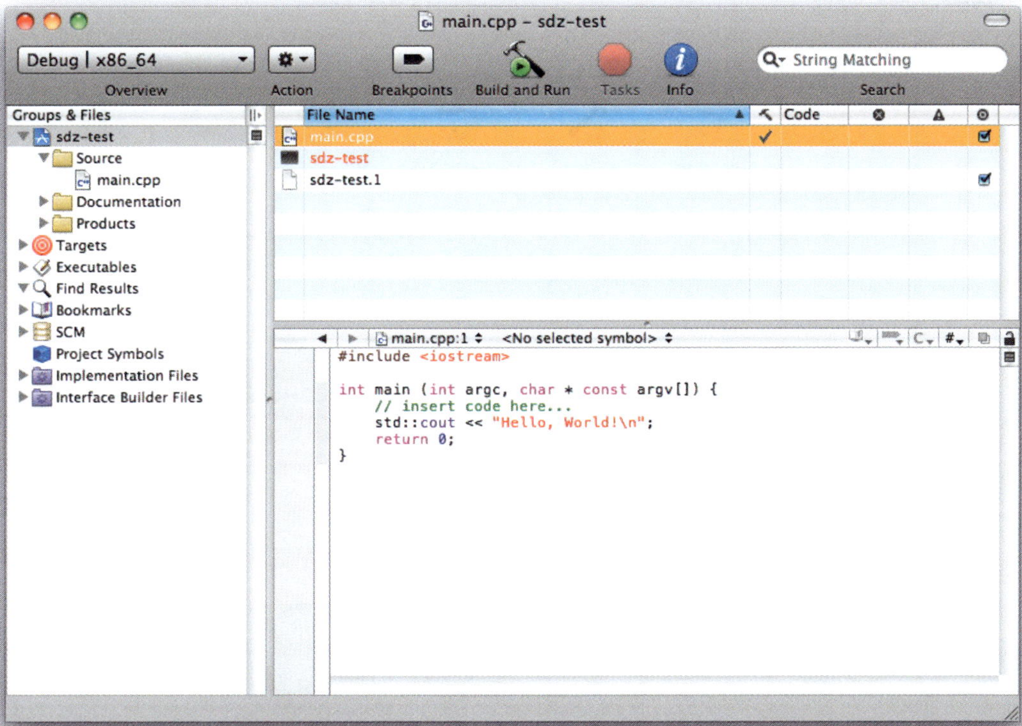

FIGURE 2.18 – Fenêtre principale de Xcode

Compilation

Avant de compiler, il faut changer un réglage dans les préférences de Xcode. Pour ouvrir les préférences, cliquez sur `Preferences` dans le menu `Xcode`. Dans l'onglet `debugging`, sélectionnez `Show console` dans la liste déroulante intitulée `On start`. C'est une manipulation nécessaire pour voir la sortie d'un programme en console (figure 2.19).

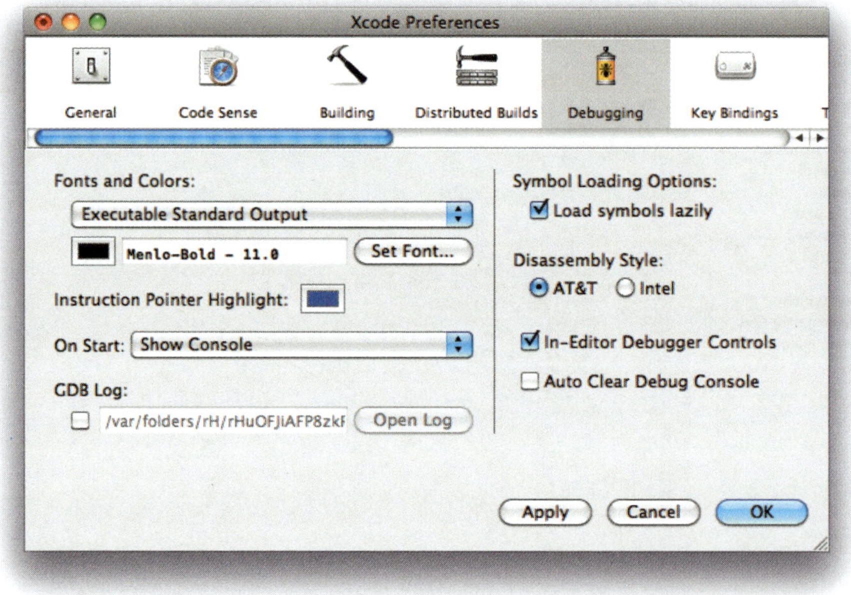

FIGURE 2.19 – Options de Xcode

Cette manipulation n'a besoin d'être faite qu'une seule fois en tout.

Pour compiler, on clique sur le bouton `Build and Run` (en forme de marteau avec une petite icône verte devant) dans la fenêtre du projet. La console s'affiche alors (figure 2.20).

Voilà ! Vous connaissez désormais l'essentiel pour créer un nouveau projet C++ et le compiler avec Xcode.

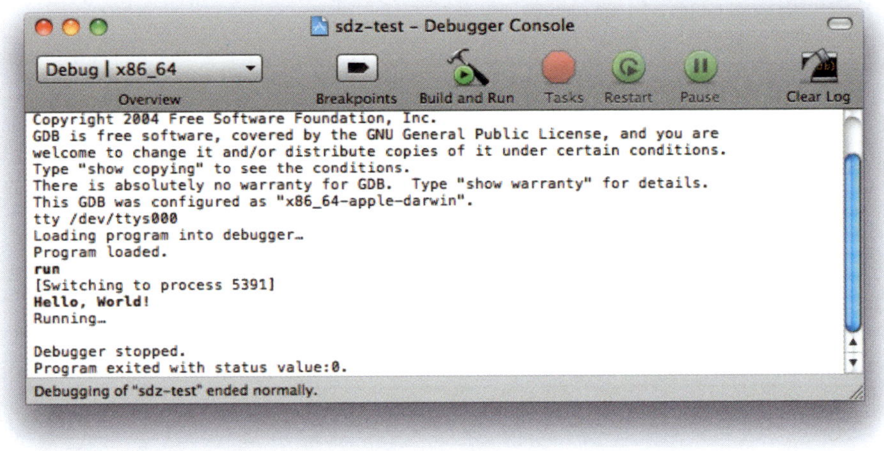

FIGURE 2.20 – Compilation sous Xcode

En résumé

- Un IDE est un outil tout-en-un à destination des développeurs, qui permet de créer des programmes.
- Un IDE est composé d'un éditeur de texte, d'un compilateur et d'un *debugger*.
- Code: :Blocks, Visual C++ et Xcode sont parmi les IDE les plus connus pour programmer en C++.
- Nous prendrons Code: :Blocks comme base dans la suite de ce cours.

Chapitre 3

Votre premier programme

Difficulté :

Vous avez appris en quoi consiste la programmation et ce qu'est le C++, vous avez installé un IDE (le logiciel qui va vous permettre de programmer) et maintenant vous vous demandez : quand allons-nous commencer à coder ?

Bonne nouvelle : c'est maintenant !

Alors bien sûr, ne vous mettez pas à imaginer que vous allez tout d'un coup faire des choses folles. La 3D temps réel en réseau n'est pas vraiment au programme pour le moment ! À la place, votre objectif dans ce chapitre est d'afficher un message à l'écran.

Et vous allez voir... c'est déjà du travail !

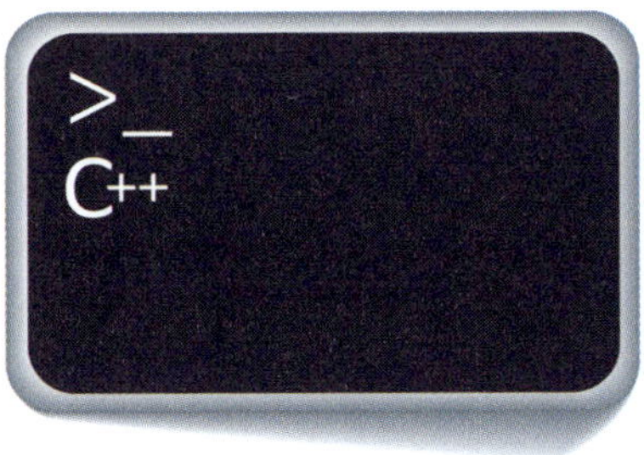

Le monde merveilleux de la console

Quand je vous annonce que nous allons commencer à programmer, vous vous dites sûrement « *Chouette, je vais pouvoir faire ça, ça et ça ; et j'ai toujours rêvé de faire ça aussi !* ». Il est de mon devoir de calmer un peu vos ardeurs et de vous expliquer comment cela va se passer.

Nous allons commencer doucement. Nous n'avons de toute façon pas le choix car les programmes complexes 3D en réseau que vous imaginez peut-être nécessitent de connaître *les bases.*

Il faut savoir qu'il existe 2 types de programmes : les programmes graphiques et les programmes console.

Les programmes graphiques

Il s'agit des programmes qui affichent des fenêtres. Ce sont ceux que vous connaissez sûrement le mieux. Ils génèrent à l'écran des fenêtres que l'on peut ouvrir, réduire, fermer, agrandir... Les programmeurs parlent de GUI[1] (figure 3.1).

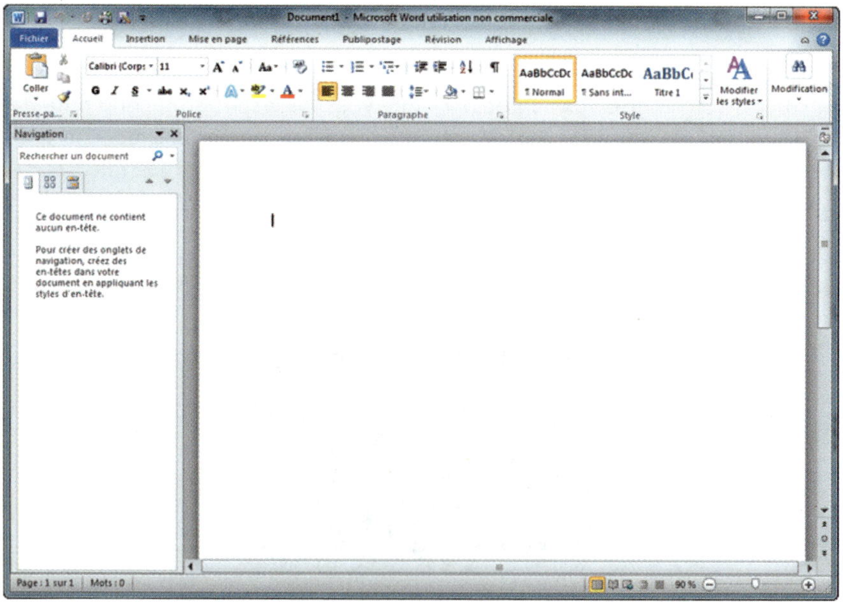

FIGURE 3.1 – Un programme GUI (graphique) : Word

1. *Graphical User Interface* - Interface Utilisateur Graphique

Les programmes console

Les programmes en console sont plus fréquents sous Linux que sous Windows et Mac OS X. Ils sont constitués de simples textes qui s'affichent à l'écran, le plus souvent en blanc sur fond noir (figure 3.2).

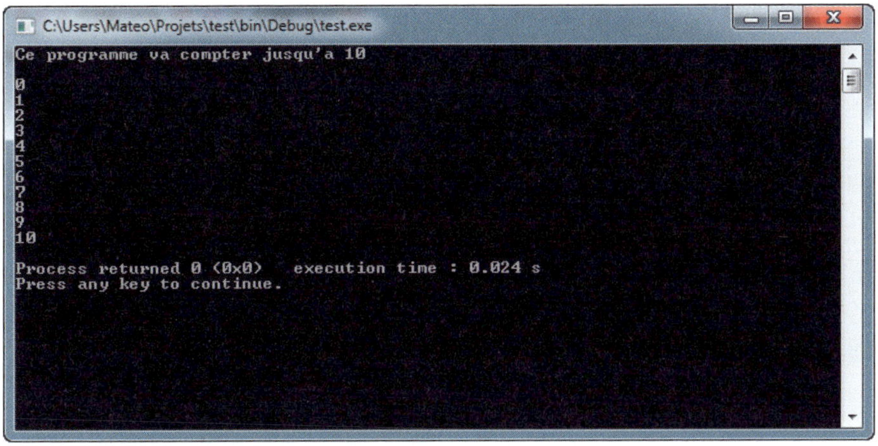

FIGURE 3.2 – Un programme en console

Ces programmes fonctionnent au clavier. La souris n'est pas utilisée. Ils s'exécutent généralement linéairement : les messages s'affichent au fur et à mesure, de haut en bas.

Notre première cible : les programmes console

Eh oui, j'imagine que vous l'avez vue venir, celle-là ! Je vous annonce que nous allons commencer par réaliser des programmes console. En effet, bien qu'ils soient un peu austères *a priori*, ces programmes sont beaucoup plus simples à créer que les programmes graphiques. Pour les débutants que nous sommes, il faudra donc d'abord en passer par là !

Bien entendu, je sais que vous ne voudrez pas en rester là. Rassurez-vous sur ce point : je m'en voudrais de m'arrêter aux programmes console car je sais que beaucoup d'entre vous préféreraient créer des programmes graphiques. Cela tombe bien : une partie toute entière de ce cours sera dédiée à la création de GUI avec Qt, une sorte d'extension du C++ qui permet de réaliser ce type de programmes !

Mais avant cela, il va falloir retrousser ses manches et se mettre au travail. Alors au boulot !

Création et lancement d'un premier projet

Au chapitre précédent, vous avez installé un IDE, ce fameux logiciel qui contient tout ce qu'il faut pour programmer. Nous avons découvert qu'il existait plusieurs IDE (Code: :Blocks, Visual C++, Xcode...). Je ne vous en ai cité que quelques-uns parmi les plus connus mais il y en a bien d'autres !

Comme je vous l'avais annoncé, je travaille essentiellement avec Code: :Blocks. Mes explications s'attarderont donc le plus souvent sur cet IDE mais je reviendrai sur ses concurrents si nécessaire. Heureusement, ces logiciels se ressemblent beaucoup et emploient le même vocabulaire, donc dans tous les cas vous ne serez pas perdus.

Création d'un projet

Pour commencer à programmer, la première étape consiste à demander à son IDE de créer un nouveau projet. C'est un peu comme si vous demandiez à Word de vous créer un nouveau document.

Pour cela, passez par la succession de menus `File` > `New` > `Project` (figure 3.3).

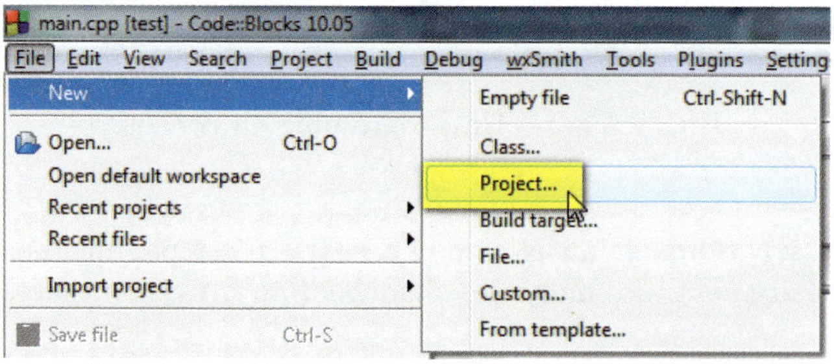

FIGURE 3.3 – Nouveau projet Code: :Blocks

Un assistant s'ouvre, nous l'avons vu au chapitre précédent. Créez un nouveau programme console C++ comme nous avons appris à le faire.

À la fin des étapes de l'assistant, le projet est créé et contient un premier fichier. Déployez l'arborescence à gauche pour voir apparaître le fichier `main.cpp` et faites un double-clic dessus pour l'ouvrir. Ce fichier est notre premier code source et il est déjà un peu rempli (figure 3.4) !

Code: :Blocks vous a créé un premier programme très simple qui affiche à l'écran le message « Hello world ! » (cela signifie quelque chose comme « Bonjour tout le monde ! »).

Il y a déjà une dizaine de lignes de code source C++ et je n'y comprends rien !

Oui, cela peut paraître un peu difficile la première fois mais nous allons voir ensemble,

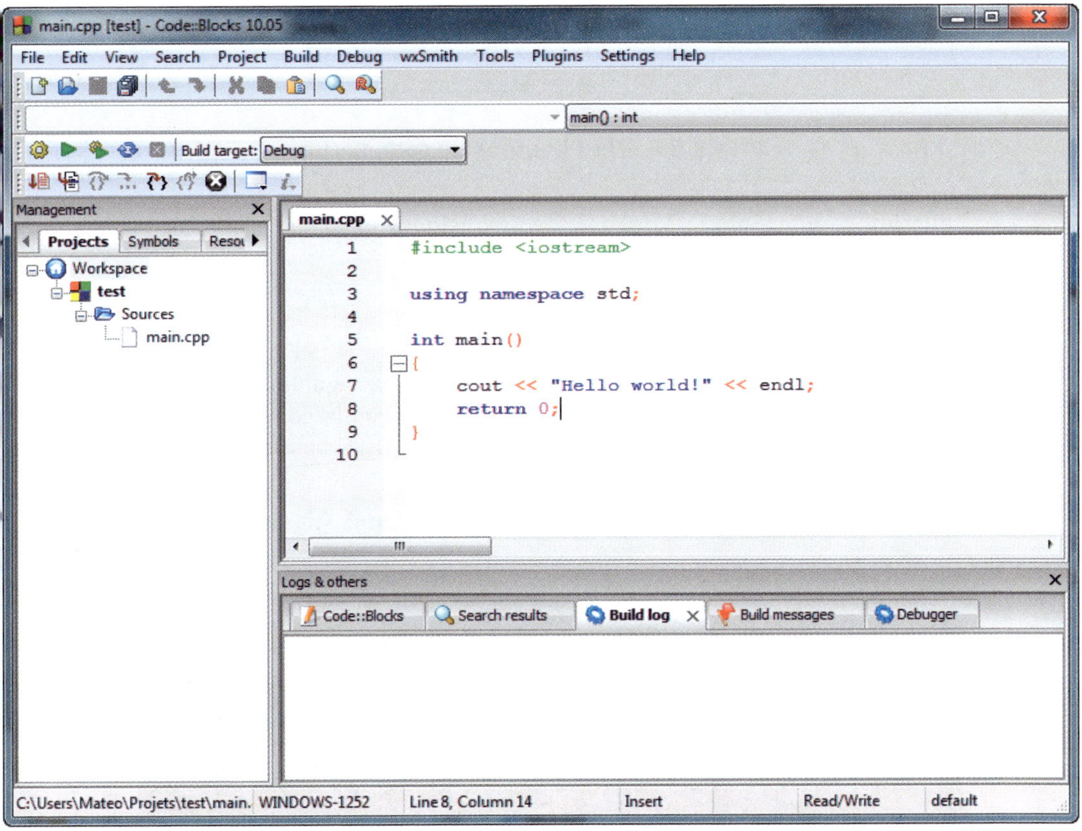

FIGURE 3.4 – Premier programme dans Code: :Blocks

un peu plus loin, ce que signifie ce code.

Lancement du programme

Pour le moment, j'aimerais que vous fassiez une chose simple : essayez de compiler et de lancer ce premier programme. Vous vous souvenez comment faire ? Il y a un bouton « Compiler et exécuter » (*Build and run*). Ce bouton se trouve dans la barre d'outils (figure 3.5).

FIGURE 3.5 – Les boutons de compilation

La compilation se lance alors. Vous allez voir quelques messages s'afficher en bas de l'IDE (dans la section `Build log`).

Si la compilation ne fonctionne pas et que vous avez une erreur de ce type : « `"My-program - Release" uses an invalid compiler. Skipping... Nothing to be done.` », cela signifie que vous avez téléchargé la version de Code: :Blocks sans `mingw` (le compilateur). Retournez sur le site de Code: :Blocks pour télécharger la version avec `mingw`.

Si tout va bien, une console apparaît avec notre programme (figure 3.6).

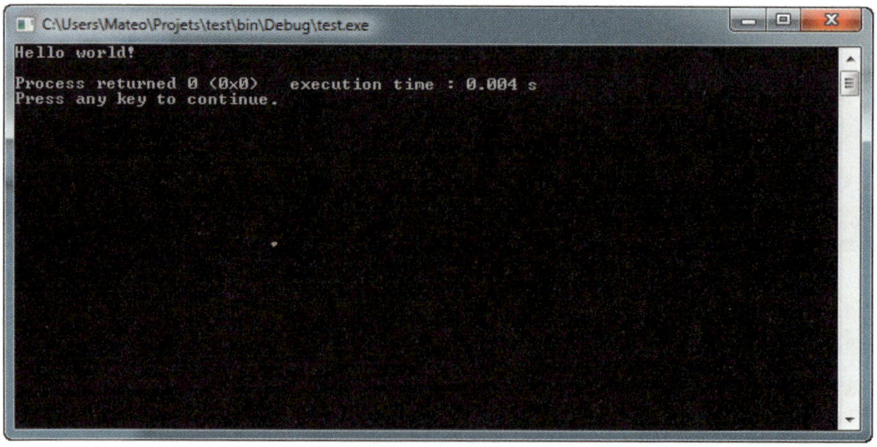

FIGURE 3.6 – Premier programme en console

Vous voyez que le programme affiche bel et bien « Hello world ! » dans la console ! N'est-ce pas beau ! ? Vous venez de compiler votre tout premier programme !

Un fichier exécutable a été généré sur votre disque dur. Sous Windows, c'est un fichier `.exe`. Vous pouvez le retrouver dans un sous-dossier `release` (ou parfois debug), situé dans le dossier de votre projet.

Au fait, que signifie le message à la fin de la console : « `Process returned 0 (0x0) execution time : 0.004 s Press any key to continue.` » ?

Ah, bonne question ! Ce message n'a pas été écrit par votre programme mais par votre IDE. En l'occurrence, c'est Code: :Blocks qui affiche un message pour signaler que le programme s'est bien déroulé et le temps qu'a duré son exécution.

Le but de Code: :Blocks est ici surtout de « maintenir » la console ouverte. En effet, sous Windows en particulier, dès qu'un programme console est terminé, la fenêtre de la console se ferme. Or, le programme s'étant exécuté ici en 0.004s, vous n'auriez pas eu le temps de voir le message s'afficher à l'écran !

Code: :Blocks vous invite donc à « appuyer sur n'importe quelle touche pour continuer », ce qui aura pour effet de fermer la console.

Lorsque vous compilez et exécutez un programme « console » comme celui-ci avec Visual C++, la console a tendance à s'ouvrir et se refermer instantanément. Visual C++ ne maintient pas la console ouverte comme Code: :Blocks. Si vous utilisez Visual C++, la solution consiste à ajouter la ligne `system("PAUSE");` avant la ligne `return 0;` de votre programme.

Explications sur ce premier code source

Lorsque Code: :Blocks crée un nouveau projet, il génère un fichier `main.cpp` contenant ce code :

```
#include <iostream>

using namespace std;

int main()
{
    cout << "Hello world!" << endl;
    return 0;
}
```

Tous les IDE proposent en général de démarrer avec un code similaire. Cela permet de commencer à programmer plus vite. Vous retrouverez les 3 premières lignes (`include`, `using namespace` et `int main`) dans quasiment tous vos programmes C++. Vous pouvez considérer que tous vos programmes commenceront par ces lignes.

Sans trop entrer dans les détails (car cela pourrait devenir compliqué pour un début !), je vais vous présenter à quoi sert chacune de ces lignes.

`include`

La toute première ligne est :

```
#include <iostream>
```

C'est ce qu'on appelle une **directive de préprocesseur**. Son rôle est de « charger » des fonctionnalités du C++ pour que nous puissions effectuer certaines actions.

En effet, *le C++ est un langage très modulaire.* De base, il ne sait pas faire grand-chose (pas même afficher un message à l'écran !). On doit donc charger des extensions que l'on appelle **bibliothèques** et qui nous offrent de nouvelles possibilités.

Ici, on charge le fichier `iostream`, ce qui nous permet d'utiliser une bibliothèque... d'affichage de messages à l'écran dans une console ! Quelque chose de vraiment très basique, comme vous le voyez, mais qui nécessite quand même l'utilisation d'une bibliothèque.

Appeler `iostream` nous permet en fait de faire un peu plus qu'afficher des messages à l'écran : on pourra aussi récupérer ce que saisit l'utilisateur au clavier, comme nous le verrons plus tard. `iostream` signifie « *Input Output Stream* », ce qui veut dire « Flux d'entrée-sortie ». Dans un ordinateur, l'entrée correspond en général au clavier ou à la souris, et la sortie à l'écran. Inclure `iostream` nous permet donc en quelque sorte d'obtenir tout ce qu'il faut pour échanger des informations avec l'utilisateur.

Plus tard, nous découvrirons de nouvelles bibliothèques et il faudra effectuer des inclusions en haut des codes source comme ici. Par exemple, lorsque nous étudierons Qt, qui permet de réaliser des programmes graphiques (GUI), on insérera une ligne comme celle-ci :

```
#include <Qt>
```

Notez qu'on peut charger autant de bibliothèques que l'on veut à la fois.

`using namespace`

La ligne :

```
using namespace std;
```

... permet en quelque sorte d'indiquer dans quel lot de fonctionnalités notre fichier source va aller piocher.

Si vous chargez plusieurs bibliothèques, chacune va proposer de nombreuses fonctionnalités. Parfois, certaines fonctionnalités ont le même nom. Imaginez une commande « AfficherMessage » qui s'appellerait ainsi pour `iostream` mais aussi pour `Qt` ! Si vous chargez les deux bibliothèques en même temps et que vous appelez « AfficherMessage », l'ordinateur ne saura pas s'il doit afficher un message en console avec `iostream` ou dans une fenêtre avec `Qt` !

Pour éviter ce genre de problèmes, on a créé des **namespaces** (espaces de noms), qui sont des sortes de dossiers à noms. La ligne `using namespace std;` indique que vous allez utiliser l'espace de noms `std` dans la suite de votre fichier de code. Cet espace de noms est un des plus connus car il correspond à la bibliothèque standard (`std`), une bibliothèque livrée par défaut avec le langage C++ et dont `iostream` fait partie.

int main()

C'est ici que commence vraiment le cœur du programme. Les programmes, vous le verrez, sont essentiellement constitués de fonctions. Chaque fonction a un rôle et peut appeler d'autres fonctions pour effectuer certaines actions. Tous les programmes possèdent une fonction dénommée « main » [2], ce qui signifie « principale ». C'est donc la fonction principale.

Une fonction a la forme suivante :

```
int main()
{

}
```

Les accolades déterminent le début et la fin de la fonction. Comme vous le voyez dans le code source qui a été généré par Code: :Blocks, il n'y a rien après la fonction `main`. C'est normal : à la fin de la fonction `main` le programme s'arrête ! Tout programme commence au début de la fonction `main` et se termine à la fin de celle-ci.

Cela veut dire qu'on va écrire tout notre programme dans la fonction `main` ?

Non ! Bien que ce soit possible, ce serait très délicat à gérer, surtout pour de gros programmes. À la place, la fonction `main` appelle d'autres fonctions qui, à leur tour, appellent d'autres fonctions. Bref, elle délègue le travail. Cependant, dans un premier temps, nous allons surtout travailler dans la fonction `main` car nos programmes resteront assez simplesr.

2. Qui se prononce « mèïne » en anglais.

`cout`

Voici enfin la première ligne qui fait quelque chose de concret ! C'est la première ligne de `main`, donc la première action qui sera exécutée par l'ordinateur (les lignes que nous avons vues précédemment ne sont en fait que des préparatifs pour le programme).

```
cout << "Hello world!" << endl;
```

Le rôle de `cout` (à prononcer « ci aoute ») est d'afficher un message à l'écran. C'est ce qu'on appelle une **instruction**. Tous nos programmes seront constitués d'instructions comme celle-ci, qui donnent des ordres à l'ordinateur.

Notez que `cout` est fourni par `iostream`. Si vous n'incluez pas `iostream` au début de votre programme, le compilateur se plaindra de ne pas connaître `cout` et vous ne pourrez pas générer votre programme !

Notez bien : chaque instruction se termine par un point-virgule ! C'est d'ailleurs ce qui vous permet de différencier les instructions du reste. Si vous oubliez le point-virgule, la compilation ne fonctionnera pas et votre programme ne pourra pas être créé !

Il y a 3 éléments sur cette ligne :

- `cout` : commande l'affichage d'un message à l'écran ;
- `"Hello world!"` : indique le message à afficher ;
- `endl` : crée un retour à la ligne dans la console.

Il est possible de combiner plusieurs messages en une instruction. Par exemple :

```
cout << "Bonjour tout le monde !" << endl << "Comment allez-vous ?" << endl;
```

... affiche ces deux phrases sur deux lignes différentes. Essayez ce code, vous verrez !

Sous Windows, les caractères accentués s'affichent mal (essayez d'afficher « Bonjour Gérard » pour voir !). C'est un problème de la console de Windows (problème qu'on peut retrouver plus rarement sous Mac OS X et Linux). Il existe des moyens de le régler mais aucun n'est vraiment satisfaisant. À la place, je vous recommande plutôt d'éviter les accents dans les programmes console sous Windows. Rassurez-vous : les GUI que nous créerons plus tard avec Qt n'auront pas ce problème !

`return`

La dernière ligne est :

```
return 0;
```

Ce type d'instruction clôt généralement les fonctions. En fait, la plupart des fonctions renvoient une valeur (un nombre par exemple). Ici, la fonction `main` renvoie 0 pour indiquer que tout s'est bien passé (toute valeur différente de 0 aurait indiqué un problème).

Vous n'avez pas besoin de modifier cette ligne, laissez-la telle quelle. Nous aurons d'autres occasions d'utiliser `return` pour d'autres fonctions, nous en reparlerons !

Commentez vos programmes !

En plus du code qui donne des instructions à l'ordinateur, vous pouvez écrire des commentaires pour expliquer le fonctionnement de votre programme.

Les commentaires n'ont aucun impact sur le fonctionnement de votre logiciel : en fait, le compilateur ne les lit même pas et ils n'apparaissent pas dans le programme généré. Pourtant, ces commentaires sont indispensables pour les développeurs : ils leur permettent d'expliquer ce qu'ils font dans leur code !

Dès que vos programmes vont devenir un petit peu complexes (et croyez-moi, cela ne tardera pas), vous risquez d'avoir du mal à vous souvenir de leur fonctionnement quelque temps après avoir écrit le code source. De plus, si vous envoyez votre code à un ami, il aura des difficultés pour comprendre ce que vous avez essayé de faire juste en lisant le code source. C'est là que les commentaires entrent en jeu !

Les différents types de commentaires

Il y a deux façons d'écrire des commentaires selon leur longueur. Je vais vous les présenter toutes les deux.

Les commentaires courts

Pour écrire un commentaire court, sur une seule ligne, il suffit de commencer par // puis d'écrire votre commentaire. Cela donne :

```
// Ceci est un commentaire
```

Mieux, vous pouvez aussi ajouter le commentaire à la fin d'une ligne de code pour expliquer ce qu'elle fait :

```
cout << "Hello world!" << endl; // Affiche un message à l'écran
```

Les commentaires longs

Si votre commentaire tient sur plusieurs lignes, ouvrez la zone de commentaire avec /* et fermez-la avec */ :

```
/* Le code qui suit est un peu complexe
alors je prends mon temps pour l'expliquer
parce que je sais que sinon, dans quelques semaines,
j'aurai tout oublié et je serai perdu pour le modifier */
```

En général, on n'écrit pas un roman dans les commentaires non plus... sauf si la situation le justifie vraiment.

Commentons notre code source !

Reprenons le code source que nous avons étudié dans ce chapitre et complétons-le de quelques commentaires pour nous souvenir de ce qu'il fait.

```
#include <iostream> // Inclut la bibliothèque iostream (affichage de texte)

using namespace std; // Indique quel espace de noms on va utiliser

/*
Fonction principale "main"
Tous les programmes commencent par la fonction main
*/
int main()
{
    cout << "Hello world!" << endl; // Affiche un message
    return 0; // Termine la fonction main et donc le programme
}
```

Si vous lancez ce programme, vous ne verrez aucune nouveauté. Les commentaires sont, comme je vous le disais, purement ignorés par le compilateur.

J'ai volontairement commenté chaque ligne de code ici mais, dans la pratique il ne faut pas non plus commenter à tout-va. Si une ligne de code fait quelque chose de vraiment évident, inutile de la commenter. En fait, les commentaires sont plus utiles pour expliquer le fonctionnement d'une série d'instructions plutôt que chaque instruction une à une.

En résumé

- On distingue deux types de programmes : les programmes graphiques (GUI) et les programmes console.
- Il est plus simple de réaliser des programmes console pour commencer, c'est donc ce type de programme que nous étudierons en premier.
- Un programme possède toujours une fonction `main()` : c'est son point de démarrage.
- La directive `cout` permet d'afficher du texte dans une console.

- On peut ajouter des commentaires dans son code source pour expliquer son fonctionnement. Ils prennent la forme `// Commentaire` ou `/* Commentaire */`.

```
#include <iostream>

using namespace std;

int main()
{
    cout << Jessim Zikouni <<endl << endl << "Premier Programe" << endl;
    // le double slash indique un commentaire.
    return 0
}
```

<u>programme chap1</u>

Chapitre 4

Utiliser la mémoire

Difficulté :

Jusqu'à présent, vous avez découvert comment créer et compiler vos premiers programmes en mode console. Pour l'instant ces programmes sont très simples. Ils affichent des messages à l'écran... et c'est à peu près tout. Cela est principalement dû au fait que vos programmes ne savent pas interagir avec leurs utilisateurs. C'est ce que nous allons apprendre à faire dans le chapitre suivant.

Mais avant cela, il va nous falloir travailler dur puisque je vais vous présenter une notion fondamentale en informatique. Nous allons parler des **variables**.

Les variables permettent d'utiliser la mémoire de l'ordinateur afin de stocker une information pour pouvoir la réutiliser plus tard. J'imagine que vous avez tous déjà eu une calculatrice entre les mains. Sur ces outils, il y a généralement des touches `M+`, `M-`, `MC`, etc. qui permettent de stocker dans la mémoire de la calculatrice le résultat intermédiaire d'un calcul et de reprendre ce nombre plus tard. Nous allons apprendre à faire la même chose avec votre ordinateur qui n'est, après tout, qu'une grosse machine à calculer.

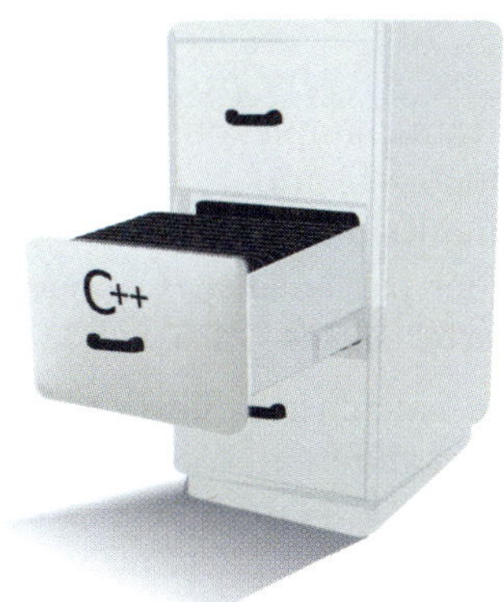

Qu'est-ce qu'une variable ?

Je vous ai donné l'exemple de la mémoire de la calculatrice parce, que dans le monde de l'informatique, le principe de base est le même. Il y a quelque part dans votre ordinateur des composants électroniques qui sont capables de contenir une valeur et de la conserver pendant un certain temps. La manière dont tout cela fonctionne exactement est très complexe.

Je vous rassure tout de suite, nous n'avons absolument pas besoin de comprendre comment cela marche pour pouvoir, nous aussi, mettre des valeurs dans la mémoire de l'ordinateur. Toute la partie compliquée sera gérée par le compilateur et le système d'exploitation. Elle n'est pas belle la vie ?

La seule et unique chose que vous ayez besoin de savoir, c'est qu'une **variable** est une partie de la mémoire que l'ordinateur nous prête pour y mettre des valeurs. Imaginez que l'ordinateur possède dans ses entrailles une grande armoire (figure 4.1). Cette dernière possède des milliers (des milliards !) de petits tiroirs ; ce sont des endroits que nous allons pouvoir utiliser pour mettre nos variables.

FIGURE 4.1 – La mémoire d'un ordinateur fonctionne comme une grosse armoire avec beaucoup de tiroirs

Dans le cas d'une calculatrice toute simple, on ne peut généralement stocker qu'un seul nombre à la fois. Vous vous doutez bien que, dans le cas d'un programme, il va falloir conserver plus d'une chose simultanément. Il faut donc un moyen de différencier les variables pour pouvoir y accéder par la suite. Chaque variable possède donc un **nom**. C'est en quelque sorte l'étiquette qui est collée sur le tiroir.

L'autre chose qui distingue la calculatrice de l'ordinateur, c'est que nous aimerions pouvoir stocker des tas de choses différentes, des nombres, des lettres, des phrases, des images, etc. C'est ce qu'on appelle le **type** d'une variable. Vous pouvez vous imaginez cela comme étant la forme du tiroir. En effet, on n'utilise pas les mêmes tiroirs pour stocker des bouteilles ou des livres.

Les noms de variables

Commençons par la question du nom des variables. En C++, il y a quelques règles qui régissent les différents noms autorisés ou interdits.

- les noms de variables sont constitués de lettres, de chiffres et du tiret-bas _ uniquement ;
- le premier caractère doit être une lettre (majuscule ou minuscule) ;
- on ne peut pas utiliser d'accents ;
- on ne peut pas utiliser d'espaces dans le nom.

Le mieux est encore de vous donner quelques exemples. Les noms `ageZero`, `nom_du_zero` ou encore `NOMBRE_ZEROS` sont tous des noms valides. `AgeZéro` et `_nomzero`, en revanche, ne le sont pas.

À cela s'ajoute une règle supplémentaire, valable pour tout ce que l'on écrit en C++ et pas seulement pour les variables. Le langage fait la différence entre les majuscules et les minuscules. En termes techniques, on dit que C++ est *sensible à la casse*. Donc, `nomZero`, `nomzero`, `NOMZERO` et `NomZeRo` sont tous des noms de variables différents.

Pour des questions de lisibilité, il est important d'utiliser des noms de variables qui décrivent bien ce qu'elles contiennent. On préfèrera donc choisir comme nom de variable `ageUtilisateur` plutôt que `maVar` ou `variable1`. Pour le compilateur, cela ne fait aucune différence. Mais, pour vous et pour les gens qui travailleront avec vous sur le même programme, c'est très important.

Personnellement, j'utilise une « convention » partagée par beaucoup de programmeurs. Dans tous les gros projets regroupant des milliers de programmeurs, on trouve des règles très strictes et parfois difficiles à suivre. Celles que je vous propose ici permettent de garder une bonne lisibilité et surtout, elles vous permettront de bien comprendre tous les exemples dans la suite de ce cours.

- les noms de variables commencent par une minuscule ;
- si le nom se décompose en plusieurs mots, ceux-ci sont collés les uns aux autres ;
- chaque nouveau mot (excepté le premier) commence par une majuscule.

Voyons cela avec des exemples. Prenons le cas d'une variable censée contenir l'âge de l'utilisateur du programme.

- `AgeUtilisateur` : non, car la première lettre est une majuscule ;
- `age_utilisateur` : non, car les mots ne sont pas collés ;
- `ageutilisateur` : non, car le deuxième mot ne commence pas par une majuscule ;
- `maVar` : non, car le nom ne décrit pas ce que contient la variable ;
- `ageUtilisateur` : ok.

Je vous conseille fortement d'adopter la même convention. Rendre son code lisible et facilement compréhensible par d'autres programmeurs est très important.

Les types de variables

Reprenons. Nous avons appris qu'une variable a un nom et un type. Nous savons comment nommer nos variables, voyons maintenant leurs différents types. L'ordinateur aime savoir ce qu'il a dans sa mémoire, il faut donc indiquer quel type d'élément va contenir la variable que nous aimerions utiliser. Est-ce un nombre, un mot, une lettre ? Il faut le spécifier.

Voici donc la liste des types de variables que l'on peut utiliser en C++.

Nom du type	**Ce qu'il peut contenir**
`bool`	Une valeur parmi deux possibles, vrai (`true`) ou faux (`false`).
`char`	Un caractère.
`int`	Un nombre entier.
`unsigned int`	Un nombre entier positif ou nul.
`double`	Un nombre à virgule.
`string`	Une chaîne de caractères, c'est-à-dire un mot ou une phrase.

Si vous tapez un de ces noms de types dans votre IDE, vous devriez voir le mot se colorer. L'IDE l'a reconnu, c'est bien la preuve que je ne vous raconte pas des salades. Le cas de `string` est différent, nous verrons plus loin pourquoi. Je peux vous assurer qu'on va beaucoup en reparler.

Ces types ont des limites de validité, des bornes, c'est-à-dire qu'il y a des nombres qui sont trop grands pour un `int` par exemple. Ces bornes dépendent de votre ordinateur, de votre système d'exploitation et de votre compilateur. Sachez simplement que ces limites sont bien assez grandes pour la plupart des utilisations courantes. Cela ne devrait donc pas vous poser de problème, à moins que vous ne vouliez créer des programmes pour téléphones portables ou pour des micro-contrôleurs, qui ont parfois des bornes plus basses que les ordinateurs. Il existe également d'autres types avec d'autres limites mais ils sont utilisés plus rarement.

Quand on a besoin d'une variable, il faut donc se poser la question du genre de choses qu'elle va contenir. Si vous avez besoin d'une variable pour stocker le nombre de personnes qui utilisent votre programme, alors utilisez un `int` ou `unsigned int`, ; pour stocker le poids d'un gigot, on utilisera un `double` et pour conserver en mémoire le nom de votre meilleur ami, on choisira une chaîne de caractères `string`.

Mais à quoi sert le type `bool` ? Je n'en ai jamais entendu parler.

C'est ce qu'on appelle un **booléen**, c'est-à-dire une variable qui ne peut prendre que deux valeurs, vrai (`true` en anglais) ou faux (`false` en anglais). On les utilise par exemple pour stocker des informations indiquant si la lumière est allumée, si l'utilisateur a le droit d'utiliser une fonctionnalité donnée, ou encore si le mot de passe est correct. Si vous avez besoin de conserver le résultat d'une question de ce genre, alors pensez à ce type de variable.

Déclarer une variable

Assez parlé, il est temps d'entrer dans le vif du sujet et de demander à l'ordinateur de nous prêter un de ses tiroirs. En termes techniques, on parle de **déclaration de variable**.

Il nous faut indiquer à l'ordinateur le type de la variable que nous voulons, son nom et enfin sa valeur. Pour ce faire, c'est très simple : on indique les choses exactement dans l'ordre présenté à la figure 4.2.

TYPE NOM (VALEUR);

FIGURE 4.2 – Syntaxe d'initialisation d'une variable en C++

On peut aussi utiliser la même syntaxe que dans le langage C (figure 4.3).

TYPE NOM = VALEUR ;

FIGURE 4.3 – Syntaxe d'initialisation d'une variable, héritée du C

Les deux versions sont *strictement équivalentes.* Je vous conseille cependant d'utiliser la première pour des raisons qui deviendront claires plus tard. La deuxième version ne sera pas utilisée dans la suite du cours, je vous l'ai présentée ici pour que vous puissiez comprendre les nombreux exemples que l'on peut trouver sur le web et qui utilisent cette version de la déclaration d'une variable.

N'oubliez pas le point-virgule (;) à la fin de la ligne ! C'est le genre de choses que l'on oublie très facilement et le compilateur n'aime pas cela du tout.

Reprenons le morceau de code minimal et ajoutons-y une variable pour stocker l'âge de l'utilisateur.

```
#include <iostream>
using namespace std;

int main()
{
    int ageUtilisateur(16);
    return 0;
}
```

Que se passe-t-il à la ligne 6 de ce programme ? L'ordinateur voit que l'on aimerait lui emprunter un tiroir dans sa mémoire avec les propriétés suivantes :

- il peut contenir des nombres entiers ;
- il a une étiquette indiquant qu'il s'appelle `ageUtilisateur` ;
- il contient la valeur 16.

À partir de cette ligne, vous êtes donc l'heureux possesseur d'un tiroir dans la mémoire de l'ordinateur (figure 4.4).

FIGURE 4.4 – Un tiroir dans la mémoire de l'ordinateur contenant le chiffre 16

Comme nous allons avoir besoin de beaucoup de tiroirs dans la suite du cours, je vous propose d'utiliser des schémas un peu plus simples (figure 4.5). On va beaucoup les utiliser par la suite, il est donc bien de s'y habituer tôt.

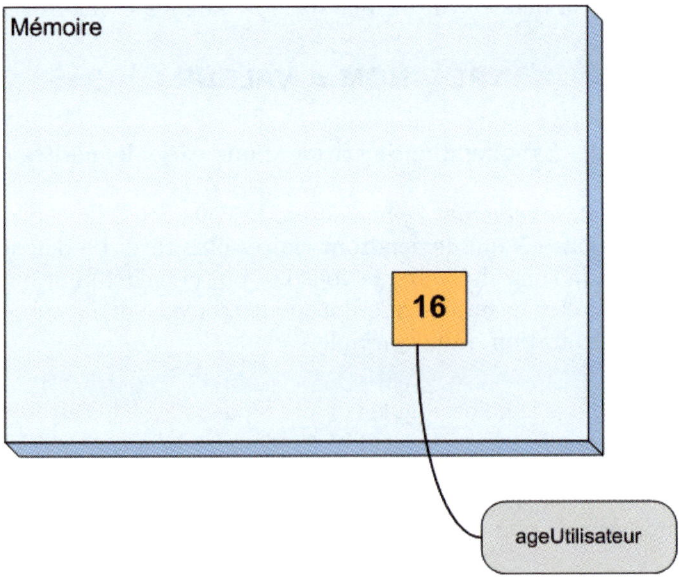

FIGURE 4.5 – Schéma de l'état de la mémoire après la déclaration d'une variable

Je vais vous décrire ce qu'on voit sur le schéma. Le gros rectangle bleu représente la mémoire de l'ordinateur. Pour l'instant, elle est presque vide. Le carré jaune est la zone de mémoire que l'ordinateur nous a prêtée. C'est l'équivalent de notre tiroir. Il contient, comme avant, le nombre 16 et on peut lire le nom `ageUtilisateur` sur l'étiquette qui y est accrochée. Je ne suis pas bon en dessin, donc il faut un peu d'imagination, mais le principe est là.

Ne nous arrêtons pas en si bon chemin. Déclarons d'autres variables.

```
#include <iostream>
using namespace std;

int main()
{
    int ageUtilisateur(16);
    int nombreAmis(432);      //Le nombre d'amis de l'utilisateur

    double pi(3.14159);

    bool estMonAmi(true);    //Cet utilisateur est-il mon ami ?

    char lettre('a');

    return 0;
}
```

Il y a deux choses importantes à remarquer ici. La première est que les variables de type `bool` ne peuvent avoir pour valeur que `true` ou `false`, c'est donc une de ces deux valeurs qu'il faut mettre entre les parenthèses. Le deuxième point à souligner, c'est que, pour le type `char`, il faut mettre la lettre souhaitée entre apostrophes. Il faut écrire `char lettre('a');` et pas `char lettre(a);`. C'est une erreur que tout le monde fait, moi le premier.

Il est toujours bien de mettre un commentaire pour expliquer à quoi va servir la variable.

Je peux donc compléter mon schéma en lui ajoutant nos nouvelles variables (figure 4.6).

Vous pouvez évidemment compiler et tester le programme ci-dessus. Vous constaterez qu'il ne fait strictement rien. J'espère que vous n'êtes pas trop déçus. Il se passe en réalité énormément de choses mais, comme je vous l'ai dit au début, ces opérations sont cachées et ne nous intéressent pas vraiment. En voici quand même un résumé chronologique.

1. votre programme demande au système d'exploitation de lui fournir un peu de mémoire ;
2. l'OS[1] regarde s'il en a encore à disposition et indique au programme quel tiroir utiliser ;
3. le programme écrit la valeur 16 dans la case mémoire ;
4. il recommence ensuite pour les quatre autres variables ;

1. Operating System ou, en français, système d'exploitation.

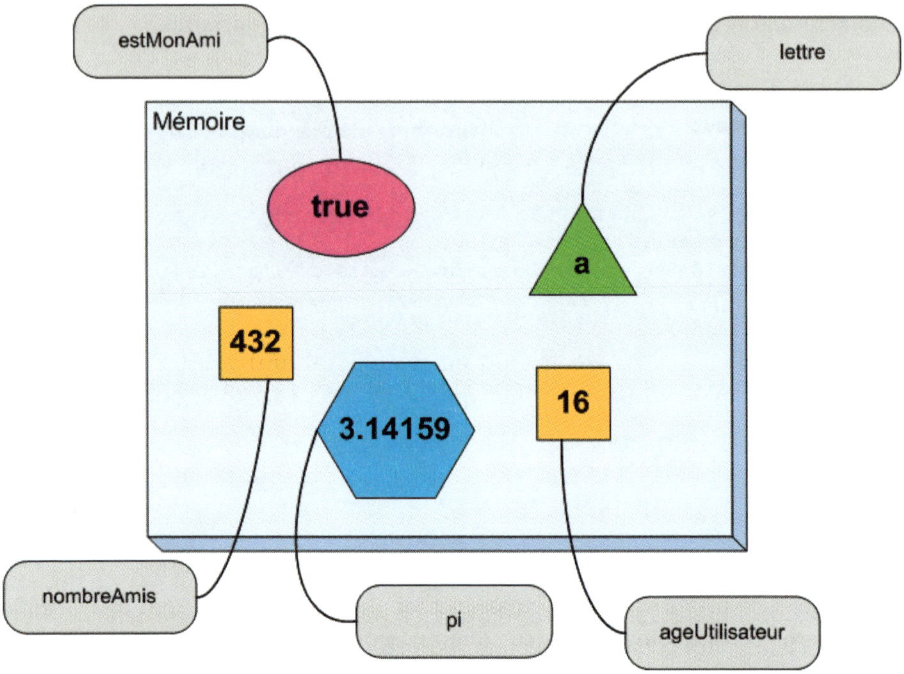

FIGURE 4.6 – Schéma de l'état de la mémoire après plusieurs déclarations

5. en arrivant à la dernière ligne, le programme vide ses tiroirs et les rend à l'ordinateur.

Et tout cela sans que rien ne se passe du tout à l'écran ! C'est normal, on n'a nulle part indiqué qu'on voulait afficher quelque chose.

Le cas des `strings`

Les chaînes de caractères sont un petit peu plus complexes à déclarer mais rien d'insurmontable, je vous rassure. La première chose à faire est d'ajouter une petite ligne au début de votre programme. Il faut, en effet, indiquer au compilateur que nous souhaitons utiliser des `strings`. Sans cela, il n'inclurait pas les outils nécessaires à leur gestion. La ligne à ajouter est `#include <string>`.

Voici ce que cela donne.

```
#include <iostream>
#include <string>
using namespace std;

int main()
{
```

```
    string nomUtilisateur("Albert Einstein");
    return 0;
}
```

L'autre différence se situe au niveau de la déclaration elle-même. Comme vous l'avez certainement constaté, j'ai placé des guillemets autour de la valeur. Un peu comme pour les `char` mais, cette fois, ce sont des guillemets doubles (`"`) et pas juste des apostrophes (`'`). D'ailleurs votre IDE devrait colorier les mots `"Albert Einstein"` d'une couleur différente du `'a'` de l'exemple précédent. Confondre `'` et `"` est une erreur, là encore, très courante qui fera hurler de douleur votre compilateur. Mais ne vous en faites pas pour lui, il en a vu d'autres.

Une astuce pour gagner de la place

Avant de passer à la suite, il faut que je vous présente une petite astuce utilisée par certains programmeurs. Si vous avez plusieurs variables du *même type* à déclarer, vous pouvez le faire sur une seule ligne en les séparant par une virgule (`,`). Voici comment :

```
int a(2),b(4),c(-1);  //On déclare trois cases mémoires nommées a, b et c et
↪ qui contiennent respectivement les valeurs 2, 4 et -1

string prenom("Albert"), nom("Einstein"); //On déclare deux cases pouvant
↪ contenir des chaînes de caractères
```

Ça peut être pratique quand on a besoin de beaucoup de variables d'un coup. On économise la répétition du type à chaque variable. Mais je vous déconseille quand même de trop abuser de cette astuce : le programme devient moins lisible et moins compréhensible.

Déclarer sans initialiser

Maintenant que nous avons vu le principe général, il est temps de plonger un petit peu plus dans les détails.

Lors de la déclaration d'une variable, votre programme effectue en réalité deux opérations successives.

1. Il demande à l'ordinateur de lui fournir une zone de stockage dans la mémoire. On parle allors d'**allocation** de la variable.
2. Il remplit cette case avec la valeur fournie. On parle alors d'**initialisation** de la variable.

Ces deux étapes s'effectuent automatiquement et sans que l'on ait besoin de rien faire. Voilà pour la partie vocabulaire de ce chapitre.

Il arrive parfois que l'on ne sache pas quelle valeur donner à une variable lors de sa déclaration. Il est alors possible d'effectuer uniquement l'allocation sans l'initialisation. Il suffit d'indiquer le **type** et le **nom** de la variable sans spécifier de valeur (figure 4.7).

TYPE NOM ;

FIGURE 4.7 – Déclaration d'une variable sans initialisation

Et sous forme de code C++ complet, voilà ce que cela donne :

```
#include <iostream>
#include <string>
using namespace std;

int main()
{
    string nomJoueur;
    int nombreJoueurs;
    bool aGagne;         //Le joueur a-t-il gagné ?

    return 0;
}
```

Une erreur courante est de mettre des parenthèses vides après le nom de la variable, comme ceci : `int nombreJoueurs()`. C'est incorrect, il ne faut *pas* mettre de parenthèses, juste le type et le nom.

Simple non ? Je savais que cela allait vous plaire. Et je vous offre même un schéma en bonus (figure 4.8) !

On a bien trois cases dans la mémoire et les trois étiquettes correspondantes. La chose nouvelle est que l'on ne sait pas ce que contiennent ces trois cases. Nous verrons dans le chapitre suivant comment modifier le contenu d'une variable et donc remplacer ces points d'interrogation par d'autres valeurs plus intéressantes.

Je viens de vous montrer comment déclarer des variables sans leur donner de valeur initiale. Je vous conseille par contre de *toujours initialiser* vos variables. Ce que je vous ai montré là n'est à utiliser que dans les cas où l'on ne sait vraiment pas quoi mettre comme valeur, ce qui est très rare.

Il est temps d'apprendre à effectuer quelques opérations avec nos variables parce que vous en conviendrez, pour l'instant, on n'a pas appris grand chose d'utile. Notre écran est resté désespérément vide.

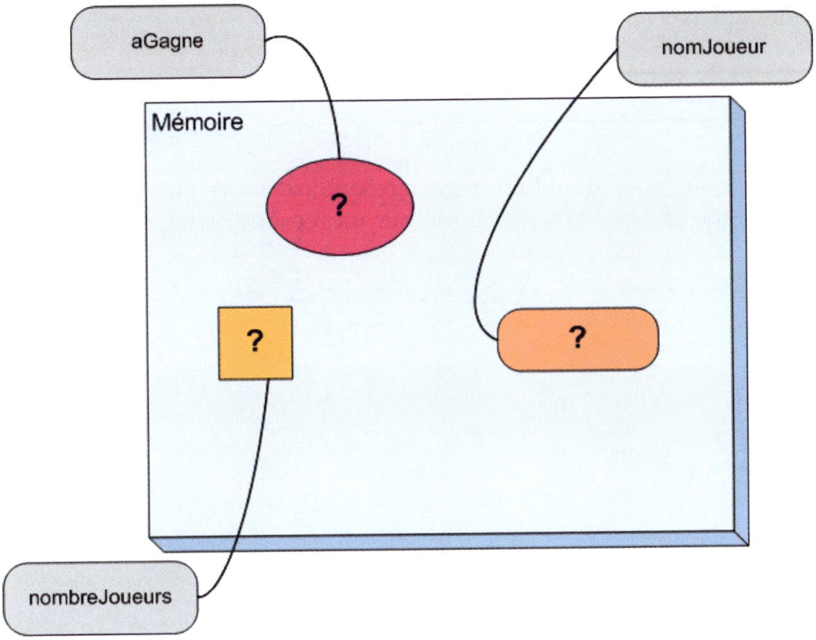

FIGURE 4.8 – La mémoire après avoir alloué 3 variables sans les initialiser

Afficher la valeur d'une variable

Au chapitre précédent, vous avez appris à afficher du texte à l'écran. J'espère que vous vous souvenez encore de ce qu'il faut faire.

Oui, c'est bien cela. Il faut utiliser `cout` et les chevrons («). Parfait. En effet, pour afficher le contenu d'une variable, c'est la même chose. À la place du texte à afficher, on met simplement le nom de la variable.

```
cout << ageUtilisateur;
```

Facile non ?

Prenons un exemple complet pour essayer.

```
#include <iostream>
using namespace std;

int main()
{
    int ageUtilisateur(16);
    cout << "Votre age est : ";
    cout << ageUtilisateur;
    return 0;
}
```

Une fois compilé, ce code affiche ceci à l'écran :

```
Votre age est : 16
```

Exactement ce que l'on voulait ! On peut même faire encore plus simple : tout mettre sur une seule ligne ! Et on peut même ajouter un retour à la ligne à la fin.

> Pensez à mettre un espace à la fin du texte. Ainsi, la valeur de votre variable sera détachée du texte lors de l'affichage.

```cpp
#include <iostream>
using namespace std;

int main()
{
    int ageUtilisateur(16);
    cout << "Votre age est : " << ageUtilisateur << endl;
    return 0;
}
```

Et on peut même afficher le contenu de plusieurs variables à la fois.

```cpp
#include <iostream>
#include <string>
using namespace std;

int main()
{
    int qiUtilisateur(150);
    string nomUtilisateur("Albert Einstein");

    cout << "Vous vous appelez " << nomUtilisateur << " et votre QI vaut " <<
↪ qiUtilisateur << endl;
    return 0;
}
```

Ce qui affiche le résultat escompté.

```
Vous vous appelez Albert Einstein et votre QI vaut 150
```

Mais je pense que vous n'en doutiez pas vraiment. Nous verrons au prochain chapitre comment faire le contraire, c'est-à-dire récupérer la saisie d'un utilisateur et la stocker dans une variable.

Les références

Avant de terminer ce chapitre, il nous reste une notion importante à voir. Il s'agit des **références**. Je vous ai expliqué au tout début de ce chapitre qu'une variable pouvait être considérée comme une case mémoire avec une étiquette portant son nom. Dans la vraie vie, on peut très bien mettre plusieurs étiquettes sur un objet donné. En C++, c'est la même chose, on peut coller une deuxième (troisième, dixième, etc.) étiquette à une case mémoire. On obtient alors un deuxième moyen d'accéder à la *même* case mémoire. Un petit peu comme si on donnait un surnom à une variable en plus de son nom normal. On parle parfois d'**alias**, mais le mot correct en C++ est **référence**.

Schématiquement, on peut se représenter une référence comme à la figure 4.9.

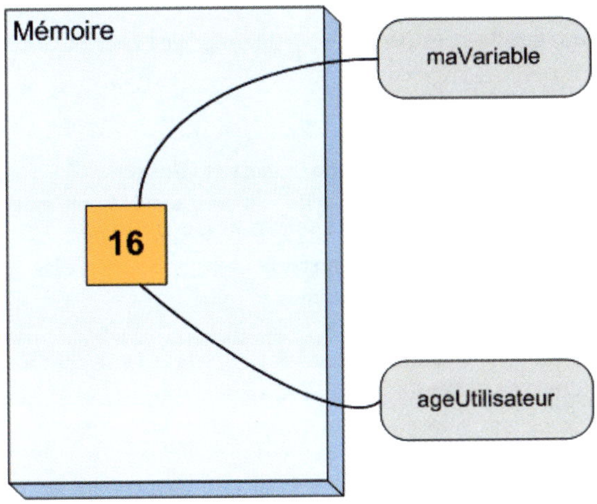

FIGURE 4.9 – Une variable et une référence sur cette variable

On a une seule case mémoire mais deux étiquettes qui lui sont accrochées.

Au niveau du code, on utilise une esperluette (&) pour déclarer une référence sur une variable. Voyons cela avec un petit exemple.

```
int ageUtilisateur(16);    //Déclaration d'une variable.

int& maVariable(ageUtilisateur); //Déclaration d'une référence nommée
↪ maVariable qui est accrochée à la variable ageUtilisateur
```

AÀ la ligne 1, on déclare une case mémoire nommée `ageUtilisateur` dans laquelle on met le nombre 16. Et à la ligne 3, on accroche une deuxième étiquette à cette case mémoire. On a donc dorénavant deux moyens d'accéder au même espace dans la mémoire de notre ordinateur.

On dit que `maVariable` *fait référence* à `ageUtilisateur`.

La référence doit impérativement être du même type que la variable à laquelle elle est accrochée ! Un `int&` ne peut faire référence qu'à un `int`, de même qu'un `string&` ne peut être associé qu'à une variable de type `string`.

Essayons pour voir. On peut afficher l'âge de l'utilisateur comme d'habitude *et via* une référence.

```
#include <iostream>
using namespace std;

int main()
{
    int ageUtilisateur(18); //Une variable pour contenir l'âge de l'utilisateur

    int& maReference(ageUtilisateur); //Et une référence sur la variable
↪ 'ageUtilisateur'

    //On peut utiliser à partir d'ici
    //'ageUtilisateur' ou 'maReference' indistinctement
    //Puisque ce sont deux étiquettes de la même case en mémoire

    cout << "Vous avez " << ageUtilisateur << "  ans. (via variable)" << endl;
    //On affiche, de la manière habituelle

    cout << "Vous avez " << maReference << " ans. (via reference)" << endl;
    //Et on affiche en utilisant la référence

    return 0;
}
```

Ce qui donne évidemment le résultat escompté.

```
Vous avez 18 ans. (via variable)
Vous avez 18 ans. (via reference)
```

Une fois qu'elle a été déclarée, on peut manipuler la référence comme si on manipulait la variable elle-même. Il n'y a *aucune différence* entre les deux.

Euh... Mais à quoi est-ce que cela peut bien servir ?

Bonne question ! C'est vrai que, dans l'exemple que je vous ai donné, on peut très bien s'en passer. Mais imaginez que l'on ait besoin de cette variable dans deux parties très différentes du programme, des parties créées par différents programmeurs. Dans une des parties, un des programmeurs va s'occuper de la déclaration de la variable alors que l'autre programmeur va juste l'afficher. Ce deuxième programmeur aura juste besoin d'un accès à la variable et un alias sera donc suffisant. Pour l'instant, cela vous paraît très abstrait et inutile ? Il faut juste savoir que c'est un des éléments importants du C++ qui apparaîtra à de très nombreuses reprises dans ce cours. Il est donc essentiel de se familiariser avec la notion avant de devoir l'utiliser dans des cas plus compliqués.

En résumé

- Une variable est une information stockée en mémoire.
- Il existe différents types de variables en fonction de la nature de l'information à stocker : `int`, `char`, `bool`...
- Une variable doit être déclarée avant utilisation. Exemple : `int ageUtilisateur(16);`
- La valeur d'une variable peut être affichée à tout moment avec `cout`.
- Les références sont des étiquettes qui permettent d'appeler une variable par un autre nom. Exemple : `int& maReference(ageUtilisateur);`

Chapitre 5

Une vraie calculatrice

Difficulté :

J'ai commencé à vous parler de variables au chapitre précédent en vous présentant la mémoire d'une calculatrice. Un ordinateur étant une super-super-super-calculatrice, on doit pouvoir lui faire faire des calculs et pas uniquement sauvegarder des données. J'espère que cela vous intéresse, parce que c'est ce que je vais vous apprendre à faire.

Nous allons commencer en douceur avec la première tâche qu'on effectue sur une calculette. Vous voyez de quoi je veux parler ? Oui c'est cela, écrire des nombres pour les mettre dans la machine. Nous allons donc voir comment demander des informations à l'utilisateur et comment les stocker dans la mémoire. Nous aurons donc besoin de... variables !

Dans un deuxième temps, je vais vous présenter comment effectuer de petits calculs. Finalement, comme vous savez déjà comment afficher un résultat, vous pourrez mettre tout votre savoir en action avec un petit exercice.

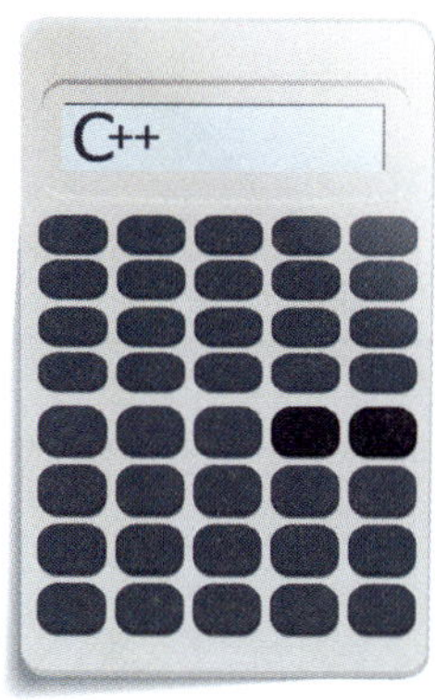

Demander des informations à l'utilisateur

Au chapitre précédent, je vous ai expliqué comment afficher des variables dans la console. Voyons maintenant comment faire le contraire, c'est-à-dire demander des informations à l'utilisateur pour les stocker dans la mémoire.

Lecture depuis la console

Vous l'aurez remarqué, le C++ utilise beaucoup de mots tirés de l'anglais. C'est notamment le cas pour le flux sortant `cout`, qui doit se lire « c-out ». Ce qui est bien, c'est qu'on peut immédiatement en déduire le nom du flux entrant. Avec `cout`, les données sortent du programme, d'où l'élément `out`. Le contraire de `out` en anglais étant `in`, qui signifie « vers l'intérieur », on utilise `cin` pour faire entrer des informations dans le programme. `cin` se décompose aussi sous la forme « c-in » et se prononce « si-inne ». C'est important pour les soirées entre programmeurs.

Ce n'est pas tout ! Associés à `cout`, il y avait les chevrons (≪). Dans le cas de `cin`, il y en a aussi, mais *dans l'autre sens* (≫).

Voyons ce que cela donne avec un premier exemple.

```
#include <iostream>
using namespace std;

int main()
{
    cout << "Quel age avez-vous ?" << endl;

    int ageUtilisateur(0); //On prepare une case mémoire pour stocker un entier

    cin >> ageUtilisateur; //On fait entrer un nombre dans cette case

    cout << "Vous avez " << ageUtilisateur << " ans !" <<  endl; //Et on
↪ l'affiche

    return 0;
}
```

Je vous invite à tester ce programme. Voici ce que cela donne avec mon âge :

```
Quel age avez-vous ?
23
Vous avez 23 ans !
```

Que s'est-il passé exactement ?

Le programme a affiché le texte `Quel age avez-vous ?`. Jusque-là, rien de bien sorcier. Puis, comme on l'a vu précédemment, à la ligne 8, le programme demande à l'ordinateur une case mémoire pour stocker un `int` et il baptise cette case `ageUtilisateur`. Ensuite, cela devient vraiment intéressant. L'ordinateur affiche un curseur blanc clignotant et attend que l'utilisateur écrive quelque chose. Quand celui-ci a terminé et appuyé sur la touche `Entrée` de son clavier, le programme prend ce qui a été écrit et le place dans la case mémoire `ageUtilisateur` *à la place* du 0 qui s'y trouvait. Finalement, on retombe sur quelque chose de connu, puisque le programme affiche une petite phrase et le contenu de la variable.

Une astuce pour les chevrons

Il arrive souvent que l'on se trompe dans le sens des chevrons. Vous ne seriez pas les premiers à écrire `cout »` ou `cin «`, ce qui est faux. Pour se souvenir du sens correct, je vous conseille de considérer les chevrons comme si c'étaient des flèches indiquant la direction dans laquelle les données se déplacent. Depuis la variable vers `cout` ou depuis `cin` vers votre variable.

Le mieux est de prendre un petit schéma magique (figure 5.1).

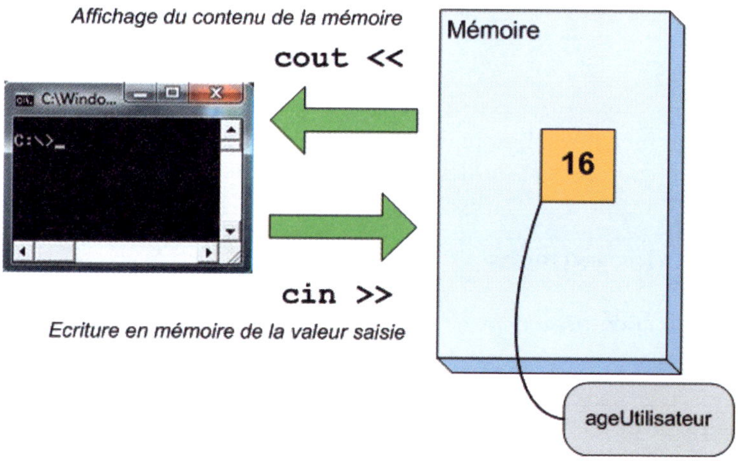

FIGURE 5.1 – Schéma mnémotechnique indiquant le sens à utiliser pour les chevrons

Quand on affiche la valeur d'une variable, les données sortent du programme, on utilise donc une flèche allant de la variable vers `cout`. Quand on demande une information à l'utilisateur, c'est le contraire, la valeur vient de `cin` et va dans la variable.

Avec cela, plus moyen de se tromper !

D'autres variables

Évidemment, ce que je vous ai présenté marche aussi avec d'autres types de variables. Voyons cela avec un petit exemple.

```
#include <iostream>
#include <string>
using namespace std;

int main()
{
    cout << "Quel est votre prenom ?" << endl;
    string nomUtilisateur("Sans nom"); //On crée une case mémoire pour contenir
↪ une chaine de caractères
    cin >> nomUtilisateur; //On remplit cette case avec ce qu'écrit
↪ l'utilisateur

    cout << "Combien vaut pi ?" << endl;
    double piUtilisateur(-1.); //On crée une case mémoire pour stocker
↪ un nombre réel
    cin >> piUtilisateur; //Et on remplit cette case avec ce qu'écrit
↪ l'utilisateur

    cout << "Vous vous appelez " << nomUtilisateur << " et vous pensez que pi
↪ vaut " << piUtilisateur << "." << endl;

    return 0;
}
```

Je crois que je n'ai même pas besoin de donner d'explications. Je vous invite néanmoins à tester pour bien comprendre en détail ce qui se passe.

Le problème des espaces

Avez-vous testé le code précédent en mettant vos nom et prénom ? Regardons ce que cela donne.

```
Quel est votre prenom ?
Albert Einstein
Combien vaut pi ?
Vous vous appelez Albert et vous pensez que pi vaut 0.
```

L'ordinateur n'a rien demandé pour pi et le nom de famille a disparu ! Que s'est-il passé ?

C'est un problème d'espaces. Quand on appuie sur la touche `Entrée`, l'ordinateur copie ce qui a été écrit par l'utilisateur dans la case mémoire. Mais il s'arrête au premier **espace** ou **retour à la ligne**. Quand il s'agit d'un nombre, cela ne pose pas de problème puisqu'il n'y a pas d'espace dans les nombres. Pour les `string`, la question se pose. Il peut très bien y avoir un espace dans une chaîne de caractères. Et donc l'ordinateur va couper au mauvais endroit, c'est-à-dire après le premier mot. Et comme il n'est pas très malin, il va croire que le nom de famille correspond à la valeur de pi !

En fait, il faudrait pouvoir récupérer toute la ligne plutôt que seulement le premier mot. Et si je vous le propose, c'est qu'il y a une solution pour le faire ! Il faut utiliser la **fonction** `getline()`. Nous verrons plus loin ce que sont exactement les fonctions mais, pour l'instant, voyons comment faire dans ce cas particulier.

Il faut remplacer la ligne `cin >> nomUtilisateur;` par un `getline()`.

```
#include <iostream>
#include <string>
using namespace std;

int main()
{
    cout << "Quel est votre nom ?" << endl;
    string nomUtilisateur("Sans nom"); //On crée une case mémoire pour contenir une chaine de caractères
    getline(cin, nomUtilisateur); //On remplit cette case avec toute la ligne que l'utilisateur a écrit

    cout << "Combien vaut pi ?" << endl;
    double piUtilisateur(-1.); //On crée une case mémoire pour stocker un nombre réel
    cin >> piUtilisateur; //Et on remplit cette case avec ce qu'écrit l'utilisateur

    cout << "Vous vous appelez " << nomUtilisateur << " et vous pensez que pi vaut " << piUtilisateur << "." << endl;

    return 0;
}
```

On retrouve les mêmes éléments qu'auparavant. Il y a `cin` et il y a le nom de la variable (`nomUtilisateur`) sauf que, cette fois, ces deux éléments se retrouvent encadrés par des parenthèses et séparés par une virgule au lieu des chevrons.

L'ordre des éléments entre les parenthèses est très important. Il faut absolument mettre cin en premier !

Cette fois le nom ne sera pas tronqué lors de la lecture et notre ami Albert pourra utiliser notre programme sans soucis.

```
Quel est votre nom ?
Albert Einstein
Combien vaut pi ?
3.14
Vous vous appelez Albert Einstein et vous pensez que pi vaut 3.14.
```

Demander d'abord la valeur de pi

Si l'on utilise d'abord `cin »` puis `getline()`, par exemple pour demander la valeur de pi avant de demander le nom, le code ne fonctionne pas. L'ordinateur ne demande pas son nom à l'utilisateur et affiche n'importe quoi. Pour pallier ce problème, il faut ajouter la ligne `cin.ignore()` après l'utilisation des chevrons.

```
#include <iostream>
#include <string>
using namespace std;

int main()
{
    cout << "Combien vaut pi ?" << endl;
    double piUtilisateur(-1.); //On crée une case mémoire pour stocker un
↪ nombre réel
    cin >> piUtilisateur; //Et on remplit cette case avec ce qu'écrit
↪ l'utilisateur

    cin.ignore();

    cout << "Quel est votre nom ?" << endl;
    string nomUtilisateur("Sans nom"); //On crée une case mémoire pour contenir
↪ une chaine de caractères
    getline(cin, nomUtilisateur); //On remplit cette case avec toute la ligne
↪ que l'utilisateur a écrit

    cout << "Vous vous appelez " << nomUtilisateur << " et vous pensez que pi
↪ vaut " << piUtilisateur << "." << endl;

    return 0;
}
```

Avec cela, plus de souci. Quand on mélange l'utilisation des chevrons et de `getline()`, il faut toujours placer l'instruction `cin.ignore()` après la ligne `cin»a`. C'est une règle à apprendre.

Voyons maintenant ce que l'on peut faire avec des variables, par exemple additionner deux nombres.

Modifier des variables

Changer le contenu d'une variable

Je vous ai expliqué dans l'introduction de ce chapitre que la mémoire de l'ordinateur ressemble, dans sa manière de fonctionner, à celle d'une calculatrice. Ce n'est pas la seule similitude. On peut évidemment effectuer des opérations de calcul sur un ordinateur. Et cela se fait en utilisant des variables.

Commençons par voir comment modifier le contenu d'une variable. On utilise le symbole = pour effectuer un changement de valeur. Si j'ai une variable de type `int` dont je veux modifier le contenu, j'écris le nom de ma variable suivi du symbole = et enfin de la nouvelle valeur. C'est ce qu'on appelle l'**affectation d'une variable**.

```
int unNombre(0); //Je crée une case mémoire nommée 'unNombre' et qui contient le nombre 0

unNombre = 5; //Je mets 5 dans la case mémoire 'unNombre'
```

On peut aussi directement affecter le contenu d'une variable à une autre

```
int a(4), b(5); //Déclaration de deux variables

a = b; //Affectation de la valeur de 'b' à 'a'.
```

Que se passe-t-il exactement ?

Quand il arrive à la ligne 3 du code précédent, l'ordinateur lit le contenu de la case mémoire nommée `b`, soit le nombre 5. Il ouvre ensuite la case dont le nom est `a` et y écrit la valeur 5 en remplaçant le 4 qui s'y trouvait. Voyons cela avec un schéma (figure 5.2).

On peut d'ailleurs afficher le contenu des deux variables pour vérifier.

```
#include <iostream>
using namespace std;

int main()
{
    int a(4), b(5); //Déclaration de deux variables

    cout << "a vaut : " << a << " et b vaut : " << b << endl;

    cout << "Affectation !" << endl;
    a = b; //Affectation de la valeur de 'b' à 'a'.
```

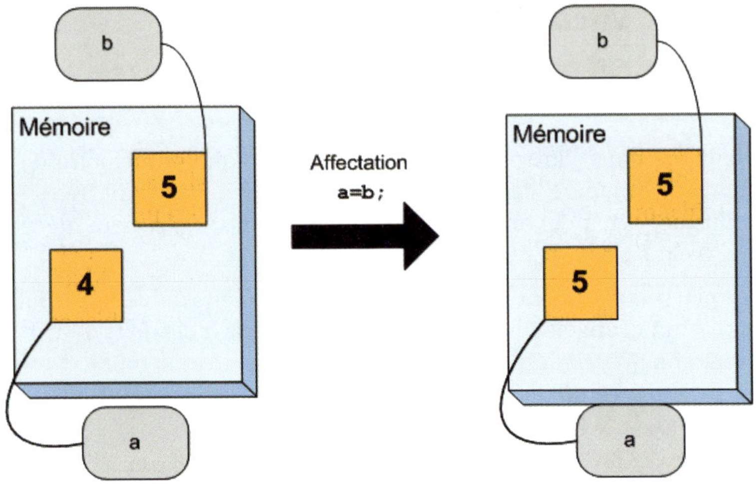

FIGURE 5.2 – Affectation d'une variable à une autre

```
    cout << "a vaut : " << a << " et b vaut : " << b << endl;

    return 0;
}
```

Avez-vous testé ? Non ? N'oubliez pas qu'il est important de tester les codes proposés pour bien comprendre. Bon, comme je suis gentil, je vous donne le résultat.

```
a vaut : 4 et b vaut : 5
Affectation !
a vaut : 5 et b vaut : 5
```

Exactement ce que je vous avais prédit.

La valeur de b n'a pas changé ! Il est important de se rappeler que, lors d'une affectation, seule la variable *à gauche* du symbole = est modifiée. Cela ne veut pas dire que les deux variables sont égales ! Juste que le contenu de celle de droite est copié dans celle de gauche.

C'est un bon début mais on est encore loin d'une calculatrice. Il nous manque... les opérations !

Une vraie calculatrice de base !

Commençons avec l'opération la plus simple : l'addition bien sûr. Et je pense que je ne vais pas trop vous surprendre en vous disant qu'on utilise le symbole +.

C'est vraiment très simple à faire :

```
int a(5), b(8), resultat(0);

resultat = a + b; //Et hop une addition pour la route!
```

Comme c'est votre première opération, je vous décris ce qui se passe précisément. À la ligne 1, le programme crée dans la mémoire trois cases, dénommées `a`, `b` et `resultat`. Il remplit également ces cases respectivement avec les valeurs 5, 8 et 0. Tout cela, on commence à connaître. On arrive ensuite à la ligne 3. L'ordinateur voit qu'il doit modifier le contenu de la variable `resultat`. Il regarde alors ce qu'il y a de l'autre côté du symbole = et il remarque qu'il doit faire la somme des contenus des cases mémoire `a` et `b`. Il regarde alors le contenu de `a` et de `b` *sans le modifier*, effectue le calcul et écrit la somme dans la variable `resultat`. Tout cela en un éclair. Pour calculer, l'ordinateur est un vrai champion.

Si vous voulez, on peut même vérifier que cela fonctionne.

```
#include <iostream>
using namespace std;

int main()
{
  int resultat(0), a(5), b(8);

  resultat = a + b;

  cout << "5 + 8 = " << resultat << endl;
  return 0;
}
```

Sur votre écran vous devriez voir :

```
5 + 8 = 13
```

Ce n'est pas tout, il existe encore quatre autres opérations. Je vous ai mis un résumé des possibilités dans un tableau récapitulatif.

Opération	**Symbole**	**Exemple**
Addition	+	`resultat = a + b;`
Soustraction	-	`resultat = a - b;`
Multiplication	*	`resultat = a * b;`
Division	/	`resultat = a / b;`
Modulo	%	`resultat = a % b;`

Mais qu'est-ce que le modulo ? Je n'ai pas vu cela à l'école.

Je suis sûr que si, mais pas forcément sous ce nom là. Il s'agit en fait du reste de la division entière. Par exemple, si vous ressortez vos cahiers d'école, vous devriez retrouver des calculs tels que 13 divisé par 3. On obtient un nombre entier dénommé « quotient » (en l'occurrence, il vaut 4 mais, comme 13 n'est pas un multiple de 3, il faut compléter $3 * 4$ par quelque chose (ici, 1) pour obtenir exactement 13. C'est ce « quelque chose » qu'on appelle le reste de la division. Avec notre exemple, on peut donc écrire $13 = 4 * 3 + 1$, c'est-à-dire $13 = quotient * 3 + reste$. L'opérateur modulo calcule ce reste de la division. Peut-être en aurez-vous besoin un jour.

Cet opérateur n'existe que pour les nombres entiers !

À partir des opérations de base, on peut tout à fait écrire des expressions mathématiques plus complexes qui nécessitent plusieurs variables. On peut également utiliser des parenthèses si nécessaire.

```
int a(2), b(4), c(5), d; //Quelques variables
d = ((a+b) * c ) - c; //Un calcul compliqué !
```

La seule limite est votre imagination. Toute expression valide en maths l'est aussi en C++.

Les constantes

Je vous ai présenté comment modifier des variables. J'espère que vous avez bien compris ! Parce qu'on va faire le contraire, en quelque sorte. Je vais vous montrer comment déclarer des variables non modifiables.

En termes techniques, on parle de **constantes**. Cela fait beaucoup de termes techniques pour un seul chapitre mais je vous promets que, dans la suite, cela va se calmer.

Euh, mais à quoi peuvent bien servir des variables non modifiables ?

Ah, je savais que vous alliez poser cette question. Je vous ai donc préparé une réponse aux petits oignons.

Prenons le futur jeu vidéo révolutionnaire que vous allez créer. Comme vous êtes très forts, je pense qu'il y aura plusieurs niveaux, disons 10. Eh bien ce nombre de niveaux ne va jamais changer durant l'exécution du programme. Entre le moment où l'utilisateur lance le jeu et le moment où il le quitte, il y a en permanence 10 niveaux dans votre jeu.

Ce nombre est constant. En C++, on pourrait donc créer une variable `nombreNiveaux` qui serait une constante.

Ce n'est, bien sûr, pas le seul exemple. Pensez à une calculatrice, qui aura besoin de la constante π, ou bien à un jeu dans lequel les personnages tombent et où il faudra utiliser la constante d'accélération de la pesanteur $g = 9.81$, et ainsi de suite. Ces valeurs ne vont jamais changer. π vaudra toujours 3.14 et l'accélération sur Terre est partout identique. Ce sont des constantes. On peut même ajouter que ce sont des constantes dont on connaît la valeur lors de la rédaction du code source.

Mais ce n'est pas tout. Il existe aussi des variables dont la valeur ne change jamais mais dont on ne connaît pas la valeur à l'avance. Prenons le résultat d'une opération dans une calculatrice. Une fois que le calcul est effectué, le résultat ne change plus. La variable qui contient le résultat est donc une constante.

Voyons donc comment déclarer une telle variable.

Déclarer une constante

C'est très simple. On déclare une variable normale et on ajoute le mot-clé `const` entre le type et le nom.

```
int const nombreNiveaux(10);
```

Cela marche bien sûr avec tous les types de variables.

```
string const motDePasse("wAsTZsaswQ"); //Le mot de passe secret
double const pi(3.14);
unsigned int const pointsDeVieMaximum(100); //Le nombre maximal de points de vie
```

Je pourrais continuer encore longtemps mais je pense que vous avez saisi le principe. Vous n'êtes pas des futurs génies de l'informatique pour rien.

> Déclarez toujours `const` tout ce qui peut l'être. Cela permet non seulement d'éviter des erreurs d'inattention lorsque l'on programme, mais cela peut aussi aider le compilateur à créer un programme plus efficace.

Vous verrez, on reparlera des constantes dans les prochains chapitres. En attendant, préparez-vous pour votre premier exercice.

Un premier exercice

Je crois qu'on a enfin toutes les clés en main pour réaliser votre premier vrai programme. Dans l'exemple précédent, le programme effectuait l'addition de deux nombres fixés à l'avance. Il serait bien mieux de demander à l'utilisateur quels nombres il veut additionner ! Voilà donc le sujet de notre premier exercice : demander deux nombres à l'utilisateur, calculer la somme de ces deux nombres et finalement afficher le résultat. Rassurez-vous, je vais vous aider, mais je vous invite à essayer par vous-mêmes avant de regarder la solution. C'est le meilleur moyen d'apprendre.

Dans un premier temps, il faut toujours réfléchir aux variables qu'il va falloir utiliser dans le code.

De quoi avons-nous besoin ici ?

Il nous faut une variable pour stocker le premier nombre entré par l'utilisateur et une autre pour stocker le deuxième. En se basant sur l'exemple précédent, on peut simplement appeler ces deux cases mémoires `a` et `b`. Ensuite, on doit se poser la question du **type** des variables. Nous voulons faire des calculs, il nous faut donc opter pour des `int`, `unsigned int` ou `double` selon les nombres que nous voulons utiliser. Je vote pour `double` afin de pouvoir utiliser des nombres à virgule.

On peut donc déjà écrire un bout de notre programme, c'est-à-dire la structure de base et la déclaration des variables.

```
#include <iostream>
using namespace std;

int main()
{
   double a(0), b(0); //Déclaration des variables utiles

   //...
   return 0;
}
```

L'étape suivante consiste à demander des nombres à l'utilisateur. Je pense que vous vous en souvenez encore, cela se fait grâce à `cin »`. On peut donc aller plus loin et écrire :

```
#include <iostream>
using namespace std;

int main()
{
   double a(0), b(0); //Déclaration des variables utiles

   cout << "Bienvenue dans le programme d'addition a+b !" << endl;

   cout << "Donnez une valeur pour a : "; //On demande le premier nombre
   cin >> a;

   cout << "Donnez une valeur pour b : "; //On demande le deuxième nombre
```

```
    cin >> b;

    //...

    return 0;
}
```

Il ne nous reste plus qu'à effectuer l'addition et afficher le résultat. Il nous faut donc une variable. Comme le résultat du calcul ne va pas changer, nous pouvons (et même devons) déclarer cette variable comme une constante. Nous allons remplir cette constante, que j'appelle `resultat`, avec le résultat du calcul. Finalement, pour effectuer l'addition, c'est bien sûr le symbole + qu'il va falloir utiliser.

```
#include <iostream>
using namespace std;

int main()
{
    double a(0), b(0); //Déclaration des variables utiles

    cout << "Bienvenue dans le programme d'addition a+b !" << endl;

    cout << "Donnez une valeur pour a : "; //On demande le premier nombre
    cin >> a;

    cout << "Donnez une valeur pour b : "; //On demande le deuxième nombre
    cin >> b;

    double const resultat(a + b); //On effectue l'opération

    cout << a << " + " << b << " = " << resultat << endl;
    //On affiche le résultat

    return 0;
}
```

Mmmh, cela a l'air rudement bien tout cela ! Compilons et testons pour voir.

```
Bienvenue dans le programme d'addition a+b !
Donnez une valeur pour a : 123.784
Donnez une valeur pour b : 51.765
123.784 + 51.765 = 175.549
```

Magnifique ! Exactement ce qui était prévu !

Bon, j'ai assez travaillé. À vous maintenant de programmer. Je vous propose de vous entraîner en modifiant cet exercice. Voici quelques idées :

- calculer le produit de `a` et `b` plutôt que leur somme ;

- faire une opération plus complexe comme $a * b + c$;
- demander deux nombres entiers et calculer leur quotient et le reste de la division.

Bon courage et amusez-vous bien !

Les raccourcis

Après cet exercice, vous savez manipuler toutes les opérations de base. C'est peut-être surprenant pour vous mais il n'en existe pas d'autre ! Avec ces 5 opérations, on peut tout faire, même des jeux vidéo comme ceux présentés dans le chapitre d'introduction.

Il existe quand même quelques variantes qui, j'en suis sûr, vont vous plaire.

L'incrémentation

Une des opérations les plus courantes en informatique consiste à ajouter « 1 » à une variable. Pensez par exemple aux cas suivants :

- passer du niveau 4 au niveau 5 de votre jeu ;
- augmenter le nombre de points de vie du personnage ;
- ajouter un joueur à la partie ;
- etc.

Cette opération est tellement courante qu'elle porte un nom spécial. On parle en réalité d'**incrémentation**. Avec vos connaissances actuelles, vous savez déjà comment incrémenter une variable.

```
int nombreJoueur(4); //Il y a 4 joueurs dans la partie
nombreJoueur = nombreJoueur + 1; //On en ajoute un
//À partir d'ici, il y a 5 joueurs
```

Bien ! Mais comme je vous l'ai dit, les informaticiens sont des fainéants et la deuxième ligne de ce code est un peu trop longue à écrire. Les créateurs du C++ ont donc inventé une notation spéciale pour ajouter 1 à une variable. Voici comment.

```
int nombreJoueur(4); //Il y a 4 joueurs dans la partie
++nombreJoueur;
//À partir d'ici, il y a 5 joueurs
```

On utilise le symbole ++. On écrit ++ suivi du nom de la variable et on conclut par le point-virgule habituel. Ce code a *exactement le même effet* que le précédent. Il est juste plus court à écrire.

On peut également écrire `nombreJoueur++`, c'est-à-dire placer l'opérateur ++ après le nom de la variable. On appelle cela la post-incrémentation, à l'opposé de la pré-incrémentation qui consiste à placer ++ avant le nom de la variable.

Vous trouvez peut-être cela ridicule mais je suis sûr que vous allez rapidement adorer ce genre de choses !

Cette astuce est tellement utilisée qu'elle figure même dans le nom du langage ! Oui, oui, C++ veut en quelque sorte dire « C incrémenté » ou, dans un français plus correct, « C amélioré ». Ils sont fous ces informaticiens !

La décrémentation

La **décrémentation** est l'opération inverse, soustraire 1 à une variable.

La version sans raccourci s'écrit comme cela.

```
int nombreJoueur(4); //Il y a 4 joueurs dans la partie
nombreJoueur = nombreJoueur - 1; //On en enlève un
//À partir d'ici, il y a 3 joueurs
```

Je suis presque sûr que vous connaissez la version courte. On utilise ++ pour ajouter 1, c'est donc – qu'il faut utiliser pour soustraire 1.

```
int nombreJoueur(4); //Il y a 4 joueurs dans la partie
--nombreJoueur; //On en enlève un
//À partir d'ici, il y a 3 joueurs
```

Simple, non ?

Les autres opérations

Bon. Ajouter ou enlever 1, c'est bien mais ce n'est pas non plus suffisant pour tout faire. Il existe des raccourcis pour toutes les opérations de base.

Si l'on souhaite diviser une variable par 3, on devrait écrire, en version longue :

```
double nombre(456);
nombre = nombre / 3;
//À partir d'ici, nombre vaut 456/3 = 152
```

La version courte utilise le symbole /= pour obtenir *exactement le même* résultat.

```
double nombre(456);
nombre /= 3;
//À partir d'ici, nombre vaut 456/3 = 152
```

Il existe des raccourcis pour les 5 opérations de base, c'est-à-dire +=, -=, *=, /= et %=. Je suis sûr que vous n'allez plus pouvoir vous en passer. Les essayer, c'est les adopter.

Je vous propose un petit exemple pour la route.

```
#include <iostream>
using namespace std;

int main()
{
   double nombre(5.3);
   nombre += 4.2;          //'nombre' vaut maintenant 9.5
   nombre *= 2.;           //'nombre' vaut maintenant 19
   nombre -= 1.;           //'nombre' vaut maintenant 18
   nombre /= 3.;           //'nombre' vaut maintenant 6
   return 0;
}
```

Ces opérations sont utiles quand il faut ajouter ou soustraire autre chose que 1.

Encore plus de maths !

Vous en voulez encore ? Ah je vois, vous n'êtes pas satisfaits de votre calculatrice. C'est vrai qu'elle est encore un peu pauvre, elle ne connaît que les opérations de base. Pas vraiment génial pour la super-super-calculatrice qu'est votre ordinateur.

Ne partez pas ! J'ai mieux à vous proposer.

L'en-tête `cmath`

Pour avoir accès à plus de fonctions mathématiques, il suffit d'ajouter une ligne en tête de votre programme, comme lorsque l'on désire utiliser des variables de type `string`. La directive à insérer est :

```
#include <cmath>
```

Jusque là, c'est très simple. Et dans `cmath` il y a « math », ce qui devrait vous réjouir. On est sur la bonne voie.

Je vais vous présenter comment utiliser quelques fonctions mathématiques en C++. Il se peut très bien que vous ne sachiez pas ce que sont ces fonctions : ce n'est pas grave, elles ne vous seront pas utiles dans la suite du cours. Vous saurez ce qu'elles représentent quand vous aurez fait un peu plus de maths.

Commençons avec une fonction utilisée très souvent, la racine carrée. En anglais, racine carrée se dit *square root* et, en abrégé, on écrit parfois **sqrt**. Comme le C++ utilise l'anglais, c'est ce mot là qu'il va falloir retenir et utiliser.

Pour utiliser une fonction mathématique, on écrit le nom de la fonction suivi, entre parenthèses, de la valeur à calculer. On utilise alors l'affectation pour stocker le résultat dans une variable.

```
resultat = fonction(valeur);
```

C'est comme en math quand on écrit $y = f(x)$. Il faut juste se souvenir du nom compliqué des fonctions. Pour la racine carrée, cela donnerait `resultat = sqrt(valeur);`.

N'oubliez pas le point-virgule à la fin de la ligne !

Prenons un exemple complet, je pense que vous allez comprendre rapidement le principe.

```
#include <iostream>
#include <cmath>  //Ne pas oublier cette ligne
using namespace std;

int main()
{
    double const nombre(16); //Le nombre dont on veut la racine
                             //Comme sa valeur ne changera pas on met 'const'
    double resultat;         //Une case mémoire pour stocker le résultat

    resultat = sqrt(nombre);  //On effectue le calcul !

    cout << "La racine de " << nombre << " est " << resultat << endl;

    return 0;
}
```

Voyons ce que cela donne.

```
La racine de 16 est 4
```

Votre ordinateur calcule correctement. Mais je ne pense pas que vous en doutiez.

Voyons s'il y a d'autres fonctions à disposition.

Quelques autres fonctions présentes dans `cmath`

Comme il y a beaucoup de fonctions, je vous propose de tout ranger dans un tableau.

Les fonctions trigonométriques (`sin()`, `cos()`,...) utilisent les radians comme unité d'angles.

Il existe encore beaucoup d'autres fonctions ! Je ne vous ai mis que les principales pour ne pas qu'on se perde.

Nom de la fonction	**Symbole**	**Fonction**	**Mini-exemple**
Racine carrée	$\sqrt{x}$	`sqrt()`	`resultat = sqrt(valeur);`
Sinus	$\sin(x)$	`sin()`	`resultat = sin(valeur);`
Cosinus	$\cos(x)$	`cos()`	`resultat = cos(valeur);`
Tangente	$\tan(x)$	`tan()`	`resultat = tan(valeur);`
Exponentielle	e^x	`exp()`	`resultat = exp(valeur);`
Logarithme népérien	$\ln x$	`log()`	`resultat = log(valeur);`
Logarithme en base 10	$\log_{10} x$	`log10()`	`resultat = log10(valeur);`
Valeur absolue	$\|x\|$	`fabs()`	`resultat = fabs(valeur);`
Arrondi vers le bas	$\lfloor x \rfloor$	`floor()`	`resultat = floor(valeur);`
Arrondi vers le haut	$\lceil x \rceil$	`ceil()`	`resultat = ceil(valeur);`

On parle de mathématiques, ces fonctions ne sont donc utilisables qu'avec des variables qui représentent des nombres (`double`, `int` et `unsigned int`). Prendre la racine carrée d'une lettre ou calculer le cosinus d'une phrase n'a de toute façon pas de sens.

Le cas de la fonction puissance

Comme toujours, il y a un cas particulier : la fonction puissance. Comment calculer 4^5 ? Il faut utiliser la fonction `pow()` qui est un peu spéciale. Elle prend *deux arguments*, c'est-à-dire qu'il faut lui donner deux valeurs entre les parenthèses. Comme pour la fonction `getline()` dont je vous ai parlé avant.

Si je veux calculer 4^5, je vais devoir procéder ainsi :

```
double const a(4);
double const b(5);
double const resultat = pow(a,b);
```

Je déclare une variable (constante) pour mettre le 4, une autre pour stocker le 5 et finalement une dernière pour le résultat. Rien de nouveau jusque là. J'utilise la fonction `pow()` pour effectuer le calcul et j'utilise le symbole $=$ pour initialiser la variable `resultat` avec la valeur calculée par la fonction.

Nous pouvons donc reprendre l'exercice précédent et remplacer l'addition par notre nouvelle amie, la fonction puissance. Je vous laisse essayer.

Voici ma version :

```
#include <iostream>
#include <cmath>  //Ne pas oublier !
using namespace std;

int main()
{
```

```
    double a(0), b(0); //Déclaration des variables utiles

    cout << "Bienvenue dans le programme de calcul de a^b !" << endl;

    cout << "Donnez une valeur pour a : "; //On demande le premier nombre
    cin >> a;

    cout << "Donnez une valeur pour b : "; //On demande le deuxième nombre
    cin >> b;

    double const resultat(pow(a, b)); //On effectue l'opération
    //On peut aussi écrire comme avant :
    //double const resultat = pow(a,b);
    //Souvenez-vous des deux formes possibles
    //De l'initialisation d'une variable

    cout << a << " ^ " << b << " = " << resultat << endl;
    //On affiche le résultat

    return 0;
}
```

Vous avez fait la même chose ? Parfait ! Vous êtes de futurs champions du C++ ! Voyons quand même ce que cela donne.

```
Bienvenue dans le programme de calcul de a^b !
Donnez une valeur pour a : 4
Donnez une valeur pour b : 5
4 ^ 5 = 1024
```

J'espère que vous êtes satisfaits avec toutes ces fonctions mathématiques. Je ne sais pas si vous en aurez besoin un jour mais, si c'est le cas, vous saurez où en trouver une description.

En résumé

- Pour demander à l'utilisateur de saisir une information au clavier, on utilise `cin » variable;`. La valeur saisie sera stockée dans la variable.
- Il ne faut pas confondre le sens des chevrons `cout «` et `cin »`.
- On peut faire toutes sortes d'opérations mathématiques de base en C++ : addition, soustraction, multiplication... Exemple : `resultat = a + b;`
- Les constantes sont des variables qu'on ne peut pas modifier une fois qu'elles ont été créées. On utilise le mot `const` pour les définir.
- Pour ajouter 1 à la valeur d'une variable, on effectue ce qu'on appelle une incrémentation : `variable++;`. L'opération inverse, appelée décrémentation, existe aussi.

- Si vous souhaitez utiliser des fonctions mathématiques plus complexes, comme la racine carrée, il faut inclure l'en-tête `<cmath>` dans votre code et faire appel à la fonction comme dans cet exemple : `resultat = sqrt(100);`

Chapitre 6

Les structures de contrôle

Difficulté :

Les programmes doivent être capables de prendre des décisions. Pour y parvenir, les développeurs utilisent ce qu'on appelle des **structures de contrôle**. Ce nom un peu barbare cache en fait deux éléments que nous verrons dans ce chapitre :

- les **conditions** : elles permettent d'écrire dans le programme des règles comme « Si ceci arrive, alors fais cela » ;
- les **boucles** : elles permettent de répéter plusieurs fois une série d'instructions.

Savoir manier les structures de contrôle est fondamental ! Bien que ce chapitre ne soit pas réellement difficile, il faut faire attention à bien comprendre ces notions de base. Elles vous serviront durant toute votre vie de développeurs C++... mais aussi dans d'autres langages car le principe y est le même !

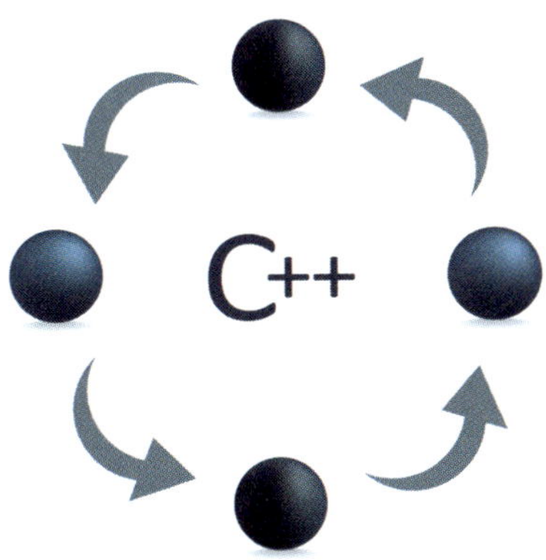

Les conditions

Pour qu'un programme soit capable de prendre des décisions, on utilise dans le code source des **conditions** (on parle aussi de « structures conditionnelles »). Le principe est simple : vous voulez que votre programme réagisse différemment en fonction des circonstances. Nous allons découvrir ici comment utiliser ces fameuses conditions dans nos programmes C++.

Pour commencer, il faut savoir que les conditions permettent de tester des variables. Vous vous souvenez de ces variables stockées en mémoire que nous avons découvertes au chapitre précédent ? Eh bien nous allons maintenant apprendre à les analyser : « Est-ce que cette variable est supérieure à 10 ? », « Est-ce que cette variable contient bien le mot de passe secret ? », etc.

Pour effectuer ces tests, nous utilisons des symboles. Voici le tableau des symboles à connaître *par cœur* :

Symbole	Signification
==	Est égal à
>	Est supérieur à
<	Est inférieur à
>=	Est supérieur ou égal à
<=	Est inférieur ou égal à
!=	Est différent de

Faites très attention : en C++, il y a bien 2 symboles « = » pour tester l'égalité. Les débutants oublient souvent cela et n'écrivent qu'un seul « = », ce qui n'a pas la même signification.

Nous allons utiliser ces symboles pour effectuer des comparaisons dans nos conditions.

Il faut savoir qu'il existe en C++ plusieurs types de conditions pour faire des tests, mais la plus importante, qu'il faut impérativement connaître, est sans aucun doute la condition `if`.

La condition `if`

Comme je vous le disais, les conditions permettent de tester des variables. Je vous propose donc de créer un petit programme en même temps que moi et de faire des tests pour vérifier que vous avez bien compris le principe.

On va commencer avec ce code :

```
#include <iostream>

using namespace std;
```

```
int main()
{
    int nbEnfants(2);

    return 0;
}
```

Ce code-là ne fait rien pour le moment. Il se contente de déclarer une variable `nbEnfants` (qui indique donc un nombre d'enfants), puis il s'arrête.

Une première condition `if`

Imaginons qu'on souhaite afficher un message de félicitations si la personne a des enfants. On va ajouter une condition qui regarde si le nombre d'enfants est supérieur à 0 et qui, dans ce cas, affiche un message.

```
#include <iostream>

using namespace std;

int main()
{
    int nbEnfants(2);

    if (nbEnfants > 0)
    {
        cout << "Vous avez des enfants, bravo !" << endl;
    }

    cout << "Fin du programme" << endl;
    return 0;
}
```

Ce code affiche :

```
Vous avez des enfants, bravo !
Fin du programme
```

Regardez bien la ligne suivante : `if (nbEnfants > 0)`

Elle effectue le test : « *Si le nombre d'enfants est supérieur à 0* » [1]. Si ce test est vérifié (donc si la personne a bien des enfants), alors l'ordinateur va lire les lignes qui se trouvent entre les accolades : il va donc afficher le message « Vous avez des enfants, bravo ! ».

1. « if », en anglais, veut dire « si ».

Et si la personne n'a pas d'enfants, qu'est-ce qui se passe ?

Dans le cas où le résultat du test est négatif, l'ordinateur ne lit pas les instructions qui se trouvent entre les accolades. Il saute donc à la ligne qui suit la fermeture des accolades.

Dans notre cas, si la personne n'a aucun enfant, on verra seulement ce message apparaître :

```
Fin du programme
```

Faites le test ! Changez la valeur de la variable `nbEnfants`, passez-la à 0 et regardez ce qui se produit.

`else` : ce qu'il faut faire si la condition n'est pas vérifiée

Vous souhaitez que votre programme fasse quelque chose de précis si la condition n'est pas vérifiée ? C'est vrai que, pour le moment, le programme est plutôt silencieux si vous n'avez pas d'enfant !

Heureusement, vous pouvez utiliser le mot-clé `else` qui signifie « sinon ». On va par exemple afficher un autre message si la personne n'a pas d'enfant :

```
#include <iostream>

using namespace std;

int main()
{
    int nbEnfants(0);

    if (nbEnfants > 0)
    {
        cout << "Vous avez des enfants, bravo !" << endl;
    }
    else
    {
        cout << "Eh bien alors, vous n'avez pas d'enfant ?" << endl;
    }

    cout << "Fin du programme" << endl;
    return 0;
}
```

Ce code affiche :

```
Eh bien alors, vous n'avez pas d'enfant ?
Fin du programme
```

... car j'ai changé la valeur de la variable `nbEnfants` au début, regardez bien. Si vous mettez une valeur supérieure à 0, le message redeviendra celui que nous avons vu avant !

Comment cela fonctionne-t-il ? C'est très simple en fait : l'ordinateur lit d'abord la condition du `if` et se rend compte que la condition est fausse. Il vérifie si la personne a au moins 1 enfant et ce n'est pas le cas. L'ordinateur « saute » tout ce qui se trouve entre les premières accolades et tombe sur la ligne `else` qui signifie « sinon ». Il effectue donc les actions indiquées après `else` (figure 6.1).

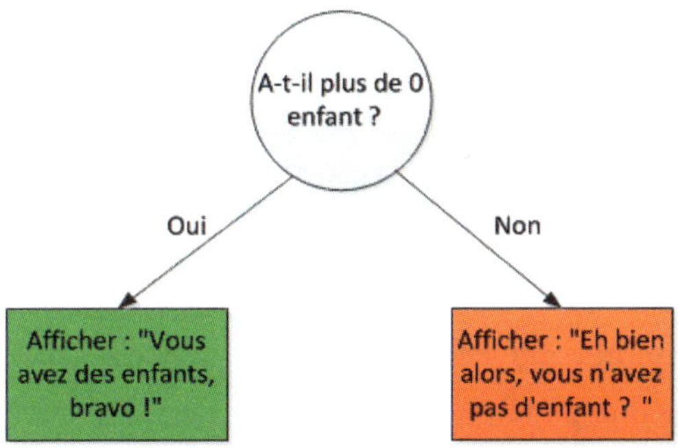

FIGURE 6.1 – Condition `if - else`

`else if` : effectuer un autre test

Il est possible de faire plusieurs tests à la suite. Imaginez qu'on souhaite faire le test suivant :

- si le nombre d'enfants est égal à 0, afficher ce message « [...] » ;
- sinon, si le nombre d'enfants est égal à 1, afficher ce message « [...] » ;
- sinon, si le nombre d'enfants est égal à 2, afficher ce message « [...] » ;
- sinon, afficher ce message « [...] ».

Pour faire tous ces tests un à un dans l'ordre, on va avoir recours à la condition `else if` qui signifie « sinon si ». Les tests vont être lus dans l'ordre jusqu'à ce que l'un d'entre eux soit vérifié.

```
#include <iostream>

using namespace std;

int main()
{
    int nbEnfants(2);
```

```
    if (nbEnfants == 0)
    {
        cout << "Eh bien alors, vous n'avez pas d'enfant ?" << endl;
    }
    else if (nbEnfants == 1)
    {
        cout << "Alors, c'est pour quand le deuxieme ?" << endl;
    }
    else if (nbEnfants == 2)
    {
        cout << "Quels beaux enfants vous avez la !" << endl;
    }
    else
    {
        cout << "Bon, il faut arreter de faire des gosses maintenant !" << endl;
    }

    cout << "Fin du programme" << endl;
    return 0;
}
```

Cela se complique ? Pas tant que cela.

Dans notre cas, nous avons 2 enfants :

1. L'ordinateur teste d'abord si on en a 0.
2. Comme ce n'est pas le cas, il passe au premier `else if` : est-ce qu'on a 1 enfant ? Non plus !
3. L'ordinateur teste donc le second `else if` : est-ce qu'on a 2 enfants ? Oui ! Donc on affiche le message « Quels beaux enfants vous avez la ! ».

Si aucune des conditions n'avait été vérifiée, c'est le message du else « Bon, il faut arreter de faire des gosses maintenant ! » qui serait affiché (figure 6.2).

La condition `switch`

En théorie, la condition `if` permet de faire tous les tests que l'on veut. En pratique, il existe d'autres façons de faire des tests. La condition `switch`, par exemple, permet de simplifier l'écriture de conditions qui testent plusieurs valeurs possibles pour une même variable.

Prenez par exemple le test qu'on vient de faire sur le nombre d'enfants :

A-t-il 0 enfant ? A-t-il 1 enfant ? A-t-il 2 enfants ? ...

On peut faire ce genre de tests avec des `if`... `else if`... `else`..., mais on peut faire la même chose avec une condition `switch` qui, dans ce genre de cas, a tendance à rendre le code plus lisible dans ce genre de cas. Voici ce que donnerait le code précédent avec `switch` :

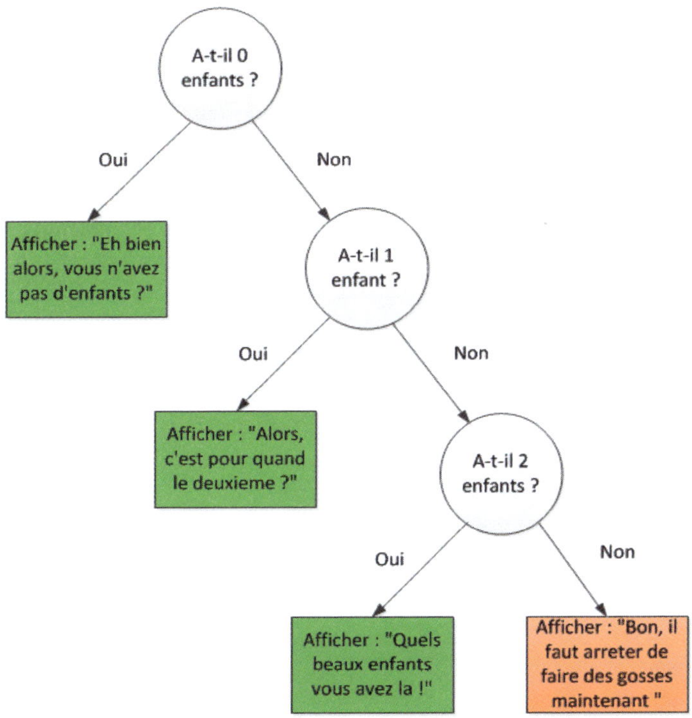

FIGURE 6.2 – Conditions `if - else if - else`

```
#include <iostream>

using namespace std;

int main()
{
    int nbEnfants(2);

    switch (nbEnfants)
    {
        case 0:
            cout << "Eh bien alors, vous n'avez pas d'enfant ?" << endl;
            break;

        case 1:
            cout << "Alors, c'est pour quand le deuxieme ?" << endl;
            break;

        case 2:
            cout << "Quels beaux enfants vous avez la !" << endl;
            break;

        default:
            cout << "Bon, il faut arreter de faire des gosses maintenant !" << endl;
            break;
    }

    return 0;
}
```

Ce qui affiche :

```
Quels beaux enfants vous avez la !
```

La forme est un peu différente : on indique d'abord qu'on va analyser la variable `nbEnfants`(ligne 9). Ensuite, on teste tous les cas (`case`) possibles : si la variable vaut 0, si elle vaut 1, si elle vaut 2...

Les `break` sont obligatoires si on veut que l'ordinateur arrête les tests une fois que l'un d'eux a réussi. En pratique, je vous conseille d'en mettre comme moi à la fin de chaque `case`.

Enfin, le `default` à la fin correspond au `else` (« sinon ») et s'exécute si aucun des tests précédents n'est vérifié.

switch ne permet de tester que l'égalité. Vous ne pouvez pas tester « Si le nombre d'enfants est supérieur à 2 » avec switch : il faut dans ce cas utiliser if. De plus, switch ne peut travailler qu'avec des nombres entiers (int, unsigned int, char). Il est impossible de tester des nombres décimaux (double).
switch est donc limité en termes de possibilités mais cette instruction propose une écriture alternative parfois plus pratique dans des cas simples.

Booléens et combinaisons de conditions

Allons un peu plus loin avec les conditions. Nous allons découvrir deux notions plus avancées et néanmoins essentielles : les booléens et les combinaisons de conditions.

Les booléens

Vous vous souvenez du type `bool` ? Ce type de données peut stocker deux valeurs :

1. `true` (vrai) ;
2. `false` (faux).

Ce type est souvent utilisé avec les conditions. Quand on y pense, c'est logique : une condition est soit vraie, soit fausse. Une variable booléenne aussi.

Si je vous parle du type `bool`, c'est parce qu'on peut l'utiliser d'une façon un peu particulière dans les conditions. Pour commencer, regardez ce code :

```
bool adulte(true);

if (adulte == true)
{
    cout << "Vous etes un adulte !" << endl;
}
```

Cette condition, qui vérifie la valeur de la variable `adulte`, affiche un message si celle-ci vaut vrai (`true`).

Vous vous demandez peut-être où je veux en venir ? En fait, il est possible d'omettre la partie « `== true` » dans la condition, cela revient au même ! Regardez ce code, qui est équivalent :

```
bool adulte(true);

if (adulte)
{
    cout << "Vous etes un adulte !" << endl;
}
```

L'ordinateur *comprend* que vous voulez vérifier si la variable booléenne vaut `true`. Il n'est pas nécessaire de rajouter « `== true` ».

Est-ce que cela ne rend pas le code plus difficile à lire ?

Non, au contraire : le code est plus court et plus facile à lire ! `if (adulte)` se lit tout simplement « S'il est adulte ».

Je vous invite à utiliser cette notation raccourcie quand vous testerez des variables booléennes. Cela vous aidera à clarifier votre code et à rendre certaines conditions plus « digestes » à lire.

Combiner des conditions

Pour les conditions les plus complexes, sachez que vous pouvez faire plusieurs tests au sein d'un seul et même `if`. Pour cela, il va falloir utiliser de nouveaux symboles :

&&	ET
||	OU
!	NON

Test ET

Imaginons : on veut tester si la personne est adulte *et* si elle a au moins 1 enfant. On va donc écrire :

```
if (adulte && nbEnfants >= 1)
```

Les deux symboles `&&` signifient « ET ». Notre condition se dirait en français : « Si la personne est adulte ET si le nombre d'enfants est supérieur ou égal à 1 ».

Notez que j'aurais également pu écrire cette condition ainsi : `if (adulte == true && nbEnfants >= 1)`. Cependant, comme je vous l'ai expliqué un peu plus tôt, il est facultatif de préciser « `== true` » sur les booléens et c'est une habitude que je vous invite à prendre.

Test OU

Pour faire un OU, on utilise les 2 signes `||`. Je dois avouer que ce signe n'est pas facilement accessible sur nos claviers. Pour le taper sur un clavier **AZERTY** français, il faut appuyer sur les touches `Alt Gr` + `6`. Sur un clavier belge, il faut appuyer sur les touches Alt Gr + & et enfin, pour les Suisses, c'est la combinaison Alt Gr + 7 qu'il faut utiliser.

On peut par exemple tester si le nombre d'enfants est égal à 1 OU 2 :

```
if (nbEnfants == 1 || nbEnfants == 2)
```

Test NON

Il faut maintenant que je vous présente un dernier symbole : le point d'exclamation. En informatique, le point d'exclamation signifie « Non ». Vous devez mettre ce signe *avant* votre condition pour pouvoir dire « Si cela n'est *pas* vrai » :

```
if (!adulte)
```

Cela pourrait se traduire par « Si la personne n'est pas adulte ».

Les boucles

Les **boucles** vous permettent de répéter les mêmes instructions plusieurs fois dans votre programme. Le principe est représenté en figure 6.3.

FIGURE 6.3 – Une boucle permet de répéter des instructions

1. l'ordinateur lit les instructions de haut en bas (comme d'habitude) ;
2. puis, une fois arrivé à la fin de la boucle, il repart à la première instruction ;
3. il recommence alors à lire les instructions de haut en bas... ;
4. ... et il repart au début de la boucle.

Les boucles sont répétées tant qu'une condition est vraie. Par exemple on peut faire une boucle qui dit : « Tant que l'utilisateur donne un nombre d'enfants inférieur à 0, redemander le nombre d'enfants ».

Il existe 3 types de boucles à connaître :

- `while` ;
- `do ... while` ;
- `for`.

La boucle `while`

Cette boucle s'utilise comme ceci :

```
while (condition)
{
    /* Instructions à répéter */
}
```

Tout ce qui est entre accolades sera répété tant que la condition est vérifiée.

Essayons de faire ce que j'ai dit plus tôt : on redemande le nombre d'enfants à l'utilisateur tant que celui-ci est inférieur à 0. Ce genre de boucle permet de s'assurer que l'utilisateur rentre un nombre correct.

```
int main()
{
    int nbEnfants(-1); // Nombre négatif pour pouvoir entrer dans la boucle

    while (nbEnfants < 0)
    {
        cout << "Combien d'enfants avez-vous ?" << endl;
        cin >> nbEnfants;
    }

    cout << "Merci d'avoir indique un nombre d'enfants correct. Vous en avez "
↪ << nbEnfants << endl;

    return 0;
}
```

Voici un exemple d'utilisation de ce programme :

```
Combien d'enfants avez-vous ?
-3
Combien d'enfants avez-vous ?
-5
Combien d'enfants avez-vous ?
2
Merci d'avoir indique un nombre d'enfants correct. Vous en avez 2
```

Tant que vous saisissez un nombre négatif, la boucle recommence. En effet, elle teste `while (nbEnfants < 0)`, c'est-à-dire « Tant que le nombre d'enfants est inférieur à 0 ». Dès que le nombre devient supérieur ou égal à 0, la boucle s'arrête et le programme continue après l'accolade fermante.

Vous noterez que j'ai initialisé la variable `nbEnfants` à -1. En effet, pour que l'ordinateur veuille bien entrer une première fois dans la boucle, il faut faire en sorte que la condition soit vraie la première fois.

La boucle do ... while

Cette boucle est très similaire à la précédente... si ce n'est que la condition n'est testée qu'à la fin. Cela signifie que le contenu de la boucle sera toujours lu *au moins une fois*.

Cette boucle prend la forme suivante :

```
do
{
    /* Instructions */
} while (condition);
```

Notez bien la présence du point-virgule tout à la fin !

Reprenons le code précédent et utilisons cette fois un `do ... while` :

```
int main()
{
    int nbEnfants(0);

    do
    {
        cout << "Combien d'enfants avez-vous ?" << endl;
        cin >> nbEnfants;
    } while (nbEnfants < 0);

    cout << "Merci d'avoir indique un nombre d'enfants correct. Vous en avez "
↪ << nbEnfants << endl;

    return 0;
}
```

Le principe est le même, le programme a le même comportement. Le gros intérêt de `do ... while` est qu'on s'assure que la boucle sera lue au moins une fois. D'ailleurs, du coup, il n'est pas nécessaire d'initialiser `nbEnfants` à -1 (c'est le principal avantage que procure cette solution). En effet, le nombre d'enfants est initialisé ici à 0 (comme on a l'habitude de faire) et, comme la condition n'est testée qu'après le premier passage de la boucle, les instructions sont bien lues au moins une fois.

La boucle for

Ce type de boucle, que l'on retrouve fréquemment, permet de condenser :

- une initialisation ;
- une condition ;
- une incrémentation.

Voici sa forme :

```
for (initialisation ; condition ; incrementation)
{

}
```

Regardons un exemple concret qui affiche des nombres de 0 à 9 :

```
int main()
{
    int compteur(0);

    for (compteur = 0 ; compteur < 10 ; compteur++)
    {
        cout << compteur << endl;
    }

    return 0;
}
```

Ce code affiche :

```
0
1
2
3
4
5
6
7
8
9
```

On retrouve sur la ligne du `for` les 3 instructions que je vous ai indiquées :

- Une initialisation (`compteur = 0`) : la variable `compteur` est mise à 0 au tout début de la boucle. Notez que cela avait été fait à la ligne immédiatement au-dessus, ce n'était donc pas vraiment nécessaire ici.
- Une condition (`compteur < 10`) : on vérifie que la variable `compteur` est inférieure à 10 à chaque nouveau tour de boucle.
- Une incrémentation (`compteur++`) : à chaque tour de boucle, on ajoute 1 à la variable `compteur` ! Voilà pourquoi on voit s'afficher à l'écran des nombres de 0 à 9.

Vous pouvez faire autre chose qu'une incrémentation si vous le désirez. La dernière section du `for` est réservée à la modification de la variable et vous pouvez donc y faire une décrémentation (`compteur--`) ou avancer de 2 en 2 (`compteur += 2`), etc.

Notez qu'il est courant d'initialiser la variable directement à l'intérieur du `for`, comme ceci :

```
int main()
{
    for (int compteur(0) ; compteur < 10 ; compteur++)
    {
        cout << compteur << endl;
    }

    return 0;
}
```

La variable n'existe alors que pendant la durée de la boucle `for`. C'est la forme la plus courante de cette boucle. On ne déclare la variable avant le `for` que si on en a besoin plus tard, ce qui est un cas assez rare.

Quand utiliser un `for` et quand utiliser un `while` ? On utilise la boucle `for` quand on connaît le nombre de répétitions de la boucle et on utilise le plus souvent la boucle `while` quand on ne sait pas combien de fois la boucle va être effectuée.

En résumé

- Les conditions permettent de tester la valeur des variables et de modifier le comportement du programme en conséquence.
- La condition de type `if` (si) ... `else if` (sinon si) ... `else` (sinon) est la plus courante.
- La condition `switch`, plus spécifique, permet de tester les différentes valeurs possibles d'une seule variable.
- Les boucles permettent de répéter les mêmes instructions plusieurs fois.
- On distingue trois types de boucles : `while`, `do... while` et `for`.
- La boucle `for` est généralement utilisée lorsqu'on sait combien de fois on souhaite répéter les instructions, tandis que `while` et `do... while` sont plutôt utilisées lorsqu'on souhaite répéter des instructions jusqu'à ce qu'une condition spécifique soit vérifiée.

Chapitre 7

Découper son programme en fonctions

Difficulté :

Nous venons de voir comment faire varier le déroulement d'un programme en utilisant des boucles et des branchements. Avant cela, je vous ai parlé des variables. Ce sont des éléments qui se retrouvent dans tous les langages de programmation. C'est aussi le cas de la notion que nous allons aborder dans ce chapitre : les **fonctions**.

Tous les programmes C++ exploitent des fonctions et vous en avez déjà utilisé plusieurs, sans forcément le savoir. Le but des fonctions est de découper son programme en petits éléments réutilisables, un peu comme des briques. On peut les assembler d'une certaine manière pour créer un mur, ou d'une autre manière pour faire un cabanon ou même un gratte-ciel. Une fois que les briques sont créées, le programmeur « n'a plus qu'à » les assembler.

Commençons par créer des briques. Nous apprendrons à les utiliser dans un deuxième temps.

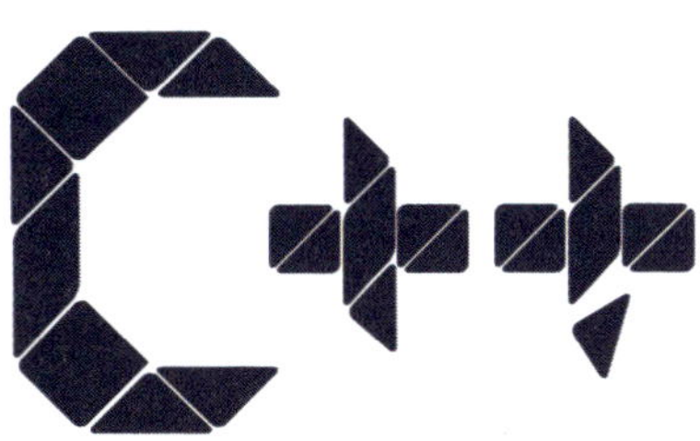

Créer et utiliser une fonction

Dès le début de ce cours, nous avons utilisé des fonctions. C'était en fait toujours la même : la fonction `main()`. C'est le point d'entrée de tous les programmes C++, c'est par là que tout commence.

```
#include <iostream>
using namespace std;

int main() //Debut de la fonction main() et donc du programme
{
  cout << "Bonjour tout le monde !" << endl;
  return 0;
} //Fin de la fonction main() et donc du programme
```

Le programme commence réellement à la ligne 4 et se termine à la ligne 8 après l'accolade fermante. C'est-à-dire que tout se déroule dans une seule et unique fonction. On n'en sort pas. Il n'y a qu'une seule portion de code qui est exécutée dans l'ordre, sans jamais sauter ailleurs.

Si je vous dit tout cela, vous devez vous douter que l'on peut écrire d'autres fonctions et donc avoir un programme découpé en plusieurs modules indépendants.

Pourquoi vouloir faire cela ?

C'est vrai, après tout. Mettre l'ensemble du code dans la fonction `main()` est tout à fait possible. Ce n'est cependant pas une bonne pratique.

Imaginons que nous voulions créer un jeu vidéo 3D. Comme c'est quand même assez complexe, le code source va nécessiter plusieurs dizaines de milliers de lignes ! Si l'on garde tout dans une seule fonction, il va être très difficile de s'y retrouver. Il serait certainement plus simple d'avoir dans un coin un morceau de code qui fait bouger un personnage, ailleurs un autre bout de code qui charge les niveaux, etc. Découper son programme en fonctions permet de s'*organiser*. En plus, si vous êtes plusieurs développeurs à travailler sur le même programme, vous pourrez vous partager plus facilement le travail : chacun s'attelle une fonction différente.

Mais ce n'est pas tout ! Prenons par exemple le calcul de la racine carrée, que nous avons vu précédemment. Si vous créez un programme de maths, il est bien possible que vous ayez besoin, à plusieurs endroits, d'effectuer des calculs de racines. Avoir une fonction `sqrt()` va nous permettre de faire plusieurs de ces calculs sans avoir à recopier le même code à plusieurs endroits. On peut *réutiliser plusieurs fois la même fonction* et c'est une des raisons principales d'en écrire.

Présentation des fonctions

Une fonction est un morceau de code qui accomplit une tâche particulière. Elle reçoit des données à traiter, effectue des actions avec et enfin renvoie une valeur.

Les données entrantes s'appellent des **arguments** et on utilise l'expression **valeur retournée** pour les éléments qui sortent de la fonction (figure 7.1).

FIGURE 7.1 – Une fonction traite des arguments et produit une valeur de retour

Vous vous souvenez de `pow()` ? La fonction qui permet de calculer des puissances ? En utilisant le nouveau vocabulaire, on peut dire que cette fonction :

1. reçoit deux arguments ;
2. effectue un calcul mathématique ;
3. renvoie le résultat du calcul.

En utilisant un schéma comme le précédent, on peut représenter `pow()` comme à la figure 7.2.

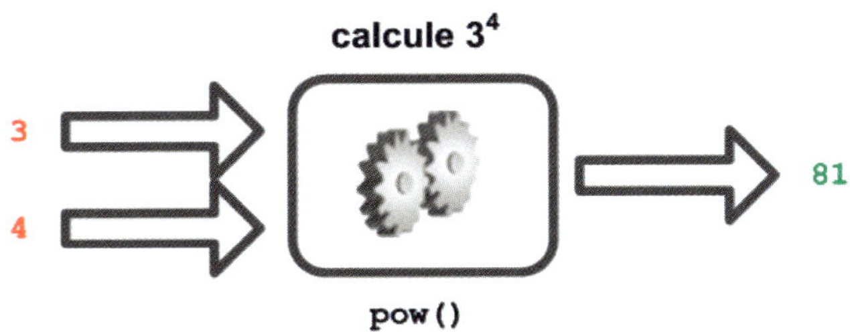

FIGURE 7.2 – Schéma de la fonction `pow()`

Vous en avez déjà fait l'expérience, on peut utiliser cette fonction plusieurs fois. Cela implique que l'on n'est pas obligé de copier le code qui se trouve à l'intérieur de la fonction `pow()` chaque fois que l'on souhaite effectuer un calcul de puissance.

Définir une fonction

Il est temps d'attaquer le concret. Il faut que je vous montre comment définir une fonction. Je pourrais vous dire de regarder comment `main()` est fait et vous laisser patauger, mais je suis sympa, je vais vous guider.

Vous êtes prêts ? Alors allons-y !

Toutes les fonctions ont la forme suivante :

```
type nomFonction(arguments)
{
    //Instructions effectuées par la fonction
}
```

On retrouve les trois éléments dont je vous ai déjà parlé, auxquels s'ajoute le nom de la fonction.

- Le premier élément est le **type de retour**. Il permet d'indiquer le type de variable renvoyée par la fonction. Si votre fonction doit renvoyer du texte, alors ce sera `string` ; si votre fonction effectue un calcul, alors ce sera `int` ou `double`.
- Le deuxième élément est le **nom de la fonction**. Vous connaissez déjà `main()`, `pow()` ou `sqrt()`. L'important est de choisir un nom de fonction qui décrit bien ce qu'elle fait, comme pour les variables, en fait.
- Entre les parenthèses, on trouve la **liste des arguments** de la fonction. Ce sont les données avec lesquelles la fonction va travailler. Il peut y avoir un argument (comme pour `sqrt()`), plusieurs arguments (comme pour `pow()`) ou aucun argument (comme pour `main()`).
- Finalement, il y a des **accolades** qui délimitent le contenu de la fonction. Toutes les opérations qui seront effectuées se trouvent entre les deux accolades.

> Il est possible de créer *plusieurs fonctions ayant le même nom*. Il faut alors que la liste des arguments des deux fonctions soit différente. C'est ce qu'on appelle la **surcharge** d'une fonction.
> Dans un même programme, il peut par exemple y avoir la fonction `intaddition(inta,intb)` et la fonction `doubleaddition(doublea,doubleb)`. Les deux fonctions ont le même nom mais l'une travaille avec des entiers et l'autre avec des nombres réels.

Créons donc des fonctions !

Une fonction toute simple

Commençons par une fonction basique. Une fonction qui reçoit un nombre entier, ajoute 2 à ce nombre et le renvoie.

```
int ajouteDeux(int nombreRecu)
{
    int valeur(nombreRecu + 2);
    //On crée une case en mémoire
    //On prend le nombre reçu en argument, on lui ajoute 2
    //Et on met tout cela dans la mémoire
```

```
    return valeur;
    //On indique que la valeur qui sort de la fonction
    //Est la valeur de la variable 'valeur'
}
```

Il n'y a pas de point-virgule ! Ni après la déclaration, ni après l'accolade fermante.

Analysons ce code en détail. Il y a deux lignes vraiment nouvelles pour vous.

Avec ce que je vous ai expliqué, vous devriez comprendre la première ligne. On déclare une fonction nommée `ajouteDeux` qui reçoit un nombre entier en argument et qui, une fois qu'elle a terminé, renvoie un autre nombre entier (figure 7.3).

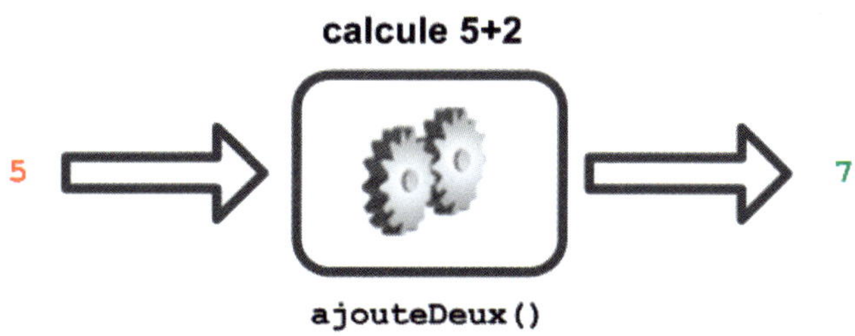

FIGURE 7.3 – La fonction reçoit un nombre en entrée et produit un autre nombre en sortie

Toutes les lignes suivantes utilisent des choses déjà connues, sauf `returnvaleur;`. Si vous vous posez des questions sur ces lignes, je vous invite à relire le chapitre sur l'utilisation de la mémoire (page 49).

L'instruction `return` indique quelle valeur ressort de la fonction. En l'occurrence, c'est la valeur de la variable `valeur` qui est renvoyée.

Appeler une fonction

Que diriez-vous si je vous disais que vous savez déjà appeler une fonction ? Souvenez-vous des fonctions mathématiques !

```
#include <iostream>
using namespace std;

int ajouteDeux(int nombreRecu)
{
    int valeur(nombreRecu + 2);

    return valeur;
```

```
}

int main()
{
    int a(2),b(2);
    cout << "Valeur de a : " << a << endl;
    cout << "Valeur de b : " << b << endl;
    b = ajouteDeux(a);                    //Appel de la fonction
    cout << "Valeur de a : " << a << endl;
    cout << "Valeur de b : " << b << endl;

    return 0;
}
```

On retrouve la syntaxe que l'on connaissait déjà : `résultat = fonction(argument)`. Facile, pour ainsi dire ! Vous avez essayé le programme ? Voici ce que cela donne :

```
Valeur de a : 2
Valeur de b : 2
Valeur de a : 2
Valeur de b : 4
```

Après l'appel à la fonction, la variable `b` a été modifiée. Tout fonctionne donc comme annoncé.

Plusieurs paramètres

Nous ne sommes pas encore au bout de nos peines. Il y a des fonctions qui prennent plusieurs paramètres, comme `pow()` et `getline()` par exemple.

Pour passer plusieurs paramètres à une fonction, il faut les séparer par des virgules.

```
int addition(int a, int b)
{
    return a+b;
}

double multiplication(double a, double b, double c)
{
    return a*b*c;
}
```

La première de ces fonctions calcule la somme des deux nombres qui lui sont fournis, alors que la deuxième calcule le produit des trois nombres reçus.

Vous pouvez bien sûr écrire des fonctions qui prennent des arguments de type différent.

Pas d'arguments

À l'inverse, on peut aussi créer des fonctions sans arguments. Il suffit de ne rien écrire entre les parenthèses !

Mais à quoi cela sert-il ?

On peut imaginer plusieurs scénarii mais pensez par exemple à une fonction qui demande à l'utilisateur d'entrer son nom. Elle n'a pas besoin de paramètre.

```
string demanderNom()
{
     cout << "Entrez votre nom : ";
     string nom;
     cin >> nom;
     return nom;
}
```

Même s'il est vrai que ce type de fonctions est plus rare, je suis sûr que vous trouverez plein d'exemples par la suite !

Des fonctions qui ne renvoient rien

Tous les exemples que je vous ai donnés jusque là prenaient des arguments et renvoyaient une valeur. Mais il est aussi possible d'écrire des fonctions qui ne renvoient rien. Enfin presque. Rien ne ressort de la fonction mais, quand on la déclare, il faut quand même indiquer un type. On utilise le type `void`, ce qui signifie « néant » en anglais. Cela veut tout dire : il n'y a vraiment rien qui soit renvoyé par la fonction.

```
void direBonjour()
{
    cout << "Bonjour !" << endl;
    //Comme rien ne ressort, il n'y a pas de return !
}

int main()
{
    direBonjour();
    //Comme la fonction ne renvoie rien
    //On l'appelle sans mettre la valeur de retour dans une variable

    return 0;
}
```

Avec ce dernier point, nous avons fait le tour de la théorie. Dans la suite du chapitre, je vous propose quelques exemples et un super schéma récapitulatif. Ce n'est pas le moment de partir.

Quelques exemples

Le carré

Commençons avec un exemple simple : calculer le carré d'un nombre. Cette fonction reçoit un nombre `x` en argument et calcule la valeur de $x\hat{}2$.

```
#include <iostream>
using namespace std;

double carre(double x)
{
    double resultat;
    resultat = x*x;
    return resultat;
}

int main()
{
    double nombre, carreNombre;
    cout << "Entrez un nombre : ";
    cin >> nombre;

    carreNombre = carre(nombre); //On utilise la fonction

    cout << "Le carre de " << nombre << " est " << carreNombre << endl;
    return 0;
}
```

Je vous avais promis un schéma, le voilà. Voyons ce qui se passe dans ce programme et dans quel ordre sont exécutées les lignes (figure 7.4).

Il y a une chose dont il faut absolument se rappeler : les valeurs des variables transmises aux fonctions sont *copiées dans de nouvelles cases mémoires*. La fonction `carre()` n'agit donc pas sur les variables déclarées dans la fonction `main()`. Elle travaille uniquement avec ses propres cases mémoires. Ce n'est que lors du `return` que les variables de `main()` sont modifiées c'est-à-dire ici la variable `carreNombre`. La variable `nombre` reste *inchangée* lors de l'appel à la fonction.

Réutiliser la même fonction

L'intérêt d'utiliser une fonction ici est bien sûr de pouvoir calculer facilement le carré de différents nombres, par exemple de tous les nombres entre 1 et 20 :

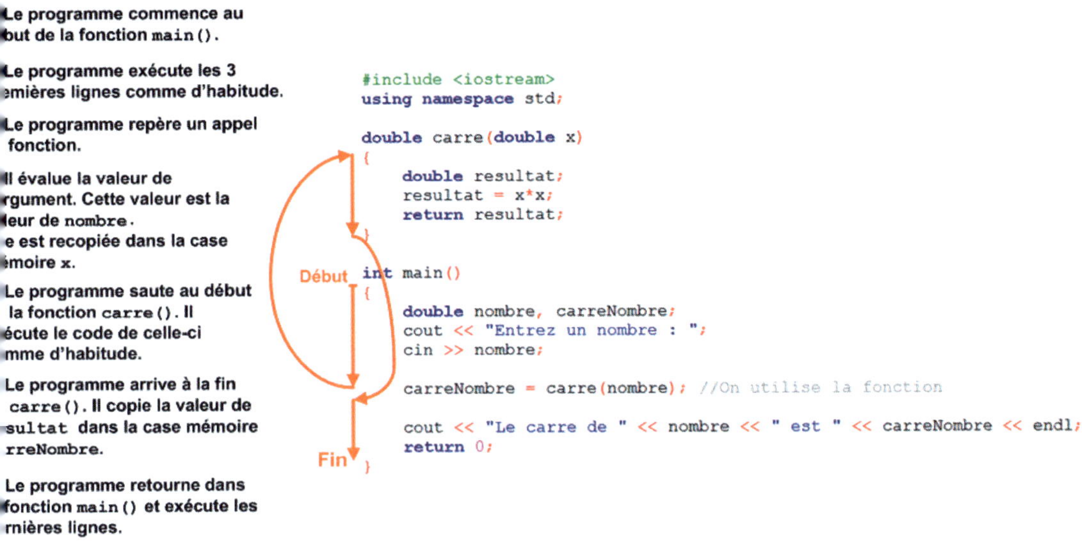

FIGURE 7.4 – Déroulement d'un programme appelant une fonction

```
#include <iostream>
using namespace std;

double carre(double x)
{
    double resultat;
    resultat = x*x;
    return resultat;
}

int main()
{
    for(int i(1); i<=20 ; i++)
    {
        cout << "Le carre de " << i << " est : " << carre(i) << endl;
    }
    return 0;
}
```

On écrit une seule fois la formule du calcul du carré et on utilise ensuite vingt fois cette « brique ». Ici, le calcul est simple mais, dans bien des cas, utiliser une fonction raccourcit grandement le code !

Une fonction à deux arguments

Avant de terminer cette section, voici un dernier exemple. Cette fois, je vous propose une fonction utilisant deux arguments. Nous allons dessiner un rectangle d'étoiles * dans la console. La fonction a besoin de deux arguments : la largeur et la hauteur du rectangle.

```
#include <iostream>
using namespace std;

void dessineRectangle(int l, int h)
{
    for(int ligne(0); ligne < h; ligne++)
    {
        for(int colonne(0); colonne < l; colonne++)
        {
            cout << "*";
        }
        cout << endl;
    }
}

int main()
{
    int largeur, hauteur;
    cout << "Largeur du rectangle : ";
    cin >> largeur;
    cout << "Hauteur du rectangle : ";
    cin >> hauteur;

    dessineRectangle(largeur, hauteur);
    return 0;
}
```

Une fois compilé ce programme s'exécute et donne par exemple :

```
Largeur du rectangle : 16
Hauteur du rectangle : 3
****************
****************
****************
```

Voilà la première version d'un logiciel de dessin révolutionnaire !

Cette fonction ne fait qu'afficher du texte. Elle n'a donc pas besoin de renvoyer quelque chose. C'est pour cela qu'elle est déclarée avec le type `void`. On peut facilement modifier la fonction pour qu'elle renvoie la surface du rectangle. À ce moment-là, il faudra qu'elle renvoie un `int`.

Essayez de modifier cette fonction ! Voici deux idées :

- afficher un message d'erreur si la hauteur ou la largeur est négative ;
- ajouter un argument pour le symbole à utiliser dans le dessin.

Amusez-vous bien. Il est important de bien maîtriser tous ces concepts.

Passage par valeur et passage par référence

La fin de ce chapitre est consacrée à trois notions un peu plus avancées. Vous pourrez toujours y revenir plus tard si nécessaire.

Passage par valeur

La première des notions avancées dont je dois vous parler est la manière dont l'ordinateur gère la mémoire dans le cadre des fonctions.

Prenons une fonction simple qui ajoute simplement 2 à l'argument fourni. Vous commencez à bien la connaître. Je l'ai donc modifiée un poil.

```
int ajouteDeux(int a)
{
    a+=2;
    return a;
}
```

Utiliser += ici est volontairement bizarre ! Vous verrez tout de suite pourquoi.

Testons donc cette fonction. Je pense ne rien vous apprendre en vous proposant le code suivant :

```
#include <iostream>
using namespace std;

int ajouteDeux(int a)
{
    a+=2;
    return a;
}

int main()
{
    int nombre(4), resultat;
    resultat = ajouteDeux(nombre);

    cout << "Le nombre original vaut : " << nombre << endl;
```

```
    cout << "Le resultat vaut : " << resultat << endl;
    return 0;
}
```

Cela donne sans surprise :

```
Le nombre original vaut : 4
Le resultat vaut : 6
```

L'étape intéressante est bien sûr ce qui se passe à la ligne `resultat=ajouteDeux(nombre);`. Vous vous rappelez les schémas de la mémoire ? Il est temps de les ressortir.

Lors de l'appel à la fonction, il se passe énormément de choses :

1. Le programme évalue la valeur de `nombre`. Il trouve 4.
2. Le programme *alloue un nouvel espace* dans la mémoire et y écrit la valeur 4. Cet espace mémoire possède l'étiquette `a`, le nom de la variable dans la fonction.
3. Le programme entre dans la fonction.
4. Le programme ajoute 2 à la variable `a`.
5. La valeur de `a` est ensuite copiée et affectée à la variable `resultat`, qui vaut donc maintenant 6.
6. On sort alors de la fonction.

Ce qui est important, c'est que la variable `nombre` est copiée dans une nouvelle case mémoire. On dit que l'argument `a` est **passé par valeur**. Lorsque le programme se situe dans la fonction, la mémoire ressemble donc à ce qui se trouve dans le schéma de la figure 7.5.

On se retrouve donc avec trois cases dans la mémoire. L'autre élément important est que la variable `nombre` reste inchangée.

Si j'insiste sur ces points, c'est bien sûr parce que l'on peut faire autrement.

Passage par référence

Vous vous rappelez les références ? Oui, oui, ces choses bizarres dont je vous ai parlé il y a quelques chapitres. Si vous n'êtes pas sûrs de vous, n'hésitez-pas à vous rafraîchir la mémoire (page 60). C'est le moment de voir à quoi servent ces drôles de bêtes.

Plutôt que de copier la valeur de `nombre` dans la variable `a`, il est possible d'ajouter une « deuxième étiquette » à la variable `nombre` à l'intérieur de la fonction. Et c'est bien sûr une référence qu'il faut utiliser comme argument de la fonction.

```
int ajouteDeux(int& a) //Notez le petit & !!!
{
    a+=2;
    return a;
}
```

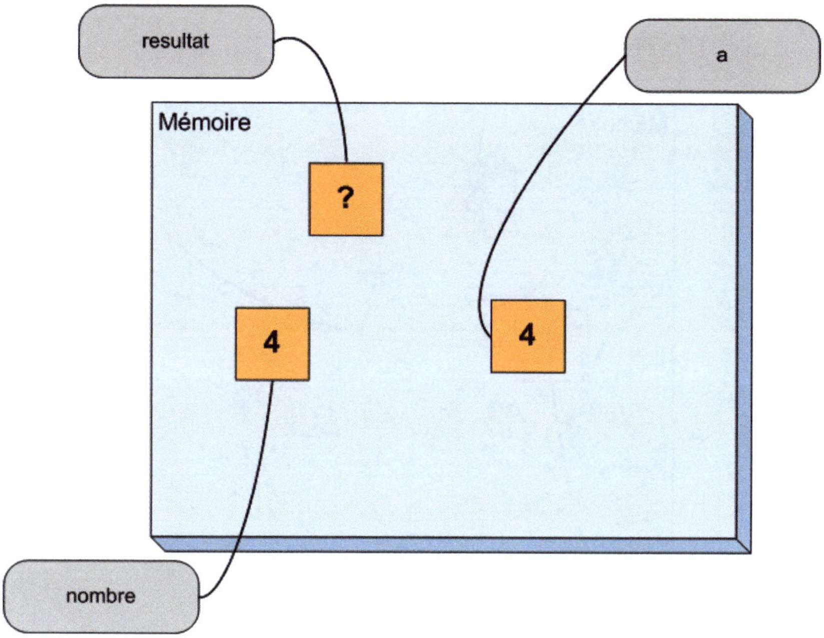

FIGURE 7.5 – État de la mémoire dans la fonction après un passage par valeur

Lorsque l'on appelle la fonction, il n'y a plus de copie. Le programme donne simplement un alias à la variable `nombre`. Jetons un coup d'œil à la mémoire dans ce cas (figure 7.6).

Cette fois, la variable `a` et la variable `nombre` sont confondues. On dit que l'argument `a` est **passé par référence**.

Quel intérêt y a-t-il à faire un passage par référence ?

Cela permet à la fonction `ajouteDeux()` de modifier ses arguments ! Elle pourra ainsi avoir une influence durable sur le reste du programme. Essayons pour voir. Reprenons le programme précédent, mais avec une référence comme argument. On obtient cette fois :

```
Le nombre original vaut : 6
Le resultat vaut : 6
```

Que s'est-il passé ? C'est à la fois simple et compliqué. Comme `a` et la variable `nombre` correspondent à la même case mémoire, faire `a+=2` a modifié la valeur de `nombre` ! Utiliser des références peut donc être très dangereux. C'est pour cela qu'on ne les utilise que lorsqu'on en a réellement besoin.

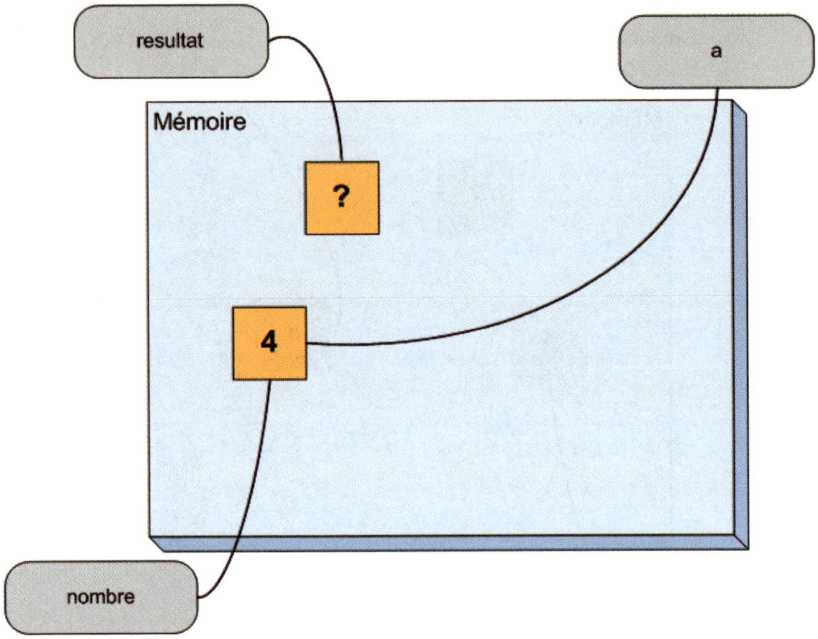

FIGURE 7.6 – État de la mémoire dans la fonction après un passage par référence

Justement, est-ce qu'on pourrait avoir un exemple utile ?

J'y viens, j'y viens. Ne soyez pas trop pressés. L'exemple classique est la fonction `echange()`. C'est une fonction qui échange les valeurs des deux arguments qu'on lui fournit :

```
void echange(double& a, double& b)
{
    double temporaire(a); //On sauvegarde la valeur de 'a'
    a = b;                //On remplace la valeur de 'a' par celle de 'b'
    b = temporaire;       //Et on utilise la valeur sauvegardée pour mettre
↪ l'ancienne valeur de 'a' dans 'b'
}

int main()
{
    double a(1.2), b(4.5);

    cout << "a vaut " << a << " et b vaut " << b << endl;

    echange(a,b);   //On utilise la fonction

    cout << "a vaut " << a << " et b vaut " << b << endl;
```

```
    return 0;
}
```

Ce code donne le résultat suivant :

```
a vaut 1.2 et b vaut 4.5
a vaut 4.5 et b vaut 1.2
```

Les valeurs des deux variables ont été échangées.

Si l'on n'utilisait pas un passage par référence, ce seraient alors des *copies* des arguments qui seraient échangées, et non les vrais arguments. Cette fonction serait donc inutile. Je vous invite à tester cette fonction avec et sans les références. Vous verrez ainsi précisément ce qui se passe.

A priori, le passage par référence peut vous sembler obscur et compliqué. Vous verrez par la suite qu'il est souvent utilisé. Vous pourrez toujours revenir lire cette section plus tard si les choses ne sont pas encore vraiment claires dans votre esprit.

Avancé : Le passage par référence constante

Puisque nous parlons de références, il faut quand même que je vous présente une application bien pratique. En fait, cela nous sera surtout utile dans la suite de ce cours mais nous pouvons déjà prendre un peu d'avance.

Le passage par référence offre un gros avantage sur le passage par valeur : aucune copie n'est effectuée. Imaginez une fonction recevant en argument un `string`. Si votre chaîne de caractères contient un très long texte (la totalité de ce livre par exemple !), alors la copier va prendre du temps même si tout cela se passe uniquement dans la mémoire de l'ordinateur. Cette copie est totalement inutile et il serait donc bien de pouvoir l'éliminer pour améliorer les performances du programme. Et c'est là que vous me dites : « utilisons un passage par référence ! ». Oui, c'est une bonne idée. En utilisant un passage par référence, aucune copie n'est effectuée. Seulement, cette manière de procéder a un petit défaut : elle autorise la modification de l'argument. Eh oui, c'est justement dans ce but que les références existent.

```
void f1(string texte);  //Implique une copie coûteuse de 'texte'
{
}

void f2(string& texte);  //Implique que la fonction peut modifier 'texte'
{
}
```

La solution est d'utiliser ce que l'on appelle un **passage par référence constante**. On évite la copie en utilisant une référence et l'on empêche la modification de l'argument en le déclarant constant.

```
void f1(string const& texte);  //Pas de copie et pas de modification possible
{
}
```

Pour l'instant, cela peut vous sembler obscur et plutôt inutile. Dans la partie II de ce cours, nous aborderons la programmation orientée objet et nous utiliserons très souvent cette technique. Vous pourrez toujours revenir lire ces lignes à ce moment-là.

Utiliser plusieurs fichiers

Dans l'introduction, je vous ai dit que le but des fonctions était de pouvoir réutiliser les « briques » déjà créées. Pour le moment, les fonctions que vous savez créer se situent à côté de la fonction `main()`. On ne peut donc pas vraiment les réutiliser.

Le C++ permet de découper son programme en plusieurs fichiers sources. Chaque fichier contient une ou plusieurs fonctions. On peut alors inclure les fichiers, et donc les fonctions, dont on a besoin dans différents projets. On a ainsi réellement des briques séparées utilisables pour construire différents programmes.

Les fichiers nécessaires

Pour faire les choses proprement, il ne faut pas un mais deux fichiers :

- un fichier source dont l'extension est `.cpp` : il contient le code source de la fonction ;
- un fichier d'en-tête dont l'extension est `.h` : il contient uniquement la description de la fonction, ce qu'on appelle le **prototype** de la fonction.

Créons donc ces deux fichiers pour notre célèbre fonction `ajouteDeux()` :

```
int ajouteDeux(int nombreRecu)
{
    int valeur(nombreRecu + 2);

    return valeur;
}
```

Le fichier source

C'est le plus simple des deux. Passez par les menus `File` > `New` > `File`. Choisissez ensuite `C/C++source` (figure 7.7).

Cliquez ensuite sur `Go`. Comme lors de la création du projet, le programme vous demande alors si vous faites du C ou du C++. Choisissez `C++` bien sûr !

Finalement, on vous demande le nom du fichier à créer. Comme pour tout, il vaut mieux choisir un nom intelligent pour ses fichiers. On peut ainsi mieux s'y retrouver. Pour la fonction `ajouteDeux()`, je choisis le nom `math.cpp` et je place le fichier dans le même dossier que mon fichier `main.cpp`.

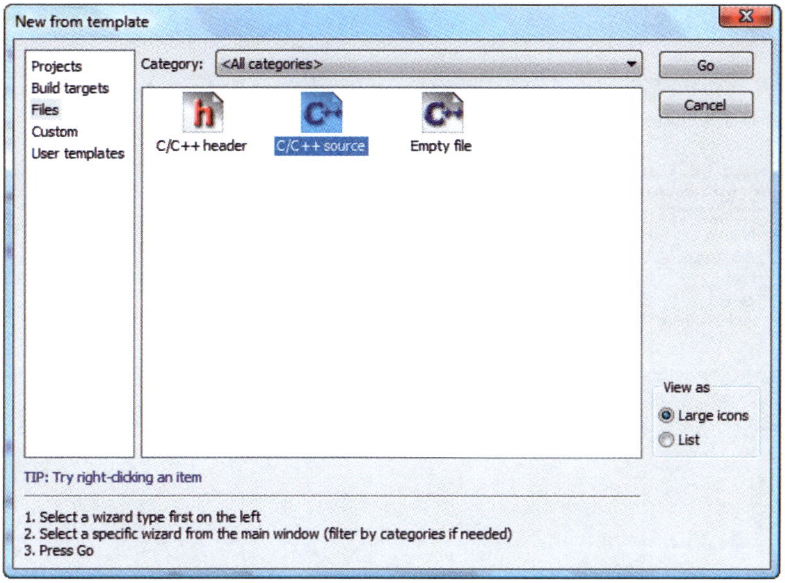

FIGURE 7.7 – Créer un nouveau fichier source

Cochez ensuite toutes les options (figure 7.8).

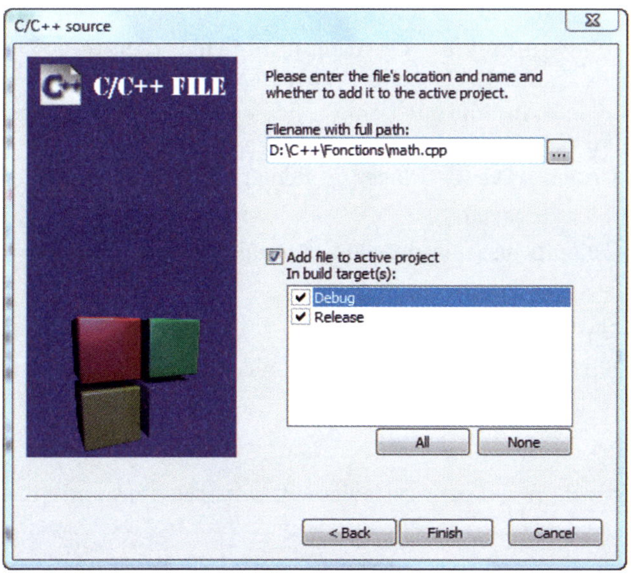

FIGURE 7.8 – Sélection des options pour le fichier source

Cliquez sur `Finish`. Votre fichier source est maintenant créé. Passons au fichier d'en-tête.

Le fichier d'en-tête

Le début est quasiment identique. Passez par les menus `File` > `New` > `File`. Sélectionnez ensuite `C/C++header` (figure 7.9).

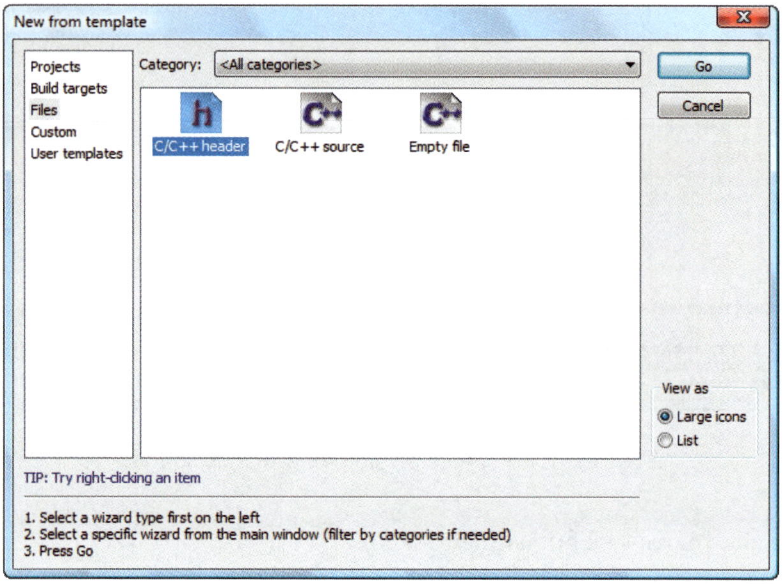

FIGURE 7.9 – Création d'un fichier d'en-tête

Dans la fenêtre suivante, indiquez le nom du fichier à créer. Il est conseillé de lui donner le même nom qu'au fichier source mais avec une extension `.h` au lieu de `.cpp`. Dans notre cas, ce sera donc `math.h`. Placez le fichier dans le même dossier que les deux autres.

Ne touchez pas le champ juste en-dessous et n'oubliez pas de cocher toutes les options (figure 7.10).

Cliquez sur `Finish`. Et voilà !

Une fois que les deux fichiers sont créés, vous devriez les voir apparaître dans la colonne de gauche de Code: :Blocks (figure 7.11).

Le nom du projet sera certainement différent dans votre cas.

Déclarer la fonction dans les fichiers

Maintenant que nous avons nos fichiers, il ne reste qu'à les remplir.

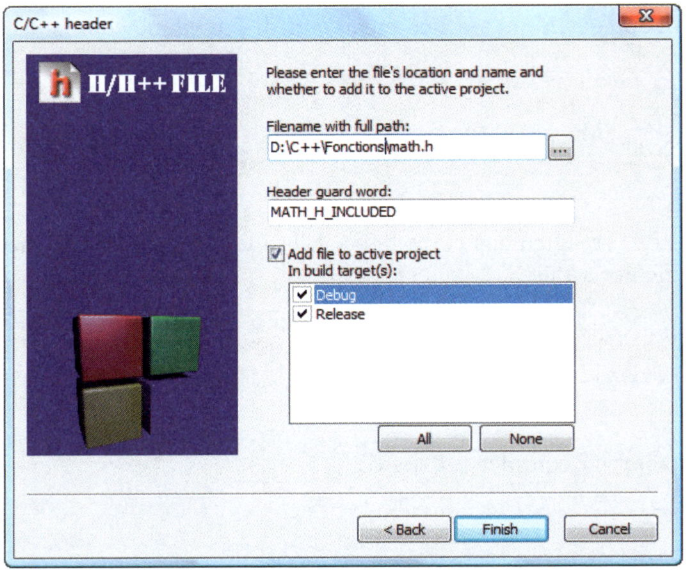

FIGURE 7.10 – Sélection des options pour le fichier d'en-tête

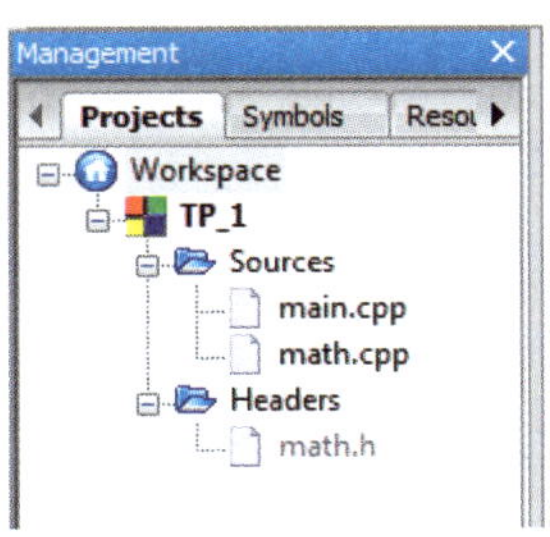

FIGURE 7.11 – Les nouveaux fichiers du projet

Le fichier source

Je vous ai dit que le fichier source contenait la déclaration de la fonction. C'est un des éléments. L'autre est plus compliqué à comprendre. Le compilateur a besoin de savoir que les fichiers `.cpp` et `.h` ont un lien entre eux. Il faut donc commencer le fichier par la ligne suivante :

```
#include "math.h"
```

Vous reconnaissez certainement cette ligne. Elle indique que l'on va utiliser ce qui se trouve dans le fichier `math.h`.

Il faut utiliser ici des guillemets " et non des chevrons < et > comme vous en aviez l'habitude jusque là.

Le fichier `math.cpp` au complet est donc :

```
#include "math.h"

int ajouteDeux(int nombreRecu)
{
    int valeur(nombreRecu + 2);

    return valeur;
}
```

Le fichier d'en-tête

Si vous regardez le fichier qui a été créé, il n'est pas vide ! Il contient trois lignes mystérieuses :

```
#ifndef MATH_H_INCLUDED
#define MATH_H_INCLUDED

#endif // MATH_H_INCLUDED
```

Ces lignes sont là pour empêcher le compilateur d'inclure plusieurs fois ce fichier. Le compilateur n'est parfois pas très malin et risque de tourner en rond. Cette astuce évite donc de se retrouver dans cette situation. Il ne faut donc pas toucher ces lignes et surtout, écrire tout le code *entre la deuxième et la troisième.*

Le texte en majuscules sera différent pour chaque fichier. C'est le texte qui apparaît dans le champ que nous n'avons pas modifié lors de la création du fichier.
Si vous n'utilisez pas Code::Blocks, vous n'aurez peut-être pas automatiquement ces lignes dans vos fichiers. Il faut alors les ajouter à la main. Le mot en majuscule doit être le même sur les trois lignes où il apparaît et chaque fichier doit utiliser un mot différent.

Dans ce fichier, il faut mettre ce qu'on appelle le **prototype** de la fonction. C'est la première ligne de la fonction, celle qui vient avant les accolades. On copie le texte de cette ligne et on ajoute un point-virgule à la fin.

C'est donc très court. Voici ce que nous obtenons pour notre fonction :

```
#ifndef MATH_H_INCLUDED
#define MATH_H_INCLUDED

int ajouteDeux(int nombreRecu);

#endif // MATH_H_INCLUDED
```

N'oubliez pas le point-virgule ici !

Et c'est tout. Il ne nous reste qu'une seule chose à faire : inclure tout cela dans le fichier `main.cpp`. Si on ne le fait pas, le compilateur ne saura pas où trouver la fonction `ajouteDeux()` lorsqu'on essaiera de l'utiliser. Il faut donc ajouter la ligne

```
#include "math.h"
```

au début de notre programme. Cela donne :

```
#include <iostream>
#include "math.h"
using namespace std;

int main()
{
    int a(2),b(2);
    cout << "Valeur de a : " << a << endl;
    cout << "Valeur de b : " << b << endl;
    b = ajouteDeux(a);                        //Appel de la fonction
    cout << "Valeur de a : " << a << endl;
    cout << "Valeur de b : " << b << endl;

    return 0;
}
```

On inclut toujours le fichier d'en-tête (`.h`), jamais le fichier source (`.cpp`).

Et voilà ! Nous avons maintenant réellement des briques séparées utilisables dans plusieurs programmes. Si vous voulez utiliser la fonction `ajouteDeux()` dans un autre projet, il vous suffira de copier les fichiers `math.cpp` et `math.h`.

On peut bien sûr mettre plusieurs fonctions par fichier. On les regroupe généralement par catégories : les fonctions mathématiques dans un fichier, les fonctions pour l'affichage d'un menu dans un autre fichier et celles pour le déplacement d'un personnage de jeu vidéo dans un troisième. *Programmer, c'est aussi être organisé.*

Documenter son code

Avant de terminer ce chapitre, je veux juste vous présenter un point qui peut sembler futile (mais qui ne l'est pas). On vous l'a dit dès le début, il est important de mettre des commentaires dans son programme pour comprendre ce qu'il fait. C'est particulièrement vrai pour les fonctions puisque vous allez peut-être utiliser des fonctions écrites par d'autres programmeurs. Il est donc important de savoir ce que font ces fonctions sans avoir besoin de lire tout le code ! (Rappelez-vous, le programmeur est fainéant…)

Comme il y a de la place dans les fichiers d'en-tête, on en profite généralement pour y décrire ce que font les fonctions. On y fait généralement figurer trois choses :

1. ce que fait la fonction ;
2. la liste des ses arguments ;
3. la valeur retournée.

Plutôt qu'un long discours, voici ce qu'on pourrait écrire pour la fonction `ajouteDeux ()` :

```
#ifndef MATH_H_INCLUDED
#define MATH_H_INCLUDED

/*
 * Fonction qui ajoute 2 au nombre reçu en argument
 * - nombreRecu : Le nombre auquel la fonction ajoute 2
 * Valeur retournée : nombreRecu + 2
 */
int ajouteDeux(int nombreRecu);

#endif // MATH_H_INCLUDED
```

Bien sûr, dans ce cas, le descriptif est très simple. Mais c'est une habitude qu'il faut prendre. C'est d'ailleurs tellement courant de mettre des commentaires dans les fichiers

`.h` qu'il existe des systèmes quasi-automatiques qui génèrent des sites web ou des livres à partir de ces commentaires.

Le célèbre système **doxygen** utilise par exemple la notation suivante :

```
/**
 * \brief Fonction qui ajoute 2 au nombre reçu en argument
 * \param nombreRecu  Le nombre auquel la fonction ajoute 2
 * \return nombreRecu + 2
 */
int ajouteDeux(int nombreRecu);
```

Pour l'instant, cela peut vous paraître un peu inutile mais vous verrez dans la partie III de ce cours qu'avoir une bonne documentation est essentiel. À vous de choisir la notation que vous préférez.

Des valeurs par défaut pour les arguments

Les arguments de fonctions, vous commencez à connaître. Je vous en parle depuis le début du chapitre. Lorsque une fonction a trois arguments, il faut lui fournir trois valeurs pour qu'elle puisse fonctionner. Eh bien, je vais vous montrer que ce n'est pas toujours le cas.

Voyons tout cela avec la fonction suivante :

```
int nombreDeSecondes(int heures, int minutes, int secondes)
{
    int total = 0;

    total = heures * 60 * 60;
    total += minutes * 60;
    total += secondes;

    return total;
}
```

Cette fonction calcule un nombre de secondes en fonction d'un nombre d'heures, de minutes et de secondes qu'on lui transmet. Rien de bien compliqué !

Les variables `heures`, `minutes` et `secondes` sont les **paramètres** de la fonction `nombreDeSecondes()`. Ce sont des valeurs qu'elle reçoit, celles avec lesquelles elle va travailler. Mais cela, vous le savez déjà.

Les valeurs par défaut

La nouveauté, c'est qu'on peut donner des valeurs par défaut à certains paramètres des fonctions. Ainsi, lorsqu'on appelle une fonction, on ne sera pas obligé d'indiquer à chaque fois tous les paramètres !

Pour bien voir comment on doit procéder, on va regarder le code complet. J'aimerais que vous l'écriviez dans votre IDE pour faire les tests en même temps que moi :

```
#include <iostream>

using namespace std;

// Prototype de la fonction
int nombreDeSecondes(int heures, int minutes, int secondes);

// Main
int main()
{
    cout << nombreDeSecondes(1, 10, 25) << endl;

    return 0;
}

// Définition de la fonction
int nombreDeSecondes(int heures, int minutes, int secondes)
{
    int total = 0;

    total = heures * 60 * 60;
    total += minutes * 60;
    total += secondes;

    return total;
}
```

Ce code donne le résultat suivant :

```
4225
```

Sachant que 1 heure = 3600 secondes, 10 minutes = 600 secondes, 25 secondes =... 25 secondes, le résultat est logique car 3600 + 600 + 25 = 4225. Bref, tout va bien.

Maintenant, supposons que l'on veuille rendre certains paramètres facultatifs, par exemple parce qu'on utilise en pratique plus souvent les heures que le reste. On va devoir modifier le prototype de la fonction (et non sa définition, attention).

Indiquez la valeur par défaut que vous voulez donner aux paramètres s'ils ne sont pas renseignés lors de l'appel à la fonction :

```
int nombreDeSecondes(int heures, int minutes = 0, int secondes = 0);
```

Dans cet exemple, seul le paramètre `heures` sera obligatoire, les deux autres étant désormais facultatifs. Si on ne renseigne pas les minutes et les secondes, les variables correspondantes vaudront alors 0 dans la fonction.

Voici le code complet que vous devriez avoir sous les yeux :

```
#include <iostream>

using namespace std;

// Prototype avec les valeurs par défaut
int nombreDeSecondes(int heures, int minutes = 0, int secondes = 0);

// Main
int main()
{
    cout << nombreDeSecondes(1, 10, 25) << endl;

    return 0;
}

// Définition de la fonction, SANS les valeurs par défaut
int nombreDeSecondes(int heures, int minutes, int secondes)
{
    int total = 0;

    total = heures * 60 * 60;
    total += minutes * 60;
    total += secondes;

    return total;
}
```

Si vous avez lu attentivement ce code, vous avez dû vous rendre compte de quelque chose : *les valeurs par défaut sont spécifiées uniquement dans le prototype,* ***pas*** *dans la définition de la fonction !* Si votre code est découpé en plusieurs fichiers, alors il ne faut spécifier les valeurs par défaut que dans le fichier d'en-tête `.h`. On se fait souvent avoir, je vous préviens... Si vous vous trompez, le compilateur vous indiquera une erreur à la ligne de la définition de la fonction.

Bon, ce code ne change pas beaucoup du précédent. À part les valeurs par défaut dans le prototype, rien n'a été modifié (et le résultat à l'écran sera toujours le même). La nouveauté maintenant, c'est qu'on peut supprimer des paramètres lors de l'appel de la fonction (ici dans le `main()`). On peut par exemple écrire :

```
cout << nombreDeSecondes(1) << endl;
```

Le compilateur lit les paramètres de gauche à droite. Comme il n'y en a qu'un et que seules les heures sont obligatoires, il devine que la valeur `1` correspond à un nombre d'heures.

Le résultat à l'écran sera le suivant :

```
3600
```

Mieux encore, vous pouvez indiquer seulement les heures et les minutes si vous le désirez :

```
cout << nombreDeSecondes(1, 10) << endl;
```

```
4200
```

Tant que vous indiquez au moins les paramètres obligatoires, il n'y a pas de problème.

Cas particuliers, attention danger

Bon, mine de rien il y a quand même quelques pièges, ce n'est pas si simple que cela ! On va voir ces pièges sous la forme de questions / réponses :

> Et si je veux envoyer à la fonction juste les heures et les secondes, mais pas les minutes ?

Tel quel, c'est impossible. En effet, je vous l'ai dit plus haut, le compilateur analyse les paramètres de gauche à droite. Le premier correspondra forcément aux heures, le second aux minutes et le troisième aux secondes.

Vous ne pouvez PAS écrire :

```
cout << nombreDeSecondes(1,,25) << endl;
```

C'est interdit ! Si vous le faites, le compilateur vous fera comprendre qu'il n'apprécie guère vos manœuvres. C'est ainsi : en C++, on ne peut pas « sauter » des paramètres, même s'ils sont facultatifs. Si vous voulez indiquer le premier et le dernier paramètre, il vous faudra obligatoirement spécifier ceux du milieu. On devra donc écrire :

```
cout << nombreDeSecondes(1, 0, 25) << endl;
```

> Est-ce que je peux rendre seulement les heures facultatives, et rendre les minutes et secondes obligatoires ?

Si le prototype est défini dans le même ordre que tout à l'heure : non. *Les paramètres facultatifs doivent obligatoirement se trouver à la fin* (à droite).

Ce code ne compilera donc pas :

```
int nombreDeSecondes(int heures = 0, int minutes, int secondes);
//Erreur, les paramètres par défaut doivent être à droite
```

La solution, pour régler ce problème, consiste à placer le paramètre **heures** à la fin :

```
int nombreDeSecondes(int secondes, int minutes, int heures = 0);
//OK
```

Est-ce que je peux rendre tous mes paramètres facultatifs ?

Oui, cela ne pose pas de problème :

```
int nombreDeSecondes(int heures = 0, int minutes = 0, int secondes = 0);
```

Dans ce cas, l'appel de la fonction pourra s'écrire comme ceci :

```
cout << nombreDeSecondes() << endl;
```

Le résultat renvoyé sera bien entendu 0 dans le cas ci-dessus.

Règles à retenir

En résumé, il y a 2 règles que vous devez retenir pour les valeurs par défaut :

- seul le prototype doit contenir les valeurs par défaut (pas la définition de la fonction) ;
- les valeurs par défaut doivent se trouver à la fin de la liste des paramètres (c'est-à-dire à droite).

En résumé

- Une fonction est une portion de code contenant des instructions et ayant un rôle précis.
- Tous les programmes ont au moins une fonction : `main()`. C'est celle qui s'exécute au démarrage du programme.
- Découper son programme en différentes fonctions ayant chacune un rôle différent permet une meilleure organisation.
- Une même fonction peut être appelée plusieurs fois au cours de l'exécution d'un programme.
- Une fonction peut recevoir des informations en entrée (appelées **arguments**) et renvoyer un résultat en sortie grâce à `return`.
- Les fonctions peuvent recevoir des références en argument pour modifier directement une information précise en mémoire.

- Lorsque le programme grossit, il est conseillé de créer plusieurs fichiers regroupant des fonctions. Les fichiers `.cpp` contiennent les définitions des fonctions et les fichiers `.h`, plus courts, contiennent leurs prototypes. Les fichiers `.h` permettent d'annoncer l'existence des fonctions à l'ensemble des autres fichiers du programme.

Chapitre 8

Les tableaux

Difficulté :

Dans de très nombreux programmes, on a besoin d'avoir plusieurs variables du même type et qui jouent quasiment le même rôle. Pensez par exemple à la liste des utilisateurs d'un site web : cela représente une grande quantité de variables de type `string`. Ou les dix meilleurs scores de votre jeu, que vous stockerez dans différentes cases mémoires, toutes de type `int`. Le C++, comme presque tous les langages de programmation, propose un moyen simple de regrouper des données identiques dans un seul paquet. Et comme l'indique le titre du chapitre, on appelle ces regroupements de variables des **tableaux**.

Dans ce chapitre, je vais vous apprendre à manipuler deux sortes de tableaux. Ceux dont la taille est connue à l'avance, comme pour la liste des dix meilleurs scores, et ceux dont la taille peut varier en permanence, comme la liste des visiteurs d'un site web qui, généralement, ne cesse de grandir. Vous vous en doutez certainement, les tableaux dont la taille est fixée à l'avance sont plus faciles à utiliser et c'est donc par eux que nous allons commencer.

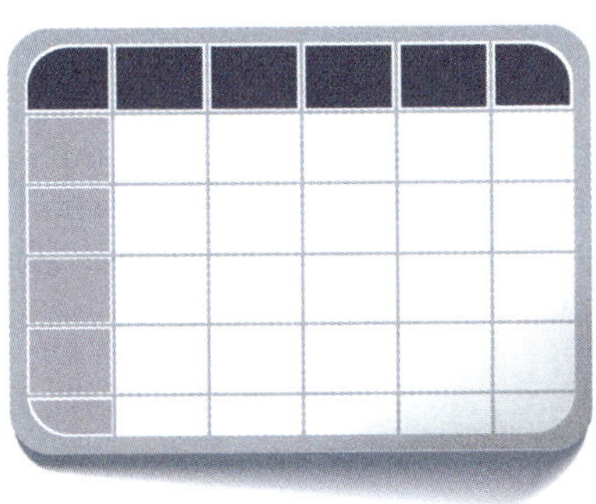

Les tableaux statiques

Je vous ai parlé dans l'introduction de l'intérêt des tableaux pour le stockage de plusieurs variables de même type. Voyons cela avec un exemple bien connu, la liste des meilleurs scores du jeu révolutionnaire que vous allez créer un jour.

Un exemple d'utilisation

Si vous voulez afficher la liste des 5 meilleurs scores des joueurs, il va vous falloir en réalité deux listes : la liste des noms de joueurs et la liste des scores qu'ils ont obtenus. Nous allons donc devoir déclarer 10 variables pour mettre toutes ces informations dans la mémoire de l'ordinateur. On aura par exemple :

```
string nomMeilleurJoueur1("Nanoc");
string nomMeilleurJoueur2("M@teo21");
string nomMeilleurJoueur3("Albert Einstein");
string nomMeilleurJoueur4("Isaac Newton");
string nomMeilleurJoueur5("Archimede");

int meilleurScore1(118218);
int meilleurScore2(100432);
int meilleurScore3(87347);
int meilleurScore4(64523);
int meilleurScore5(31415);
```

Et pour afficher tout cela, il va aussi falloir pas mal de travail.

```
cout << "1) " << nomMeilleurJoueur1 << " " << meilleurScore1 << endl;
cout << "2) " << nomMeilleurJoueur2 << " " << meilleurScore2 << endl;
cout << "3) " << nomMeilleurJoueur3 << " " << meilleurScore3 << endl;
cout << "4) " << nomMeilleurJoueur4 << " " << meilleurScore4 << endl;
cout << "5) " << nomMeilleurJoueur5 << " " << meilleurScore5 << endl;
```

Cela fait énormément de lignes ! Imaginez maintenant que vous vouliez afficher les 100 meilleurs scores et pas seulement les 5 meilleurs. Ce serait terrible, il faudrait déclarer 200 variables et écrire 100 lignes quasiment identiques pour l'affichage ! Autant arrêter tout de suite, c'est beaucoup trop de travail.

C'est là qu'interviennent les tableaux : nous allons pouvoir déclarer les 100 meilleurs scores et les noms des 100 meilleurs joueurs d'un seul coup. On va créer *une seule* case dans la mémoire qui aura de la place pour contenir les 100 `int` qu'il nous faut et une deuxième pour contenir les 100 `string`. Magique non ?

Il faut quand même que les variables aient un lien entre elles pour que l'utilisation d'un tableau soit justifiée. Mettre dans un même tableau l'âge de votre chien et le nombre d'internautes connectés n'est pas correct. Même si ces deux variables sont des `int`.

Dans cet exemple, nous avons besoin de 100 variables, c'est-à-dire 100 places dans le tableau. C'est ce qu'on appelle, en termes techniques, la **taille** du tableau. Si la taille du tableau reste inchangée et est fixée dans le code source, alors on parle d'un **tableau statique**. Parfait ! C'est ce dont nous avons besoin pour notre liste des 100 meilleurs scores.

Déclarer un tableau statique

Comme toujours en C++, une variable est composée d'un nom et d'un type. Comme les tableaux sont des variables, cette règle reste valable. Il faut juste ajouter une propriété supplémentaire, la taille du tableau. Autrement dit, le nombre de compartiments que notre case mémoire va pouvoir contenir.

La déclaration d'un tableau est très similaire à celle d'une variable (figure 8.1).

TYPE NOM [TAILLE] ;

FIGURE 8.1 – Déclaration d'un tableau statique

On indique le type, puis le nom choisi et enfin, entre crochets, la taille du tableau. Voyons cela avec un exemple.

```
#include <iostream>
using namespace std;

int main()
{
   int meilleurScore[5];         //Déclare un tableau de 5 int

   double anglesTriangle[3];     //Déclare un tableau de 3 double

   return 0;
}
```

Voyons à quoi ressemble la mémoire avec un de nos schémas habituels (figure 8.2).

On retrouve les deux zones mémoires avec leurs étiquettes mais, cette fois, chaque zone est découpée en cases : trois cases pour le tableau `anglesTriangle` et cinq cases pour le tableau `meilleurScore`. Pour l'instant, aucune de ces cases n'est initialisée. Leur contenu est donc quelconque.

Il est également possible de déclarer un tableau en utilisant comme taille une **constante** de type `int` ou `unsignedint`. On indique simplement le nom de la constante entre les crochets, à la place du nombre.

```
int const tailleTableau(20);    //La taille du tableau
double anglesIcosagone[tailleTableau];
```

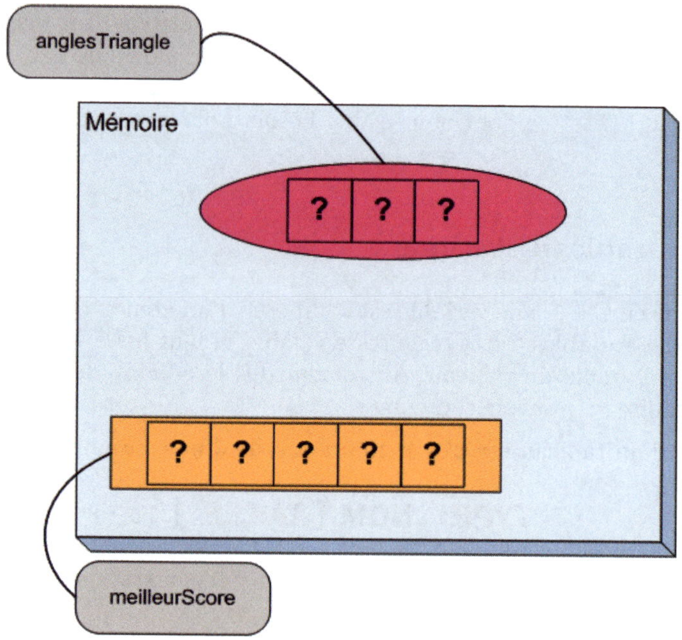

FIGURE 8.2 – La mémoire de l'ordinateur après avoir déclaré deux tableaux

Il faut *impérativement* utiliser une **constante** comme taille du tableau.

Je vous conseille de toujours utiliser des constantes pour exprimer les tailles de vos tableaux plutôt que d'indiquer directement la taille entre les crochets. C'est une bonne habitude à prendre.

Bon. Nous avons de la place dans la mémoire. Il ne nous reste plus qu'à l'utiliser.

Accéder aux éléments d'un tableau

Chaque case d'un tableau peut être utilisée comme n'importe quelle autre variable, il n'y a aucune différence. Il faut juste y accéder d'une manière un peu spéciale. On doit indiquer le nom du tableau et le numéro de la case. Dans le tableau `meilleurScore`, on a accès à cinq variables : la première case de `meilleurScore`, la deuxième, etc, jusqu'à la cinquième.

Pour accéder à une case, on utilise la syntaxe `nomDuTableau[numeroDeLaCase]`. Il y a simplement une petite subtilité : la première case possède le numéro 0 et pas 1. Tout est en quelque sorte décalé de 1. Pour accéder à la troisième case de `meilleurScore` et y stocker une valeur, il faudra donc écrire :

```
meilleurScore[2] = 5;
```

En effet, $3 - 1 = 2$; la troisième case possède donc le numéro 2. Si je veux remplir mon tableau des meilleurs scores comme dans l'exemple initial, je peux donc écrire :

```
int const nombreMeilleursScores(5);            //La taille du tableau

int meilleursScores[nombreMeilleursScores];    //Déclaration du tableau

meilleursScores[0] = 118218;  //Remplissage de la première case
meilleursScores[1] = 100432;  //Remplissage de la deuxième case
meilleursScores[2] = 87347;   //Remplissage de la troisième case
meilleursScores[3] = 64523;   //Remplissage de la quatrième case
meilleursScores[4] = 31415;   //Remplissage de la cinquième case
```

Comme tous les numéros de cases sont décalés, la dernière case a le numéro 4 et pas 5 !

Parcourir un tableau

Le gros point fort des tableaux, c'est qu'on peut les parcourir en utilisant une boucle. On peut ainsi effectuer une action sur chacune des cases d'un tableau, l'une après l'autre : par exemple afficher le contenu des cases.

On connaît *a priori* le nombre de cases du tableau, on peut donc utiliser une boucle `for`. Nous allons pouvoir utiliser la variable `i` de la boucle pour accéder au `i`ème élément du tableau. C'est fou, on dirait que c'est fait pour !

```
int const nombreMeilleursScores(5);            //La taille du tableau
int meilleursScores[nombreMeilleursScores];    //Déclaration du tableau

meilleursScores[0] = 118218;  //Remplissage de la première case
meilleursScores[1] = 100432;  //Remplissage de la deuxième case
meilleursScores[2] = 87347;   //Remplissage de la troisième case
meilleursScores[3] = 64523;   //Remplissage de la quatrième case
meilleursScores[4] = 31415;   //Remplissage de la cinquième case

for(int i(0); i<nombreMeilleursScores; ++i)
{
    cout << meilleursScores[i] << endl;
}
```

La variable `i` prend successivement les valeurs 0, 1, 2, 3 et 4, ce qui veut dire que les valeurs de `meilleursScores[0]`, puis `meilleursScores[1]`, etc. sont envoyées dans `cout`.

Il faut faire très attention, dans la boucle, à ne pas dépasser la taille du tableau, sous peine de voir votre programme plante. La dernière case dans cet exemple a le numéro `nombreMeilleursScores` **moins un**. Les valeurs autorisées de `i` sont tous les entiers entre 0 et `nombreMeilleursScores` **moins un** compris.

Vous allez voir, le couple tableau / boucle `for` va devenir votre nouveau meilleur ami. En tout cas, je l'espère : c'est un outil très puissant.

Un petit exemple

Allez, je vous propose un petit exemple légèrement plus complexe. Nous allons utiliser le C++ pour calculer la moyenne de vos notes de l'année. Je vous propose de mettre toutes vos notes dans un tableau et d'utiliser une boucle `for` pour le calcul de la moyenne. Voyons donc tout cela étape par étape.

La première étape consiste à déclarer un tableau pour stocker les notes. Comme ce sont des nombres à virgule, il nous faut des `double`.

```
int const nombreNotes(6);
double notes[nombreNotes];
```

La deuxième étape consiste à remplir ce tableau avec vos notes. J'espère que vous savez encore comment faire !

```
int const nombreNotes(6);
double notes[nombreNotes];

notes[0] = 12.5;
notes[1] = 19.5;  //Bieeeen !
notes[2] = 6.;    //Pas bien !
notes[3] = 12;
notes[4] = 14.5;
notes[5] = 15;
```

Je me répète, mais c'est important : la première case du tableau a le numéro 0, la deuxième le numéro 1, et ainsi de suite.

Pour calculer la moyenne, il nous faut additionner toutes les notes puis diviser le résultat obtenu par le nombre de notes. Nous connaissons déjà le nombre de notes, puisque nous avons la constante `nombreNotes`. Il ne reste donc qu'à déclarer une variable pour contenir la moyenne.

Le calcul de la somme s'effectue dans une boucle `for` qui parcourt toutes les cases du tableau.

```
double moyenne(0);
for(int i(0); i<nombreNotes; ++i)
{
   moyenne += notes[i];   //On additionne toutes les notes
}
//En arrivant ici, la variable moyenne contient la somme des notes (79.5)
//Il ne reste donc qu'à diviser par le nombre de notes
moyenne /= nombreNotes;
```

Avec une petite ligne pour l'affichage de la valeur, on obtient le résultat voulu : un programme qui calcule la moyenne de vos notes.

```
#include <iostream>
using namespace std;

int main()
{
   int const nombreNotes(6);
   double notes[nombreNotes];

   notes[0] = 12.5;
   notes[1] = 19.5;  //Bieeeen !
   notes[2] = 6.;    //Pas bien !
   notes[3] = 12;
   notes[4] = 14.5;
   notes[5] = 15;

   double moyenne(0);
   for(int i(0); i<nombreNotes; ++i)
   {
      moyenne += notes[i];   //On additionne toutes les notes
   }
   //En arrivant ici, la variable moyenne contient la somme des notes (79.5)
   //Il ne reste donc qu'à diviser par le nombre de notes
   moyenne /= nombreNotes;

   cout << "Votre moyenne est : " << moyenne << endl;

   return 0;
}
```

Voyons ce que cela donne quand on l'exécute :

```
Votre moyenne est : 13.25
```

Et cela marche ! Mais vous n'en doutiez pas, bien sûr ?

Les tableaux et les fonctions

Ah! Les fonctions. Vous n'avez pas oublié ce que c'est j'espère. Il faut quand même que je vous en reparle un peu. Comme vous allez le voir, les tableaux et les fonctions ne sont pas les meilleurs amis du monde.

La première restriction est qu'*on ne peut pas écrire une fonction qui renvoie un tableau statique.* C'est impossible.

La deuxième restriction est qu'un tableau statique est *toujours passé par référence.* Et il n'y a pas besoin d'utiliser l'esperluette (&) : c'est fait automatiquement. Cela veut dire que, lorsqu'on passe un tableau à une fonction, cette dernière peut le modifier.

Voici donc une fonction qui reçoit un tableau en argument.

```
void fonction(double tableau[])
{
    //...
}
```

Il ne faut rien mettre entre les crochets.

Mais ce n'est pas tout ! Très souvent, on veut parcourir le tableau, avec une boucle `for` par exemple. Il nous manque une information cruciale. Vous voyez laquelle ?

La taille ! À l'intérieur de la fonction précédente, il n'y a aucun moyen de connaître la taille du tableau ! Il faut donc *impérativement ajouter un deuxième argument contenant la taille.* Cela donne :

```
void fonction(double tableau[], int tailleTableau)
{
    //...
}
```

Oui, je sais c'est ennuyeux. Mais il ne faut pas vous en prendre à moi, je n'ai pas créé le langage.

Pour vous entraîner, je vous propose d'écrire une fonction `moyenne()` qui calcule la moyenne des valeurs d'un tableau.

Voici ma version :

```
/*
 *  Fonction qui calcule la moyenne des éléments d'un tableau
 *  - tableau: Le tableau dont on veut la moyenne
 *  - tailleTableau: La taille du tableau
 */
double moyenne(double tableau[], int tailleTableau)
```

```
{
   double moyenne(0);
   for(int i(0); i<tailleTableau; ++i)
   {
      moyenne += tableau[i];    //On additionne toutes les valeurs
   }
   moyenne /= tailleTableau;

   return moyenne;
}
```

Assez parlé de ces tableaux. Passons à la suite.

Les tableaux dynamiques

Je vous avais dit que nous allions parler de deux sortes de tableaux : ceux dont la taille est fixée et ceux dont la taille peut varier, les **tableaux dynamiques**. Certaines choses sont identiques, ce qui va nous éviter de tout répéter.

Déclarer un tableau dynamique

La première différence se situe au tout début de votre programme. Il faut ajouter la ligne #include<vector> pour utiliser ces tableaux.

À cause de cette ligne, on parle souvent de vector à la place de tableau dynamique. J'utiliserai parfois ce terme dans la suite.

La deuxième grosse différence se situe dans la manière de déclarer un tableau. On utilise la syntaxe présentée en figure 8.3.

vector<TYPE > NOM (TAILLE) ;

FIGURE 8.3 – Déclaration d'un vector

Par exemple, pour un tableau de 5 entiers, on écrit :

```
#include <iostream>
#include <vector> //Ne pas oublier !
using namespace std;

int main()
{
   vector<int> tableau(5);
```

```
    return 0;
}
```

Il faut ici remarquer trois choses :

1. le type n'est pas le premier mot de la ligne, contrairement aux autres variables ;
2. on utilise une notation bizarre avec un chevron ouvrant et un chevron fermant ;
3. on écrit la taille entre parenthèses et non entre crochets.

Cela veut dire que les choses ne ressemblent pas vraiment aux tableaux statiques. Cependant, vous allez voir que, pour parcourir le tableau, le principe est similaire. Mais avant cela, il y a deux astuces bien pratiques à savoir.

On peut directement remplir toutes les cases du tableau en ajoutant un deuxième argument entre les parenthèses :

```
vector<int> tableau(5, 3);  //Crée un tableau de 5 entiers valant tous 3
vector<string> listeNoms(12, "Sans nom");
//Crée un tableau de 12 strings valant toutes « Sans nom »
```

On peut déclarer un tableau sans cases en ne mettant pas de parenthèses du tout :

```
vector<double> tableau; //Crée un tableau de 0 nombre à virgule
```

Euh... À quoi sert un tableau vide ?

Rappelez-vous que ce sont des tableaux dont la taille peut varier. On peut donc ajouter des cases par la suite. Attendez un peu et vous saurez tout.

Accéder aux éléments d'un tableau

La déclaration était très différente des tableaux statiques. Par contre, l'accès est exactement identique. On utilise à nouveau les crochets et la première case possède aussi le numéro 0.

On peut donc réécrire l'exemple de la section précédente avec un vector :

```
int const nombreMeilleursScores(5);  //La taille du tableau

vector<int> meilleursScores(nombreMeilleursScores);  //Déclaration du tableau

meilleursScores[0] = 118218;  //Remplissage de la première case
meilleursScores[1] = 100432;  //Remplissage de la deuxième case
meilleursScores[2] = 87347;   //Remplissage de la troisième case
meilleursScores[3] = 64523;   //Remplissage de la quatrième case
meilleursScores[4] = 31415;   //Remplissage de la cinquième case
```

Là, je crois qu'on ne peut pas faire plus facile.

Changer la taille

Entrons maintenant dans le vif du sujet : faire varier la taille d'un tableau. Commençons par ajouter des cases à la fin d'un tableau.

Il faut utiliser la fonction `push_back()`. On écrit le nom du tableau, suivi d'un point et du mot `push_back` avec, entre parenthèses, la valeur qui va remplir la nouvelle case.

```
vector<int> tableau(3,2);  //Un tableau de 3 entiers valant tous 2
tableau.push_back(8);
//On ajoute une 4ème case au tableau qui contient la valeur 8
```

Voyons de plus près ce qui se passe dans la mémoire (figure 8.4).

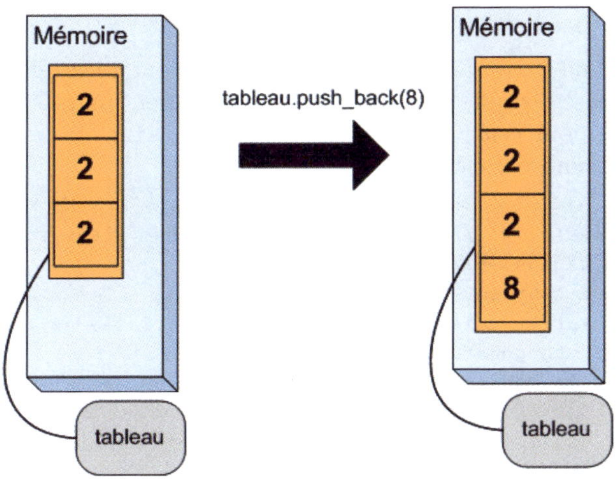

FIGURE 8.4 – Effet d'un `push_back` sur un vector

Une case supplémentaire a été ajoutée au bout du tableau, de manière automatique. C'est fou ce que cela peut être intelligent un ordinateur parfois.

Et bien sûr on peut ajouter beaucoup de cases à la suite les unes des autres.

```
vector<int> tableau(3,2); //Un tableau de 3 entiers valant tous 2
tableau.push_back(8);  //On ajoute une 4ème case qui contient la valeur 8
tableau.push_back(7);  //On ajoute une 5ème case qui contient la valeur 7
tableau.push_back(14); //Et encore une avec le nombre 14 cette fois

//Le tableau contient maintenant les nombres : 2 2 2 8 7 14
```

Et ils ne peuvent que grandir, les vectors ?

Non ! Bien sûr que non. Les créateurs du C++ ont pensé à tout.

On peut supprimer la dernière case d'un tableau en utilisant la fonction `pop_back()` de la même manière que `push_back()`, sauf qu'il n'y a rien à mettre entre les parenthèses.

```
vector<int> tableau(3,2); //Un tableau de 3 entiers valant tous 2
tableau.pop_back(); //Et hop ! Plus que 2 cases
tableau.pop_back(); //Et hop ! Plus que 1 case
```

Attention tout de même à ne pas trop supprimer de cases ! Un tableau ne peut pas contenir moins de 0 éléments.

Je crois que je n'ai pas besoin d'en dire plus sur ce sujet.

Il nous reste quand même un petit problème à régler. Comme la taille peut changer, on ne sait pas de manière certaine combien d'éléments contient un tableau. Heureusement, il y a une fonction pour cela : `size()`. Avec `tableau.size()`, on récupère un entier correspondant au nombre d'éléments de `tableau`.

```
vector<int> tableau(5,4); //Un tableau de 5 entiers valant tous 4
int const taille(tableau.size());
//Une variable qui contient la taille du tableau
//La taille peut varier mais la valeur de cette variable ne changera pas
//On utilise donc une constante
//À partir d'ici, la constante 'taille' vaut donc 5
```

Retour sur l'exercice

Je crois que le mieux, pour se mettre tout cela en tête, est de reprendre l'exercice du calcul des moyennes mais en le réécrivant à la « sauce vector ».

Je vous laisse essayer. Si vous n'y arrivez pas, voici ma solution :

```
#include <iostream>
#include <vector> //Ne pas oublier !
using namespace std;

int main()
{
   vector<double> notes; //Un tableau vide

   notes.push_back(12.5);  //On ajoute des cases avec les notes
   notes.push_back(19.5);
   notes.push_back(6);
   notes.push_back(12);
```

```
    notes.push_back(14.5);
    notes.push_back(15);

    double moyenne(0);
    for(int i(0); i<notes.size(); ++i)
    //On utilise notes.size() pour la limite de notre boucle
    {
        moyenne += notes[i];    //On additionne toutes les notes
    }

    moyenne /= notes.size();
    //On utilise à nouveau notes.size() pour obtenir le nombre de notes

    cout << "Votre moyenne est : " << moyenne << endl;

    return 0;
}
```

On a écrit deux programmes qui font exactement la même chose de deux manières différentes. C'est très courant, il y a presque toujours plusieurs manières de faire les choses. Chacun choisit celle qu'il préfère.

Les vector et les fonctions

Passer un tableau dynamique en argument à une fonction est beaucoup plus simple que pour les tableaux statiques. Comme pour n'importe quel autre type, il suffit de mettre `vector<type>` en argument. Et c'est tout. Grâce à la fonction `size()`, il n'y a même pas besoin d'ajouter un deuxième argument pour la taille du tableau !

Cela donne tout simplement :

```
//Une fonction recevant un tableau d'entiers en argument
void fonction(vector<int> a)
{
    //...
}
```

Simple non ? Mais on peut quand même faire mieux. Je vous ai parlé, au chapitre précédent, du passage par référence constante pour optimiser la copie. En effet, si le tableau contient beaucoup d'éléments, le copier prendra du temps. Il vaut donc mieux utiliser cette astuce, ce qui donne :

```
//Une fonction recevant un tableau d'entiers en argument
void fonction(vector<int> const& a)
{
    //...
}
```

Dans ce cas, le tableau dynamique ne peut pas être modifié. Pour changer le contenu du tableau, il faut utiliser un passage par référence tout simple (sans le `const` donc).

Les tableaux multi-dimensionnels

Je vous ai dit en début de chapitre que l'on pouvait créer des tableaux de n'importe quoi. Des tableaux d'entiers, des tableaux de strings, et ainsi de suite. On peut donc créer des tableaux... de tableaux !

Je vous vois d'ici froncer les sourcils et vous demander à quoi cela peut bien servir. Une fois n'est pas coutume, je vous propose de commencer par visualiser la mémoire (figure 8.5). Vous verrez peut-être l'intérêt de ce concept pour le moins bizarre.

FIGURE 8.5 – Un tableau bi-dimensionnel dans la mémoire de l'ordinateur

La grosse case jaune représente, comme à chaque fois, une variable. Cette fois, c'est un tableau de 5 éléments dont j'ai représenté les cases en utilisant des lignes épaisses. À l'intérieur de chacune des cases, on trouve un petit tableau de 4 éléments dont on ne connaît pas la valeur.

Mais, si vous regardez attentivement les points d'interrogation, vous pouvez voir une grille régulière ! Un tableau de tableau est donc une grille de variables. Et là, je pense que vous trouvez cela tout de suite moins bizarre.

On parle parfois de **tableaux multi-dimensionnels** plutôt que de grilles. C'est pour souligner le fait que les variables sont arrangées selon des axes X et Y et pas uniquement selon un seul axe.

Déclaration d'un tableau multi-dimensionnel

Pour déclarer un tel tableau, il faut indiquer les dimensions les unes après les autres entre crochets :

```
type nomTableau[tailleX][tailleY]
```

Donc pour reproduire le tableau du schéma, on doit déclarer le tableau suivant :

```
int tableau[5][4];
```

Ou encore mieux, en déclarant des constantes :

```
int const tailleX(5);
int const tailleY(4);
int tableau[tailleX][tailleY];
```

Et c'est tout ! C'est bien le C++, non ?

Accéder aux éléments

Je suis sûr que je n'ai pas besoin de vous expliquer la suite. Vous avez sûrement deviné tout seul. Pour accéder à une case de notre grille, il faut indiquer la position en X et en Y de la case voulue.

Par exemple `tableau[0][0]` accède à la case en-bas à gauche de la grille. `tableau[0][1]` correspond à celle qui se trouve juste au dessus, alors que `tableau[1][0]` se situe directement à sa droite.

Comment accéder à la case située en-haut à droite ?

Il s'agit de la dernière case dans la direction horizontale. Entre les premiers crochets, il faut donc mettre tailleX-1, c'est-à-dire 4. C'est également la dernière case selon l'axe vertical : par conséquent, entre les seconds crochets, il faut spécifier tailleY-1. Ainsi, cela donne `tableau[4][3]`.

Aller plus loin

On peut bien sûr aller encore plus loin et créer des grilles tri-dimensionnelles, voire même plus. On peut tout à fait déclarer une variable comme ceci :

```
double grilleExtreme[5][4][6][2][7];
```

Mais là, il ne faudra pas me demander un dessin. Je vous rassure quand même, il est rare de devoir utiliser des grilles à plus de 3 dimensions. Ou alors, c'est que vous prévoyez de faire des programmes vraiment compliqués.

Les strings comme tableaux

Avant de terminer ce chapitre, il faut quand même que je vous fasse une petite révélation. Les chaînes de caractères sont en fait des tableaux !

On ne le voit pas lors de la déclaration, c'est bien caché. Mais il s'agit en fait d'un tableau de lettres. Il y a même beaucoup de points communs avec les `vector`.

Accéder aux lettres

L'intérêt de voir une chaîne de caractères comme un tableau de lettres, c'est qu'on peut accéder à ces lettres et les modifier. Et je ne vais pas vous surprendre, on utilise aussi les crochets.

```
#include <iostream>
#include <string>
using namespace std;

int main()
{
   string nomUtilisateur("Julien");
   cout << "Vous etes " << nomUtilisateur << "." <<endl;

   nomUtilisateur[0] = 'L';  //On modifie la première lettre
   nomUtilisateur[2] = 'c';  //On modifie la troisième lettre

   cout << "Ah non, vous etes " << nomUtilisateur << "!" << endl;

   return 0;
}
```

Testons pour voir :

```
Vous etes Julien.
Ah non, vous etes Lucien!
```

C'est fort ! Mais on peut faire encore mieux...

Les fonctions

On peut également utiliser `size()` pour connaître le nombre de lettres et `push_back()` pour ajouter des lettres à la fin. La encore, c'est comme avec `vector`.

```
string texte("Portez ce whisky au vieux juge blond qui fume.");  //46 caractères
cout << "Cette phrase contient " << texte.size() << " lettres." << endl;
```

Mais contrairement aux tableaux, on peut ajouter *plusieurs lettres* d'un coup. Et on utilise le +=.

```
#include <iostream>
#include <string>
using namespace std;

int main()
{
   string prenom("Albert");
   string nom("Einstein");

   string total;     //Une chaîne vide
   total += prenom; //On ajoute le prénom à la chaîne vide
   total += " ";     //Puis un espace
   total += nom;     //Et finalement le nom de famille

   cout << "Vous vous appelez " << total << "." << endl;

   return 0;
}
```

Cela donne bien sûr :

```
Vous vous appelez Albert Einstein.
```

C'est fou ce que c'est bien le C++ parfois !

En résumé

- Les tableaux sont des successions de variables en mémoire. Un tableau à 4 cases correspond donc en mémoire à 4 variables les unes à la suite des autres.
- Un tableau s'initialise comme ceci : `intmeilleurScore[4];` (pour 4 cases).
- La première case est toujours numérotée 0 (`meilleurScore[0]`).
- Si la taille du tableau est susceptible de varier, créez un tableau dynamique de type `vector` : `vector<int>tableau(5);`.
- On peut créer des tableaux multi-dimensionnels. Par exemple, `inttableau[5][4];` revient à créer un tableau de 5 lignes et 4 colonnes.
- Les chaînes de caractères `string` peuvent être considérées comme des tableaux. Chacune des cases correspond à un caractère.

Chapitre 9

Lire et modifier des fichiers

Difficulté :

Pour l'instant, les programmes que nous avons écrits étaient encore relativement simples. C'est normal, vous débutez. Mais avec un peu d'entraînement, vous seriez capables de créer de vraies applications. Vous commencez à connaître les bases du C++ mais il vous manque quand même un élément essentiel : l'interaction avec des fichiers.

Jusqu'à maintenant, vous avez appris à écrire dans la console et à récupérer ce que l'utilisateur avait saisi. Vous serez certainement d'accord avec moi, ce n'est pas suffisant. Pensez à des logiciels comme le bloc-note, votre IDE ou encore un tableur : ce sont tous des programmes qui savent lire des fichiers et écrire dedans. Et même dans le monde des jeux vidéo, on a besoin de cela : il y a bien sûr les fichiers de sauvegardes, mais aussi les images d'un jeu, les cinématiques, les musiques, etc. En somme, un programme qui ne sait pas interagir avec des fichiers risque d'être très limité.

Voyons donc comment faire ! Vous verrez : si vous maîtrisez l'utilisation de `cin` et de `cout`, alors vous savez déjà presque tout.

Écrire dans un fichier

La première chose à faire quand on veut manipuler des fichiers, c'est de les ouvrir. Eh bien en C++, c'est la même chose. Une fois le fichier ouvert, tout se passe comme pour cout et cin. Nous allons, par exemple, retrouver les chevrons « et ». Faites-moi confiance, vous allez rapidement vous y retrouver.

On parle de **flux** pour désigner les moyens de communication d'un programme avec l'extérieur. Dans ce chapitre, nous allons donc parler des **flux vers les fichiers**. Mais dites simplement « lire et modifier des fichiers » quand vous n'êtes pas dans une soirée de programmeurs. ;-)

L'en-tête fstream

Comme d'habitude en C++, quand on a besoin d'une fonctionnalité, il faut commencer par inclure le bon fichier d'en-tête. Pour les fichiers, il faut spécifier **#include <fstream>** en-haut de notre code source.

> Vous connaissez déjà iostream qui contient les outils nécessaires aux entrées/sorties vers la console. iostream signifie en réalité *input/output stream*, ce qui veut dire « flux d'entrées/sorties » en français. fstream correspond à *file stream*, « flux vers les fichiers » en bon français.

La principale différence est qu'il faut un *flux par fichier*. Voyons comment créer un flux sortant, c'est-à-dire un flux permettant d'écrire dans un fichier.

Ouvrir un fichier en écriture

Les flux sont en réalité des **objets**. Souvenez-vous que le C++ est un langage **orienté objet**. Voici donc un de ces fameux objets. N'ayez pas peur, il y aura plusieurs chapitres pour en parler. Pour l'instant, voyez cela comme de grosses variables améliorées. Ces objets contiennent beaucoup d'informations sur les fichiers ouverts et proposent des fonctionnalités comme fermer le fichier, retourner au début et bien d'autres encore.

L'important pour nous est que l'on déclare un flux exactement de la même manière qu'une variable, une variable dont le type serait ofstream et dont la valeur serait le chemin d'accès du fichier à lire.

```
#include <iostream>
#include <fstream>
using namespace std;

int main()
{
   ofstream monFlux("C:/Nanoc/scores.txt");
   //Déclaration d'un flux permettant d'écrire dans le fichier
```

```
    // C:/Nanoc/scores.txt
    return 0;
}
```

J'ai indiqué entre guillemets le chemin d'accès au fichier. Ce chemin doit prendre l'une ou l'autre des deux formes suivantes :

- Un chemin absolu, c'est-à-dire montrant l'emplacement du fichier depuis la racine du disque. Par exemple : `C:/Nanoc/C++/Fichiers/scores.txt`.
- Un chemin relatif, c'est-à-dire montrant l'emplacement du fichier depuis l'endroit où se situe le programme sur le disque. Par exemple : `Fichiers/scores.txt` si mon programme se situe dans le dossier `C:/Nanoc/C++/`.

À partir de là, on peut utiliser le flux pour écrire dans le fichier.

Si le fichier n'existait pas, le programme le créerait automatiquement !

Le plus souvent, le nom du fichier est contenu dans une chaîne de caractères `string`. Dans ce cas, il faut utiliser la fonction `c_str()` lors de l'ouverture du fichier.

```
string const nomFichier("C:/Nanoc/scores.txt");

ofstream monFlux(nomFichier.c_str());
//Déclaration d'un flux permettant d'écrire dans un fichier.
```

Des problèmes peuvent survenir lors de l'ouverture d'un fichier, si le fichier ne vous appartient pas ou si le disque dur est plein par exemple. C'est pour cela qu'il faut *toujours* tester si tout s'est bien passé. On utilise pour cela la syntaxe `if(monFlux)`. Si ce test n'est pas vrai, alors c'est qu'il y a eu un problème et que l'on ne peut pas utiliser le fichier.

```
ofstream monFlux("C:/Nanoc/scores.txt");  //On essaye d'ouvrir le fichier

if(monFlux)  //On teste si tout est OK
{
    //Tout est OK, on peut utiliser le fichier
}
else
{
    cout << "ERREUR: Impossible d'ouvrir le fichier." << endl;
}
```

Tout est donc prêt pour l'écriture. Et vous allez voir que ce n'est pas vraiment nouveau.

Écrire dans un flux

Je vous avais dit que tout était comme pour `cout`. C'est donc sans surprise que je vous présente le moyen d'envoyer des informations dans un flux : ce sont les chevrons («) qu'il faut utiliser.

```
#include <iostream>
#include <fstream>
#include <string>
using namespace std;

int main()
{
    string const nomFichier("C:/Nanoc/scores.txt");
    ofstream monFlux(nomFichier.c_str());

    if(monFlux)
    {
        monFlux << "Bonjour, je suis une phrase écrite dans un fichier." << endl
        monFlux << 42.1337 << endl;
        int age(23);
        monFlux << "J'ai " << age << " ans." << endl;
    }
    else
    {
        cout << "ERREUR: Impossible d'ouvrir le fichier." << endl;
    }
    return 0;
}
```

Si j'exécute ce programme, je retrouve ensuite sur mon disque un fichier `scores.txt` dont le contenu est présenté en figure 9.1.

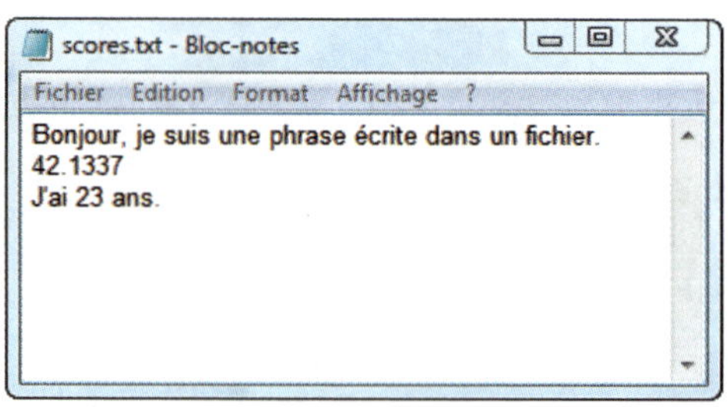

FIGURE 9.1 – Le fichier une fois qu'il a été écrit

Essayez par vous-mêmes ! Vous pouvez par exemple écrire un programme qui demande à l'utilisateur son nom et son âge et qui écrit ces données dans un fichier.

Les différents modes d'ouverture

Il ne nous reste plus qu'un petit point à régler.

Que se passe-t-il si le fichier existe déjà ?

Il sera supprimé et remplacé par ce que vous écrivez, ce qui est problématique si l'on souhaite ajouter des informations à la fin d'un fichier pré-existant. Pensez par exemple à un fichier qui contiendrait la liste des actions effectuées par l'utilisateur : on ne veut pas tout effacer à chaque fois, on veut juste y ajouter des lignes.

Pour pouvoir écrire à la fin d'un fichier, il faut le spécifier lors de l'ouverture en ajoutant un deuxième paramètre à la création du flux : `ofstreammonFlux("C:/Nanoc/scores.txt",ios::app);`.

app est un raccourci pour *append*, le verbe anglais qui signifie « ajouter à la fin ».

Avec cela, plus de problème d'écrasement des données : tout ce qui sera écrit sera ajouté à la fin.

Lire un fichier

Nous avons appris à écrire dans un fichier, voyons maintenant comment fonctionne la lecture d'un fichier. Vous allez voir, ce n'est pas très différent de ce que vous connaissez déjà.

Ouvrir un fichier en lecture...

Le principe est exactement le même : on va simplement utiliser un `ifstream` au lieu d'un `ofstream`. Il faut également tester l'ouverture, afin d'éviter les erreurs.

```
ifstream monFlux("C:/Nanoc/C++/data.txt");  //Ouverture d'un fichier en lecture

if(monFlux)
{
    //Tout est prêt pour la lecture.
}
else
{
    cout << "ERREUR: Impossible d'ouvrir le fichier en lecture." << endl;
}
```

Rien de bien nouveau.

... et le lire

Il y a trois manières différentes de lire un fichier :

1. Ligne par ligne, en utilisant `getline()` ;
2. Mot par mot, en utilisant les chevrons >> ;
3. Caractère par caractère, en utilisant `get()`.

Voyons ces trois méthodes en détail.

Lire ligne par ligne

La première méthode permet de récupérer une ligne entière et de la stocker dans une chaîne de caractères.

```
string ligne;
getline(monFlux, ligne); //On lit une ligne complète
```

Le fonctionnement est exactement le même qu'avec `cin`. Vous savez donc déjà tout.

Lire mot par mot

La deuxième manière de faire, vous la connaissez aussi. Comme je suis gentil, je vous propose quand même un petit rappel.

```
double nombre;
monFlux >> nombre; //Lit un nombre à virgule depuis le fichier
string mot;
monFlux >> mot;    //Lit un mot depuis le fichier
```

Cette méthode lit ce qui se trouve entre l'endroit où l'on se situe dans le fichier et l'espace suivant. Ce qui est lu est alors traduit en `double`, `int` ou `string` selon le type de variable dans lequel on écrit.

Lire caractère par caractère

Finalement, il nous reste la dernière méthode, la seule réellement nouvelle. Mais elle est tout aussi simple, je vous rassure.

```
char a;
monFlux.get(a);
```

Ce code lit *une seule* lettre et la stocke dans la variable a.

Cette méthode lit réellement *tous* les caractères. Les espaces, retours à la ligne et tabulations sont, entre autres, lus par cette fonction. Bien que bizarres, ces caractères seront néanmoins stockés dans la variable.

Lire un fichier en entier

On veut très souvent lire un fichier en entier. Je vous ai montré comment lire, mais pas comment s'arrêter quand on arrive à la fin !

Pour savoir si l'on peut continuer à lire, il faut utiliser la valeur renvoyée par la fonction `getline()`. En effet, en plus de lire une ligne, cette fonction renvoie un `bool` indiquant si l'on peut continuer à lire. Si la fonction renvoie `true`, tout va bien, la lecture peut continuer. Si elle renvoie `false`, c'est qu'on est arrivé à la fin du fichier ou qu'il y a eu une erreur. Dans les deux cas, il faut s'arrêter de lire. Vous vous rappelez des boucles ? On cherche à lire le fichier *tant qu'*on n'a pas atteint la fin. La boucle `while` est donc le meilleur choix. Voici comment faire :

```
#include <iostream>
#include <fstream>
#include <string>
using namespace std;

int main()
{
   ifstream fichier("C:/Nanoc/fichier.txt");

   if(fichier)
   {
      //L'ouverture s'est bien passée, on peut donc lire

      string ligne; //Une variable pour stocker les lignes lues

      while(getline(fichier, ligne)) //Tant qu'on n'est pas à la fin, on lit
      {
         cout << ligne << endl;
         //Et on l'affiche dans la console
         //Ou alors on fait quelque chose avec cette ligne
         //À vous de voir
      }
   }
   else
   {
      cout << "ERREUR: Impossible d'ouvrir le fichier en lecture." << endl;
   }

   return 0;
```

```
}
```

▷ Copier ce code
Code web : 267990

Une fois que l'on a lu les lignes, on peut les manipuler facilement. Ici, je me contente d'afficher les lignes mais, dans un programme réel on les utiliserait autrement. La seule limite est votre imagination. C'est la méthode la plus utilisée pour lire un fichier. Une fois que l'on a récupéré les lignes dans une variable `string`, on peut facilement travailler dessus grâce aux fonctions utilisables sur les chaînes de caractères.

Quelques astuces

Il ne reste que quelques astuces à voir et vous saurez alors tout ce qu'il faut sur les fichiers.

Fermer prématurément un fichier

Je vous ai expliqué en tout début de chapitre comment ouvrir un fichier. Mais je ne vous ai pas montré comment le refermer. Ce n'est pas un oubli de ma part, il s'avère juste que ce n'est pas nécessaire. Les fichiers ouverts sont automatiquement refermés lorsque l'on sort du bloc où le flux est déclaré.

```
void f()
{
   ofstream flux("C:/Nanoc/data.txt");  //Le fichier est ouvert

   //Utilisation du fichier

}  //Lorsque l'on sort du bloc, le fichier est automatiquement refermé
```

Il n'y a donc rien à faire. Aucun risque d'oublier de refermer le fichier ouvert.

Il arrive par contre qu'on ait besoin de fermer le fichier avant sa fermeture automatique. Il faut alors utiliser la fonction `close()` des flux.

```
void f()
{
   ofstream flux("C:/Nanoc/data.txt");  //Le fichier est ouvert

   //Utilisation du fichier

   flux.close();  //On referme le fichier
                  //On ne peut plus écrire dans le fichier à partir d'ici
}
```

De la même manière, il est possible de retarder l'ouverture d'un fichier après la déclaration du flux en utilisant la fonction `open()`.

```
void f()
{
   ofstream flux;  //Un flux sans fichier associé

   flux.open("C:/Nanoc/data.txt");  //On ouvre le fichier C:/Nanoc/data.txt

   //Utilisation du fichier

   flux.close();  //On referme le fichier
                  //On ne peut plus écrire dans le fichier à partir d'ici
}
```

Comme vous le voyez, c'est très simple. Toutefois, dans la majorité des cas, c'est inutile. Ouvrir directement le fichier et le laisser se fermer automatiquement suffit.

Certaines personnes aiment utiliser `open()` et `close()`, alors que ce n'est pas nécessaire. On peut ainsi mieux voir où le fichier est ouvert et où il est refermé. C'est une question de goût, à vous de voir ce que vous préférez.

Le curseur dans le fichier

Plongeons un petit peu plus dans les détails techniques et voyons comment se déroule la lecture. Quand on ouvre un fichier dans le bloc-note, par exemple, il y a un curseur qui indique l'endroit où l'on va écrire. Dans la figure 9.2, le curseur se situe après les deux « s » sur la quatrième ligne.

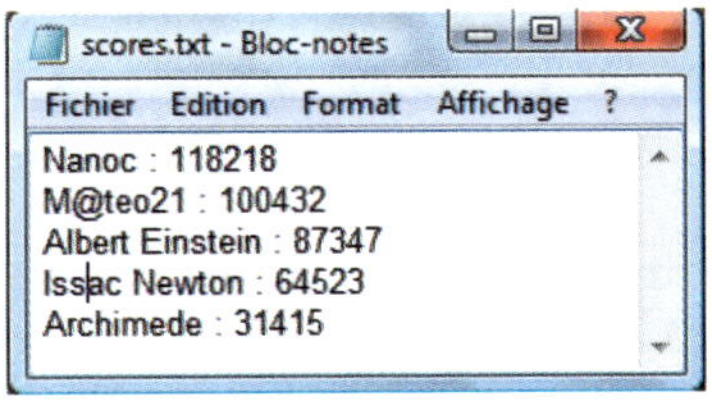

FIGURE 9.2 – Position du curseur

Si l'on tape sur une touche du clavier, une lettre sera ajoutée à cet endroit du fichier. J'imagine que je ne vous apprends rien en disant cela. Ce qui est plus intéressant, c'est qu'en C++ il y a aussi, en quelque sorte, un curseur.

Lorsque l'on écrit la ligne suivante :

```
ifstream fichier("C:/Nanoc/scores.txt")
```

le fichier `C:/Nanoc/scores.txt` est ouvert et le curseur est placé tout au début du fichier. Si on lit le premier mot du fichier, on obtient bien sûr la chaîne de caractères « Nanoc » puisque c'est le premier mot du fichier. Ce faisant, le « curseur C++ » se déplace jusqu'au début du mot suivant, comme à la figure 9.3.

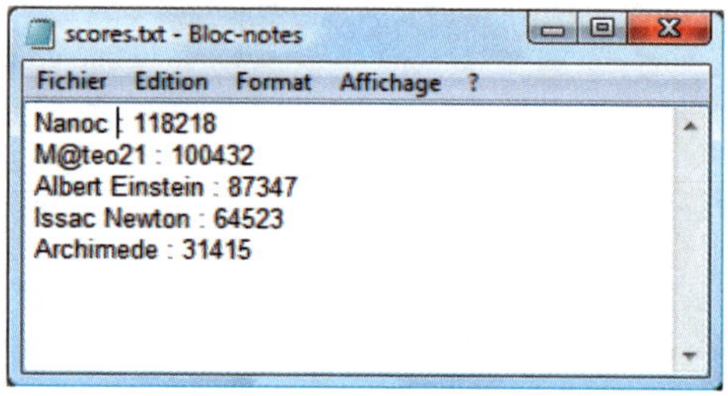

FIGURE 9.3 – Le curseur a été déplacé

Le mot suivant qui peut être lu est donc « : », puis « 118218 », et ainsi de suite jusqu'à la fin. On est donc obligé de lire un fichier *dans l'ordre*. Ce n'est pas très pratique.

Heureusement, il existe des moyens de se déplacer dans un fichier. On peut par exemple dire « je veux placer le curseur 20 caractères après le début » ou « je veux avancer le curseur de 32 caractères ». On peut ainsi lire uniquement les parties qui nous intéressent réellement.

La première chose à faire est de savoir où se situe le curseur. Dans un deuxième temps, on pourra le déplacer.

Connaître sa position

Il existe une fonction permettant de savoir à quel octet du fichier on se trouve. Autrement dit, elle permet de savoir à quel caractère du fichier on se situe. Malheureusement, cette fonction n'a pas le même nom pour les flux entrant et sortant et, en plus, ce sont des noms bizarres. Je vous ai mis les noms des deux fonctions dans un petit tableau

Pour `ifstream`	**Pour** `ofstream`
`tellg()`	`tellp()`

En revanche, elles s'utilisent toutes les deux de la même manière.

```
ofstream fichier("C:/Nanoc/data.txt");

int position = fichier.tellp(); //On récupère la position

cout << "Nous nous situons au " << position << "eme caractere du fichier." <<
↪ endl;
```

Se déplacer

Là encore, il existe deux fonctions, une pour chaque type de flux.

Pour `ifstream`	**Pour** `ofstream`
`seekg()`	`seekp()`

Elles s'utilisent de la même manière, je ne vous présente donc qu'une des deux versions.

Ces fonctions reçoivent deux arguments : une position dans le fichier et un nombre de caractères *à ajouter* à cette position :

```
flux.seekp(nombreCaracteres, position);
```

Les trois positions possibles sont :

- le début du fichier : `ios::beg`;
- la fin du fichier : `ios::end`;
- la position actuelle : `ios::cur`.

Si, par exemple, je souhaite me placer 10 caractères après le début du fichier, j'utilise `flux.seekp(10,ios::beg);`. Si je souhaite aller 20 caractères plus loin que l'endroit où se situe le curseur, j'utilise `flux.seekp(20,ios::cur);`. Je pense que vous avez compris.

Voilà donc notre problème de lecture résolu.

Connaître la taille d'un fichier

Cette troisième astuce utilise en réalité les deux précédentes. Pour connaître la taille d'un fichier, on se déplace à la fin et on demande au flux de nous dire où il se trouve. Vous voyez comment faire ? Bon, je vous montre.

```
#include <iostream>
#include <fstream>
using namespace std;

int main()
{
    ifstream fichier("C:/Nanoc/meilleursScores.txt");  //On ouvre le fichier
    fichier.seekg(0, ios::end);  //On se déplace à la fin du fichier

    int taille;
    taille = fichier.tellg();
    //On récupère la position qui correspond donc a la taille du fichier !

    cout << "Taille du fichier : " << taille << " octets." << endl;

    return 0;
}
```

Je suis sûr que vous le saviez !

Voilà, on a fait le tour des notions principales. Vous êtes prêts à vous lancer seuls dans le vaste monde des fichiers.

En résumé

- En C++, pour lire ou écrire dans un fichier, on doit inclure le fichier d'en-tête `<fstream>`.
- On doit créer un objet de type `ofstream` pour ouvrir un fichier en écriture et `ifstream` pour l'ouvrir en lecture.
- L'écriture se fait comme avec `cout` : `monFlux<<"Texte";` tandis que la lecture se fait comme avec `cin` : `monFlux>>variable;`.
- On peut lire un fichier ligne par ligne avec `getline()`.
- Le curseur indique à quelle position vous êtes au sein du fichier, pendant une opération de lecture ou d'écriture. Au besoin, il est possible de déplacer ce curseur.

Chapitre 10

TP : le mot mystère

Difficulté :

Depuis le début de ce cours sur le C++, vous avez découvert de nombreuses notions : le compilateur, l'IDE, les variables, les fonctions, les conditions, les boucles... Vous avez pu voir des exemples d'utilisation de ces notions au fur et à mesure mais est-ce que vous avez pris le temps de créer un *vrai programme* pour vous entraîner ? Non ? Eh bien c'est le moment de s'y mettre !

On trouve régulièrement des TP au milieu des cours du Site du Zéro. Celui-ci ne fait pas exception. Le but ? Vous forcer à vous lancer « pour de vrai » dans la programmation !

Le sujet de ce TP n'est pas *très* compliqué mais promet d'être amusant : nous allons mélanger les lettres d'un mot et demander à un joueur de retrouver le mot « mystère » qui se cache derrière ces lettres (figure 10.1).

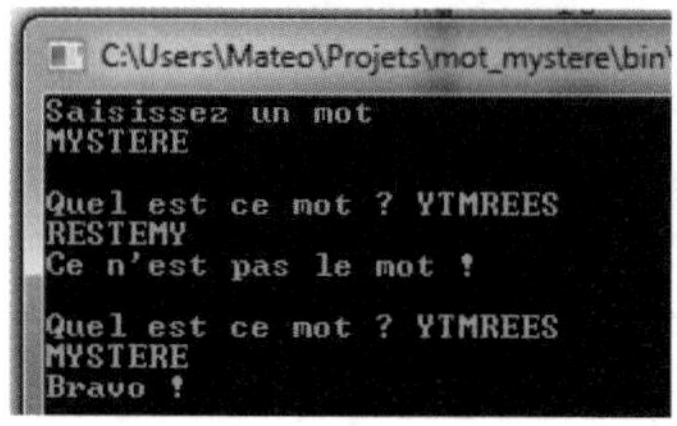

FIGURE 10.1 – Le mot mystère

Préparatifs et conseils

Le jeu que nous voulons réaliser consiste à retrouver un mot dont les lettres ont été mélangées. C'est simple en apparence mais il va nous falloir utiliser des notions que nous avons découvertes dans les chapitres précédents :

- les variables `string` ;
- les fonctions ;
- les structures de contrôle (boucles, conditions...).

N'hésitez pas à relire rapidement ces chapitres pour bien être dans le bain avant de commencer ce TP !

Principe du jeu « Le mot mystère »

Nous voulons réaliser un jeu qui se déroule de la façon suivante :

1. Le joueur 1 saisit un mot au clavier ;
2. L'ordinateur mélange les lettres du mot ;
3. Le joueur 2 essaie de deviner le mot d'origine à partir des lettres mélangées.

Voici un exemple de partie du jeu que nous allons réaliser :

```
Saisissez un mot
MYSTERE

Quel est ce mot ? MSERETY
RESEMTY
Ce n'est pas le mot !

Quel est ce mot ? MSERETY
MYRESTE
```

```
Ce n'est pas le mot !

Quel est ce mot ? MSERETY
MYSTERE
Bravo !
```

1. Dans cette partie, le joueur 1 choisit « MYSTERE » comme mot à deviner.
2. L'ordinateur mélange les lettres et demande au joueur 2 de retrouver le mot qui se cache derrière « MSERETY ».
3. Le joueur 2 essaie de trouver le mot. Ici, il y parvient au bout de 3 essais :
   (a) RESEMTY : on lui dit que ce n'est pas cela
   (b) MYRESTE : là non plus
   (c) MYSTERE : là on lui dit bravo car il a trouvé, et le programme s'arrête.

Bien sûr, en l'état, le joueur 2 peut facilement lire le mot saisi par le joueur 1. Nous verrons à la fin du TP comment nous pouvons améliorer cela.

Quelques conseils pour bien démarrer

Quand on lâche un débutant dans la nature la première fois, avec comme seule instruction « Allez, code-moi cela », il est en général assez désemparé. « Par quoi dois-je commencer ? », « Qu'est-ce que je dois faire, qu'est-ce que je dois utiliser ? ». Bref, il ne sait pas du tout comment s'y prendre et c'est bien normal vu qu'il n'a jamais fait cela.

Mais moi, je n'ai pas envie que vous vous perdiez ! Je vais donc vous donner une série de conseils pour que vous soyez préparés au mieux. Bien entendu, ce sont juste des conseils, vous en faites ce que vous voulez.

Repérez les étapes du programme

Je vous ai décrit un peu plus tôt les 3 étapes du programme :

1. Saisie du mot à deviner ;
2. Mélange des lettres ;
3. Boucle qui se répète tant que le mot mystère n'a pas été trouvé.

Ces étapes sont en fait assez indépendantes. Plutôt que d'essayer de réaliser tout le programme d'un coup, pourquoi n'essayeriez-vous pas de faire chaque étape indépendamment des autres ?

1. L'étape 1 est très simple : l'utilisateur doit saisir un mot qu'on va stocker en mémoire (dans une variable de type `string`, car c'est le type adapté). Si vous connaissez `cout` et `cin`, vous ne mettrez pas plus de quelques minutes à écrire le code correspondant.

2. L'étape 2 est la plus complexe : vous avez un `string` qui contient un mot comme « MYSTERE » et vous voulez aléatoirement mélanger les lettres pour obtenir quelque chose comme « MSERETY ». Comment faire ? Je vais vous aider un peu pour cela car vous devez utiliser certaines choses que nous n'avons pas vues.
3. L'étape 3 est de difficulté moyenne : vous devez créer une boucle qui demande de saisir un mot et qui le compare au mot mystère. La boucle s'arrête dès que le mot saisi est identique au mot mystère.

Créez un canevas de code avec les étapes

Comme vous le savez, tous les programmes contiennent une fonction `main()`. Écrivez dès maintenant des commentaires pour séparer les principales étapes du programme. Cela devrait donner quelque chose de comparable au squelette ci-dessous :

```
int main()
{
    //1 : On demande de saisir un mot

    //2 : On mélange les lettres du mot

    //3 : On demande à l'utilisateur quel est le mot mystère

    return 0;
}
```

À vous de réaliser les étapes ! Pour y aller en difficulté croissante, je vous conseille de faire d'abord l'étape 1, puis l'étape 3 et enfin l'étape 2.

Lorsque vous aurez réalisé les étapes 1 et 3, le programme vous demandera un mot et vous devrez le ressaisir. Ce ne sera pas très amusant mais, de cette manière, vous pourrez valider les premières étapes ! N'hésitez donc pas à y aller pas à pas !

Ci-dessous un aperçu du programme « intermédiaire » avec seulement les étapes 1 et 3 réalisées :

```
Saisissez un mot
MYSTERE

Quel est ce mot ?
RESEMTY
Ce n'est pas le mot !

Quel est ce mot ?
MYRESTE
Ce n'est pas le mot !

Quel est ce mot ?
MYSTERE
Bravo !
```

Comme vous le voyez, le programme ne propose pas encore le mot avec les lettres mélangées, mais si vous arrivez déjà à faire cela, vous avez fait 50% du travail !

Un peu d'aide pour mélanger les lettres

L'étape de mélange des lettres est la plus « difficile » (si je puis dire !) de ce TP. Je vous donne quelques informations et conseils pour réaliser cette fameuse étape 2.

Tirer un nombre au hasard

Pour que les lettres soient aléatoirement mélangées, vous allez devoir tirer un nombre au hasard. Nous n'avons pas appris à le faire auparavant, il faut donc que je vous explique comment cela fonctionne.

- vous devez inclure `ctime` et `cstdlib` au début de votre code source pour obtenir les fonctionnalités de nombres aléatoires ;
- vous devez appeler la fonction `srand(time(0));` une seule fois au début de votre programme (au début du `main()`) pour initialiser la génération des nombres aléatoires ;
- enfin, pour générer un nombre compris entre 0 et 4 (par exemple), vous écrirez : `nbAleatoire = rand() % 5;`[1].

Un exemple qui génère un nombre entre 0 et 4 :

```
#include <iostream>
#include <ctime> // Obligatoire
#include <cstdlib> // Obligatoire

using namespace std;

int main()
{
    int nbAleatoire(0);

    srand(time(0));

    nbAleatoire = rand() % 5;

    return 0;
}
```

Tirer une lettre au hasard

Tirer un nombre au hasard c'est bien mais, pour ce programme, j'ai besoin de tirer une lettre au hasard pour mélanger les lettres !

1. Oui oui, on écrit « 5 » pour avoir un nombre compris entre 0 et 4.

Imaginons que vous ayez un `string` appelé `motMystere` qui contient le mot « MYSTERE ». Vous avez appris que les `string` pouvaient être considérés comme des tableaux, souvenez-vous ! Ainsi, `motMystere[0]` correspond à la première lettre, `motMystere[1]` à la deuxième lettre, etc.

Il suffit de générer un nombre aléatoire entre 0 et le nombre de lettres du mot (qui nous est donné par `motMystere.size()`) pour tirer une lettre au hasard ! Une petite idée de code pour récupérer une lettre au hasard :

```
#include <iostream>
#include <string>
#include <ctime>
#include <cstdlib>

using namespace std;

int main()
{
    string motMystere("MYSTERE");


    srand(time(0));

    position = rand() % motMystere.size();

    cout << "Lettre au hasard :" << motMystere[position];

    return 0;
}
```

Retirer une lettre d'un `string`

Pour éviter de tirer 2 fois la même lettre d'un mot, je vous conseille de retirer au fur et à mesure les lettres qui ont été piochées. Pour ce faire, on va faire appel à `erase()` sur le mot mystère, comme ceci :

```
motMystere.erase(4, 1);  // Retire la lettre n°5
```

Il y a 2 paramètres :

- le numéro de la lettre à retirer du mot (ici 4, ce qui correspond à la 5ème lettre car on commence à compter à partir de 0) ;
- le nombre de lettres à retirer (ici 1).

Créez des fonctions !

Ce n'est pas une obligation mais, plutôt que de tout mettre dans le `main()`, vous pourriez créer des fonctions qui ont des rôles spécifiques. Par exemple, l'étape 2 qui génère un mot dont les lettres ont été mélangées mériterait d'être fournie sous forme de fonction.

Ainsi, on pourrait appeler la fonction comme ceci dans le `main()` :

```
motMelange = melangerLettres(motMystere);
```

On lui envoie le `motMystere`, elle nous renvoie un `motMelange`.

Bien entendu, toute la difficulté consiste ensuite à coder cette fonction `melangerLettres`. Allez, au boulot !

Correction

C'est l'heure de la correction !

Vous avez sûrement passé du temps à réfléchir à ce programme. Cela n'a peut-être pas toujours été facile et vous n'avez pas forcément su tout faire. Ce n'est pas grave ! Ce qui compte, c'est d'avoir essayé : c'est comme cela que vous progressez le plus !

Normalement, les étapes 1 et 3 étaient assez faciles pour tout le monde. Seule l'étape 2 (mélange des lettres) demandait plus de réflexion : je l'ai isolée dans une fonction `melangerLettres` comme je vous l'ai suggéré plus tôt.

Le code

Sans plus attendre, voici la correction :

```
#include <iostream>
#include <string>
#include <ctime>
#include <cstdlib>

using namespace std;

string melangerLettres(string mot)
{
   string melange;
   int position(0);

   //Tant qu'on n'a pas extrait toutes les lettres du mot
   while (mot.size() != 0)
   {
      //On choisit un numéro de lettre au hasard dans le mot
      position = rand() % mot.size();
      //On ajoute la lettre dans le mot mélangé
      melange += mot[position];
      //On retire cette lettre du mot mystère
```

```
        //Pour ne pas la prendre une deuxième fois
          mot.erase(position, 1);
      }

   //On renvoie le mot mélangé
   return melange;
}

int main()
{
   string motMystere, motMelange, motUtilisateur;

   //Initialisation des nombres aléatoires
   srand(time(0));

   //1 : On demande de saisir un mot
   cout << "Saisissez un mot" << endl;
   cin >> motMystere;

   //2 : On récupère le mot avec les lettres mélangées dans motMelange
   motMelange = melangerLettres(motMystere);

   //3 : On demande à l'utilisateur quel est le mot mystère
   do
   {
      cout << endl << "Quel est ce mot ? " << motMelange << endl;
      cin >> motUtilisateur;

      if (motUtilisateur == motMystere)
      {
         cout << "Bravo !" << endl;
      }
      else
      {
         cout << "Ce n'est pas le mot !" << endl;
      }
   }while (motUtilisateur != motMystere);
   //On recommence tant qu'il n'a pas trouvé

    return 0;
}
```

Ne vous laissez pas surprendre par la « taille » du code (qui n'est d'ailleurs pas très gros) et soyez méthodiques en le lisant : commencez par lire le `main()` et non la fonction `melangerLettres()`. Regardez les différentes étapes du programme une par une : isolées, elles sont plus simples à comprendre.

Des explications

Voici quelques explications pour mieux comprendre le programme, étape par étape.

Étape 1 : saisir un mot

C'était, de loin, l'étape la plus simple : un `cout` pour afficher un message, un `cin` pour récupérer un mot que l'on stocke dans la variable `motMystere`. Facile !

Étape 2 : mélanger les lettres

Plus difficile, cette étape est réalisée en fait dans une fonction `melangerLettres` (en haut du programme). Le `main()` appelle la fonction `melangerLettres()` en lui envoyant le mot mystère. Le rôle de la fonction est de renvoyer une version mélangée des lettres, que l'on stocke dans `motMelange`.

Analysons la fonction `melangerLettres`. Elle extrait une à une, aléatoirement, les lettres du mot et recommence tant qu'il reste des lettres à extraire dans le mot :

```
while (mot.size() != 0)
{
    position = rand() % mot.size();
    melange += mot[position];
    mot.erase(position, 1);
}
```

À chaque passage de boucle, on tire un nombre au hasard compris entre 0 et le nombre de lettres qu'il reste dans le mot. On ajoute ces lettres piochées aléatoirement dans un `string melange` et on retire les lettres du mot d'origine pour ne pas les piocher une deuxième fois.

Une fois toutes les lettres extraites, on sort de la boucle et on renvoie la variable `melange` qui contient les lettres dans le désordre.

Étape 3 : demander à l'utilisateur le mot mystère

Cette étape prend la forme d'une boucle `do... while`, qui nous permet de nous assurer que nous demandons bien au moins une fois quel est le mot mystère.

L'utilisateur saisit un mot grâce à `cin` et on compare ce mot avec le `motMystere` qu'il faut trouver. On continue la boucle tant que le mot n'a pas été trouvé, d'où la condition :

```
}while (motUtilisateur != motMystere); //On recommence tant qu'il n'a pas trouvé
```

On affiche un message différent selon qu'on a trouvé ou non le mot mystère. Le programme s'arrête dès qu'on sort de la boucle, donc dès qu'on a trouvé le mot mystère.

Téléchargement

Vous pouvez télécharger le code source du programme grâce au code web suivant :

▷ Télécharger le code source
Code web : 607313

Le fichier ZIP contient :

- `main.cpp` : le fichier source du programme (l'essentiel !) ;
- `mot_mystere.cbp` : le fichier de projet Code::Blocks (facultatif, pour ceux qui utilisent cet IDE).

Vous pouvez ainsi tester le programme et éventuellement vous en servir comme base par la suite pour réaliser les améliorations que je vais vous proposer (si vous n'avez pas réussi à faire le programme vous-mêmes, bien entendu !).

Aller plus loin

Notre programme est terminé... mais on peut toujours l'améliorer. Je vais vous présenter une série de suggestions pour aller plus loin, ce qui vous donnera l'occasion de travailler un peu plus sur ce petit jeu.

Ces propositions sont de difficulté croissante :

- **Ajoutez des sauts de ligne au début** : lorsque le premier joueur saisit le mot mystère la première fois, vous devriez créer plusieurs sauts de lignes pour que le joueur 2 ne voie pas le mot qui a été saisi, sinon c'est trop facile pour lui. Utilisez plusieurs `endl`, par exemple, pour créer plusieurs retours à la ligne.
- **Proposez au joueur de faire une nouvelle partie**. Actuellement, une fois le mot trouvé, le programme s'arrête. Et si vous demandiez « Voulez-vous faire une autre partie ? (o/n) ». En fonction de la réponse saisie, vous reprenez au début du programme. Pour ce faire, il faudra créer une grosse boucle `do... while` qui englobe les 3 étapes du programme.
- **Fixez un nombre maximal de coups** pour trouver le mot mystère. Vous pouvez par exemple indiquer « Il vous reste 5 essais » et lorsque les 5 essais sont écoulés, le programme s'arrête en affichant la solution.
- **Calculez le score moyen du joueur** à la fin du programme : après plusieurs parties du joueur, affichez-lui son score, qui sera la moyenne des parties précédentes. Vous pouvez calculer le nombre de points comme vous le voulez. Vous devrez sûrement utiliser les tableaux dynamiques `vector` pour stocker les scores de chaque partie au fur et à mesure, avant d'en faire la moyenne.
- **Piochez le mot dans un fichier-dictionnaire** : pour pouvoir jouer seul, vous pourriez créer un fichier contenant une série de mots (un par ligne) dans lequel le programme va piocher aléatoirement à chaque fois. Voici un exemple de fichier-dictionnaire :

  ```
  MYSTERE
  XYLOPHONE
  ABEILLE
  ```

```
PLUTON
MAGIQUE
AVERTISSEMENT
```

Au lieu de demander le mot à deviner (étape 1) on va chercher dans un fichier comme celui-ci un mot aléatoire. À vous d'utiliser les fonctionnalités de lecture de fichiers que vous avez apprises !

... Allez, puisque vous m'êtes sympathiques, je vous propose même de télécharger un fichier-dictionnaire tout prêt avec des dizaines de milliers de mots ! Merci qui ?!

▷ Télécharger le fichier
Code web : 277938

Si vous avez d'autres idées, n'hésitez pas à compléter encore ce programme ! Cela vous fera beaucoup progresser, vous verrez.

Chapitre 11

Les pointeurs

Difficulté :

Nous voilà dans le dernier chapitre de présentation des bases du C++. Accrochez-vous car le niveau monte d'un cran ! Le sujet des pointeurs fait peur à beaucoup de monde et c'est certainement un des chapitres les plus complexes de ce cours. Une fois cet écueil passé, beaucoup de choses vous paraîtront plus simples et plus claires.

Les pointeurs sont utilisés dans *tous* les programmes C++, même si vous n'en avez pas eu conscience jusque là. Il y en a partout. Pour l'instant, ils étaient cachés et vous n'avez pas eu à en manipuler directement. Cela va changer avec ce chapitre. Nous allons apprendre à gérer très finement ce qui se passe dans la mémoire de l'ordinateur.

C'est un chapitre plutôt difficile, il est donc normal que vous ne compreniez pas tout du premier coup. N'ayez pas peur de le relire une seconde fois dans quelques jours pour vous assurer que vous avez bien tout assimilé !

Une question d'adresse

Est-ce que vous vous rappelez le chapitre sur la mémoire (page 49) ? Oui, celui qui présentait la notion de variable. Je vous invite à le relire et surtout à vous remémorer les différents schémas.

Je vous avais dit que, lorsque l'on déclare une variable, l'ordinateur nous « prête » une place dans sa mémoire et y accroche une étiquette portant le nom de la variable.

```
int main()
{
    int ageUtilisateur(16);
    return 0;
}
```

On pouvait donc représenter la mémoire utilisée dans ce programme comme sur le schéma de la figure 11.1.

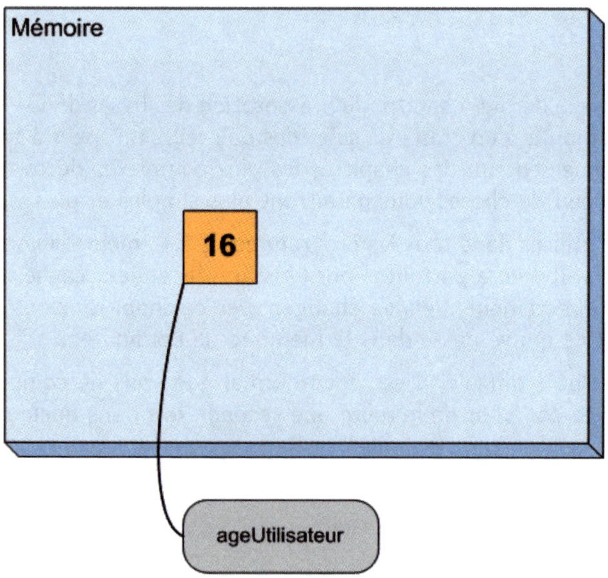

FIGURE 11.1 – La mémoire lorsque l'on déclare une variable

C'était simple et beau. Malheureusement, je vous ai un peu menti. Je vous ai simplifié les choses ! Vous commencez à le savoir, dans un ordinateur tout est bien ordonné et rangé de manière logique. Le système des étiquettes dont je vous ai parlé n'est donc pas tout à fait correct.

La mémoire d'un ordinateur est réellement constituée de « cases », là je ne vous ai pas menti. Il y en a même énormément, plusieurs milliards sur un ordinateur récent ! Il faut donc un système pour que l'ordinateur puisse retrouver les cases dont il a besoin. Chacune d'entre elles possède un numéro unique, son **adresse** (figure 11.2).

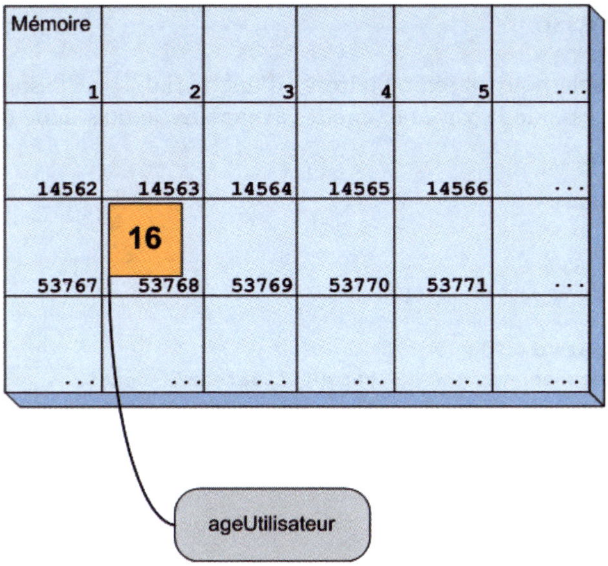

FIGURE 11.2 – Le vrai visage de la mémoire : beaucoup de cases, toutes numérotées

Sur le schéma, on voit cette fois toutes les cases de la mémoire avec leurs adresses. Notre programme utilise une seule de ces cases, la **53768**, pour y stocker sa variable.

On ne peut *pas* mettre deux variables dans la même case.

Le point important ici est que chaque variable possède une seule adresse et que chaque adresse correspond à une seule variable.

L'adresse est donc un deuxième moyen d'accéder à une variable. On peut atteindre la case jaune du schéma par deux chemins différents :

- On peut passer par son nom (l'étiquette) comme on sait déjà le faire...
- Mais on peut aussi accéder à la variable grâce à son adresse (son numéro de case). On pourrait alors dire à l'ordinateur « Affiche moi le contenu de l'adresse 53768 » ou encore « Additionne les contenus des adresses 1267 et 91238 ».

Est-ce que cela vous tente d'essayer ? Vous vous demandez peut-être à quoi cela peut bien servir. Utiliser l'étiquette était un moyen simple et efficace, c'est vrai. Mais nous verrons plus loin que passer par les adresses est parfois nécessaire.

Commençons par voir comment connaître l'adresse d'une variable.

Afficher l'adresse

En C++, le symbole pour obtenir l'adresse d'une variable est l'esperluette (&). Si je veux afficher l'adresse de la variable `ageUtilisateur`, je dois donc écrire `&ageUtilisateur`. Essayons.

```
#include <iostream>
using namespace std;

int main()
{
   int ageUtilisateur(16);
   cout << "L'adresse est : " << &ageUtilisateur << endl;
   //Affichage de l'adresse de la variable
   return 0;
}
```

Chez moi, j'obtiens le résultat suivant :

```
L'adresse est : 0x22ff1c
```

Vous aurez certainement un résultat différent. La case peut changer d'une exécution à l'autre du programme.

Même si elle contient des lettres, cette adresse est un nombre. Celui-ci est simplement écrit en hexadécimal (en base 16, si vous voulez tout savoir), une autre façon d'écrire les nombres. Les ordinateurs aiment bien travailler dans cette base. Pour information, en base 10 (notre écriture courante), cette adresse correspond à **2 293 532**. Cependant, ce n'est pas une information très intéressante.

Ce qui est sûr, c'est qu'afficher une adresse est très rarement utile. Souvenez-vous simplement de la notation. L'esperluette veut dire « adresse de ». Donc `cout « &a;` se traduit en français par « Affiche l'adresse de la variable a ».

On a déjà utilisé l'esperluette dans ce cours pour tout autre chose : lors de la déclaration d'une référence (page 60). C'est le même symbole qui est utilisé pour deux choses différentes. Attention à ne pas vous tromper !

Voyons maintenant ce que l'on peut faire avec ces adresses.

Les pointeurs

Les adresses sont des nombres. Vous connaissez plusieurs types permettant de stocker des nombres : `int`, `unsigned int`, `double`. Peut-on donc stocker une adresse dans une variable ?

La réponse est « oui ». C'est possible, mais pas avec les types que vous connaissez. Il nous faut utiliser un type un peu particulier : le **pointeur**.

Un pointeur est une variable qui contient l'adresse d'une autre variable.

Retenez bien cette phrase. Elle peut vous sauver la vie dans les moments les plus difficiles de ce chapitre.

Déclarer un pointeur

Pour déclarer un pointeur il faut, comme pour les variables, deux choses :

- un type;
- un nom.

Pour le nom, il n'y a rien de particulier à signaler. Les mêmes règles que pour les variables s'appliquent. Ouf! Le type d'un pointeur a une petite subtilité. Il faut indiquer quel est le type de variable dont on veut stocker l'adresse et ajouter une étoile (*). Je crois qu'un exemple sera plus simple.

```
int *pointeur;
```

Ce code déclare un pointeur qui peut contenir l'adresse d'une variable de type `int`.

On peut également écrire `int* pointeur` (avec l'étoile collée au mot `int`). Cette notation a un léger inconvénient, c'est qu'elle ne permet pas de déclarer plusieurs pointeurs sur la même ligne, comme ceci : `int* pointeur1, pointeur2, pointeur3;`. Si l'on procède ainsi, seul `pointeur1` sera un pointeur, les deux autres variables seront des entiers tout à fait standard.

On peut bien sûr faire cela pour n'importe quel type :

```
double *pointeurA;
//Un pointeur qui peut contenir l'adresse d'un nombre à virgule

unsigned int *pointeurB;
//Un pointeur qui peut contenir l'adresse d'un nombre entier positif

string *pointeurC;
//Un pointeur qui peut contenir l'adresse d'une chaîne de caractères

vector<int> *pointeurD;
//Un pointeur qui peut contenir l'adresse d'un tableau dynamique de nombres
↪ entiers

int const *pointeurE;
//Un pointeur qui peut contenir l'adresse d'un nombre entier constant
```

Pour le moment, ces pointeurs ne contiennent aucune adresse connue. C'est une situation très dangereuse. Si vous essayez d'utiliser le pointeur, vous ne savez pas quelle case de la mémoire vous manipulez. Ce peut être n'importe quelle case, par exemple celle qui contient votre mot de passe Windows ou celle stockant l'heure actuelle. J'imagine que vous vous rendez compte des conséquences que peut avoir une mauvaise manipulation des pointeurs. Il ne faut donc *jamais* déclarer un pointeur sans lui donner d'adresse.

Par conséquent, pour être tranquille, il faut toujours déclarer un pointeur en lui donnant la valeur 0 :

```
int *pointeur(0);
double *pointeurA(0);
unsigned int *pointeurB(0);
string *pointeurC(0);
vector<int> *pointeurD(0);
int const *pointeurE(0);
```

Vous l'avez peut-être remarqué sur mon schéma un peu plus tôt, la première case de la mémoire avait l'adresse 1. En effet, l'adresse 0 n'existe pas. Lorsque vous créez un pointeur contenant l'adresse 0, cela signifie qu'il ne contient l'adresse d'*aucune* case.

Je me répète, mais c'est très important : déclarez toujours vos pointeurs en les initialisant à l'adresse 0.

Stocker une adresse

Maintenant qu'on a la variable, il n'y a plus qu'à y mettre une valeur. Vous savez déjà comment obtenir l'adresse d'une variable (rappelez-vous du &). Allons-y !

```
int main()
{
    int ageUtilisateur(16);
    //Une variable de type int
    int *ptr(0);
    //Un pointeur pouvant contenir l'adresse d'un nombre entier

    ptr = &ageUtilisateur;
    //On met l'adresse de 'ageUtilisateur' dans le pointeur 'ptr'

    return 0;
}
```

La ligne `ptr = &ageUtilisateur;` est celle qui nous intéresse. Elle écrit l'adresse de la variable `ageUtilisateur` dans le pointeur `ptr`. On dit alors que le pointeur `ptr` **pointe sur** `ageUtilisateur`.

Voyons comment tout cela se déroule dans la mémoire grâce à un schéma (figure 11.3) !

On retrouve quelques éléments familiers : la mémoire avec sa grille de cases et la variable `ageUtilisateur` dans la case n° 53768. La nouveauté est bien sûr le pointeur. Dans

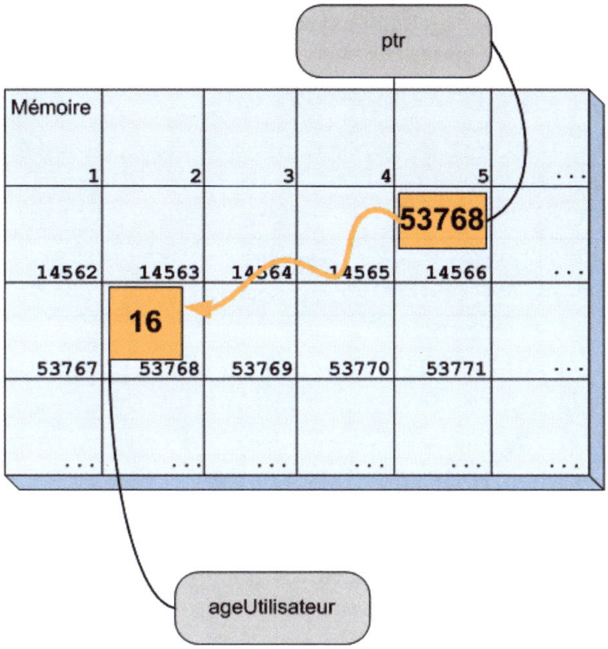

FIGURE 11.3 – La mémoire après la déclaration d'une variable et d'un pointeur pointant sur cette variable

la case mémoire n° 14566, il y a une variable nommée `ptr` qui a pour valeur l'adresse 53768, c'est-à-dire l'adresse de la variable `ageUtilisateur`.

Voilà, vous savez tout ou presque. Cela peut sembler absurde pour le moment (« Pourquoi stocker l'adresse d'une variable dans une autre case ? ») mais faites-moi confiance : les choses vont progressivement s'éclairer pour vous. Si vous avez compris le schéma précédent, alors vous pouvez vous attaquer aux programmes les plus complexes.

Afficher l'adresse

Comme pour toutes les variables, on peut afficher le contenu d'un pointeur.

```
#include <iostream>
using namespace std;

int main()
{
    int ageUtilisateur(16);
    int *ptr(0);

    ptr = &ageUtilisateur;
```

```
    cout << "L'adresse de 'ageUtilisateur' est : " << &ageUtilisateur << endl;
    cout << "La valeur de pointeur est : " << ptr << endl;

    return 0;
}
```

Cela donne :

```
L'adresse de 'ageUtilisateur' est : 0x2ff18
La valeur de pointeur est : 0x2ff18
```

La valeur du pointeur est donc bien l'adresse de la variable pointée. On a bien réussi à stocker une adresse !

Accéder à la valeur pointée

Vous vous souvenez du rôle des pointeurs ? Ils permettent d'accéder à une variable sans passer par son nom. Voici comment faire : il faut utiliser l'étoile (*) sur le pointeur pour afficher la valeur de la variable pointée.

```
int main()
{
   int ageUtilisateur(16);
   int *ptr(0);

   ptr= &ageUtilisateur;

   cout << "La valeur est :  " << *ptr << endl;

   return 0;
}
```

En faisant `cout « *ptr`, le programme effectue les étapes suivantes :

1. Aller dans la case mémoire nommée `ptr` ;
2. Lire la valeur enregistrée ;
3. « Suivre la flèche » pour aller à l'adresse pointée ;
4. Lire la valeur stockée dans la case ;
5. Afficher cette valeur : ici, ce sera bien sûr 16.

En utilisant l'étoile, on accède à la *valeur de la variable pointée.* C'est ce qui s'appelle **déréférencer** un pointeur. Voici donc un deuxième moyen d'accéder à la valeur de `ageUtilisateur`.

Mais à quoi cela sert-il ?

Je suis sûr que vous vous êtes retenus de poser la question avant. C'est vrai que cela a l'air assez inutile. Eh bien, je ne peux pas vous répondre rapidement pour le moment. Il va falloir lire la fin de ce chapitre pour tout savoir.

Récapitulatif de la notation

Je suis d'accord avec vous, la notation est compliquée. L'étoile a deux significations différentes et on utilise l'esperluette alors qu'elle sert déjà pour les références... Ce n'est pas ma faute mais il va falloir faire avec. Essayons donc de récapituler le tout.

Pour une variable `int nombre` :

- `nombre` permet d'accéder à la **valeur** de la variable ;
- `&nombre` permet d'accéder à l'**adresse** de la variable.

Sur un pointeur `int *pointeur` :

- `pointeur` permet d'accéder à la **valeur du pointeur**, c'est-à-dire à l'*adresse de la variable pointée* ;
- `*pointeur` permet d'accéder à la **valeur de la variable pointée**.

C'est ce qu'il faut retenir de cette section. Je vous invite à tester tout cela chez vous pour vérifier que vous avez bien compris comment afficher une adresse, comment utiliser un pointeur, etc.

« C'est en forgeant qu'on devient forgeron » dit le dicton, eh bien « c'est en programmant avec des pointeurs que l'on devient programmeur ». Il faut impérativement s'entraîner pour bien comprendre. Les meilleurs sont tous passés par là et je peux vous assurer qu'ils ont aussi souffert en découvrant les pointeurs. Si vous ressentez une petite douleur dans la tête, prenez un cachet d'aspirine, faites une pause puis relisez ce que vous venez de lire, encore et encore. Aidez-vous en particulier des schémas !

L'allocation dynamique

Vous vouliez savoir à quoi servent les pointeurs ? Vous êtes sûrs ? Bon, alors je vous montrer une première utilisation.

La gestion automatique de la mémoire

Dans notre tout premier chapitre sur les variables, je vous avais expliqué que, lors de la déclaration d'une variable, le programme effectue deux étapes :

1. Il demande à l'ordinateur de lui fournir une zone dans la mémoire. En termes techniques, on parle d'**allocation** de la mémoire.
2. Il remplit cette case avec la valeur fournie. On parle alors d'**initialisation** de la variable.

Tout cela est entièrement automatique, le programme se débrouille tout seul. De même, lorsque l'on arrive à la fin d'une fonction, le programme rend la mémoire utilisée à l'ordinateur. C'est ce qu'on appelle la **libération** de la mémoire. C'est à nouveau automatique : nous n'avons jamais dû dire à l'ordinateur : « Tiens, reprends cette case mémoire, je n'en ai plus besoin ».

Tout ceci se faisait automatiquement. Nous allons maintenant apprendre à le faire manuellement et pour cela... vous vous doutez sûrement que nous allons utiliser les pointeurs.

Allouer un espace mémoire

Pour demander manuellement une case dans la mémoire, il faut utiliser l'opérateur `new`. `new` demande une case à l'ordinateur et renvoie un **pointeur** pointant vers cette case.

```
int *pointeur(0);
pointeur = new int;
```

La deuxième ligne demande une case mémoire pouvant stocker un entier et l'adresse de cette case est stockée dans le pointeur. Le mieux est encore de faire appel à un petit schéma (figure 11.4).

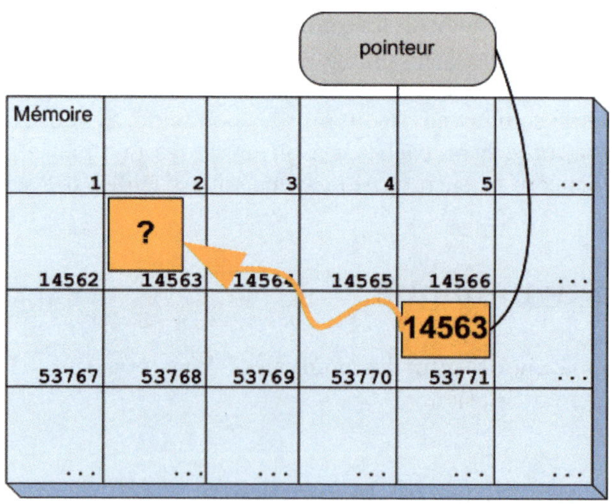

FIGURE 11.4 – La mémoire après l'allocation dynamique d'un entier

Ce schéma est très similaire au précédent. Il y a deux cases mémoires utilisées :

- la case 14563 qui contient une variable de type `int` non initialisée ;
- la case 53771 qui contient un pointeur pointant sur la variable.

Rien de neuf. Mais le point important, c'est que la variable dans la case 14563 n'a *pas* d'étiquette. Le seul moyen d'y accéder est donc de passer par le pointeur.

Si vous changez la valeur du pointeur, vous perdez le seul moyen d'accéder à cette case mémoire. Vous ne pourrez donc plus l'utiliser ni la supprimer ! Elle sera définitivement perdue mais elle continuera à prendre de la place. C'est ce qu'on appelle une **fuite de mémoire**. Il faut donc faire très attention !

Une fois allouée manuellement, la variable s'utilise comme n'importe quelle autre. On doit juste se rappeler qu'il faut y accéder par le pointeur, en le déréférençant.

```
int *pointeur(0);
pointeur = new int;

*pointeur = 2;  //On accède à la case mémoire pour en modifier la valeur
```

La case sans étiquette est maintenant remplie. La mémoire est donc dans l'état présenté à la figure 11.5.

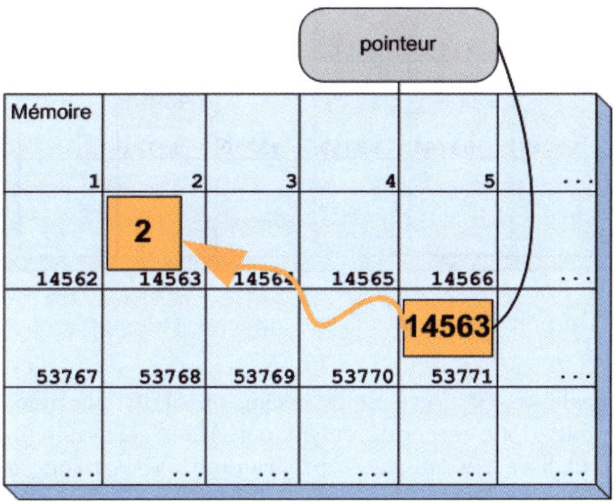

FIGURE 11.5 – La mémoire après avoir alloué une variable et changé la valeur de cette variable

À part son accès un peu spécial (*via* `*pointeur`), nous avons donc une variable en tout point semblable à une autre.

Il nous faut maintenant rendre la mémoire que l'ordinateur nous a gentiment prêtée.

Libérer la mémoire

Une fois que l'on n'a plus besoin de la case mémoire, il faut la rendre à l'ordinateur. Cela se fait *via* l'opérateur `delete`.

```
int *pointeur(0);
pointeur = new int;
```

```
delete pointeur;  //On libère la case mémoire
```

La case est alors rendue à l'ordinateur qui pourra l'employer à autre chose. Le pointeur, lui, existe toujours et il pointe toujours sur la case, mais vous n'avez *plus le droit* de l'utiliser (figure 11.6).

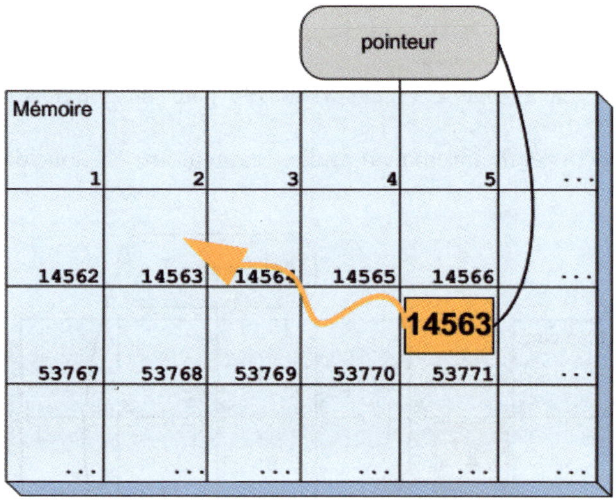

FIGURE 11.6 – Un pointeur pointant sur une case vide après un appel à `delete`

L'image est très parlante. Si l'on suit la flèche, on arrive sur une case qui ne nous appartient pas. Il faut donc impérativement empêcher cela. Imaginez que cette case soit soudainement utilisée par un autre programme ! Vous risqueriez de modifier les variables de cet autre programme. Après avoir fait appel à `delete`, il est donc *essentiel* de supprimer cette « flèche » en mettant le pointeur à l'adresse 0. Ne pas le faire est une cause très courante de plantage des programmes.

```
int *pointeur(0);
pointeur = new int;

delete pointeur;    //On libère la case mémoire
pointeur = 0;       //On indique que le pointeur ne pointe plus vers rien
```

N'oubliez pas de libérer la mémoire. Si vous ne le faites pas, votre programme risque d'utiliser de plus en plus de mémoire, jusqu'au moment où il n'y aura plus aucune case disponible ! Votre programme va alors planter.

Un exemple complet

Terminons cette section avec un exemple complet : un programme qui demande son âge à l'utilisateur et qui l'affiche à l'aide un pointeur.

```
#include <iostream>
using namespace std;

int main()
{
   int* pointeur(0);
   pointeur = new int;

   cout << "Quel est votre age ? ";
   cin >> *pointeur;
   //On écrit dans la case mémoire pointée par le pointeur 'pointeur'

   cout << "Vous avez " << *pointeur << " ans." << endl;
   //On utilise à nouveau *pointeur
    delete pointeur;   //Ne pas oublier de libérer la mémoire
   pointeur = 0;       //Et de faire pointer le pointeur vers rien

   return 0;
}
```

Ce programme est plus compliqué que sa version sans allocation dynamique, c'est vrai ! Mais on a le contrôle complet sur l'allocation et la libération de la mémoire.

Dans la plupart des cas, ce n'est pas utile de le faire. Mais vous verrez plus tard que, pour faire des fenêtres, la bibliothèque Qt utilise beaucoup `new` et `delete`. On peut ainsi maîtriser précisément quand une fenêtre est ouverte et quand on la referme, par exemple.

Quand utiliser des pointeurs

Je vous avais promis des explications sur quand utiliser des pointeurs. Les voici !

Il y a en réalité trois cas d'application :

- gérer soi-même le moment de la création et de la destruction des cases mémoire ;
- partager une variable dans plusieurs morceaux du code ;
- sélectionner une valeur parmi plusieurs options.

Si vous n'êtes dans aucun de ces trois cas, c'est très certainement que vous n'avez pas besoin des pointeurs.

Vous connaissez déjà le premier de ces trois cas. Concentrons nous sur les deux autres.

Partager une variable

Pour l'instant, je ne peux pas vous donner un code source complet pour ce cas d'utilisation. Ou alors, il ne sera pas intéressant du tout. Quand vous aurez quelques notions de programmation orientée objet, vous aurez de vrais exemples.

En attendant, je vous propose un exemple plus... visuel.

Vous avez déjà joué à un jeu de stratégie ? Prenons un exemple tiré d'un jeu de ce genre. Voici une image issue du fameux **Warcraft III** (figure 11.7).

FIGURE 11.7 – Le jeu Warcraft III

Programmer un tel jeu est bien sûr très compliqué mais on peut quand même réfléchir à certains des mécanismes utilisés. Sur l'image, on voit des humains (en rouge) attaquer des orcs (en bleu). Chaque personnage a une cible précise. Par exemple, le fusilier au milieu de l'écran semble tirer sur le gros personnage bleu qui tient une hache.

Nous verrons dans la suite de ce cours comment créer des objets, c'est-à-dire des variables plus évoluées (par exemple une variable de type « personnage », de type « orc » ou encore de type « bâtiment »). Bref, chaque élément du jeu pourra être modélisé en C++ par un objet.

Comment feriez-vous pour indiquer, en C++, la cible du personnage rouge ? Bien sûr, vous ne savez pas encore comment faire en détail mais vous avez peut-être une petite idée. Rappelez-vous le titre de ce chapitre. Oui oui, un pointeur est une bonne solution ! Chaque personnage possède un pointeur qui pointe vers sa cible. Il a ainsi un moyen de savoir qui viser et attaquer. On pourrait par exemple écrire quelque chose du type :

```
Personnage *cible;  //Un pointeur qui pointe sur un autre personnage
```

Quand il n'y a pas de combat en cours, le pointeur pointe vers l'adresse 0, il n'a pas de cible. Quand le combat est engagé, le pointeur pointe vers un ennemi. Enfin, quand cet ennemi meurt, on déplace le pointeur vers une autre adresse, c'est-à-dire vers un autre personnage.

Le pointeur est donc réellement utilisé ici comme une flèche reliant un personnage à son ennemi.

Nous verrons par la suite comment écrire ce type de code ; je crois même que créer un mini-RPG [1] sera le thème principal des chapitres de la partie II. Mais chut, c'est pour plus tard. ;-)

Choisir parmi plusieurs éléments

Le troisième et dernier cas permet de faire évoluer un programme en fonction des choix de l'utilisateur. Prenons le cas d'un QCM : nous allons demander à l'utilisateur de choisir parmi trois réponses possibles à une question. Une fois qu'il aura choisi, nous allons utiliser un pointeur pour indiquer quelle réponse a été sélectionnée.

```
#include <iostream>
#include <string>
using namespace std;

int main()
{
    string reponseA, reponseB, reponseC;
    reponseA = "La peur des jeux de loterie";
    reponseB = "La peur du noir";
    reponseC = "La peur des vendredis treize";

    cout << "Qu'est-ce que la 'kenophobie' ? " << endl; //On pose la question
    cout << "A) " << reponseA << endl; //Et on affiche les trois propositions
    cout << "B) " << reponseB << endl;
    cout << "C) " << reponseC << endl;

    char reponse;
    cout << "Votre reponse (A,B ou C) : ";
    cin >> reponse; //On récupère la réponse de l'utilisateur

    string *reponseUtilisateur(0); //Un pointeur qui pointera sur la réponse
↪ choisie
    switch(reponse)
    {
    case 'A':
        reponseUtilisateur = &reponseA; //On déplace le pointeur sur la
```

1. Un mini jeu de rôle, si vous préférez.

```
↪ réponse choisie
            break;
        case 'B':
            reponseUtilisateur = &reponseB;
            break;
        case 'C':
            reponseUtilisateur = &reponseC;
            break;
    }

    //On peut alors utiliser le pointeur pour afficher la réponse choisie
    cout << "Vous avez choisi la reponse : " << *reponseUtilisateur << endl;

    return 0;
}
```

▷ Copier ce code
Code web : 763605

Une fois que le pointeur a été déplacé (dans le `switch`), on peut l'utiliser comme moyen d'accès à la réponse de l'utilisateur. On a ainsi un moyen d'atteindre directement cette variable sans devoir refaire le test à chaque fois qu'on en a besoin. C'est une variable qui contient une valeur que l'on ne pouvait pas connaître avant (puisqu'elle dépend de ce que l'utilisateur a entré).

C'est certainement le cas d'utilisation le plus rare des trois mais il arrive parfois qu'on soit dans cette situation. Il sera alors temps de vous rappeler les pointeurs !

En résumé

- Chaque variable est stockée en mémoire à une adresse différente.
- Il ne peut y avoir qu'une seule variable par adresse.
- On peut récupérer l'adresse d'une variable avec le symbole `&`, comme ceci : `&variable`.
- Un pointeur est une variable qui stocke l'adresse d'une autre variable.
- Un pointeur se déclare comme ceci : `int *pointeur;` (dans le cas d'un pointeur vers une variable de type `int`).
- Par défaut, un pointeur affiche l'adresse qu'il contient. En revanche, si on écrit `*pointeur`, on obtient la valeur qui se trouve à l'adresse indiquée par le pointeur.
- On peut réserver manuellement une case en mémoire avec `new`. Dans ce cas, il faut libérer l'espace en mémoire dès qu'on n'en a plus besoin, avec `delete`.
- Les pointeurs sont une notion complexe à saisir du premier coup. N'hésitez pas à relire ce chapitre plusieurs fois. Vous comprendrez mieux leur intérêt plus loin dans cet ouvrage.

Deuxième partie

La Programmation Orientée Objet

Chapitre 12

Introduction : la vérité sur les strings enfin dévoilée

Difficulté :

Nous allons découvrir la notion de **programmation orientée objet** (POO). Comme je vous l'ai dit plus tôt, c'est une nouvelle façon de programmer. Cela ne va pas immédiatement révolutionner vos programmes, cela va même vous paraître un peu inutile au début mais ayez confiance : faites l'effort de suivre mes indications à la lettre et, bientôt, vous trouverez cette manière de coder bien plus naturelle. Vous saurez plus aisément *organiser* vos programmes.

Ce chapitre va vous parler des deux facettes de la POO : le côté *utilisateur* et le côté *créateur*. Puis je vais faire l'inverse de ce que font tous les cours de programmation : au lieu de commencer par vous apprendre à *créer* des objets, je vais d'abord vous montrer comment les *utiliser*, en basant mes exemples sur le type **string** fourni par le langage C++.

Des objets... pour quoi faire ?

Ils sont beaux, ils sont frais mes objets

S'il y a bien un mot qui doit vous frustrer depuis que vous en entendez parler, c'est celui-ci : **objet**.

Encore un concept mystique ? Un délire de programmeurs après une soirée trop arrosée ? Non parce que, franchement, un objet, c'est quoi ? Mon écran est un objet, ma voiture est un objet, mon téléphone portable... Ce sont tous des objets !

Bien vu, c'est un premier point. En effet, nous sommes entourés d'objets. En fait, tout ce que nous connaissons (ou presque) peut être considéré comme un objet. L'idée de la programmation orientée objet, c'est de manipuler dans son code source des éléments que l'on appelle des « objets ».

Voici quelques exemples d'objets dans des programmes courants :

- une fenêtre ;
- un bouton ;
- un personnage de jeu vidéo ;
- une musique.

Comme vous le voyez, beaucoup de choses peuvent être considérées comme des objets.

Mais concrètement, c'est quoi ? Une variable ? Une fonction ?

Ni l'un, ni l'autre. C'est un nouvel élément en programmation. Pour être plus précis, un objet c'est... un mélange de plusieurs variables et fonctions.

Ne faites pas cette tête-là, vous allez découvrir tout cela par la suite.

Imaginez... un objet

Pour éviter que mes explications ne ressemblent à un traité d'art contemporain conceptuel, nous allons imaginer ensemble ce qu'est un objet à l'aide de plusieurs schémas concrets.

Imaginez qu'un développeur décide un jour de créer un programme qui permet d'afficher une fenêtre à l'écran, de la redimensionner, de la déplacer, de la supprimer... Le code est complexe : il aura besoin de plusieurs fonctions qui s'appellent entre elles, ainsi que de variables pour mémoriser la position, la taille de la fenêtre, etc. Le développeur met du temps à écrire ce code, c'est un peu compliqué mais il y arrive. Au final, le code qu'il a rédigé est composé de plusieurs fonctions et variables. Quand on regarde le résultat pour la première fois, cela ressemble à une expérience de savant fou à laquelle on ne comprend rien (figure 12.1).

FIGURE 12.1 – Le code ressemble à une expérience complexe

Ce programmeur est content de son code et veut le distribuer sur Internet, pour que tout le monde puisse créer des fenêtres sans perdre du temps à tout réécrire. Seulement voilà, à moins d'être un expert certifié en chimie, vous allez mettre pas mal de temps avant de comprendre comment fonctionne tout ce bazar.

Quelle fonction appeler en premier ? Quelles valeurs envoyer à quelle fonction pour redimensionner la fenêtre ? Autrement dit : comment utiliser ce fatras sans qu'une fiole ne nous explose entre les mains ?

C'est là que notre ami programmeur pense à nous. Il conçoit son code *de manière orientée objet*. Cela signifie qu'il place tout son bazar chimique à l'intérieur d'un simple cube. Ce cube est ce qu'on appelle un objet (figure 20.1).

Sur la figure 20.1, une partie du cube a été volontairement mise en transparence afin de vous montrer que nos fioles chimiques sont bien situées à l'intérieur du cube. Mais en réalité, le cube est complètement opaque, on ne voit *rien* de ce qu'il y a à l'intérieur (figure 12.3).

Ce cube contient toutes les fonctions et variables (nos fioles de chimie) mais il les *masque* à l'utilisateur.

Au lieu d'avoir des tonnes de tubes et de fioles dont il faut comprendre le fonctionnement, on nous propose juste quelques boutons sur la face avant du cube : un bouton « ouvrir fenêtre », un bouton « redimensionner », etc. L'utilisateur n'a plus qu'à employer les boutons du cube, sans se soucier de tout ce qui se passe à l'intérieur. Pour lui, le fonctionnement est donc complètement simplifié.

FIGURE 12.2 – L'utilisation du code est simplifiée grâce à l'utilisation d'un objet

FIGURE 12.3 – Le code est en réalité totalement invisible pour l'utilisateur

En clair, programmer de manière orientée objet, c'est *créer* du code source (potentiellement complexe) mais que l'on *masque* en le plaçant à l'intérieur d'un cube (un objet) à travers lequel on ne voit rien. Pour la personne qui va l'*utiliser*, travailler avec un objet est donc beaucoup plus simple qu'avant : il suffit d'appuyer sur des boutons et on n'a pas besoin d'être diplômé en chimie pour s'en servir.

Bien sûr, c'est une image, mais c'est ce qu'il faut comprendre et retenir pour le moment.

Nous n'allons pas voir tout de suite comment faire pour *créer* des objets, en revanche nous allons apprendre à en *utiliser* un. Dans ce chapitre, nous allons nous pencher sur le cas de `string`.

J'ai déjà utilisé le type `string`, ce n'est pas une nouveauté pour moi ! C'est le type qui permet de stocker du texte en mémoire, c'est cela ?

Oui. Mais comme je vous l'ai dit il y a quelques chapitres, le type `string` est différent des autres. `int`, `bool`, `float`, `double` sont des types naturels du C++. Ils stockent des données très simples. Ce n'est pas le cas de `string` qui est en fait... un objet ! Le type `string` cache bien des secrets à l'intérieur de sa boîte.

Jusqu'ici, nous nous sommes contentés d'appuyer sur des boutons (comme sur les schémas) mais, en réalité, ce qui se cache à l'intérieur de la boîte des objets `string` est très complexe. Horriblement complexe.

L'horrible secret du type `string`

Grâce aux mécanismes de la programmation orientée objet, nous avons pu utiliser le type `string` dès les premiers chapitres de ce cours alors que son fonctionnement interne est pourtant assez compliqué ! Pour vous en convaincre, je vais vous montrer comment fonctionne `string` « à l'intérieur du cube ». Préparez-vous à d'horribles vérités.

Pour un ordinateur, les lettres n'existent pas

Comme nous l'avons vu, l'avantage des objets est de masquer la complexité du code à l'utilisateur. Plutôt que de manipuler des fioles chimiques dangereuses, ils nous permettent d'appuyer sur de simples boutons pour faire des choses parfois compliquées.

Et justement, les choses sont compliquées parce que, à la base, *un ordinateur ne sait pas gérer du texte* ! Oui, l'ordinateur n'est véritablement qu'une grosse machine à calculer dénuée de sentiment. Il ne reconnaît que des nombres.

Mais alors, si l'ordinateur ne peut manipuler que des nombres, comment se fait-il qu'il puisse afficher du texte à l'écran ?

C'est une vieille astuce que l'on utilise depuis longtemps. Peut-être avez-vous entendu parler de la **table ASCII**[1] ? C'est un tableau qui sert de convention pour convertir des nombres en lettres.

TABLE 12.1 – Un extrait de la table ASCII

Nombre	**Lettre**	**Nombre**	**Lettre**
64	@	96	’
65	A	97	a
66	B	98	b
67	C	99	c
68	D	100	d
69	E	101	e
70	F	102	f
71	G	103	g
72	H	104	h
73	I	105	i
74	J	106	j
75	K	107	k
76	L	108	l
77	M	109	m

Comme vous le voyez, la lettre « A » majuscule correspond au nombre 65. La lettre « a » minuscule correspond au nombre 97, etc. Tous les caractères utilisés en anglais figurent dans cette table. C'est pour cela que les caractères accentués ne sont, de base, pas utilisables en C++ : ils n'apparaissent pas dans la table ASCII.

Cela veut dire qu'à chaque fois que l'ordinateur voit le nombre 65, il prend cela pour la lettre A ?

Non, l'ordinateur ne traduit un nombre en lettre que si on le lui demande. En pratique, on se base sur le type de la variable pour savoir si le nombre stocké est véritablement un nombre ou, en réalité, une lettre :

- Si on utilise le type `int` pour stocker le nombre 65, l'ordinateur considérera que c'est un nombre.
- En revanche, si on utilise le type `char` pour stocker le nombre 65, l'ordinateur se dira « C'est la lettre A ». Le type `char` (abréviation de *character*, « caractère » en français) est prévu pour stocker un caractère.

Le type `char` stocke donc un nombre qui est interprété comme un caractère.

Un `char` ne peut stocker qu'un seul caractère ? Comment fait-on alors pour stocker une phrase entière ?

1. *American Standard Code for Information Interchange*, prononcé « aski ».

Eh bien, là non plus, ce n'est pas simple ! C'est un autre problème que nous allons voir...

Les textes sont des tableaux de char

Puisque `char` ne peut stocker qu'une seule lettre, les programmeurs ont eu l'idée de créer... un tableau de `char` ! Les tableaux permettant de retrouver côte à côte en mémoire plusieurs variables d'un même type, ils sont le moyen idéal de stocker du texte (on parle aussi de « chaînes de caractères », vous comprenez maintenant pourquoi).

Ainsi, il suffit de déclarer un tableau de `char` comme ceci :

```
char texte[100];
```

... pour pouvoir stocker du texte (environ 100 caractères) !

Le texte n'est donc en fait qu'un assemblage de lettres stocké en mémoire dans un tableau (figure 12.4).

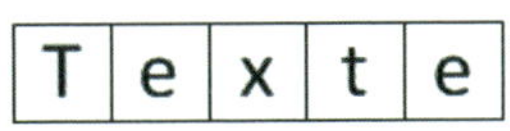

FIGURE 12.4 – Une chaîne de caractères

Chaque case correspond à un `char`. Tous ces `char` mis côte à côte forment du texte.

Attention : il faut prévoir suffisamment de place dans le tableau pour stocker tout le texte ! Ici, c'est un tableau de 100 cases mais cela peut être insuffisant si on veut stocker en mémoire plusieurs phrases ! Pour résoudre ce problème, on peut créer un très grand tableau (en prévision de la taille de ce qu'on va stocker) mais cela risque parfois de consommer beaucoup de mémoire pour rien.

Créer et utiliser des objets `string`

Vous venez d'en avoir un aperçu : gérer du texte n'est pas vraiment simple. Il faut créer un tableau de `char` dont chaque case correspond à un caractère, il faut prévoir une taille suffisante pour stocker le texte que l'on souhaite sinon cela plante... Bref, cela fait beaucoup de choses auxquelles il faut penser.

Cela ne vous rappelle-t-il pas nos fioles chimiques ? Eh oui, tout ceci est aussi dangereux et compliqué qu'une expérience de chimiste. C'est là qu'intervient la programmation orientée objet : un développeur place le tout dans un cube facile à utiliser où il suffit d'appuyer sur des boutons. *Ce cube, c'est l'objet* `string`.

Créer un objet `string`

La création d'un objet ressemble beaucoup à la création d'une variable classique comme `int` ou `double` :

```
#include <iostream>
#include <string> // Obligatoire pour pouvoir utiliser les objets string

using namespace std;


int main()
{
    string maChaine; //Création d'un objet 'maChaine' de type string

    return 0;
}
```

Vous remarquerez pour commencer que, pour pouvoir utiliser des objets de type `string` dans le code, il est nécessaire d'inclure l'en-tête de la bibliothèque `string`. C'est ce que j'ai fait à la deuxième ligne.

Intéressons-nous maintenant à la ligne où je crée un objet de type `string`...

Donc... on crée un objet de la même manière qu'on crée une variable ?

Il y a plusieurs façons de créer un objet, celle que vous venez de voir est la plus simple. Et, oui, c'est exactement comme si on avait créé une variable !

Mais mais... comment on fait pour différencier les objets des variables ?

C'est bien tout le problème : variables et objets se ressemblent dans le code. Pour éviter la confusion, il y a des conventions (qu'on n'est pas obligé de suivre). La plus célèbre d'entre elles est la suivante :

- le type des **variables** commence par une *minuscule* (ex : int) ;
- le type des **objets** commence par une *majuscule* (ex : Voiture).

Je sais ce que vous allez me dire : « `string` ne commence pas par une majuscule alors que c'est un objet ! ». Il faut croire que les créateurs de `string` ne respectaient pas cette convention. Mais rassurez-vous, maintenant la plupart des gens mettent une majuscule au début de leurs objets [2].

2. Moi y compris, ce ne sera donc pas la foire dans la suite de ce cours.

Initialiser la chaîne lors de la déclaration

Pour initialiser notre objet au moment de la déclaration (et donc lui donner une valeur !), il y a plusieurs possibilités. La plus courante consiste à ouvrir des parenthèses comme nous l'avons fait jusqu'ici :

```
int main()
{
    string maChaine("Bonjour !");
    //Création d'un objet 'maChaine' de type string et initialisation

    return 0;
}
```

C'est la technique classique que l'on connaît déjà et qui s'applique aussi bien aux variables qu'aux objets. On dit que l'on *construit* l'objet.

> Et comme pour les variables, il faut noter que l'on peut aussi initialiser avec le signe égal : `stringmaChaine="Bonjour!";`

On a maintenant créé un objet `maChaine` qui contient la chaîne « Bonjour ! ». On peut l'afficher comme n'importe quelle chaîne de caractères avec un `cout` :

```
int main()
{
    string maChaine("Bonjour !");
    cout << maChaine << endl;
    //Affichage du string comme si c'était une chaîne de caractères

    return 0;
}
```

```
Bonjour !
```

Affecter une valeur à la chaîne après déclaration

Maintenant que notre objet est créé, ne nous arrêtons pas là. Changeons le contenu de la chaîne après sa déclaration :

```
int main()
{
    string maChaine("Bonjour !");
    cout << maChaine << endl;

    maChaine = "Bien le bonjour !";
```

```
    cout << maChaine << endl;

    return 0;
}
```

```
Bonjour !
Bien le bonjour !
```

Pour changer le contenu d'une chaîne *après* sa déclaration, on doit obligatoirement utiliser le symbole =.

Cela n'a l'air de rien mais c'est là que la magie de la POO opère. Vous, l'utilisateur, vous avez appuyé sur un bouton pour dire « Je veux maintenant que la chaîne à l'intérieur devienne « Bien le bonjour ! ». À l'intérieur de l'objet, des mécanismes (des fonctions) se sont activés lorsque vous réalisé l'opération. Ces fonctions ont vérifié, entre autres, s'il y avait de la place pour stocker la chaîne dans le tableau de `char`. Elles ont vu que non. Elles ont alors créé un nouveau tableau de `char`, suffisamment long cette fois, pour stocker la nouvelle chaîne. Et, tant qu'à faire, elles ont détruit l'ancien tableau qui ne servait plus à rien.

Et permettez-moi de vous parler franchement : ce qui s'est passé à l'intérieur de l'objet, on s'en fiche royalement ! C'est bien là tout l'intérêt de la POO : l'utilisateur n'a pas besoin de comprendre comment cela fonctionne à l'intérieur. On se moque de savoir que le texte est stocké dans un tableau de `char`. L'objet est en quelque sorte intelligent et gère tous les cas. Nous, nous nous contentons de l'utiliser.

Concaténation de chaînes

Imaginez que l'on souhaite concaténer (assembler) deux chaînes. En théorie, c'est compliqué à faire car il faut fusionner deux tableaux de `char`. En pratique, la POO nous évite de nous soucier du fonctionnement interne :

```
int main()
{
    string chaine1("Bonjour !");
    string chaine2("Comment allez-vous ?");
    string chaine3;

    chaine3 = chaine1 + chaine2; // 3... 2... 1... Concaténatiooooon
    cout << chaine3 << endl;

    return 0;
}
```

```
Bonjour !Comment allez-vous ?
```

Je le reconnais, il manque un espace au milieu. On n'a qu'à changer la ligne de la concaténation :

```
chaine3 = chaine1 + " " + chaine2;
```

Résultat :

```
Bonjour ! Comment allez-vous ?
```

C'est très simple à utiliser alors que derrière, les fioles chimiques s'activent pour assembler les deux tableaux de `char`.

Comparaison de chaînes

Vous en voulez encore ? Très bien ! Sachez que l'on peut comparer des chaînes entre elles à l'aide des symboles == ou `!=` (que l'on peut donc utiliser dans un `if` !).

```
int main()
{
    string chaine1("Bonjour !");
    string chaine2("Comment allez-vous ?");

    if (chaine1 == chaine2) // Faux
    {
        cout << "Les chaines sont identiques." << endl;
    }
    else
    {
        cout << "Les chaines sont differentes." << endl;
    }

    return 0;
}
```

```
Les chaines sont differentes.
```

À l'intérieur de l'objet, la comparaison se fait caractère par caractère entre les deux tableaux de `char` (à l'aide d'une boucle qui compare chacune des lettres). Nous, nous n'avons pas à nous soucier de tout cela : nous demandons à l'objet `chaine1` s'il est identique à `chaine2` ; il fait des calculs et nous répond très simplement par un oui ou un non.

Opérations sur les `string`

Le type `string` ne s'arrête pas à ce que nous venons de voir. Comme tout objet qui se respecte, il propose un nombre important d'autres fonctionnalités qui permettent de faire tout ce dont on a besoin.

Nous n'allons pas passer en revue toutes les fonctionnalités des `string`[3]. Nous allons voir les principales, dont vous pourriez avoir besoin dans la suite du cours

Attributs et méthodes

Je vous avais dit qu'un objet était constitué de variables et de fonctions. En fait, on en reparlera plus tard mais le vocabulaire est un peu différent avec les objets. Les variables contenues à l'intérieur des objets sont appelées **attributs** et les fonctions sont appelées **méthodes**.

Imaginez que chaque méthode (fonction) que propose un objet correspond à un bouton différent sur la face avant du cube.

> On parle aussi de **variables membres** et de **fonctions membres**.

Pour appeler la méthode d'un objet, on utilise une écriture que vous avez déjà vue : `objet.methode()`.

On sépare le nom de l'objet et le nom de la méthode par un point. Cela signifie « Sur l'objet indiqué, j'appelle cette méthode » (traduction : « sur le cube indiqué, j'appuie sur ce bouton pour déclencher une action »).

> En théorie, on peut aussi accéder aux variables membres (les « attributs ») de l'objet de la même manière. Cependant, en POO, il y a une règle très importante : l'utilisateur ne doit pas pouvoir accéder aux variables membres, mais seulement aux fonctions membres (les méthodes). On en reparlera plus en détail dans le prochain chapitre.

Quelques méthodes utiles du type `string`

La méthode `size()`

La méthode `size()` permet de connaître la longueur de la chaîne actuellement stockée dans l'objet de type `string`.

Cette méthode ne prend aucun paramètre et renvoie la longueur de la chaîne. Comme vous venez de le découvrir, il faut appeler la méthode de la manière suivante :

3. Elles ne sont pas toutes indispensables et ce serait un peu long.

```
maChaine.size()
```

Essayons cela dans un code complet qui affiche la longueur d'une chaîne de caractères :

```
int main()
{
    string maChaine("Bonjour !");
    cout << "Longueur de la chaine : " << maChaine.size();

    return 0;
}
```

```
Longueur de la chaine : 9
```

La méthode erase()

Cette méthode très simple supprime tout le contenu de la chaîne :

```
int main()
{
    string chaine("Bonjour !");
    chaine.erase();
    cout << "La chaine contient : " << chaine << endl;

    return 0;
}
```

```
La chaine contient :
```

Comme on pouvait s'y attendre, la chaîne ne contient plus rien

Notez que c'est équivalent à `chaine="";`.

La méthode substr()

Une autre méthode peut se révéler utile : `substr()`. Elle permet d'extraire une partie de la chaîne stockée dans un `string`.

`substr` signifie *substring*, soit « sous-chaîne » en anglais.

Tenez, on va regarder son prototype, vous allez voir que c'est intéressant :

```
string substr( size_type index, size_type num = npos );
```

Cette méthode renvoie donc un objet de type `string`. Ce sera la sous-chaîne obtenue après « découpage ». Elle prend deux paramètres ou, plus exactement, un paramètre obligatoire et un paramètre facultatif. En effet, `num` possède une valeur par défaut (`npos`), ce qui fait que le second paramètre ne doit pas obligatoirement être renseigné. Voyons plus en détail ce qui se cache sous ces paramètres :

- `index` permet d'indiquer à partir de quel caractère on doit couper (ce doit être un numéro de caractère).
- `num` permet d'indiquer le nombre de caractères que l'on prend. Par défaut, la valeur est `npos`, ce qui revient à prendre tous les caractères qui restent. Si vous indiquez 2, la méthode ne renverra que 2 caractères.

Allez, un exemple sera plus parlant, je crois :

```
int main()
{
    string chaine("Bonjour !");
    cout << chaine.substr(3) << endl;

    return 0;
}
```

```
jour !
```

On a demandé à couper à partir du troisième caractère, soit la lettre « j », étant donné que la première lettre correspond au caractère n ° 0). On a volontairement omis le second paramètre facultatif, ce qui fait que `substr()` a renvoyé tous les caractères restants jusqu'à la fin de la chaîne. Essayons de renseigner le paramètre facultatif pour exclure le point d'exclamation par exemple :

```
int main()
{
    string chaine("Bonjour !");
    cout << chaine.substr(3, 4) << endl;

    return 0;
}
```

```
jour
```

Bingo ! On a demandé à prendre 4 caractères en partant du caractère n ° 3, ce qui fait qu'on a récupéré « jour ».

Comme nous l'avions vu dans le chapitre sur les tableaux (page 129), il existe une autre manière de faire pour accéder à *un seul* caractère. On utilise les crochets `[]` comme pour les tableaux :

```
string chaine("Bonjour !");
cout << chaine[3] << endl;  //Affiche la lettre 'j'
```

La méthode c_str()

Cette méthode est un peu particulière mais parfois fort utile. Son rôle ? Renvoyer un pointeur vers le tableau de `char` que contient l'objet de type `string`.

Quel intérêt me direz-vous ? En C++, *a priori* aucun. On préfère largement manipuler un objet `string` plutôt qu'un tableau de `char` car c'est plus simple et plus sûr.

Néanmoins, il peut (j'ai bien dit *il peut*) arriver que vous deviez envoyer à une fonction un tableau de `char`. Dans ce cas, la méthode `c_str()` vous permet de récupérer l'adresse du tableau de `char` qui se trouve à l'intérieur de l'objet `string`. Dans un chapitre précédent, nous en avons eu besoin pour indiquer le nom du fichier à ouvrir, souvenez-vous :

```
string const nomFichier("C:/Nanoc/scores.txt");

ofstream monFlux(nomFichier.c_str());
```

L'usage de `c_str()` reste assez rare malgré tout.

En résumé

- La programmation orientée objet est une façon de concevoir son code. On considère qu'on manipule des objets.
- Les objets sont parfois complexes à l'intérieur mais leur utilisation nous est volontairement simplifiée. C'est un des avantages de la programmation orientée objet.
- Un objet est constitué d'attributs et de méthodes, c'est-à-dire de variables et de fonctions membres.
- On appelle les méthodes de ses objets pour les modifier ou obtenir des informations.
- La gestion du texte en mémoire est en fait complexe. Pour nous simplifier les choses, le langage C++ nous propose le type `string`. Grâce à lui, nous pouvons créer des objets de type `string` et manipuler du texte sans avoir à nous soucier du fonctionnement de la mémoire.

Chapitre 13

Les classes (Partie 1/2)

Difficulté :

Au chapitre précédent, vous avez vu que la programmation orientée objet pouvait nous simplifier la vie en « masquant », en quelque sorte, le code complexe. C'est un des avantages de la POO mais ce n'est pas le seul, comme vous allez le découvrir petit à petit : les objets sont aussi facilement réutilisables et modifiables.

À partir de maintenant, nous allons apprendre à créer des objets. Vous allez voir que c'est tout un art et que cela demande de la pratique. Il y a beaucoup de programmeurs qui prétendent faire de la POO et qui le font pourtant très mal. En effet, on peut créer un objet de 100 façons différentes et c'est à nous de choisir à chaque fois la meilleure, la plus adaptée. Ce n'est pas évident, il faut donc bien réfléchir avant de se lancer dans le code comme des forcenés.

Allez, on prend une grande inspiration et on plonge ensemble dans l'océan de la POO !

Créer une classe

Commençons par la question qui doit vous brûler les lèvres.

Je croyais qu'on allait apprendre à créer des objets, pourquoi tu nous parles de créer une classe maintenant ? Quel est le rapport ?

Eh bien justement, pour créer un objet, il faut d'abord créer une classe ! Je m'explique : pour construire une maison, vous avez besoin d'un plan d'architecte non ? Eh bien imaginez simplement que la classe c'est le plan et que l'objet c'est la maison.

« Créer une classe », c'est donc dessiner les plans de l'objet.

Une fois que vous avez les plans, vous pouvez faire autant de maisons que vous voulez en vous basant sur ces plans. Pour les objets c'est pareil : une fois que vous avez fait la classe (le plan), vous pouvez créer autant d'objets du même type que vous voulez (figure 13.1).

Vocabulaire : on dit qu'un objet est une **instance** d'une classe. C'est un mot très courant que l'on rencontre souvent en POO. Cela signifie qu'un objet est la matérialisation concrète d'une classe (tout comme la maison est la matérialisation concrète du plan de la maison). Oui, je sais, c'est très métaphysique la POO mais vous allez voir, on s'y fait.

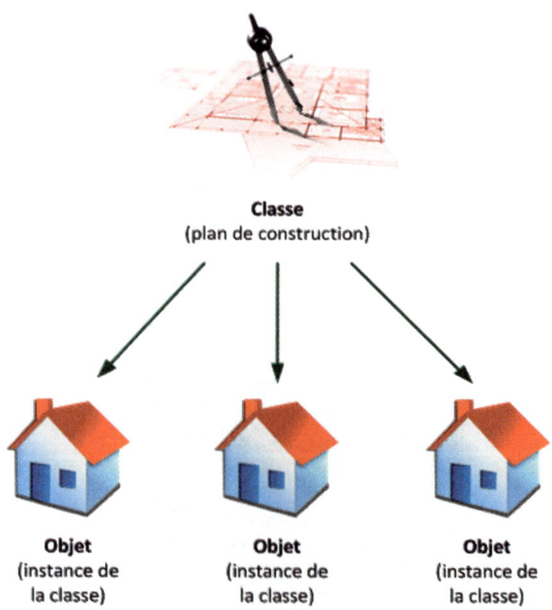

FIGURE 13.1 – Une fois la classe créée, on peut construire des objets

Créer une classe, oui mais laquelle ?

Avant tout, il va falloir choisir la classe sur laquelle nous allons travailler.

Reprenons l'exemple sur l'architecture : allons-nous créer un appartement, une villa avec piscine, un loft spacieux ? En clair, quel type d'objet voulons-nous être capables de créer ?

Les choix ne manquent pas. Je sais que, quand on débute, on a du mal à imaginer ce qui peut être considéré comme un objet. La réponse est : presque tout !

Vous allez voir, vous allez petit à petit avoir le *feeling* qu'il faut avec la POO. Puisque vous débutez, c'est moi qui vais choisir (vous n'avez pas trop le choix, de toute façon !). Pour notre exemple, nous allons créer une classe `Personnage` qui va représenter un personnage de jeu de rôle (RPG).

> Si vous n'avez pas l'habitude des jeux de rôle, rassurez-vous : moi non plus. Pour suivre ce chapitre, vous n'avez pas besoin de savoir jouer à des RPG. J'ai choisi cet exemple car il me paraît didactique, amusant, et qu'il peut déboucher sur la création d'un jeu à la fin. Mais ce sera à vous de le terminer.

Bon, on la crée cette classe ?

C'est parti.

Pour commencer, je vous rappelle qu'une classe est constituée (n'oubliez pas ce vocabulaire, il est fon-da-men-tal !) :

- de variables, ici appelées **attributs** (on parle aussi de **variables membres**) ;
- de fonctions, ici appelées **méthodes** (on parle aussi de **fonctions membres**).

Voici le code minimal pour créer une classe :

```
class Personnage
{

}; // N'oubliez pas le point-virgule à la fin !
```

Comme vous le voyez, on utilise le mot-clé `class`. Il est suivi du nom de la classe que l'on veut créer. Ici, c'est `Personnage`.

> Souvenez-vous de cette règle très importante : il faut que le nom de vos classes commence toujours par une lettre majuscule ! Bien que ce ne soit pas obligatoire (le compilateur ne hurlera pas si vous commencez par une minuscule), cela vous sera très utile par la suite pour différencier les noms des classes des noms des objets.

Nous allons écrire toute la définition de la classe entre les accolades. Tout ou presque se passera donc à l'intérieur de ces accolades. Et surtout, très important, le truc qu'on oublie au moins une fois dans sa vie : *il y a un point-virgule après l'accolade fermante !*

Ajout de méthodes et d'attributs

Bon, c'est bien beau mais notre classe `Personnage` est plutôt... vide. Que va-t-on mettre dans la classe ? Vous le savez déjà voyons.

- des **attributs** : c'est le nom que l'on donne aux **variables** contenues dans des classes ;
- des **méthodes** : c'est le nom que l'on donne aux **fonctions** contenues dans des classes.

Le but du jeu, maintenant, c'est justement d'arriver à faire la liste de tout ce qu'on veut mettre dans notre `Personnage`. De quels attributs et de quelles méthodes a-t-il besoin ? C'est justement l'étape de *réflexion*, la plus importante. C'est pour cela que je vous ai dit au début de ce chapitre qu'il ne fallait surtout pas coder comme des barbares dès le début mais prendre le temps de *réfléchir*.

> Cette étape de réflexion avant le codage est essentielle quand on fait de la POO. Beaucoup de gens, dont moi, ont l'habitude de sortir une feuille de papier et un crayon pour établir la liste des attributs et méthodes dont ils vont avoir besoin. Un langage spécial, appelé **UML**, a d'ailleurs été spécialement créé pour concevoir les classes avant de commencer à les coder.

Par quoi commencer : les attributs ou les méthodes ? Il n'y a pas d'ordre, en fait, mais je trouve un peu plus logique de commencer par voir les attributs *puis* les méthodes.

Les attributs

C'est ce qui va caractériser votre classe, ici le personnage. Ce sont des variables, elles peuvent donc évoluer au fil du temps. Mais qu'est-ce qui caractérise un personnage de jeu de rôle ? Allons, un petit effort.

- Par exemple, tout personnage a un niveau de vie. Hop, cela fait un premier attribut : **vie** ! On dira que ce sera un `int` et qu'il sera compris entre 0 et 100 (0 = mort, 100 = toute la vie).
- Dans un jeu de rôle, il y a le niveau de magie, aussi appelé **mana**. Là encore, on va dire que c'est un `int` compris entre 0 et 100. Si le personnage a 0 de mana, il ne peut plus lancer de sort magique et doit attendre que son mana se recharge tout seul au fil du temps (ou boire une potion de mana !).
- On pourrait rajouter aussi le nom de l'arme que porte le joueur : **nomArme**. On va utiliser pour cela un `string`.
- Enfin, il me semble indispensable d'ajouter un attribut **degatsArme**, un `int` qui indiquerait cette fois le degré de dégâts que porte notre arme à chaque coup.

On peut donc déjà commencer à compléter la classe avec ces premiers attributs :

```
class Personnage
{
    int m_vie;
    int m_mana;
    string m_nomArme;
    int m_degatsArme;
};
```

Deux ou trois petites choses à savoir sur ce code :

- Ce n'est pas une obligation mais une grande partie des programmeurs (dont moi) a l'habitude de faire commencer tous les noms des attributs de classe par « m_ » (le « m » signifiant « membre », pour indiquer que c'est une variable membre, c'est-à-dire un attribut). Cela permet de bien différencier les attributs des variables « classiques » (contenues dans des fonctions par exemple).
- Il est impossible d'initialiser les attributs ici. Cela doit être fait *via* ce qu'on appelle un constructeur, comme on le verra un peu plus loin.
- Comme on utilise un objet `string`, il faut bien penser à rajouter un `#include<string>` dans votre fichier.

La chose essentielle à retenir ici, c'est que l'on utilise des attributs pour représenter la notion d'*appartenance*. On dit qu'un `Personnage` *a une* vie et *a un* niveau de magie. Il *possède* également une arme. Lorsque vous repérez une relation d'appartenance, il y a de fortes chances qu'un attribut soit la solution à adopter.

Les méthodes

Les méthodes, elles, sont *grosso modo* les actions que le personnage peut effectuer ou qu'on peut lui faire faire. Les méthodes lisent et modifient les attributs.

Voici quelques actions réalisables avec notre personnage :

- `recevoirDegats` : le personnage prend un certain nombre de dégâts et donc perd de la vie.
- `attaquer` : le personnage attaque un autre personnage avec son arme. Il inflige autant de dégâts que son arme le lui permet (c'est-à-dire `degatsArme`).
- `boirePotionDeVie` : le personnage boit une potion de vie et regagne un certain nombre de points de vie.
- `changerArme` : le personnage récupère une nouvelle arme plus puissante. On change le nom de l'arme et les dégâts qui vont avec.
- `estVivant` : renvoie `true` si le personnage est toujours vivant (il possède plus que 0 point de vie), sinon renvoie `false`.

C'est un bon début, je trouve.

On va rajouter cela dans la classe avant les attributs (en POO, on préfère présenter les méthodes *avant* les attributs, bien que cela ne soit pas obligatoire) :

```
class Personnage
{
```

```
    // Méthodes
    void recevoirDegats(int nbDegats)
    {

    }

    void attaquer(Personnage &cible)
    {

    }

    void boirePotionDeVie(int quantitePotion)
    {

    }

    void changerArme(string nomNouvelleArme, int degatsNouvelleArme)
    {

    }

    bool estVivant()
    {

    }

    // Attributs
    int m_vie;
    int m_mana;
    string m_nomArme;
    int m_degatsArme;
};
```

Je n'ai volontairement pas écrit le code des méthodes, on le fera après.

Ceci dit, vous devriez déjà avoir une petite idée de ce que vous allez mettre dans ces méthodes.

Par exemple, `recevoirDegats` retranchera le nombre de dégâts (indiqués en paramètre par `nbDegats`) à la vie du personnage. La méthode `attaquer` est également intéressante : elle prend en paramètre... un autre personnage, plus exactement une référence vers le personnage cible que l'on doit attaquer ! Et que fera cette méthode, à votre avis ? Eh oui, elle appellera la méthode `recevoirDegats` de la cible pour lui infliger des dégâts.

Vous commencez à comprendre un peu comme tout cela est lié et terriblement logique ? On met en général un peu de temps avant de correctement « penser objet ». Si vous vous dites que vous n'auriez pas pu inventer un truc comme cela tout seul, rassurez-vous : tous les débutants passent par là. À force de pratiquer, cela va venir.

Pour info, cette classe ne comporte pas toutes les méthodes que l'on pourrait y créer : par exemple, on n'utilise pas de magie ici. Le personnage attaque seulement avec une arme (une épée par exemple) et n'emploie donc pas de sort. Je laisse exprès quelques fonctions manquantes pour vous inciter à compléter la classe avec vos idées.

En résumé, un objet est bel et bien un mix de variables (les attributs) et de fonctions (les méthodes). La plupart du temps, les méthodes lisent et modifient les attributs de l'objet pour le faire évoluer. Un objet est au final un petit système intelligent et autonome, capable de surveiller tout seul son bon fonctionnement.

Droits d'accès et encapsulation

Nous allons maintenant nous intéresser au concept le plus *fondamental* de la POO : **l'encapsulation**. Ne vous laissez pas effrayer par ce mot, vous allez vite comprendre ce que cela signifie.

Tout d'abord, un petit rappel. En POO, il y a deux parties bien distinctes :

- On **crée** des classes pour définir le fonctionnement des objets. C'est ce qu'on apprend à faire ici.
- On **utilise** des objets. C'est ce qu'on a appris à faire au chapitre précédent.

Il faut bien distinguer ces deux parties car cela devient ici très important.

Création de la classe :

```
class Personnage
{
    // Méthodes
    void recevoirDegats(int nbDegats)
    {

    }

    void attaquer(Personnage &cible)
    {

    }

    void boirePotionDeVie(int quantitePotion)
    {

    }

    void changerArme(string nomNouvelleArme, int degatsNouvelleArme)
    {
```

```
    }

    bool estVivant()
    {

    }

    // Attributs
    int m_vie;
    int m_mana;
    string m_nomArme;
    int m_degatsArme;
};
```

Utilisation de l'objet :

```
int main()
{
    Personnage david, goliath;
    //Création de 2 objets de type Personnage : david et goliath

    goliath.attaquer(david); //goliath attaque david
    david.boirePotionDeVie(20); //david récupère 20 de vie en buvant une potion
    goliath.attaquer(david); //goliath réattaque david
    david.attaquer(goliath); //david contre-attaque... c'est assez clair non ?

    goliath.changerArme("Double hache tranchante vénéneuse de la mort", 40);
    goliath.attaquer(david);


    return 0;
}
```

Tenez, pourquoi n'essaierait-on pas ce code ? Allez, on met tout dans un même fichier (en prenant soin de définir la classe *avant* le `main()`) et zou !

```
#include <iostream>
#include <string>

using namespace std;

class Personnage
{
    // Méthodes
    void recevoirDegats(int nbDegats)
    {

    }

```

```
    void attaquer(Personnage &cible)
    {

    }

    void boirePotionDeVie(int quantitePotion)
    {

    }

    void changerArme(string nomNouvelleArme, int degatsNouvelleArme)
    {

    }

    bool estVivant()
    {

    }

    // Attributs
    int m_vie;
    int m_mana;
    string m_nomArme;
    int m_degatsArme;
};

int main()
{
    Personnage david, goliath;
    //Création de 2 objets de type Personnage : david et goliath

    goliath.attaquer(david);     //goliath attaque david
    david.boirePotionDeVie(20); //david récupère 20 de vie en buvant une potion
    goliath.attaquer(david);     //goliath réattaque david
    david.attaquer(goliath);     //david contre-attaque... c'est assez clair non ?

    goliath.changerArme("Double hache tranchante vénéneuse de la mort", 40);
    goliath.attaquer(david);


    return 0;
}
```

▷ Copier ce code
Code web : 455014

Compilez et admirez… la belle erreur de compilation !

```
Error : void Personnage::attaquer(Personnage&) is private within this context
```

Encore une insulte de la part du compilateur !

Les droits d'accès

On en arrive justement au problème qui nous intéresse : celui des droits d'accès (oui, j'ai fait exprès de provoquer cette erreur de compilation ; vous ne pensiez tout de même pas que ce n'était pas prévu ?).

Ouvrez grand vos oreilles : chaque attribut et chaque méthode d'une classe peut posséder son propre droit d'accès. Il existe *grosso modo* deux droits d'accès différents :

- `public` : l'attribut ou la méthode peut être appelé depuis l'extérieur de l'objet.
- `private` : l'attribut ou la méthode ne peut pas être appelé depuis l'extérieur de l'objet. *Par défaut, tous les éléments d'une classe sont `private`.*

Il existe d'autres droits d'accès mais ils sont un peu plus complexes. Nous les verrons plus tard.

Concrètement, qu'est-ce que cela signifie ? Qu'est-ce que « l'extérieur » de l'objet ? Eh bien, dans notre exemple, « l'extérieur » c'est le `main()`. En effet, c'est là où on utilise l'objet. On fait appel à des méthodes mais, comme elles sont par défaut privées, on ne peut pas les appeler depuis le `main()` !

Pour modifier les droits d'accès et mettre par exemple `public`, il faut taper « public » suivi du symbole « : » (deux points). Tout ce qui se trouvera à la suite sera `public`.

Voici ce que je vous propose de faire : on va mettre en public toutes les méthodes et en privé tous les attributs. Cela nous donne :

```
class Personnage
{
    // Tout ce qui suit est public (accessible depuis l'extérieur)
    public:

    void recevoirDegats(int nbDegats)
    {

    }

    void attaquer(Personnage &cible)
    {

    }

    void boirePotionDeVie(int quantitePotion)
    {

    }
```

```
    void changerArme(string nomNouvelleArme, int degatsNouvelleArme)
    {

    }

    bool estVivant()
    {

    }

    // Tout ce qui suit est privé (inaccessible depuis l'extérieur)
    private:

    int m_vie;
    int m_mana;
    string m_nomArme;
    int m_degatsArme;
};
```

Tout ce qui suit le mot-clé `public:` est public donc toutes nos méthodes sont publiques. Ensuite vient le mot-clé `private:`. Tout ce qui suit ce mot-clé est privé donc tous nos attributs sont privés.

Voilà, vous pouvez maintenant compiler ce code et vous verrez qu'il n'y a pas de problème (même si le code ne fait rien pour l'instant). On appelle des méthodes depuis le `main()` : comme elles sont publiques, on a le droit de le faire. En revanche, nos attributs sont privés, ce qui veut dire qu'on n'a pas le droit de les modifier depuis le `main()`. En clair, *on ne peut pas écrire* dans le `main()` :

```
goliath.m_vie = 90;
```

Essayez, vous verrez que le compilateur vous ressort la même erreur que tout à l'heure : « ton bidule est private... bla bla bla... pas le droit d'appeler un élément private depuis l'extérieur de la classe ».

Mais alors... cela veut dire qu'on ne peut pas modifier la vie du personnage depuis le `main()` ? Eh oui ! C'est ce qu'on appelle l'**encapsulation**.

L'encapsulation

> Moi j'ai une solution ! Si on mettait tout en public ? Les méthodes *et* les attributs, comme cela on peut tout modifier depuis le `main()` et plus aucun problème ! Non ? Quoi j'ai dit une bêtise ?

Oh, trois fois rien. Vous venez juste de vous faire autant d'ennemis qu'il y a de programmeurs qui font de la POO dans le monde.

Il y a une règle d'or en POO et *tout* découle de là. S'il vous plaît, imprimez ceci en gros sur une feuille et placardez cette feuille sur un mur de votre chambre :

Encapsulation : tous les attributs d'une classe doivent toujours être privés.

Cela a l'air bête, stupide, irréfléchi, et pourtant tout ce qui fait que la POO est un principe puissant vient de là. Je ne veux pas en voir un seul mettre un attribut en `public` !

Voilà qui explique pourquoi j'ai fait exprès, dès le début, de mettre les attributs en privé. Ainsi, on ne peut pas les modifier depuis l'extérieur de la classe et cela respecte le principe d'encapsulation.

Vous vous souvenez de ce schéma du chapitre précédent (figure 20.1) ?

FIGURE 13.2 – L'utilisation du code est simplifiée grâce à l'utilisation d'un objet

Les fioles chimiques, ce sont les **attributs**. Les boutons sur la façade avant, ce sont les **méthodes**.

Et là, pif paf pouf, vous devriez avoir tout compris d'un coup. En effet, le but du modèle objet est justement de masquer à l'utilisateur les informations complexes (les attributs) pour éviter qu'il ne fasse des bêtises avec.

Imaginez par exemple que l'utilisateur puisse modifier la vie... qu'est-ce qui l'empêcherait de mettre 150 de vie alors que la limite maximale est 100 ? C'est pour cela qu'il faut *toujours* passer par des méthodes (des fonctions) qui vont *d'abord* vérifier qu'on fait les choses correctement avant de modifier les attributs. Cela garantit que le contenu de l'objet reste une « boîte noire ». On ne sait pas comment cela fonctionne à l'intérieur quand on l'utilise et c'est très bien ainsi. C'est une sécurité, cela permet d'éviter de faire péter tout le bazar à l'intérieur.

Si vous avez fait du C, vous connaissez le mot-clé `struct`. On peut aussi l'utiliser en C++ pour créer des classes. La seule différence avec le mot-clé `class` est que, par défaut, les méthodes et attributs sont publics au lieu de privés.

Séparer prototypes et définitions

Bon, on avance mais on n'a pas fini ! Voici ce que je voudrais qu'on fasse :

- séparer les méthodes en prototypes et définitions dans deux fichiers différents, pour avoir un code plus modulaire ;
- implémenter les méthodes de la classe `Personnage` (c'est-à-dire écrire le code à l'intérieur parce que, pour le moment, il n'y a rien).

À ce stade, notre classe figure dans le fichier `main.cpp`, juste au-dessus du `main()`. Et les méthodes sont directement écrites dans la définition de la classe. Cela fonctionne, mais c'est un peu bourrin.

Pour améliorer cela, il faut tout d'abord clairement séparer le `main()` (qui se trouve dans `main.cpp`) des classes. Pour *chaque* classe, on va créer :

- un *header* (fichier `*.h`) qui contiendra les attributs et les prototypes de la classe ;
- un fichier source (fichier `*.cpp`) qui contiendra la définition des méthodes et leur implémentation.

Je vous propose d'ajouter à votre projet deux fichiers nommés très exactement :

- `Personnage.h` ;
- `Personnage.cpp`.

Vous noterez que je mets aussi une majuscule à la première lettre du nom du fichier, histoire d'être cohérent jusqu'au bout.

Vous devriez être capables de faire cela tous seuls avec votre IDE. Sous Code: :Blocks, je passe par les menus `File` > `NewFile`, je saisis par exemple le nom `Personnage.h` avec son extension et je réponds « Oui » quand Code: :Blocks me demande si je veux ajouter le nouveau fichier au projet en cours (figure 13.3).

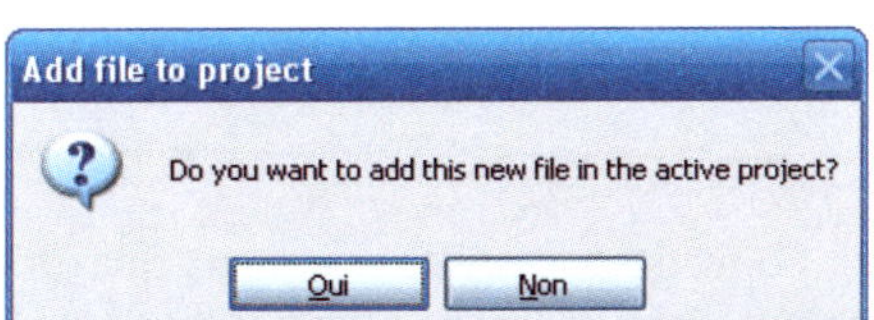

FIGURE 13.3 – Ajouter un fichier au projet

Personnage.h

Le fichier `.h` va donc contenir la déclaration de la classe avec les attributs et les prototypes des méthodes. Dans notre cas, pour la classe `Personnage`, nous obtenons :

```
#ifndef DEF_PERSONNAGE
#define DEF_PERSONNAGE

#include <string>

class Personnage
{
    public:

    void recevoirDegats(int nbDegats);
    void attaquer(Personnage &cible);
    void boirePotionDeVie(int quantitePotion);
    void changerArme(std::string nomNouvelleArme, int degatsNouvelleArme);
    bool estVivant();

    private:

    int m_vie;
    int m_mana;
    std::string m_nomArme; //Pas de using namespace std, il faut donc mettre
↪ std:: devant string
    int m_degatsArme;
};

#endif
```

Comme vous pouvez le constater, seuls les prototypes des méthodes figurent dans le `.h`. C'est déjà beaucoup plus clair.

> Dans les `.h`, il est recommandé de ne jamais mettre la directive `usingnamespacestd;` car cela pourrait avoir des effets néfastes, par la suite, lorsque vous utiliserez la classe. Par conséquent, il faut rajouter le préfixe `std::` devant chaque `string` du `.h`. Sinon, le compilateur vous sortira une erreur du type `stringdoesnotnameatype`.

Personnage.cpp

C'est là qu'on va écrire le code de nos méthodes (on dit qu'on **implémente** les méthodes). La première chose à ne pas oublier –sinon cela va mal se passer– c'est d'inclure `<string>` et `Personnage.h`. On peut aussi rajouter ici un `usingnamespacestd;`. On a le droit de le faire car on est dans le `.cpp` (n'oubliez pas ce que je vous ai dit plus tôt : il faut éviter de le mettre dans le `.h`).

```
#include "Personnage.h"

using namespace std;
```

Maintenant, voilà comment cela se passe : pour chaque méthode, vous devez faire précéder le nom de la méthode par le nom de la classe suivi de deux fois deux points (: :). Pour `recevoirDegats`, voici ce que nous obtenons :

```
void Personnage::recevoirDegats(int nbDegats)
{

}
```

Cela permet au compilateur de savoir que cette méthode se rapporte à la classe `Personnage`. En effet, comme la méthode est ici écrite en dehors de la définition de la classe, le compilateur n'aurait pas su à quelle classe appartenait cette méthode.

`Personnage::recevoirDegats`

Maintenant, c'est parti : implémentons la méthode `recevoirDegats`. Je vous avais expliqué un peu plus haut ce qu'il fallait faire. Vous allez voir, c'est très simple :

```
void Personnage::recevoirDegats(int nbDegats)
{
    m_vie -= nbDegats;
    //On enlève le nombre de dégâts reçus à la vie du personnage

    if (m_vie < 0) //Pour éviter d'avoir une vie négative
    {
        m_vie = 0; //On met la vie à 0 (cela veut dire mort)
    }
}
```

La méthode modifie donc la valeur de la vie. *La méthode a le droit de modifier l'attribut*, car elle fait partie de la classe. Ne soyez donc pas surpris : c'est justement l'endroit où on a le droit de toucher aux attributs.

La vie est diminuée du nombre de dégâts reçus. En théorie, on aurait pu se contenter de la première instruction mais on fait une vérification supplémentaire. Si la vie est descendue en-dessous de 0 (parce que le personnage a reçu 20 de dégâts alors qu'il ne lui restait plus que 10 de vie, par exemple), on ramène la vie à 0 pour éviter d'avoir une vie négative (cela ne fait pas très pro, une vie négative). De toute façon, à 0 de vie, le personnage est considéré comme mort.

Et voilà pour la première méthode ! Allez, on enchaîne !

Personnage : :attaquer

```
void Personnage::attaquer(Personnage &cible)
{
    cible.recevoirDegats(m_degatsArme);
    //On inflige à la cible les dégâts que cause notre arme
}
```

Cette méthode est peut-être très courante, elle n'en est pas moins très intéressante ! On reçoit en paramètre une référence vers un objet de type `Personnage`. On aurait pu recevoir aussi un pointeur mais, comme les références sont plus faciles à manipuler, on ne va pas s'en priver.

La référence concerne le personnage cible que l'on doit attaquer. Pour infliger des dégâts à la cible, on appelle sa méthode `recevoirDegats` en faisant : `cible.recevoirDegats`

Quelle quantité de dégâts envoyer à la cible ? Vous avez la réponse sous vos yeux : le nombre de points de dégâts indiqués par l'attribut `m_degatsArme` ! On envoie donc à la cible la valeur de `m_degatsArme` de notre personnage.

Personnage::boirePotionDeVie

```
void Personnage::boirePotionDeVie(int quantitePotion)
{
    m_vie += quantitePotion;

    if (m_vie > 100) //Interdiction de dépasser 100 de vie
    {
        m_vie = 100;
    }
}
```

Le personnage reprend autant de vie que ce que permet de récupérer la potion qu'il boit. On vérifie toutefois qu'il ne dépasse pas les 100 de vie car, comme on l'a dit plus tôt, il est interdit de dépasser cette valeur.

Personnage::changerArme

```
void Personnage::changerArme(string nomNouvelleArme, int degatsNouvelleArme)
{
    m_nomArme = nomNouvelleArme;
    m_degatsArme = degatsNouvelleArme;
}
```

Pour changer d'arme, on stocke dans nos attributs le nom de la nouvelle arme ainsi que ses nouveaux dégâts. Les instructions sont très simples : on fait simplement passer dans nos attributs ce qu'on a reçu en paramètres.

Personnage::estVivant

```
bool Personnage::estVivant()
{
    if (m_vie > 0) //Plus de 0 de vie ?
    {
        return true; //VRAI, il est vivant !
    }
    else
    {
        return false; //FAUX, il n'est plus vivant !
    }
}
```

Cette méthode permet de vérifier que le personnage est toujours vivant. Elle renvoie vrai (`true`) s'il a plus de 0 de vie et faux (`false`) sinon.

Code complet de `Personnage.cpp`

En résumé, voici le code complet de `Personnage.cpp` :

```
#include "Personnage.h"

using namespace std;

void Personnage::recevoirDegats(int nbDegats)
{
    m_vie -= nbDegats;
    //On enlève le nombre de dégâts reçus à la vie du personnage

    if (m_vie < 0) //Pour éviter d'avoir une vie négative
    {
        m_vie = 0; //On met la vie à 0 (cela veut dire mort)
    }
}

void Personnage::attaquer(Personnage &cible)
{
    cible.recevoirDegats(m_degatsArme);
    //On inflige à la cible les dégâts que cause notre arme
}

void Personnage::boirePotionDeVie(int quantitePotion)
{
    m_vie += quantitePotion;

    if (m_vie > 100) //Interdiction de dépasser 100 de vie
    {
        m_vie = 100;
```

```
    }
}

void Personnage::changerArme(string nomNouvelleArme, int degatsNouvelleArme)
{
    m_nomArme = nomNouvelleArme;
    m_degatsArme = degatsNouvelleArme;
}

bool Personnage::estVivant()
{
    if (m_vie > 0) // Plus de 0 de vie ?
    {
        return true; //VRAI, il est vivant !
    }
    else
    {
        return false; //FAUX, il n'est plus vivant !
    }
}
```

▷ Copier ce code
Code web : 704232

main.cpp

Retour au main(). Première chose à ne pas oublier : inclure Personnage.h pour pouvoir créer des objets de type Personnage.

```
#include "Personnage.h" //Ne pas oublier
```

Le main() reste le même que tout à l'heure, on n'a pas besoin de le modifier. Au final, le code est donc très court et le fichier main.cpp ne fait qu'*utiliser* les objets :

```
#include <iostream>
#include "Personnage.h" //Ne pas oublier

using namespace std;

int main()
{
    Personnage david, goliath;
    //Création de 2 objets de type Personnage : david et goliath

    goliath.attaquer(david); //goliath attaque david
    david.boirePotionDeVie(20); //david récupère 20 de vie en buvant une potion
    goliath.attaquer(david); //goliath réattaque david
    david.attaquer(goliath); //david contre-attaque... c'est assez clair non ?
```

```
    goliath.changerArme("Double hache tranchante vénéneuse de la mort", 40);
    goliath.attaquer(david);

    return 0;
}
```

N'exécutez pas le programme pour le moment. En effet, nous n'avons toujours pas vu comment faire pour initialiser les attributs, ce qui rend notre programme inutilisable. Nous verrons comment le rendre pleinement fonctionnel au prochain chapitre et vous pourrez alors (enfin !) l'exécuter.

Pour le moment il faudra donc vous contenter de votre imagination. Essayez d'imaginer que David et Goliath sont bien en train de combattre[1] !

En résumé

- Il est nécessaire de créer une classe pour pouvoir ensuite créer des objets.
- La classe est le plan de construction de l'objet.
- Une classe est constituée d'attributs et de méthodes (variables et fonctions).
- Les éléments qui constituent la classe peuvent être publics ou privés. S'ils sont publics, tout le monde peut les utiliser n'importe où dans le code. S'ils sont privés, seule la classe peut les utiliser.
- En programmation orientée objet, on suit la règle d'encapsulation : on rend les attributs privés, afin d'obliger les autres développeurs à utiliser uniquement les méthodes.

1. Je ne veux pas vous gâcher la chute mais, normalement, c'est David qui gagne à la fin !

Chapitre 14

Les classes (Partie 2/2)

Difficulté :

Allez, on enchaîne ! Pas question de s'endormir, on est en plein dans la POO, là. Au chapitre précédent, nous avons appris à créer une classe basique, à rendre le code modulaire en POO et surtout nous avons découvert le principe d'encapsulation (je vous rappelle que l'encapsulation est très importante, c'est la base de la POO).

Dans ce chapitre, nous allons découvrir comment initialiser nos attributs à l'aide d'un **constructeur**, élément indispensable à toute classe qui se respecte. Puisqu'on parlera de constructeur, on parlera aussi de **destructeur**, vous verrez que cela va de pair. Nous compléterons notre classe `Personnage` et nous l'associerons à une nouvelle classe `Arme` que nous allons créer. Nous découvrirons alors tout le pouvoir qu'offrent les combinaisons de classes et vous devriez normalement commencer à imaginer pas mal de possibilités à partir de là.

Constructeur et destructeur

Reprenons. Nous avons maintenant 3 fichiers :

- `main.cpp` : il contient le `main()`, dans lequel nous avons créé deux objets de type `Personnage` : `david` et `goliath`.
- `Personnage.h` : c'est le `header` de la classe `Personnage`. Nous y faisons figurer les prototypes des méthodes et les attributs. Nous y définissons la portée (`public` / `private`) de chacun des éléments. Pour respecter le principe d'encapsulation, tous nos attributs sont privés, c'est-à-dire non accessibles de l'extérieur.
- `Personnage.cpp` : c'est le fichier dans lequel nous implémentons nos méthodes, c'est-à-dire dans lequel nous écrivons le code source des méthodes.

Pour l'instant, nous avons défini et implémenté pas mal de méthodes. Je voudrais vous parler ici de 2 méthodes particulières que l'on retrouve dans la plupart des classes : le constructeur et le destructeur.

- **le constructeur** : c'est une méthode appelée automatiquement à chaque fois que l'on crée un objet basé sur cette classe.
- **le destructeur** : c'est une méthode appelée automatiquement lorsqu'un objet est détruit, par exemple à la fin de la fonction dans laquelle il a été déclaré ou, si l'objet a été alloué dynamiquement avec `new`, lors d'un `delete`.

Voyons plus en détail comment fonctionnent ces méthodes un peu particulières...

Le constructeur

Comme son nom l'indique, c'est une méthode qui sert à *construire* l'objet. Dès qu'on crée un objet, le constructeur est automatiquement appelé.

Par exemple, lorsqu'on écrit dans le `main()` :

```
Personnage david, goliath;
```

le constructeur de l'objet `david` est appelé, ainsi que celui de l'objet `goliath`.

> Un constructeur par défaut est automatiquement créé par le compilateur. C'est un constructeur vide, qui ne fait rien de particulier. On a cependant très souvent besoin de créer soi-même un constructeur qui remplace ce constructeur vide par défaut.

Le rôle du constructeur

Si le constructeur est appelé lors de la création de l'objet, ce n'est pas pour faire joli. En fait, le rôle principal du constructeur est d'*initialiser* les attributs. En effet, souvenez-vous : nos attributs sont déclarés dans `Personnage.h` mais ils ne sont pas initialisés !

Revoici le code du fichier `Personnage.h` :

```
#include <string>

class Personnage
{
    public:

    void recevoirDegats(int nbDegats);
    void attaquer(Personnage &cible);
    void boirePotionDeVie(int quantitePotion);
    void changerArme(std::string nomNouvelleArme, int degatsNouvelleArme);
    bool estVivant();


    private:

    int m_vie;
    int m_mana;
    std::string m_nomArme;
    int m_degatsArme;
};
```

Nos attributs `m_vie`, `m_mana` et `m_degatsArmes` ne sont pas initialisés ! Pourquoi ? Parce qu'on n'a pas le droit d'initialiser les attributs ici. C'est justement dans le constructeur qu'il faut le faire.

> En fait, le constructeur est indispensable pour initialiser les attributs qui ne sont pas des objets (ceux qui ont donc un type classique : `int`, `double`, `char`...). En effet, ceux-ci ont une valeur inconnue en mémoire (cela peut être 0 comme -3451). En revanche, les attributs qui sont des objets, comme c'est ici le cas de `m_nomArme` qui est un `string`, sont automatiquement initialisés par le langage C++ avec une valeur par défaut.

Créer un constructeur

Le constructeur est une méthode mais une méthode un peu particulière. En effet, pour créer un constructeur, il y a deux règles à respecter :

- Il faut que la méthode ait le même nom que la classe. Dans notre cas, la méthode devra donc s'appeler « Personnage ».
- La méthode ne doit *rien* renvoyer, pas même `void` ! C'est une méthode sans aucun type de retour.

Si on déclare son prototype dans `Personnage.h`, cela donne le code suivant :

```
#include <string>
```

```
class Personnage
{
    public:

    Personnage(); //Constructeur
    void recevoirDegats(int nbDegats);
    void attaquer(Personnage &cible);
    void boirePotionDeVie(int quantitePotion);
    void changerArme(std::string nomNouvelleArme, int degatsNouvelleArme);
    bool estVivant();


    private:

    int m_vie;
    int m_mana;
    std::string m_nomArme;
    int m_degatsArme;
};
```

Le constructeur se voit du premier coup d'œil : déjà parce qu'il n'a aucun type de retour, ensuite parce qu'il porte le même nom que la classe.

Et si on en profitait pour coder ce constructeur dans `Personnage.cpp` ? Voici à quoi pourrait ressembler son implémentation :

```
Personnage::Personnage()
{
    m_vie = 100;
    m_mana = 100;
    m_nomArme = "Épée rouillée";
    m_degatsArme = 10;
}
```

Notez que j'ai utilisé ici des accents. Ne vous en préoccupez pas pour le moment, j'y reviendrai.

Vous noterez une fois de plus qu'il n'y a pas de type de retour, pas même void[1]. J'ai choisi de mettre la vie et le mana à 100, le maximum, ce qui est logique. J'ai affecté par défaut une arme appelée « Épée rouillée » qui fait 10 de dégâts à chaque coup.

Et voilà ! Notre classe `Personnage` a un constructeur qui initialise les attributs, elle est désormais pleinement utilisable. Maintenant, à chaque fois que l'on crée un objet de type `Personnage`, celui-ci est initialisé à 100 points de vie et de mana, avec l'arme « Épée rouillée ». Nos deux compères `david` et `goliath` commencent donc à égalité lorsqu'ils sont créés dans le `main()` :

1. C'est une erreur que l'on fait souvent, c'est pourquoi j'insiste sur ce point !

```
Personnage david, goliath; //Les constructeurs de david et goliath sont appelés
```

Autre façon d'initialiser avec un constructeur : la liste d'initialisation

Le C++ permet d'initialiser les attributs de la classe d'une autre manière (un peu déroutante) appelée **liste d'initialisation**. C'est une technique que je vous recommande d'utiliser quand vous le pouvez (c'est celle que nous utiliserons dans ce cours).

Reprenons le constructeur que nous venons de créer :

```
Personnage::Personnage()
{
    m_vie = 100;
    m_mana = 100;
    m_nomArme = "Épée rouillée";
    m_degatsArme = 10;
}
```

Le code que vous allez voir ci-dessous produit le même effet :

```
Personnage::Personnage() : m_vie(100), m_mana(100), m_nomArme("Épée rouillée"),
↪ m_degatsArme(10)
{
    //Rien à mettre dans le corps du constructeur, tout a déjà été fait !
}
```

La nouveauté, c'est qu'on rajoute un symbole deux-points (:) suivi de la liste des attributs que l'on veut initialiser avec, entre parenthèses, la valeur. Avec ce code, on initialise la vie à 100, le mana à 100, l'attribut `m_nomArme` à « Épée rouillée », etc.

Cette technique est un peu surprenante, surtout que, du coup, on n'a plus rien à mettre dans le corps du constructeur entre les accolades : tout a déjà été fait avant ! Elle a toutefois l'avantage d'être « plus propre » et se révèlera pratique dans la suite du chapitre. On utilisera donc autant que possible les listes d'initialisation avec les constructeurs, c'est une bonne habitude à prendre.

Le prototype du constructeur (dans le `.h`) ne change pas. Toute la partie qui suit les deux-points n'apparaît pas dans le prototype.

Surcharger le constructeur

Vous savez qu'en C++, on a le droit de surcharger les fonctions, donc de surcharger les méthodes. Et comme le constructeur est une méthode, on a le droit de le surcharger lui aussi. Pourquoi je vous en parle ? Ce n'est pas par hasard : en fait, le constructeur est une méthode que l'on a tendance à beaucoup surcharger. Cela permet de créer un objet de plusieurs façons différentes.

Pour l'instant, on a créé un constructeur sans paramètre :

```
Personnage();
```

On appelle cela : **le constructeur par défaut** (il fallait bien lui donner un nom, le pauvre).

Supposons que l'on souhaite créer un personnage qui ait dès le départ une meilleure arme... comment faire ? C'est là que la surcharge devient utile. On va créer un deuxième constructeur qui prendra en paramètre le nom de l'arme et ses dégâts.

Dans `Personnage.h`, on rajoute donc ce prototype :

```
Personnage(std::string nomArme, int degatsArme);
```

Le préfixe `std::` est ici obligatoire, comme je vous l'ai dit plus tôt, car on n'utilise pas la directive `usingnamespacestd;` dans le `.h` (je vous renvoie au chapitre précédent si vous avez un trou de mémoire).

L'implémentation dans `Personnage.cpp` sera la suivante :

```
Personnage::Personnage(string nomArme, int degatsArme) : m_vie(100), m_mana(100)
↪ m_nomArme(nomArme), m_degatsArme(degatsArme)
{

}
```

Vous noterez ici tout l'intérêt de préfixer les attributs par « m_ » : ainsi, on peut faire la différence dans le code entre `m_nomArme`, qui est un attribut, et `nomArme`, qui est le paramètre envoyé au constructeur. Ici, on place simplement dans l'attribut de l'objet le nom de l'arme envoyé en paramètre. On recopie juste la valeur. C'est tout bête mais il faut le faire, sinon l'objet ne se « souviendra pas » du nom de l'arme qu'il possède.

La vie et le mana, eux, sont toujours fixés à 100 (il faut bien les initialiser) ; mais l'arme, quant à elle, peut maintenant être renseignée par l'utilisateur lorsqu'il crée l'objet.

Quel utilisateur ?

Souvenez-vous : l'utilisateur, c'est celui qui crée et utilise les objets. Le concepteur, c'est celui qui crée les classes. Dans notre cas, la création des objets est faite dans le `main()`. Pour le moment, la création de nos objets ressemble à cela :

```
Personnage david, goliath;
```

Comme on n'a spécifié aucun paramètre, c'est le constructeur par défaut (celui sans paramètre) qui sera appelé. Maintenant, supposons que l'on veuille donner dès le départ une meilleure arme à Goliath ; on indique entre parenthèses le nom et la puissance de cette arme :

```
Personnage david, goliath("Épée aiguisée", 20);
```

Goliath est équipé dès sa création de l'épée aiguisée. David est équipé de l'arme par défaut, l'épée rouillée. Comme on n'a spécifié aucun paramètre lors de la création de `david`, c'est le constructeur par défaut qui sera appelé pour lui. Pour `goliath`, comme on a spécifié des paramètres, c'est le constructeur qui prend en paramètre un `string` et un `int` qui sera appelé.

Exercice : on aurait aussi pu permettre à l'utilisateur de modifier la vie et le mana de départ mais je ne l'ai pas fait ici. Ce n'est pas compliqué, vous pouvez l'écrire pour vous entraîner. Cela vous fera un troisième constructeur surchargé.

Le destructeur

Le destructeur est une méthode appelée lorsque l'objet est supprimé de la mémoire. Son principal rôle est de désallouer la mémoire (*via* des `delete`) qui a été allouée dynamiquement.

Dans le cas de notre classe `Personnage`, on n'a fait aucune allocation dynamique (il n'y a aucun `new`). Le destructeur est donc inutile. Cependant, vous en aurez certainement besoin un jour ou l'autre car on est souvent amené à faire des allocations dynamiques. Tenez, l'objet `string` par exemple, vous croyez qu'il fonctionne comment ? Il a un destructeur qui lui permet, juste avant la destruction de l'objet, de supprimer le tableau de `char` qu'il a alloué dynamiquement en mémoire. Il fait donc un `delete` sur le tableau de `char`, ce qui permet de garder une mémoire propre et d'éviter les fameuses « fuites de mémoire ».

Créer un destructeur

Bien que ce soit inutile dans notre cas (je n'ai pas utilisé d'allocation dynamique pour ne pas trop compliquer les choses tout de suite), je vais vous montrer comment on crée un destructeur. Voici les règles à suivre :

- Un destructeur est une méthode qui commence par un tilde (~) suivi du nom de la classe.
- Un destructeur ne renvoie aucune valeur, pas même `void` (comme le constructeur).
- Et, nouveauté : le destructeur ne peut prendre aucun paramètre. Il y a donc toujours un seul destructeur, il ne peut pas être surchargé.

Dans `Personnage.h`, le prototype du destructeur sera donc :

```
~Personnage();
```

Dans `Personnage.cpp`, l'implémentation sera :

```
Personnage::~Personnage()
{
    /* Rien à mettre ici car on ne fait pas d'allocation dynamique
    dans la classe Personnage. Le destructeur est donc inutile mais
    je le mets pour montrer à quoi cela ressemble.
    En temps normal, un destructeur fait souvent des delete et quelques
    autres vérifications si nécessaire avant la destruction de l'objet. */
}
```

Bon, vous l'aurez compris, mon destructeur ne fait rien. Ce n'était même pas la peine de le créer (il n'est pas obligatoire après tout). Cela vous montre néanmoins la procédure à suivre. Soyez rassurés, nous ferons des allocations dynamiques plus tôt que vous ne le pensez et nous aurons alors grand besoin du destructeur pour désallouer la mémoire !

Les méthodes constantes

Les méthodes constantes sont des méthodes de « lecture seule ». Elles possèdent le mot-clé `const` *à la fin de leur prototype et de leur déclaration.*

Quand vous dites « ma méthode est constante », vous indiquez au compilateur que votre méthode ne modifie pas l'objet, c'est-à-dire qu'elle ne modifie la valeur d'aucun de ses attributs. Par exemple, une méthode qui se contente d'afficher à l'écran des informations sur l'objet est une méthode constante : elle ne fait que lire les attributs. En revanche, une méthode qui met à jour le niveau de vie d'un personnage ne peut pas être constante.

On l'utilise ainsi :

```
//Prototype de la méthode (dans le .h) :
void maMethode(int parametre) const;


//Déclaration de la méthode (dans le .cpp) :
void MaClasse::maMethode(int parametre) const
{

}
```

On utilisera le mot-clé `const` sur des méthodes qui se contentent de renvoyer des informations sans modifier l'objet. C'est le cas par exemple de la méthode `estVivant()`, qui indique si le personnage est toujours vivant ou non. Elle ne modifie pas l'objet, elle se contente de vérifier le niveau de vie.

```
bool Personnage::estVivant() const
{
    if (m_vie > 0)
    {
```

```
        return true;
    }
    else
    {
        return false;
    }
}
```

En revanche, une méthode comme `recevoirDegats()` ne peut pas être déclarée constante ! En effet, elle modifie le niveau de vie du personnage puisque celui-ci reçoit des dégâts.

On pourrait trouver d'autres exemples de méthodes concernées. Pensez par exemple à la méthode `size()` de la classe `string` : elle ne modifie pas l'objet, elle ne fait que nous informer de la longueur du texte contenu dans la chaîne.

Concrètement, à quoi cela sert-il de créer des méthodes constantes ?

Cela sert principalement à 3 choses :

- **Pour vous** : vous savez que votre méthode ne fait que lire les attributs et vous vous interdisez dès le début de les modifier. Si par erreur vous tentez d'en modifier un, le compilateur plante en vous reprochant de ne pas respecter la règle que vous vous êtes fixée. Et cela, c'est bien.
- **Pour les utilisateurs de votre classe** : c'est très important aussi pour eux, cela leur indique que la méthode se contente de renvoyer un résultat et qu'elle ne modifie pas l'objet. Dans une documentation, le mot-clé `const` apparaît dans le prototype de la méthode et c'est un excellent indicateur de ce qu'elle fait, ou plutôt de ce qu'elle ne peut pas faire (cela pourrait se traduire par : « cette méthode ne modifiera pas votre objet »).
- **Pour le compilateur** : si vous vous rappelez le chapitre sur les variables, je vous conseillais de toujours déclarer `const` ce qui peut l'être. Nous sommes ici dans le même cas. On offre des garanties aux utilisateurs de la classe et on aide le compilateur à générer du code binaire de meilleure qualité.

Associer des classes entre elles

La programmation orientée objet devient vraiment intéressante et puissante lorsqu'on se met à combiner plusieurs objets entre eux. Pour l'instant, nous n'avons créé qu'une seule classe : `Personnage`. Or en pratique, un programme objet est un programme constitué d'une multitude d'objets différents !

Il n'y a pas de secret, c'est en pratiquant que l'on apprend petit à petit à penser objet. Ce que nous allons voir par la suite ne sera pas nouveau : vous allez réutiliser tout ce que vous savez déjà sur la création de classes, de manière à améliorer notre petit RPG et à vous entraîner à manipuler encore plus d'objets.

La classe `Arme`

Je vous propose dans un premier temps de créer une nouvelle classe `Arme`. Plutôt que de mettre les informations de l'arme (`m_nomArme`, `m_degatsArme`) directement dans `Personnage`, *nous allons l'équiper d'un objet de type* ***`Arme`***. Le découpage de notre programme sera alors un peu plus dans la logique d'un programme orienté objet.

Souvenez-vous de ce que je vous ai dit au début : il y a 100 façons différentes de concevoir un même programme en POO. Tout est dans l'organisation des classes entre elles, la manière dont elles communiquent, etc. Ce que nous avons fait jusqu'ici n'était pas mal mais je veux vous montrer qu'on peut faire *autrement*, un peu plus dans l'esprit objet, donc... mieux.

Qui dit nouvelle classe dit deux nouveaux fichiers :

- `Arme.h` : contient la définition de la classe ;
- `Arme.cpp` : contient l'implémentation des méthodes de la classe.

On n'est pas obligé de procéder ainsi. On pourrait tout mettre dans un seul fichier. On pourrait même mettre plusieurs classes par fichier, rien ne l'interdit en C++. Cependant, pour des raisons d'organisation, je vous recommande de faire comme moi.

`Arme.h`

Voici ce que je propose de mettre dans `Arme.h` :

```
#ifndef DEF_ARME
#define DEF_ARME

#include <iostream>
#include <string>

class Arme
{
    public:

    Arme();
    Arme(std::string nom, int degats);
    void changer(std::string nom, int degats);
    void afficher() const;

    private:
```

```
    std::string m_nom;
    int m_degats;
};

#endif
```

Mis à part les `include` qu'il ne faut pas oublier, le reste de la classe est très simple.

On met le nom de l'arme et ses dégâts dans des attributs et, comme ce sont des attributs, on vérifie qu'ils sont bien privés (pensez à l'encapsulation). Vous remarquerez qu'au lieu de `m_nomArme` et `m_degatsArme`, j'ai choisi de nommer mes attributs `m_nom` et `m_degats` tout simplement. Si l'on y réfléchit, c'est en effet plus logique : on est *déjà* dans la classe `Arme`, ce n'est pas la peine de repréciser dans les attributs qu'il s'agit de l'arme, on le sait !

Ensuite, on ajoute un ou deux constructeurs, une méthode pour changer d'arme à tout moment, et une autre (allez, soyons fous) pour afficher le contenu de l'arme.

Reste à implémenter toutes ces méthodes dans `Arme.cpp`. Mais c'est facile, vous savez déjà le faire.

Arme.cpp

Entraînez-vous à écrire `Arme.cpp`, c'est tout bête, les méthodes font au maximum deux lignes. Bref, c'est à la portée de tout le monde.

Voici mon `Arme.cpp` pour comparer :

```
#include "Arme.h"

using namespace std;

Arme::Arme() : m_nom("Épée rouillée"), m_degats(10)
{

}

Arme::Arme(string nom, int degats) : m_nom(nom), m_degats(degats)
{

}

void Arme::changer(string nom, int degats)
{
    m_nom = nom;
    m_degats = degats;
}

void Arme::afficher() const
```

```
{
    cout << "Arme : " << m_nom << " (Dégâts : " << m_degats << ")" << endl;
}
```

N'oubliez pas d'inclure `Arme.h` si vous voulez que cela fonctionne.

Et ensuite ?

Notre classe `Arme` est créée, de ce côté tout est bon. Mais maintenant, il faut adapter la classe `Personnage` pour qu'elle utilise non pas `m_nomArme` et `m_degatsArme`, mais un objet de type `Arme`. Et là... les choses se compliquent.

Adapter la classe `Personnage` pour utiliser la classe `Arme`

La classe `Personnage` va subir quelques modifications pour utiliser la classe `Arme`. Restez attentifs car utiliser un objet *dans* un objet, c'est un peu particulier.

`Personnage.h`

Zou, direction le `.h`. On commence par enlever les deux attributs `m_nomArme` et `m_degatsArme` qui ne servent plus à rien.

Les méthodes n'ont pas besoin d'être changées. En fait, il vaut mieux ne pas y toucher. Pourquoi ? Parce que les méthodes peuvent déjà être utilisées par quelqu'un (par exemple dans notre `main()`). Si on les renomme ou si on en supprime, le programme ne fonctionnera plus.

Ce n'est peut-être pas grave pour un si petit programme mais, dans le cas d'un gros programme, si on supprime une méthode, c'est la catastrophe assurée dans le reste du programme. Et je ne vous parle même pas de ceux qui écrivent des bibliothèques C++ : si, d'une version à l'autre des méthodes disparaissent, tous les programmes qui utilisent la bibliothèque ne fonctionneront plus !

Je vais peut-être vous surprendre en vous disant cela mais c'est là tout l'intérêt de la programmation orientée objet, et plus particulièrement de l'**encapsulation** : on peut changer les attributs comme on veut, vu qu'ils ne sont pas accessibles de l'extérieur ; on ne court pas le risque que quelqu'un les utilise déjà dans le programme. En revanche, pour les méthodes, faites plus attention. Vous pouvez ajouter de nouvelles méthodes, modifier l'implémentation de celles existantes, mais pas en supprimer ou en renommer, sinon l'utilisateur risque d'avoir des problèmes.

Cette petite réflexion sur l'encapsulation étant faite (vous en comprendrez tout le sens avec la pratique), il faut ajouter un objet de type `Arme` à notre classe `Personnage`.

> Il faut penser à ajouter un `include` de `Arme.h` si on veut pouvoir utiliser un objet de type `Arme`.

Voici mon nouveau `Personnage.h` :

```
#ifndef DEF_PERSONNAGE
#define DEF_PERSONNAGE

#include <iostream>
#include <string>
#include "Arme.h" //Ne PAS oublier d'inclure Arme.h pour en avoir la définition

class Personnage
{
    public:

    Personnage();
    Personnage(std::string nomArme, int degatsArme);
    ~Personnage();
    void recevoirDegats(int nbDegats);
    void attaquer(Personnage &cible);
    void boirePotionDeVie(int quantitePotion);
    void changerArme(std::string nomNouvelleArme, int degatsNouvelleArme);
    bool estVivant() const;


    private:

    int m_vie;
    int m_mana;
    Arme m_arme; //Notre Personnage possède une Arme
};

#endif
```

`Personnage.cpp`

Nous n'avons besoin de changer que les méthodes qui utilisent l'arme, pour les adapter. On commence par les constructeurs :

```
Personnage::Personnage() : m_vie(100), m_mana(100)
{

}

Personnage::Personnage(string nomArme, int degatsArme) : m_vie(100), m_mana(100),
↪ m_arme(nomArme, degatsArme)
{

}
```

Notre objet `m_arme` est ici initialisé avec les valeurs reçues en paramètre par `Personnage(nomArme,degatsArme)`. C'est là que la liste d'initialisation devient utile. En effet, on n'aurait pas pu initialiser `m_arme` sans une liste d'initialisation !

Peut-être ne voyez-vous pas bien pourquoi. Si je peux vous donner un conseil, c'est de ne pas vous prendre la tête à essayer de comprendre ici le pourquoi du comment. Contentez-vous de *toujours utiliser les listes d'initialisation avec vos constructeurs*, cela vous évitera bien des problèmes.

Revenons au code. Dans le premier constructeur, c'est le constructeur par défaut de la classe `Arme` qui est appelé tandis que, dans le second, on appelle celui qui prend en paramètre un `string` et un `int`.

La méthode `recevoirDegats` n'a pas besoin de changer. En revanche, la méthode `attaquer` est délicate. En effet, on ne peut pas faire :

```
void Personnage::attaquer(Personnage &cible)
{
    cible.recevoirDegats(m_arme.m_degats);
}
```

Pourquoi est-ce interdit ? Parce que `m_degats` est un attribut et que, comme tout attribut qui se respecte, il est *privé* ! Diantre... Nous sommes en train d'utiliser la classe `Arme` au sein de la classe `Personnage` et, comme nous sommes utilisateurs, nous ne pouvons pas accéder aux éléments privés.

Comment résoudre le problème ? Il n'y a pas 36 solutions. Cela va peut-être vous surprendre mais on doit créer une méthode pour récupérer la valeur de cet attribut. Cette méthode est appelée **accesseur** et commence généralement par le préfixe « get » (« récupérer », en anglais). Dans notre cas, notre méthode s'appellerait `getDegats`.

On conseille généralement de rajouter le mot-clé `const` aux accesseurs pour en faire des méthodes constantes, puisqu'elles ne modifient pas l'objet.

```
int Arme::getDegats() const
{
    return m_degats;
}
```

N'oubliez pas de mettre à jour `Arme.h` avec le prototype, qui sera le suivant :

```
int getDegats() const;
```

Voilà, cela peut paraître idiot et pourtant, c'est une sécurité nécessaire. On est parfois obligé de créer une méthode qui fait seulement un `return` pour accéder indirectement à un attribut.

De même, on crée parfois des accesseurs permettant de modifier des attributs. Ces accesseurs sont généralement précédés du préfixe « set » (« mettre », en anglais). Vous avez peut-être l'impression qu'on viole la règle d'encapsulation ? Eh bien non. La méthode permet de faire des tests pour vérifier qu'on ne met pas n'importe quoi dans l'attribut, donc cela reste une façon sécurisée de modifier un attribut.

Vous pouvez maintenant retourner dans `Personnage.cpp` et écrire :

```
void Personnage::attaquer(Personnage &cible)
{
    cible.recevoirDegats(m_arme.getDegats());
}
```

`getDegats` renvoie le nombre de dégâts, qu'on envoie à la méthode `recevoirDegats` de la cible. Pfiou !

Le reste des méthodes n'a pas besoin de changer, à part `changerArme` de la classe `Personnage` :

```
void Personnage::changerArme(string nomNouvelleArme, int degatsNouvelleArme)
{
    m_arme.changer(nomNouvelleArme, degatsNouvelleArme);
}
```

On appelle la méthode `changer` de `m_arme`. Le `Personnage` répercute donc la demande de changement d'arme à la méthode `changer` de son objet `m_arme`.

Comme vous pouvez le voir, on peut faire communiquer des objets entre eux, à condition d'être bien organisé et de se demander à chaque instant « est-ce que j'ai le droit d'accéder à cet élément ou pas ? ». N'hésitez pas à créer des accesseurs si besoin est : même si cela peut paraître lourd, c'est la bonne méthode. En aucun cas vous ne devez mettre un attribut `public` pour simplifier un problème. Vous perdriez tous les avantages et la sécurité de la POO (et vous n'auriez aucun intérêt à continuer le C++ dans ce cas).

Action !

Nos personnages combattent dans le `main()`, mais... nous ne voyons rien de ce qui se passe. Il serait bien d'afficher l'état de chacun des personnages pour savoir où ils en sont.

Je vous propose de créer une méthode `afficherEtat` dans `Personnage`. Cette méthode sera chargée de faire des `cout` pour afficher dans la console la vie, le mana et l'arme du personnage.

Prototype et include

On rajoute le prototype, tout bête, dans le `.h` :

```
void afficherEtat() const;
```

Implémentation

Implémentons ensuite la méthode. C'est simple, on a simplement à faire des `cout`. Grâce aux attributs, on peut faire apparaître toutes les informations relatives au personnage :

```
void Personnage::afficherEtat() const
{
    cout << "Vie : " << m_vie << endl;
    cout << "Mana : " << m_mana << endl;
    m_arme.afficher();
}
```

Comme vous pouvez le voir, les informations sur l'arme sont demandées à l'objet `m_arme` *via* sa méthode `afficher()`. Encore une fois, les objets communiquent entre eux pour récupérer les informations dont ils ont besoin.

Appel de `afficherEtat` dans le `main()`

Bien, tout cela c'est bien beau mais, tant qu'on n'appelle pas la méthode, elle ne sert à rien Je vous propose donc de compléter le `main()` et de rajouter à la fin les appels de méthode :

```
int main()
{
    //Création des personnages
    Personnage david, goliath("Épée aiguisée", 20);

    //Au combat !
    goliath.attaquer(david);
    david.boirePotionDeVie(20);
    goliath.attaquer(david);
    david.attaquer(goliath);
    goliath.changerArme("Double hache tranchante vénéneuse de la mort", 40);
    goliath.attaquer(david);

    //Temps mort ! Voyons voir la vie de chacun...
    cout << "David" << endl;
    david.afficherEtat();
    cout << endl << "Goliath" << endl;
    goliath.afficherEtat();

```

```
    return 0;
}
```

On peut enfin exécuter le programme et voir quelque chose dans la console !

```
David
Vie : 40
Mana : 100
Arme : Épée rouillée (Degats : 10)

Goliath
Vie : 90
Mana : 100
Arme : Double hache tranchante vénéneuse de la mort (Degats : 40)
```

Si vous êtes sous Windows, vous aurez probablement un bug avec les accents dans la console. Ne vous en préoccupez pas, ce qui nous intéresse ici c'est le fonctionnement de la POO. Et puis de toute manière, dans la prochaine partie du livre, nous travaillerons avec de vraies fenêtres donc, la console, c'est temporaire pour nous. ;-)

Pour que vous puissiez vous faire une bonne idée du projet dans son ensemble, je vous propose de télécharger un fichier `zip` contenant :

- `main.cpp`
- `Personnage.cpp`
- `Personnage.h`
- `Arme.cpp`
- `Arme.h`

▷ Télécharger le projet RPG
Code web : 928035

Je vous invite à faire des tests pour vous entraîner. Par exemple :

- Continuez à faire combattre `david` et `goliath` dans le `main()` en affichant leur état de temps en temps.
- Introduisez un troisième personnage dans l'arène pour rendre le combat plus ~~brutal~~ intéressant.
- Rajoutez un attribut `m_nom` pour stocker le nom du personnage dans l'objet. Pour le moment, nos personnages ne savent même pas comment ils s'appellent, c'est un peu bête. Du coup, je pense qu'il faudrait modifier les constructeurs et obliger l'utilisateur à indiquer un nom pour le personnage lors de sa création… à moins que vous ne donniez un nom par défaut si rien n'est précisé ? À vous de choisir !
- Rajoutez des `cout` dans les autres méthodes de `Personnage` pour indiquer à chaque fois ce qui est en train de se passer (« machin boit une potion qui lui redonne 20 points de vie »).
- Rajoutez d'autres méthodes au gré de votre imagination… et pourquoi pas des attaques magiques qui utilisent du mana ?

- Enfin, pour l'instant, le combat est écrit dans le `main()` mais vous pourriez laisser le joueur choisir les attaques dans la console à l'aide de `cin`.

Prenez cet exercice très au sérieux, ceci est peut-être la base de votre futur MMORPG [2] révolutionnaire !

> Précision utile : la phrase ci-dessus était une boutade : ce cours ne vous apprendra pas à créer un MMORPG, vu le travail phénoménal que cela représente. Mieux vaut commencer par se concentrer sur de plus petits projets réalistes, et notre RPG en est un. Ce qui est intéressant ici, c'est de voir comment est conçu un jeu orienté objet (comme c'est le cas de la plupart des jeux aujourd'hui). Si vous avez bien compris le principe, vous devriez commencer à voir des objets dans tous les jeux que vous connaissez ! Par exemple, un bâtiment dans Starcraft 2 est un objet qui a un niveau de vie, un nom, il peut produire des unités (*via* une méthode), etc.

Si vous commencez à voir des objets partout, c'est bon signe ! C'est ce que l'on appelle « penser objet ».

Méga schéma résumé

Croyez-moi si vous le voulez mais je ne vous demande même pas vraiment d'être capables de programmer tout ce qu'on vient de voir en C++. Je veux que vous reteniez le principe, le concept, comment tout cela est agencé.

Et pour retenir, rien de tel qu'un méga schéma bien mastoc, non ? Ouvrez grand vos yeux, je veux que vous soyez capables de reproduire la figure 14.1 les yeux fermés la tête en bas avec du poil à gratter dans le dos !

En résumé

- Le constructeur est une méthode appelée automatiquement lorsqu'on crée l'objet. Le destructeur, lui, est appelé lorsque l'objet est supprimé.
- On peut surcharger un constructeur, c'est-à-dire créer plusieurs constructeurs. Cela permet de créer un objet de différentes manières.
- Une méthode constante est une méthode qui ne change pas l'objet. Cela signifie que les attributs ne sont pas modifiés par la méthode.
- Puisque le principe d'encapsulation impose de protéger les attributs, on crée des méthodes très simples appelées accesseurs qui renvoient la valeur d'un attribut. Par exemple, `getDegats()` renvoie la valeur de l'attribut `degats`.
- Un objet peut contenir un autre objet au sein de ses attributs.
- La programmation orientée objet impose un code très structuré. C'est ce qui rend le code souple, pérenne et réutilisable.

2. « Un jeu de rôle massivement multi-joueurs », si vous préférez !

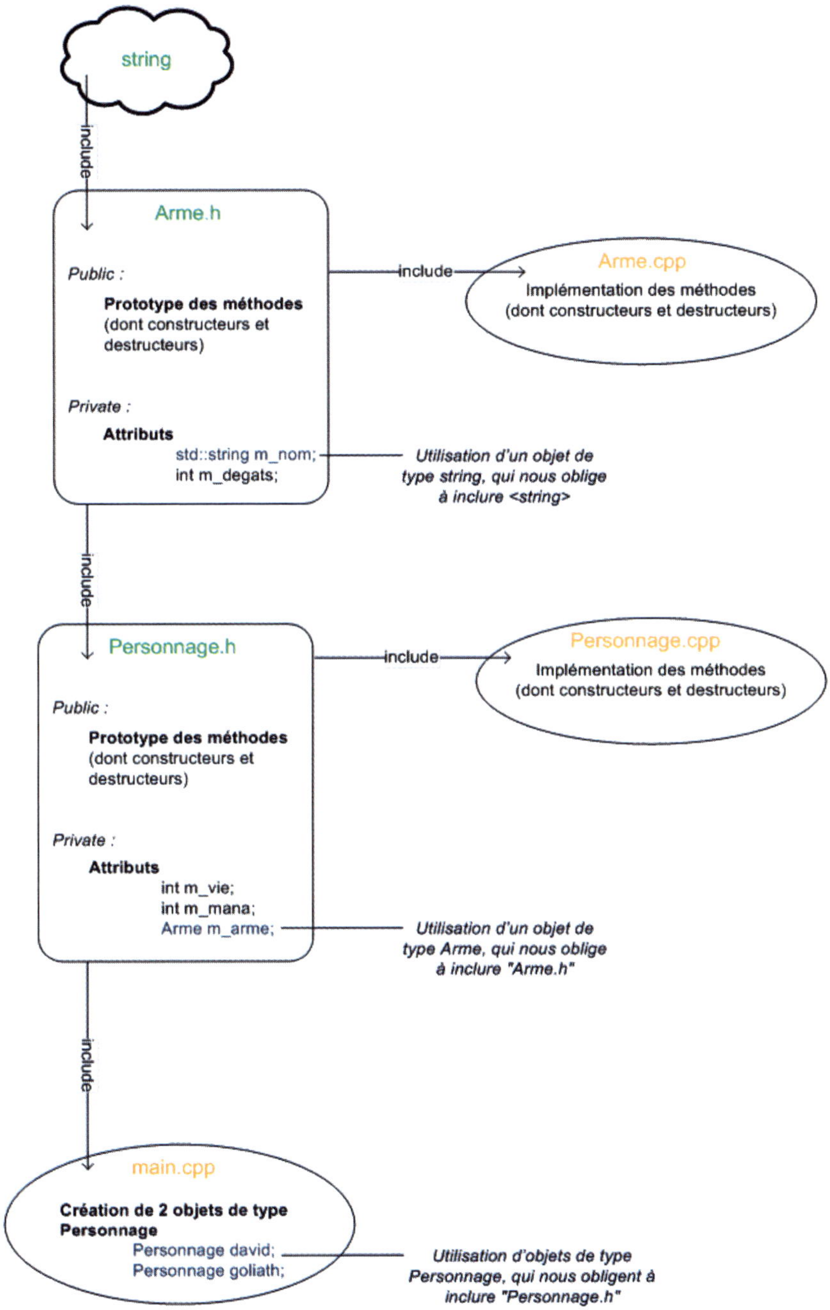

FIGURE 14.1 – Résumé de la structure du code

Chapitre 15

La surcharge d'opérateurs

Difficulté :

On l'a vu, le langage C++ propose beaucoup de fonctionnalités qui peuvent se révéler très utiles si on arrive à s'en servir correctement.

Une des fonctionnalités les plus étonnantes est « la surcharge des opérateurs », que nous allons étudier dans ce chapitre. C'est une technique qui permet de réaliser des opérations mathématiques intelligentes entre vos objets, lorsque vous utilisez dans votre code des symboles tels que +, -, *, etc.

Au final, vous allez voir que votre code sera plus court et plus clair, et qu'il gagnera donc en lisibilité.

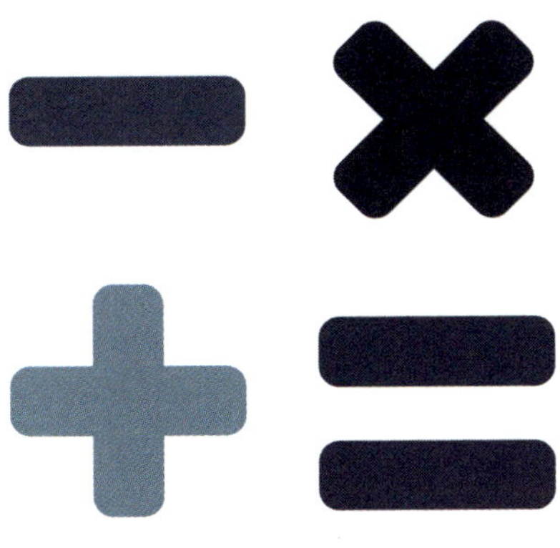

Petits préparatifs

Qu'est-ce que c'est ?

Le principe est très simple. Supposons que vous ayez créé une classe pour stocker une durée (par exemple 4h23m) et que vous ayez deux objets de type `Duree` que vous voulez additionner pour connaître la durée totale.

En temps normal, il faudrait créer une fonction :

```
resultat = additionner(duree1, duree2);
```

La fonction `additionner` réaliserait ici la somme de `duree1` et `duree2`, et stockerait la valeur ainsi obtenue dans `resultat`. Cela fonctionne mais ce n'est pas franchement lisible. Ce que je vous propose dans ce chapitre, c'est d'être capables d'écrire cela :

```
resultat = duree1 + duree2;
```

En clair, on fait ici comme si les objets étaient de simples nombres. Mais comme un objet est bien plus complexe qu'un nombre (vous avez eu l'occasion de vous en rendre compte), il faut expliquer à l'ordinateur comment effectuer l'opération.

La classe `Duree` pour nos exemples

Toutes les classes ne sont pas forcément adaptées à la surcharge d'opérateurs. Ainsi, additionner des objets de type `Personnage` serait pour le moins inutile. Nous allons donc changer d'exemple, ce sera l'occasion de vous aérer un peu l'esprit, sinon vous allez finir par croire que le C++ ne sert qu'à créer des RPG.

Cette classe `Duree` sera capable de stocker des heures, des minutes et des secondes. Rassurez-vous, c'est une classe relativement facile à écrire (plus facile que `Personnage` en tout cas !), cela ne devrait vous poser aucun problème si vous avez compris les chapitres précédents.

Duree.h

```
#ifndef DEF_DUREE
#define DEF_DUREE

class Duree
{
    public:

    Duree(int heures = 0, int minutes = 0, int secondes = 0);

    private:
```

```
    int m_heures;
    int m_minutes;
    int m_secondes;
};

#endif
```

Chaque objet de type `Duree` stockera un certain nombre d'heures, de minutes et de secondes.

Vous noterez que j'ai utilisé des valeurs par défaut au cas où l'utilisateur aurait la flemme de les préciser. On pourra donc créer un objet de plusieurs façons différentes :

```
Duree chrono; // Pour stocker 0 heure, 0 minute et 0 seconde
Duree chrono(5); // Pour stocker 5 heures, 0 minute et 0 seconde
Duree chrono(5, 30); // Pour stocker 5 heures, 30 minutes et 0 seconde
Duree chrono(0, 12, 55); // Pour stocker 0 heure, 12 minutes et 55 secondes
```

`Duree.cpp`

L'implémentation de notre constructeur est expédiée en 30 secondes, montre en main.

```
#include "Duree.h"

Duree::Duree(int heures, int minutes, int secondes) : m_heures(heures),
↪ m_minutes(minutes), m_secondes(secondes)
{
}
```

Et dans `main.cpp` ?

Pour l'instant notre `main.cpp` ne déclare que deux objets de type `Duree`, que j'initialise un peu au hasard :

```
int main()
{
    Duree duree1(0, 10, 28), duree2(0, 15, 2);

    return 0;
}
```

Voilà, nous sommes maintenant prêts à affronter les surcharges d'opérateurs !

Les plus perspicaces d'entre vous auront remarqué que rien ne m'interdit de créer un objet avec 512 minutes et 1455 secondes. En effet, on peut écrire `Duree chrono(0, 512, 1455);` sans être inquiété. Normalement, cela devrait être interdit ou, tout du moins, notre constructeur devrait être assez intelligent pour « découper » les minutes et les convertir en heures/minutes, et de même pour les secondes, afin que minutes et secondes n'excèdent pas 60. Je ne le fais pas ici mais je vous encourage à modifier votre constructeur pour faire cette conversion si nécessaire, cela vous entraînera ! Étant donné qu'il faut exploiter des `if` et quelques petites opérations mathématiques dans le constructeur, vous ne pourrez pas utiliser la liste d'initialisation.

Les opérateurs arithmétiques

Nous allons commencer par voir les opérateurs mathématiques les plus classiques, à savoir l'addition (+), la soustraction (-), la multiplication (*), la division (/) et le modulo (%). Une fois que vous aurez appris à vous servir de l'un d'entre eux, vous verrez que vous saurez vous servir de tous les autres.

Pour être capables d'utiliser le symbole « + » entre deux objets, vous devez créer une fonction ayant précisément pour nom `operator+` et dotée du prototype :

```
Objet operator+(Objet const& a, Objet const& b);
```

Même si l'on parle de classe, ceci n'est pas une méthode. C'est une fonction normale située *à l'extérieur* de toute classe.

La fonction reçoit deux références sur les objets (références constantes, qu'on ne peut donc pas modifier) à additionner. À coté de notre classe `Duree`, on doit donc rajouter cette fonction (ici dans le `.h`) :

```
Duree operator+(Duree const& a, Duree const& b);
```

C'est la première fois que vous utilisez des références constantes. En page 112, je vous avais expliqué que, lors d'un passage par référence, la variable (ou l'objet) n'est pas copiée. Notre classe `Duree` contient trois entiers, utiliser une référence permet donc d'éviter la copie inutile de ces trois entiers. Ici, le gain est assez négligeable mais, si vous prenez un objet de type `string`, qui peut contenir un texte très long, la copie prendra alors un temps important. C'est pour cela que, lorsque l'on manipule des objets, on préfère utiliser des références. Cependant, on aimerait bien que les fonctions ou méthodes ne modifient pas l'objet reçu. C'est pour cela que l'on utilise une référence constante. Quand on fait $a + b$, a et b ne doivent pas être modifiés. Le mot-clé `const` est donc essentiel ici.

Mode d'utilisation

Comment marche ce truc ?

Dès le moment où vous avez créé cette fonction `operator+`, vous pouvez additionner deux objets de type `Duree` :

```
resultat = duree1 + duree2;
```

Ce n'est pas de la magie. En fait le compilateur « traduit » cela par :

```
resultat = operator+(duree1, duree2);
```

C'est bien plus classique et compréhensible pour lui. Il appelle donc la fonction `operator+` en passant en paramètres `duree1` et `duree2`. La fonction, elle, renvoie un résultat de type `Duree`.

Les opérateurs raccourcis

Ce n'est pas le seul moyen d'effectuer une addition ! Rappelez-vous les versions raccourcies des opérateurs. À côté de +, on trouvait +=, et ainsi de suite pour les autres opérateurs. Contrairement à +, qui est une fonction, += est une méthode de la classe. Voici son prototype :

```
Duree& operator+=(Duree const& duree);
```

Elle reçoit en argument une autre `Duree` à additionner et renvoie une référence sur l'objet lui-même. Nous verrons plus loin à quoi sert cette référence.

Nous voici donc avec deux manières d'effectuer une addition.

```
resultat = duree1 + duree2; //Utilisation de operator+

duree1 += duree2; //Utilisation de la méthode operator+= de l'objet 'duree1'
```

Vous vous en doutez peut-être, les corps de ces fonctions seront très semblables. Si l'on sait faire le calcul avec +, il ne faut qu'une petite modification pour obtenir celui de +=, et vice-versa. C'est somme toute deux fois la même opération mathématique.

Les programmeurs sont des fainéants et écrire deux fois la même fonction devient vite ennuyeux. C'est pourquoi on utilise généralement une de ces deux opérations pour définir l'autre. Et la règle veut que l'on définisse `operator+` en appelant la méthode `operator+=`.

Mais comment est-ce possible ?

Prenons un exemple plus simple que des `Duree`, des `int` par exemple, et analysons ce qui se passe quand on cherche à les additionner.

```
int a(4), b(5), c(0);
c = a + b;  //c vaut 9
```

On prend la variable `a`, on lui ajoute `b` et on met le tout dans `c`. Cela revient presque à écrire :

```
int a(4), b(5), c(0);
a += b;
c = a;    //c vaut 9 mais a vaut également 9
```

La différence est que, dans ce deuxième exemple, la variable `a` a changé de valeur. Si par contre on effectue une copie de `a` avant de la modifier, ce problème disparaît.

```
int a(4), b(5), c(0);
int copie(a);
copie += b;
c = copie; //c vaut 9 et a vaut toujours 4
```

Le même principe est valable pour * et *=, - et -=, etc.

On peut donc effectuer l'opération + en faisant une copie suivie d'un +=. C'est ce principe que l'on va utiliser pour définir la fonction `operator+` pour notre classe `Duree`. Parfois, il faut beaucoup réfléchir pour être fainéant.

```
Duree operator+(Duree const& a, Duree const& b)
{
    Duree copie(a);
    copie += b;
    return copie;
}
```

Et voilà ! Il ne nous reste plus qu'à définir la méthode `operator+=`.

Ce passage est peut-être un peu difficile à saisir au premier abord. L'élément important à mémoriser, c'est la manière dont on écrit la définition de `operator+` à l'aide de la méthode `operator+=`. Vous pourrez toujours revenir plus tard sur la justification.

Implémentation de +=

L'implémentation n'est pas vraiment compliquée mais il va quand même falloir réfléchir un peu. En effet, ajouter des secondes, minutes et heures cela va, mais il faut faire attention à la retenue si les secondes ou minutes dépassent 60. Je vous recommande d'essayer d'écrire la méthode vous-mêmes, c'est un excellent exercice algorithmique, cela entretient le cerveau et cela vous rend meilleur programmeur.

Voici ce que donne mon implémentation pour ceux qui ont besoin de la solution :

```
Duree& Duree::operator+=(const Duree &duree2)
{
    //1 : ajout des secondes
    m_secondes += duree2.m_secondes;
    //Exceptionnellement autorisé car même classe

    //Si le nombre de secondes dépasse 60, on rajoute des minutes
    //Et on met un nombre de secondes inférieur à 60
    m_minutes += m_secondes / 60;
    m_secondes %= 60;

    //2 : ajout des minutes
    m_minutes += duree2.m_minutes;
    //Si le nombre de minutes dépasse 60, on rajoute des heures
    //Et on met un nombre de minutes inférieur à 60
    m_heures += m_minutes / 60;
    m_minutes %= 60;

    //3 : ajout des heures
    m_heures += duree2.m_heures;

    return *this;
}
```

▷ Copier ce code
Code web : 720004

Ce n'est pas un algorithme ultra-complexe mais, comme je vous avais dit, il faut réfléchir un tout petit peu quand même pour pouvoir l'écrire.

Comme nous sommes dans une méthode de la classe, nous pouvons directement modifier les attributs. On y ajoute les heures, minutes et secondes de l'objet reçu en paramètre, à savoir `duree2`. On a ici exceptionnellement le droit d'accéder directement aux attributs de cet objet car on se trouve dans une méthode de la même classe. C'est un peu tordu mais cela nous aide bien (sinon il aurait fallu créer des méthodes comme `getHeures()`).

Rajouter les secondes, c'est facile. Mais on doit ensuite ajouter un reste si on a dépassé 60 secondes (donc ajouter des minutes). Je ne vous explique pas comment cela fonctionne dans le détail, je vous laisse un peu vous remuer les méninges. Ce n'est vraiment pas bien difficile (c'est du niveau des tous premiers chapitres du cours). Vous noterez que c'est un cas où l'opérateur modulo (%), c'est-à-dire le reste de la division entière, est très utile.

Bref, on fait de même avec les minutes; quant aux heures, c'est encore plus facile vu qu'il n'y a pas de reste (on peut dépasser les 24 heures donc pas de problème).

Finalement, il n'y a que la dernière ligne qui devrait vous surprendre. La méthode renvoie l'objet lui-même à l'aide de `*this`. `this` est un mot-clé particulier du langage dont nous reparlerons dans un prochain chapitre. C'est un pointeur vers l'objet qu'on est en train de manipuler. Cette ligne peut être traduite en français par : « Renvoie l'objet pointé par le pointeur `this` ». Les raisons profondes de l'existence de cette ligne ainsi que de la référence comme type de retour sont assez compliquées. Au niveau de ce cours, prenez cela comme une recette de cuisine pour vos opérateurs.

Quelques tests

Pour mes tests, j'ai dû ajouter une méthode `afficher()` à la classe `Duree` (elle fait tout bêtement un `cout` de la durée) :

```
#include <iostream>
#include "Duree.h"

using namespace std;

int main()
{
    Duree duree1(0, 10, 28), duree2(0, 15, 2);
    Duree resultat;

    duree1.afficher();
    cout << "+" << endl;
    duree2.afficher();

    resultat = duree1 + duree2;

    cout << "=" << endl;
    resultat.afficher();

    return 0;
}
```

Et le résultat tant attendu :

```
0h10m28s
+
0h15m2s
=
0h25m30s
```

Cool, cela marche. Bon, mais c'était trop facile, il n'y avait pas de reste dans mon calcul. Corsons un peu les choses avec d'autres valeurs :

```
1h45m50s
+
1h15m50s
=
3h1m40s
```

Yeahhh ! Cela marche ! J'ai bien entendu testé d'autres valeurs pour être bien sûr que cela fonctionnait mais, de toute évidence, cela marche très bien et mon algorithme est donc bon.

Bon, on en viendrait presque à oublier l'essentiel dans tout cela. Tout ce qu'on a fait là, c'était pour pouvoir écrire cette ligne :

```
resultat = duree1 + duree2;
```

La surcharge de l'opérateur + nous a permis de rendre notre code clair, simple et lisible, alors qu'en temps normal, nous aurions dû utiliser une méthode.

N'oublions pas non plus l'opérateur +=. On peut tout à fait l'utiliser directement.

```
#include <iostream>
#include "Duree.h"

using namespace std;

int main()
{
    Duree duree1(0, 10, 28), duree2(0, 15, 2);

    duree1.afficher();
    cout << "+=" << endl;
    duree2.afficher();

    duree1 += duree2; //Utilisation directe de l'opérateur +=

    cout << "=" << endl;
    duree1.afficher();

    return 0;
}
```

Ce code affiche bien sûr la même chose que notre premier test. Je vous laisse essayer d'autres valeurs pour vous convaincre que tout est correct.

Télécharger le projet

Pour ceux d'entre vous qui n'auraient pas bien suivi la procédure, je vous propose de télécharger le projet contenant :

- `main.cpp` ;
- `Duree.cpp` ;
- `Duree.h` ;
- ainsi que le fichier `.cbp` de Code::Blocks (si vous utilisez cet IDE comme moi).

▷ Télécharger le projet
Code web : 846824

Bonus track #1

Ce qui est vraiment sympa dans tout cela c'est que, tel que ce système est conçu, on peut très bien additionner d'un seul coup plusieurs durées sans aucun problème.

Par exemple, je rajoute juste une troisième durée dans mon `main()` et je l'additionne aux autres :

```
int main()
{
    Duree duree1(1, 45, 50), duree2(1, 15, 50), duree3 (0, 8, 20);
    Duree resultat;

    duree1.afficher();
    cout << "+" << endl;
    duree2.afficher();
    cout << "+" << endl;
    duree3.afficher();

    resultat = duree1 + duree2 + duree3;

    cout << "=" << endl;
    resultat.afficher();

    return 0;
}
```

```
1h45m50s
+
1h15m50s
+
0h8m20s
=
3h10m0s
```

En fait, la ligne-clé ici est :

```
resultat = duree1 + duree2 + duree3;
```

Cela revient à écrire :

```
resultat = operator+(operator+(duree1, duree2), duree3);
```

Le tout s'imbrique dans une logique implacable et vient se placer finalement dans l'objet `resultat`.

Notez que le C++ ne vous permet pas de changer la priorité des opérateurs.

Bonus track #2

Et pour notre second bonus track, sachez qu'on n'est pas obligé d'additionner des `Duree` avec des `Duree`, du moment que cela reste logique et compatible. Par exemple, on pourrait très bien additionner une `Duree` et un `int`. On considérerait dans ce cas que le nombre `int` est un nombre de secondes à ajouter.

Cela nous permettra d'écrire par exemple :

```
resultat = duree + 30;
```

Vive la surcharge des fonctions et des méthodes ! La fonction `operator+` se définit en utilisant le même modèle qu'avant :

```
Duree operator+(Duree const& duree, int secondes)
{
    Duree copie(duree);
    copie += secondes;
    return copie;
}
```

Tous les calculs sont reportés dans la méthode `operator+=`, comme précédemment.

```
Duree& operator+=(int secondes);
```

Les autres opérateurs arithmétiques

Maintenant que vous avez vu assez en détail le cas d'un opérateur (celui d'addition, pour ceux qui ont la mémoire courte), vous allez voir que, pour la plupart des autres opérateurs, c'est très facile et qu'il n'y a pas de difficulté supplémentaire. Le tout est de s'en servir correctement pour la classe que l'on manipule.

Ces opérateurs sont du même type que l'addition. Vous les connaissez déjà :

- la soustraction (-) ;
- la multiplication (*) ;
- la division (/) ;
- le modulo (%), c'est-à-dire le reste de la division entière.

Pour surcharger ces opérateurs, rien de plus simple : créez une fonction dont le nom commence par `operator` suivi de l'opérateur en question. Cela donne donc :

- `operator-()` ;
- `operator*()` ;
- `operator/()` ;
- `operator%()`.

Nous devons bien sûr ajouter aussi les versions raccourcies correspondantes, sous forme de méthodes.

- `operator-=()` ;
- `operator*=()` ;
- `operator/=()` ;
- `operator%=()`.

Pour notre classe `Duree`, il peut être intéressant de définir la soustraction (`operator-`). Je vous laisse le soin de le faire en vous basant sur l'addition, cela ne devrait pas être trop compliqué.

En revanche, les autres opérateurs ne servent *a priori* à rien : en effet, on ne multiplie pas des durées entre elles, et on les divise encore moins. Comme quoi, tous les opérateurs ne sont pas utiles à toutes les classes : ne définissez donc que ceux qui vous seront vraiment utiles.

Les opérateurs de flux

Parmi les nombreuses choses qui ont dû vous choquer quand vous avez commencé le C++, dans la catégorie « oulah c'est bizarre cela mais on verra plus tard », il y a l'injection dans les flux d'entrée-sortie. Derrière ce nom barbare se cachent les symboles » et «. Quand les utilise-t-on ? Allons allons, vous n'allez pas me faire croire que vous avez la mémoire si courte.

```
cout << "Coucou !";
cin >> variable;
```

Figurez-vous justement que « et » sont des opérateurs. Le code ci-dessus revient donc à écrire :

```
operator<<(cout, "Coucou !");
operator>>(cin, variable);
```

On a donc fait appel aux fonctions `operator«` et `operator»` !

Définir ses propres opérateurs pour `cout`

Nous allons ici nous intéresser plus particulièrement à l'opérateur « utilisé avec `cout`. Les opérateurs de flux sont définis par défaut pour les types de variables `int`, `double`, `char`, ainsi que pour les objets comme `string`. On peut en effet aussi bien écrire :

```
cout << "Coucou !";
```

... que :

```
cout << 15;
```

Bon, le problème c'est que `cout` ne connaît pas votre classe flambant neuve `Duree`, et il ne possède donc pas de fonction surchargée pour les objets de ce type. Par conséquent, on ne peut pas écrire :

```
Duree chrono(0, 2, 30);
cout << chrono;
//Erreur : il n'existe pas de fonction operator<<(cout, Duree &duree)
```

Qu'à cela ne tienne, nous allons écrire cette fonction !

Quoi ?! Mais on ne peut pas modifier le code de la bibliothèque standard ?

Déjà, si vous vous êtes posés la question, bravo : c'est que vous commencez à bien vous repérer. En effet, c'est une fonction utilisant un objet de la classe `ostream` (dont `cout` est une instance) que l'on doit définir, et on n'a pas accès au code correspondant.

Lorsque vous incluez `<iostream>`, un objet `cout` est automatiquement déclaré comme ceci : `ostream cout;`. `ostream` est la classe, `cout` est l'objet.

On ne peut pas modifier la classe `ostream` mais on peut très bien écrire une fonction qui reçoit un de ces objets en argument. Voyons donc comment rédiger cette fameuse fonction.

Implémentation d'`operator«`

Commencez par écrire la fonction :

```
ostream& operator<<( ostream &flux, Duree const& duree )
{
    flux << duree.m_heures << "h" << duree.m_minutes << "m" << duree.m_secondes
```

```
↪ << "s"; //Erreur
    return flux;
}
```

Comme vous pouvez le voir, c'est similaire à `operator+` sauf qu'ici, le type de retour est une référence et non un objet.

Le premier paramètre (référence sur un objet de type `ostream`) qui vous sera automatiquement passé est en fait l'objet `cout` (que l'on appelle ici `flux` dans la fonction pour éviter les conflits de nom). Le second paramètre est une référence constante vers l'objet de type `Duree` que vous tentez d'afficher en utilisant l'opérateur «.

La fonction doit récupérer les attributs qui l'intéressent dans l'objet et les envoyer à l'objet `flux` (qui n'est autre que `cout`). Ensuite, elle renvoie une référence sur cet objet, ce qui permet de faire une chaîne :

```
cout << duree1 << duree2;
```

Si je compile cela plante ! Cela me dit que je n'ai pas le droit d'accéder aux attributs de l'objet duree depuis la fonction !

Eh oui c'est parfaitement normal car on est à l'*extérieur* de la classe, et les attributs `m_heures`, `m_minutes` et `m_secondes` sont privés. On ne peut donc pas les lire depuis cet endroit du code.

3 solutions :

- Vous créez des accesseurs comme on l'a vu (ces fameuses méthodes `getHeures()`, `getMinutes()`, ...). Cela marche bien mais c'est un peu ennuyeux à écrire.
- Vous utilisez le concept d'amitié, que nous verrons dans un autre chapitre.
- Ou bien vous utilisez la technique que je vais vous montrer.

On opte ici pour la troisième solution (non, sans blague ?). Changez la première ligne de la fonction suivant ce modèle :

```
ostream &operator<<( ostream &flux, Duree const& duree)
{
    duree.afficher(flux) ; // <- Changement ici
    return flux;
}
```

Et rajoutez dans le fichier `Duree.h` une méthode `afficher()` à la classe `Duree` :

```
void afficher(std::ostream &flux) const;
```

Voici l'implémentation de la méthode dans `Duree.cpp` :

```
void Duree::afficher(ostream &flux) const
{
    flux << m_heures << "h" << m_minutes << "m" << m_secondes << "s";
}
```

On passe donc le relais à une méthode à l'intérieur de la classe qui, elle, a le droit d'accéder aux attributs. La méthode prend en paramètre la référence vers l'objet `flux` pour pouvoir lui envoyer les valeurs qui nous intéressent. Ce que l'on n'a pas pu faire dans la fonction `operator«`, on le donne à faire à une méthode de la classe `Duree`. Exactement comme pour `operator+` en somme ! On a délégué le travail à une méthode de la classe qui, elle, a accès aux attributs.

Ouf ! Maintenant dans le `main()`, que du bonheur !

Bon, c'était un peu de gymnastique mais maintenant, ce n'est que du bonheur. Vous allez pouvoir afficher très simplement vos objets de type `Duree` dans votre `main()` :

```
int main()
{
    Duree duree1(2, 25, 28), duree2(0, 16, 33);

    cout << duree1 << " et " << duree2 << endl;

    return 0;
}
```

Résultat :

```
2h25m28s et 0h16m33s
```

Enfantin ! Comme quoi, on prend un peu de temps pour écrire la classe mais ensuite, quand on doit l'utiliser, c'est extrêmement simple !

Et l'on peut même combiner les opérateurs dans une seule expression. Faire une addition et afficher le résultat directement :

```
int main()
{
    Duree duree1(2, 25, 28), duree2(0, 16, 33);

    cout << duree1 + duree2 << endl;

    return 0;
}
```

Comme pour les `int`, `double`, etc. nos objets deviennent réellement simples à utiliser.

Les opérateurs de comparaison

Ces opérateurs vont vous permettre de comparer des objets entre eux. Le plus utilisé est probablement l'opérateur d'égalité (==) qui permet de vérifier si deux objets sont égaux. C'est à vous d'écrire le code de la méthode qui détermine si les objets sont identiques, l'ordinateur ne peut pas le deviner pour vous car il ne connaît pas la « logique » de vos objets.

Tous ces opérateurs de comparaison ont en commun un point particulier : *ils renvoient un booléen* (`bool`). C'est normal, ces opérateurs répondent à des questions du type « a est-il plus grand que b ? » ou « a est-il égal à b ? ».

L'opérateur ==

Pour commencer, on va écrire l'implémentation de l'opérateur d'égalité. Vous allez voir qu'on s'inspire beaucoup de la technique utilisée pour l'opérateur `<<`. Le recyclage des idées, c'est bien (surtout lorsque cela peut nous faire gagner du temps).

```
bool operator==(Duree const& a, Duree const& b)
{
    //Teste si a.m_heure == b.m_heure etc.
    if (a.m_heures == b.m_heures && a.m_minutes == b.m_minutes && a.m_secondes
↪ == b.m_secondes)
        return true;
    else
        return false;
}
```

On compare à chaque fois un attribut de l'objet dans lequel on se trouve avec un attribut de l'objet de référence (les heures avec les heures, les minutes avec les minutes...). Si ces 3 valeurs sont identiques, alors on peut considérer que les objets sont identiques et renvoyer `true`.

Sauf qu'il y a un petit souci : il nous faudrait lire les attributs des objets `a` et `b`. Comme le veut la règle, ils sont privés et donc inaccessible depuis l'extérieur de la classe. Appliquons donc la même stratégie que pour l'opérateur `<<`. On commence par créer une méthode `estEgal()` qui renvoie `true` si `b` est égal à l'objet dont on a appelé la méthode.

```
bool Duree::estEgal(Duree const& b) const
{
    //Teste si a.m_heure == b.m_heure etc.
    if (m_heures == b.m_heures && m_minutes == b.m_minutes && m_secondes ==
↪ b.m_secondes)
        return true;
    else
        return false;
}
```

Et on utilise cette méthode dans l'opérateur d'égalité :

```
bool operator==(Duree const& a, Duree const& b)
{
    return a.estEgal(b);
}
```

Dans le `main()`, on peut faire un simple test de comparaison pour vérifier que l'on a fait les choses correctement :

```
int main()
{
    Duree duree1(0, 10, 28), duree2(0, 10, 28);

    if (duree1 == duree2)
        cout << "Les durees sont identiques";
    else
        cout << "Les durees sont differentes";

    return 0;
}
```

Résultat :

```
Les durees sont identiques
```

L'opérateur !=

Tester l'égalité, c'est bien mais parfois, on aime savoir si deux objets sont différents. On écrit alors un opérateur `!=`. Celui-là, il est très simple à écrire. Pour tester si deux objets sont différents, il suffit de tester s'ils ne sont pas égaux !

```
bool operator!=(Duree const& a, Duree const& b)
{
    if(a == b) //On utilise l'opérateur == qu'on a défini précédemment !
↪
        return false; //S'ils sont égaux, alors ils ne sont pas différents
    else
        return true; //Et s'ils ne sont pas égaux, c'est qu'ils sont différents
}
```

Je vous avais dit que ce serait facile. Réutiliser des opérateurs déjà écrits est une bonne habitude à prendre. D'ailleurs, on l'avait déjà fait pour + qui utilisait +=.

L'opérateur <

Si l'opérateur == peut s'appliquer à la plupart des objets, il n'est pas certain que l'on puisse dire de tous nos objets lequel est le plus grand. Tous n'ont pas forcément une notion de grandeur. Prenez par exemple notre classe `Personnage`, il serait assez peu judicieux de vérifier si un `Personnage` est « inférieur » ou non à un autre (à moins que vous ne compariez les vies... à vous de voir).

En tout cas, avec la classe `Duree`, on a de la chance : il est facile et « logique » de vérifier si une `Duree` est inférieure à une autre.

Voici mon implémentation pour l'opérateur < (« est strictement inférieur à ») :

```
bool operator<(Duree const &a, Duree const& b)
{
    if(a.estPlusPetitQue(b))
        return true;
    else
        return false;
}
```

Et la méthode `estPlusPetitQue()` de la classe `Duree` :

```
bool Duree::estPlusPetitQue(Duree const& b) const
{
    if (m_heures < b.m_heures)
        return true;
    else if (m_heures == b.m_heures && m_minutes < b.m_minutes)
        return true;
    else if (m_heures == b.m_heures && m_minutes == b.m_minutes && m_secondes <
↪ b.m_secondes)
        return true;
    else
        return false;
}
```

Avec un peu de réflexion, on finit par trouver cet algorithme ; il suffit d'activer un peu ses méninges. Vous noterez que la méthode renvoie `false` si les durées sont identiques : c'est normal car il s'agit de l'opérateur <. En revanche, si ç'avait été la méthode de l'opérateur <= (« inférieur ou égal à »), il aurait fallu renvoyer `true`.

Je vous laisse le soin de tester dans le `main()` si cela fonctionne correctement.

Les autres opérateurs de comparaison

On ne va pas les écrire ici, cela surchargerait inutilement. Mais comme pour != et ==, il suffit d'utiliser correctement < pour tous les implémenter. Je vous invite à essayer de les implémenter pour notre classe `Duree`, cela constituera un bon exercice sur le sujet. Il reste notamment :

- `operator>()` ;
- `operator<=()` ;
- `operator>=()`.

Si vous avez un peu du mal à vous repérer dans le code, ce que je peux comprendre, je mets à votre disposition le projet complet, comme précédemment, dans un `zip`.

▷ Télécharger les sources
Code web : 134808

En résumé

- Le C++ permet de surcharger les opérateurs, c'est-à-dire de créer des méthodes pour modifier le comportement des symboles +, -, *, /, >=, etc.
- Pour surcharger un opérateur, on doit donner un nom précis à sa méthode (`operator+` pour le symbole + par exemple).
- Ces méthodes doivent prendre des paramètres et renvoyer parfois des valeurs d'un certain type précis. Cela dépend de l'opérateur que l'on surcharge.
- Il ne faut pas abuser de la surcharge d'opérateur car elle peut avoir l'effet inverse du but recherché, qui est de rendre la lecture du code plus simple.

Chapitre 16

TP : La POO en pratique avec ZFraction

Difficulté :

Vous avez appris dans les chapitres précédents à créer et manipuler des classes, il est donc grand temps de mettre tout cela en pratique avec un TP.

C'est le premier TP sur la POO, il porte donc sur les bases. C'est le bon moment pour arrêter un peu la lecture du cours, souffler et essayer de réaliser cet exercice par vous-mêmes. Vous aurez aussi l'occasion de vérifier vos connaissances et donc, si besoin, de retourner lire les chapitres sur les éléments qui vous ont manqués.

Dans ce TP, vous allez devoir écrire une classe représentant la notion de *fraction*. Le C++ permet d'utiliser des nombres entiers *via* le type `int`, des nombres réels *via* le type `double`, mais il ne propose rien pour les nombre rationnels. À vous de palier ce manque !

Préparatifs et conseils

La classe que nous allons réaliser n'est pas très compliquée et il est assez aisé d'imaginer quelles méthodes et opérateurs nous allons utiliser. Cet exercice va en particulier tester vos connaissances sur :

- les attributs et leurs droits d'accès ;
- les constructeurs ;
- la surcharge des opérateurs.

C'est donc le dernier moment pour réviser !

Description de la classe `ZFraction`

Commençons par choisir un nom pour notre classe. Il serait judicieux qu'il contienne le mot « fraction » et, comme vous êtes en train de lire un Livre du Zéro, je vous propose d'ajouter un « Z » au début. Ce sera donc `ZFraction`. Ce n'est pas super original mais, au moins, on sait directement à quoi on a affaire.

Utiliser des `int` ou des `double` est très simple. On les déclare, on les initialise et on utilise ensuite les opérateurs comme sur une calculatrice. Ce serait vraiment super de pouvoir faire la même chose avec des fractions. Ce qui serait encore mieux, ce serait de pouvoir comparer des fractions entre elles afin de déterminer laquelle est la plus grande.

On aimerait donc bien que le `main()` suivant compile et fonctionne correctement :

```
#include <iostream>
#include "ZFraction.h"
using namespace std;

int main()
{
    ZFraction a(4,5);           //Déclare une fraction valant 4/5
    ZFraction b(2);             //Déclare une fraction valant 2/1 (ce qui vaut 2)
    ZFraction c,d;              //Déclare deux fractions valant 0

    c = a+b;                    //Calcule 4/5 + 2/1 = 14/5

    d = a*b;                    //Calcule 4/5 * 2/1 = 8/5

    cout << a << " + " << b << " = " << c << endl;

    cout << a << " * " << b << " = " << d << endl;

    if(a > b)
        cout << "a est plus grand que b." << endl;
    else if(a==b)
        cout << "a est egal a b." << endl;
    else
```

```
        cout << "a est plus petit que b." << endl;

    return 0;
}
```

Et voici le résultat espéré :

```
4/5 + 2 = 14/5
4/5 * 2 = 8/5
a est plus petit que b.
```

Pour arriver à cela, il nous faudra donc :

- écrire la classe avec ses attributs ;
- réfléchir aux constructeurs à implémenter ;
- surcharger les opérateurs +, *, «, < et == (au moins).

En maths, lorsque l'on manipule des fractions, on utilise toujours des fractions simplifiées, c'est-à-dire que l'on écrira $\frac{4}{5}$ plutôt que $\frac{8}{10}$, même si ces deux fractions ont la même valeur. Il faudra donc faire en sorte que notre classe `ZFraction` respecte cette règle.

Je n'ai rien de plus à ajouter concernant la description du TP. Vous pourrez trouver, dans les cours de maths disponibles sur le Site du Zéro, certains rappels sur les calculs avec les nombres rationnels. Si vous vous sentez prêts, alors allez-y !

▷ Rappels sur les fractions
Code web : 330327

Si par contre vous avez peur de vous lancer seuls, je vous propose de vous accompagner pour les premiers pas.

Créer un nouveau projet

Pour réaliser ce TP, vous allez devoir créer un nouveau projet. Utilisez l'IDE que vous voulez, pour ma part vous savez que j'utilise Code: :Blocks. Ce projet sera constitué de trois fichiers que vous pouvez déjà créer :

- `main.cpp` : ce fichier contiendra uniquement la fonction `main()`. Dans la fonction `main()`, nous créerons des objets basés sur notre classe `ZFraction` pour tester son fonctionnement. À la fin, votre fonction `main()` devra ressembler à celle que je vous ai montré plus haut.
- `ZFraction.h` : ce fichier contiendra le prototype de notre classe `ZFraction` avec la liste de ses attributs et les prototypes de ses méthodes.
- `ZFraction.cpp` : ce fichier contiendra l'implémentation des méthodes de la classe `ZFraction`, c'est-à-dire le « code » à l'intérieur des méthodes.

Faites attention aux noms des fichiers, en particulier aux majuscules et minuscules. Les fichiers `ZFraction.h` et `ZFraction.cpp` commencent par deux lettres majuscules. Si vous écrivez « zfraction » ou encore « Zfraction », cela ne marchera pas et vous aurez des problèmes.

Le code de base des fichiers

Nous allons écrire un peu de code dans chacun de ces fichiers, le strict minimum afin de pouvoir commencer.

main.cpp

Bon, celui-là, je vous l'ai déjà donné. Mais pour commencer en douceur, je vous propose de simplifier l'intérieur de la fonction `main()` et d'y ajouter des instructions au fur et à mesure de l'avancement de votre classe.

```
#include <iostream>
#include "ZFraction.h"
using namespace std;

int main()
{
    ZFraction a(1,5); // Crée une fraction valant 1/5
    return 0;
}
```

Pour l'instant, on se contente d'un appel au constructeur de `ZFraction`. Pour le reste, on verra plus tard.

ZFraction.h

Ce fichier contiendra la définition de la classe `ZFraction`. Il inclut aussi `iostream` pour nos besoins futurs (nous aurons besoin de faire des `cout` dans la classe les premiers temps, ne serait-ce que pour débugger notre classe).

```
#ifndef DEF_FRACTION
#define DEF_FRACTION

#include <iostream>

class ZFraction
{
public:

private:
```

```
};

#endif
```

Pour l'instant, la classe est vide ; je ne vais pas non plus tout faire, ce n'est pas le but. J'y ai quand même mis une partie privée et une partie publique. Souvenez-vous de la règle principale de la POO qui veut que tous les attributs soient dans la partie privée. Je vous en voudrais beaucoup si vous ne la respectiez pas.

Comme tous les fichiers `.h`, `ZFraction.h` contient deux lignes commençant par « # » au début du fichier et une autre tout à la fin. Code: :Blocks crée automatiquement ces lignes mais, si votre IDE ne le fait pas, pensez à les ajouter : elles évitent bien des soucis de compilation.

`ZFraction.cpp`

C'est le fichier qui va contenir les définitions des méthodes. Comme notre classe est encore vide, il n'y a rien à y écrire. Il faut simplement penser à inclure l'entête `ZFraction.h`.

```
#include "ZFraction.h"
```

Nous voilà enfin prêts à attaquer la programmation !

Choix des attributs de la classe

La première étape dans la création d'une classe est souvent le choix des attributs. Il faut se demander de quelles briques de base notre classe est constituée. Avez-vous une petite idée ?

Voyons cela ensemble. Un nombre rationnel est composé de deux nombres entiers appelés respectivement le numérateur (celui qui est au-dessus de la barre de fraction) et le dénominateur (celui du dessous). Cela nous fait donc deux constituants. En C++, les nombres entiers s'appellent des `int`. Ajoutons donc deux `int` à notre classe :

```
#ifndef DEF_FRACTION
#define DEF_FRACTION

#include <iostream>

class ZFraction
{
public:

private:
```

```
    int m_numerateur;         //Le numérateur de la fraction
    int m_denominateur;       //Le dénominateur de la fraction

};

#endif
```

Nos attributs commencent toujours par le préfixe « m_ ». C'est une bonne habitude de programmation que je vous ai enseignée dans les chapitres précédents Cela nous permettra, par la suite, de savoir si nous sommes en train de manipuler un attribut de la classe ou une simple variable « locale » à une méthode.

Les constructeurs

Je ne vais pas tout vous dire non plus mais, dans le `main()` d'exemple que je vous ai présenté tout au début, nous utilisions trois constructeurs différents :

- Le premier recevait comme arguments deux entiers. Ils représentaient respectivement le numérateur et le dénominateur de la fraction. C'est sans doute le plus intuitif des trois à écrire.
- Le deuxième constructeur prend un seul entier en argument et construit une fraction égale à ce nombre entier. Cela veut dire que, dans ce cas, le dénominateur vaut 1.
- Enfin, le dernier constructeur ne prend aucun argument (constructeur par défaut) et crée une fraction valant 0.

Je ne vais rien expliquer de plus. Je vous propose de commencer par écrire au moins le premier de ces trois constructeurs. Les autres suivront rapidement, j'en suis sûr.

Les opérateurs

La part la plus importante de ce TP sera l'implémentation des opérateurs. Il faut bien réfléchir à la manière de les écrire et vous pouvez bien sûr vous inspirer de ce qui a été fait pour la classe `Duree` du chapitre précédent, par exemple utiliser la méthode `operator+=` pour définir l'opérateur `+` ou écrire une méthode `estEgalA()` pour l'opérateur d'égalité.

Une bonne chose à faire est de commencer par l'opérateur `<<`. Vous pourrez alors facilement tester vos autres opérateurs.

Simplifier les fractions

L'important, avec les fractions, est de toujours manipuler des fractions simplifiées, c'est-à-dire que l'on préfère écrire $\frac{2}{5}$ plutôt que $\frac{4}{10}$. Il serait bien que notre classe fasse de même et simplifie elle-même la fraction qu'elle représente.

Il nous faut donc un moyen mathématique de le faire puis traduire le tout en C++. Si l'on a une fraction $\frac{a}{b}$, il faut calculer le plus grand commun diviseur de a et b puis diviser a et b par ce nombre. Par exemple, le *PGCD*[1] de 4 et 10 est 2, ce qui veut dire que l'on peut diviser les numérateur et dénominateur de $\frac{4}{10}$ par 2, et nous obtenons bien $\frac{2}{5}$.

Calculer le PGCD n'est pas une opération facile. Aussi, je vous propose pour le faire une fonction que je vous invite à ajouter dans votre fichier `ZFraction.cpp` :

```
int pgcd(int a, int b)
{
    while (b != 0)
    {
        const int t = b;
        b = a%b;
        a=t;
    }
    return a;
}
```

Il faut ajouter le prototype correspondant dans `ZFraction.h` :

```
#ifndef DEF_FRACTION
#define DEF_FRACTION

#include <iostream>

class ZFraction
{
   //Contenu de la classe...
};

int pgcd(int a, int b);

#endif
```

Vous pourrez alors utiliser cette fonction dans les méthodes de la classe.

Allez au boulot !

Correction

Lâchez vos claviers, le temps imparti est écoulé !

Il est temps de passer à la phase de correction. Vous avez certainement passé pas mal de temps à réfléchir aux différentes méthodes, opérateurs et autres ~~horreurs~~ joyeusetés du C++. Si vous n'avez pas réussi à tout faire, ce n'est pas grave : lire la correction pour saisir les grands principes devrait vous aider. Et puis vous saurez peut-être vous rattraper avec les améliorations proposées en fin de chapitre.

1. Plus grand commun diviseur

Sans plus attendre, je vous propose de passer en revue les différentes étapes de création de la classe.

Les constructeurs

Je vous avais suggéré de commencer par le constructeur prenant en argument deux entiers, le numérateur et le dénominateur. Voici ma version.

```
ZFraction::ZFraction(int num, int den)
    :m_numerateur(num), m_denominateur(den)
{
}
```

On utilise la liste d'initialisation pour remplir les attributs `m_numerateur` et `m_denominateur` de la classe. Jusque-là, rien de sorcier.

En continuant sur cette lancée, on peut écrire les deux autres constructeurs :

```
ZFraction::ZFraction(int entier)
    :m_numerateur(entier), m_denominateur(1)
{
}

ZFraction::ZFraction()
    :m_numerateur(0), m_denominateur(1)
{
}
```

Il fallait se rappeler que le nombre 5 s'écrit, sous forme de fraction, $\frac{5}{1}$ et 0, $\frac{0}{1}$. Dans ce domaine, le cahier des charges est donc rempli. Avant de commencer à faire des choses compliquées, écrivons l'opérateur << pour afficher notre fraction. En cas d'erreur, on pourra ainsi facilement voir ce qui se passe dans la classe.

Afficher une fraction

Comme nous l'avons vu au chapitre sur les opérateurs, la meilleure solution consiste à utiliser une méthode `affiche()` dans la classe et à appeler cette méthode dans la fonction <<. Je vous invite à réutiliser le code du chapitre précédent afin d'avoir directement le code de l'opérateur.

```
ostream& operator<<(ostream& flux, ZFraction const& fraction)
{
    fraction.affiche(flux);
    return flux;
}
```

Et pour la méthode `affiche()`, je vous propose cette version :

```
void ZFraction::affiche(ostream& flux) const
{
    if(m_denominateur == 1)
    {
        flux << m_numerateur;
    }
    else
    {
        flux << m_numerateur << '/' << m_denominateur;
    }
}
```

Notez le `const` qui figure dans le prototype de la méthode. Il montre que `affiche()` ne modifiera pas l'objet : normal, puisque nous nous contentons d'afficher ses propriétés.

Vous avez certainement écrit quelque chose d'approchant. J'ai distingué le cas où le dénominateur vaut 1. Une fraction dont le dénominateur vaut 1 est un nombre entier, on n'a donc pas besoin d'afficher la barre de fraction et le dénominateur. Mais c'est juste une question d'esthétique.

L'opérateur d'addition

Comme pour <<, le mieux est d'employer la recette du chapitre précédent : définir une méthode `operator+=()` dans la classe et l'utiliser dans la fonction `operator+()`.

```
ZFraction operator+(ZFraction const& a, ZFraction const& b)
{
    ZFraction copie(a);
    copie+=b;
    return copie;
}
```

La difficulté réside dans l'implémentation de l'opérateur d'addition raccourci.

En ressortant mes cahiers de maths, j'ai retrouvé la formule d'addition de deux fractions :

$\frac{a}{b} + \frac{c}{d} = \frac{a \cdot d + b \cdot c}{b \cdot d}$

Pour ceux qui ne sont pas à l'aise avec les maths, sachez que le point sert à multiplier.

Cela donne en C++ :

```
ZFraction& ZFraction::operator+=(ZFraction const& autre)
{
```

```
    m_numerateur = autre.m_denominateur * m_numerateur + m_denominateur * autre.
↪ m_numerateur;
    m_denominateur = m_denominateur * autre.m_denominateur;

    return *this;
}
```

Comme tous les opérateurs raccourcis, l'opérateur += doit renvoyer une référence sur `*this`. C'est une convention.

L'opérateur de multiplication

La formule de multiplication de deux fractions est encore plus simple que l'addition :
$\frac{a}{b} \cdot \frac{c}{d} = \frac{a \cdot c}{b \cdot d}$
Et je ne vais pas vous surprendre si je vous dis qu'il faut utiliser la méthode `operator*=()` et la fonction `operator*()`. Je pense que vous avez compris le truc.

```
ZFraction operator*(ZFraction const& a, ZFraction const& b)
{
    ZFraction copie(a);
    copie*=b;
    return copie;
}

ZFraction& ZFraction::operator*=(ZFraction const& autre)
{
    m_numerateur *= autre.m_numerateur;
    m_denominateur *= autre.m_denominateur;

    return *this;
}
```

Les opérateurs de comparaison

Comparer des fractions pour tester si elles sont égales revient à vérifier que leurs numérateurs d'une part, et leurs dénominateurs d'autre part, sont égaux. L'algorithme est donc à nouveau relativement simple. Je vous propose, comme toujours, de passer par une méthode de la classe puis d'utiliser cette méthode dans les opérateurs externes.

```
bool ZFraction::estEgal(ZFraction const& autre) const
{
    if(m_numerateur == autre.m_numerateur && m_denominateur == autre.m_denominat
↪ eur)
```

```
        return true;
    else
        return false;
}

bool operator==(ZFraction const& a, ZFraction const& b)
{
    if(a.estEgal(b))
        return true;
    else
        return false;
}

bool operator!=(ZFraction const& a, ZFraction const& b)
{
    if(a.estEgal(b))
        return false;
    else
        return true;
}
```

Une fois que la méthode `estEgal()` est implémentée, on a deux opérateurs pour le prix d'un seul. Parfait, je n'avais pas envie de réfléchir deux fois.

Les opérateurs d'ordre

Il ne nous reste plus qu'à écrire un opérateur permettant de vérifier si une fraction est plus petite que l'autre. Il y a plusieurs moyens d'y parvenir. Toujours dans mes livres de maths, j'ai retrouvé une vieille relation intéressante :

$\frac{a}{b} < \frac{c}{d} \iff a \cdot d < b \cdot c$

Cette relation peut être traduite en C++ pour obtenir le corps de la méthode `estPlusPetitQue()` :

```
bool ZFraction::estPlusPetitQue(ZFraction const& autre) const
{
    if(m_numerateur * autre.m_denominateur < m_denominateur * autre.m_numerateur)
        return true;
    else
        return false;
}
```

Et cette fois, ce n'est pas un pack « 2 en 1 », mais « 4 en 1 ». Avec un peu de réflexion, on peut utiliser cette méthode pour les opérateurs <, >, <= et >=.

```
bool operator<(ZFraction const& a, ZFraction const& b)
//Vrai si a<b donc si a est plus petit que a
{
```

```
    if(a.estPlusPetitQue(b))
        return true;
    else
        return false;
}

bool operator>(ZFraction const& a, ZFraction const& b)
//Vrai si a>b donc si b est plus petit que a
{
    if(b.estPlusPetitQue(a))
        return true;
    else
        return false;
}

bool operator<=(ZFraction const& a, ZFraction const& b)
//Vrai si a<=b donc si b n'est pas plus petit que a
{
    if(b.estPlusPetitQue(a))
        return false;
    else
        return true;
}

bool operator>=(ZFraction const& a, ZFraction const& b)
//Vrai si a>=b donc si a n'est pas plus petit que b
{
    if(a.estPlusPetitQue(b))
        return false;
    else
        return true;
}
```

Avec ces quatre derniers opérateurs, nous avons fait le tour de ce qui était demandé... ou presque. Il nous reste à voir la partie la plus difficile : le problème de la simplification des fractions.

Simplifier les fractions

Je vous ai expliqué dans la présentation du problème quel algorithme utiliser pour simplifier une fraction. Il faut calculer le PGCD [2] du numérateur et du dénominateur, puis diviser les deux attributs de la fraction par ce nombre.

Comme c'est une opération qui doit être exécutée à différents endroits, je vous propose d'en faire une méthode de la classe afin de s'épargner la réécriture de l'algorithme. Cette méthode n'a pas à être appelée par les utilisateurs de la classe, c'est de la mécanique interne. Elle va donc dans la partie privée de la classe.

2. Plus grand commun diviseur

```
void ZFraction::simplifie()
{
    int nombre=pgcd(m_numerateur, m_denominateur); //Calcul du PGCD

    m_numerateur /= nombre;     //Et on simplifie
    m_denominateur /= nombre;
}
```

Quand faut-il utiliser cette méthode ?

C'est une bonne question mais vous devriez avoir la réponse. Il faut simplifier la fraction à chaque fois qu'un calcul est effectué, c'est-à-dire dans les méthodes `operator+=()` et `operator*=()` :

```
ZFraction& ZFraction::operator+=(ZFraction const& autre)
{
    m_numerateur = autre.m_denominateur * m_numerateur + m_denominateur * autre.
↪ m_numerateur;
    m_denominateur = m_denominateur * autre.m_denominateur;

    simplifie();    //On simplifie la fraction
    return *this;
}

ZFraction& ZFraction::operator*=(ZFraction const& autre)
{
    m_numerateur *= autre.m_numerateur;
    m_denominateur *= autre.m_denominateur;

    simplifie();    //On simplifie la fraction
    return *this;
}
```

Mais ce n'est pas tout ! Quand l'utilisateur construit une fraction, rien ne garantit qu'il le fasse correctement. Il peut très bien initialiser sa `ZFraction` avec les valeurs $\frac{4}{8}$ par exemple. Il faut donc aussi appeler la méthode dans le constructeur, qui prend deux arguments.

```
ZFraction::ZFraction(int num, int den)
    :m_numerateur(num), m_denominateur(den)
{
    simplifie();
    //On simplifie au cas où l'utilisateur
    //Aurait entré de mauvaises informations
}
```

Et voilà ! En fait, si vous regardez bien, nous avons dû ajouter un appel à la méthode `simplifie()` dans toutes les méthodes qui ne sont pas déclarées constantes ! Chaque fois que l'objet est modifié, il faut simplifier la fraction. Nous aurions pu éviter de réfléchir et simplement analyser notre code à la recherche de ces méthodes. Utiliser `const` est donc un atout de sécurité. On voit tout de suite où il faut faire des vérifications (appeler `simplifie()`) et où c'est inutile.

Notre classe est maintenant fonctionnelle et respecte les critères que je vous ai imposés. Hip Hip Hip Hourra !

Aller plus loin

Notre classe est terminée. Disons qu'elle remplit les conditions posées en début de chapitre. Mais vous en conviendrez, on est encore loin d'avoir fait le tour du sujet. On peut faire beaucoup plus avec des fractions.

Je vous propose de télécharger le code source de ce TP, si vous le souhaitez, avant d'aller plus loin :

▷ Télécharger le code source
Code web : 645046

Voyons maintenant ce que l'on pourrait faire en plus :

- **Ajouter des méthodes** `numerateur()` et `denominateur()` qui renvoient le numérateur et le dénominateur de la `ZFraction` sans la modifier.
- **Ajouter une méthode** `nombreReel()` qui convertit notre fraction en un `double`.
- **Simplifier les constructeurs** comme pour la classe `Duree`. En réfléchissant bien, on peut fusionner les trois constructeurs en un seul avec des valeurs par défaut.
- **Proposer plus d'opérateurs** : nous avons implémenté l'addition et la multiplication, il nous manque la soustraction et la division.
- Pour l'instant, notre classe ne gère que les fractions positives. C'est insuffisant ! Il faudrait **permettre des fractions négatives**. Si vous vous lancez dans cette tâche, il va falloir faire des choix importants (sur la manière de gérer le signe, par exemple). Ce que je vous propose, c'est de toujours placer le signe de la fraction au numérateur. Ainsi, $\frac{1}{-4}$ devra automatiquement être converti en $\frac{-1}{4}$. En plus de simplifier les fractions, vos opérateurs devront donc aussi veiller à placer le signe au bon endroit. À nouveau, je vous conseille d'utiliser une méthode privée.
- Si vous autorisez les fractions négatives, alors il serait judicieux de **proposer l'opérateur « moins unaire [3] »**. C'est l'opérateur qui transforme un nombre positif en nombre négatif comme dans `b=-a;`. Comme les autres opérateurs arithmétiques, il se déclare en dehors de la classe. Son prototype est : `ZFractionoperator-(ZFractionconst&a);`. C'est nouveau mais pas très difficile si l'on utilise les bonnes méthodes de la classe.
- **Ajouter des fonctions mathématiques** telles que `abs()`, `sqrt()` ou `pow()`, prenant en arguments des `ZFraction`. Pensez à inclure l'en-tête `cmath`.

3. Je ne vous ai pas parlé de cet opérateur.

Je pense que cela va vous demander pas mal de travail mais c'est tout bénéfice pour vous : il faut pas mal d'expérience avec les classes pour arriver à « penser objet » et il n'y a que la pratique qui peut vous aider.

Je ne vais pas vous fournir une correction détaillée pour chacun de ces points mais je peux vous proposer une solution possible :

▷ Améliorations de zFraction
Code web : 884374

Et si vous avez d'autres idées, n'hésitez pas à les ajouter à votre classe !

Chapitre 17

Classes et pointeurs

Difficulté :

Dans les chapitres précédents, j'ai volontairement évité d'utiliser les pointeurs avec les classes. En effet, les pointeurs en C++ sont un vaste et sensible sujet. Comme vous l'avez probablement remarqué par le passé, bien gérer les pointeurs est essentiel car, à la moindre erreur, votre programme risque de :

- consommer trop de mémoire parce que vous oubliez de libérer certains éléments ;
- planter si votre pointeur pointe vers n'importe où dans la mémoire.

Comment associe-t-on classes et pointeurs ? Quelles sont les règles à connaître, les bonnes habitudes à prendre ? Voilà un sujet qui méritait au moins un chapitre à lui tout seul !

Attention, je classe ce chapitre entre « très difficile » et « très très difficile ». Bref, vous m'avez compris, les pointeurs en C++, ce n'est pas de la tarte alors quadruplez d'attention lorsque vous lirez ce chapitre.

Pointeur d'une classe vers une autre classe

Reprenons notre classe `Personnage`. Dans les précédents chapitres, nous lui avons ajouté une `Arme` que nous avons directement intégrée à ses attributs :

```
class Personnage
{
    public:

    //Quelques méthodes...

    private:

    Arme m_arme; // L'Arme est "contenue" dans le Personnage
    //...
};
```

Il y a plusieurs façons différentes d'associer des classes entre elles. Celle-ci fonctionne bien dans notre cas mais l'`Arme` est vraiment « liée » au `Personnage`, elle ne peut pas en sortir.

Schématiquement, cela donnerait quelque chose de comparable à la figure 17.1.

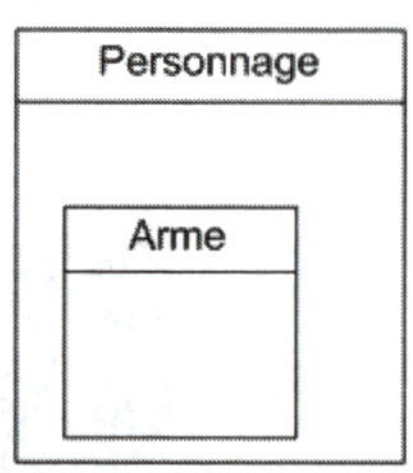

FIGURE 17.1 – Une classe contenant une autre classe

Vous le voyez, l'`Arme` est vraiment *dans* le `Personnage`.

Il y a une autre technique, plus souple, qui offre plus de possibilités mais qui est plus complexe : ne pas intégrer l'`Arme` au `Personnage` et utiliser un pointeur à la place. Au niveau de la déclaration de la classe, le changement correspond à... une étoile en plus :

```
class Personnage
{
    public:

```

```
    //Quelques méthodes...

    private:

    Arme *m_arme;
    //L'Arme est un pointeur, l'objet n'est plus contenu dans le Personnage
    //...
};
```

Notre Arme étant un pointeur, on ne peut plus dire qu'elle appartient au Personnage (figure 17.2).

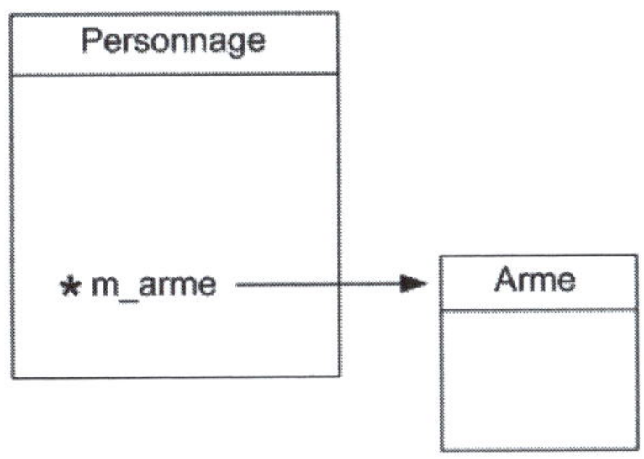

FIGURE 17.2 – Des classes liées par un pointeur

On considère que l'Arme est maintenant externe au Personnage. Les avantages de cette technique sont les suivants :

- Le Personnage peut changer d'Arme en faisant tout simplement pointer m_arme vers un autre objet. Par exemple, si le Personnage possède un inventaire (dans un sac à dos), il peut changer son Arme à tout moment en modifiant le pointeur.
- Le Personnage peut donner son Arme à un autre Personnage, il suffit de changer les pointeurs de chacun des personnages.
- Si le Personnage n'a plus d'Arme, il suffit de mettre le pointeur m_arme à 0.

Les pointeurs permettent de régler le problème que l'on avait vu pour le jeu de stratégie Warcraft III : un personnage peut avoir une cible qui change grâce à un pointeur interne, exactement comme ici.

Mais des défauts, il y en a aussi. Gérer une classe qui contient des pointeurs, ce n'est pas de la tarte, vous pouvez me croire, et d'ailleurs vous allez le constater.

Alors, faut-il utiliser un pointeur ou pas pour l'Arme ? Les 2 façons de faire sont valables et chacune a ses avantages et ses défauts. Utiliser un pointeur est probablement ce qu'il y a de plus souple mais c'est aussi plus difficile. Retenez donc qu'il n'y a pas de « meilleure » méthode adaptée à tous les cas. Ce sera à vous de choisir, en fonction de votre cas, si vous intégrez directement un objet dans une classe ou si vous utilisez un pointeur.

Gestion de l'allocation dynamique

On va voir ici comment on travaille quand une classe contient des pointeurs vers des objets.

On travaille là encore sur la classe `Personnage` et je suppose que vous avez mis l'attribut `m_arme` en pointeur comme je l'ai montré un peu plus haut :

```
class Personnage
{
    public:

    //Quelques méthodes...

    private:

    Arme *m_arme;
    //L'Arme est un pointeur, l'objet n'est plus contenu dans le Personnage
    //...
};
```

Je ne réécris volontairement pas tout le code, juste l'essentiel pour que nous puissions nous concentrer dessus.

Notre `Arme` étant un pointeur, il va falloir le créer par le biais d'une allocation dynamique avec `new`. Sinon, l'objet ne se créera pas tout seul.

Allocation de mémoire pour l'objet

À votre avis, où se fait l'allocation de mémoire pour notre `Arme` ? Il n'y a pas 36 endroits pour cela : c'est dans le **constructeur**. C'est en effet le rôle du constructeur de faire en sorte que l'objet soit bien construit, donc notamment que tous les pointeurs pointent vers quelque chose.

Dans notre cas, nous sommes obligés de faire une allocation dynamique, donc d'utiliser `new`. Voici ce que cela donne dans le constructeur par défaut :

```
Personnage::Personnage() : m_arme(0), m_vie(100), m_mana(100)
{
    m_arme = new Arme();
}
```

Si vous vous souvenez bien, on avait aussi fait un second constructeur pour ceux qui voulaient que le `Personnage` commence avec une arme plus puissante dès le début. Il faut là aussi y faire une allocation dynamique :

```
Personnage::Personnage(string nomArme, int degatsArme) : m_arme(0), m_vie(100),
↪ m_mana(100)
{
    m_arme = new Arme(nomArme, degatsArme);
}
```

Voici sans plus attendre les explications : `newArme()` appelle le constructeur par défaut de la classe `Arme` tandis que `newArme(nomArme,degatsArme)` appelle le constructeur surchargé. Le `new` renvoie l'adresse de l'objet créé, adresse qui est stockée dans notre pointeur `m_arme`.

Par sécurité, on initialise d'abord le pointeur à 0 dans la liste d'initialisation puis on fait l'allocation avec le `new` entre les accolades du constructeur.

Désallocation de mémoire pour l'objet

Notre `Arme` étant un pointeur, lorsque l'objet de type `Personnage` est supprimé, l'Arme ne disparaît pas toute seule ! Si on se contente d'un `new` dans le constructeur, et qu'on ne met rien dans le destructeur, lorsque l'objet de type `Personnage` est détruit nous avons un problème (figure 17.3).

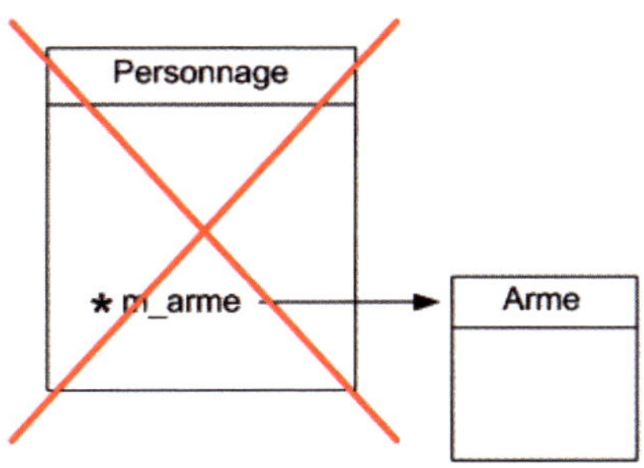

FIGURE 17.3 – Seul `Personnage` est supprimé

L'objet de type `Personnage` disparaît bel et bien mais l'objet de type `Arme` subsiste en mémoire et il n'y a plus aucun pointeur pour se « rappeler » son adresse. En clair, l'`Arme` va traîner en mémoire et on ne pourra plus jamais la supprimer. C'est ce qu'on appelle une **fuite de mémoire**.

Pour résoudre ce problème, il faut faire un `delete` de l'`Arme` dans le **destructeur** du personnage afin que l'`Arme` soit supprimée *avant* le personnage. Le code est tout simple :

```
Personnage::~Personnage()
{
    delete m_arme;
}
```

Cette fois le destructeur est réellement indispensable. Maintenant, lorsque quelqu'un demande à détruire le `Personnage`, il se passe ceci :

1. Appel du destructeur... et donc, dans notre cas, suppression de l'`Arme` (avec le `delete`) ;
2. Puis suppression du `Personnage`.

Au final, les deux objets sont bel et bien supprimés et la mémoire reste propre (figure 17.4).

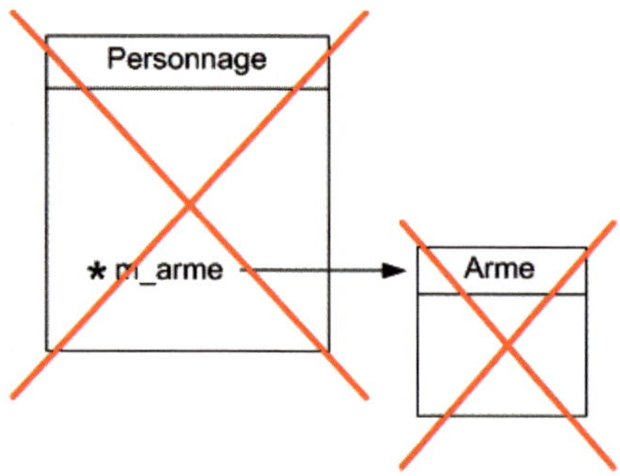

FIGURE 17.4 – Tous les objets sont proprement supprimés

N'oubliez pas que `m_arme` est maintenant un pointeur !

Cela implique de changer toutes les méthodes qui l'utilisent. Par exemple :

```
void Personnage::attaquer(Personnage &cible)
{
    cible.recevoirDegats(m_arme.getDegats());
}
```

... devient :

```
void Personnage::attaquer(Personnage &cible)
{
    cible.recevoirDegats(m_arme->getDegats());
}
```

Notez la différence : le point a été remplacé par la flèche car `m_arme` est un pointeur.

Le pointeur `this`

Ce chapitre étant difficile, je vous propose un passage un peu plus cool. Puisqu'on parle de POO et de pointeurs, je me dois de vous parler du pointeur `this`.

Dans toutes les classes, on dispose d'un pointeur ayant pour nom `this`, qui pointe *vers l'objet actuel*. Je reconnais que ce n'est pas simple à imaginer mais je pense que cela passera mieux avec un schéma maison (figure 17.5).

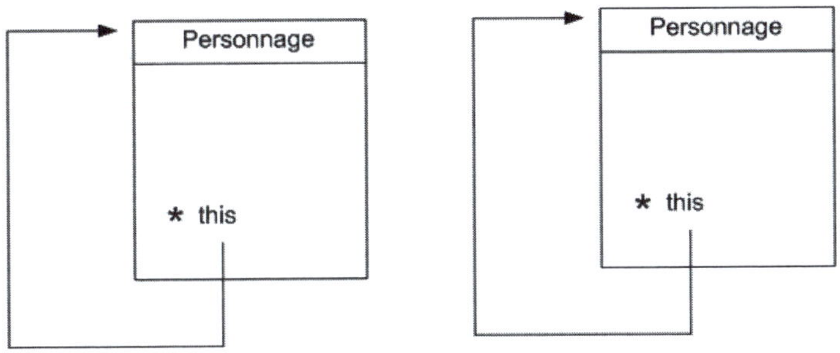

FIGURE 17.5 – Le pointeur `this`

Chaque objet (ici de type `Personnage`) possède un pointeur `this` qui pointe vers... l'objet lui-même !

`this` étant utilisé par le langage C++ dans toutes les classes, vous ne pouvez pas créer de variable appelée `this` car cela susciterait un conflit. De même, si vous commencez à essayer d'appeler vos variables `class`, `new`, `delete`, `return`, etc. vous aurez un problème. Ces mots-clés sont ce qu'on appelle des « mots-clés réservés ». Le langage C++ se les réserve pour son usage personnel, vous n'avez donc pas le droit de créer des variables (ou des fonctions) portant ces noms-là.

Mais... à quoi peut bien servir `this` ?

Répondre à cette question me sera délicat. En revanche je peux vous donner un exemple : vous êtes dans une méthode de votre classe et cette méthode doit renvoyer un pointeur vers l'objet auquel elle appartient. Sans le `this`, on ne pourrait pas l'écrire. Voilà ce que cela pourrait donner :

```
Personnage* Personnage::getAdresse() const
{
    return this;
}
```

Nous l'avons en fait déjà rencontré une fois, lors de la surcharge de l'opérateur `+=`. Souvenez-vous, notre opérateur ressemblait à ceci :

```
Duree& Duree::operator+=(const Duree &duree2)
{
```

```
    //Des calculs compliqués...

    return *this;
}
```

`this` étant un pointeur sur un objet, `*this` est l'objet lui-même ! Notre opérateur renvoie donc l'objet lui-même. La raison pour laquelle on doit renvoyer l'objet est compliquée mais c'est la forme correcte des opérateurs. Je vous propose donc simplement d'apprendre cette syntaxe par cœur.

À part pour la surcharge des opérateurs, vous n'avez certainement pas à utiliser `this` dans l'immédiat mais il arrivera un jour où, pour résoudre un problème particulier, vous aurez besoin d'un tel pointeur. Ce jour-là, souvenez-vous qu'un objet peut « retrouver » son adresse à l'aide du pointeur `this`.

Comme c'est l'endroit le plus adapté pour en parler dans ce cours, j'en profite. Cela ne va pas changer votre vie tout de suite mais il se peut que, bien plus tard, dans plusieurs chapitres, je vous dise tel un vieillard sur sa canne « Souvenez-vous, souvenez-vous du pointeur `this` ! ». Alors ne l'oubliez pas !

Le constructeur de copie

Le **constructeur de copie** est une **surcharge** particulière du constructeur. Le constructeur de copie devient généralement indispensable dans une classe qui contient des pointeurs et cela tombe bien vu que c'est précisément notre cas ici.

Le problème

Pour bien comprendre l'intérêt du constructeur de copie, voyons concrètement ce qui se passe lorsqu'on crée un objet en lui affectant... un autre objet ! Par exemple :

```
int main()
{
    Personnage goliath("Epée aiguisée", 20);

    Personnage david(goliath);
    //On crée david à partir de goliath. david sera une « copie » de goliath.

    return 0;
}
```

Lorsqu'on construit un objet en lui affectant directement un autre objet, comme on vient de le faire ici, le compilateur appelle une méthode appelée **constructeur de copie**.

Le rôle du constructeur de copie est de *copier la valeur de tous les attributs* du premier objet dans le second. Donc `david` récupère la vie de `goliath`, le mana de `goliath`, etc.

Dans quels cas le constructeur de copie est-il appelé ?

On vient de le voir, le constructeur de copie est appelé lorsqu'on crée un nouvel objet en lui affectant la valeur d'un autre :

```
Personnage david(goliath); //Appel du constructeur de copie (cas 1)
```

Ceci est strictement équivalent à :

```
Personnage david = goliath; //Appel du constructeur de copie (cas 2)
```

Dans ce second cas, c'est aussi au constructeur de copie qu'on fait appel.

Mais ce n'est pas tout ! Lorsque vous envoyez un objet à une fonction sans utiliser de pointeur ni de référence, l'objet est là aussi copié ! Imaginons la fonction :

```
void maFonction(Personnage unPersonnage)
{

}
```

Si vous appelez cette fonction qui n'utilise pas de pointeur ni de référence, alors l'objet sera copié en utilisant, au moment de l'appel de la fonction, un constructeur de copie :

```
maFonction(Goliath); //Appel du constructeur de copie (cas 3)
```

Bien entendu, il est généralement préférable d'utiliser une référence car l'objet n'a pas besoin d'être copié. Cela va donc bien plus vite et nécessite moins de mémoire. Toutefois, il arrivera des cas où vous aurez besoin de créer une fonction qui, comme ici, fait une copie de l'objet.

Si vous n'écrivez pas vous-mêmes un constructeur de copie pour votre classe, il sera généré automatiquement pour vous par le compilateur. Ok, c'est sympa de sa part mais le compilateur est... bête (pour ne pas le froisser). En fait, le constructeur de copie généré se contente de copier la valeur de tous les attributs... et même des pointeurs !

Le problème ? Eh bien justement, il se trouve que, dans notre classe `Personnage`, un des attributs est un pointeur ! Que fait l'ordinateur ? Il copie la valeur du pointeur, donc l'adresse de l'`Arme`. Au final, les 2 objets ont un pointeur qui pointe vers le même objet de type `Arme` (figure 17.6) ! Ah les fourbes !

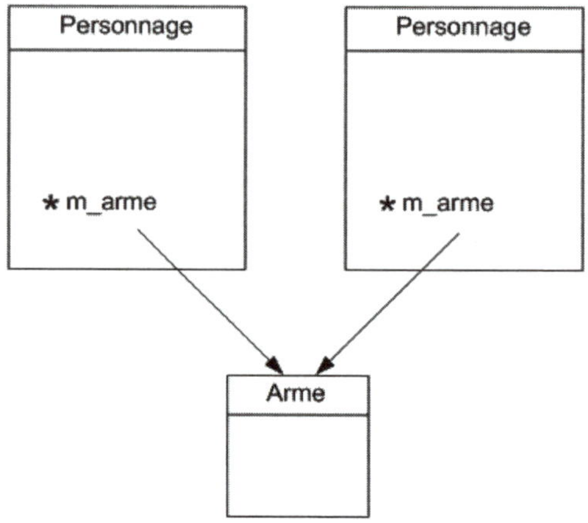

FIGURE 17.6 – L'ordinateur a copié le pointeur, les deux `Personnages` pointent vers la même `Arme`

Si on ne fait rien pour régler cela, imaginez ce qui se passe lorsque les deux personnages sont détruits... Le premier est détruit ainsi que son arme car le destructeur ordonne la suppression de l'arme avec un `delete`. Et quand arrive le tour du second personnage, le `delete` plante (et votre programme avec) parce que l'arme a *déjà* été détruite !

Le constructeur de copie généré automatiquement par le compilateur n'est pas assez intelligent pour comprendre qu'il faut allouer de la mémoire pour une autre `Arme`... Qu'à cela ne tienne, nous allons le lui expliquer.

Création du constructeur de copie

Le constructeur de copie, comme je vous l'ai dit un peu plus haut, est une surcharge particulière du constructeur, qui prend pour paramètre... une référence constante vers un objet du même type ! Si vous ne trouvez pas cela clair, peut-être qu'un exemple vous aidera.

```
class Personnage
{
    public:

    Personnage();
     Personnage(Personnage const& personnageACopier);
    //Le prototype du constructeur de copie
    Personnage(std::string nomArme, int degatsArme);
    ~Personnage();

    /*
```

```
    ... plein d'autres méthodes qui ne nous intéressent pas ici
    */

    private:

    int m_vie;
    int m_mana;
    Arme *m_arme;
};
```

En résumé, le prototype d'un constructeur de copie est :

```
Objet(Objet const& objetACopier);
```

Le `const` indique simplement que l'on n'a pas le droit de modifier les valeurs de l'`objetACopier` (c'est logique, on a seulement besoin de « lire » ses valeurs pour le copier).

Écrivons l'implémentation de ce constructeur. Il faut copier tous les attributs du `personnageACopier` dans le `Personnage` actuel. Commençons par les attributs « simples », c'est-à-dire ceux qui ne sont pas des pointeurs :

```
Personnage::Personnage(Personnage const& personnageACopier)
    : m_vie(personnageACopier.m_vie), m_mana(personnageACopier.m_mana), m_arme(0)
{

}
```

Vous vous demandez peut-être comment cela se fait qu'on puisse accéder aux attributs `m_vie` et `m_mana` du `personnageACopier` ? Si vous vous l'êtes demandé, je vous félicite, cela veut dire que le principe d'encapsulation commence à rentrer dans votre tête. Eh oui, en effet, `m_vie` et `m_mana` sont privés donc on ne peut pas y accéder depuis l'extérieur de la classe... sauf qu'il y a une exception ici : on est dans une méthode de la classe `Personnage` et on a donc le droit d'accéder à tous les éléments (même privés) d'un autre `Personnage`. C'est un peu tordu, je l'avoue, mais dans le cas présent cela nous simplifie grandement la vie. Retenez donc qu'un objet de type `X` peut accéder à tous les éléments (même privés) d'un autre objet du même type `X`.

Il reste maintenant à « copier » `m_arme`. Si on écrit :

```
m_arme = personnageACopier.m_arme;
```

... on fait exactement la même erreur que le compilateur, c'est-à-dire qu'on ne copie que l'adresse de l'objet de type `Arme` et non l'objet en entier !

Pour résoudre le problème, il faut copier l'objet de type `Arme` en faisant une allocation dynamique, donc un `new`. Attention, accrochez-vous parce que ce n'est pas simple.

Si on fait :

```
m_arme = new Arme();
```

... on crée bien une nouvelle `Arme` mais on utilise le constructeur par défaut, donc cela crée l'`Arme` de base. Or on veut avoir exactement la même `Arme` que celle du `personnageACopier` (eh bien oui, c'est un constructeur de copie).

La bonne nouvelle, comme je vous l'ai dit plus haut, c'est que le constructeur de copie est automatiquement généré par le compilateur. Tant que la classe n'utilise pas de pointeurs vers des attributs, il n'y a pas de danger. Et cela tombe bien, la classe `Arme` n'utilise pas de pointeur, on peut donc se contenter du constructeur qui a été généré.

Il faut donc appeler le constructeur de copie de `Arme`, en passant en paramètre l'objet à copier. Vous pourriez penser qu'il faut faire ceci :

```
m_arme = new Arme(personnageACopier.m_arme);
```

Presque ! Sauf que `m_arme` est un pointeur et le prototype du constructeur de copie est :

```
Arme(Arme const& arme);
```

... ce qui veut dire qu'il faut envoyer l'objet lui-même et pas son adresse. Vous vous souvenez de la manière d'obtenir l'objet (ou la variable) à partir de son adresse ? On utilise l'étoile * ! Cela donne au final :

```
m_arme = new Arme(*(personnageACopier.m_arme));
```

Cette ligne alloue dynamiquement une nouvelle arme, en se basant sur l'arme du `personnageACopier`. Pas simple, je le reconnais, mais relisez plusieurs fois les étapes de mon raisonnement et vous allez comprendre. Pour bien suivre tout ce que j'ai dit, il faut vraiment que vous soyez au point sur tout : les pointeurs, les références, et les... constructeurs de copie.

Le constructeur de copie une fois terminé

Le constructeur de copie correct ressemblera donc au final à ceci :

```
Personnage::Personnage(Personnage const& personnageACopier)
   : m_vie(personnageACopier.m_vie), m_mana(personnageACopier.m_mana), m_arme(0)
{
    m_arme = new Arme(*(personnageACopier.m_arme));
}
```

Ainsi, nos deux personnages ont chacun une arme identique mais dupliquée, afin d'éviter les problèmes que je vous ai expliqués plus haut (figure 17.7).

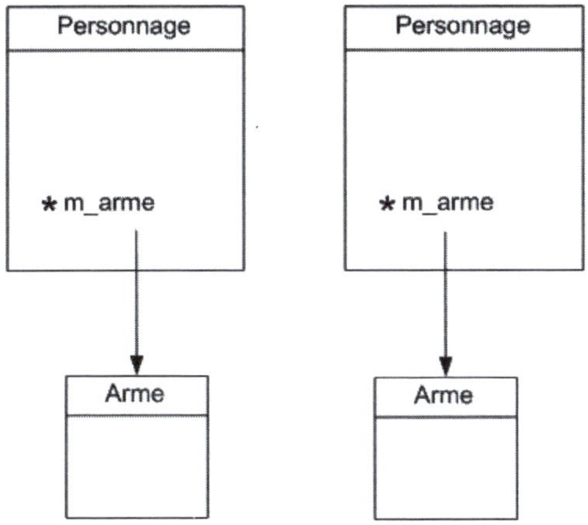

FIGURE 17.7 – Chaque personnage a maintenant son arme

L'opérateur d'affectation

Nous avons déjà parlé de la surcharge des opérateurs mais il y en a un que je ne vous ai pas présenté : il s'agit de l'opérateur d'affectation (`operator=`).

Le compilateur écrit automatiquement un opérateur d'affectation par défaut mais c'est un opérateur « bête ». Cet opérateur bête se contente de copier une à une les valeurs des attributs dans le nouvel objet, comme pour le constructeur de copie généré par le compilateur.

La méthode `operator=` sera appelée dès qu'on essaie d'affecter une valeur à l'objet. C'est le cas, par exemple, si nous affectons à notre objet la valeur d'un autre objet :

```
david = goliath;
```

Ne confondez pas le constructeur de copie avec la surcharge de l'opérateur = (`operator=`). Ils se ressemblent beaucoup mais il y a une différence : le constructeur de copie est appelé lors de l'initialisation (à la création de l'objet) tandis que la méthode `operator=` est appelée si on essaie d'affecter un autre objet par la suite, après son initialisation.

```
Personnage david = goliath; //Constructeur de copie
david = goliath; //operator=
```

Cette méthode effectue le même travail que le constructeur de copie. Écrire son implémentation est donc relativement simple, une fois qu'on a compris le principe bien sûr.

```
Personnage& Personnage::operator=(Personnage const& personnageACopier)
{
    if(this != &personnageACopier)
    //On vérifie que l'objet n'est pas le même que celui reçu en argument
    {
        m_vie = personnageACopier.m_vie; //On copie tous les champs
        m_mana = personnageACopier.m_mana;
        delete m_arme;
        m_arme = new Arme(*(personnageACopier.m_arme));
    }
    return *this; //On renvoie l'objet lui-même
}
```

Il y a tout de même quatre différences :

- Comme ce n'est pas un constructeur, on ne peut pas utiliser la liste d'initialisation et donc tout se passe entre les accolades.
- Il faut penser à vérifier que l'on n'est pas en train de faire `david=david`, que l'on travaille donc avec deux objets distincts. Il faut donc vérifier que leurs adresses mémoires (`this` et `&personnageACopier`) soient différentes.
- Il faut renvoyer `*this` comme pour les opérateurs `+=`, `-=`, etc. C'est une règle à respecter.
- Il faut penser à supprimer l'ancienne `Arme` avant de créer la nouvelle. C'est ce qui est fait au niveau de l'instruction `delete`, surlignée dans le code. Ceci n'était pas nécessaire dans le constructeur de copie puisque le personnage ne possédait pas d'arme avant.

Cet opérateur est toujours similaire à celui que je vous donne pour la classe `Personnage`. Les seuls éléments qui changent d'une classe à l'autre sont les lignes figurant dans le `if`. Je vous ai en quelque sorte donné la recette universelle.

Il y a une chose importante à retenir au sujet de cet opérateur : il va toujours de pair avec le constructeur de copie.

Si l'on a besoin d'écrire un constructeur de copie, alors il faut aussi obligatoirement écrire une surcharge de `operator=`

C'est une règle très importante à respecter. Vous risquez de graves problèmes de pointeurs si vous ne la respectez pas.

Comme vous commencez à vous en rendre compte, la POO n'est pas simple, surtout quand on commence à manipuler des objets avec des pointeurs. Heureusement, vous aurez l'occasion de pratiquer tout cela par la suite et vous allez petit à petit prendre l'habitude d'éviter les pièges des pointeurs.

En résumé

- Pour associer des classes entre elles, on peut utiliser les pointeurs : une classe peut contenir un pointeur vers une autre classe.
- Lorsque les classes sont associées par un pointeur, il faut veiller à bien libérer la mémoire afin que tous les éléments soient supprimés.
- Il existe une surcharge particulière du constructeur appelée « constructeur de copie ». C'est un constructeur appelé lorsqu'un objet doit être copié. Il est important de le définir lorsqu'un objet utilise des pointeurs vers d'autres objets.
- Le pointeur `this` est un pointeur qui existe dans tous les objets. Il pointe vers... l'objet lui-même.

Chapitre 18

L'héritage

Difficulté :

Nous allons maintenant découvrir une des notions les plus importantes de la POO : **l'héritage**. Qu'on se rassure, il n'y aura pas de mort. ;-)

L'héritage est un concept très important qui représente une part non négligeable de l'intérêt de la programmation orientée objet. Bref, cela ne rigole pas. Ce n'est pas le moment de s'endormir au fond, je vous ai à l'œil !

Dans ce chapitre nous allons réutiliser notre exemple de la classe `Personnage`, que nous simplifierons beaucoup pour nous concentrer uniquement sur ce qui est important. En clair, nous ne garderons que le strict minimum, histoire d'avoir un exemple simple mais que vous connaissez déjà.

Allez, bon courage : cette notion n'est pas bien dure à comprendre, elle est juste très riche.

Exemple d'héritage simple

Vous devez vous dire que le terme « Héritage » est étrange dans le langage de la programmation. Mais vous allez le voir, il n'en est rien. Alors c'est quoi l'héritage ? C'est une technique qui permet de créer une classe à partir d'une autre classe. Elle lui sert de modèle, de base de départ. Cela permet d'éviter d'avoir à réécrire un même code source plusieurs fois.

Comment reconnaître un héritage ?

C'est *la* question à se poser. Certains ont tellement été traumatisés par l'héritage qu'ils en voient partout, d'autres au contraire (surtout les débutants) se demandent à chaque fois s'il y a un héritage à faire ou pas. Pourtant ce n'est pas « mystique », il est très facile de savoir s'il y a une relation d'héritage entre deux classes.

Comment ? En suivant cette règle très simple : *Il y a héritage quand on peut dire : « A est un B ».*

Pas de panique, ce ne sont pas des maths. Et afin de vous persuaderz, je vais prendre un exemple très simple : on peut dire « Un guerrier est un personnage » ou encore « Un magicien est un personnage ». On peut donc définir un héritage : « la classe `Guerrier` hérite de `Personnage` », « la classe `Magicien` hérite de `Personnage` ».

Pour être sûr que vous compreniez bien, voici quelques exemples supplémentaires et corrects d'héritage :

- une voiture est un véhicule (`Voiture` hérite de `Vehicule`) ;
- un bus est un véhicule (`Bus` hérite de `Vehicule`) ;
- un moineau est un oiseau (`Moineau` hérite d'`Oiseau`) ;
- un corbeau est un oiseau (`Corbeau` hérite d'`Oiseau`) ;
- un chirurgien est un docteur (`Chirurgien` hérite de `Docteur`) ;
- un diplodocus est un dinosaure (`Diplodocus` hérite de `Dinosaure`) ;
- etc.

En revanche, vous ne pouvez pas dire « Un dinosaure est un diplodocus », ou encore « Un bus est un oiseau ». Donc, dans ces cas là, on ne peut pas faire d'héritage ou, plus exactement, cela n'aurait aucun sens

J'insiste mais il est très important de respecter cette règle. Vous risquez de vous retrouver confrontés à de gros problèmes de logique dans vos codes si vous ne le faites pas.

Avant de voir comment réaliser un héritage en C++, il faut que je pose l'exemple sur lequel on va travailler.

Notre exemple : la classe Personnage

Petit rappel : cette classe représente un personnage d'un jeu vidéo de type RPG (jeu de rôle). Il n'est pas nécessaire de savoir jouer ou d'avoir joué à un RPG pour suivre mon exemple. J'ai simplement choisi celui-là car il est plus ludique que la plupart des exemples barbants que les profs d'informatique aiment utiliser (Voiture, Bibliotheque, Universite, PompeAEssence...).

Nous allons un peu simplifier notre classe `Personnage`. Voici ce sur quoi je vous propose de partir :

```
#ifndef DEF_PERSONNAGE
#define DEF_PERSONNAGE

#include <iostream>
#include <string>

class Personnage
{
    public:
        Personnage();
        void recevoirDegats(int degats);
        void coupDePoing(Personnage &cible) const;

    private:
        int m_vie;
        std::string m_nom;
};

#endif
```

Notre `Personnage` a un nom et une quantité de vie. On n'a mis qu'un seul constructeur, celui par défaut. Il permet d'initialiser le `Personnage` avec un nom et lui donne 100 points de vie. Le `Personnage` peut recevoir des dégâts, *via* la méthode `recevoirDegats()` et en distribuer, *via* la méthode `coupDePoing()`.

À titre informatif, voici l'implémentation des méthodes dans `Personnage.cpp` :

```
#include "Personnage.h"

using namespace std;

Personnage::Personnage() : m_vie(100), m_nom("Jack")
{

}

void Personnage::recevoirDegats(int degats)
{
    m_vie -= degats;
```

```
}

void Personnage::coupDePoing(Personnage &cible) const
{
    cible.recevoirDegats(10);
}
```

Rien d'extraordinaire pour le moment.

La classe `Guerrier` hérite de la classe `Personnage`

Intéressons-nous maintenant à l'héritage : l'idée est de créer une nouvelle classe qui soit une sous-classe de `Personnage`. On dit que cette classe *hérite* de `Personnage`.

Pour cet exemple, je vais créer une classe `Guerrier` qui hérite de `Personnage`. La définition de la classe, dans `Guerrier.h`, ressemble à ceci :

```
#ifndef DEF_GUERRIER
#define DEF_GUERRIER

#include <iostream>
#include <string>
#include "Personnage.h"
//Ne pas oublier d'inclure Personnage.h pour pouvoir en hériter !

class Guerrier : public Personnage
//Signifie : créer une classe Guerrier qui hérite de la classe Personnage
{

};

#endif
```

Grâce à ce qu'on vient de faire, la classe `Guerrier` contiendra de base tous les attributs et toutes les méthodes de la classe `Personnage`. Dans un tel cas, la classe `Personnage` est appelée la classe « Mère » et la classe `Guerrier` la classe « Fille ».

Mais quel intérêt de créer une nouvelle classe si c'est pour qu'elle contienne les mêmes attributs et les mêmes méthodes ?

Attendez, justement ! Le truc, c'est qu'*on peut rajouter des attributs et des méthodes spéciales dans la classe `Guerrier`*. Par exemple, on pourrait rajouter une méthode qui ne concerne que les guerriers, du genre `frapperCommeUnSourdAvecUnMarteau` (bon ok, c'est un nom de méthode un peu long, je l'avoue, mais l'idée est là).

```
#ifndef DEF_GUERRIER
#define DEF_GUERRIER
```

```
#include <iostream>
#include <string>
#include "Personnage.h"

class Guerrier : public Personnage
{
    public:
        void frapperCommeUnSourdAvecUnMarteau() const;
        //Méthode qui ne concerne que les guerriers
};

#endif
```

Schématiquement, on représente la situation comme à la figure 18.1.

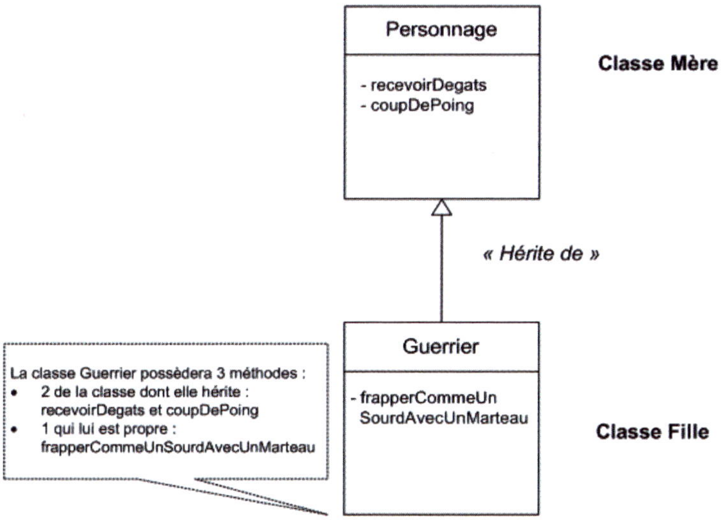

FIGURE 18.1 – Un héritage entre classes

Le schéma se lit de bas en haut, c'est-à-dire que « `Guerrier` hérite de `Personnage` ». `Guerrier` est la classe fille, `Personnage` est la classe mère. On dit que `Guerrier` est une « spécialisation » de la classe `Personnage`. Elle possède toutes les caractéristiques d'un `Personnage` (de la vie, un nom, elle peut recevoir des dégâts) mais elle possède en plus des caractéristiques propres au `Guerrier` comme `frapperCommeUnSourdAvecUnMarteau()`.

Retenez bien que, lorsqu'on fait un héritage, on hérite des méthodes *et* des attributs. Je n'ai pas représenté les attributs sur le schéma ci-dessus pour éviter de le surcharger mais la vie et le nom du `Personnage` sont bel et bien hérités, ce qui fait qu'un `Guerrier` possède aussi de la vie et un nom !

Vous commencez à comprendre le principe ? En C++, quand on a deux classes qui sont liées par la relation « est un », on utilise l'héritage pour mettre en évidence ce lien. Un `Guerrier` « est un » `Personnage` amélioré qui possède une méthode supplémentaire.

Ce concept n'a l'air de rien comme cela mais croyez-moi, cela fait la différence ! Vous n'allez pas tarder à voir tout ce que cela a de puissant lorsque vous pratiquerez, plus loin dans le cours.

La classe `Magicien` hérite aussi de `Personnage`

Tant qu'il n'y a qu'un seul héritage, l'intérêt semble encore limité. Mais multiplions un peu les héritages et les spécialisations et nous allons vite voir tout l'intérêt de la chose.

Par exemple, si on créait une classe `Magicien` qui hérite elle aussi de `Personnag e` ? Après tout, un `Magicien` est un `Personnage`, donc il peut récupérer les mêmes propriétés de base : de la vie, un nom, donner un coup de poing, etc. La différence, c'est que le `Magicien` peut aussi envoyer des sorts magiques, par exemple `bouleDeF eu` et `bouleDeGlace`. Pour utiliser sa magie, il a une réserve de magie qu'on appelle « Mana » (cela fait un attribut à rajouter). Quand `Mana` tombe à zéro, il ne peut plus lancer de sort.

```
#ifndef DEF_MAGICIEN
#define DEF_MAGICIEN

#include <iostream>
#include <string>
#include "Personnage.h"

class Magicien : public Personnage
{
    public:
        void bouleDeFeu() const;
        void bouleDeGlace() const;

    private:
        int m_mana;
};

#endif
```

Je ne vous donne pas l'implémentation des méthodes (le `.cpp`) ici, je veux juste que vous compreniez et reteniez le principe (figure 18.2).

Notez que, sur le schéma, je n'ai représenté que les méthodes des classes mais les attributs (`vie`, `nom`...) sont eux aussi hérités !

Et le plus beau, c'est qu'on peut faire une classe qui hérite d'une classe qui hérite d'une autre classe ! Imaginons qu'il y ait deux types de magiciens : les magiciens blancs, qui sont des gentils qui envoient des sorts de guérison, et les magiciens noirs qui sont des

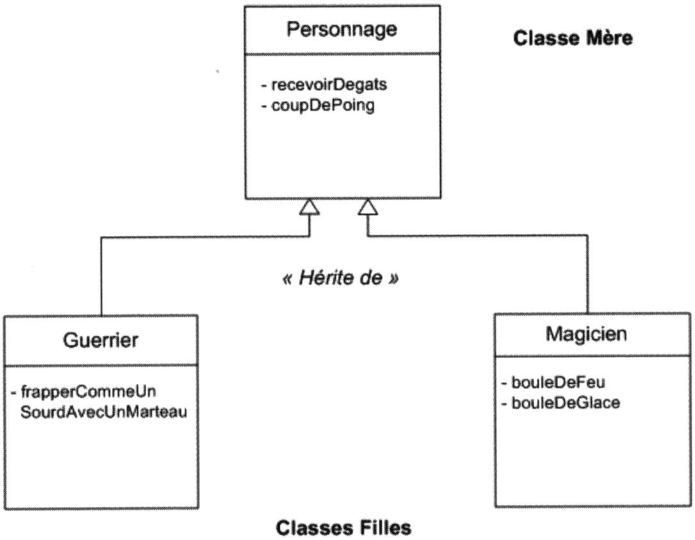

FIGURE 18.2 – Deux classes héritent d'une même classe

méchants qui utilisent leurs sorts pour tuer des gens [1] (figure 18.3).

Et cela pourrait continuer longtemps comme cela. Vous verrez dans la prochaine partie sur la bibliothèque C++ Qt qu'il y a souvent cinq ou six héritages qui sont faits à la suite. C'est vous dire si c'est utilisé !

La dérivation de type

Imaginons le code suivant :

```
Personnage monPersonnage;
Guerrier monGuerrier;

monPersonnage.coupDePoing(monGuerrier);
monGuerrier.coupDePoing(monPersonnage);
```

Si vous compilez, cela fonctionne. Mais si vous êtes attentifs, vous devriez vous demander *pourquoi* cela a fonctionné, parce que normalement cela n'aurait pas dû ! ... Non, vous ne voyez pas ?

Allez, un petit effort. Voici le prototype de `coupDePoing` (il est le même dans la classe `Personnage` et dans la classe `Guerrier`, rappelez-vous) :

```
void coupDePoing(Personnage &cible) const;
```

1. Super exemple, j'en suis fier.

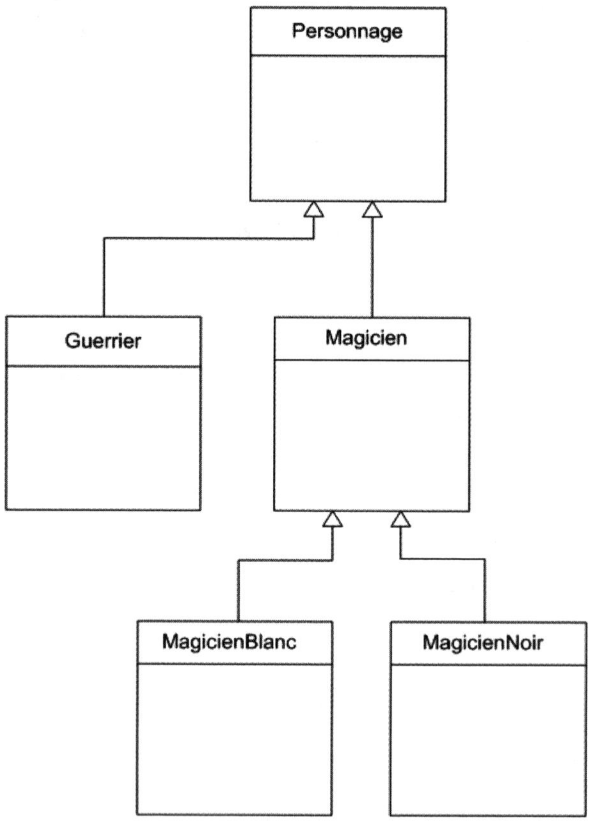

FIGURE 18.3 – Multiples héritages

Quand on fait `monGuerrier.coupDePoing(monPersonnage);`, on envoie bien en paramètre un `Personnage`. Mais quand on fait `monPersonnage.coupDePoing(monGuerrier);`, cela marche aussi et le compilateur ne hurle pas à la mort alors que, selon toute logique, il le devrait ! En effet, la méthode `coupDePoing` attend un `Personnage` et on lui envoie un `Guerrier`. Pourquoi diable cela fonctionne-t-il ?

Eh bien... c'est justement une propriété très intéressante de l'héritage en C++ que vous venez de découvrir là : *on peut substituer un objet de la classe fille à un pointeur ou une référence vers un objet de la classe mère.* Ce qui veut dire, dans une autre langue que le chinois, qu'on peut faire cela :

```
Personnage *monPersonnage(0);
Guerrier *monGuerrier = new Guerrier();

monPersonnage = monGuerrier; // Mais... mais... Ça marche !?
```

Les deux premières lignes n'ont rien d'extraordinaire : on crée un pointeur `Personnage` mis à 0 et un pointeur `Guerrier` qu'on initialise avec l'adresse d'un nouvel objet de type `Guerrier`. Par contre, la dernière ligne est assez surprenante. Normalement, on ne *devrait pas* pouvoir donner à un pointeur de type `Personnage` un pointeur de type `Guerrier`. C'est comme mélanger les torchons et les serviettes, cela ne se fait pas.

Alors oui, en temps normal le compilateur n'accepte pas d'échanger des pointeurs (ou des références) de types différents. Mais `Personnage` et `Guerrier` ne sont pas n'importe quels types : `Guerrier` hérite de `Personnage`. Et la règle à connaître, c'est justement qu'*on peut affecter un élément enfant à un élément parent* ! En fait c'est logique puisque `Guerrier` *est un* `Personnage`.

Par contre, l'inverse est faux ! On ne peut *pas* faire `monGuerrier = monPersonnage;`. Cela plante et c'est strictement interdit. Attention au sens de l'affectation, donc.

Cela nous permet donc de placer un élément dans un pointeur (ou une référence) de type plus général. C'est très pratique dans notre cas lorsqu'on passe une cible en paramètre :

```
void coupDePoing(Personnage &cible) const;
```

Notre méthode `coupDePoing` est capable de faire mal à n'importe quel `Personnage` ! Qu'il soit `Guerrier`, `Magicien`, `MagicienBlanc`, `MagicienNoir` ou autre, c'est un `Personnage` après tout, donc on peut lui donner un `coupDePoing`.

Je reconnais que c'est un peu choquant au début mais on se rend compte qu'en réalité, c'est très bien fait. Cela fonctionne, puisque la méthode `coupDePoing` se contente d'appeler des méthodes de la classe `Personnage` (`recevoirDegats`) et que ces méthodes se trouvent forcément dans toutes les classes filles (`Guerrier`, `Magicien`).

Si vous ne comprenez pas, relisez-moi et vous devriez saisir pourquoi cela fonctionne.

Eh bien non, moi je ne comprends pas ! Je ne vois pas pourquoi cela marche si on fait `objetMere = objetFille;`. Là on affecte la fille à la mère or la fille possède des attributs que la mère n'a pas. Cela devrait coincer ! L'inverse ne serait-il pas plus logique ?

Je vous rassure, j'ai mis des mois avant d'arriver à comprendre ce qui se passait vraiment (comment cela, vous n'êtes pas rassurés ?).

Votre erreur est de croire qu'on affecte la fille à la mère or ce n'est pas le cas : on substitue un pointeur (ou une référence). Ce n'est pas du tout pareil. Les objets restent comme ils sont dans la mémoire, on ne fait que diriger le pointeur vers la partie de la fille qui a été héritée. La classe fille est constituée de deux morceaux : les attributs et méthodes héritées de la mère d'une part, et les attributs et méthodes qui lui sont propres d'autre part. En faisant `objetMere=objetFille;`, on dirige le pointeur `objetMere` vers les attributs et méthodes hérités uniquement (figure 18.4).

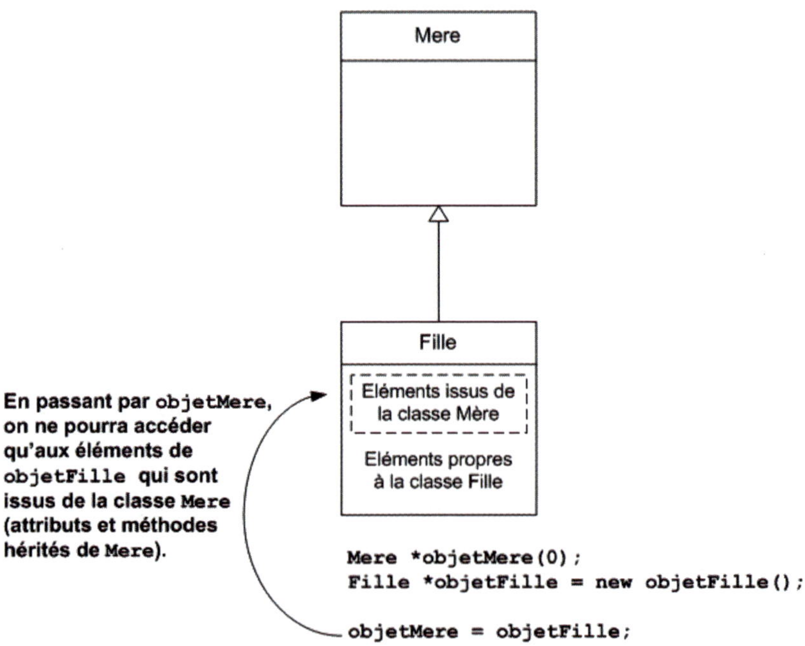

FIGURE 18.4 – La dérivation de type

Je peux difficilement pousser l'explication plus loin, j'espère que vous allez comprendre. Sinon, pas de panique, j'ai survécu plusieurs mois en programmation C++ sans bien comprendre ce qui se passait et je n'en suis pas mort (mais c'est mieux si vous comprenez !).

En tout cas, sachez que c'est une technique très utilisée, on s'en sert vraiment souvent en C++ ! Vous découvrirez cela par la pratique, dans la prochaine partie de ce livre, en utilisant Qt.

Héritage et constructeurs

Vous avez peut-être remarqué que je n'ai pas encore parlé des constructeurs dans les classes filles (`Guerrier`, `Magicien`...). C'est justement le moment de s'y intéresser.

On sait que `Personnage` a un constructeur (par défaut) défini comme ceci dans le `.h` :

```
Personnage();
```

... et son implémentation dans le `.cpp` :

```
Personnage::Personnage() : m_vie(100), m_nom("Jack")
{

}
```

Comme vous le savez, lorsqu'on crée un objet de type `Personnage`, le constructeur est appelé avant toute chose.

Mais maintenant, que se passe-t-il lorsqu'on crée par exemple un `Magicien` qui hérite de `Personnage` ? Le `Magicien` a le droit d'avoir un constructeur lui aussi ! Est-ce que cela ne risque pas d'interférer avec le constructeur de `Personnage` ? Il faut pourtant appeler le constructeur de `Personnage` si on veut que la vie et le nom soient initialisés !

En fait, les choses se déroule dans l'ordre suivant :

1. Vous demandez à créer un objet de type `Magicien` ;
2. Le compilateur appelle d'abord le constructeur de la classe mère (`Personnage`) ;
3. Puis, le compilateur appelle le constructeur de la classe fille (`Magicien`).

En clair, c'est d'abord le constructeur du « parent » qui est appelé, puis celui du fils, et éventuellement celui du petit-fils (s'il y a un héritage d'héritage, comme c'est le cas avec `MagicienBlanc`).

Appeler le constructeur de la classe mère

Pour appeler le constructeur de `Personnage` en premier, il faut y faire appel depuis le constructeur de `Magicien`. C'est dans un cas comme cela qu'il est indispensable de se servir de la liste d'initialisation (vous savez, tout ce qui suit le symbole deux-points dans l'implémentation).

```
Magicien::Magicien() : Personnage(), m_mana(100)
{

}
```

Le premier élément de la liste d'initialisation indique de faire appel en premier lieu au constructeur de la classe parente `Personnage`. Puis on réalise les initialisations propres au `Magicien` (comme l'initialisation du mana à 100).

Lorsqu'on crée un objet de type `Magicien`, le compilateur appelle le constructeur par défaut de la classe mère (celui qui ne prend pas de paramètre).

Transmission de paramètres

Le gros avantage de cette technique est que l'on peut « transmettre » les paramètres du constructeur de `Magicien` au constructeur de `Personnage`. Par exemple, si le constructeur de `Personnage` prend un nom en paramètre, il faut que le `Magicien` accepte lui aussi ce paramètre et le fasse passer au constructeur de `Personnage` :

```
Magicien::Magicien(string nom) : Personnage(nom), m_mana(100)
{

}
```

Bien entendu, si on veut que cela marche, il faut aussi surcharger le constructeur de `Personnage` pour qu'il accepte un paramètre `string` !

```
Personnage::Personnage(string nom) : m_vie(100), m_nom(nom)
{

}
```

Et voilà comment on fait « remonter » des paramètres d'un constructeur à un autre pour s'assurer que l'objet se crée correctement.

Schéma résumé

Pour bien mémoriser ce qui se passe, rien de tel qu'un schéma résumant tout ceci, n'est-ce pas (figure 18.5) ?

Il faut bien entendu le lire dans l'ordre pour en comprendre le fonctionnement. On commence par demander à créer un `Magicien`. « Oh mais c'est un objet » se dit le compilateur, « il faut que j'appelle son constructeur ». Or, le constructeur du `Magici en` indique qu'il faut d'abord appeler le constructeur de la classe parente `Personnage`. Le compilateur va donc voir la classe parente et exécute son code. Il revient ensuite au constructeur du `Magicien` et exécute son code.

Une fois que tout cela est fait, notre objet `merlin` devient utilisable et on peut enfin faire subir les pires sévices à notre cible

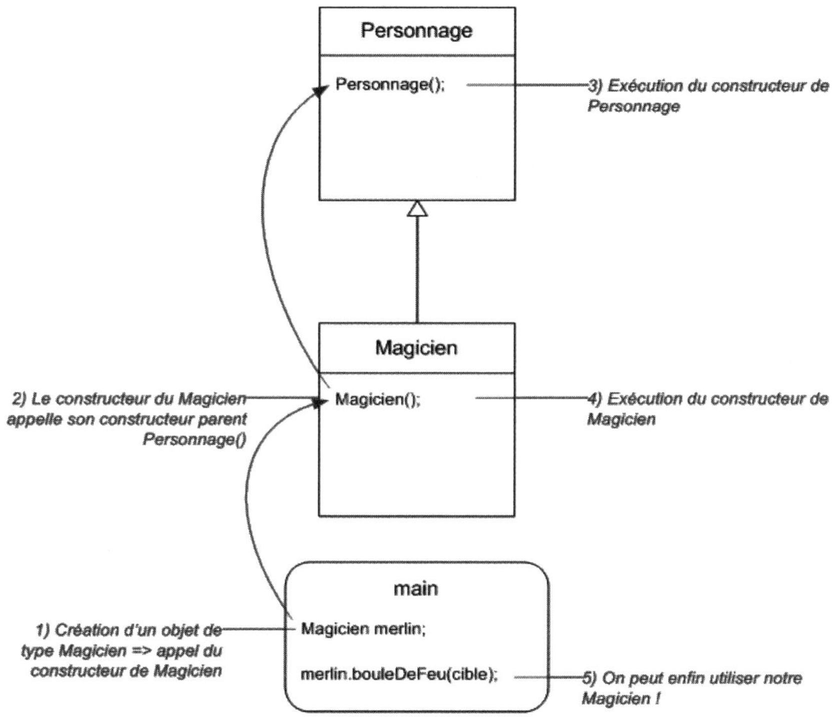

FIGURE 18.5 – Ordre d'appel des constructeurs

La portée protected

Il me serait vraiment impossible de vous parler d'héritage sans vous parler de la portée `protected`.

Actuellement, les portées (ou droits d'accès) que vous connaissez déjà sont :

- `public` : les éléments qui suivent sont accessibles depuis l'extérieur de la classe ;
- `private` : les éléments qui suivent ne sont pas accessibles depuis l'extérieur de la classe.

Je vous ai en particulier donné la règle fondamentale du C++, l'encapsulation, qui veut que l'on empêche systématiquement au monde extérieur d'accéder aux attributs de nos classes.

La portée `protected` est un autre type de droit d'accès que je classerais entre `public` (le plus permissif) et `private` (le plus restrictif). Il n'a de sens que pour les classes qui se font hériter (les classes mères) mais on peut l'utiliser sur toutes les classes, même quand il n'y a pas d'héritage.

Voici sa signification : les éléments qui suivent `protected` ne sont pas accessibles depuis l'extérieur de la classe, *sauf* si c'est une classe fille.

Cela veut dire, par exemple, que si l'on met des éléments en `protected` dans la classe `Personnage`, on y aura accès dans les classes filles `Guerrier` et `Magicien`. Avec la portée `private`, on n'aurait pas pu y accéder !

En pratique, je donne personnellement toujours la portée `protected` aux attributs de mes classes. Le résultat est comparable à `private` (donc cela respecte l'encapsulation) sauf qu'au cas où j'hérite un jour de cette classe, j'aurai aussi directement accès aux attributs. Cela est souvent nécessaire, voire indispensable, sinon on doit utiliser des tonnes d'accesseurs (méthodes `getVie()`, `getMana()`, etc.) et cela rend le code bien plus lourd.

```
class Personnage
{
   public:
        Personnage();
        Personnage(std::string nom);
        void recevoirDegats(int degats);
        void coupDePoing(Personnage &cible) const;

   protected: //Privé, mais accessible aux éléments enfants (Guerrier, Magicien)
       int m_vie;
       std::string m_nom;
};
```

On peut alors directement manipuler la vie et le nom dans tous les éléments enfants de `Personnage`, comme `Guerrier` et `Magicien` !

Le masquage

Terminons ce chapitre avec une notion qui nous servira dans la suite : le masquage.

Une fonction de la classe mère

Il serait intéressant pour notre petit RPG que nos personnages aient le moyen de se présenter. Comme c'est une action que devraient pouvoir réaliser tous les personnages, quels que soient leur rôle, la fonction `sePresenter()` va dans la classe `Personnage`.

```
class Personnage
{
    public:
        Personnage();
        Personnage(std::string nom);
        void recevoirDegats(int degats);
        void coupDePoing(Personnage& cible) const;

        void sePresenter() const;

    protected:
        int m_vie;
        std::string m_nom;
};
```

Remarquez le `const` qui indique que le personnage ne sera pas modifié quand il se présentera. Vous en avez maintenant l'habitude, mais j'aime bien vous rafraîchir la mémoire.

Et dans le fichier `.cpp` :

```
void Personnage::sePresenter() const
{
    cout << "Bonjour, je m'appelle " << m_nom << "." << endl;
    cout << "J'ai encore " << m_vie << " points de vie." << endl;
}
```

On peut donc écrire un `main()` comme celui-ci :

```
int main()
{
   Personnage marcel("Marcel");
   marcel.sePresenter();

   return 0;
}
```

Ce qui nous donne évidemment le résultat suivant :

```
Bonjour, je m'appelle Marcel.
J'ai encore 100 points de vie.
```

La fonction est héritée dans les classes filles

Vous le savez déjà, un `Guerrier` *est un* `Personnage` et, par conséquent, il peut également se présenter.

```
int main(){

   Guerrier lancelot("Lancelot du Lac");
   lancelot.sePresenter();

   return 0;
}
```

Avec pour résultat :

```
Bonjour, je m'appelle Lancelot du Lac.
J'ai encore 100 points de vie.
```

Jusque là, rien de bien particulier ni de difficile.

Le masquage

Imaginons maintenant que les guerriers aient une manière différente de se présenter. Ils doivent en plus préciser qu'ils sont guerriers. Nous allons donc écrire une version différente de la fonction `sePresenter()`, spécialement pour eux :

```
void Guerrier::sePresenter() const
{
    cout << "Bonjour, je m'appelle " << m_nom << "." << endl;
    cout << "J'ai encore " << m_vie << " points de vie." << endl;
    cout << "Je suis un Guerrier redoutable." << endl;
}
```

Mais il y aura deux fonctions avec le même nom et les mêmes arguments dans la classe ! C'est interdit !

Vous avez tort et raison. Deux fonctions ne peuvent avoir la même signature (nom et type des arguments). Mais, dans le cadre des classes, c'est différent. La fonction de la classe `Guerrier` *remplace* celle héritée de la classe `Personnage`.

Si l'on exécute le même `main()` qu'avant, on obtient cette fois le résultat souhaité.

```
Bonjour, je m'appelle Lancelot du Lac.
J'ai encore 100 points de vie.
Je suis un Guerrier redoutable.
```

Quand on écrit une fonction qui a le même nom que celle héritée de la classe mère, on parle de **masquage**. La fonction héritée de `Personnage` est masquée, cachée.

Pour masquer une fonction, il suffit qu'elle ait le même nom qu'une autre fonction héritée. Le nombre et le type des arguments ne joue aucun rôle.

C'est bien pratique cela ! Quand on fait un héritage, la classe fille reçoit automatiquement toutes les méthodes de la classe mère. Si une de ces méthodes ne nous plaît pas, on la réécrit dans la classe fille et le compilateur saura quelle version appeler. Si c'est un `Guerrier`, il utilise la « version `Guerrier` » de `sePresenter()` et si c'est un `Personnage` ou un `Magicien`, il utilise la version de base (figure 18.6).

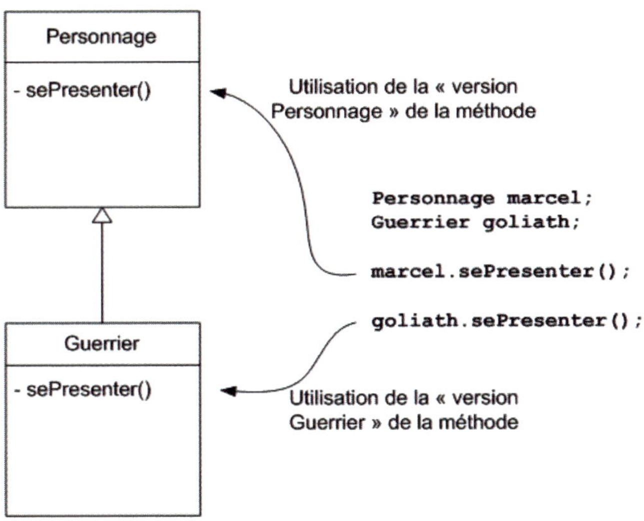

FIGURE 18.6 – Principe du masquage

Gardez bien ce schéma en mémoire, il nous sera utile au prochain chapitre.

Économiser du code

Ce qu'on a écrit est bien mais on peut faire encore mieux. Si l'on regarde, la fonction `sePresenter()` de la classe `Guerrier` a deux lignes identiques à ce qu'il y a dans la même fonction de la classe `Personnage`. On pourrait donc économiser des lignes de code en appelant la fonction masquée.

Économiser des lignes de code est souvent une bonne attitude à adopter, le code est ainsi plus facile à maintenir. Et souvenez-vous, être fainéant est une qualité importante pour un programmeur.

On aimerait donc écrire quelque chose du genre :

```
void Guerrier::sePresenter() const
{
    appel_a_la_fonction_masquee();
    //Cela afficherait les informations de base

    cout << "Je suis un Guerrier redoutable." << endl;
    //Et ensuite les informations spécifiques
}
```

Il faudrait donc un moyen d'appeler la fonction de la classe mère.

Le démasquage

On aimerait appeler la fonction dont le nom complet est : `Personnage::sePresenter()`. Essayons donc :

```
void Guerrier::sePresenter() const
{
    Personnage::sePresenter();
    cout << "Je suis un Guerrier redoutable." << endl;
}
```

Et c'est magique, cela donne exactement ce que l'on espérait.

```
Bonjour, je m'appelle Lancelot du Lac.
J'ai encore 100 points de vie.
Je suis un Guerrier redoutable.
```

On parle dans ce cas de **démasquage**, puisqu'on a pu utiliser une fonction qui était masquée.

On a utilisé ici l'opérateur `::` appelé **opérateur de résolution de portée**. Il sert à déterminer quelle fonction (ou variable) utiliser quand il y a ambiguïté ou si il y a plusieurs possibilités.

En résumé

- L'héritage permet de spécialiser une classe.
- Lorsqu'une classe hérite d'une autre classe, elle récupère toutes ses propriétés et ses méthodes.
- Faire un héritage a du sens si on peut dire que l'objet `A` « est un » objet `B`. Par exemple, une `Voiture` « est un » `Vehicule`.
- La classe de base est appelée classe mère et la classe qui en hérite est appelée classe fille.
- Les constructeurs sont appelés dans un ordre bien précis : classe mère, puis classe fille.
- En plus de `public` et `private`, il existe une portée `protected`. Elle est équivalente à `private` mais elle est un peu plus ouverte : les classes filles peuvent elles aussi accéder aux éléments.
- Si une méthode a le même nom dans la classe fille et la classe mère, c'est la méthode la plus spécialisée, celle de la classe fille, qui est appelée.

Chapitre 19

Le polymorphisme

Difficulté :

Vous avez bien compris le chapitre sur l'héritage ? C'était un chapitre relativement difficile. Je ne veux pas vous faire peur mais celui que vous êtes en train de lire est du même acabit. C'est sans doute le chapitre le plus complexe de tout le cours mais vous allez voir qu'il va nous ouvrir de nouveaux horizons très intéressants.

Mais au fait, de quoi allons-nous parler ? Le titre est simplement « le polymorphisme », ce qui ne nous avance pas vraiment. Si vous avez fait un peu de grec, vous êtes peut-être à même de décortiquer ce mot. « Poly » signifie « plusieurs », comme dans *polygone* ou *polytechnique*, et « morphe » signifie « forme » comme dans... euh... *amorphe* ou *zoomorphe*. Nous allons donc parler de choses ayant plusieurs formes. Ou, pour utiliser des termes informatiques, nous allons créer du code fonctionnant de différentes manières selon le type qui l'utilise.

Je vous conseille vivement de relire le chapitre sur les pointeurs (page 171) avant de continuer.

La résolution des liens

Commençons en douceur avec un peu d'héritage tout simple. Vous en avez marre de notre RPG ? Moi aussi. Prenons un autre exemple pour varier un peu. Attaquons donc la création d'un programme de gestion d'un garage et des véhicules qui y sont stationnés. Imaginons que notre fier garagiste sache réparer à la fois des voitures et des motos. Dans son programme, il aurait les classes suivantes : `Vehicule`, `Voiture` et `Moto`.

```
class Vehicule
{
    public:
    void affiche() const;  //Affiche une description du Vehicule

    protected:
    int m_prix;  //Chaque véhicule a un prix
};

class Voiture : public Vehicule //Une Voiture EST UN Vehicule
{
    public:
    void affiche() const;

    private:
    int m_portes;  //Le nombre de portes de la voiture
};

class Moto : public Vehicule  //Une Moto EST UN Vehicule
{
    public:
    void affiche() const;

    private:
    double m_vitesse;  //La vitesse maximale de la moto
};
```

L'exemple est bien sûr simplifié au maximum : il manque beaucoup de méthodes, d'attributs ainsi que les constructeurs. Je vous laisse compléter selon vos envies. Le corps des fonctions `affiche()` est le suivant :

```
void Vehicule::affiche() const
{
```

```
    cout << "Ceci est un vehicule." << endl;
}

void Voiture::affiche() const
{
    cout << "Ceci est une voiture." << endl;
}

void Moto::affiche() const
{
    cout << "Ceci est une moto." << endl;
}
```

Chaque classe affiche donc un message différent. Et si vous avez bien suivi le chapitre précédent, vous aurez remarqué que j'utilise ici le masquage pour redéfinir la fonction `affiche()` de `Vehicule` dans les deux classes filles.

Essayons donc ces fonctions avec un petit `main()` tout bête :

```
int main()
{
    Vehicule v;
    v.affiche();     //Affiche "Ceci est un vehicule."

    Moto m;
    m.affiche();     //Affiche "Ceci est une moto."

    return 0;
}
```

Je vous invite à tester, vous ne devriez rien observer de particulier. Mais cela va venir.

La résolution statique des liens

Créons une fonction supplémentaire qui reçoit en paramètre un `Vehicule` et modifions le `main()` afin d'utiliser cette fonction :

```
void presenter(Vehicule v)  //Présente le véhicule passé en argument
{
    v.affiche();
}

int main()
{
    Vehicule v;
    presenter(v);

    Moto m;
```

```
    presenter(m);

    return 0;
}
```

A priori, rien n'a changé. Les messages affichés devraient être les mêmes. Voyons cela :

```
Ceci est un vehicule.
Ceci est un vehicule.
```

Le message n'est pas correct pour la moto! C'est comme si, lors du passage dans la fonction, la vraie nature de la moto s'était perdue et qu'elle était redevenue un simple véhicule.

Comment est-ce possible ?

Comme il y a une relation d'héritage, nous savons qu'une moto *est un* véhicule, un véhicule amélioré en quelque sorte puisqu'il possède un attribut supplémentaire. La fonction `presenter()` reçoit en argument un `Vehicule`. Ce peut être un objet réellement de type `Vehicule` mais aussi une `Voiture` ou, comme dans l'exemple, une `Moto`. Souvenez-vous de la dérivation de type introduite au chapitre précédent. Ce qui est important c'est que, pour le compilateur, à l'intérieur de la fonction, on manipule un `Vehicule`. Peu importe sa vraie nature. Il va donc appeler la « version `Vehicule` » de la méthode `afficher()` et pas la « version `Moto` » comme on aurait pu l'espérer. Dans l'exemple du chapitre précédent, c'est la bonne version qui était appelée puisque, à l'intérieur de la fonction, le compilateur savait s'il avait affaire à un simple personnage ou à un guerrier. Ici, dans la fonction `presenter()`, pas moyen de savoir ce que sont réellement les véhicules reçus en argument.

En termes techniques, on parle de **résolution statique des liens**. La fonction reçoit un `Vehicule`, c'est donc toujours la « version `Vehicule` » des méthodes qui sera utilisée. ***C'est le type de la variable qui détermine quelle fonction membre appeler et non sa vraie nature.***

Mais vous vous doutez bien que, si je vous parle de tout cela, c'est qu'il y a un moyen de changer ce comportement.

La résolution dynamique des liens

Ce qu'on aimerait, c'est que la fonction `presenter()` appelle la bonne version de la méthode. C'est-à-dire qu'il faut que la fonction connaisse la vraie nature du `Vehicule`. C'est ce qu'on appelle la **résolution dynamique des liens**. Lors de l'exécution, le programme utilise la bonne version des méthodes car il sait si l'objet est de type mère ou de type fille.

Pour faire cela, il faut deux *ingrédients* :

- utiliser un pointeur ou une référence ;
- utiliser des méthodes virtuelles.

Si ces deux ingrédients ne sont pas réunis, alors on retombe dans le premier cas et l'ordinateur n'a aucun moyen d'appeler la bonne méthode.

Les fonctions virtuelles

Je vous ai donné la liste des ingrédients, allons-y pour la préparation du menu. Commençons par les méthodes virtuelles.

Déclarer une méthode virtuelle...

Cela a l'air effrayant en le lisant mais c'est très simple. Il suffit d'ajouter le mot-clé `virtual` dans le prototype de la classe (dans le fichier `.h` donc). Pour notre garage, cela donne :

```
class Vehicule
{
    public:
    virtual void affiche() const;  //Affiche une description du Vehicule

    protected:
    int m_prix;  //Chaque véhicule a un prix
};

class Voiture: public Vehicule  //Une Voiture EST UN Vehicule
{
    public:
    virtual void affiche() const;

    private:
    int m_portes;  //Le nombre de portes de la voiture
};

class Moto : public Vehicule  //Une Moto EST UN Vehicule
{
    public:
    virtual void affiche() const;

    private:
    double m_vitesse;  //La vitesse maximale de la moto
};
```

Il n'est pas nécessaire de mettre « `virtual` » devant les méthodes des classes filles. Elles sont automatiquement virtuelles par héritage. Personnellement, je préfère le mettre pour me souvenir de leur particularité.

Jusque là, rien de bien difficile. Notez bien qu'il n'est pas nécessaire que toutes les méthodes soient virtuelles. Une classe peut très bien proposer des fonctions « normales » et d'autres virtuelles.

Il ne faut pas mettre `virtual` dans le fichier `.cpp` mais uniquement dans le `.h`. Si vous essayez, votre compilateur se vengera en vous insultant copieusement !

... et utiliser une référence

Le deuxième ingrédient est un pointeur ou une référence. Vous êtes certainement comme moi, vous préférez la simplicité et, par conséquent, les références. On ne va quand même pas s'embêter avec des pointeurs juste pour le plaisir. Réécrivons donc la fonction `presenter()` avec comme argument une référence.

```
void presenter(Vehicule const& v)  //Présente le véhicule passé en argument
{
    v.affiche();
}

int main()  //Rien n'a changé dans le main()
{
    Vehicule v;
    presenter(v);

    Moto m;
    presenter(m);

    return 0;
}
```

J'ai aussi ajouté un `const`. Comme on ne modifie pas l'objet dans la fonction, autant le faire savoir au compilateur et au programmeur en déclarant la référence constante.

Voilà. Il ne nous reste plus qu'à tester :

```
Ceci est un vehicule.
Ceci est une moto.
```

Cela marche ! La fonction `presenter()` a bien appelé la bonne version de la méthode. En utilisant des fonctions virtuelles ainsi qu'une référence sur l'objet, la fonction `presenter()` a pu correctement choisir la méthode à appeler.

On aurait obtenu le même comportement avec des pointeurs à la place des références, comme sur le schéma 19.1.

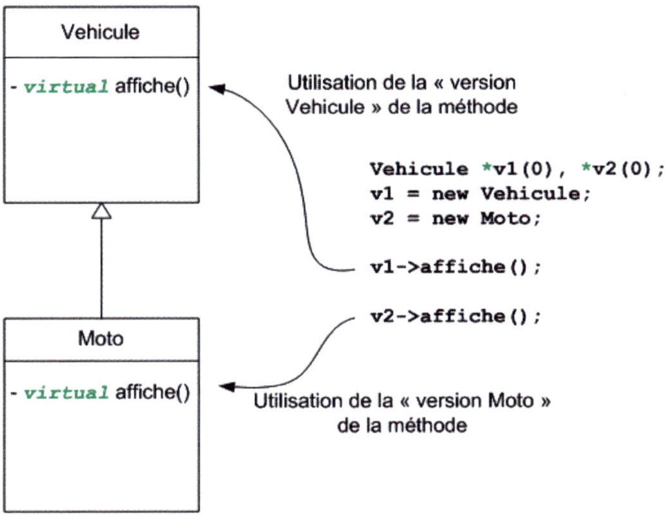

FIGURE 19.1 – Fonctions virtuelles et pointeurs

Un même morceau de code a eu deux comportements différents suivant le type passé en argument. C'est donc du polymorphisme. On dit aussi que les méthodes `affiche()` ont un *comportement polymorphique*.

Les méthodes spéciales

Bon, assez parlé. À mon tour de vous poser une petite question de théorie :

Quelles sont les méthodes d'une classe qui ne sont jamais héritées ?

La réponse est simple :

- tous les constructeurs ;
- le destructeur.

Vous aviez trouvé ? C'est bien. Toutes les autres méthodes peuvent être héritées et peuvent avoir un comportement polymorphique si on le souhaite. Mais qu'en est-il pour ces méthodes spéciales ?

Le cas des constructeurs

Un constructeur virtuel a-t-il du sens ? Non ! Quand je veux construire un véhicule quelconque, je sais lequel je veux construire. Je peux donc à la compilation déjà savoir quel véhicule construire. Je n'ai pas besoin de résolution dynamique des liens et, par conséquent, pas besoin de virtualité. *Un constructeur ne peut pas être virtuel.*

Et cela va même plus loin. Quand je suis dans le constructeur, je sais quel type je construis, je n'ai donc à nouveau pas besoin de résolution dynamique des liens. D'où la règle suivante : *on ne peut pas appeler de méthode virtuelle dans un constructeur. Si on essaye quand même, la résolution dynamique des liens ne se fait pas.*

Le cas du destructeur

Ici, c'est un petit peu plus compliqué... malheureusement.

Créons un petit programme utilisant nos véhicules et des pointeurs, puisque c'est un des ingrédients du polymorphisme.

```
int main()
{
    Vehicule *v(0);
    v = new Voiture;
    //On crée une Voiture et on met son adresse dans un pointeur de Vehicule

    v->affiche();  //On affiche "Ceci est une voiture."

    delete v;      //Et on détruit la voiture

    return 0;
}
```

Nous avons un pointeur et une méthode virtuelle. La ligne `v->affiche()` affiche donc le message que l'on souhaitait. Le problème de ce programme se situe au moment du `d elete`. Nous avons un pointeur mais la méthode appelée n'est pas virtuelle. C'est donc le destructeur de `Vehicule` qui est appelé et pas celui de `Voiture` ! Dans ce cas, cela ne porte pas vraiment à conséquence, le programme ne plante pas. Mais imaginez que vous deviez écrire une classe pour le maniement des moteurs électriques d'un robot. Si c'est le mauvais destructeur qui est appelé, vos moteurs ne s'arrêteront peut-être pas. Cela peut vite devenir dramatique.

Il faut donc impérativement appeler le bon destructeur. Et pour ce faire, une seule solution : rendre le destructeur virtuel ! Cela nous permet de formuler une nouvelle règle importante : *un destructeur doit toujours être virtuel si on utilise le polymorphisme.*

Le code amélioré

Ajoutons donc des constructeurs et des destructeurs à nos classes. Tout sera alors correct.

```
class Vehicule
{
    public:
    Vehicule(int prix);            //Construit un véhicule d'un certain prix
    virtual void affiche() const;
    virtual ~Vehicule();           //Remarquez le 'virtual' ici

    protected:
    int m_prix;
};

class Voiture: public Vehicule
{
    public:
    Voiture(int prix, int portes);
    //Construit une voiture dont on fournit le prix et le nombre de portes
    virtual void affiche() const;
    virtual ~Voiture();

    private:
    int m_portes;
};

class Moto : public Vehicule
{
    public:
    Moto(int prix, double vitesseMax);
    //Construit une moto d'un prix donné et ayant une certaine vitesse maximale
    virtual void affiche() const;
    virtual ~Moto();

    private:
    double m_vitesse;
};
```

▷ Copier ce code
Code web : 386818

Il faut bien sûr également compléter le fichier source :

```
Vehicule::Vehicule(int prix)
    :m_prix(prix)
{}

void Vehicule::affiche() const
```

```
//J'en profite pour modifier un peu les fonctions d'affichage
{
    cout << "Ceci est un vehicule coutant " << m_prix << " euros." << endl;
}

Vehicule::~Vehicule() //Même si le destructeur ne fait rien, on doit le mettre !
{}

Voiture::Voiture(int prix, int portes)
    :Vehicule(prix), m_portes(portes)
{}

void Voiture::affiche() const
{
    cout << "Ceci est une voiture avec " << m_portes << " et coutant " <<
↪ m_prix << " euros." << endl;
}

Voiture::~Voiture()
{}

Moto::Moto(int prix, double vitesseMax)
    :Vehicule(prix), m_vitesse(vitesseMax)
{}

void Moto::affiche() const
{
    cout << "Ceci est une moto allant a " << m_vitesse << " km/h et coutant "
↪ << m_prix << " euros." << endl;
}

Moto::~Moto()
{}
```

▷ Copier ce code
Code web : 386804

Nous sommes donc prêts à aborder un exemple concret d'utilisation du polymorphisme. Attachez vos ceintures !

Les collections hétérogènes

Je vous ai dit tout au début du chapitre que nous voulions créer un programme de gestion d'un garage. Par conséquent, nous allons devoir gérer une collection de voitures et de motos. Nous ferons donc appel à... des tableaux dynamiques !

```
vector<Voiture> listeVoitures;
vector<Moto> listeMotos;
```

Bien ! Mais pas optimal. Si notre ami garagiste commence à recevoir des commandes pour des scooters, des camions, des fourgons, des vélos, etc. il va falloir déclarer beaucoup de vectors. Cela veut dire qu'il va falloir apporter de grosses modifications au code à chaque apparition d'un nouveau type de véhicule.

Le retour des pointeurs

Il serait bien plus judicieux de mettre le tout dans un seul tableau ! Comme les motos et les voitures sont des véhicules, on peut déclarer un tableau de véhicules et mettre des motos dedans. Mais si nous procédons ainsi, nous allons alors perdre la vraie nature des objets. Souvenez-vous des deux ingrédients du polymorphisme ! Il nous faut donc un tableau de pointeurs ou un tableau de références. On ne peut pas créer un tableau de références [1], nous allons donc devoir utiliser des pointeurs.

Vous vous rappelez du chapitre sur les pointeurs ? Je vous avais présenté trois cas d'utilisations. En voici donc un quatrième. J'espère que vous ne m'en voulez pas trop de ne pas en avoir parlé avant...

```
int main()
{
    vector<Vehicule*> listeVehicules;
    return 0;
}
```

C'est ce qu'on appelle une **collection hétérogène** puisqu'elle contient, d'une certaine manière, des types différents.

Utiliser la collection

Commençons par remplir notre tableau. Comme nous allons accéder à nos véhicules uniquement *via* les pointeurs, nous n'avons pas besoin d'étiquettes sur nos objets et nous pouvons utiliser l'allocation dynamique pour les créer. En plus, cela nous permet d'avoir directement un pointeur à mettre dans notre vector.

```
int main()
{
    vector<Vehicule*> listeVehicules;

    listeVehicules.push_back(new Voiture(15000, 5));
    //J'ajoute à ma collection de véhicules une voiture
    //Valant 15000 euros et ayant 5 portes
    listeVehicules.push_back(new Voiture(12000, 3));  //...
    listeVehicules.push_back(new Moto(2000, 212.5));
    //Une moto à 2000 euros allant à 212.5 km/h
```

1. Rappelez-vous, les références ne sont que des étiquettes.

```
    //On utilise les voitures et les motos

    return 0;
}
```

La figure 19.2 représente notre tableau.

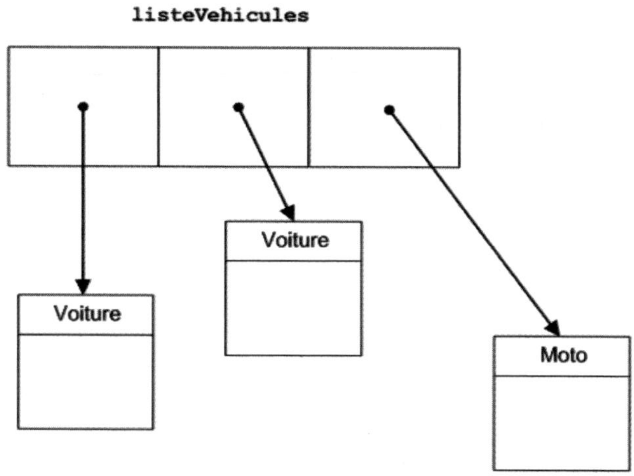

FIGURE 19.2 – Une collection hétérogène

Les voitures et motos ne sont pas réellement dans les cases. Ce sont des pointeurs. Mais en suivant les flèches, on accède aux véhicules.

Bien ! Mais nous venons de faire une grosse faute ! Chaque fois que l'on utilise `new`, il faut utiliser `delete` pour vider la mémoire. Nous allons donc devoir faire appel à une boucle pour libérer la mémoire allouée.

```
int main()
{
    vector<Vehicule*> listeVehicules;

    listeVehicules.push_back(new Voiture(15000, 5));
    listeVehicules.push_back(new Voiture(12000, 3));
    listeVehicules.push_back(new Moto(2000, 212.5));

    //On utilise les voitures et les motos

    for(int i(0); i<listeVehicules.size(); ++i)
    {
        delete listeVehicules[i];  //On libère la i-ème case mémoire allouée
        listeVehicules[i] = 0;  //On met le pointeur à 0 pour éviter les soucis
    }

    return 0;
}
```

Il ne nous reste plus qu'à utiliser nos objets. Comme c'est un exemple basique, ils ne savent faire qu'une seule chose : afficher des informations. Mais essayons quand même !

```
int main()
{
    vector<Vehicule*> listeVehicules;

    listeVehicules.push_back(new Voiture(15000, 5));
    listeVehicules.push_back(new Voiture(12000, 3));
    listeVehicules.push_back(new Moto(2000, 212.5));

    listeVehicules[0]->affiche();
    //On affiche les informations de la première voiture

    listeVehicules[2]->affiche();
    //Et celles de la moto

    for(int i(0); i<listeVehicules.size(); ++i)
    {
        delete listeVehicules[i];  //On libère la i-ème case mémoire allouée
        listeVehicules[i] = 0;  //On met le pointeur à 0 pour éviter les soucis
    }

    return 0;
}
```

Je vous invite, comme toujours, à tester. Voici ce que vous devriez obtenir :

```
Ceci est une voiture avec 5 portes valant 15000 euros.
Ceci est une moto allant a 212.5 km/h et valant 2000 euros.
```

Ce sont les bonnes versions des méthodes qui sont appelées ! Cela ne devrait pas être une surprise à ce stade. Nous avons des pointeurs (ingrédient 1) et des méthodes virtuelles (ingrédient 2).

Je vous propose d'améliorer un peu ce code en ajoutant les éléments suivants :

- Une classe `Camion` qui aura comme attribut le poids qu'il peut transporter.
- Un attribut représentant l'année de fabrication du véhicule. Ajoutez aussi des méthodes pour afficher cette information.
- Une classe `Garage` qui aura comme attribut le `vector<Vehicule*>` et proposerait des méthodes pour ajouter/supprimer des véhicules ou pour afficher des informations sur tous les éléments contenus.
- Une méthode `nbrRoues()` qui renvoie le nombre de roues des différents véhicules.

Après ce léger entraînement, terminons ce chapitre avec une évolution de notre petit programme.

Les fonctions virtuelles pures

Avez-vous essayé de programmer la méthode `nbrRoues()` du mini-exercice ? Si ce n'est pas le cas, il est encore temps de le faire. Elle va beaucoup nous intéresser dans la suite.

Le problème des roues

Comme c'est un peu répétitif, je vous donne ma version de la fonction pour les classes `Vehicule` et `Voiture` uniquement.

```
class Vehicule
{
    public:
    Vehicule(int prix);
    virtual void affiche() const;
    virtual int nbrRoues() const;  //Affiche le nombre de roues du véhicule
    virtual ~Vehicule();

    protected:
    int m_prix;
};

class Voiture : public Vehicule
{
    public:
    Voiture(int prix, int portes);
    virtual void affiche() const;
    virtual int nbrRoues() const;  //Affiche le nombre de roues de la voiture
    virtual ~Voiture();

    private:
    int m_portes;
};
```

Du côté du `.h`, pas de souci. C'est le corps des fonctions qui risque de poser problème.

```
int Vehicule::nbrRoues() const
{
    //Que mettre ici ????
}

int Voiture::nbrRoues() const
{
    return 4;
}
```

Vous l'aurez compris, on ne sait pas vraiment quoi mettre dans la « version `Vehicule` » de la méthode. Les voitures ont 4 roues et les motos 2 mais, pour un véhicule en général, on ne peut rien dire ! On aimerait bien ne rien mettre ici ou carrément supprimer la fonction puisqu'elle n'a pas de sens. Mais si on ne déclare pas la fonction dans la classe mère, alors on ne pourra pas l'utiliser depuis notre collection hétérogène. Il nous faut donc la garder ou au minimum dire qu'elle existe mais qu'on n'a pas le droit de l'utiliser. On souhaiterait ainsi dire au compilateur : « Dans toutes les **classes filles** de `Vehicule`, il y a une fonction nommée `nbrRoues()` qui renvoie un `int` et qui ne prend aucun argument mais, dans la classe `Vehicule`, cette fonction n'existe pas. »

C'est ce qu'on appelle une *méthode virtuelle pure.*

Pour déclarer une telle méthode, rien de plus simple. Il suffit d'ajouter « = 0 » à la fin du prototype.

```
class Vehicule
{
    public:
    Vehicule(int prix);
    virtual void affiche() const;
    virtual int nbrRoues() const = 0;  //Affiche le nombre de roues du véhicule
    virtual ~Vehicule();

    protected:
    int m_prix;
};
```

Et évidemment, on n'a rien à écrire dans le `.cpp` puisque, justement, on ne sait pas quoi y mettre. On peut carrément supprimer complètement la méthode. L'important étant que son prototype soit présent dans le `.h`.

Les classes abstraites

Une classe qui possède au moins une méthode virtuelle pure est une **classe abstraite**. Notre classe `Vehicule` est donc une classe abstraite.

Pourquoi donner un nom spécial à ces classes ? Eh bien parce qu'elles ont une règle bien particulière : *on ne peut pas créer d'objet à partir d'une classe abstraite.*

Oui, oui, vous avez bien lu ! La ligne suivante ne compilera pas.

```
Vehicule v(10000); //Création d'un véhicule valant 10000 euros.
```

Dans le jargon des programmeurs, on dit qu'on ne peut pas créer d'instance d'une classe abstraite. La raison en est simple : si je pouvais créer un `Vehicule`, alors je pourrais essayer d'appeler la fonction `nbrRoues()` qui n'a pas de corps et ceci n'est pas possible. Par contre, je peux tout à fait écrire le code suivant :

```
int main()
{
    Vehicule* ptr(0);  //Un pointeur sur un véhicule
```

```
    Voiture caisse(20000,5);
    //On crée une voiture
    //Ceci est autorisé puisque toutes les fonctions ont un corps

    ptr = &caisse;  //On fait pointer le pointeur sur la voiture

    cout << ptr->nbrRoues() << endl;
    //Dans la classe fille, nbrRoues() existe, ceci est donc autorisé

    return 0;
}
```

Ici, l'appel à la méthode `nbrRoues()` est polymorphique puisque nous avons un pointeur et que notre méthode est virtuelle. C'est donc la « version `Voiture` » qui est appelée. Donc même si la « version `Vehicule` » n'existe pas, il n'y a pas de problèmes.

Si l'on veut créer une nouvelle sorte de `Vehicule` (`Camion` par exemple), on sera obligé de redéfinir la fonction `nbrRoues()`, sinon cette dernière sera virtuelle pure par héritage et, par conséquent, la classe sera abstraite elle aussi.

On peut résumer les fonctions virtuelles de la manière suivante :

- une méthode virtuelle *peut* être redéfinie dans une classe fille ;
- une méthode virtuelle pure *doit* être redéfinie dans une classe fille.

Dans la bibliothèque Qt, que nous allons très bientôt aborder, il y a beaucoup de classes abstraites. Il existe par exemple une classe par sorte de bouton, c'est-à-dire une classe pour les boutons normaux, une pour les cases à cocher, etc. Toutes ces classes héritent d'une classe nommée `QAbstractButton`, qui regroupe des propriétés communes à tous les boutons (taille, texte, etc.). Mais comme on ne veut pas autoriser les utilisateurs à mettre des `QAbstractButton` sur leurs fenêtres, les créateurs de la bibliothèque ont rendu cette classe abstraite.

En résumé

- Le polymorphisme permet de manipuler des objets d'une classe fille *via* des pointeurs ou des références sur une classe mère.
- Deux ingrédients sont nécessaires : des fonctions virtuelles et des pointeurs ou références sur l'objet.
- Si l'on ne sait pas quoi mettre dans le corps d'une méthode de la classe mère, on peut la déclarer virtuelle pure.
- Une classe avec des méthodes virtuelles pures est dite abstraite. On ne peut pas créer d'objet à partir d'une telle classe.

Chapitre 20

Eléments statiques et amitié

Difficulté :

Vous tenez le coup ? Courage, vos efforts seront bientôt largement récompensés. Ce chapitre va d'ailleurs vous permettre de souffler un peu. Vous allez découvrir quelques notions spécifiques aux classes en C++ : les attributs et méthodes statiques, ainsi que l'amitié. Ce sont ce que j'appellerais des « points particuliers » du C++. Ce ne sont pas des détails pour autant, ce sont des choses à connaître.

Car oui, tout ce que je vous apprends là, vous allez en avoir besoin et vous allez largement le réutiliser. Je suis sûr aussi que vous en comprendrez mieux l'intérêt lorsque vous pratiquerez pour de bon. N'allez pas croire que les programmeurs ont inventé des trucs un peu complexes comme cela, juste pour le plaisir de programmer de façon tordue...

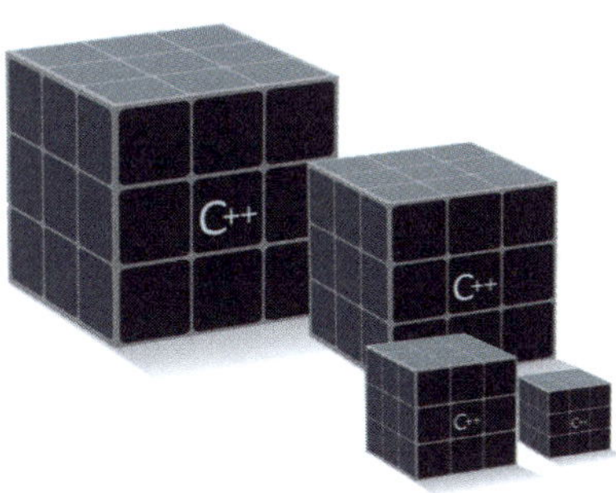

Les méthodes statiques

Les méthodes statiques sont un peu spéciales... Ce sont des méthodes qui appartiennent à la classe mais pas aux objets instanciés à partir de la classe. En fait, ce sont de bêtes « fonctions » rangées dans des classes qui n'ont pas accès aux attributs de la classe. Elles s'utilisent d'une manière un peu particulière.

Je pense que le mieux est encore un exemple !

Créer une méthode statique

Dans le `.h`, le prototype d'une méthode statique ressemble à ceci :

```
class MaClasse
{
    public:
        MaClasse();
        static void maMethode();
};
```

Son implémentation dans le `.cpp` ne possède pas en revanche de mot-clé `static` :

```
void MaClasse::maMethode() //Ne pas remettre 'static' dans l'implémentation
{
    cout << "Bonjour !" << endl;
}
```

Ensuite, dans le `main()`, la méthode statique s'appelle comme ceci :

```
int main()
{
    MaClasse::maMethode();

    return 0;
}
```

Mais... on n'a pas créé d'objet de type `MaClasse` et on appelle la méthode quand même ? C'est quoi ce bazar ?

C'est justement cela, la particularité des méthodes statiques. Pour les utiliser, pas besoin de créer un objet. Il suffit de faire précéder le nom de la méthode du nom de la classe suivi d'un double deux-points. D'où le : `MaClasse::maMethode();`

Cette méthode, comme je vous le disais, ne peut pas accéder aux attributs de la classe. C'est vraiment une bête fonction mais *rangée dans une classe*. Cela permet de regrouper les fonctions dans des classes, par thème, et aussi d'éviter des conflits de nom.

Quelques exemples de l'utilité des méthodes statiques

Les méthodes statiques peuvent vous paraître un tantinet stupides. En effet, à quoi bon avoir inventé le modèle objet si c'est pour autoriser les gens à créer de bêtes fonctions regroupées dans des classes ?

La réponse, c'est qu'on a toujours besoin d'utiliser de « bêtes » fonctions, même en modèle objet, et pour être un peu cohérent, on les regroupe dans des classes en précisant qu'elles sont statiques.

Il y a en effet des fonctions qui ne nécessitent pas de créer un objet, pour lesquelles cela n'aurait pas de sens. Des exemples ?

- Il existe dans la bibliothèque Qt une classe `QDate` qui permet de manipuler des dates. On peut comparer des dates entre elles (surcharge d'opérateur) etc. Cette classe propose aussi un certain nombre de méthodes statiques, comme `currentDate()` qui renvoie la date actuelle. Pas besoin de créer un objet pour avoir cette information ! Il suffit donc de taper `QDate::currentDate()` pour récupérer la date actuelle.
- Toujours avec Qt, la classe `QDir`, qui permet de manipuler les dossiers du disque dur, propose quelques méthodes statiques. Par exemple, on trouve `QDir::drives()` qui renvoie la liste des disques présents sur l'ordinateur (par exemple « C :\ », « D :\ », etc.). Là encore, cela n'aurait pas d'intérêt d'instancier un objet à partir de la classe car ce sont des *informations générales.*
- etc.

J'espère que cela vous donne envie de travailler avec Qt parce que la partie suivante de ce livre y est consacrée ! ;-)

Les attributs statiques

Il existe aussi ce qu'on appelle des **attributs statiques**. Tout comme les méthodes statiques, les attributs statiques appartiennent à la classe et non aux objets créés à partir de la classe.

Créer un attribut statique dans une classe

C'est assez simple en fait : il suffit de rajouter le mot-clé `static` au début de la ligne. Un attribut `static`, bien qu'il soit accessible de l'extérieur, peut très bien être déclaré **private** ou **protected**. Appelez cela une exception, car c'en est bien une.

Exemple :

```
class MaClasse
{
    public:
        MaClasse();

    private:
```

```
        static int monAttribut;

};
```

Sauf qu'on ne peut pas initialiser l'attribut statique ici. Il faut le faire dans l'espace global, c'est-à-dire en dehors de toute classe ou fonction, *en dehors du `main()` notamment.*

```
//Initialiser l'attribut en dehors de toute fonction ou classe (espace global)
int MaClasse::monAttribut = 5;
```

Cette ligne se met généralement dans le fichier `.cpp` de la classe.

Un attribut déclaré comme statique se comporte comme une variable globale, c'est-à-dire une variable accessible partout dans le code.

Il est très tentant de déclarer des attributs statiques pour pouvoir accéder partout à ces variables sans avoir à les passer en argument de fonctions, par exemple. C'est généralement une mauvaise chose car cela pose de gros problèmes de maintenance. En effet, comme l'attribut est accessible de partout, comment savoir à quel moment il va être modifié ? Imaginez un programme avec des centaines de fichiers dans lequel vous devez chercher l'endroit qui modifie cet attribut ! C'est impossible. N'utilisez donc des attributs statiques que si vous en avez réellement besoin.

Une des utilisations les plus courantes des attributs statiques est la création d'un compteur d'instances. Il arrive parfois que l'on ait besoin de connaître le nombre d'objets d'une classe donnée qui ont été créés.

Pour y arriver, on crée alors un attribut statique `compteur` que l'on initialise à zéro. On incrémente ensuite ce compteur dans les constructeurs de la classe et, bien sûr, on le décrémente dans le destructeur.

```
class Personnage
{
    public:
    Personnage(string nom);
    //Plein de méthodes...
    ~Personnage();

    private:
    string m_nom;
    static int compteur;
}
```

Et tout se passe ensuite dans le `.cpp` correspondant :

```
int Personnage::compteur = 0; //On initialise notre compteur à 0

Personnage::Personnage(string nom)
    :m_nom(nom)
{
    ++compteur;  //Quand on crée un personnage, on ajoute 1 au compteur
}

Personnage::~Personnage()
{
    --compteur;  //Et on enlève 1 au compteur lors de la destruction
}
```

On peut alors à tout instant connaître le nombre de personnages présents dans le jeu en consultant la valeur de l'attribut `Personnage::compteur`.

```
int main()
{
    //On crée deux personnages
    Personnage goliath("Goliath le tenebreux");
    Personnage lancelot("Lancelot le preux");

    //Et on consulte notre compteur
    cout << "Il y a actuellement " << Personnage::compteur << " personnages en
↪ jeu." << endl;
    return 0;
}
```

Simple et efficace non ? Vous verrez d'autres exemples d'attributs statiques dans la suite. Ce n'est pas cela qui manque en C++.

L'amitié

Vous savez créer des classes mères, des classes filles, des classes petites-filles, etc. : un vrai arbre généalogique, en quelque sorte. Mais en POO, comme dans la vie, il n'y a pas que la famille, il y a aussi les amis.

Qu'est-ce que l'amitié ?

« Dans les langages orientés objet, l'amitié est le fait de donner un accès complet aux éléments d'une classe. »

Donc si je déclare une fonction `f` amie de la classe `A`, la fonction `f` pourra modifier les attributs de la classe `A` *même si les attributs sont privés ou protégés.* La fonction `f` pourra également utiliser les fonctions privées et protégées de la classe `A`.

On dit alors que *la fonction f est amie de la classe* `A`.

En déclarant une fonction amie d'une classe, on casse complètement l'encapsulation de la classe puisque quelque chose d'extérieur à la classe pourra modifier ce qu'elle contient. Il ne faut donc pas abuser de l'amitié.

Je vous ai expliqué dès le début que l'encapsulation était l'élément le plus important en POO et voilà que je vous présente un moyen de détourner ce concept. Je suis d'accord avec vous, c'est assez paradoxal. Pourtant, utiliser à *bon escient* l'amitié peut renforcer l'encapsulation. Voyons comment !

Retour sur la classe `Duree`

Pour vous présenter la surcharge des opérateurs, j'ai utilisé la classe `Duree` dont le but était de représenter la notion d'intervalle de temps. Voici le prototype de la classe :

```
class Duree
{
    public:

    Duree(int heures = 0, int minutes = 0, int secondes = 0);
    void affiche(ostream& out) const;  //Permet d'écrire la durée dans un flux

    private:

    int m_heures;
    int m_minutes;
    int m_secondes;
};

//Surcharge de l'opérateur << pour l'écriture dans les flux
//Utilise la méthode affiche() de Duree
ostream &operator<<( ostream &out, Duree const& duree );
```

Je ne vous ai mis que l'essentiel. Il y avait bien plus d'opérateurs déclarés à la fin du chapitre. Ce qui va nous intéresser, c'est la surcharge de l'opérateur d'injection dans les flux. Voici ce que nous avions écrit :

```
ostream &operator<<( ostream &out, Duree const& duree )
{
    duree.afficher(out) ;
    return out;
}
```

Et c'est très souvent la meilleure solution ! Mais pas toujours... En effet, en faisant cela, vous avez besoin d'écrire une méthode `affiche()` dans la classe, c'est-à-dire que votre classe va fournir un service supplémentaire. Vous allez ajouter un levier en plus en surface de votre classe (figure 20.1).

FIGURE 20.1 – Notre classe fournit un service supplémentaire d'affichage

Sauf que ce levier n'est destiné qu'à l'opérateur << et pas au reste du monde. Il y a donc une méthode dans la classe qui, d'une certaine manière, ne sert à rien pour un utilisateur normal. Dans ce cas, cela ne porte pas vraiment à conséquence. Si quelqu'un utilise la méthode `affiche()`, alors rien de dangereux pour l'objet ne se passe. Mais dans d'autres cas, il pourrait être risqué d'avoir une méthode qu'il ne faut surtout pas utiliser. C'est comme dans les laboratoires, si vous avez un gros bouton rouge avec un écriteau indiquant « Ne surtout pas appuyer », vous pouvez être sûrs que quelqu'un va, un jour, faire l'erreur d'appuyer dessus. Le mieux serait donc de ne pas laisser apparaître ce levier en surface de notre cube-objet. Ce qui revient à mettre la méthode `affiche()` dans la partie privée de la classe.

```
class Duree
{
    public:

    Duree(int heures = 0, int minutes = 0, int secondes = 0);

    private:

    void affiche(ostream& out) const;  //Permet d'écrire la durée dans un flux

    int m_heures;
    int m_minutes;
    int m_secondes;
};
```

En faisant cela, plus de risque d'appeler la méthode par erreur. Par contre, l'opérateur << ne peut plus, lui non plus, l'utiliser. C'est là que l'amitié intervient. Si l'opérateur « est déclaré ami de la classe `Duree`, il aura accès à la partie privée de la classe et, par conséquent, à la méthode `affiche()`.

Déclarer une fonction amie d'une classe

Interro surprise d'anglais. Comment dit-on « ami » en anglais ?

« Friend », exactement ! Et comme les créateurs du C++ ne voulaient pas se casser la tête avec les noms compliqués, ils ont pris comme mot-clé `friend` pour l'amitié. D'ailleurs si vous tapez ce mot dans votre IDE, il devrait s'écrire d'une couleur différente.

Pour déclarer une fonction amie d'une classe, on utilise la syntaxe suivante :

```
friend std::ostream& operator<< (std::ostream& flux, Duree const& duree);
```

On écrit `friend` suivi du prototype de la fonction et on place le tout à l'intérieur de la classe :

```
class Duree
{
    public:

    Duree(int heures = 0, int minutes = 0, int secondes = 0);

    private:

    void affiche(ostream& out) const;  //Permet d'écrire la durée dans un flux

    int m_heures;
    int m_minutes;
    int m_secondes;

    friend std::ostream& operator<< (std::ostream& flux, Duree const& duree);
};
```

Vous pouvez mettre le prototype de la fonction dans la partie publique, protégée ou privée de la classe, cela n'a aucune importance.

Notre opérateur << a maintenant accès à tout ce qui se trouve dans la classe `Duree`, sans aucune restriction. Il peut donc en particulier utiliser la méthode `affiche()`, comme précédemment, sauf que désormais, c'est le seul élément hors de la classe qui peut utiliser cette méthode.

On peut utiliser la même astuce pour les opérateurs == et <. En les déclarant comme amies de la classe `Duree`, ces fonctions pourront accéder directement aux attributs et l'on peut alors supprimer les méthodes `estPlusPetitQue()` et `estEgal()`. Je vous laisse essayer...

L'amitié et la responsabilité

Être l'ami de quelqu'un a certaines conséquences en matière de savoir-vivre. Je présume que vous n'allez pas chez vos amis à 3h du matin pour saccager leur jardin pendant leur sommeil.

En C++, l'amitié implique également que la fonction amie ne viendra pas détruire la classe ni saccager ses attributs. Si vous avez besoin d'une fonction qui doit modifier grandement le contenu d'une classe, alors faites plutôt une fonction membre de la classe.

Vos programmes devraient respecter les deux règles suivantes :

- une fonction amie ne doit pas, en principe, modifier l'instance de la classe ;
- les fonctions amies ne doivent être utilisées que si vous ne pouvez pas faire autrement.

Cette deuxième règle est très importante. Si vous ne la respectez pas, alors autant arrêter la POO car le concept de classe perd tout son sens.

En résumé

- Une méthode statique est une méthode qui peut être appelée directement sans créer d'objet. Il s'agit en fait d'une fonction classique.
- Un attribut statique est partagé par tous les objets issus d'une même classe.
- Une fonction amie d'une classe peut accéder à tous ses éléments, même les éléments privés.
- L'amitié doit être utilisée avec parcimonie en C++, uniquement lorsque cela est nécessaire.

Troisième partie

Créez vos propres fenêtres avec Qt

Chapitre 21

Introduction à Qt

Difficulté :

Les amis, le temps n'est plus aux bavardages mais au concret ! Vous trouverez difficilement plus concret que cette partie du cours, qui présente la création d'interfaces graphiques (fenêtres) avec la bibliothèque Qt.

Pour bien comprendre cette partie, il est vital que vous ayez lu et compris le début de ce cours. Si certaines notions de la programmation orientée objet vous sont encore un peu obscures, n'hésitez pas à relire les chapitres correspondants.

Nous commencerons par découvrir ce qu'est Qt concrètement, ce que cette bibliothèque permet de faire et quelles sont ses alternatives. Nous verrons ensuite comment installer et configurer Qt.

Dis papa, comment on fait des fenêtres ?

Voilà une question que vous vous êtes tous déjà posés, j'en suis sûr ! J'en mettrais même ma main à couper[1].

Alors alors, comment on programme des fenêtres ?

Doucement, pas d'impatience. Si vous allez trop vite, vous risquez de brûler des étapes et de vous retrouver bloqués après. Alors allez-y progressivement et dans l'ordre, en écoutant bien tout ce que j'ai à vous dire.

Un mot de vocabulaire à connaître : GUI

Avant d'aller plus loin, je voudrais vous faire apprendre ce petit mot de vocabulaire car je vais le réutiliser tout au long de cette partie : **GUI**[2]. C'est l'abréviation de *Graphical User Interface*, soit « Interface utilisateur graphique ». Cela désigne tout ce qu'on appelle grossièrement « Un programme avec des fenêtres ».

Pour que vous puissiez bien comparer, voici un programme sans GUI (figure 21.1) et un programme GUI (figure 21.2).

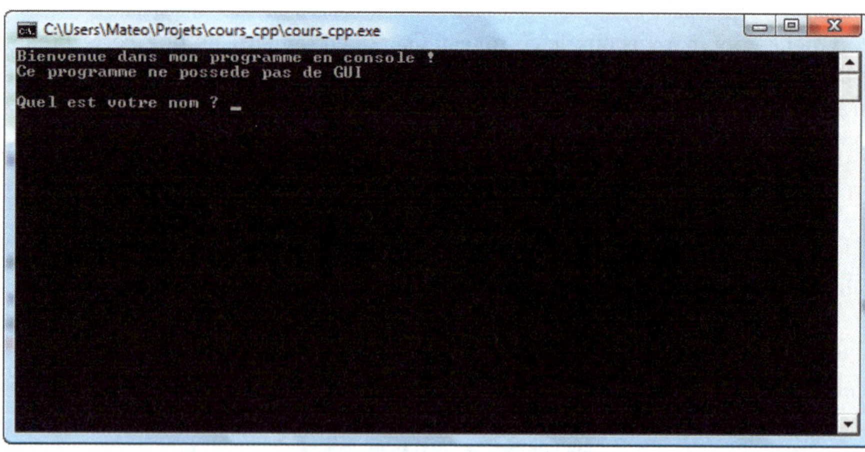

FIGURE 21.1 – Programme sans GUI (console)

1. Et j'y tiens à ma main, c'est vous dire !
2. Prononcez « Goui »

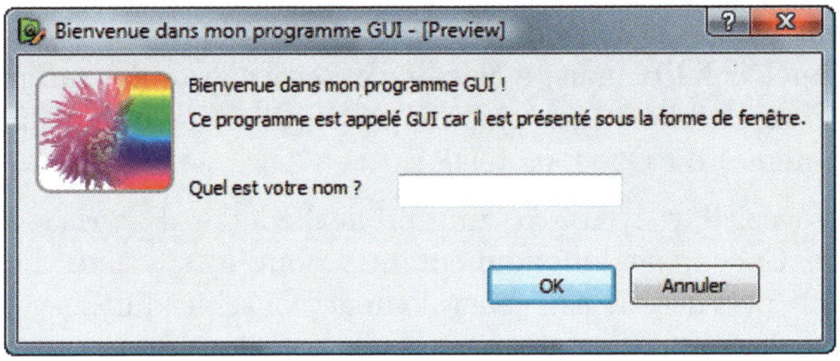

FIGURE 21.2 – Programme avec GUI, ici sous Windows

Les différents moyens de créer des GUI

Chaque système d'exploitation (Windows, Mac OS X, Linux...) propose au moins un moyen de créer des fenêtres... Le problème, c'est justement que ce moyen n'est en général pas *portable*, c'est-à-dire que votre programme créé uniquement pour Windows ne pourra fonctionner que sous Windows et pas ailleurs.

On a *grosso modo* deux types de choix :

- soit on écrit son application *spécialement pour l'OS* qu'on veut, mais le programme ne sera pas portable ;
- soit on utilise une bibliothèque *qui s'adapte à tous les OS*, c'est-à-dire une bibliothèque multiplateforme.

La deuxième solution est en général la meilleure car c'est la plus souple. C'est d'ailleurs celle que nous allons choisir pour que personne ne se sente abandonné.

Histoire d'être complet, je vais dans un premier temps vous présenter des bibliothèques propres aux principaux OS, pour que vous connaissiez au moins leurs noms. Ensuite, nous verrons quelles sont les principales bibliothèques multiplateforme.

Les bibliothèques propres aux OS

Chaque OS propose au moins une bibliothèque qui permet de créer des fenêtres. Le défaut de cette méthode est qu'en général, cette bibliothèque ne fonctionne que pour l'OS pour lequel elle a été créée. Ainsi, si vous utilisez la bibliothèque de Windows, votre programme ne marchera que sous Windows.

- **Sous Windows** : on dispose du framework .NET. C'est un ensemble très complet de bibliothèques utilisables en C++, C#, Visual Basic... Le langage de prédilection pour travailler avec .NET est C#. Il est à noter que .NET peut aussi être utilisé sous Linux (avec quelques limitations) grâce au projet Mono. En somme, .NET est un vrai couteau suisse pour développer sous Windows et on peut aussi faire fonctionner les programmes sous Linux, à quelques exceptions près.
- **Sous Mac OS X** : la bibliothèque de prédilection s'appelle **Cocoa**. On l'utilise en général en langage « Objective C ». C'est une bibliothèque orientée objet.
- **Sous Linux** : tous les environnements de bureau (appelés WM pour *Windows Ma-*

nagers) reposent sur X, la base des interfaces graphiques de Linux. X propose une bibliothèque appelée **Xlib** mais, sous Linux, on programme rarement en Xlib. On préfère employer une bibliothèque plus simple d'utilisation et multiplateforme comme GTK+ (sous Gnome) ou Qt (sous KDE).

Comme vous le voyez, il y a en gros une bibliothèque « de base » pour chaque OS. Certaines, comme Cocoa, ne fonctionnent que pour le système d'exploitation pour lequel elles ont été prévues. Il est généralement conseillé d'utiliser une bibliothèque multiplateforme si vous comptez distribuer votre programme à un grand nombre de personnes.

Les bibliothèques multiplateforme

Les avantages d'utiliser une bibliothèque multiplateforme sont nombreux [3].

- Tout d'abord, elles simplifient grandement la création d'une fenêtre. Il faut généralement beaucoup moins de lignes de code pour ouvrir une « simple » fenêtre.
- Ensuite, elles uniformisent le tout, elles forment un ensemble cohérent dans lequel il est facile de s'y retrouver. Les noms des fonctions et des classes sont choisis de façon logique de manière à vous aider autant que possible.
- Enfin, elles font abstraction du système d'exploitation mais aussi de la version du système. Cela veut dire que si demain Cocoa cesse d'être utilisable sous Mac OS X, votre application continuera à fonctionner car la bibliothèque multiplateforme s'adaptera aux changements.

Bref, choisir une bibliothèque multiplateforme, ce n'est pas seulement pour que le programme marche partout mais aussi pour être sûr qu'il marchera tout le temps et pour avoir un certain confort en programmant.

Voici quelques-unes des principales bibliothèques multiplateforme à connaître, au moins de nom :

- **GTK+** : une des plus importantes bibliothèques utilisées sous Linux. Elle est portable, c'est-à-dire utilisable sous Linux, Mac OS X et Windows. GTK+ est utilisable en C mais il en existe une version C++ appelée GTKmm (on parle de **wrapper** ou encore de surcouche). GTK+ est la bibliothèque de prédilection pour ceux qui écrivent des applications pour Gnome sous Linux, mais elle fonctionne aussi sous KDE. C'est la bibliothèque utilisée par exemple par Firefox, pour ne citer que lui.
- **Qt** : bon, je ne vous la présente pas trop longuement ici car tout ce chapitre est là pour cela. Sachez néanmoins que Qt est très utilisée sous Linux aussi, en particulier dans l'environnement de bureau KDE.
- **wxWidgets** : une bibliothèque objet très complète elle aussi, comparable en gros à Qt. Sa licence est très semblable à celle de Qt (elle vous autorise à créer des programmes propriétaires). Néanmoins, j'ai quand même choisi de vous montrer Qt car cette bibliothèque est plus facile pour la formation des débutants. Sachez qu'une fois qu'on l'a prise en main, wxWidgets n'est pas beaucoup plus compliquée que Qt. wxWidgets est la bibliothèque utilisée pour réaliser la GUI de l'IDE Code::Blocks.

3. Même si vous voulez créer des programmes pour Windows et que vous n'en avez rien à faire de Linux et Mac OS, oui oui !

- **FLTK** : contrairement à toutes les bibliothèques « poids lourds » précédentes, FLTK se veut légère. C'est une petite bibliothèque dédiée uniquement à la création d'interfaces graphiques multiplateforme.

Comme vous le voyez, j'ai dû faire un choix parmi tout cela. C'est la qualité de la bibliothèque Qt et de sa documentation qui m'a convaincu de vous la présenter.

Présentation de Qt

Vous l'avez compris, Qt est une **bibliothèque** multiplateforme pour créer des GUI (programme utilisant des fenêtres). Qt est écrite en C++ et elle est, à la base, conçue pour être utilisée en C++. Toutefois, il est aujourd'hui possible de l'utiliser avec d'autres langages comme Java, Python, etc.

Plus fort qu'une bibliothèque : un framework

Qt (voir logo en figure 21.3) est en fait... bien plus qu'une bibliothèque. C'est un *ensemble de bibliothèques*. Le tout est tellement énorme qu'on parle d'ailleurs plutôt de **framework** : cela signifie que vous avez à votre disposition un ensemble d'outils pour développer vos programmes plus efficacement.

FIGURE 21.3 – Logo de Qt

Qu'on ne s'y trompe pas : Qt est fondamentalement conçue pour créer des fenêtres, c'est en quelque sorte sa fonction centrale. Mais ce serait dommage de la limiter à cela.

Qt est donc constituée d'un ensemble de bibliothèques, appelées « modules ». On peut y trouver entre autres ces fonctionnalités :

- **Module GUI** : c'est toute la partie création de fenêtres. Nous nous concentrerons surtout, dans ce cours, sur le module GUI.
- **Module OpenGL** : Qt peut ouvrir une fenêtre contenant de la 3D gérée par OpenGL.
- **Module de dessin** : pour tous ceux qui voudraient dessiner dans leur fenêtre (en 2D), le module de dessin est très complet !
- **Module réseau** : Qt fournit une batterie d'outils pour accéder au réseau, que ce soit pour créer un logiciel de Chat, un client FTP, un client Bittorent, un lecteur de flux RSS...
- **Module SVG** : Qt permet de créer des images et animations vectorielles, à la manière de Flash.

- **Module de script** : Qt prend en charge le Javascript (ou ECMAScript), que vous pouvez réutiliser dans vos applications pour ajouter des fonctionnalités, par exemple sous forme de plugins.
- **Module XML** : pour ceux qui connaissent le XML, c'est un moyen très pratique d'échanger des données à partir de fichiers structurés à l'aide de balises, comme le XHTML.
- **Module SQL** : permet d'accéder aux bases de données (MySQL, Oracle, PostgreSQL...).

Que les choses soient claires : Qt n'est pas gros, Qt est énorme, et il ne faut pas compter sur un seul livre pour vous expliquer tout ce qu'il y a à savoir sur Qt. Je vais vous montrer un large éventail de ses possibilités mais nous ne pourrons jamais tout voir. Nous nous concentrerons surtout sur la partie GUI. Pour ceux qui veulent aller plus loin, il faudra lire la documentation officielle (uniquement en anglais, comme toutes les documentations pour les programmeurs). Cette documentation est très bien faite, elle détaille toutes les fonctionnalités de Qt, même les plus récentes.

▷ Documentation de Qt
Code web : 216640

Sachez d'ailleurs que j'ai choisi Qt en grande partie parce que sa documentation est très bien faite et facile à utiliser. Vous aurez donc intérêt à vous en servir. Si vous êtes perdus, ne vous en faites pas, je vous expliquerai dans un prochain chapitre comment on peut « lire » une telle documentation et naviguer dedans.

Qt est multiplateforme

Qt est un **framework multiplateforme**. Je le sais je me répète, mais c'est important de l'avoir bien compris. Le schéma de la figure 21.4 illustre le fonctionnement de Qt.

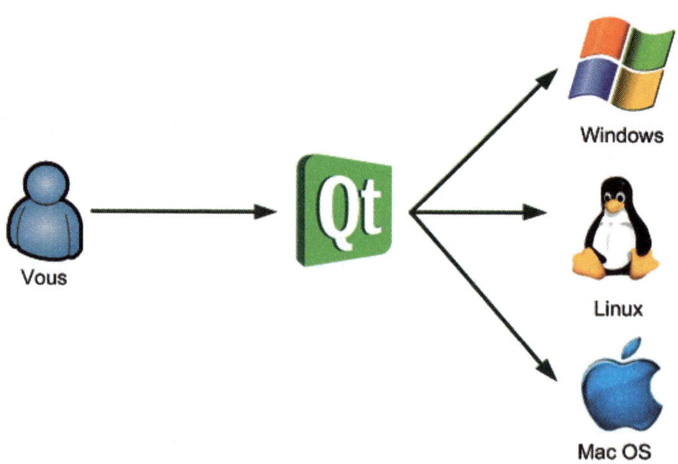

FIGURE 21.4 – Abstraction offerte par Qt

Grâce à cette technique, les fenêtres que vous codez ont une apparence adaptée à chaque OS. Vous codez pour Qt et Qt traduit les instructions pour l'OS. Les utilisateurs de vos programmes n'y verront que du feu et ne sauront pas que vous utilisez Qt (de toute manière, ils s'en moquent !).

Voici une démonstration de ce que je viens de vous dire. Les figures 21.5, 21.6, 21.7 et 21.8 représentent le même programme, donc la même fenêtre créée avec Qt, mais sous différents OS. Vous allez voir que Qt s'adapte à chaque fois.

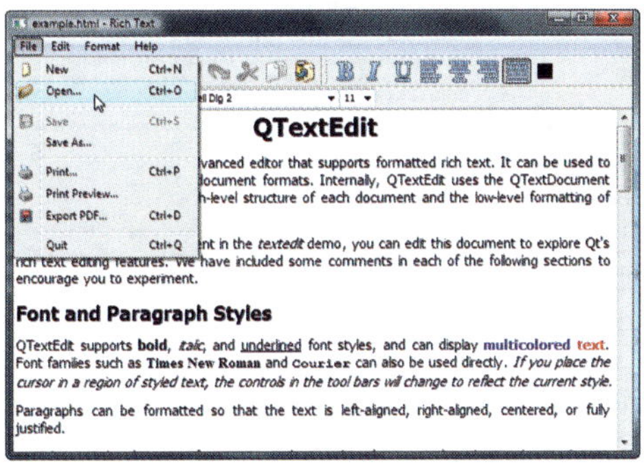

FIGURE 21.5 – Programme Qt sous Windows 7

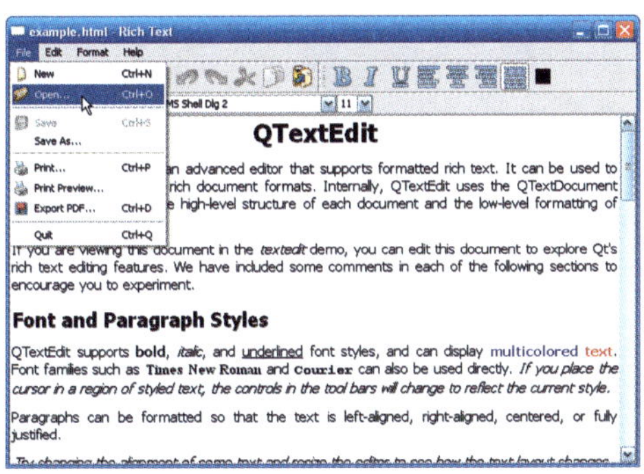

FIGURE 21.6 – Programme Qt sous Windows XP

Tout ce que vous avez à faire pour parvenir au même résultat, c'est recompiler votre programme sous chacun de ces OS. Par exemple, vous avez développé votre programme sous Windows, très bien, mais les `.exe` n'existent pas sous Linux. Il vous suffit donc de recompiler votre programme sous Linux et c'est bon, vous avez une version Linux !

On est obligé de recompiler pour chacun des OS ?

Oui, cela vous permet de créer des programmes binaires adaptés à chaque OS et qui tournent à pleine vitesse. On ne se préoccupera toutefois pas de compiler sous chacun

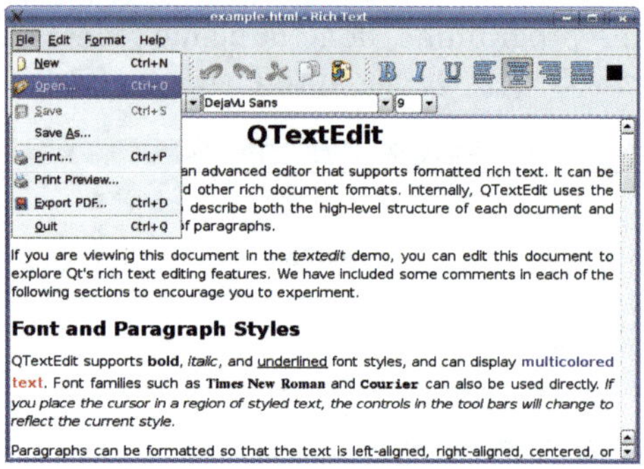

Figure 21.7 – Programme Qt sous Linux

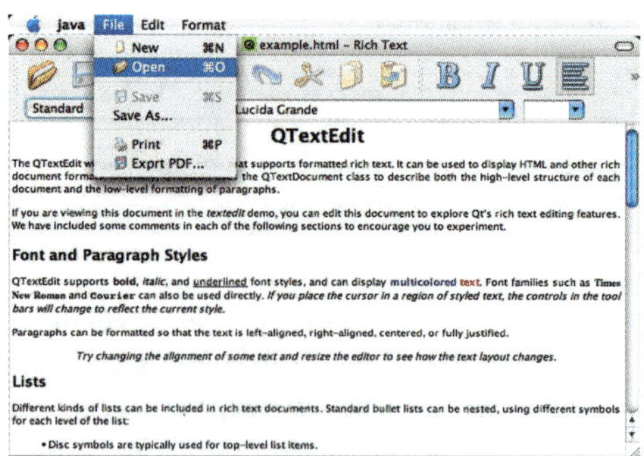

Figure 21.8 – Programme Qt sous Mac OS X

des OS maintenant, on va déjà le faire pour votre OS et ce sera bien. ;-)

Pour information, d'autres langages de programmation comme Java et Python ne nécessitent pas de recompilation car le terme « compilation » n'existe pas vraiment dans le cadre de ces langages. Cela rend les programmes un peu plus lents mais capables de s'adapter automatiquement à n'importe quel environnement. L'avantage du C++ par rapport à ces langages est donc sa rapidité (bien que la différence se sente de moins en moins, sauf pour les jeux vidéo qui ont besoin de vitesse et qui sont donc majoritairement codés en C++).

L'histoire de Qt

Bon, ne comptez pas sur moi pour vous faire un historique long et ennuyeux sur Qt mais je pense qu'un tout petit peu de culture générale ne peut pas vous faire de mal et vous permettra de savoir de quoi vous parlez.

Qt est un framework initialement développé par la société Trolltech, qui fut par la suite rachetée par Nokia. Le développement de Qt a commencé en 1991 (cela date donc de quelques années) et il a été dès le début utilisé par KDE, un des principaux environnements de bureau sous Linux.

Qt s'écrit « Qt » et non « QT », donc avec un « t » minuscule (si vous faites l'erreur, un fanatique de Qt vous égorgera probablement pour vous le rappeler). Qt signifie *Cute*[4], ce qui signifie « Mignonne », parce que les développeurs trouvaient que la lettre Q était jolie dans leur éditeur de texte. Oui, je sais : ils sont fous ces programmeurs.

La licence de Qt

Qt est distribué sous deux licences, au choix : LGPL ou propriétaire. Celle qui nous intéresse est la licence LGPL car elle nous permet d'utiliser gratuitement Qt (et même d'avoir accès à son code source si on veut !). On peut aussi bien réaliser des programmes libres[5] que des programmes propriétaires.

Bref, c'est vraiment l'idéal pour nous. On peut l'utiliser gratuitement et en faire usage dans des programmes libres comme dans des programmes propriétaires.

Qui utilise Qt ?

Pour témoigner de son sérieux, une bibliothèque comme Qt a besoin de références, c'est-à-dire d'entreprises célèbres qui l'utilisent. De ce point de vue, pas de problème :

4. Prononcez « Quioute »
5. C'est-à-dire des programmes dont le code source est public et dont on autorise la modification par d'autres personnes.

Qt est utilisée par de nombreuses entreprises que vous connaissez sûrement : Adobe, Archos, Boeing, Google, Skype, la NASA...

Qt est utilisée pour réaliser de nombreuses GUI, comme celle d'Adobe Photoshop Elements, de Google Earth ou encore de Skype !

Installation de Qt

Vous êtes prêts à installer Qt ? On est parti !

Télécharger Qt

Commencez par télécharger Qt sur son site web.

▷ Télécharger Qt
Code web : 140534

On vous demande de choisir entre la version LGPL et la version commerciale. Comme je vous l'ai expliqué plus tôt, nous allons utiliser la version qui est sous licence LGPL.

Vous devez ensuite choisir entre :

- **Qt SDK** : la bibliothèque Qt + un ensemble d'outils pour développer avec Qt, incluant un IDE spécial appelé Qt Creator ;
- **Qt Framework** : contient uniquement la bibliothèque Qt.

Je vous propose de prendre le Qt SDK car il contient un certain nombre d'outils qui vont grandement nous simplifier la vie.

Choisissez soit « Qt pour Windows : C++ », « Qt pour Linux/X11 : C++ » ou « Qt pour Mac : C++ » en fonction de votre système d'exploitation. Dans la suite de ce chapitre, je vous présenterai l'installation du Qt SDK sous Windows.

Si vous êtes sous Linux, et notamment sous Debian ou Ubuntu, je vous recommande d'installer directement le paquet `qtcreator` avec la commande `apt-get install qtcreator`. La version sera peut-être légèrement plus ancienne mais l'installation sera ainsi centralisée et plus facile à gérer.

Installation sous Windows

L'installation sous Windows se présente sous la forme d'un assistant d'installation classique. Je vais vous montrer comment cela se passe pas à pas, ce n'est pas bien compliqué.

La première fenêtre est représentée sur la figure 21.9.

Il n'y a rien de particulier à signaler. Cliquez sur **Next** autant de fois que nécessaire

FIGURE 21.9 – Installation de Qt

en laissant les options par défaut. Qt s'installe ensuite[6] (figure 21.10).

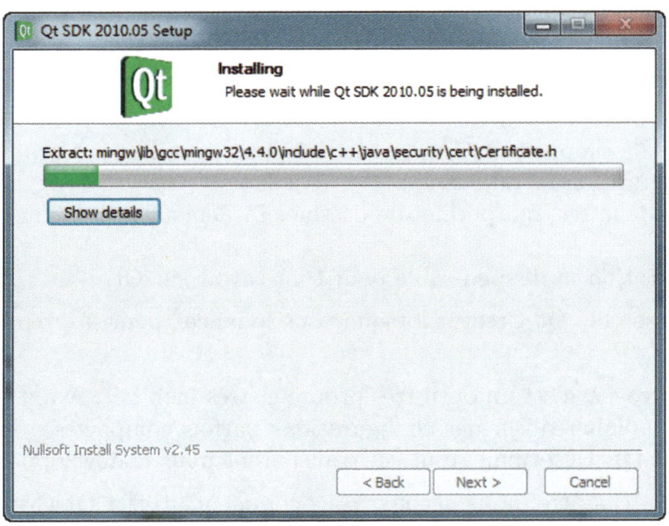

FIGURE 21.10 – Installation de Qt en cours

Vous êtes à la fin ? Ouf ! On vous propose d'ouvrir le programme Qt Creator qui a été installé en plus de la bibliothèque Qt. Ce programme est un IDE spécialement optimisé pour travailler avec Qt. Je vous invite à le lancer (figure 21.11).

6. Il y a beaucoup de fichiers, cela peut prendre un peu de temps.

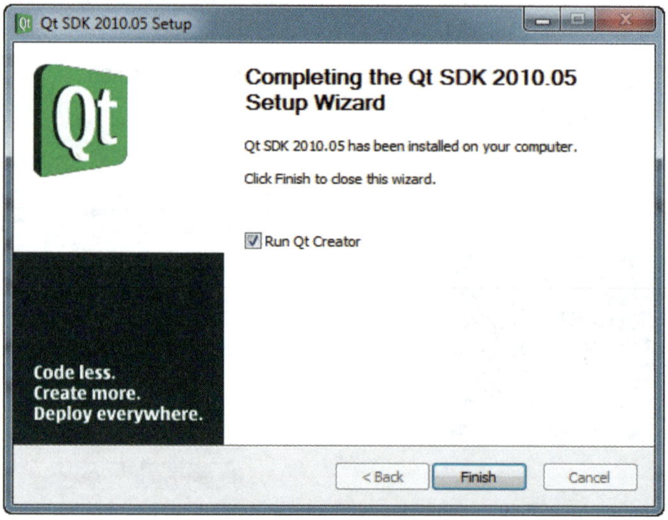

FIGURE 21.11 – Fin de l'installation

Qt Creator

Bien qu'il soit possible de développer en C++ avec Qt en utilisant notre IDE (comme Code: :Blocks) je vous recommande fortement d'utiliser l'IDE Qt Creator que nous venons d'installer. Il est particulièrement optimisé pour développer avec Qt. En effet, c'est un programme tout-en-un qui comprend entre autres :

- un IDE pour développer en C++, optimisé pour compiler des projets utilisant Qt (pas de configuration fastidieuse) ;
- un éditeur de fenêtres, qui permet de dessiner facilement le contenu des interfaces à la souris ;
- une documentation in-dis-pen-sable pour tout savoir sur Qt.

Voici à quoi ressemble Qt Creator lorsque vous le lancez pour la première fois (figure 22.1).

Comme vous le voyez, c'est un outil très propre et très bien fait. Avant que Qt Creator n'apparaisse, il fallait réaliser des configurations parfois complexes pour compiler des projets utilisant Qt. Désormais, tout est transparent pour le développeur !

Dans le prochain chapitre, nous découvrirons comment utiliser Qt Creator pour développer notre premier projet Qt. Nous y compilerons notre toute première fenêtre !

En résumé

- Il existe deux types de programmes : les programmes console (ceux que nous avons créés jusqu'ici) et les programmes GUI (Graphical User Interface), qui correspondent aux fenêtres que vous connaissez.

FIGURE 21.12 – Qt Creator

- Créer des programmes GUI est plus complexe que de créer des programmes console.
- Pour créer des programmes GUI, on doit utiliser une bibliothèque spécialisée comme Qt.
- Qt est en fait bien plus qu'une bibliothèque : c'est un framework, qui contient un module GUI (celui que nous allons utiliser), un module réseau, un module SQL, etc.
- Qt est multiplateforme : on peut l'utiliser aussi bien sous Windows que Linux et Mac OS X.

Chapitre 22

Compiler votre première fenêtre Qt

Difficulté :

Bonne nouvelle, votre patience et votre persévérance vont maintenant payer. Dans ce chapitre, nous réaliserons notre premier programme utilisant Qt et nous verrons comment ouvrir notre première fenêtre !

Nous allons changer d'IDE et passer de Code: :Blocks à Qt Creator, qui permet de réaliser des programmes Qt beaucoup plus facilement. Je vais donc vous présenter dans ce chapitre comment utiliser Qt Creator.

Présentation de Qt Creator

Qt Creator, que nous avons installé au chapitre précédent en même temps que Qt, est l'IDE idéal pour programmer des projets Qt. Il va nous épargner des configurations fastidieuses et nous permettre de commencer à programmer en un rien de temps.

Voici la fenêtre principale du programme, que nous avons déjà vue (figure 22.1).

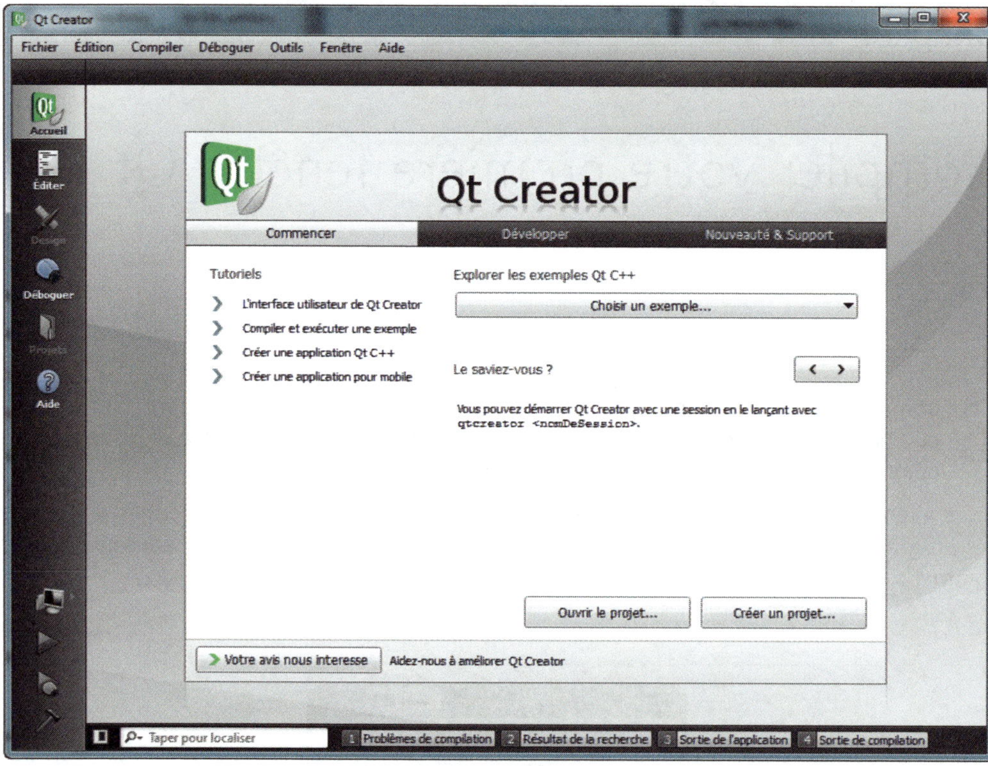

FIGURE 22.1 – Qt Creator

Création d'un projet Qt vide

Je vous propose de créer un nouveau projet en allant dans le menu `Fichier > Nouveau fichier ou projet`. On vous propose plusieurs choix selon le type de projet que vous souhaitez créer : application graphique pour ordinateur, application pour mobile, etc. Cependant, pour nous qui débutons, il est préférable de commencer avec un projet vide. Cela nous fera moins de fichiers à découvrir d'un seul coup.

Choisissez donc les options `Autre projet` puis `Projet Qt vide` (figure 22.2).

Un assistant s'ouvre alors pour vous demander le nom du projet et l'emplacement où vous souhaitez l'enregistrer (figure 22.3).

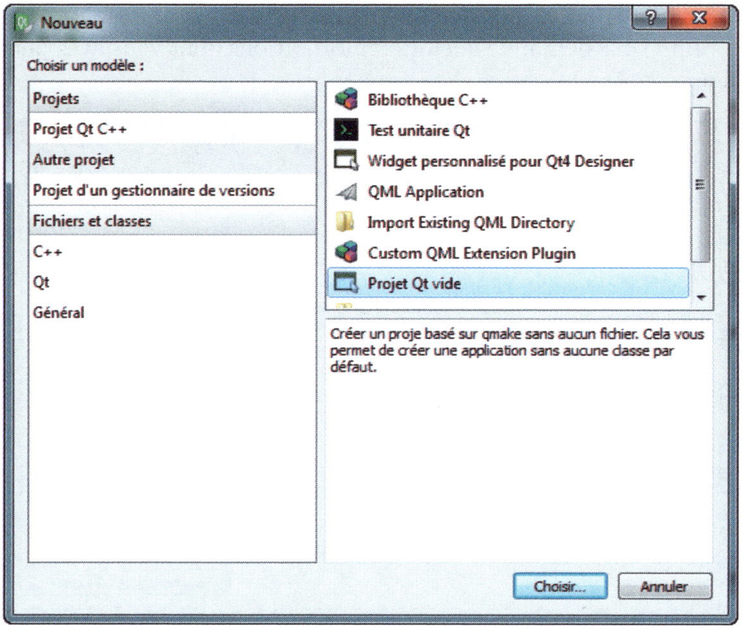

FIGURE 22.2 – Nouveau projet Qt Creator

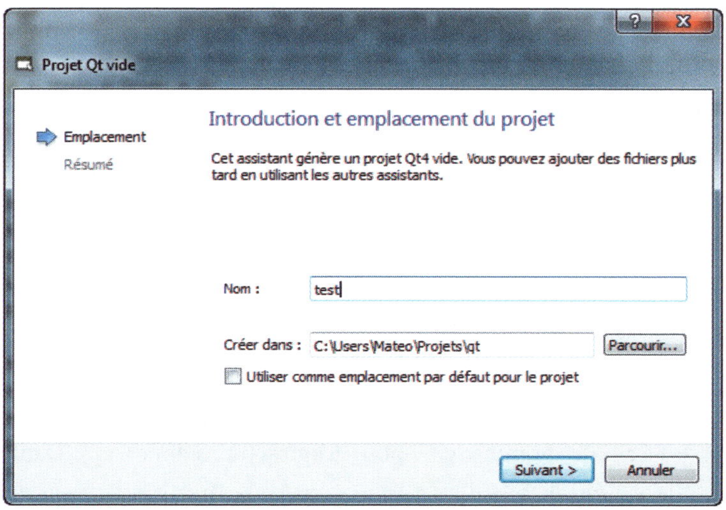

FIGURE 22.3 – Nouveau projet (choix du nom)

Comme vous le voyez, je l'ai appelé « test », mais vous lui donner le nom que vous voulez.

La fenêtre suivante vous demande quelques informations dont vous avez peut-être moins l'habitude (figure 22.4).

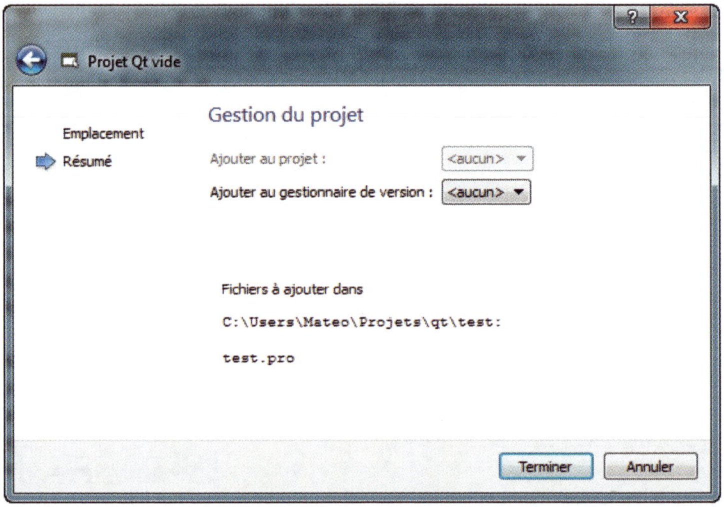

FIGURE 22.4 – Nouveau projet (gestionnaire de version)

On peut associer le projet à un gestionnaire de version (comme SVN, Git). C'est un outil très utile, notamment si on travaille à plusieurs sur un code source... Mais ce n'est pas le sujet de ce chapitre. Pour le moment, cliquez simplement sur « Suivant ».

Pour cette dernière fenêtre, Qt Creator propose de configurer la compilation (figure 22.5). Là encore, laissez ce qu'on vous propose par défaut, cela conviendra très bien.

Ouf ! Notre projet vide est créé (figure 22.6).

Le projet est constitué seulement d'un fichier `.pro`. Ce fichier, propre à Qt, sert à configurer le projet au moment de la compilation. Qt Creator modifie automatiquement ce fichier en fonction des besoins, ce qui fait que nous n'aurons pas beaucoup à le modifier dans la pratique.

Ajout d'un fichier `main.cpp`

Il nous faut au moins un fichier `main.cpp` pour commencer à programmer ! Pour l'ajouter, retournez dans le menu `Fichier > Nouveau fichier ou projet` et sélectionnez cette fois `C++ > Fichier source C++` pour ajouter un fichier `.cpp` (figure 22.7).

On vous demande ensuite le nom du fichier à créer, indiquez `main.cpp` (figure 22.8).

Le fichier `main.cpp` vide a été ajouté au projet. Vous pouvez faire un double-clic sur son nom pour l'ouvrir (figure 22.9).

C'est dans ce fichier que nous écrirons nos premières lignes de code C++ utilisant Qt.

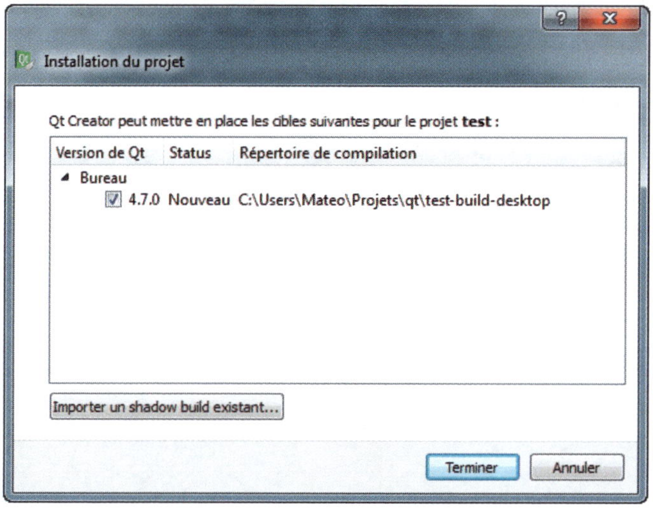

FIGURE 22.5 – Nouveau projet (configuration de la compilation)

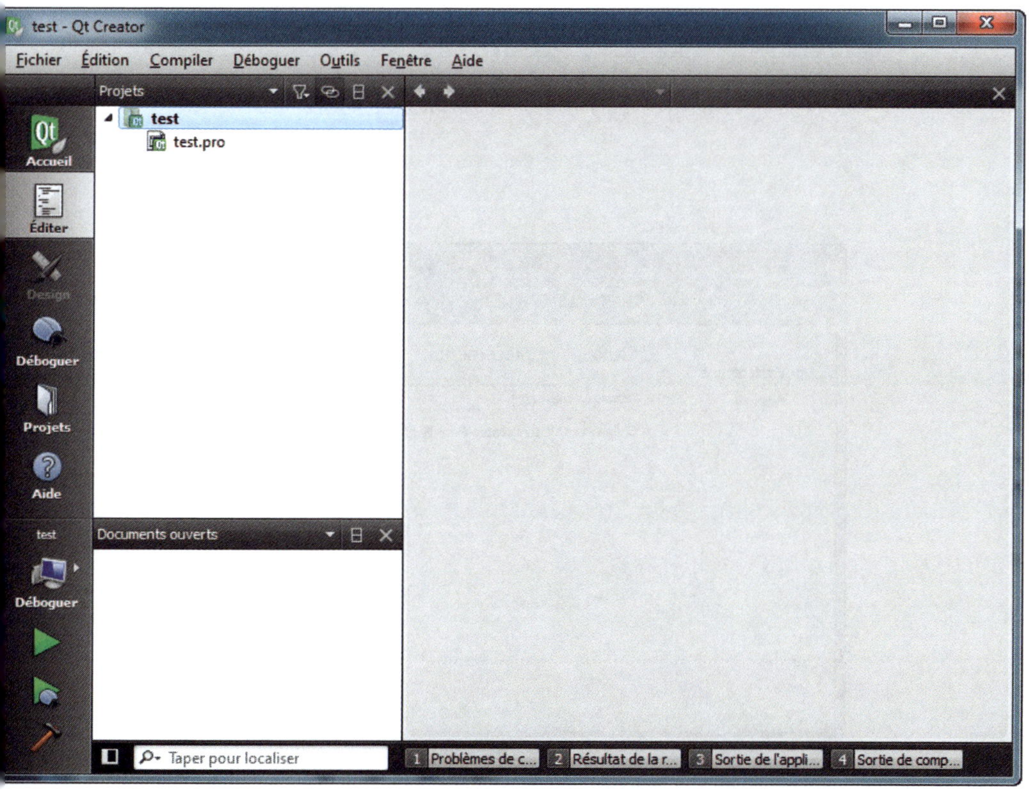

FIGURE 22.6 – Notre projet vide dans Qt Creator

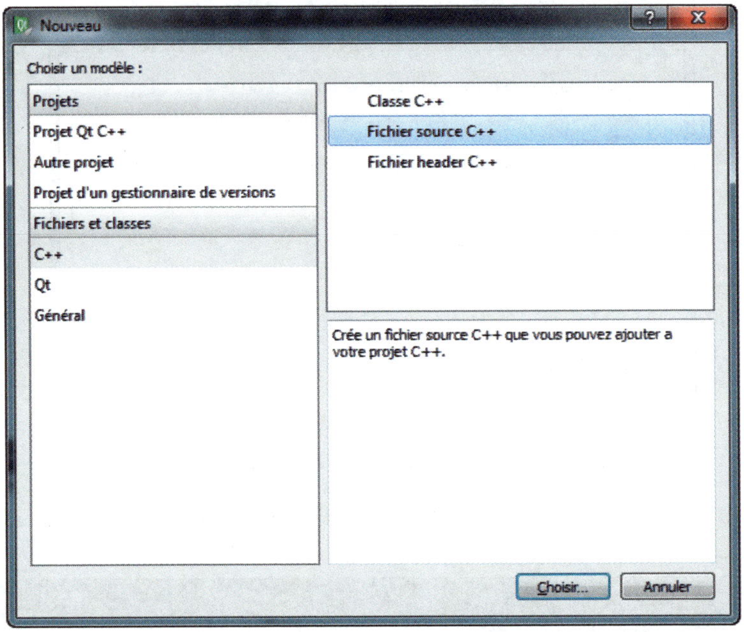

FIGURE 22.7 – Ajout de fichier source

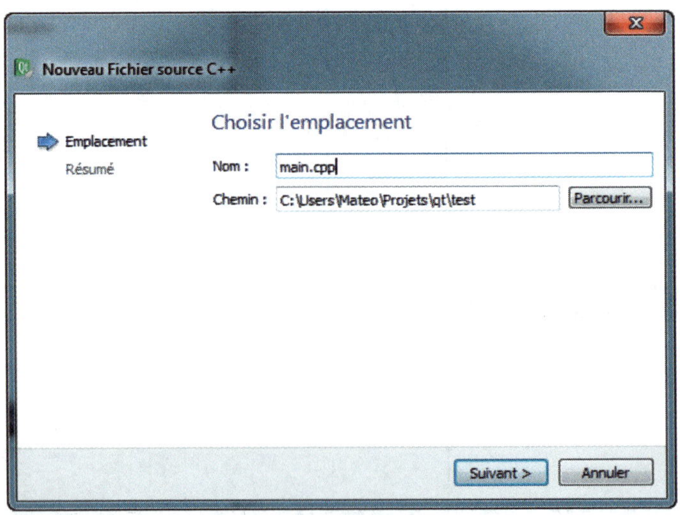

FIGURE 22.8 – Ajout de fichier source (choix du nom)

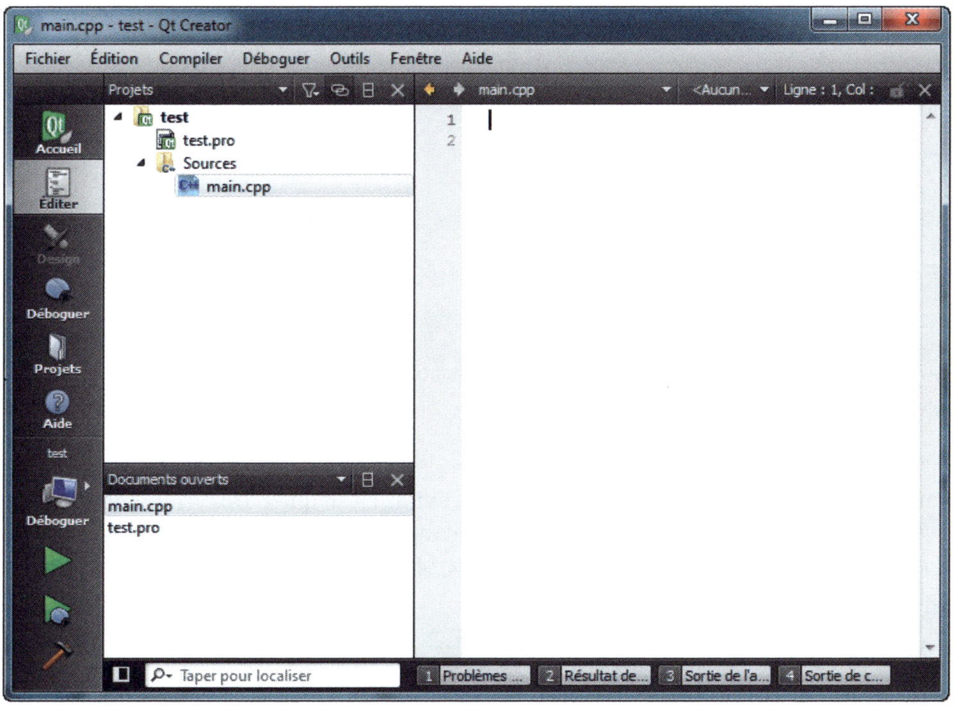

FIGURE 22.9 – Ouverture du fichier vide

Pour compiler le programme, il vous suffira de cliquer sur la flèche verte dans la colonne de gauche, ou bien d'utiliser le raccourci clavier `Ctrl` + `R`.

Codons notre première fenêtre !

Ok, c'est parti !

Le code minimal d'un projet Qt

Saisissez le code suivant dans le fichier `main.cpp` :

```
#include <QApplication>

int main(int argc, char *argv[])
{
    QApplication app(argc, argv);

    return app.exec();
}
```

▷ Copier ce code
Code web : 133174

C'est le *code minimal* d'une application utilisant Qt !

Comme vous pouvez le constater, ce qui est génial, c'est que c'est vraiment très court. D'autres bibliothèques vous demandent beaucoup plus de lignes de code avant de pouvoir commencer à programmer, tandis qu'avec Qt, c'est vraiment très simple et rapide.

Analysons ce code pas à pas !

Includes un jour, includes toujours

```
#include <QApplication>
```

C'est le seul include dont vous avez besoin au départ. Vous pouvez oublier `iostream` et compagnie, avec Qt on ne s'en sert plus. Vous noterez qu'on ne met pas l'extension « .h », c'est voulu. Faites exactement comme moi.

Cet include vous permet d'accéder à la classe `QApplication`, qui est la classe de base de tout programme Qt.

`QApplication`, la classe de base

```
QApplication app(argc, argv);
```

La première ligne du `main()` crée un nouvel objet de type `QApplication`. On a fait cela tout au long des derniers chapitres, vous ne devriez pas être surpris.

Cet objet est appelé `app` (mais vous pouvez l'appeler comme vous voulez). Le constructeur de `QApplication` exige que vous lui passiez les arguments du programme, c'est-à-dire les paramètres `argc` et `argv` que reçoit la fonction `main`. Cela permet de démarrer le programme avec certaines options précises, mais on ne s'en servira pas ici.

Lancement de l'application

```
return app.exec();
```

Cette ligne fait 2 choses :

1. Elle appelle la méthode `exec` de notre objet `app`. Cette méthode démarre notre programme et lance donc l'affichage des fenêtres. Si vous ne le faites pas, il ne se passera rien.
2. Elle renvoie le résultat de `app.exec()` pour dire si le programme s'est bien déroulé ou pas. Le `return` provoque la fin de la fonction `main`, donc du programme.

C'est un peu du condensé en fait ! Ce que vous devez vous dire, c'est qu'en gros, tout notre programme s'exécute réellement à partir de ce moment-là. La méthode `exec` est gérée par Qt : tant qu'elle s'exécute, notre programme est ouvert. Dès que la méthode `exec` est terminée, notre programme s'arrête.

Affichage d'un widget

Dans la plupart des bibliothèques GUI, dont Qt fait partie, tous les éléments d'une fenêtre sont appelés des **widgets**. Les boutons, les cases à cocher, les images... tout cela, ce sont des widgets. La fenêtre elle-même est considérée comme un widget.

Pour provoquer l'affichage d'une fenêtre, il suffit de demander à afficher n'importe quel widget. Ici par exemple, nous allons afficher un bouton.

Voici le code complet que j'aimerais que vous utilisiez. Il fait appel au code de base de tout à l'heure mais y ajoute quelques lignes :

```
#include <QApplication>
#include <QPushButton>

int main(int argc, char *argv[])
{
    QApplication app(argc, argv);

    QPushButton bouton("Salut les Zéros, la forme ?");
    bouton.show();
```

```
    return app.exec();
}
```

▷ Copier ce code
Code web : 217098

Les lignes ajoutées ont été surlignées pour que vous puissiez bien les repérer. On voit entre autres :

```
#include <QPushButton>
```

Cette ligne vous permet de créer des objets de type `QPushButton`, c'est-à-dire des boutons (vous noterez d'ailleurs que, dans Qt, toutes les classes commencent par un « Q » !).

```
QPushButton bouton("Salut les Zéros, la forme ?");
```

Cela crée un nouvel objet de type `QPushButton` que nous appelons tout simplement `bouton`, mais nous aurions très bien pu l'appeler autrement. Le constructeur attend un paramètre : le texte qui sera affiché sur le bouton.

Malheureusement, le fait de créer un bouton ne suffit pas pour qu'il soit affiché. Il faut appeler sa méthode `show` :

```
bouton.show();
```

Et voilà ! Cette ligne commande l'affichage d'un bouton. Comme un bouton ne peut pas « flotter » comme cela sur votre écran, Qt l'insère automatiquement dans une fenêtre. On a en quelque sorte créé une « fenêtre-bouton ».

Bien entendu, dans un vrai programme plus complexe, on crée d'abord une fenêtre et on y insère ensuite plusieurs widgets, mais là nous n'en sommes qu'au commencement.

Notre code est prêt, il ne reste plus qu'à compiler et exécuter le programme ! Il suffit pour cela de cliquer sur le bouton en forme de flèche verte à gauche de Qt Creator.

Le programme se lance alors... Coucou petite fenêtre, fais risette à la caméra (figure 22.10) !

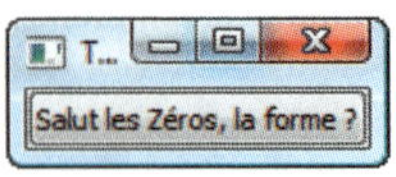

FIGURE 22.10 – Notre première fenêtre

Le bouton prend la taille du texte qui se trouve à l'intérieur et la fenêtre qui est automatiquement créée prend la taille du bouton. Cela donne donc une toute petite fenêtre

Mais... vous pouvez la redimensionner (figure 22.11), voire même l'afficher en plein écran ! Rien ne vous en empêche et le bouton s'adapte automatiquement à la taille de la fenêtre (ce qui peut donner un trèèès gros bouton).

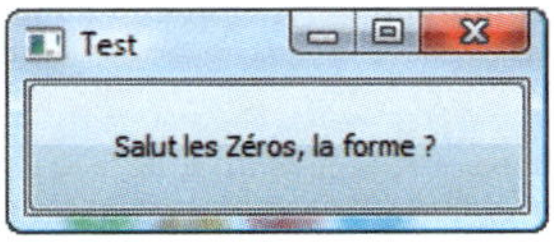

FIGURE 22.11 – Notre première fenêtre agrandie

Diffuser le programme

Pour tester le programme avec Qt Creator, un clic sur la flèche verte suffit. C'est très simple. Cependant, si vous récupérez l'exécutable qui a été généré et que vous l'envoyez à un ami, celui-ci ne pourra probablement pas lancer votre programme ! En effet, il a besoin d'une série de fichiers DLL.

Les programmes Qt ont besoin de ces fichiers DLL avec eux pour fonctionner. Quand vous exécutez votre programme depuis Qt Creator, la position des DLL est « connue », donc votre programme se lance sans erreur.

Mais essayez de faire un double-clic sur l'exécutable dans l'explorateur, pour voir ! Rendez-vous dans le sous-dossier `release` de votre projet pour y trouver l'exécutable (figure 22.12).

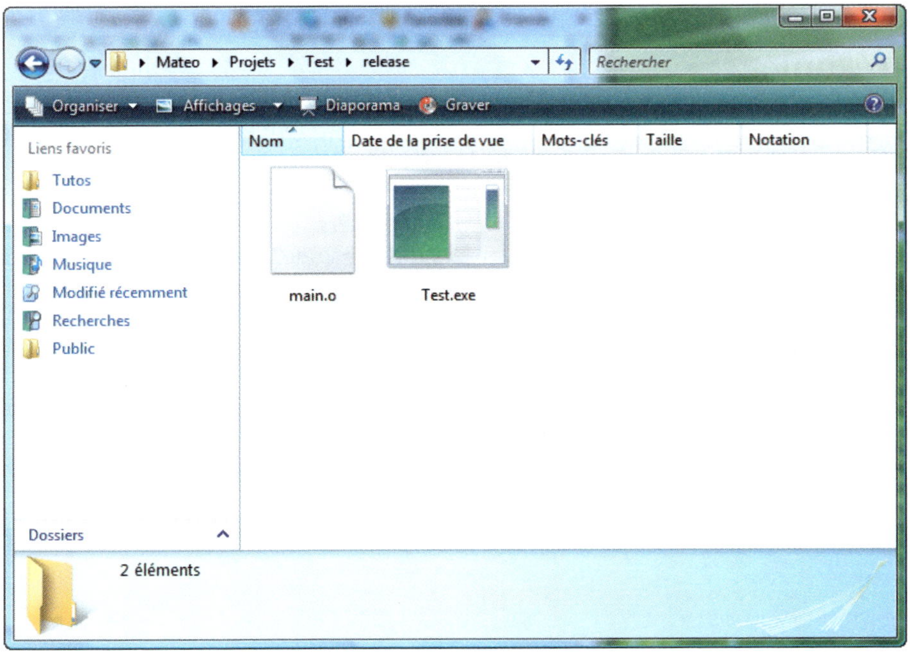

FIGURE 22.12 – Le programme `Test.exe`

En effet, sans ses quelques DLL compagnons, notre programme est perdu (figure 22.13). Il a besoin de ces fichiers qui contiennent de quoi le guider.

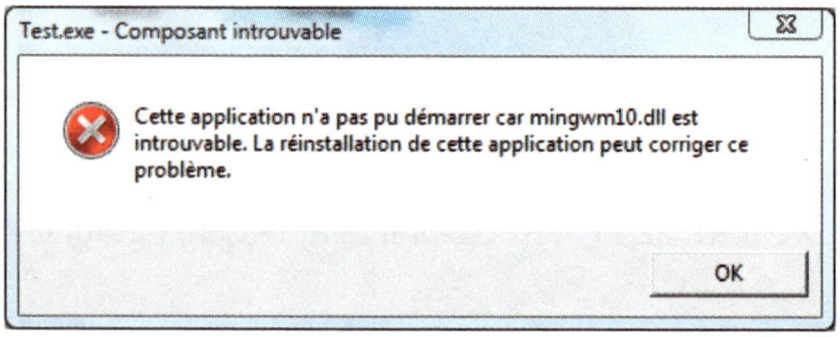

FIGURE 22.13 – Erreur d'exécution en l'absence des DLL

Pour pouvoir lancer l'exécutable depuis l'explorateur (et aussi pour qu'il marche chez vos amis et clients), il faut placer les DLL qui manquent dans le même dossier que l'exécutable. À vous de les chercher, vous les avez sur votre disque (chez moi je les ai trouvés dans le dossier `C:\Qt\2010.05\mingw\bin` et `C:\Qt\2010.05\bin`). En tout, vous devriez avoir eu besoin de mettre 3 DLL dans le dossier : `mingwm10`, `QtCore4` et `QtGui4`.

Vous pouvez maintenant lancer le programme depuis l'explorateur !

Lorsque vous envoyez votre programme à un ami ou que vous le mettez en ligne pour téléchargement, pensez donc à joindre les DLL, ils sont indispensables.

En résumé

- Qt Creator est un IDE conçu spécialement pour développer des projets avec Qt.
- Qt Creator nous simplifie le processus de compilation, qui est habituellement un peu délicat avec Qt.
- Tous les éléments d'une fenêtre sont appelés *widgets*.
- Les widgets sont représentés par des objets dans le code. Ainsi, `QPushButton` correspond par exemple à un bouton.
- Lorsque vous diffusez un programme créé avec Qt, pensez à joindre les DLL de Qt pour qu'il puisse fonctionner.

Chapitre 23

Personnaliser les widgets

Difficulté :

La « fenêtre-bouton » que nous avons réalisée au chapitre précédent était un premier pas. Toutefois, nous avons passé plus de temps à expliquer les mécanismes de la compilation qu'à modifier le contenu de la fenêtre. Par exemple, comment faire pour modifier la taille du bouton ? Comment placer le bouton où on veut dans la fenêtre ? Comment changer la couleur, le curseur de la souris, la police, l'icône...

Dans ce chapitre, nous allons nous habituer à modifier les propriétés d'un widget : le bouton. Bien sûr, il existe plein d'autres widgets (cases à cocher, listes déroulantes...) mais nous nous concentrerons sur le bouton pour nous habituer à éditer les propriétés d'un widget. Une fois que vous saurez le faire pour le bouton, vous saurez le faire pour les autres widgets.

Enfin et surtout, nous reparlerons dans ce chapitre d'héritage. Nous apprendrons à créer un widget personnalisé qui « hérite » du bouton. C'est une technique extrêmement courante que l'on retrouve dans toutes les bibliothèques de création de GUI !

Modifier les propriétés d'un widget

Comme tous les éléments d'une fenêtre, on dit que le bouton est un widget. Avec Qt, on crée un bouton à l'aide de la classe `QPushButton`.

Comme vous le savez, une classe est constituée de 2 éléments :

- **des attributs** : ce sont les « variables » internes de la classe ;
- **des méthodes** : ce sont les « fonctions » internes de la classe.

La règle d'encapsulation dit que les utilisateurs de la classe ne doivent pas pouvoir modifier les attributs : ceux-ci doivent donc tous être privés.

Or, je ne sais pas si vous avez remarqué mais nous sommes justement des *utilisateurs* des classes de Qt. Ce qui veut dire... que nous n'avons pas accès aux attributs puisque ceux-ci sont privés !

Hé, mais tu avais parlé d'un truc à un moment, je crois... Les accesseurs, est-ce que c'est cela ?

Ah... J'aime les gens qui ont de la mémoire ! Effectivement oui, j'avais dit que le créateur d'une classe devait rendre ses attributs privés mais, du coup, proposer des méthodes **accesseurs**, c'est-à-dire des méthodes permettant de lire et de modifier les attributs de manière sécurisée (`get` et `set`, cela ne vous rappelle rien ?).

Les accesseurs avec Qt

Justement, les gens qui ont créé Qt sont des braves gars : ils ont codé proprement en respectant ces règles. Et il valait mieux qu'ils fassent bien les choses s'ils ne voulaient pas que leur immense bibliothèque devienne un véritable bazar !

Du coup, pour chaque propriété d'un widget, on a :

- **Un attribut** : il est privé, on ne peut ni le lire ni le modifier directement. Exemple : `text`
- **Un accesseur pour le lire** : cet accesseur est une méthode constante qui porte le même nom que l'attribut[1]. Je vous rappelle qu'une méthode constante est une méthode qui s'interdit de modifier les attributs de la classe. Ainsi, vous êtes assurés que la méthode se contente de lire l'attribut et qu'elle ne le modifie pas. Exemple : `text()`
- **Un accesseur pour le modifier** : c'est une méthode qui se présente sous la forme `setAttribut()`. Elle modifie la valeur de l'attribut. Exemple : `setText()`

Cette technique, même si elle paraît un peu lourde (parce qu'il faut créer 2 méthodes pour chaque attribut) a l'avantage d'être parfaitement sûre. Grâce à cela, Qt peut vérifier que la valeur que vous essayez de donner est valide. Cela permet d'éviter, par

1. Personnellement j'aurais plutôt mis un `get` devant pour ne pas confondre avec l'attribut, mais bon.

exemple, que vous ne donniez à une barre de progression la valeur « 150% », alors que la valeur d'une barre de progression doit être comprise entre 0 et 100% (figure 23.1).

FIGURE 23.1 – Barre de progression

Voyons sans plus tarder quelques propriétés des boutons que nous pouvons nous amuser à modifier à l'aide des accesseurs.

Quelques exemples de propriétés des boutons

Il existe pour chaque widget, y compris le bouton, un grand nombre de propriétés que l'on peut éditer. Nous n'allons pas toutes les voir ici, ni même plus tard d'ailleurs, je vous apprendrai à lire la documentation pour toutes les découvrir. Cependant, je tiens à vous montrer les plus intéressantes d'entre elles pour que vous puissiez commencer à vous faire la main et surtout, pour que vous preniez l'habitude d'utiliser les accesseurs de Qt.

`text` : le texte

Cette propriété est probablement la plus importante : elle permet de modifier le texte figurant sur le bouton. En général, on définit le texte du bouton au moment de sa création car le constructeur accepte que l'on donne un intitulé dès ce moment-là.

Toutefois, pour une raison ou une autre, vous pourriez être amenés à modifier au cours de l'exécution du programme le texte du bouton. C'est là qu'il devient pratique d'avoir accès à l'attribut `text` du bouton *via* ses accesseurs.

Pour chaque attribut, la documentation de Qt nous dit à quoi il sert et quels sont ses accesseurs.

▷ Documentation de Qt sur les boutons
Code web : 630544

On vous indique de quel type est l'attribut. Ici, `text` est de type `QString`, comme tous les attributs qui stockent du texte avec Qt. En effet, Qt n'utilise pas la classe `string` standard du C++ mais sa propre version de la gestion des chaînes de caractères. En gros, `QString` est un `string` amélioré.

Puis, on vous explique en quelques mots à quoi sert cet attribut. Enfin, on vous indique les accesseurs qui permettent de lire et modifier l'attribut. Dans le cas présent, il s'agit de :

- `QString text () const` : c'est l'accesseur qui permet de *lire l'attribut*. Il renvoie un `QString`, ce qui est logique puisque l'attribut est de type `QString`. Vous noterez la présence du mot-clé `const` qui indique que c'est une méthode constante ne modifiant aucun attribut.

- `void setText ( const QString & text )` : c'est l'accesseur qui permet de *modifier l'attribut*. Il prend un paramètre : le texte que vous voulez mettre sur le bouton.

> À la longue, vous ne devriez pas avoir besoin de la documentation pour savoir quels sont les accesseurs d'un attribut. Cela suit toujours le même schéma : `attribut()` permet de lire l'attribut et `setAttribut()` permet de modifier l'attribut.

Essayons donc de modifier le texte du bouton après sa création :

```
#include <QApplication>
#include <QPushButton>


int main(int argc, char *argv[])
{
    QApplication app(argc, argv);

    QPushButton bouton("Salut les Zéros, la forme ?");
    bouton.setText("Pimp mon bouton !");

    bouton.show();

    return app.exec();
}
```

> Vous aurez noté que la méthode `setText` attend un `QString` et qu'on lui envoie une bête chaîne de caractères entre guillemets. En fait, cela fonctionne comme la classe `string` : les chaînes de caractères entre guillemets sont automatiquement converties en `QString`. Heureusement d'ailleurs, sinon ce serait lourd de devoir créer un objet de type `QString` juste pour cela !

Le résultat est présenté à la figure 23.2.

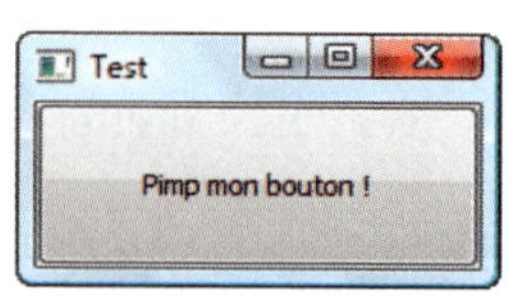

FIGURE 23.2 – Un bouton dont le texte a été modifié

Le résultat n'est peut-être pas très impressionnant mais cela montre bien ce qui se passe :

1. On crée le bouton et, à l'aide du constructeur, on lui associe le texte « Salut les Zéros, la forme ? » ;

2. On modifie le texte figurant sur le bouton pour afficher « Pimp mon bouton ! ».

Au final, c'est « Pimp mon bouton ! » qui s'affiche. Pourquoi ? Parce que le nouveau texte a « écrasé » l'ancien. C'est exactement comme si on faisait :

```
int x = 1;
x = 2;
cout << x;
```

Lorsqu'on affiche x, il vaut 2. C'est pareil pour le bouton. Au final, c'est le tout dernier texte qui est affiché.

Bien entendu, ce qu'on vient de faire est complètement inutile : autant donner le bon texte directement au bouton lors de l'appel du constructeur. Toutefois, setText() se révèlera utile plus tard lorsque vous voudrez modifier le contenu du bouton au cours de l'exécution. Par exemple, lorsque l'utilisateur aura donné son nom, le bouton pourra changer de texte pour dire « Bonjour M. Dupont ! ».

toolTip : l'infobulle

Il est courant d'afficher une petite aide sous la forme d'une infobulle qui apparaît lorsqu'on pointe sur un élément avec la souris.

L'infobulle peut afficher un court texte d'aide. On la définit à l'aide de la propriété toolTip. Pour modifier l'infobulle, la méthode à appeler est donc... setToolTip ! Vous voyez, c'est facile quand on a compris comment Qt est organisé !

```
#include <QApplication>
#include <QPushButton>


int main(int argc, char *argv[])
{
    QApplication app(argc, argv);

    QPushButton bouton("Pimp mon bouton !");
    bouton.setToolTip("Texte d'aide");

    bouton.show();

    return app.exec();
}
```

font : la police

Avec la propriété font, les choses se compliquent. En effet, jusqu'ici, on a seulement eu à envoyer une chaîne de caractères en paramètre et celle-ci était en fait convertie en objet de type QString.

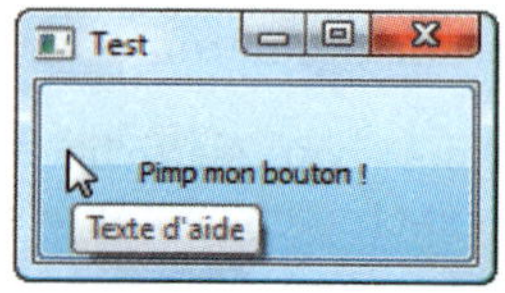

FIGURE 23.3 – Une infobulle

La propriété `font` est un peu plus complexe car elle contient trois informations :

- le nom de la police de caractères utilisée (Times New Roman, Arial, Comic Sans MS...) ;
- la taille du texte en pixels (12, 16, 18...) ;
- le style du texte (gras, italique...).

La signature de la méthode `setFont` est :

```
void setFont ( const QFont & )
```

Cela veut dire que `setFont` attend un objet de type `QFont` !

Je rappelle, pour ceux qui auraient oublié la signification des symboles, que :

- **const** : signifie que l'objet passé en paramètre ne sera pas modifié par la fonction ;
- **&** : signifie que la fonction récupère une référence vers l'objet, ce qui lui évite d'avoir à le copier.

Bon, comment fait-on pour lui donner un objet de type `QFont` ? Eh bien c'est simple : il... suffit de créer un objet de type `QFont` !

La documentation nous indique tout ce que nous avons besoin de savoir sur `QFont`, en particulier les informations qu'il faut fournir à son constructeur. Je n'attends pas encore de vous que vous soyez capables de lire la documentation de manière autonome, je vais donc vous mâcher le travail [2].

▷ Documentation de `QFont`
Code web : 455871

Pour faire simple, le constructeur de `QFont` attend quatre paramètres. Voici son prototype :

```
QFont(constQString&family,intpointSize=-1,intweight=-1,boolitalic=false
)
```

En fait, avec Qt, il y a rarement un seul constructeur par classe. Les développeurs de Qt profitent des fonctionnalités du C++ et ont donc tendance à beaucoup surcharger les constructeurs. Certaines classes possèdent même plusieurs dizaines de constructeurs différents ! Pour `QFont`, celui que je vous montre ici est néanmoins le principal et le plus utilisé.

Seul le premier argument est obligatoire : il s'agit du nom de la police à utiliser. Les autres, comme vous pouvez le voir, possèdent des valeurs par défaut. Nous ne sommes

2. Mais profitez-en parce que cela ne durera pas éternellement !

donc pas obligés de les indiquer. Dans l'ordre, les paramètres signifient :

- `family` : le nom de la police de caractères à utiliser.
- `pointSize` : la taille des caractères en pixels.
- `weight` : le niveau d'épaisseur du trait (gras). Cette valeur peut être comprise entre 0 et 99 (du plus fin au plus gras). Vous pouvez aussi utiliser la constante `QFont::Bold` qui correspond à une épaisseur de 75.
- `italic` : un booléen, pour indiquer si le texte doit être affiché en italique ou non.

On va faire quelques tests. Tout d'abord, il faut créer un objet de type `QFont` :

```
QFont maPolice("Courier");
```

J'ai appelé cet objet `maPolice`. Maintenant, je dois envoyer l'objet `maPolice` de type `QFont` à la méthode `setFont` de mon bouton (suivez, suivez !) :

```
bouton.setFont(maPolice);
```

En résumé, j'ai donc dû écrire 2 lignes pour changer la police :

```
QFont maPolice("Courier");
bouton.setFont(maPolice);
```

C'est un peu fastidieux. Il existe une solution plus maligne si on ne compte pas se resservir de la police plus tard : elle consiste à définir l'objet de type `QFont` au moment de l'appel à la méthode `setFont`. Cela nous évite d'avoir à donner un nom bidon à l'objet, comme on l'a fait ici (`maPolice`), c'est plus court, cela va plus vite, bref c'est mieux en général pour les cas les plus simples comme ici.

```
bouton.setFont(QFont("Courier"));
```

Voilà, en imbriquant ainsi, cela marche très bien. La méthode `setFont` veut un objet de type `QFont` ? Qu'à cela ne tienne, on lui en crée un à la volée !

Voici le résultat à la figure 23.4.

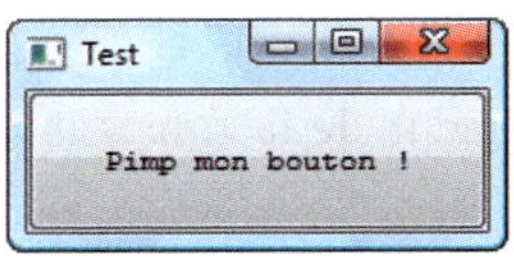

FIGURE 23.4 – Un bouton écrit avec la police Courier

Maintenant, on peut exploiter un peu plus le constructeur de `QFont` en utilisant une autre police plus fantaisiste et en augmentant la taille des caractères (figure 23.5) :

```
bouton.setFont(QFont("Comic Sans MS", 20));
```

Et voilà le même avec du gras et de l'italique (figure 23.6) !

```
bouton.setFont(QFont("Comic Sans MS", 20, QFont::Bold, true));
```

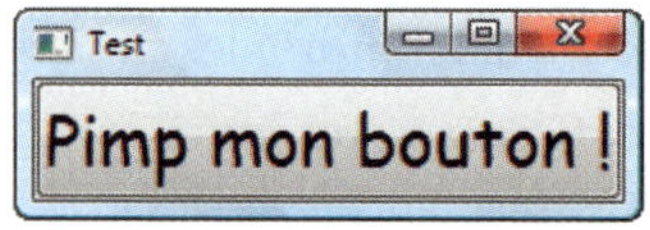

FIGURE 23.5 – Un bouton en Comic Sans MS en grand

FIGURE 23.6 – Un bouton en Comic Sans MS en grand, gras, italique

`cursor` : le curseur de la souris

Avec la propriété `cursor`, vous pouvez déterminer quel curseur de la souris doit s'afficher lorsqu'on pointe sur le bouton. Le plus simple est de choisir l'une des constantes de curseurs prédéfinies dans la liste qui s'offre à vous.

▷ Documentation des curseurs
Code web : 442997

Ce qui peut donner par exemple, si on veut qu'une main s'affiche (figure 23.7) :

```
bouton.setCursor(Qt::PointingHandCursor);
```

FIGURE 23.7 – Curseur de la souris modifié sur le bouton

`icon` : l'icône du bouton

Après tout ce qu'on vient de voir, rajouter une icône au bouton va vous paraître très simple : la méthode `setIcon` attend juste un objet de type `QIcon`. Un `QIcon` peut se construire très facilement en donnant le nom du fichier image à charger.

Prenons par exemple un smiley. Il s'agit d'une image au format PNG que sait lire Qt.

```
bouton.setIcon(QIcon("smile.png"));
```

Attention : sous Windows, pour que cela fonctionne, votre icône `smile.png` doit se trouver dans le même dossier que l'exécutable (ou dans un sous-dossier si vous écrivez `dossier/smile.png`). Sous Linux, il faut que votre icône soit dans votre répertoire HOME. Si vous voulez utiliser le chemin de votre application, comme cela se fait par défaut sous Windows, écrivez : `QIcon(QCoreApplication::applicationDirPath() + "/smile.png");` Cela aura pour effet d'afficher l'icône à condition que celle-ci se trouve dans le même répertoire que l'exécutable.

Si vous avez fait ce qu'il fallait, l'icône devrait alors apparaître comme sur la figure 23.8.

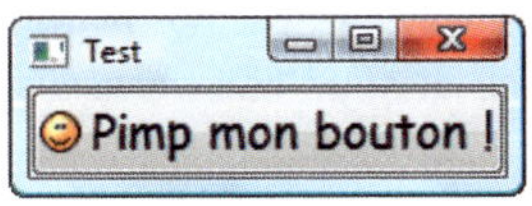

FIGURE 23.8 – Un bouton avec une icône

Qt et l'héritage

On aurait pu continuer à faire joujou longtemps avec les propriétés de notre bouton mais il faut savoir s'arrêter au bout d'un moment et reprendre les choses sérieuses.

Quelles choses sérieuses ? Si je vous dis « héritage », cela ne vous rappelle rien ? J'espère que cela ne vous donne pas des boutons en tout cas (oh oh oh) parce que, si vous n'avez pas compris le principe de l'héritage, vous ne pourrez pas aller plus loin.

De l'héritage en folie

L'héritage est probablement LA notion la plus intéressante de la programmation orientée objet. Le fait de pouvoir créer une classe de base, réutilisée par des sous-classes filles, qui ont elles-mêmes leurs propres sous-classes filles, cela donne à une bibliothèque comme Qt une puissance infinie[3].

En fait... quasiment toutes les classes de Qt font appel à l'héritage.

Pour vous faire une idée, la documentation vous donne la hiérarchie complète des classes. Les classes les plus à gauche de cette liste à puces sont les classes de base et toute classe décalée vers la droite est une sous-classe.

▷ Hiérarchie des classes
Code web : 763606

Vous pouvez par exemple voir au début :

- `QAbstractExtensionFactory`

3. Voire plus, même.

  - QExtensionFactory
- QAbstractExtensionManager
  - QExtensionManager

`QAbstractExtensionFactory` et `QAbstractExtensionManager` sont des classes dites « de base ». Elles n'ont pas de classes parentes. En revanche, `QExtensionFactory` et `QExtensionManager` sont des classes-filles, qui héritent respectivement de `QAbstractExtensionFactory` et `QAbstractExtensionManager`.

Sympathique, n'est-ce pas ?

Descendez plus bas sur la page de la hiérarchie, à la recherche de la classe `QObject`. Regardez un peu toutes ses classes filles. Descendez. Encore. Encore. Encore.

C'est bon vous n'avez pas trop pris peur ? Vous avez dû voir que certaines classes étaient carrément des sous-sous-sous-sous-sous-classes.

Wouaw, mais comment je vais m'y retrouver là-dedans moi ? Ce n'est pas possible, je ne vais jamais m'en sortir !

C'est ce qu'on a tendance à se dire la première fois. En fait, vous allez petit à petit comprendre qu'au contraire, tous ces héritages sont là pour vous simplifier la vie. Si ce n'était pas aussi bien architecturé, alors *là* vous ne vous en seriez jamais sortis ! ;-)

`QObject` : une classe de base incontournable

`QObject` est la classe de base de tous les objets sous Qt. QObject ne correspond à rien de particulier mais elle propose quelques fonctionnalités « de base » qui peuvent être utiles à toutes les autres classes.

Cela peut surprendre d'avoir une classe de base qui ne sait rien faire de particulier mais, en fait, c'est ce qui donne beaucoup de puissance à la bibliothèque. Par exemple, il suffit de définir une fois dans `QObject` une méthode `objectName()` qui contient le nom de l'objet et ainsi, toutes les autres classes de Qt en héritent et posséderont donc cette méthode. D'autre part, le fait d'avoir une classe de base comme `QObject` est indispensable pour réaliser le mécanisme des **signaux et des slots** qu'on verra au prochain chapitre. Ce mécanisme permet par exemple de faire en sorte que, si on clique sur un bouton, alors une autre fenêtre s'ouvre (on dit qu'il envoie un signal à un autre objet).

Bref, tout cela doit vous sembler encore un peu abstrait et je le comprends parfaitement. Je pense qu'un petit schéma simplifié des héritages de Qt s'impose (figure 23.9). Cela devrait vous permettre de mieux visualiser la hiérarchie des classes.

Soyons clairs : je n'ai pas tout mis. J'ai simplement présenté quelques exemples mais, s'il fallait faire le schéma complet, cela prendrait une place énorme, vous vous en doutez !

On voit sur ce schéma que `QObject` est la classe mère principale dont héritent toutes les autres classes. Comme je l'ai dit, elle propose quelques fonctionnalités qui se révèlent utiles pour toutes les classes, mais nous ne les verrons pas ici.

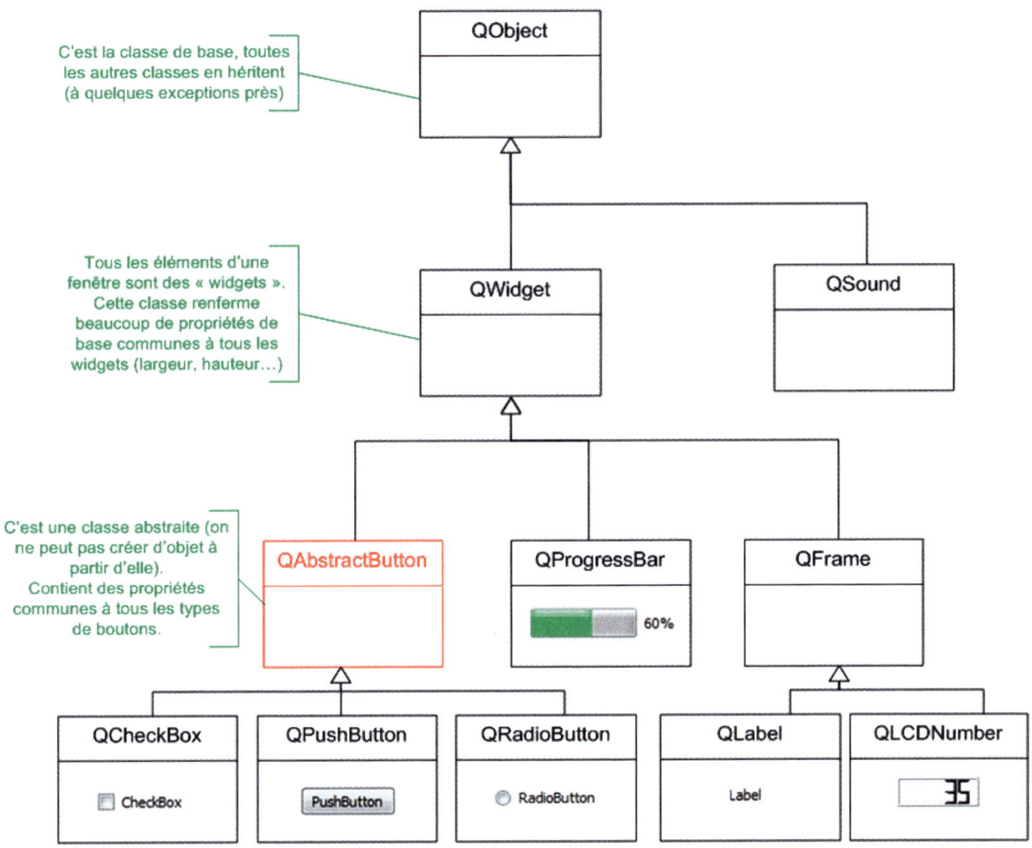

FIGURE 23.9 – Héritage sous Qt

Certaines classes comme `QSound` (gestion du son) héritent directement de `QObject`.

Toutefois, comme je l'ai dit, on s'intéresse plus particulièrement à la création de GUI, c'est-à-dire de fenêtres. Or *dans une fenêtre, tout est considéré comme un widget* (même la fenêtre est un widget). C'est pour cela qu'il existe une classe de base `QWidget` pour tous les widgets. Elle contient énormément de propriétés communes à tous les widgets, comme :

- la largeur ;
- la hauteur ;
- la position en abscisse (x) ;
- la position en ordonnée (y) ;
- la police de caractères utilisée [4] ;
- le curseur de la souris [5]
- l'infobulle (`toolTip`)
- etc.

Vous commencez à percevoir un peu l'intérêt de l'héritage ? Grâce à cette technique, il leur a suffit de définir *une fois* toutes les propriétés de base des widgets (largeur, hauteur...). Tous les widgets héritent de `QWidget`, donc ils possèdent toutes ces propriétés. Vous savez donc par exemple que vous pouvez retrouver la méthode `setCursor` dans la classe `QProgressBar`.

Les classes abstraites

Vous avez pu remarquer sur mon schéma que j'ai écrit la classe `QAbstractButton` en rouge... Pourquoi ? Il existe en fait un grand nombre de classes abstraites sous Qt, dont le nom contient toujours le mot « Abstract ». Nous avons déjà parlé des classes abstraites dans un chapitre précédent.

Petit rappel pour ceux qui auraient oublié. Les classes dites « abstraites » sont des classes qu'on ne peut pas instancier. C'est-à-dire... qu'on n'a pas le droit de créer d'objets à partir d'elles. Ainsi, on ne peut pas faire :

```
QAbstractButton bouton(); // Interdit car classe abstraite
```

Mais alors... à quoi cela sert-il de faire une classe si on ne peut pas créer d'objets à partir d'elle ?

Une classe abstraite sert de classe de base pour d'autres sous-classes. Ici, `QAbstractButton` définit un certain nombre de propriétés communes à tous les types de boutons (boutons classiques, cases à cocher, cases radio...). Par exemple, parmi les propriétés communes on trouve :

4. Eh oui, la méthode `setFont` est définie dans `QWidget` et comme `QPushButton` en hérite, il possède lui aussi cette méthode.

5. Pareil, rebelote, `setCursor` est en fait défini dans `QWidget` et non dans `QPushButton` car il est aussi susceptible de servir sur tous les autres widgets.

- `text` : le texte affiché ;
- `icon` : l'icône affichée à côté du texte du bouton ;
- `shortcut` : le raccourci clavier pour activer le bouton ;
- `down` : indique si le bouton est enfoncé ou non ;
- etc.

Bref, encore une fois, tout cela n'est défini qu'une fois dans `QAbstractButton` et on le retrouve ensuite automatiquement dans `QPushButton`, `QCheckBox`, etc.

Dans ce cas, pourquoi `QObject` et `QWidget` ne sont-elles pas des classes abstraites elles aussi ? Après tout, elles ne représentent rien de particulier et servent simplement de classes de base !

Oui, vous avez tout à fait raison, leur rôle est d'être des classes de base. Mais... pour un certain nombre de raisons pratiques (qu'on ne détaillera pas ici), il est possible de les instancier quand même, donc de créer par exemple un objet de type `QWidget`.

Si on affiche un `QWidget`, qu'est-ce qui apparaît ? Une fenêtre ! En fait, un widget qui ne se trouve pas à l'intérieur d'un autre widget est considéré comme une fenêtre. Ce qui explique pourquoi, en l'absence d'autre information, Qt décide de créer une fenêtre.

Un widget peut en contenir un autre

Nous attaquons maintenant une notion importante, mais heureusement assez simple, qui est celle des **widgets conteneurs**.

Contenant et contenu

Il faut savoir qu'un widget peut en contenir un autre. Par exemple, une fenêtre (un `QWidget`) peut contenir trois boutons (`QPushButton`), une case à cocher (`QCheckBox`), une barre de progression (`QProgressBar`), etc.

Ce n'est pas là de l'héritage, juste une histoire de contenant et de contenu. Prenons un exemple, la figure 23.10.

Sur cette capture, la fenêtre contient trois widgets :

- un bouton OK ;
- un bouton Annuler ;
- un conteneur avec des onglets.

Le conteneur avec des onglets est, comme son nom l'indique, un conteneur. Il contient à son tour des widgets :

- deux boutons ;
- une case à cocher (*checkbox*) ;
- une barre de progression.

Les widgets sont donc imbriqués les uns dans les autres suivant cette hiérarchie :

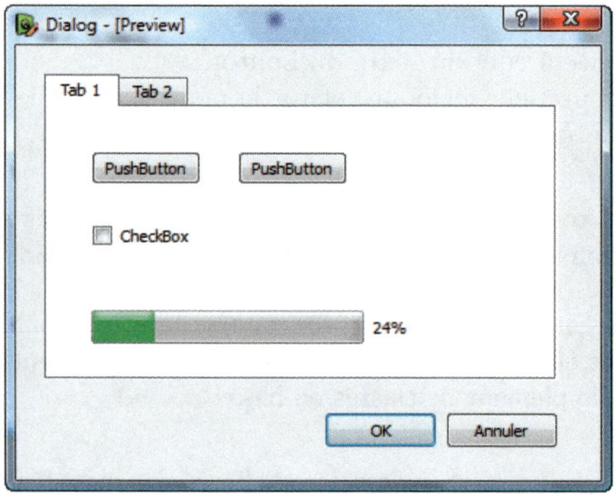

FIGURE 23.10 – Widgets conteneurs

- QWidget (la fenêtre)
  - QPushButton
  - QPushButton
  - QTabWidget (le conteneur à onglets)
    - QPushButton
    - QPushButton
    - QCheckBox
    - QProgressBar

Attention : ne confondez pas ceci avec l'héritage ! Dans cette partie, je suis en train de vous montrer qu'un widget peut en contenir d'autres. Le gros schéma qu'on a vu un peu plus haut n'a rien à voir avec la notion de widget conteneur. Ici, on découvre qu'un widget peut en contenir d'autres, indépendamment du fait que ce soit une classe mère ou une classe fille.

Créer une fenêtre contenant un bouton

On ne va pas commencer par faire une fenêtre aussi compliquée que celle qu'on vient de voir. Pour le moment, on va s'entraîner à faire quelque chose de simple : créer une fenêtre qui contient un bouton.

Mais... n'est-ce pas ce qu'on a fait tout le temps jusqu'ici ?

Non, ce qu'on a fait jusqu'ici, c'était simplement afficher un bouton. Automatiquement, Qt a créé une fenêtre autour car on ne peut pas avoir de bouton qui « flotte » seul sur l'écran.

L'avantage de créer une fenêtre *puis* de mettre un bouton dedans, c'est que :

- on pourra mettre ultérieurement d'autres widgets à l'intérieur de la fenêtre ;
- on pourra placer le bouton où on veut dans la fenêtre, avec les dimensions qu'on veut (jusqu'ici, le bouton avait toujours la même taille que la fenêtre).

Voilà comment il faut faire :

```
#include <QApplication>
#include <QPushButton>


int main(int argc, char *argv[])
{
    QApplication app(argc, argv);

    // Création d'un widget qui servira de fenêtre
    QWidget fenetre;
    fenetre.setFixedSize(300, 150);

    // Création du bouton, ayant pour parent la "fenêtre"
    QPushButton bouton("Pimp mon bouton !", &fenetre);
    // Personnalisation du bouton
    bouton.setFont(QFont("Comic Sans MS", 14));
    bouton.setCursor(Qt::PointingHandCursor);
    bouton.setIcon(QIcon("smile.png"));

    // Affichage de la fenêtre
    fenetre.show();

    return app.exec();
}
```

▷ Copier ce code
Code web : 587853

... et le résultat en figure 23.11.

FIGURE 23.11 – Fenêtre avec bouton

Qu'est-ce qu'on a fait ?

1. On a créé une fenêtre à l'aide d'un objet de type `QWidget`.
2. On a dimensionné notre widget (donc notre fenêtre) avec la méthode `setFixedSize`. La taille de la fenêtre sera fixée : on ne pourra pas la redimensionner.
3. On a créé un bouton mais avec cette fois une nouveauté au niveau du constructeur : on a indiqué un pointeur vers le widget parent (en l'occurence la fenêtre).
4. On a personnalisé un peu le bouton, pour la forme.
5. On a déclenché l'affichage de la fenêtre (et donc du bouton qu'elle contenait).

Tous les widgets possèdent un constructeur surchargé qui permet d'indiquer quel est le parent du widget que l'on crée. Il suffit de donner un pointeur pour que Qt sache « qui contient qui ». Le paramètre `&fenetre` du constructeur permet donc d'indiquer que la fenêtre est le parent de notre bouton :

```
QPushButton bouton("Pimp mon bouton !", &fenetre);
```

Si vous voulez placer le bouton ailleurs dans la fenêtre, utilisez la méthode `move` :

```
bouton.move(60, 50);
```

FIGURE 23.12 – Fenêtre avec bouton centré

À noter aussi : la méthode `setGeometry`, qui prend 4 paramètres :

```
bouton.setGeometry(abscisse, ordonnee, largeur, hauteur);
```

La méthode `setGeometry` permet donc, en plus de déplacer le widget, de lui donner des dimensions bien précise.

Tout widget peut en contenir d'autres

... même les boutons ! Quel que soit le widget, son constructeur accepte en dernier paramètre un pointeur vers un autre widget, pointeur qui indique quel est le parent.

On peut faire le test si vous voulez en plaçant un bouton... dans notre bouton !

```
#include <QApplication>
#include <QPushButton>


int main(int argc, char *argv[])
{
    QApplication app(argc, argv);

    QWidget fenetre;
    fenetre.setFixedSize(300, 150);

    QPushButton bouton("Pimp mon bouton !", &fenetre);
    bouton.setFont(QFont("Comic Sans MS", 14));
    bouton.setCursor(Qt::PointingHandCursor);
    bouton.setIcon(QIcon("smile.png"));
    bouton.setGeometry(60, 50, 180, 70);

    // Création d'un autre bouton ayant pour parent le premier bouton
    QPushButton autreBouton("Autre bouton", &bouton);
    autreBouton.move(30, 15);

    fenetre.show();

    return app.exec();
}
```

Résultat : notre bouton est placé à l'intérieur de l'autre bouton (figure 23.13) !

FIGURE 23.13 – Un bouton dans un bouton

Cet exemple montre qu'il est donc possible de placer un widget dans n'importe quel autre widget, même un bouton. Bien entendu, comme le montre ma capture d'écran, ce n'est pas très malin de faire cela mais cela prouve que Qt est très flexible.

Des includes « oubliés »

Dans le code source précédent, nous avons utilisé les classes `QWidget`, `QFont` et `QIcon` pour créer des objets. Normalement, nous devrions faire un `include` des fichiers d'en-tête de ces classes, en plus de `QPushButton` et `QApplication`, pour que le compilateur les connaisse :

```
#include <QApplication>
#include <QPushButton>
#include <QWidget>
#include <QFont>
#include <QIcon>
```

Ah ben oui ! Si on n'a pas inclus le header de la classe `QWidget`, comment est-ce qu'on a pu créer tout à l'heure un objet « fenetre » de type `QWidget` sans que le compilateur ne hurle à la mort ?

C'était un coup de chance. En fait, on avait inclus `QPushButton` et comme `QPushButton` hérite de `QWidget`, il avait lui-même inclus `QWidget` dans son header. Quant à `QFont` et `QIcon`, ils étaient inclus eux aussi car indirectement utilisés par `QPushButton`.

Bref, parfois, comme dans ce cas, on a de la chance et cela marche. Normalement, si on faisait *très* bien les choses, on devrait faire un `include` par classe utilisée.

C'est un peu lourd et il m'arrive d'en oublier. Comme cela marche, en général je ne me pose pas trop de questions. Toutefois, si vous voulez être sûrs d'inclure une bonne fois pour toutes toutes les classes du module « Qt GUI », il vous suffit de faire :

```
#include <QtGui>
```

Le header `QtGui` inclut à son tour *toutes* les classes du module GUI, donc `QWidget`, `QPushButton`, `QFont`, etc. Attention toutefois car, du coup, la compilation sera un peu ralentie.

Hériter un widget

Bon, résumons !

Jusqu'ici, dans ce chapitre, nous avons :

- appris à lire et modifier les propriétés d'un widget, en voyant quelques exemples de propriétés des boutons ;
- découvert de quelle façon étaient architecturées les classes de Qt, avec les multiples héritages ;
- découvert la notion de widget conteneur (un widget peut en contenir d'autres) et créé, pour nous entraîner, une fenêtre dans laquelle nous avons inséré un bouton.

Nous allons ici aller plus loin dans la personnalisation des widgets en « inventant » un nouveau type de widget. En fait, nous allons créer une nouvelle classe qui hérite de `QWidget` et représente notre fenêtre. Créer une classe pour gérer la fenêtre vous paraîtra peut-être un peu lourd au premier abord, mais c'est ainsi qu'on procède à chaque fois que l'on crée des GUI en POO. Cela nous donnera une plus grande souplesse par la suite.

L'héritage que l'on va faire sera donc celui présenté sur la figure 23.14.

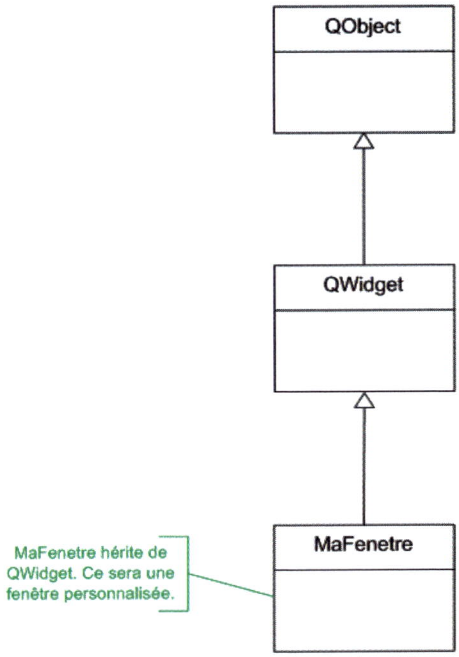

FIGURE 23.14 – `MaFenetre` hérite de `QWidget`

Allons-y ! Qui dit nouvelle classe dit deux nouveaux fichiers :

- `MaFenetre.h` : contiendra la définition de la classe ;
- `MaFenetre.cpp` : contiendra l'implémentation des méthodes.

Édition des fichiers

`MaFenetre.h`

Voici le code du fichier `MaFenetre.h`, nous allons le commenter tout de suite après :

```
#ifndef DEF_MAFENETRE
#define DEF_MAFENETRE

#include <QApplication>
#include <QWidget>
#include <QPushButton>

class MaFenetre : public QWidget // On hérite de QWidget (IMPORTANT)
{
    public:
    MaFenetre();
```

```
    private:
    QPushButton *m_bouton;
};

#endif
```

Quelques petites explications :

```
#ifndef DEF_MAFENETRE
#define DEF_MAFENETRE

// Contenu

#endif
```

Ces lignes permettent d'éviter que le header ne soit inclus plusieurs fois, ce qui pourrait provoquer des erreurs.

```
#include <QApplication>
#include <QWidget>
#include <QPushButton>
```

Comme nous allons hériter de `QWidget`, il est nécessaire d'inclure la définition de cette classe. Par ailleurs, nous allons utiliser un `QPushButton`, donc on inclut aussi le header associé. Quant à `QApplication`, on ne l'utilise pas ici mais on en aura besoin au prochain chapitre, je prépare un peu le terrain.

```
class MaFenetre : public QWidget // On hérite de QWidget (IMPORTANT)
{
```

C'est le début de la définition de la classe. Si vous vous souvenez de l'héritage, ce que j'ai fait là ne devrait pas trop vous choquer. Le `:publicQWidget` signifie que notre classe hérite de `QWidget`. Nous récupérons donc automatiquement toutes les propriétés de `QWidget`.

```
public:
MaFenetre();

private:
QPushButton *m_bouton;
```

Le contenu de la classe est très simple.

Nous écrivons le prototype du constructeur : c'est un prototype minimal, mais cela nous suffira. Le constructeur est public car, s'il était privé, on ne pourrait jamais créer d'objet à partir de cette classe

Nous créons un attribut `m_bouton` de type `QPushButton`. Notez que celui-ci est un pointeur, il faudra donc le « construire » de manière dynamique avec l'aide du mot-clé `new`. Tous les attributs devant être privés, nous avons fait précéder cette ligne d'un `private:` qui interdira aux utilisateurs de la classe de modifier directement le bouton.

`MaFenetre.cpp`

Le fichier `.cpp` contient l'implémentation des méthodes de la classe. Comme notre classe ne contient qu'une méthode (le constructeur), le fichier `.cpp` ne sera donc pas long à écrire :

```
#include "MaFenetre.h"

MaFenetre::MaFenetre() : QWidget()
{
    setFixedSize(300, 150);

    // Construction du bouton
    m_bouton = new QPushButton("Pimp mon bouton !", this);

    m_bouton->setFont(QFont("Comic Sans MS", 14));
    m_bouton->setCursor(Qt::PointingHandCursor);
    m_bouton->setIcon(QIcon("smile.png"));
    m_bouton->move(60, 50);
}
```

Quelques explications :

```
#include "MaFenetre.h"
```

C'est obligatoire pour inclure les définitions de la classe. Tout cela ne devrait pas être nouveau pour vous, nous avons fait cela de nombreuses fois déjà dans la partie précédente du cours.

```
MaFenetre::MaFenetre() : QWidget()
{
```

L'en-tête du constructeur. Il ne faut pas oublier de le faire précéder d'un `MaFenetre::` pour que le compilateur sache à quelle classe celui-ci se rapporte. Le `:QWidget()` sert à appeler le constructeur de `QWidget` en premier lieu. Parfois, on en profitera pour envoyer au constructeur de `QWidget` quelques paramètres mais là, on va se contenter du constructeur par défaut.

```
setFixedSize(300, 150);
```

Rien d'extraordinaire : on définit la taille de la fenêtre de manière fixée, pour interdire son redimensionnement. Vous noterez qu'on n'a pas eu besoin d'écrire `fenetre.setFi` `xedSize(300,150);`. Pourquoi ? Parce qu'*on est dans la classe.* On ne fait qu'appeler une des méthodes de la classe (`setFixedSize`), méthode qui appartient à `QWidget` et qui appartient donc aussi à la classe puisqu'on hérite de `QWidget`.

J'avoue, j'avoue, ce n'est pas évident de bien se repérer au début. Pourtant, vous pouvez me croire, tout ceci est logique et vous paraîtra plus clair à force de pratiquer. Pas de panique donc si vous vous dites « oh mon dieu je n'aurais jamais pu deviner cela ». Faites-moi confiance !

```
m_bouton = new QPushButton("Pimp mon bouton !", this);
```

C'est la ligne la plus délicate de ce constructeur. Ici, nous construisons le bouton. En effet, dans le header, nous nous sommes contentés de créer le pointeur mais il ne pointait vers rien jusqu'ici ! Le `new` permet d'appeler le constructeur de la classe `QPushButton` et d'affecter une adresse au pointeur.

Autre détail un tout petit peu délicat : le mot-clé `this`. Je vous en avais parlé dans la partie précédente du cours, en vous disant « faites-moi confiance, même si cela vous paraît inutile maintenant, cela vous sera indispensable plus tard ».

Bonne nouvelle : c'est maintenant que vous découvrez un cas où le mot-clé `this` nous est indispensable ! En effet, le second paramètre du constructeur doit être un pointeur vers le widget parent. Quand nous faisions tout dans le `main`, c'était simple : il suffisait de donner le pointeur vers l'objet `fenetre`. Mais là, *nous sommes dans la fenêtre* ! En effet, nous écrivons la classe `MaFenetre`. C'est donc « moi », la fenêtre, qui sers de widget parent. Pour donner le pointeur vers moi, il suffit d'écrire le mot-clé `this`.

Et toujours... `main.cpp`

Bien entendu, que serait un programme sans son `main` ? Ne l'oublions pas celui-là !

La bonne nouvelle c'est que, comme bien souvent dans les gros programmes, notre `main` va être tout petit. Ridiculement petit. Microscopique. Microbique même.

```
#include <QApplication>
#include "MaFenetre.h"


int main(int argc, char *argv[])
{
    QApplication app(argc, argv);

    MaFenetre fenetre;
    fenetre.show();

    return app.exec();
}
```

On n'a besoin d'inclure que deux headers car on n'utilise que deux classes : `QApplication` et `MaFenetre`.

Le contenu du `main` est très simple : on crée un objet de type `MaFenetre` et on l'affiche par un appel à la méthode `show()`. C'est tout.

Lors de la création de l'objet `fenetre`, le constructeur de la classe `MaFenetre` est appelé. Dans son constructeur, la fenêtre définit toute seule ses dimensions et les widgets qu'elle contient (en l'occurence, juste un bouton).

La destruction automatique des widgets enfants

Minute papillon ! On a créé dynamiquement un objet de type `QPushButton` dans le constructeur de la classe `MaFenetre`... mais on n'a pas détruit cet objet avec un `delete` !

En effet, tout objet créé dynamiquement avec un `new` implique forcément un `delete` quelque part. Vous avez bien retenu la leçon. *Normalement*, on devrait écrire le destructeur de `MaFenetre`, qui contiendrait ceci :

```
MaFenetre::~MaFenetre()
{
    delete m_bouton;
}
```

C'est comme cela qu'on doit faire en temps normal. Toutefois, Qt supprimera automatiquement le bouton lors de la destruction de la fenêtre (à la fin du `main`). En effet, quand on supprime un widget parent (ici notre fenêtre), Qt supprime automatiquement tous les widgets qui se trouvent à l'intérieur (tous les widgets enfants). C'est un des avantages d'avoir dit que le `QPushButton` avait pour « parent » la fenêtre. Dès qu'on supprime la fenêtre, hop, Qt supprime tout ce qu'elle contient et donc, fait le `delete` nécessaire du bouton.

Qt nous simplifie la vie en nous évitant d'avoir à écrire tous les `delete` des widgets enfants. N'oubliez pas, néanmoins, que tout `new` implique normalement un delete. Ici, on profite du fait que Qt le fait pour nous.

Compilation

Le résultat, si tout va bien, devrait être le même que tout à l'heure (figure 23.15)

Quoi ? Tout ce bazar pour la même chose au final ? ? ?

Mais non mais non ! En fait, on vient de créer des fondements beaucoup plus solides pour notre fenêtre. On a déjà un peu plus découpé notre code (et avoir un code modulaire, c'est bien !) et on pourra par la suite plus facilement rajouter de nouveaux widgets et surtout... gérer les évènements des widgets !

FIGURE 23.15 – Fenêtre avec bouton centré

Mais tout cela, vous le découvrirez... au prochain chapitre !

Petit exercice : essayez de modifier (ou de surcharger) le constructeur de la classe `MaFenetre` pour qu'on puisse lui envoyer en paramètre la largeur et la hauteur de la fenêtre à créer. Ainsi, vous pourrez alors définir les dimensions de la fenêtre lors de sa création dans le `main`.

En résumé

- Qt fournit des accesseurs pour lire et modifier les propriétés des widgets. Ainsi, `text()` renvoie la valeur de l'attribut `text` et `setText()` permet de la modifier.
- La documentation nous donne toutes les informations dont nous avons besoin pour savoir comment modifier les propriétés de chaque widget.
- Les classes de Qt utilisent intensivement l'héritage. Toutes les classes, à quelques exceptions près, héritent en réalité d'une super-classe appelée `QObject`.
- On peut placer un widget à l'intérieur d'un autre widget : on parle alors de widgets conteneurs.
- Pour être le plus souple possible, il est recommandé de créer sa propre classe représentant une fenêtre. Cette classe héritera d'une classe de Qt comme `QWidget` pour récupérer toutes les fonctionnalités de base Qt.

Chapitre 24

Les signaux et les slots

Difficulté :

Nous commençons à maîtriser petit à petit la création d'une fenêtre. Au chapitre précédent, nous avons posé de solides bases pour le développement ultérieur de notre application. Nous avons réalisé une classe personnalisée, héritant de `QWidget`.

Nous allons maintenant découvrir le mécanisme des signaux et des slots, un principe propre à Qt qui est clairement un de ses points forts. Il s'agit d'une technique séduisante pour gérer les évènements au sein d'une fenêtre. Par exemple, si on clique sur un bouton, on voudrait qu'une fonction soit appelée pour réagir au clic. C'est précisément ce que nous apprendrons à faire dans ce chapitre, qui va enfin rendre notre application dynamique.

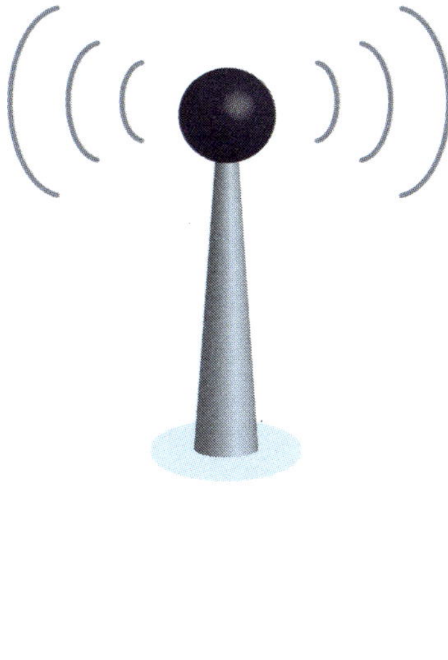

Le principe des signaux et slots

Le principe est plutôt simple à comprendre : une application de type GUI réagit à partir d'évènements. C'est ce qui rend votre fenêtre dynamique.

Dans Qt, on parle de signaux et de slots, mais qu'est-ce que c'est concrètement ? C'est un concept inventé par Qt. Voici, en guise d'introduction, une petite définition :

- **Un signal** : c'est un message envoyé par un widget lorsqu'un évènement se produit. Exemple : on a cliqué sur un bouton.
- **Un slot** : c'est la fonction qui est appelée lorsqu'un évènement s'est produit. On dit que le signal appelle le slot. Concrètement, un slot est une méthode d'une classe. Exemple : le slot `quit()` de la classe `QApplication` provoque l'arrêt du programme.

Les signaux et les slots sont considérés par Qt comme des éléments d'une classe à part entière, en plus des attributs et des méthodes.

Voici un schéma qui montre ce qu'un objet pouvait contenir avant Qt, ainsi que ce qu'il peut contenir maintenant qu'on utilise Qt (figure 24.1).

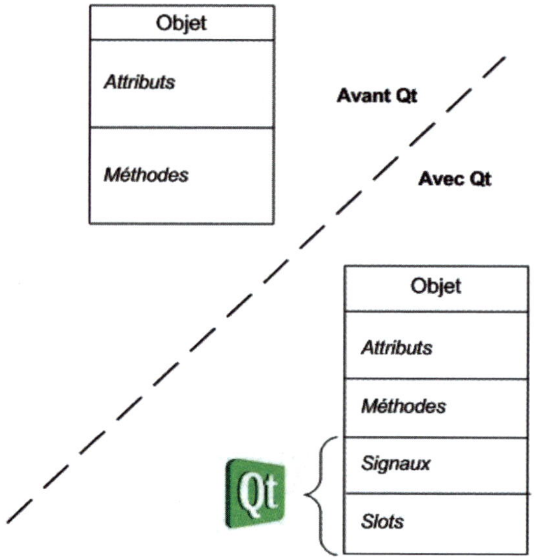

FIGURE 24.1 – Un objet avec des signaux et des slots

Avant Qt, un objet était constitué d'attributs et de méthodes. C'est tout. Qt rajoute en plus la possibilité d'utiliser ce qu'il appelle des signaux et des slots afin de gérer les évènements.

Un signal est un message envoyé par l'objet (par exemple « on a cliqué sur le bouton »). Un slot est une... méthode. En fait, c'est une méthode classique comme toutes les autres, à la différence près qu'elle a le droit d'être connectée à un signal.

Avec Qt, on dit que l'on connecte des signaux et des slots entre eux. Supposons que vous ayez deux objets, chacun ayant ses propres attributs, méthodes, signaux et slots[1] (figure 24.2).

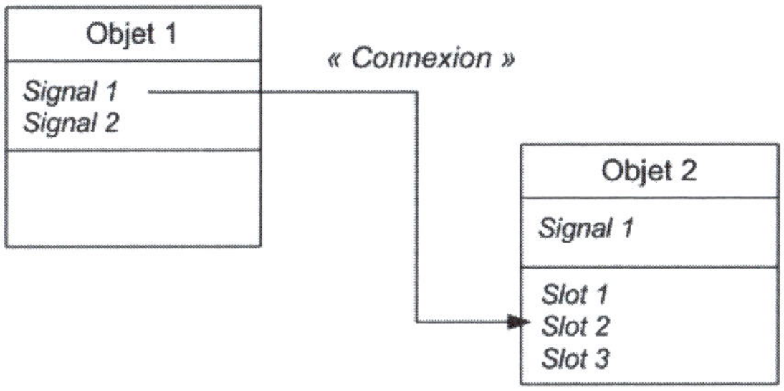

FIGURE 24.2 – Des signaux et des slots

Sur le schéma 24.2, on a connecté le signal 1 de l'objet 1 avec le slot 2 de l'objet 2.

Il est possible de connecter un signal à plusieurs slots. Ainsi, un clic sur un bouton pourrait appeler non pas une mais plusieurs méthodes. Comble du raffinement, il est aussi possible de connecter un signal à un autre signal. Le signal d'un bouton peut donc provoquer la création du signal d'un autre widget, qui peut à son tour appeler des slots (voire appeler d'autres signaux pour provoquer une réaction en chaîne !). C'est un peu particulier et on ne verra pas cela dans ce chapitre.

Connexion d'un signal à un slot simple

Voyons un cas très concret. Je vais prendre deux objets, l'un de type `QPushButton` et l'autre de type `QApplication`. Dans le schéma 24.3, les indications que vous voyez sont de *vrais signaux et slots* que vous allez pouvoir utiliser.

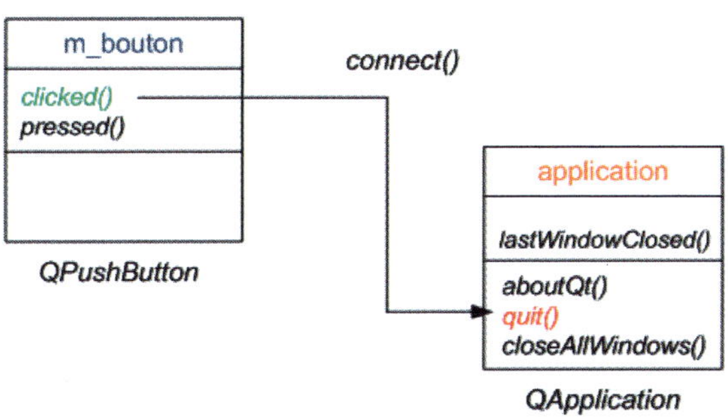

FIGURE 24.3 – Signaux et slots en pratique

1. Pour simplifier, je n'ai pas représenté les attributs et les méthodes sur mon schéma.

Regardez attentivement ce schéma. Nous avons d'un côté notre bouton appelé `m_bouton` (de type `QPushButton`) et de l'autre, notre application (de type `QApplication`, utilisée dans le `main`).

Nous voudrions par exemple connecter le signal « bouton cliqué » au slot « quitter l'application ». Ainsi, un clic sur le bouton provoquerait l'arrêt de l'application.

Pour cela, nous devons utiliser une méthode statique de `QObject` : `connect()`.

Le principe de la méthode `connect()`

`connect()` est une méthode statique. Vous vous souvenez ce que cela veut dire ? Une méthode statique est une méthode d'une classe que l'on peut appeler sans créer d'objet. C'est en fait exactement comme une fonction classique.

Pour appeler une méthode statique, il faut faire précéder son intitulé du nom de la classe dans laquelle elle est déclarée. Comme `connect()` appartient à la classe `QObject`, il faut donc écrire :

```
QObject::connect();
```

La méthode `connect` prend 4 arguments :

- un pointeur vers l'objet qui émet le signal ;
- le nom du signal que l'on souhaite « intercepter » ;
- un pointeur vers l'objet qui contient le slot récepteur ;
- le nom du slot qui doit s'exécuter lorsque le signal se produit.

Il existe aussi une méthode `disconnect()` permettant de casser la connexion entre deux objets mais on n'en parlera pas ici car on en a rarement besoin.

Utilisation de la méthode `connect()` pour quitter

Revenons au code, et plus précisément au constructeur de `MaFenetre` (fichier `MaFenetre.cpp`). Ajoutez cette ligne :

```
#include "MaFenetre.h"

MaFenetre::MaFenetre() : QWidget()
{
    setFixedSize(300, 150);

    m_bouton = new QPushButton("Quitter", this);
    m_bouton->setFont(QFont("Comic Sans MS", 14));
    m_bouton->move(110, 50);

    // Connexion du clic du bouton à la fermeture de l'application
    QObject::connect(m_bouton, SIGNAL(clicked()), qApp, SLOT(quit()));
}
```

> `connect()` est une méthode de la classe `QObject`. Comme notre classe `MaFenetre` hérite de `QObject` indirectement, elle possède elle aussi cette méthode. Cela signifie que dans ce cas, et dans ce cas uniquement, on peut enlever le préfixe `QObject::` devant le `connect()` pour appeler la méthode statique. J'ai choisi de conserver ce préfixe dans le cours pour rappeler qu'il s'agit d'une méthode statique mais sachez donc qu'il n'a rien d'obligatoire si la méthode est appelée depuis une classe fille de `QObject`.

Étudions attentivement cette ligne et plus particulièrement les paramètres envoyés à `connect()` :

- `m_bouton` : c'est un pointeur vers le bouton qui va émettre le signal. Facile.
- `SIGNAL(clicked())` : là, c'est assez perturbant comme façon d'envoyer un paramètre. En fait, SIGNAL() est une macro du préprocesseur. Qt transformera cela en un code « acceptable » pour la compilation. Le but de cette technique est de vous faire écrire un code court et compréhensible. Ne cherchez pas à comprendre comment Qt fait pour transformer le code, ce n'est pas notre problème.
- `qApp` : c'est un pointeur vers l'objet de type `QApplication` que nous avons créé dans le `main`. D'où sort ce pointeur ? En fait, Qt crée automatiquement un pointeur appelé `qApp` vers l'objet de type `QApplication` que nous avons créé. Ce pointeur est défini dans le header `<QApplication>` que nous avons inclus dans `MaFenetre.h`.
- `SLOT(quit())` : c'est le slot qui doit être appelé lorsqu'on a cliqué sur le bouton. Là encore, il faut utiliser la macro `SLOT()` pour que Qt traduise ce code « bizarre » en quelque chose de compilable.

Le slot `quit()` de notre objet de type `QApplication` est un *slot prédéfini*. Il en existe d'autres, comme `aboutQt()` qui affiche une fenêtre « À propos de Qt ». Parfois, pour ne pas dire souvent, les slots prédéfinis par Qt ne nous suffiront pas. Nous apprendrons dans la suite de ce chapitre à créer les nôtres.

Testons notre code ! La fenêtre qui s'ouvre est présentée à la figure 24.4.

FIGURE 24.4 – La fenêtre avec le bouton « Quitter »

Rien de bien extraordinaire à première vue. Sauf que... si vous cliquez sur le bouton « Quitter », le programme s'arrête ! Hourra, on vient de réussir à connecter notre premier signal à un slot !

Des paramètres dans les signaux et slots

La méthode statique `connect()` est assez originale, vous l'avez vu. Il s'agit justement d'une des particularités de Qt que l'on ne retrouve pas dans les autres bibliothèques. Ces autres bibliothèques, comme wxWidgets par exemple, utilisent à la place de nombreuses macros et se servent du mécanisme un peu complexe et délicat des pointeurs de fonction (pour indiquer l'adresse de la fonction à appeler en mémoire).

Il y a d'autres avantages à utiliser la méthode `connect()` avec Qt. On va ici découvrir que les signaux et les slots peuvent s'échanger des paramètres !

Dessin de la fenêtre

Dans un premier temps, nous allons placer de nouveaux widgets dans notre fenêtre. Vous pouvez enlever le bouton, on ne va plus s'en servir ici.

À la place, je souhaite vous faire utiliser deux nouveaux widgets :

- `QSlider` : un curseur qui permet de définir une valeur ;
- `QLCDNumber` : un widget qui affiche un nombre.

On va aller un peu plus vite, je vous donne directement le code pour créer cela. Tout d'abord, le header :

```
#ifndef DEF_MAFENETRE
#define DEF_MAFENETRE

#include <QApplication>
#include <QWidget>
#include <QPushButton>
#include <QLCDNumber>
#include <QSlider>

class MaFenetre : public QWidget
{
    public:
    MaFenetre();

    private:
    QLCDNumber *m_lcd;
    QSlider *m_slider;
};

#endif
```

▷ Copier ce code
Code web : 125158

J'ai donc enlevé les boutons, comme vous pouvez le voir, et rajouté un `QLCDNumber` et un `QSlider`. Surtout, n'oubliez pas d'inclure le header de ces classes pour pouvoir les utiliser. J'ai gardé ici l'include du `QPushButton`, cela ne fait pas de mal de le laisser mais, si vous ne comptez pas le réutiliser, vous pouvez l'enlever sans crainte.

Et le fichier `.cpp` :

```
#include "MaFenetre.h"

MaFenetre::MaFenetre() : QWidget()
{
    setFixedSize(200, 100);

    m_lcd = new QLCDNumber(this);
    m_lcd->setSegmentStyle(QLCDNumber::Flat);
    m_lcd->move(50, 20);

    m_slider = new QSlider(Qt::Horizontal, this);
    m_slider->setGeometry(10, 60, 150, 20);
}
```

▷ Copier ce code
Code web : 668441

Les détails ne sont pas très importants. J'ai modifié le type d'afficheur LCD pour qu'il soit plus lisible (avec `setSegmentStyle`). Quant au slider, j'ai rajouté un paramètre pour qu'il apparaisse horizontalement (sinon il est vertical).

Voilà qui est fait. Avec ce code, une petite fenêtre devrait s'afficher (figure 24.5).

FIGURE 24.5 – Un afficheur LCD

Connexion avec des paramètres

Maintenant... connexiooooon ! C'est là que les choses deviennent intéressantes. On veut que l'afficheur LCD change de valeur en fonction de la position du curseur du slider.

On dispose du signal et du slot suivants :

- Le signal `valueChanged(int)` du `QSlider` : il est émis dès que l'on change la valeur du curseur du slider en le déplaçant. La particularité de ce signal est qu'il envoie un paramètre de type `int` (la nouvelle valeur du slider).
- Le slot `display(int)` du `QLCDNumber` : il affiche la valeur qui lui est passée en paramètre.

La connexion se fait avec le code suivant :

```
QObject::connect(m_slider, SIGNAL(valueChanged(int)), m_lcd,
↪ SLOT(display(int))) ;
```

Bizarre n'est-ce pas ? Il suffit d'indiquer le type du paramètre envoyé, ici un `int`, sans donner de nom à ce paramètre. Qt fait automatiquement la connexion entre le signal et le slot et « transmet » le paramètre au slot.

Le transfert de paramètre se fait comme sur la figure 24.6.

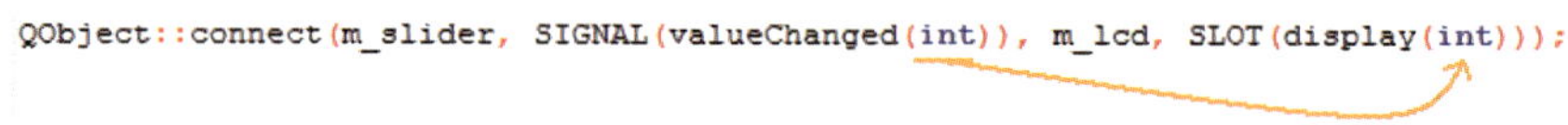

FIGURE 24.6 – Connexion de `int` à `int`

Ici, il n'y a qu'un paramètre à transmettre, c'est donc simple. Sachez toutefois qu'il pourrait très bien y avoir plusieurs paramètres.

Le type des paramètres doit absolument correspondre ! Vous ne pouvez pas connecter un signal qui envoie `(int, double)` à un slot qui reçoit `(int, int)`. C'est un des avantages du mécanisme des signaux et des slots : il respecte le type des paramètres. Veillez donc à ce que les signatures soient identiques entre votre signal et votre slot. En revanche, un signal peut envoyer plus de paramètres à un slot que celui-ci ne peut en recevoir. Dans ce cas, les paramètres supplémentaires seront ignorés.

Résultat : quand on change la valeur du slider, le LCD affiche la valeur correspondante (figure 24.7) !

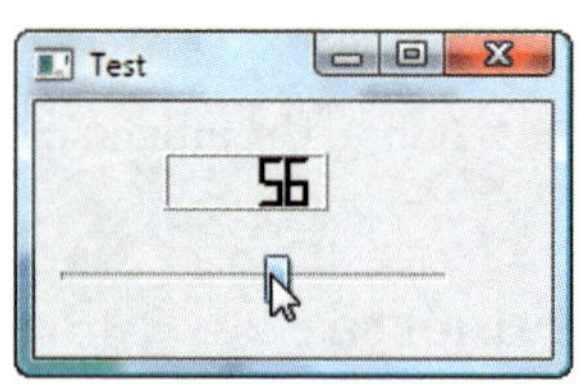

FIGURE 24.7 – Un afficheur LCD génère des évènements

Mais comment je sais, moi, quels sont les signaux et les slots que proposent chacune des classes ? Et aussi, comment je sais qu'un signal envoie un `int` en paramètre ?

La réponse devrait vous paraître simple, les amis : la doc, la doc, la doc !

Si vous regardez la documentation de la classe `QLCDNumber`, vous pouvez voir au début la liste de ses propriétés (attributs) et ses méthodes. Un peu plus bas, vous avez la liste des slots (« Public Slots ») et des signaux (« Signals ») qu'elle possède !

▷ Documentation de `QLCDNumber`
Code web : 33076

Les signaux et les slots sont hérités comme les attributs et méthodes. Et c'est génial, bien qu'un peu déroutant au début. Vous noterez donc qu'en plus des slots propres à `QLCDNumber`, celui-ci propose de nombreux autres slots qui ont été définis dans sa classe parente `QWidget`, et même des slots issus de `QObject` ! Vous pouvez par exemple lire : « 19 public slots inherited from QWidget ». N'hésitez pas à consulter les slots (ou signaux) qui sont hérités des classes parentes. Parfois, on va vous demander d'utiliser un signal ou un slot que vous ne verrez pas dans la page de documentation de la classe : vérifiez donc si celui-ci n'est pas défini dans une classe parente !

Exercice

Pour vous entraîner, je vous propose de réaliser une petite variante du code source précédent. Au lieu d'afficher le nombre avec un QLCDNumber, affichez-le sous la forme d'une jolie barre de progression (figure 24.8).

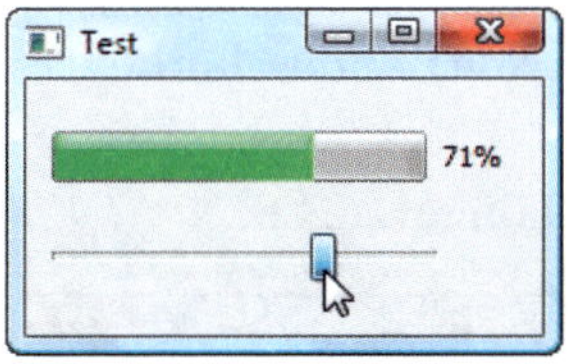

FIGURE 24.8 – Slider et progressbar

Je ne vous donne que 3 indications qui devraient vous suffire :

- La barre de progression est gérée par un `QProgressBar`.
- Il faut donner des dimensions à la barre de progression pour qu'elle apparaisse correctement, à l'aide de la méthode `setGeometry()` que l'on a déjà vue auparavant.
- Le slot récepteur du `QProgressBar` est `setValue(int)`. Il s'agit d'un de ses slots mais la documentation vous indique qu'il y en a d'autres. Par exemple, `reset()` remet à zéro la barre de progression. Pourquoi ne pas ajouter un bouton qui remettrait à zéro la barre de progression ?

C'est tout. Bon courage !

Créer ses propres signaux et slots

Voici maintenant une partie très intéressante, bien que plus délicate. Nous allons créer nos propres signaux et slots.

En effet, si en général les signaux et slots par défaut suffisent, il n'est pas rare que l'on se dise « Zut, le signal (ou le slot) dont j'ai besoin n'existe pas ». C'est dans un cas comme celui-là qu'il devient indispensable de créer son widget personnalisé.

Pour pouvoir créer son propre signal ou slot dans une classe, il faut que celle-ci dérive directement ou indirectement de `QObject`. C'est le cas de notre classe `MaFenetre` : elle hérite de `QWidget`, qui hérite de `QObject`. On a donc le droit de créer des signaux et des slots dans `MaFenetre`.

Nous allons commencer par créer notre propre slot, puis nous verrons comment créer notre propre signal.

Créer son propre slot

Je vous rappelle tout d'abord qu'un slot n'est rien d'autre qu'une méthode que l'on peut connecter à un signal. Nous allons donc créer une méthode, mais en suivant quelques règles un peu particulières...

Le but du jeu

Pour nous entraîner, nous allons inventer un cas où le slot dont nous avons besoin n'existe pas. Je vous propose de conserver le QSlider (je l'aime bien celui-là) et de ne garder que cela sur la fenêtre. Nous allons faire en sorte que le QSlider contrôle la largeur de la fenêtre.

Votre fenêtre doit ressembler à la figure 24.9.

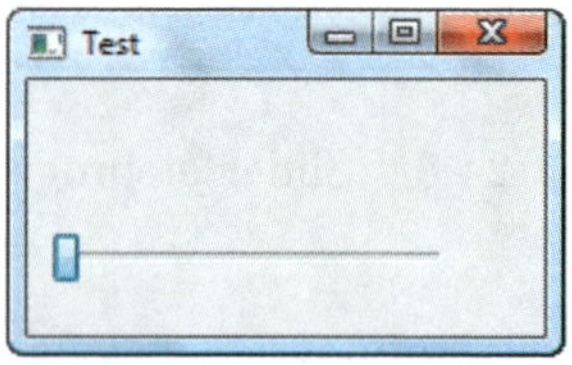

FIGURE 24.9 – Fenêtre avec slider

Nous voulons que le signal `valueChanged(int)` du `QSlider` puisse être connecté à un slot de notre fenêtre (de type `MaFenetre`). Ce nouveau slot aura pour rôle de modifier la largeur de la fenêtre. Comme il n'existe pas de slot `changerLargeur` dans la classe `QWidget`, nous allons devoir le créer.

Pour créer ce slot, il va falloir modifier un peu notre classe `MaFenetre`. Commençons par le header.

Le header (`MaFenetre.h`)

Dès que l'on doit créer un signal ou un slot personnalisé, il est nécessaire de définir une macro dans le header de la classe.

Cette macro porte le nom de `Q_OBJECT` (tout en majuscules) et doit être placée tout au début de la déclaration de la classe :

```
class MaFenetre : public QWidget
{
    Q_OBJECT

    public:
    MaFenetre();

    private:
    QSlider *m_slider;
};
```

Pour le moment, notre classe ne définit qu'un attribut (le `QSlider`, privé) et une méthode (le constructeur, public).

La macro `Q_OBJECT` « prépare » en quelque sorte le compilateur à accepter un nouveau mot-clé : « slot ». Nous allons maintenant pouvoir créer une section « slots », comme ceci :

```
class MaFenetre : public QWidget
{
    Q_OBJECT

    public:
    MaFenetre();

    public slots:
    void changerLargeur(int largeur);

    private:
    QSlider *m_slider;
};
```

Vous noterez la nouvelle section « public slots » : je rends toujours mes slots publics. On peut aussi les mettre privés mais ils seront quand même accessibles de l'extérieur car Qt doit pouvoir appeler un slot depuis n'importe quel autre widget.

À part cela, le prototype de notre slot-méthode est tout à fait classique. Il ne nous reste plus qu'à l'implémenter dans le `.cpp`.

L'implémentation (MaFenetre.cpp)

L'implémentation est d'une simplicité redoutable. Regardez :

```
void MaFenetre::changerLargeur(int largeur)
{
    setFixedSize(largeur, 100);
}
```

Le slot prend en paramètre un entier : la nouvelle largeur de la fenêtre. Il se contente d'appeler la méthode `setFixedSize` de la fenêtre et de lui envoyer la nouvelle largeur qu'il a reçue.

Connexion

Bien, voilà qui est fait. Enfin presque : il faut encore connecter notre `QSlider` au slot de notre fenêtre. Où va-t-on faire cela ? Dans le constructeur de la fenêtre (toujours dans `MaFenetre.cpp`) :

```
MaFenetre::MaFenetre() : QWidget()
{
    setFixedSize(200, 100);

    m_slider = new QSlider(Qt::Horizontal, this);
    m_slider->setRange(200, 600);
    m_slider->setGeometry(10, 60, 150, 20);

    QObject::connect(m_slider, SIGNAL(valueChanged(int)), this,
 ↪  SLOT(changerLargeur(int)));
}
```

J'ai volontairement modifié les différentes valeurs que peut prendre notre slider pour le limiter entre 200 et 600 avec la méthode `setRange()`. Ainsi, on est sûr que la fenêtre ne pourra ni être plus petite que 200 pixels de largeur, ni dépasser 600 pixels de largeur.

La connexion se fait entre le signal `valueChanged(int)` de notre `QSlider` et le slot `changerLargeur(int)` de notre classe `MaFenetre`. Vous voyez là encore un exemple où `this` est indispensable : il faut pouvoir indiquer un pointeur vers l'objet actuel (la fenêtre) et seul `this` peut faire cela !

Schématiquement, on a réalisé la connexion présentée à la figure 24.10.

Vous pouvez enfin admirer le résultat (figure 24.11).

Amusez-vous à redimensionner la fenêtre comme bon vous semble avec le slider. Comme nous avons fixé les limites du slider entre 200 et 600, la largeur de la fenêtre restera comprise entre 200 et 600 pixels.

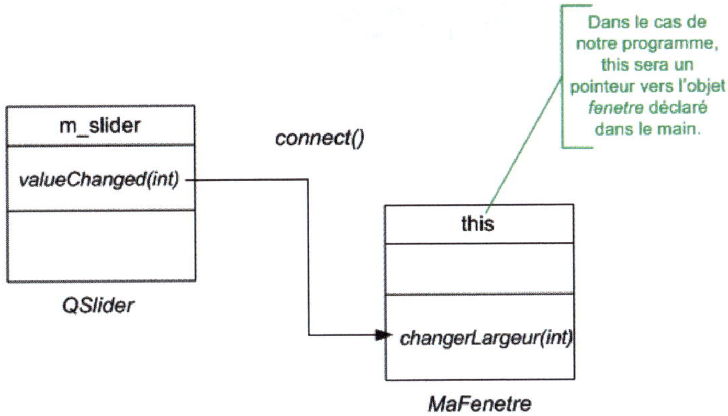

FIGURE 24.10 – Connexion entre le slider et la fenêtre

FIGURE 24.11 – Le slider élargit la fenêtre

Exercice : redimensionner la fenêtre en hauteur

Voici un petit exercice, mais qui va vous forcer à travailler[2]. Je vous propose de créer un second `QSlider`, vertical cette fois, qui contrôlera la hauteur de la fenêtre. Pensez à bien définir des limites appropriées pour les valeurs de ce nouveau slider.

Vous devriez obtenir un résultat qui ressemble à la figure 24.12.

Si vous voulez « conserver » la largeur pendant que vous modifiez la hauteur, et inversement, vous aurez besoin d'utiliser les méthodes accesseur `width()` (largeur actuelle) et `height()` (hauteur actuelle). Vous comprendrez très certainement l'intérêt de ces informations lorsque vous coderez. Au boulot !

Créer son propre signal

Il est plus rare d'avoir à créer son signal que son slot mais cela peut arriver.

Je vous propose de réaliser le programme suivant : si le slider horizontal arrive à sa valeur maximale (600 dans notre cas), alors on émet un signal `agrandissementMax`. Notre fenêtre doit pouvoir émettre l'information indiquant qu'elle est agrandie au maximum. Après, nous connecterons ce signal à un slot pour vérifier que notre programme réagit correctement.

2. Bande de fainéants, vous me regardez faire depuis tout à l'heure ! ;-)

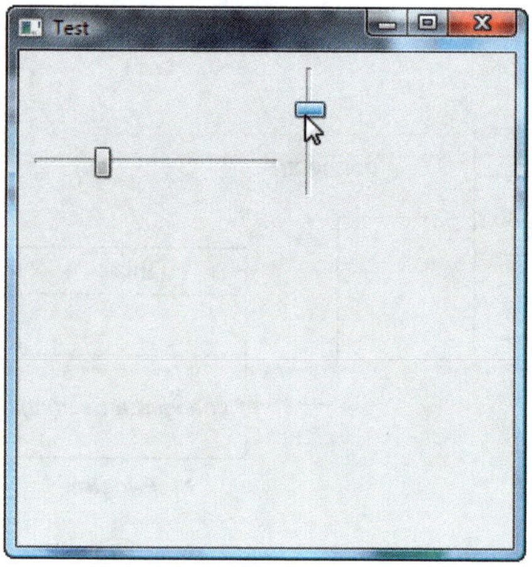

FIGURE 24.12 – Un slider vertical

Le header (MaFenetre.h)

Commençons par changer le header :

```
class MaFenetre : public QWidget
{
    Q_OBJECT

    public:
    MaFenetre();

    public slots:
    void changerLargeur(int largeur);

    signals:
    void agrandissementMax();

    private:
    QSlider *m_slider;
};
```

On a ajouté une section `signals`. Les signaux se présentent en pratique sous forme de méthodes (comme les slots) à la différence près qu'on ne les implémente pas dans le `.cpp`. En effet, c'est Qt qui le fait pour nous. Si vous tentez d'implémenter un signal, vous aurez une erreur du genre « `Multiple definition of...` ».

Un signal peut passer un ou plusieurs paramètres. Dans notre cas, il n'en envoie aucun. Un signal doit toujours renvoyer `void`.

L'implémentation (MaFenetre.cpp)

Maintenant que notre signal est défini, il faut que notre classe puisse l'émettre à un moment. Quand est-ce qu'on sait que la fenêtre a été agrandie au maximum ? Dans le slot changerLargeur ! Il suffit de vérifier dans ce slot si la largeur correspond au maximum (600) et d'émettre alors le signal « Youhou, j'ai été agrandie au maximum ! ».

Retournons dans MaFenetre.cpp et implémentons ce test qui émet le signal depuis changerLargeur :

```
void MaFenetre::changerLargeur(int largeur)
{
    setFixedSize(largeur, height());

    if (largeur == 600)
    {
        emit agrandissementMax();
    }
}
```

Notre méthode s'occupe toujours de redimensionner la fenêtre mais vérifie en plus si la largeur a atteint le maximum (600). Si c'est le cas, elle émet le signal agrandissemen tMax(). Pour émettre un signal, on utilise le mot-clé emit, là encore un terme inventé par Qt qui n'existe pas en C++. L'avantage est que c'est très lisible.

> Ici, notre signal n'envoie pas de paramètre. Toutefois, sachez que si vous voulez envoyer un paramètre, c'est très simple. Il suffit d'appeler votre signal comme ceci : `emit monSignal(parametre1, parametre2, ...);`

Connexion

Il ne nous reste plus qu'à connecter notre nouveau signal à un slot. Vous pouvez connecter ce signal au slot que vous voulez. Je propose de le connecter à l'application (à l'aide du pointeur global qApp) pour provoquer l'arrêt du programme. Cela n'a pas trop de sens, je suis d'accord, mais c'est juste pour s'entraîner et vérifier que cela fonctionne. Vous aurez l'occasion de faire des connexions plus logiques plus tard, je ne m'en fais pas pour cela.

Dans le constructeur de MaFenetre, je rajoute donc :

```
QObject::connect(this, SIGNAL(agrandissementMax()), qApp, SLOT(quit()));
```

Vous pouvez tester le résultat : normalement, le programme s'arrête quand la fenêtre est agrandie au maximum.

Le schéma des signaux qu'on vient d'émettre et de connecter est présenté en figure 24.13.

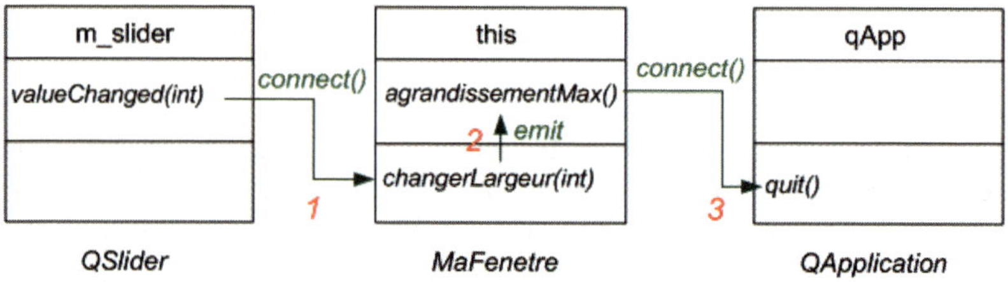

FIGURE 24.13 – Échange de signaux entre objets

Dans l'ordre, voici ce qui s'est passé :

1. Le signal `valueChanged` du slider a appelé le slot `changerLargeur` de la fenêtre.
2. Le slot a fait ce qu'il avait à faire (changer la largeur de la fenêtre) et a vérifié que la fenêtre était arrivée à sa taille maximale. Lorsque cela a été le cas, le signal personnalisé `agrandissementMax()` a été émis.
3. Le signal `agrandissementMax()` de la fenêtre était connecté au slot `quit()` de l'application, ce qui a provoqué la fermeture du programme.

Et voilà comment le déplacement du slider peut, par réaction en chaîne, provoquer la fermeture du programme ! Bien entendu, ce schéma peut être aménagé et complexifié selon les besoins de votre application.

Maintenant que vous savez créer vos propres signaux et slots, vous avez toute la souplesse nécessaire pour faire ce que vous voulez !

En résumé

- Qt propose un mécanisme d'évènements de type signaux et slots pour connecter des widgets entre eux. Lorsqu'un widget émet un signal, celui-ci est récupéré par un autre widget dans son slot.
- On peut par exemple connecter le signal « bouton cliqué » au slot « ouverture d'une fenêtre ».
- Les signaux et les slots peuvent être considérés comme un nouveau type d'élément au sein des classes, en plus des attributs et méthodes.
- La connexion entre les éléments se fait à l'aide de la méthode statique `connect()`.
- Il est possible de créer ses propres signaux et slots.

Chapitre 25

Les boîtes de dialogue usuelles

Difficulté :

Après un chapitre sur les signaux et les slots riche en nouveaux concepts, on relâche ici un peu la pression. Nous allons découvrir les boîtes de dialogue usuelles, aussi appelées *common dialogs* par nos amis anglophones.

Qu'est-ce qu'une boîte de dialogue usuelle ? C'est une fenêtre qui sert à remplir une fonction bien précise. Par exemple, on connaît la boîte de dialogue « message » qui affiche un message et ne vous laisse d'autre choix que de cliquer sur le bouton OK. Ou encore la boîte de dialogue « ouvrir un fichier », « enregistrer un fichier », « sélectionner une couleur », etc. On ne s'amuse pas à recréer « à la main » ces fenêtres à chaque fois. On profite de fonctions système pour ouvrir des boîtes de dialogue pré-construites.

De plus, Qt s'adapte à l'OS pour afficher une boîte de dialogue qui corresponde aux formes habituelles de votre OS.

Afficher un message

Le premier type de boîte de dialogue que nous allons voir est le plus courant : la boîte de dialogue « afficher un message ».

Nous allons créer sur notre fenêtre de type `MaFenetre` un bouton qui appellera un slot personnalisé. Ce slot ouvrira la boîte de dialogue. En clair, un clic sur le bouton doit pouvoir ouvrir la boîte de dialogue.

Les boîtes de dialogue « afficher un message » sont contrôlées par la classe `QMessageBox`. Vous pouvez commencer par faire l'`include` correspondant dans `MaFenetre.h` pour ne pas l'oublier : `#include<QMessageBox>`.

Quelques rappels et préparatifs

Pour que l'on soit sûr de travailler ensemble sur le même code, je vous donne le code source des fichiers `MaFenetre.h` et `MaFenetre.cpp` sur lesquels je vais travailler. Ils ont été simplifiés au maximum histoire d'éviter le superflu.

```
// MaFenetre.h

#ifndef DEF_MAFENETRE
#define DEF_MAFENETRE

#include <QApplication>
#include <QWidget>
#include <QPushButton>
#include <QMessageBox>

class MaFenetre : public QWidget
{
    Q_OBJECT

    public:
    MaFenetre();

    public slots:
    void ouvrirDialogue();

    private:
    QPushButton *m_boutonDialogue;
};

#endif
```

▷ Copier ce code
Code web : 731375

```
// MaFenetre.cpp

#include "MaFenetre.h"

MaFenetre::MaFenetre() : QWidget()
{
    setFixedSize(230, 120);

    m_boutonDialogue = new QPushButton("Ouvrir la boîte de dialogue", this);
    m_boutonDialogue->move(40, 50);

    QObject::connect(m_boutonDialogue, SIGNAL(clicked()), this, SLOT(ouvrirDia
↪ logue()));
}

void MaFenetre::ouvrirDialogue()
{
    // Vous insérerez ici le code d'ouverture des boîtes de dialogue
}
```

▷ Copier ce code
Code web : 291223

C'est très simple. Nous avons créé dans la boîte de dialogue un bouton qui appelle le slot personnalisé `ouvrirDialogue()`. C'est dans ce slot que nous nous chargerons d'ouvrir une boîte de dialogue.

Au cas où certains se poseraient la question, notre `main.cpp` n'a pas changé :

```
// main.cpp

#include <QApplication>
#include "MaFenetre.h"


int main(int argc, char *argv[])
{
    QApplication app(argc, argv);

    MaFenetre fenetre;
    fenetre.show();

    return app.exec();
}
```

Ouvrir une boîte de dialogue avec une méthode statique

Bien, place à l'action maintenant !

La classe `QMessageBox` permet de créer des objets de type `QMessageBox` (comme toute classe qui se respecte) mais on utilise majoritairement ses méthodes statiques, pour des raisons de simplicité. Nous commencerons donc par découvrir les méthodes statiques, qui se comportent (je le rappelle) comme de simples fonctions. Elles ne nécessiteront pas de créer d'objet.

`QMessageBox::information`

La méthode statique `information()` permet d'ouvrir une boîte de dialogue constituée d'une icône « information ». Son prototype est le suivant :

```
StandardButton information ( QWidget * parent, const QString & title, const
↪ QString & text, StandardButtons buttons = Ok, StandardButton defaultButton
↪ = NoButton );
```

Seuls les trois premiers paramètres sont obligatoires, les autres ayant, comme vous le voyez, des valeurs par défaut. Ces trois premiers paramètres sont :

- `parent` : un pointeur vers la fenêtre parente (qui doit être de type `QWidget` ou hériter de `QWidget`). Vous pouvez envoyer `NULL` en paramètre si vous ne voulez pas que votre boîte de dialogue ait une fenêtre parente, mais ce sera plutôt rare.
- `title` : le titre de la boîte de dialogue (affiché en haut de la fenêtre).
- `text` : le texte affiché au sein de la boîte de dialogue.

Testons donc un code très simple. Voici le code du slot `ouvrirDialogue()` :

```
void MaFenetre::ouvrirDialogue()
{
    QMessageBox::information(this, "Titre de la fenêtre", "Bonjour et bienvenue
↪ à tous les Zéros !");
}
```

L'appel de la méthode statique se fait donc comme celui d'une fonction classique, à la différence près qu'il faut mettre en préfixe le nom de la classe dans laquelle elle est définie (d'où le `QMessageBox::` avant).

Le résultat est une boîte de dialogue comme vous avez l'habitude d'en voir, constituée d'un bouton OK (figure 25.1).

> Vous noterez que, lorsque la boîte de dialogue est ouverte, on ne peut plus accéder à sa fenêtre parente en arrière-plan. On dit que la boîte de dialogue est une **fenêtre modale** : c'est une fenêtre qui « bloque » temporairement son parent en attente d'une réponse de l'utilisateur. À l'inverse, on dit qu'une fenêtre est **non modale** quand on peut toujours accéder à la fenêtre derrière. C'est le cas en général des boîtes de dialogue « Rechercher un texte » dans les éditeurs de texte.

Comble du raffinement, il est même possible de mettre en forme son message à l'aide de balises (X)HTML, pour ceux qui connaissent.

FIGURE 25.1 – Boîte de dialogue information

Exemple de boîte de dialogue « enrichie » avec du code HTML (figure 25.2) :

```
QMessageBox::information(this, "Titre de la fenêtre", "Bonjour et bienvenue à
↪ <strong>tous les Zéros !</strong>");
```

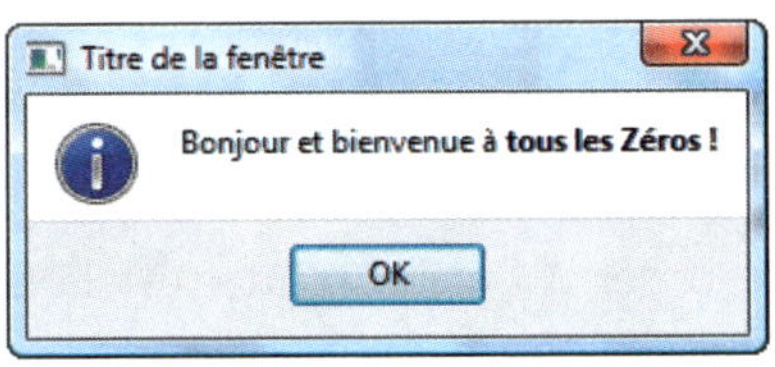

FIGURE 25.2 – Boîte de dialogue information avec HTML

`QMessageBox::warning`

Si la boîte de dialogue « information » sert à informer l'utilisateur par un message, la boîte de dialogue `warning` le met en garde contre quelque chose. Elle est généralement accompagné d'un « ding » caractéristique.

Elle s'utilise de la même manière que `QMessageBox::information` mais, cette fois, l'icône change (figure 25.3) :

```
QMessageBox::warning(this, "Titre de la fenêtre", "Attention, vous êtes peut-
↪ être un Zéro !");
```

`QMessageBox::critical`

Quand c'est trop tard et qu'une erreur s'est produite, il ne vous reste plus qu'à utiliser la méthode statique `critical()` (figure 25.4) :

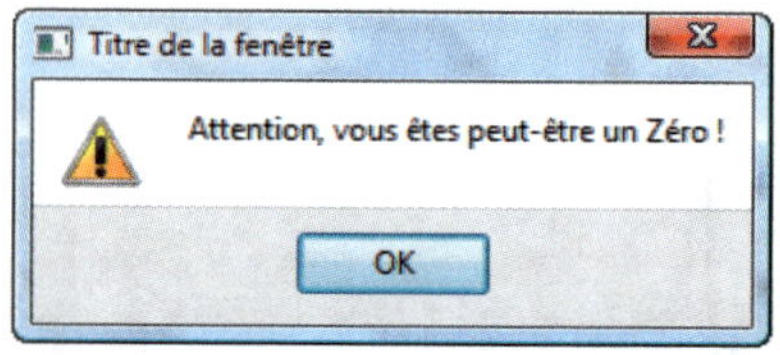

FIGURE 25.3 – Boîte de dialogue attention

```
QMessageBox::critical(this, "Titre de la fenêtre", "Vous n'êtes pas un Zéro,
↪ sortez d'ici ou j'appelle la police !");
```

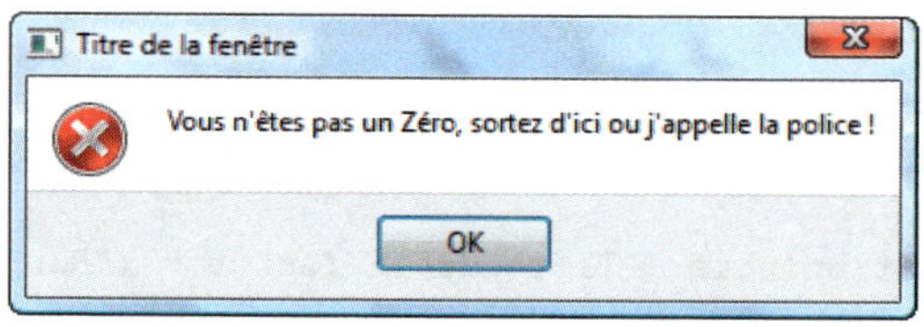

FIGURE 25.4 – Boîte de dialogue erreur critique

`QMessageBox::question`

Si vous avez une question à poser à l'utilisateur, c'est la boîte de dialogue qu'il vous faut (figure 25.5) !

```
QMessageBox::question(this, "Titre de la fenêtre", "Dites voir, je me posais
↪ la question comme cela, êtes-vous vraiment un Zéro ?");
```

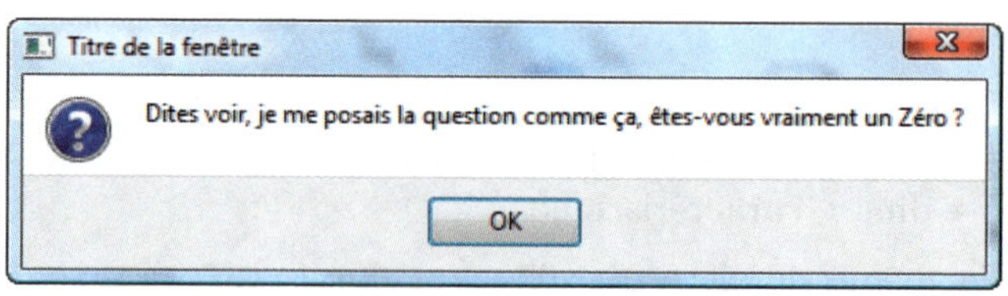

FIGURE 25.5 – Boîte de dialogue question

C'est bien joli mais... comment peut-on répondre à la question avec un simple bouton OK ?

Par défaut, c'est toujours un bouton OK qui s'affiche. Mais dans certains cas, comme lorsqu'on pose une question, il faudra afficher d'autres boutons pour que la boîte de dialogue ait du sens.

Personnaliser les boutons de la boîte de dialogue

Pour personnaliser les boutons de la boîte de dialogue, il faut utiliser le quatrième paramètre de la méthode statique. Ce paramètre accepte une combinaison de valeurs prédéfinies, séparées par un OR (la barre verticale |). On appelle cela des *flags*.

Pour ceux qui se poseraient la question, le cinquième et dernier paramètre de la fonction permet d'indiquer quel est le bouton par défaut. On change rarement cette valeur car Qt choisit généralement comme bouton par défaut celui qui convient le mieux.

La liste des flags disponibles est donnée par la documentation. Comme vous pouvez le voir, vous avez du choix. Si on veut placer les boutons « Oui » et « Non », il nous suffit de combiner les valeurs `QMessageBox::Yes` et `QMessageBox::No`.

▷ Liste des flags
Code web : 809877

```
QMessageBox::question(this, "Titre de la fenêtre", "Dites voir, je me posais
↪ la question comme cela, êtes-vous vraiment un Zéro ?", QMessageBox::Yes |
↪ QMessageBox::No);
```

Les boutons apparaissent alors (figure 25.6).

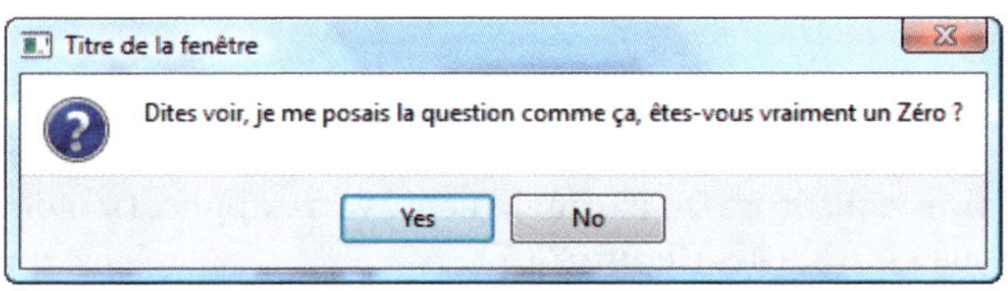

FIGURE 25.6 – Boîte de dialogue question avec les boutons

Horreur ! Malédiction ! Enfer et damnation ! L'anglais me poursuit, les boutons sont écrits en anglais. Catastrophe, qu'est-ce que je vais faire, au secouuuuuurs ! ! !

En effet, les boutons sont écrits en anglais. Mais ce n'est pas grave du tout, les applications Qt peuvent être facilement traduites.

On ne va pas entrer dans les détails du fonctionnement de la traduction. Je vais vous donner un code à placer dans le fichier `main.cpp` et vous allez l'utiliser gentiment sans poser de questions. ;-)

```
// main.cpp

#include <QApplication>
```

```
#include <QTranslator>
#include <QLocale>
#include <QLibraryInfo>
#include "MaFenetre.h"


int main(int argc, char *argv[])
{
    QApplication app(argc, argv);

    QString locale = QLocale::system().name().section('_', 0, 0);
    QTranslator translator;
    translator.load(QString("qt_") + locale, QLibraryInfo::location(
↪ QLibraryInfo::TranslationsPath));
    app.installTranslator(&translator);

    MaFenetre fenetre;
    fenetre.show();

    return app.exec();
}
```

▷ Copier ce code
Code web : 103075

Les lignes ajoutées ont été surlignées. Il y a plusieurs `includes` et quelques lignes de code supplémentaires dans le `main`. Normalement, votre application devrait maintenant afficher des boutons en français (figure 25.7).

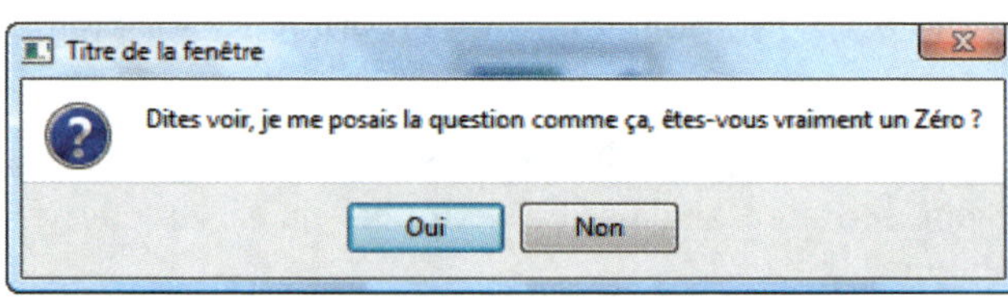

FIGURE 25.7 – Boîte de dialogue question en français

Et voilà le travail !

C'est cool, mais comment je fais pour savoir sur quel bouton l'utilisateur a cliqué ?

Cette question est pertinente, il faut que j'y réponde. :-)

Récupérer la valeur de retour de la boîte de dialogue

Les méthodes statiques que nous venons de voir renvoient un entier (`int`). On peut tester facilement la signification de ce nombre à l'aide des valeurs prédéfinies par Qt.

```
void MaFenetre::ouvrirDialogue()
{
    int reponse = QMessageBox::question(this, "Interrogatoire", "Dites voir, je
↪ me posais la question comme cela, êtes-vous vraiment un Zéro ?", QMessageBox
↪ ::Yes | QMessageBox::No);

    if (reponse == QMessageBox::Yes)
    {
        QMessageBox::information(this, "Interrogatoire", "Alors bienvenue chez
↪ les Zéros !");
    }
    else if (reponse == QMessageBox::No)
    {
        QMessageBox::critical(this, "Interrogatoire", "Tricheur ! Menteur !
↪ Voleur ! Ingrat ! Lâche ! Traître !\nSors d'ici ou j'appelle la police !");
    }
}
```

Voici un schéma de ce qui peut se passer (figure 25.8).

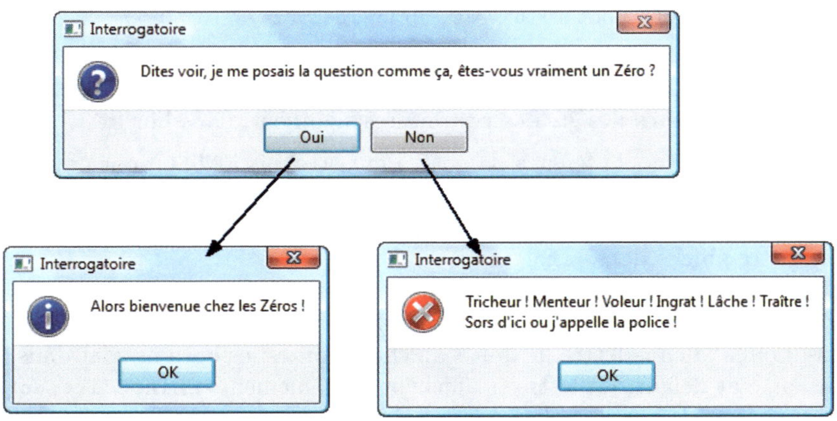

FIGURE 25.8 – Traitement du retour de la boîte de dialogue

C'est ma foi clair, non ?

Petite précision quand même : le type de retour exact de la méthode n'est pas `int` mais `QMessageBox::StandardButton`. Il s'agit de ce qu'on appelle une énumération. C'est une façon plus lisible d'écrire un nombre dans un code.

Saisir une information

Les boîtes de dialogue précédentes étaient un peu limitées car, à part présenter différents boutons, on ne pouvait pas trop interagir avec l'utilisateur.

Si vous souhaitez que votre utilisateur saisisse une information, ou encore fasse un choix parmi une liste, les boîtes de dialogue de saisie sont idéales. Elles sont gérées par la classe `QInputDialog`, que je vous conseille d'inclure dès maintenant dans `MaFenetre.h`.

Les boîtes de dialogue « saisir une information » peuvent être de quatre types :

1. saisir un texte : `QInputDialog::getText()` ;
2. saisir un entier : `QInputDialog::getInteger()` ;
3. saisir un nombre décimal : `QInputDialog::getDouble()` ;
4. choisir un élément parmi une liste : `QInputDialog::getItem()`.

Nous nous concentrerons ici sur la saisie de texte mais vous vous rendrez compte que la saisie des autres éléments est relativement proche.

La méthode statique `QInputDialog::getText()` ouvre une boîte de dialogue qui permet à l'utilisateur de saisir un texte. Son prototype est :

```
QString QInputDialog::getText ( QWidget * parent, const QString & title, const
↪ QString & label, QLineEdit::EchoMode mode = QLineEdit::Normal, const QString
↪ & text = QString(), bool * ok = 0, Qt::WindowFlags f = 0 );
```

Vous pouvez tout d'abord constater que la méthode renvoie un `QString`, c'est-à-dire une chaîne de caractères de Qt. Les paramètres signifient, dans l'ordre :

- `parent` : pointeur vers la fenêtre parente. Peut être mis à `NULL` pour ne pas indiquer de fenêtre parente.
- `title` : titre de la fenêtre, affiché en haut.
- `label` : texte affiché dans la fenêtre.
- `mode` : mode d'édition du texte. Permet de dire si on veut que les lettres s'affichent quand on tape, ou si elles doivent être remplacées par des astérisques (pour les mots de passe) ou si aucune lettre ne doit s'afficher. Toutes les options sont dans la documentation. Par défaut, les lettres s'affichent normalement (`QLineEdit::Normal`).
- `text` : texte par défaut dans la zone de saisie.
- `ok` : pointeur vers un booléen pour que Qt puisse vous dire si l'utilisateur a cliqué sur OK ou sur Annuler.
- `f` : quelques flags (options) permettant d'indiquer si la fenêtre est modale (bloquante) ou pas. Les valeurs possibles sont détaillées par la documentation.

Heureusement, comme vous pouvez le constater en lisant le prototype, certains paramètres possèdent des valeurs par défaut, ce qui les rend facultatifs.

Reprenons notre code de tout à l'heure et cette fois, au lieu d'afficher une `QMessageBox`, nous allons afficher une `QInputDialog` lorsqu'on clique sur le bouton de la fenêtre.

```
void MaFenetre::ouvrirDialogue()
{
    QString pseudo = QInputDialog::getText(this, "Pseudo", "Quel est votre
↪ pseudo ?");
}
```

En une ligne, je crée un `QString` et je lui affecte directement la valeur renvoyée par la méthode `getText()`. J'aurais aussi bien pu faire la même chose en deux lignes.

La boîte de dialogue devrait ressembler à la figure 25.9.

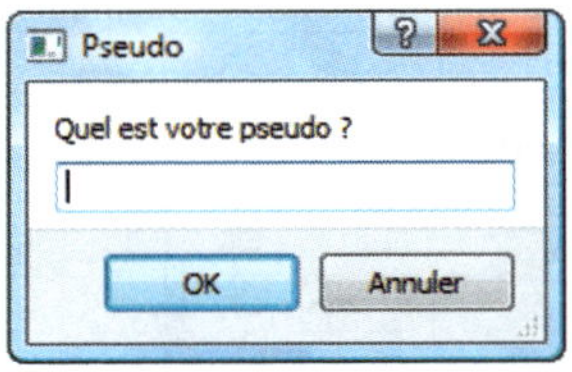

FIGURE 25.9 – Saisie de texte

On peut aller plus loin et vérifier si le bouton OK a été actionné. Si c'est le cas, on peut alors afficher le pseudo de l'utilisateur dans une `QMessageBox`.

```
void MaFenetre::ouvrirDialogue()
{
    bool ok = false;
    QString pseudo = QInputDialog::getText(this, "Pseudo", "Quel est votre
↪ pseudo ?", QLineEdit::Normal, QString(), &ok);

    if (ok && !pseudo.isEmpty())
    {
        QMessageBox::information(this, "Pseudo", "Bonjour " + pseudo + ", ça va
↪ ?");
    }
    else
    {
        QMessageBox::critical(this, "Pseudo", "Vous n'avez pas voulu donner
↪ votre nom... snif.");
    }
}
```

Ici, on crée un booléen qui reçoit l'information « A-t-on cliqué sur le bouton OK ? ».

Pour pouvoir l'utiliser dans la méthode `getText`, il faut donner tous les paramètres qui sont avant, même ceux qu'on ne souhaite pourtant pas changer ! C'est un des défauts des paramètres par défaut en C++ : si le paramètre que vous voulez renseigner est tout à la fin (à droite), il faudra alors absolument renseigner tous les paramètres qui sont avant ! J'ai donc envoyé des valeurs par défaut aux paramètres qui étaient avant, à savoir `mode` et `text`.

Comme j'ai donné à la méthode un pointeur vers mon booléen, celle-ci va le remplir pour indiquer si oui ou non il y a eu un clic sur le bouton.

Je peux ensuite faire un test, d'où la présence de mon `if`. Je vérifie 2 choses :

- si on a cliqué sur le bouton OK ;
- et si le texte n'est pas vide [1].

Si un pseudo a été saisi et que l'utilisateur a cliqué sur OK, alors une boîte de dialogue lui souhaite la bienvenue. Sinon, une erreur est affichée.

Le schéma 25.10 présente ce qui peut se produire.

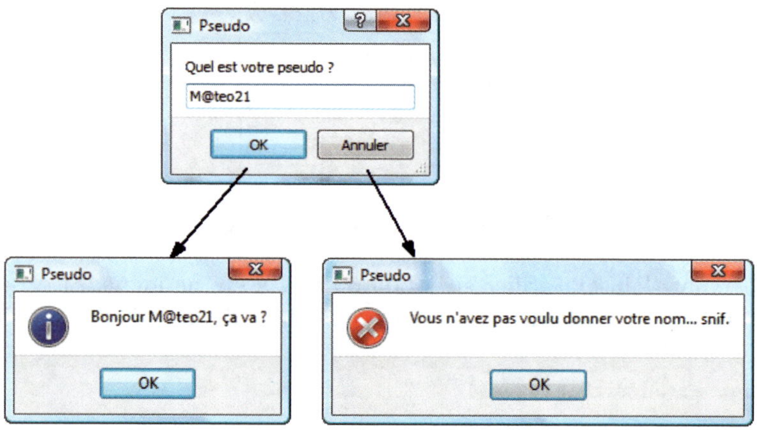

FIGURE 25.10 – Schéma des possibilités de réaction du programme `getText`

Exercice : essayez d'afficher le pseudo de l'utilisateur quelque part sur la fenêtre mère, par exemple sur le bouton.

Sélectionner une police

La boîte de dialogue « Sélectionner une police » est une des boîtes de dialogue standard les plus connues. Nul doute que vous l'avez déjà rencontrée dans l'un de vos programmes favoris (figure 25.11).

La boîte de dialogue de sélection de police est gérée par la classe `QFontDialog`. Celle-ci propose en gros une seule méthode statique surchargée (il y a plusieurs façons de l'utiliser).

Prenons le prototype le plus compliqué, juste pour la forme :

```
QFont getFont ( bool * ok, const QFont & initial, QWidget * parent, const
↪ QString & caption )
```

1. La méthode `isEmpty` de `QString` sert à cela.

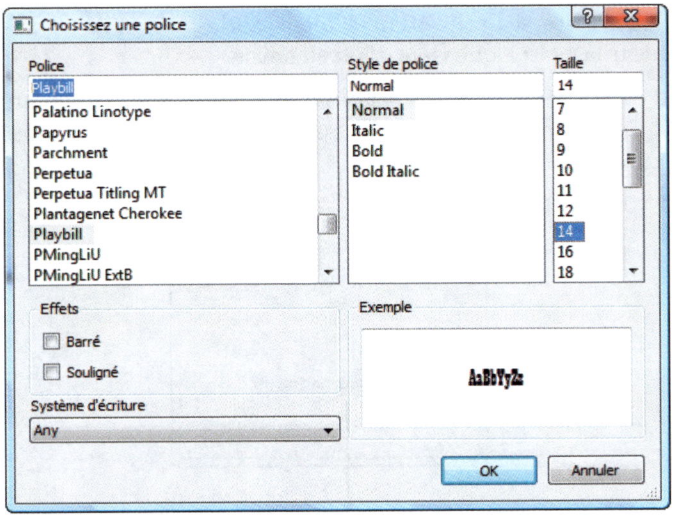

FIGURE 25.11 – Fenêtre de sélection de police

Les paramètres sont normalement assez faciles à comprendre.

On retrouve le pointeur vers un booléen `ok`, qui permet de savoir si l'utilisateur a cliqué sur OK ou a annulé. On peut spécifier une police par défaut (`initial`), il faudra envoyer un objet de type `QFont`. Voilà justement que la classe `QFont` réapparaît ! Par ailleurs, la chaîne `caption` correspond au message qui sera affiché en haut de la fenêtre.

Enfin, et surtout, la méthode renvoie un objet de type `QFont` correspondant à la police qui a été choisie.

Testons ! Histoire d'aller un peu plus loin, je propose que la police que nous aurons sélectionnée soit immédiatement appliquée au texte de notre bouton, par l'intermédiaire de la méthode `setFont()` que nous avons appris à utiliser il y a quelques chapitres.

```
void MaFenetre::ouvrirDialogue()
{
    bool ok = false;

    QFont police = QFontDialog::getFont(&ok, m_boutonDialogue->font(), this,
↪ "Choisissez une police");

    if (ok)
    {
        m_boutonDialogue->setFont(police);
    }
}
```

La méthode `getFont` prend comme police par défaut celle qui est utilisée par notre bouton `m_boutonDialogue` (rappelez-vous, `font()` est une méthode accesseur qui renvoie un QFont). On teste si l'utilisateur a bien validé la fenêtre et, si c'est le cas, on applique au bouton la police qui vient d'être choisie.

C'est l'avantage de travailler avec les classes de Qt : elles sont cohérentes. La méthode getFont renvoie un QFont et ce QFont, nous pouvons l'envoyer à notre tour à notre bouton pour qu'il change d'apparence.

Le résultat ? Le voici en figure 25.12.

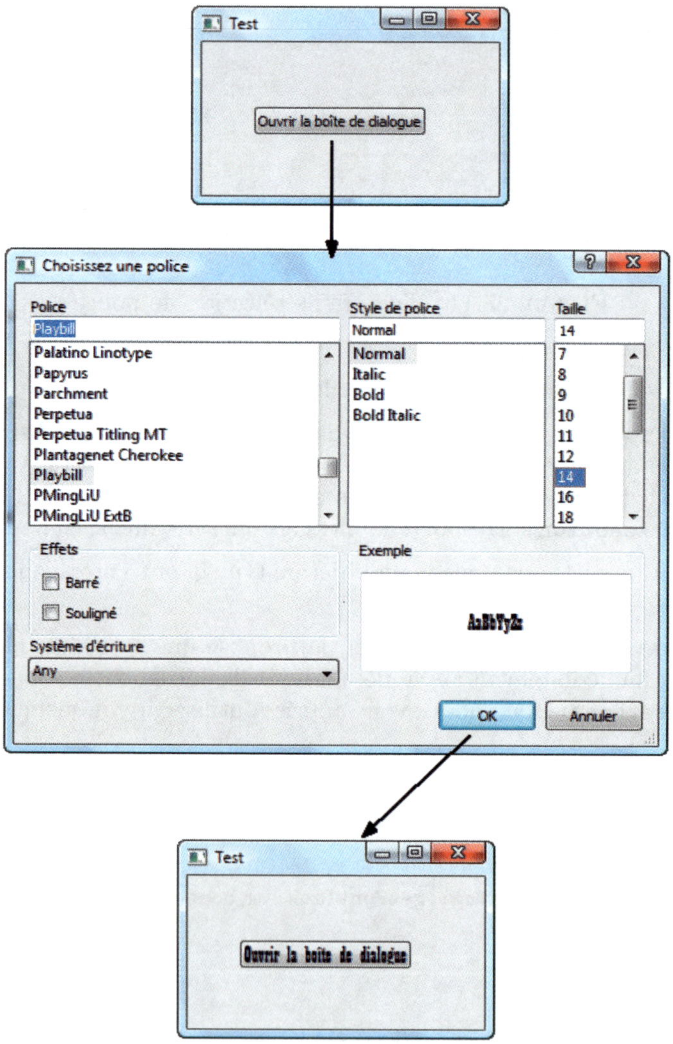

FIGURE 25.12 – Choix de police

Attention : le bouton ne se redimensionne pas tout seul. Vous pouvez de base le rendre plus large si vous voulez, ou bien le redimensionner après le choix de la police.

Sélectionner une couleur

Dans la même veine que la sélection de police, nous connaissons probablement tous la boîte de dialogue « Sélection de couleur » (figure 25.13).

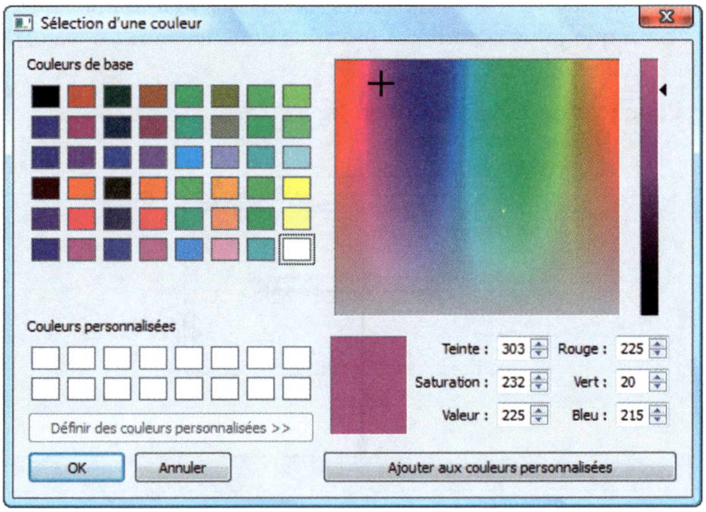

FIGURE 25.13 – Fenêtre de sélection de couleur

Utilisez la classe QColorDialog et sa méthode statique getColor().

```
QColor QColorDialog::getColor ( const QColor & initial = Qt::white, QWidget *
↪ parent = 0 );
```

Elle renvoie un objet de type QColor. Vous pouvez préciser une couleur par défaut, en envoyant un objet de type QColor ou en utilisant une des constantes prédéfinies, fournies dans la documentation. En l'absence de paramètre, c'est la couleur blanche qui est sélectionnée, comme nous l'indique le prototype.

Si on veut tester le résultat en appliquant la nouvelle couleur au bouton, c'est un petit peu compliqué. En effet, il n'existe pas de méthode setColor pour les widgets mais une méthode setPalette qui sert à indiquer une palette de couleurs. Il faudra vous renseigner dans ce cas sur la classe QPalette.

Le code que je vous propose ci-dessous ouvre une boîte de dialogue de sélection de couleur, puis crée une palette où la couleur du texte correspond à la couleur qu'on vient de sélectionner, et enfin applique cette palette au bouton :

```
void MaFenetre::ouvrirDialogue()
{
    QColor couleur = QColorDialog::getColor(Qt::white, this);

    QPalette palette;
```

```
    palette.setColor(QPalette::ButtonText, couleur);
    m_boutonDialogue->setPalette(palette);
}
```

Je ne vous demande pas ici de comprendre comment fonctionne `QPalette`, qui est d'ailleurs une classe que je ne détaillerai pas plus dans le cours. À vous de vous renseigner à son sujet si elle vous intéresse.

Le résultat de l'application est présenté en figure 25.14.

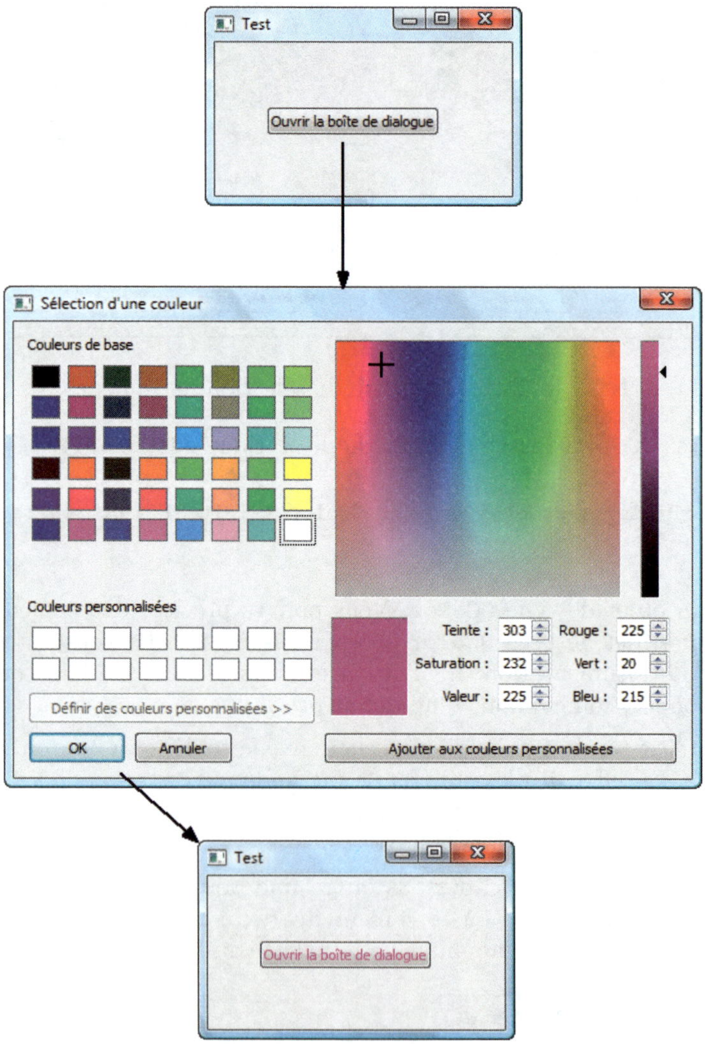

FIGURE 25.14 – Sélection d'une couleur

Sélection d'un fichier ou d'un dossier

Allez, plus que la sélection de fichiers et de dossiers et on aura fait le tour d'à peu près toutes les boîtes de dialogue usuelles qui existent !

La sélection de fichiers et de dossiers est gérée par la classe `QFileDialog` qui propose elle aussi des méthodes statiques faciles à utiliser.

Cette section sera divisée en 3 parties :

- sélection d'un dossier existant ;
- ouverture d'un fichier ;
- enregistrement d'un fichier.

Sélection d'un dossier (`QFileDialog::getExistingDirectory`)

Il suffit d'appeler la méthode statique aussi simplement que cela :

```
QString dossier = QFileDialog::getExistingDirectory(this);
```

Elle renvoie un `QString` contenant le chemin complet vers le dossier demandé. La fenêtre qui s'ouvre devrait ressembler à la figure 25.15.

FIGURE 25.15 – Sélectionner un dossier

Ouverture d'un fichier (`QFileDialog::getOpenFileName`)

La célèbre boîte de dialogue « Ouverture d'un fichier » est gérée par `getOpenFileName()`. Sans paramètre particulier, la boîte de dialogue permet d'ouvrir n'importe quel fichier.

Vous pouvez néanmoins créer un filtre (en dernier paramètre) pour afficher par exemple uniquement les images.

Ce code demande d'ouvrir un fichier image. Le chemin vers le fichier est stocké dans un `QString`, que l'on affiche ensuite *via* une `QMessageBox` :

```
void MaFenetre::ouvrirDialogue()
{
    QString fichier = QFileDialog::getOpenFileName(this, "Ouvrir un fichier",
↪ QString(), "Images (*.png *.gif *.jpg *.jpeg)");
    QMessageBox::information(this, "Fichier", "Vous avez sélectionné :\n" +
↪ fichier);
}
```

Le troisième paramètre de `getOpenFileName` est le nom du répertoire par défaut dans lequel l'utilisateur est placé. J'ai laissé la valeur par défaut (`QString()`, ce qui équivaut à écrire `""`), donc la boîte de dialogue affiche par défaut le répertoire dans lequel est situé le programme.

Grâce au quatrième paramètre, j'ai choisi de filtrer les fichiers. Seules les images de type PNG, GIF, JPG et JPEG s'afficheront (figure 25.16).

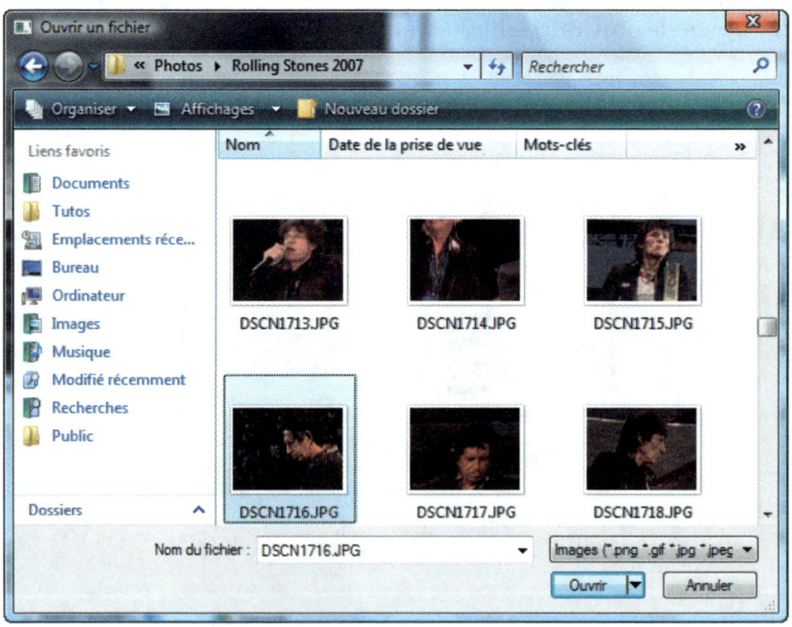

FIGURE 25.16 – Ouvrir un fichier

La fenêtre bénéficie de toutes les options que propose votre OS, dont l'affichage des images sous forme de miniatures. Lorsque vous cliquez sur « Ouvrir », le chemin est enregistré dans un `QString` qui s'affiche ensuite dans une boîte de dialogue (figure 25.17).

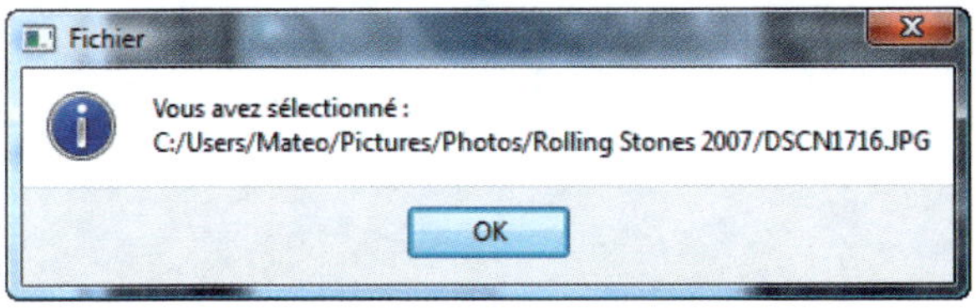

FIGURE 25.17 – Le fichier sélectionné s'affiche

Le principe de cette boîte de dialogue est de vous donner le chemin complet vers le fichier, *mais pas d'ouvrir ce fichier*. C'est à vous, ensuite, de faire les opérations nécessaires pour ouvrir le fichier et l'afficher dans votre programme.

Enregistrement d'un fichier (`QFileDialog::getSaveFileName`)

C'est le même principe que la méthode précédente, à la différence près que, pour l'enregistrement, la personne peut cette fois spécifier un nom de fichier qui n'existe pas. Le bouton « Ouvrir » est remplacé par « Enregistrer » (figure 25.18).

```
QString fichier = QFileDialog::getSaveFileName(this, "Enregistrer un fichier",
↪ QString(), "Images (*.png *.gif *.jpg *.jpeg)");
```

En résumé

- Qt permet de créer facilement des boîtes de dialogue usuelles : information, question, erreur, police, couleur, etc.
- La plupart de ces boîtes de dialogue s'ouvrent à l'aide d'une méthode statique.
- Leur usage est simple, tant qu'on prend bien le soin de lire la documentation pour comprendre comment appeler les fonctions.

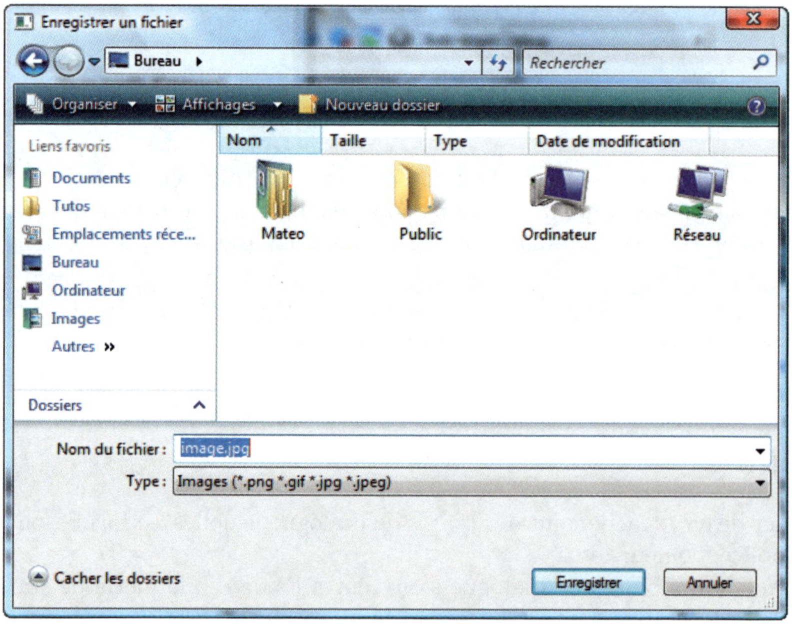

FIGURE 25.18 – Enregistrer un fichier

Chapitre 26

Apprendre à lire la documentation de Qt

Difficulté :

Voilà le chapitre le plus important de toute la partie sur Qt : celui qui va vous apprendre à lire la documentation de Qt.

Pourquoi est-ce que c'est si important de savoir lire la documentation ? Parce que la documentation, c'est la bible du programmeur. Elle explique toutes les possibilités d'un langage ou d'une bibliothèque. La documentation de Qt contient la liste des fonctionnalités de Qt. Toute la liste.

La documentation est ce qu'on peut trouver de plus complet mais... son contenu est rédigé très différemment de ce livre.

Déjà, il faudra vous y faire : la documentation n'est disponible qu'en anglais [1]. Il faudra donc faire l'effort de lire de l'anglais, même si vous y êtes allergiques. En programmation, on peut rarement s'en sortir si on ne lit pas un minimum d'anglais technique.

D'autre part, la documentation est construite de manière assez déroutante quand on débute. Il faut être capable de « lire » la documentation et d'y naviguer. C'est précisément ce que ce chapitre va vous apprendre à faire. :-)

Où trouver la documentation ?

On vous dit que Qt propose une superbe documentation très complète qui vous explique tout son fonctionnement. Oui mais où peut-on trouver cette documentation au juste ?

Il y a en fait deux moyens d'accéder à la documentation :

- si vous avez accès à Internet : vous pouvez aller sur le site de Nokia (l'entreprise qui édite Qt) ;
- si vous n'avez pas d'accès à Internet : vous pouvez utiliser le programme Qt Assistant qui contient toute la documentation. Vous pouvez aussi appuyer sur la touche `F1` dans Qt Creator pour obtenir plus d'informations à propos du mot-clé sur lequel se trouve le curseur.

Avec accès Internet : sur le site de Nokia

Personnellement, si j'ai accès à Internet, j'ai tendance à préférer utiliser cette méthode pour lire la documentation. Il suffit d'aller sur le site web de Nokia, section documentation. L'adresse est simple à retenir : `http://doc.qt.nokia.com`

▷ Documentation de Qt
Code web : 780073

Je vous conseille très fortement d'ajouter ce site dans vos favoris et de faire en sorte qu'il soit bien visible ! Si vous ne faites pas un raccourci visible vers la documentation, vous serez moins tentés d'y aller... or le but c'est justement que vous adoptiez ce réflexe !

Un des principaux avantages à aller chercher la documentation sur Internet, c'est que l'on est assuré d'avoir la documentation la plus à jour. En effet, s'il y a des nouveautés ou des erreurs, on est certain en allant sur le Net d'en avoir la dernière version.

Lorsque vous arrivez sur la documentation, la page de la figure 26.1 s'affiche.

C'est la liste des produits liés à Qt. Nous nous intéressons au premier cadre en haut à gauche, intitulé « Qt », qui recense les différentes versions de Qt, depuis Qt 2.3.

1. C'est valable pour Qt et pour la quasi-totalité des autres documentations, notez bien.

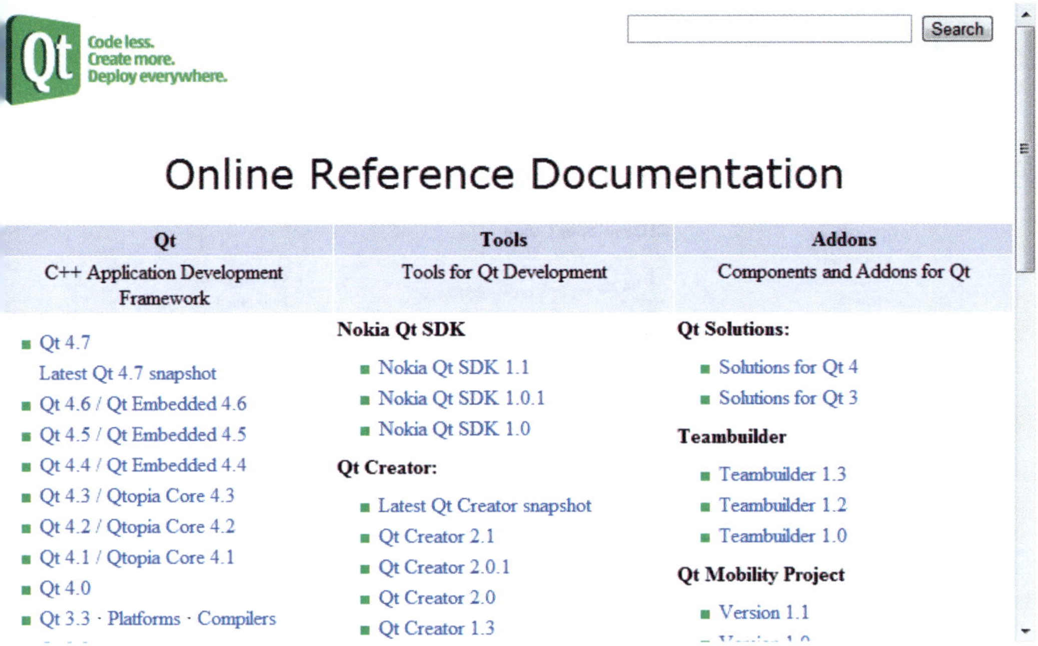

FIGURE 26.1 – Accueil de la documentation

Sélectionnez la version de Qt qui correspond à celle que vous avez installée (normalement la toute dernière).

La page de la figure 26.2 devrait maintenant s'afficher. C'est l'accueil de la documentation pour votre version de Qt.

Si vous le voulez, vous pouvez mettre directement cette page en favoris car, tant que vous n'installez pas une nouvelle version de Qt sur votre PC, il est inutile d'aller lire les documentations des autres versions.

Nous allons détailler les différentes sections de cette page. Mais avant… voyons voir comment accéder à la documentation quand on n'a pas Internet !

Sans accès Internet : avec Qt Assistant

Si vous n'avez pas Internet, pas de panique ! Qt a installé toute la documentation sur votre disque dur. Vous pouvez y accéder grâce au programme « Assistant », que vous retrouverez par exemple dans le menu Démarrer.

Qt Assistant se présente sous la forme d'un mini-navigateur qui contient la documentation de Qt (figure 26.3).

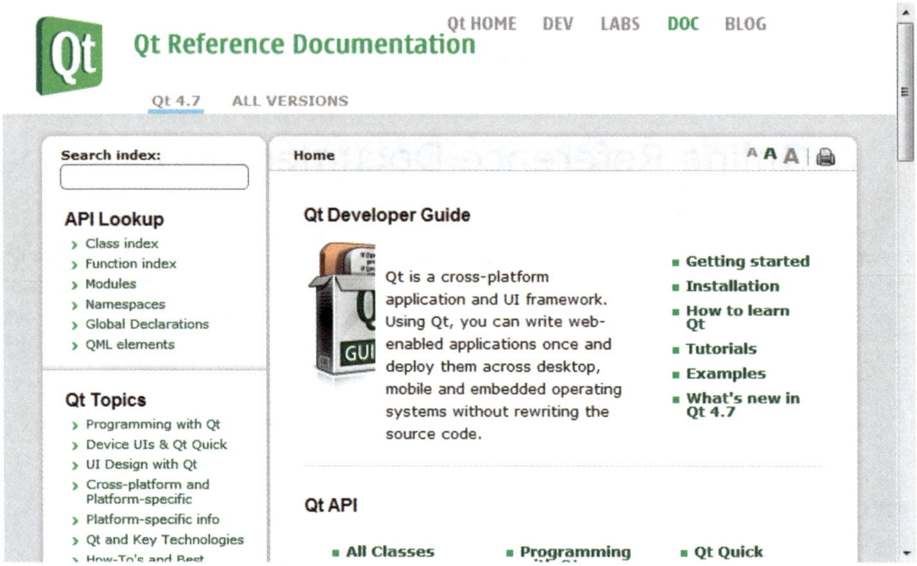

FIGURE 26.2 – Accueil de la dernière version

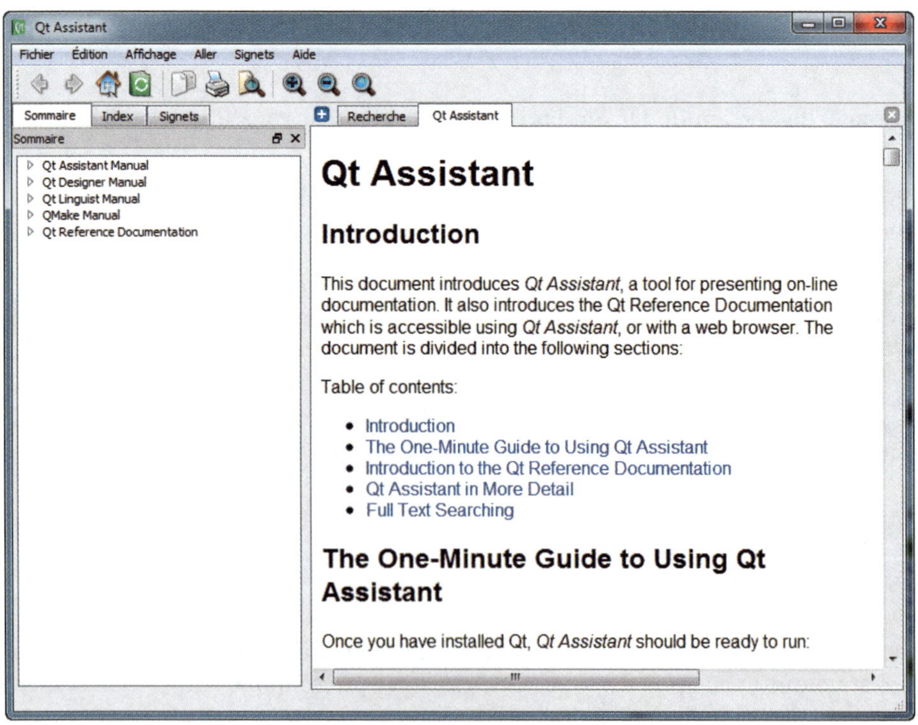

FIGURE 26.3 – Qt Assistant

Vous disposez uniquement de la documentation de Qt correspondant à la version que vous avez installée (c'est logique, dans un sens). Si vous voulez lire la documentation d'anciennes versions de Qt (ou de futures versions en cours de développement) il faut obligatoirement aller sur Internet.

Le logiciel Qt Assistant vous permet d'ouvrir plusieurs onglets en cliquant sur le bouton « + ». Vous pouvez aussi effectuer une recherche grâce au menu à gauche de l'écran et rajouter des pages en favoris.

Les différentes sections de la documentation

Lorsque vous arrivez à l'accueil de la documentation en ligne, la page présentée à la figure 26.2 s'affiche, comme nous l'avons vu.

C'est le sommaire de la documentation. Il vous suffit de naviguer à travers le menu de gauche. Celui-ci est découpé en 3 sections :

- API Lookup ;
- Qt Topics ;
- Examples.

Les deux qui vont nous intéresser le plus sont API Lookup et Qt Topics. Vous pouvez aussi regarder la section « Examples » si vous le désirez, elle propose des exemples détaillés de programmes réalisés avec Qt.

Voyons ensemble ces 2 premières sections...

API Lookup

Cette section décrit dans le détail toutes les fonctionnalités de Qt. Ce n'est pas la plus lisible pour un débutant mais c'est pourtant là qu'est le cœur de la documentation :

- **Class index** : la liste de toutes les classes proposées par Qt. Il y en a beaucoup ! C'est une des sections que vous consulterez le plus souvent.
- **Function index** : c'est la liste de toutes les fonctions de Qt. Certaines de ces fonctions sont globales, d'autres sont des fonctions membres (c'est-à-dire des méthodes de classe !). C'est une bonne façon pour vous d'accéder à la description d'une fonction.
- **Modules** : très intéressante, cette section répertorie les classes de Qt en fonction des modules. Qt étant découpé en plusieurs modules (Qt Core, Qt GUI...), cela vous donne une vision de l'architecture globale de Qt. Je vous invite à jeter un coup d'œil en premier à cette section, c'est celle qui vous donnera le meilleur recul.
- **Namespaces** : la liste des espaces de noms employés par Qt pour ranger les noms de classes et de fonctions. Nous n'en aurons pas vraiment besoin.
- **Global Declarations** : toutes les déclarations globales de Qt. Ce sont des éléments qui sont accessibles partout dans tous les programmes Qt. Nous n'avons pas vraiment besoin d'étudier cela dans le détail.
- **QML elements** : une liste des éléments du langage QML de Qt, basé sur XML.

Nous n'utiliserons pas QML dans ce cours, mais sachez que QML permet de créer des fenêtres d'une façon assez souple, basée sur le langage XML (qui ressemble au HTML).

Ceci étant, l'élément que vous utiliserez vraiment le plus souvent est le *champ de recherche*, en haut du menu. Lorsque vous aurez une question sur le fonctionnement d'une classe ou d'une méthode, il vous suffira de saisir son nom dans le champ de recherche pour être redirigé immédiatement vers la page qui présente son fonctionnement.

Qt Topics

Ce sont des pages de guide qui servent non seulement d'introduction à Qt, mais aussi de conseils pour ceux qui veulent utiliser Qt le mieux possible (notamment la section *Best practices*). Bien sûr, tout est en anglais.

La lecture de cette section peut être très intéressante et enrichissante pour vous. Vous n'avez pas besoin de la lire dans l'immédiat car ce cours va vous donner une bonne introduction globale à Qt... mais si plus tard vous souhaitez approfondir, vous trouverez dans cette section des articles très utiles !

Comprendre la documentation d'une classe

Voilà la section la plus importante et la plus intéressante de ce chapitre : nous allons étudier la documentation d'une classe de Qt au hasard. Chaque classe possède sa propre page, plus ou moins longue suivant la complexité de la classe. Vous pouvez donc retrouver tout ce que vous avez besoin de savoir sur une classe en consultant cette seule page.

Bon, j'ai dit qu'on allait prendre une classe de Qt au hasard. Alors, voyons voir... sur qui cela va-t-il tomber... ah ! Je sais : `QLineEdit`.

▷ Documentation de `QLineEdit`
Code web : 432455

Lorsque vous connaissez le nom de la classe et que vous voulez lire sa documentation, utilisez le champ de recherche en haut du menu. Vous pouvez aussi passer par le lien *All Classes* depuis le sommaire.

Vous devriez voir une longue page s'afficher sous vos yeux ébahis (figure 26.4).

Chaque documentation de classe suit exactement la même structure. Vous retrouverez donc les mêmes sections, les mêmes titres, etc.

Analysons à quoi correspond chacune de ces sections !

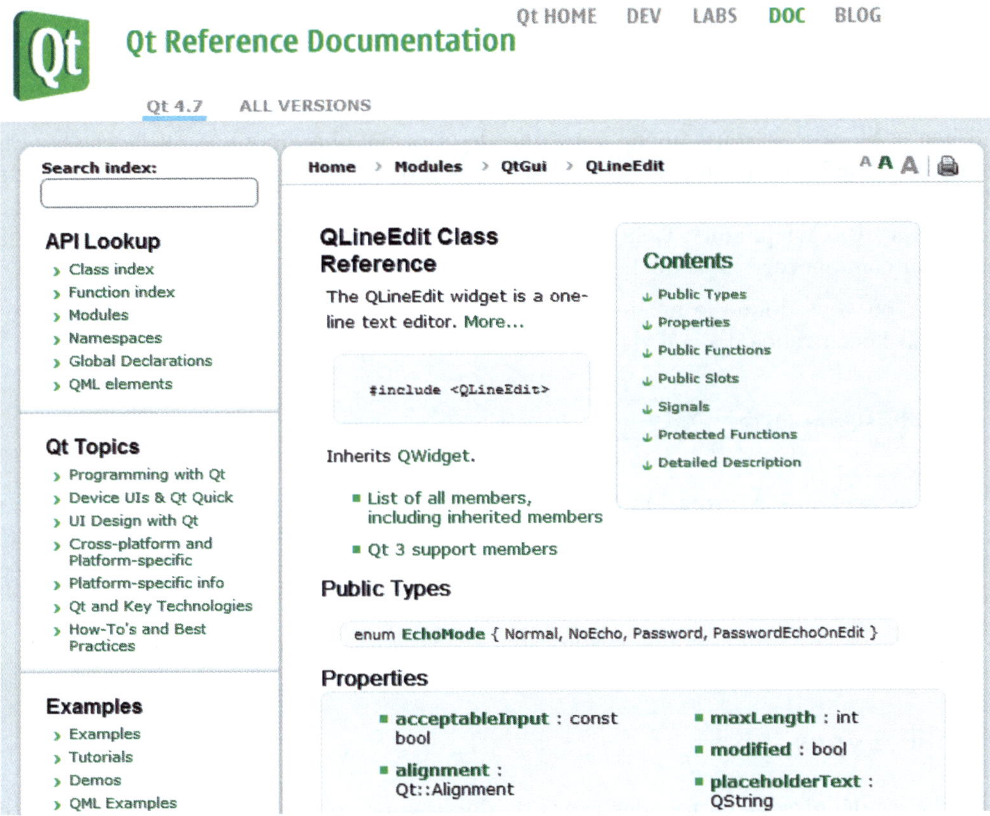

FIGURE 26.4 – Documentation de QLineEdit

Introduction

Au tout début, vous pouvez lire une très courte introduction qui explique en quelques mots à quoi sert la classe.

Ici, nous avons : « The QLineEdit widget is a one-line text editor. », ce qui signifie, si vous avez bien révisé votre anglais, que ce widget est un éditeur de texte sur une ligne (figure 26.5).

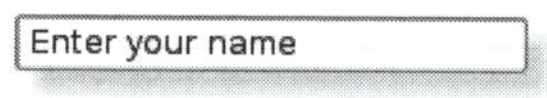

FIGURE 26.5 – Un `QLineEdit`

Le lien « More... » vous amène vers une description plus détaillée de la classe. En général, il s'agit d'un mini-tutoriel pour apprendre à l'utiliser. Je vous recommande de toujours lire cette introduction quand vous travaillez avec une classe que vous ne connaissiez pas jusqu'alors. Cela vous fera gagner beaucoup de temps car vous saurez « par où commencer » et « quelles sont les principales méthodes de la classe ».

Ensuite, on vous donne le header à inclure pour pouvoir utiliser la classe dans votre code. En l'occurrence il s'agit de :

```
#include <QLineEdit>
```

Puis vous avez une information très importante à côté de laquelle on passe souvent : la classe dont hérite votre classe. Ici, on voit que `QWidget` est le parent de `QLineEdit`. Donc `QLineEdit` récupère toutes les propriétés de `QWidget`. Cela a son importance comme nous allons le voir...

Voilà pour l'intro ! Maintenant, voyons voir les sections qui suivent...

Public Types

Les classes définissent parfois des types de données personnalisés, sous la forme de ce qu'on appelle des énumérations.

Ici, `QLineEdit` définit l'énumération `EchoMode` qui propose plusieurs valeurs : `Normal`, `NoEcho`, `Password`, etc.

Une énumération ne s'utilise pas « telle quelle ». C'est juste une liste de valeurs, que vous pouvez renvoyer à une méthode spécifique qui en a besoin. Dans le cas de `QLineEdit`, c'est la méthode `setEchoMode(EchoMode)` qui en a besoin, car elle n'accepte que des données de type `EchoMode`. Pour envoyer la valeur `Password`, il faudra écrire : `setEchoMode(QLineEdit::Password)`.

Properties

Vous avez là toutes les propriétés d'une classe que vous pouvez lire et modifier.

Euh, ce ne sont pas des attributs par hasard ?

Si. Mais la documentation ne vous affiche que les attributs pour lesquels Qt définit des accesseurs. Il y a de nombreux attributs « internes » à chaque classe, que la documentation ne vous montre pas car ils ne vous concernent pas.

Toutes les propriétés sont donc des attributs intéressants de la classe que vous pouvez lire et modifier. Comme je vous l'avais dit dans un chapitre précédent, Qt suit cette convention pour le nom des accesseurs :

- `propriete()` : c'est la méthode accesseur qui vous permet de lire la propriété ;
- `setPropriete()` : c'est la méthode accesseur qui vous permet de modifier la propriété.

Prenons par exemple la propriété `text`. C'est la propriété qui stocke le texte rentré par l'utilisateur dans le champ de texte `QLineEdit`.

Comme indiqué dans la documentation, `text` est de type `QString`. Vous devez donc récupérer la valeur dans un `QString`. Pour récupérer le texte entré par l'utilisateur dans une variable `contenu`, on fera donc :

```
QLineEdit monChamp("Contenu du champ");
QString contenu = monChamp.text();
```

Pour modifier le texte présent dans le champ, on écrira :

```
QLineEdit monChamp;
monChamp.setText("Entrez votre nom ici");
```

Vous remarquerez que dans la documentation, la propriété `text` est un lien. Cliquez dessus. Cela vous amènera plus bas sur la même page vers une description de la propriété. On vous y donne aussi le prototype des accesseurs :

- `QString text () const`
- `void setText ( const QString & )`

Enfin, parfois vous verrez comme ici une mention *See also* (voir aussi) qui vous invite à aller voir d'autres propriétés ou méthodes de la classe ayant un rapport avec celle que vous êtes en train de consulter. Ici, on vous dit que les méthodes `insert()` et `clear()` pourraient vous intéresser. En effet, par exemple `clear()` vide le contenu du champ de texte, c'est donc une méthode intéressante en rapport avec la propriété qu'on était en train de consulter.

Très important : dans la liste des propriétés en haut de la page, notez les mentions *56 properties inherited from `QWidget`* et *1 property inherited from `QObject`*. Comme `QLineEdit` hérite de `QWidget`, qui lui-même hérite de `QObject`, il possède du coup toutes les propriétés et toutes les méthodes de ses classes parentes !

En clair, les propriétés que vous voyez là ne représentent qu'un tout petit bout des possibilités offertes par `QLineEdit`. Si vous cliquez sur le lien `QWidget`, vous êtes conduits à la liste des propriétés de `QWidget`. Vous disposez aussi de toutes ces propriétés dans un `QLineEdit` ! Vous pouvez donc utiliser la propriété `width` (largeur), qui est définie dans `QWidget`, pour modifier la largeur de votre `QLineEdit`. Toute la puissance de l'héritage est là ! Tous les widgets possèdent donc ces propriétés « de base », ils n'ont plus qu'à définir des propriétés qui leur sont spécifiques.

J'insiste bien dessus car au début, je me disais souvent : « Mais pourquoi y a-t-il aussi peu de choses dans cette classe ? ». En fait, il ne faut pas s'y fier et toujours regarder les classes parentes dont hérite la classe qui vous intéresse. Tout ce que possèdent les classes parentes, vous y avez accès aussi.

Public Functions

C'est bien souvent la section la plus importante. Vous y trouverez toutes les méthodes publiques [2] de la classe. On trouve dans le lot :

- le (ou les) constructeur(s) de la classe, très intéressants pour savoir comment créer un objet à partir de cette classe ;
- les accesseurs de la classe (comme `text()` et `setText()` qu'on vient de voir), basés sur les attributs ;
- et enfin d'autres méthodes publiques qui ne sont ni des constructeurs ni des accesseurs et qui effectuent diverses opérations sur l'objet (par exemple `home()`, qui ramène le curseur au début du champ de texte).

Cliquez sur le nom d'une méthode pour en savoir plus sur son rôle et son fonctionnement.

Lire et comprendre le prototype

À chaque fois, il faut que vous lisiez attentivement le prototype de la méthode, c'est très important ! Le prototype à lui seul vous donne une grosse quantité d'informations sur la méthode.

Prenons l'exemple du constructeur. On voit qu'on a deux prototypes :

- `QLineEdit ( QWidget * parent = 0 )`

2. Parce que les méthodes privées ne vous concernent pas.

– `QLineEdit ( const QString & contents, QWidget * parent = 0 )`

Vous noterez que certains paramètres sont facultatifs. Si vous cliquez sur un de ces constructeurs, par exemple le second, on vous explique la signification de chacun de ces paramètres.

On apprend que `parent` est un pointeur vers le widget qui « contiendra » notre `QLineEdit` (par exemple une fenêtre) et que `contents` est le texte qui doit être écrit dans le `QLineEdit` par défaut.

Cela veut dire que, si on prend en compte le fait que le paramètre `parent` est facultatif, on peut créer un objet de type `QLineEdit` de quatre façons différentes :

```
QLineEdit monChamp(); // Appel du premier constructeur
QLineEdit monChamp(fenetre); // Appel du premier constructeur
QLineEdit monChamp("Entrez un texte"); // Appel du second constructeur
QLineEdit monChamp("Entrez un texte", fenetre); // Appel du second constructeur
```

C'est fou tout ce qu'un prototype peut raconter hein ?

Quand la méthode attend un paramètre d'un type que vous ne connaissez pas...

Je viens de voir la méthode `setAlignement` mais elle demande un paramètre de type `Qt::Alignment`. Comment je lui donne cela moi, je ne connais pas les `Qt::Alignment` !

Pas de panique. Il vous arrivera très souvent de tomber sur une méthode qui attend un paramètre d'un type qui vous est inconnu. Par exemple, vous n'avez jamais entendu parler de `Qt::Alignment`. Qu'est-ce que c'est que ce type ?

La solution pour savoir comment envoyer un paramètre de type `Qt::Alignment` consiste à cliquer dans la documentation sur le lien `Qt::Alignment` (eh oui, ce n'est pas un lien par hasard !). Ce lien vous amène vers une page qui vous explique ce qu'est le type `Qt::Alignment`.

▷ Doc de `Qt::Alignment`
Code web : 991034

Il peut y avoir deux types différents :

- **Les énumérations** : `Qt::Alignment` en est une. Les énumérations sont très simples à utiliser, c'est une série de valeurs. Il suffit d'écrire la valeur que l'on veut, comme le donne la documentation de `Qt::Alignment`, par exemple `Qt::AlignCenter`. La méthode pourra donc être appelée comme ceci :
  `monChamp.setAlignment(Qt::AlignCenter);`
- **Les classes** : parfois, la méthode attend un objet issu d'une classe précise pour travailler. Là c'est un peu plus compliqué : il va falloir créer un objet de cette classe et l'envoyer à la méthode.

Pour étudier le second cas, prenons par exemple `setValidator`, qui attend un pointeur vers un `QValidator`. La méthode `setValidator` vous dit qu'elle permet de vérifier si l'utilisateur a saisi un texte valide. Cela peut être utile si vous voulez vérifier que l'utilisateur a bien entré un nombre entier et non « Bonjour ça va ? » quand vous lui demandez son âge... Si vous cliquez sur le lien `QValidator`, vous êtes conduit à la page qui explique comment utiliser la classe `QValidator`. Lisez le texte d'introduction pour comprendre ce que cette classe est censée faire puis regardez les constructeurs afin de savoir comment créer un objet de type `QValidator`.

Parfois, comme là, c'est même un peu plus délicat. `QValidator` est une classe abstraite (c'est ce que vous dit l'introduction de sa documentation), ce qui signifie qu'on ne peut pas créer d'objet de type `QValidator` et qu'il faut utiliser une de ses classes filles. Au tout début, la page de la documentation de `QValidator` vous dit *Inherited by QDoubleValidator, QIntValidator, and QRegExpValidator*. Cela signifie que ces classes héritent de `QValidator` et que vous pouvez les utiliser aussi. En effet, une classe fille est compatible avec la classe mère, comme nous l'avons déjà vu au chapitre sur l'héritage.

Nous, nous voulons autoriser la personne à saisir uniquement un nombre entier, nous allons donc utiliser `QIntValidator`. Il faut créer un objet de type `QIntValidator`. Regardez ses constructeurs et choisissez celui qui vous convient.

Au final (ouf !), pour utiliser `setValidator`, on peut procéder ainsi :

```
QValidator *validator = new QIntValidator(0, 150, this);
monChamp.setValidator(validator);
```

... pour s'assurer que la personne ne saisira qu'un nombre compris entre 0 et 150 ans [3].

La morale de l'histoire, c'est qu'il ne faut pas avoir peur d'aller lire la documentation d'une classe dont a besoin la classe sur laquelle vous travaillez. Parfois, il faut même aller jusqu'à consulter les classes filles.

Cela peut faire un peu peur au début, mais c'est une gymnastique de l'esprit à acquérir. N'hésitez donc pas à sauter de lien en lien dans la documentation pour arriver enfin à envoyer à cette $%@#$#% de méthode un objet du type qu'elle attend !

Public Slots

Les slots sont des méthodes comme les autres, à la différence près qu'on peut aussi les connecter à un signal comme on l'a vu dans le chapitre sur les signaux et les slots. Notez que rien ne vous interdit d'appeler un slot directement, comme si c'était une méthode comme une autre.

Par exemple, le slot `undo()` annule la dernière opération de l'utilisateur.

Vous pouvez l'appeler comme une bête méthode :

```
monChamp.undo();
```

3. Cela laisse de la marge !

... mais, du fait que `undo()` est un slot, vous pouvez aussi le connecter à un autre widget. Par exemple, on peut imaginer un menu **`Edition > Annuler`** dont le signal « cliqué » sera connecté au slot **`undo`** du champ de texte.

Tous les slots offerts par `QLineEdit` ne figurent pas dans cette liste. Je me permets de vous rappeler une fois de plus qu'il faut penser à regarder les mentions comme *19 public slots inherited from `QWidget`*, qui vous invitent à aller voir les slots de `QWidget` auxquels vous avez aussi accès. C'est ainsi que vous découvrirez que vous disposez du slot `hide()` qui permet de masquer votre `QLineEdit`.

Signals

C'est la liste des signaux que peut envoyer un **`QLineEdit`**. Un signal est un évènement qui s'est produit et que l'on peut connecter à un slot (le slot pouvant appartenir à cet objet ou à un autre).

Par exemple, le signal **`textChanged()`** est émis à chaque fois que l'utilisateur modifie le texte à l'intérieur du **`QLineEdit`**. Si vous le voulez, vous pouvez connecter ce signal à un slot pour qu'une action soit effectuée chaque fois que le texte est modifié.

Attention encore une fois à bien regarder les signaux hérités de **`QWidget`** et **`QObject`**, car ils appartiennent aussi à la classe **`QLineEdit`**. Je sais que je suis lourd à force de répéter cela, inutile de me le dire, je le fais exprès pour que cela rentre. ;-)

Protected Functions

Ce sont des méthodes protégées. Elles ne sont ni public, ni private, mais protected. Comme on l'a vu au chapitre sur l'héritage, ce sont des méthodes privées (auxquelles vous ne pouvez pas accéder directement en tant qu'utilisateur de la classe) mais qui seront héritées et donc réutilisables si vous créez une classe basée sur **`QLineEdit`**.

Il est très fréquent d'hériter des classes de Qt, on l'a d'ailleurs déjà fait avec **`QWidget`** pour créer une fenêtre personnalisée. Si vous héritez de **`QLineEdit`**, sachez donc que vous disposerez aussi de ces méthodes.

Additional Inherited Members

Si des éléments hérités n'ont pas été listés jusqu'ici, on les retrouvera dans cette section à la fin. Par exemple, la classe **`QLineEdit`** ne définit pas de méthode statique[4], mais elle en possède quelques-unes héritées de **`QWidget`** et **`QObject`**.

Il n'y a rien de bien intéressant avec **`QLineEdit`** mais sachez par exemple que la classe **`QString`** possède de nombreuses méthodes statiques, comme **`number()`** qui convertit le

4. Je vous rappelle qu'une méthode statique est une méthode que l'on peut appeler sans avoir eu à créer d'objet. C'est un peu comme une fonction.

nombre donné en une chaîne de caractères de type `QString`.

```
QString maChaine = QString::number(12);
```

Une méthode statique s'appelle comme ceci : `NomDeLaClasse::nomDeLaMethode()`. On a déjà vu tout cela dans les chapitres précédents, je ne fais ici que des rappels.

Detailed description

C'est une description détaillée du fonctionnement de la classe. On y accède notamment en cliquant sur le lien « More... » après la très courte introduction du début. C'est une section très intéressante que je vous invite à lire la première fois que vous découvrez une classe, car elle vous permet de comprendre avec du recul comment la classe est censée fonctionner.

En résumé

- La documentation de Qt est indispensable. Vous devez garder son adresse dans vos favoris et la consulter régulièrement.
- Contrairement à ce cours, la documentation est exhaustive : elle indique toutes les possibilités offertes par Qt dans les moindres détails.
- La documentation peut rebuter au premier abord (termes techniques, anglais, etc.) mais une fois qu'on a appris à la lire, on s'aperçoit qu'elle est moins complexe qu'il y paraît.
- N'oubliez pas que la plupart des classes de Qt héritent d'une autre classe. Consultez aussi les propriétés des classes mères pour connaître toutes les possibilités de la classe que vous utilisez.
- N'hésitez pas à naviguer de lien en lien pour découvrir de nouvelles classes et leur mode de fonctionnement. Souvent, une classe a besoin d'une autre classe pour fonctionner.
- J'insiste : apprenez à lire la documentation. Vous passerez à côté de l'essentiel si vous n'avez pas le réflexe de l'ouvrir régulièrement.

Chapitre 27

Positionner ses widgets avec les layouts

Difficulté :

Comme vous le savez, une fenêtre peut contenir toutes sortes de widgets : des boutons, des champs de texte, des cases à cocher...

Placer ces widgets sur la fenêtre est une science à part entière. Je veux dire par là qu'il faut vraiment y aller avec méthode, si on ne veut pas que la fenêtre ressemble rapidement à un champ de bataille.

Comment bien placer les widgets sur la fenêtre ? Comment gérer les redimensionnements de la fenêtre ? Comment s'adapter automatiquement à toutes les résolutions d'écran ? C'est ce que nous allons découvrir dans ce chapitre.

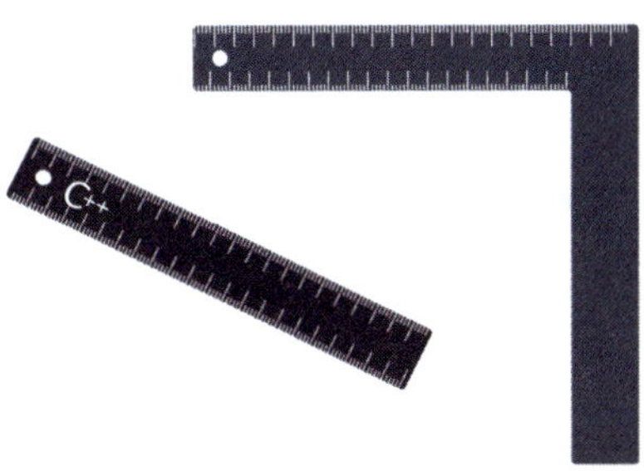

On distingue deux techniques différentes pour positionner des widgets :

- **Le positionnement absolu** : c'est celui que nous avons vu jusqu'ici, avec l'appel à la méthode `setGeometry` (ou `move`)... Ce positionnement est très précis car on place les widgets au pixel près, mais cela comporte un certain nombre de défauts comme nous allons le voir.
- **Le positionnement relatif** : c'est le plus souple et c'est celui que je vous recommande d'utiliser autant que possible. Nous allons l'étudier dans ce chapitre.

Le positionnement absolu et ses défauts

Nous allons commencer par voir le code Qt de base que nous allons utiliser dans ce chapitre, puis nous ferons quelques rappels sur le positionnement absolu, que vous avez déjà utilisé sans savoir exactement ce que c'était.

Le code Qt de base

Dans les chapitres précédents, nous avions créé un projet Qt constitué de trois fichiers :

- `main.cpp` : contenait le `main` qui se chargeait juste d'ouvrir la fenêtre principale ;
- `MaFenetre.h` : contenait l'en-tête de notre classe `MaFenetre` qui héritait de `QWidget` ;
- `MaFenetre.cpp` : contenait l'implémentation des méthodes de `MaFenetre`, notamment du constructeur.

C'est l'architecture que nous utiliserons dans la plupart de nos projets Qt.

Toutefois, pour ce chapitre, nous n'avons pas besoin d'une architecture aussi complexe et nous allons faire comme dans les tous premiers chapitres Qt : nous allons seulement utiliser un `main`. Il y aura un seul fichier : `main.cpp`.

Voici le code de votre projet, sur lequel nous allons commencer :

```
#include <QApplication>
#include <QPushButton>

int main(int argc, char *argv[])
{
    QApplication app(argc, argv);

    QWidget fenetre;

    QPushButton bouton("Bonjour", &fenetre);
    bouton.move(70, 60);

    fenetre.show();

    return app.exec();
}
```

C'est très simple : nous créons une fenêtre, et nous affichons un bouton que nous plaçons aux coordonnées (70, 60) sur la fenêtre (figure 27.1).

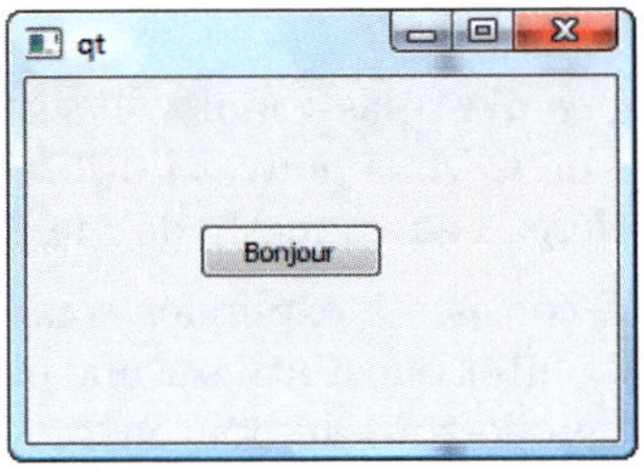

FIGURE 27.1 – Notre fenêtre simple

Les défauts du positionnement absolu

Dans le code précédent, nous avons positionné notre bouton de manière absolue à l'aide de l'instruction `bouton.move(70, 60);` Le bouton a été placé très précisément 70 pixels sur la droite et 60 pixels plus bas.

Le problème... c'est que ce n'est pas souple du tout. Imaginez que l'utilisateur s'amuse à redimensionner la fenêtre (figure 27.2).

FIGURE 27.2 – Un bouton coupé en deux

Le bouton ne bouge pas. Du coup, si on réduit la taille de la fenêtre, il sera coupé en deux et pourra même disparaître si on la réduit trop.

Dans ce cas, pourquoi ne pas empêcher l'utilisateur de redimensionner la fenêtre ? On avait fait cela grâce à `setFixedSize` dans les chapitres précédents...

Oui, vous pouvez faire cela. C'est d'ailleurs ce que font le plus souvent les développeurs de logiciels qui positionnent leurs widgets en absolu. Cependant, l'utilisateur apprécie aussi de pouvoir redimensionner sa fenêtre. Ce n'est qu'une demi-solution.

D'ailleurs, il y a un autre problème que `setFixedSize` ne peut pas régler : le cas des résolutions d'écran plus petites que la vôtre. Imaginez que vous placiez un bouton 1200 pixels sur la droite parce que vous avez une grande résolution (1600 x 1200). Si l'utilisateur travaille avec une résolution plus faible que vous (1024 x 768), il ne pourra jamais voir le bouton parce qu'il ne pourra jamais agrandir autant sa fenêtre !

Alors quoi ? Le positionnement absolu c'est mal ? Où veux-tu en venir ? Et surtout, comment peut-on faire autrement ?

Non, le positionnement absolu ce n'est pas « mal ». Il sert parfois quand on a vraiment besoin de positionner au pixel près. Vous pouvez l'utiliser dans certains de vos projets mais, autant que possible, préférez l'autre méthode : le positionnement relatif.

Le positionnement relatif, cela consiste à expliquer comment les widgets sont agencés les uns par rapport aux autres, plutôt que d'utiliser une position en pixels. Par exemple, on peut dire « Le bouton 1 est en-dessous du bouton 2, qui est à gauche du bouton 3 ».

Le positionnement relatif est géré dans Qt par ce qu'on appelle les **layouts** . Ce sont des conteneurs de widgets. C'est justement l'objet principal de ce chapitre.

L'architecture des classes de layout

Pour positionner intelligemment nos widgets, nous allons utiliser des classes de Qt gérant les layouts. Il existe par exemple des classes gérant le positionnement horizontal et vertical des widgets (ce que nous allons étudier en premier) ou encore le positionnement sous forme de grille.

Pour que vous y voyiez plus clair, je vous propose de regarder le schéma 27.3 de mon cru.

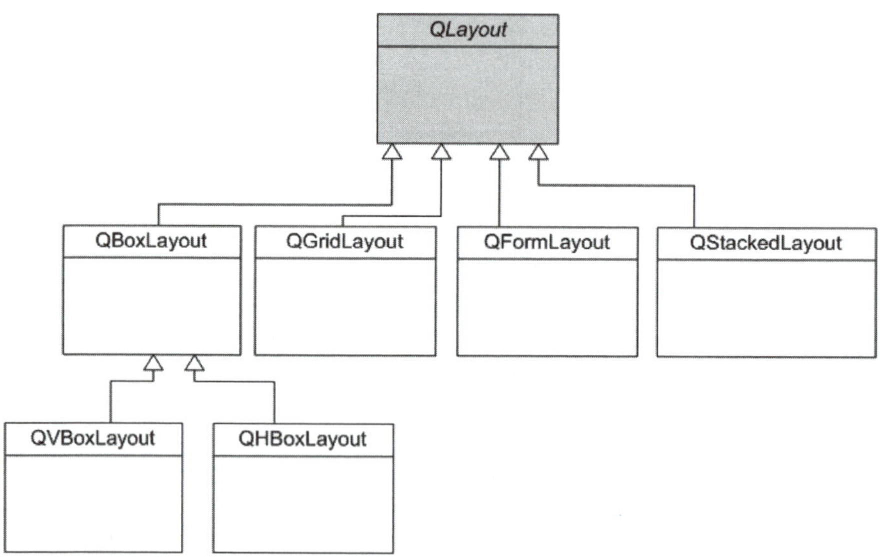

FIGURE 27.3 – Layouts avec Qt

Ce sont les classes gérant les layouts de Qt. Toutes les classes héritent de la classe de base `QLayout`.

On compte donc en gros les classes :

- `QBoxLayout` ;
- `QHBoxLayout` ;
- `QVBoxLayout` ;
- `QGridLayout` ;
- `QFormLayout` ;
- `QStackedLayout`.

Nous allons étudier chacune de ces classes dans ce chapitre, à l'exception de `QStackedLayout` (gestion des widgets sur plusieurs pages) qui est un peu trop complexe pour qu'on puisse travailler dessus ici. On utilisera plutôt des widgets qui le réutilisent, comme `QWizard` qui permet de créer des assistants.

> Euh... Mais pourquoi tu as écrit QLayout en italique, et pourquoi tu as grisé la classe ?

`QLayout` est une classe abstraite. Souvenez-vous du chapitre sur le polymorphisme, nous y avions vu qu'il est possible de créer des classes avec des méthodes virtuelles pures (page 330). Ces classes sont dites abstraites parce qu'on ne peut pas instancier d'objet de ce type.

L'utilisation de classes abstraites par Qt pour les layouts est un exemple typique. Tous les layouts ont des propriétés communes et des méthodes qui effectuent la même action mais de manière différente. Afin de représenter toutes les actions possibles dans une seule interface, les développeurs ont choisi d'utiliser une classe abstraite. Voilà donc un exemple concret pour illustrer ce point de théorie un peu difficile.

Les layouts horizontaux et verticaux

Attaquons sans plus tarder l'étude de nos premiers layouts (les plus simples), vous allez mieux comprendre à quoi tout cela sert.

Nous allons travailler sur deux classes :

- `QHBoxLayout` ;
- `QVBoxLayout`.

`QHBoxLayout` et `QVBoxLayout` héritent de `QBoxLayout`. Ce sont des classes très similaires[1]. Nous n'allons pas utiliser `QBoxLayout`, mais uniquement ses classes filles `QHBoxLayout` et `QVBoxLayout` (cela revient au même).

Le layout horizontal

L'utilisation d'un layout se fait en 3 temps :

1. La documentation Qt parle de *convenience classes*, des classes qui sont là pour vous aider à aller plus vite mais qui sont en fait quasiment identiques à `QBoxLayout`.

1. On crée les widgets ;
2. On crée le layout et on place les widgets dedans ;
3. On dit à la fenêtre d'utiliser le layout qu'on a créé.

1/ Créer les widgets

Pour les besoins de ce chapitre, nous allons créer plusieurs boutons de type QPushButton :

```
QPushButton *bouton1 = new QPushButton("Bonjour");
QPushButton *bouton2 = new QPushButton("les");
QPushButton *bouton3 = new QPushButton("Zéros");
```

Vous remarquerez que j'utilise des pointeurs. En effet, j'aurais très bien pu faire sans pointeurs comme ceci :

```
QPushButton bouton1("Bonjour");
QPushButton bouton2("les");
QPushButton bouton3("Zéros");
```

... cette méthode a l'air plus simple mais vous verrez par la suite que c'est plus pratique de travailler directement avec des pointeurs. La différence entre ces deux codes, c'est que bouton1 est un pointeur dans le premier code, tandis que c'est un objet dans le second code. On va donc utiliser la première méthode avec les pointeurs.

Bon, on a trois boutons, c'est bien. Mais les plus perspicaces d'entre vous auront remarqué qu'on n'a pas indiqué quelle était la fenêtre parente, comme on l'aurait fait avant :

```
QPushButton *bouton1 = new QPushButton("Bonjour", &fenetre);
```

On n'a pas fait comme cela et c'est justement fait exprès. Nous n'allons pas placer les boutons dans la fenêtre directement, mais dans un conteneur : le layout.

2/ Créer le layout et placer les widgets dedans

Créons justement ce layout, un layout horizontal :

```
QHBoxLayout *layout = new QHBoxLayout;
```

Le constructeur de cette classe est simple, on n'a pas besoin d'indiquer de paramètre.

Maintenant que notre layout est créé, rajoutons nos widgets à l'intérieur :

```
layout->addWidget(bouton1);
layout->addWidget(bouton2);
layout->addWidget(bouton3);
```

La méthode `addWidget` du layout attend que vous lui donniez en paramètre un pointeur vers le widget à ajouter au conteneur. Voilà pourquoi je vous ai fait utiliser des pointeurs [2].

3/ Indiquer à la fenêtre d'utiliser le layout

Maintenant, dernière chose : il faut placer le layout dans la fenêtre. Il faut dire à la fenêtre : « Tu vas utiliser ce layout, qui contient mes widgets ».

```
fenetre.setLayout(layout);
```

La méthode `setLayout` de la fenêtre attend un pointeur vers le layout à utiliser. Et voilà, notre fenêtre contient maintenant notre layout, qui contient les widgets. Le layout se chargera d'organiser tout seul les widgets horizontalement.

Résumé du code

Voici le code complet de notre fichier `main.cpp` :

```
#include <QApplication>
#include <QPushButton>
#include <QHBoxLayout>

int main(int argc, char *argv[])
{
    QApplication app(argc, argv);

    QWidget fenetre;

    QPushButton *bouton1 = new QPushButton("Bonjour");
    QPushButton *bouton2 = new QPushButton("les");
    QPushButton *bouton3 = new QPushButton("Zéros");

    QHBoxLayout *layout = new QHBoxLayout;
    layout->addWidget(bouton1);
    layout->addWidget(bouton2);
    layout->addWidget(bouton3);

    fenetre.setLayout(layout);

    fenetre.show();

    return app.exec();
}
```

2. Sinon il aurait fallu écrire `layout->addWidget(&bouton1);` à chaque fois.

▷ Copier ce code
Code web : 508963

J'ai surligné les principales nouveautés. En particulier, comme d'habitude lorsque vous utilisez une nouvelle classe Qt, pensez à l'inclure au début de votre code : `#include<QHBoxLayout>`.

Résultat

Voilà à quoi ressemble la fenêtre maintenant que l'on utilise un layout horizontal (figure 27.4).

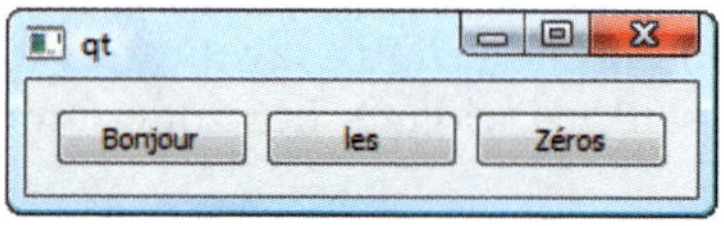

FIGURE 27.4 – Layout horizontal

Les boutons sont automatiquement disposés de manière horizontale !

L'intérêt principal du layout, c'est son comportement face aux redimensionnements de la fenêtre. Essayons de l'élargir (figure 27.5).

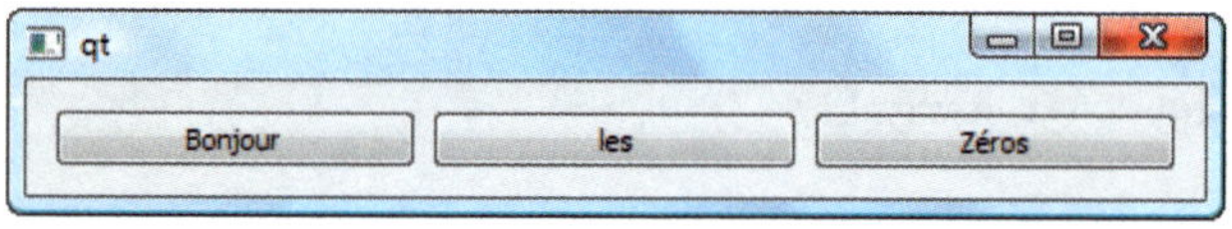

FIGURE 27.5 – Layout horizontal agrandi

Les boutons continuent de prendre l'espace en largeur. On peut aussi l'agrandir en hauteur (figure 27.6).

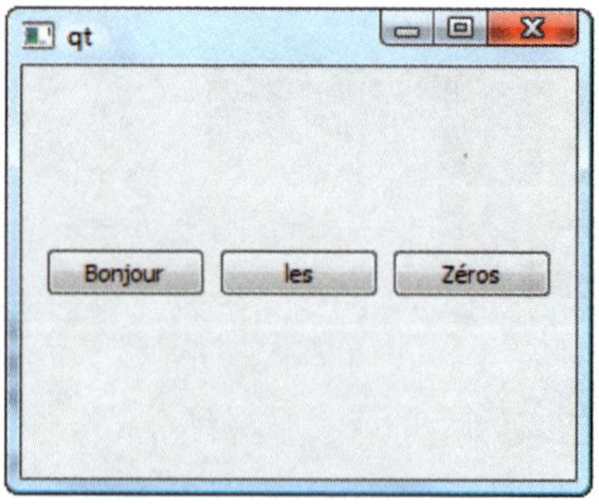

FIGURE 27.6 – Layout horizontal agrandi

On remarque que les widgets restent centrés verticalement. Vous pouvez aussi essayer de réduire la taille de la fenêtre. On vous interdira de la réduire si les boutons ne peuvent plus être affichés, ce qui vous garantit que les boutons ne risquent plus de disparaître comme avant !

Schéma des conteneurs

En résumé, la fenêtre contient le layout qui contient les widgets. Le layout se charge d'organiser les widgets. Schématiquement, cela se passe donc comme à la figure 27.7.

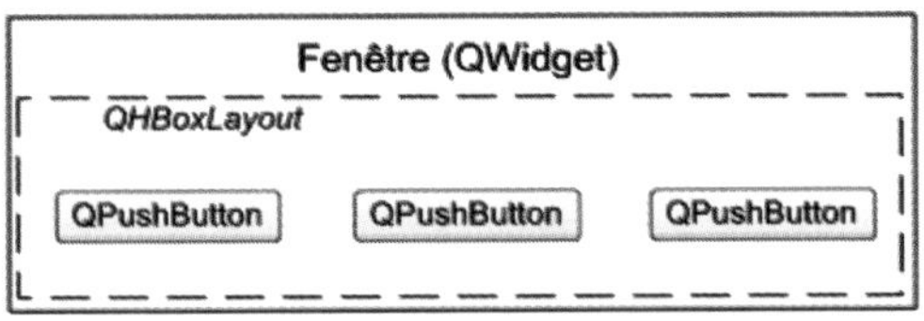

FIGURE 27.7 – Schéma des layouts

On vient de voir le layout `QHBoxLayout` qui organise les widgets horizontalement.

Il y en a un autre qui les organise verticalement (c'est quasiment la même chose) : `QVBoxLayout`.

Le layout vertical

Pour utiliser un layout vertical, il suffit de remplacer `QHBoxLayout` par `QVBoxLayout` dans le code précédent. Oui oui, c'est aussi simple que cela !

```
#include <QApplication>
#include <QPushButton>
#include <QVBoxLayout>

int main(int argc, char *argv[])
{
    QApplication app(argc, argv);

    QWidget fenetre;

    QPushButton *bouton1 = new QPushButton("Bonjour");
    QPushButton *bouton2 = new QPushButton("les");
    QPushButton *bouton3 = new QPushButton("Zéros");

    QVBoxLayout *layout = new QVBoxLayout;
    layout->addWidget(bouton1);
    layout->addWidget(bouton2);
    layout->addWidget(bouton3);

    fenetre.setLayout(layout);
```

```
    fenetre.show();

    return app.exec();
}
```

N'oubliez pas d'inclure `QVBoxLayout`.

Compilez et exécutez ce code, et admirez le résultat (figure 27.8).

FIGURE 27.8 – Layout vertical

Amusez-vous à redimensionner la fenêtre. Vous voyez là encore que le layout adapte les widgets qu'il contient à toutes les dimensions. Il empêche en particulier la fenêtre de devenir trop petite, ce qui aurait nuit à l'affichage des boutons.

La suppression automatique des widgets

Eh ! Je viens de me rendre compte que tu fais des `new` dans tes codes, mais il n'y a pas de `delete` ! Si tu alloues des objets sans les supprimer, ils ne vont pas rester en mémoire ?

Si, mais comme je vous l'avais dit plus tôt, Qt est intelligent En fait, les widgets sont placés dans un layout, qui est lui-même placé dans la fenêtre. Lorsque la fenêtre est supprimée (ici à la fin du programme), tous les widgets contenus dans son layout sont supprimés par Qt. C'est donc Qt qui se charge de faire les `delete` pour nous.

Bien, vous devriez commencer à comprendre comment fonctionnent les layouts. Comme on l'a vu au début du chapitre, il y a de nombreux layouts, qui ont chacun leurs spécificités ! Intéressons-nous maintenant au puissant (mais complexe) `QGridLayout`.

Le layout de grille

Les layouts horizontaux et verticaux sont gentils mais il ne permettent pas de créer des dispositions très complexes sur votre fenêtre.

C'est là qu'entre en jeu `QGridLayout`, qui est en fait un peu un assemblage de `QHBoxLayout` et `QVBoxLayout`. Il s'agit d'une disposition en grille, comme un tableau avec des lignes et des colonnes.

Schéma de la grille

Il faut imaginer que votre fenêtre peut être découpée sous la forme d'une grille avec une infinité de cases, comme à la figure 27.9.

0, 0	0, 1	0, 2	...
1, 0	1, 1	1, 2	...
2, 0	2, 1	2, 2	...
...	...	...	...

FIGURE 27.9 – La grille

Si on veut placer un widget en haut à gauche, il faudra le placer à la case de coordonnées (0, 0). Si on veut en placer un autre en-dessous, il faudra utiliser les coordonnées (1, 0) et ainsi de suite.

Utilisation basique de la grille

Essayons d'utiliser un `QGridLayout` simplement pour commencer (oui parce qu'on peut aussi l'utiliser de manière compliquée).

Nous allons placer un bouton en haut à gauche, un à sa droite et un en dessous. La seule différence réside en fait dans l'appel à la méthode `addWidget`. Celle-ci accepte deux paramètres supplémentaires : les coordonnées où placer le widget sur la grille.

```
#include <QApplication>
#include <QPushButton>
#include <QGridLayout>

int main(int argc, char *argv[])
{
    QApplication app(argc, argv);

    QWidget fenetre;

    QPushButton *bouton1 = new QPushButton("Bonjour");
    QPushButton *bouton2 = new QPushButton("les");
    QPushButton *bouton3 = new QPushButton("Zéros");

    QGridLayout *layout = new QGridLayout;
```

```
    layout->addWidget(bouton1, 0, 0);
    layout->addWidget(bouton2, 0, 1);
    layout->addWidget(bouton3, 1, 0);

    fenetre.setLayout(layout);

    fenetre.show();

    return app.exec();
}
```

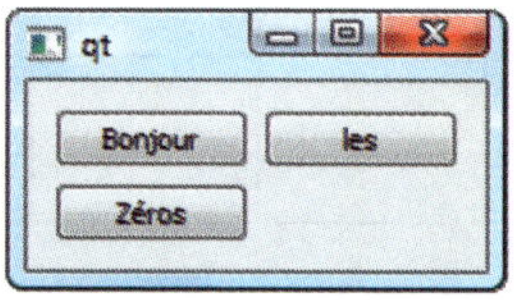

FIGURE 27.10 – Boutons disposés selon une grille

Si vous comparez avec le schéma de la grille que j'ai fait plus haut, vous voyez que les boutons ont bien été disposés selon les bonnes coordonnées.

D'ailleurs en parlant du schéma plus haut, il y a un truc que je ne comprends pas, c'est tous ces points de suspension « ... » là. Cela veut dire que la taille de la grille est infinie ? Dans ce cas, comment je fais pour placer un bouton en bas à droite ?

Qt « sait » quel est le widget à mettre en bas à droite en fonction des coordonnées des autres widgets. Le widget qui a les coordonnées les plus élevées sera placé en bas à droite.

Petit test, rajoutons un bouton aux coordonnées (1, 1) :

```
#include <QApplication>
#include <QPushButton>
#include <QGridLayout>

int main(int argc, char *argv[])
{
    QApplication app(argc, argv);

    QWidget fenetre;

    QPushButton *bouton1 = new QPushButton("Bonjour");
    QPushButton *bouton2 = new QPushButton("les");
    QPushButton *bouton3 = new QPushButton("Zéros");
    QPushButton *bouton4 = new QPushButton("!!!");
```

```
    QGridLayout *layout = new QGridLayout;
    layout->addWidget(bouton1, 0, 0);
    layout->addWidget(bouton2, 0, 1);
    layout->addWidget(bouton3, 1, 0);
    layout->addWidget(bouton4, 1, 1);

    fenetre.setLayout(layout);

    fenetre.show();

    return app.exec();
}
```

FIGURE 27.11 – Bouton en bas à droite

Si on veut, on peut aussi décaler le bouton encore plus en bas à droite dans une nouvelle ligne et une nouvelle colonne :

```
layout->addWidget(bouton4, 2, 2);
```

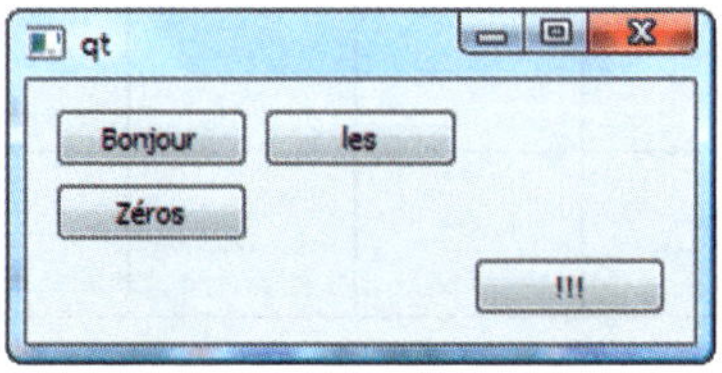

FIGURE 27.12 – Bouton en bas à droite

C'est compris ?

Un widget qui occupe plusieurs cases

L'avantage de la disposition en grille, c'est qu'on peut faire en sorte qu'un widget occupe plusieurs cases à la fois. On parle de *spanning*[3].

Pour ce faire, il faut appeler une version surchargée de `addWidget` qui accepte deux paramètres supplémentaires : le `rowSpan` et le `columnSpan`.

3. Ceux qui font du HTML doivent avoir entendu parler des attributs `rowspan` et `colspan` sur les tableaux.

- `rowSpan` : nombre de lignes qu'occupe le widget (par défaut 1) ;
- `columnSpan` : nombre de colonnes qu'occupe le widget (par défaut 1).

Imaginons un widget placé en haut à gauche, aux coordonnées (0, 0). Si on lui donne un `rowSpan` de 2, il occupera alors l'espace indiqué à la figure 27.13.

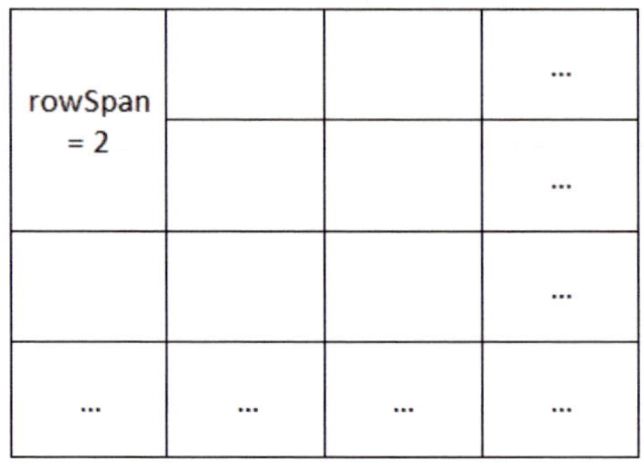

FIGURE 27.13 – `rowSpan`

Si on lui donne un `columnSpan` de 3, il occupera l'espace indiqué sur la figure 27.14.

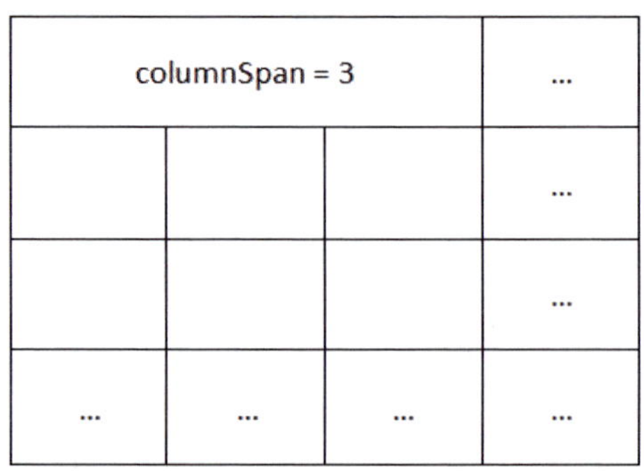

FIGURE 27.14 – `columnSpan`

L'espace pris par le widget au final dépend de la nature du widget (les boutons s'agrandissent en largeur mais pas en hauteur par exemple) et du nombre de widgets sur la grille. En pratiquant, vous allez rapidement comprendre comment cela fonctionne.

Essayons de faire en sorte que le bouton « Zéros » prenne deux colonnes de largeur :

```
layout->addWidget(bouton3, 1, 0, 1, 2);
```

Les deux derniers paramètres correspondent respectivement au `rowSpan` et au `column`

`Span`. Le `rowSpan` est ici de 1, c'est la valeur par défaut on ne change donc rien, mais le `columnSpan` est de 2. Le bouton va donc « occuper » 2 colonnes (figure 27.15).

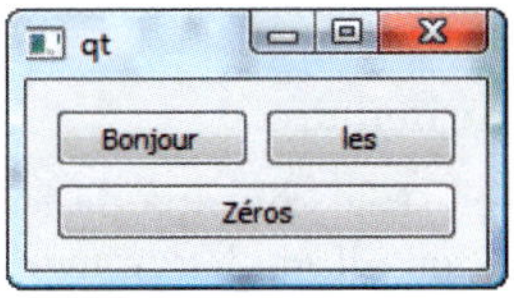

FIGURE 27.15 – *Spanning* du bouton

Essayez en revanche de monter le `columnSpan` à 3 : vous ne verrez aucun changement. En effet, il aurait fallu qu'il y ait un troisième widget sur la première ligne pour que le `columnSpan` puisse fonctionner.

Faites des tests avec le *spanning* pour vous assurer que vous avez bien compris comment cela fonctionne.

Le layout de formulaire

Le layout de formulaire `QFormLayout` est un layout spécialement conçu pour les fenêtres hébergeant des formulaires.

Un formulaire est en général une suite de libellés (« Votre prénom : ») associés à des champs de formulaire[4] (figure 27.16).

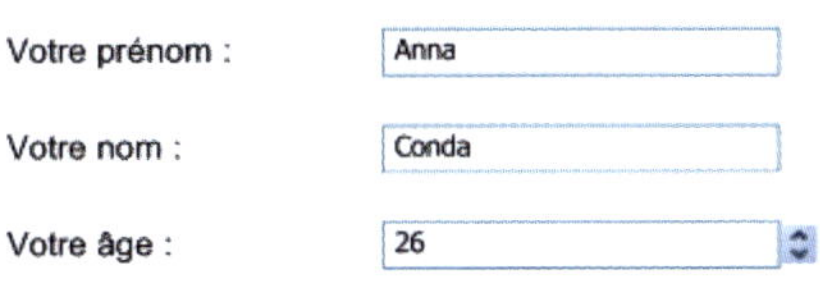

FIGURE 27.16 – Un formulaire

Normalement, pour écrire du texte dans la fenêtre, on utilise le widget `QLabel` (libellé) dont on parlera plus en détail au prochain chapitre.

L'avantage du layout que nous allons utiliser, c'est qu'il simplifie notre travail en créant automatiquement des `QLabel` pour nous.

Vous noterez d'ailleurs que la disposition correspond à celle d'un `QGridLayo ut` à 2 colonnes et plusieurs lignes. En effet, le `QFormLayout` n'est en fait rien d'autre qu'une version spéciale du `QGridLayout` pour les formulaires, avec quelques particularités : il s'adapte aux habitudes des OS pour, dans certains cas, aligner les libellés à gauche, dans d'autres à droite, etc.

4. Une zone de texte par exemple.

L'utilisation d'un `QFormLayout` est très simple. La différence, c'est qu'au lieu d'utiliser une méthode `addWidget`, nous allons utiliser une méthode `addRow` qui prend deux paramètres :

- le texte du libellé ;
- un pointeur vers le champ du formulaire.

Pour faire simple, nous allons créer trois champs de formulaire de type « Zone de texte à une ligne » (`QLineEdit`), puis nous allons les placer dans un `QFormLayout` au moyen de la méthode `addRow` :

```
#include <QApplication>
#include <QLineEdit>
#include <QFormLayout>

int main(int argc, char *argv[])
{
    QApplication app(argc, argv);

    QWidget fenetre;

    QLineEdit *nom = new QLineEdit;
    QLineEdit *prenom = new QLineEdit;
    QLineEdit *age = new QLineEdit;

    QFormLayout *layout = new QFormLayout;
    layout->addRow("Votre nom", nom);
    layout->addRow("Votre prénom", prenom);
    layout->addRow("Votre âge", age);

    fenetre.setLayout(layout);

    fenetre.show();

    return app.exec();
}
```

Résultat en figure 27.17.

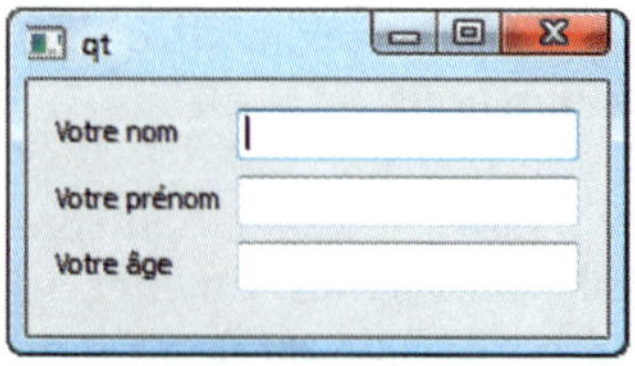

FIGURE 27.17 – Layout de formulaire

Sympa, non ?

On peut aussi définir des raccourcis clavier pour accéder rapidement aux champs du formulaire. Pour ce faire, placez un symbole « & » devant la lettre du libellé que vous voulez transformer en raccourci.

Explication en image (euh, en code) :

```
layout->addRow("Votre &nom", nom);
layout->addRow("Votre &prénom", prenom);
layout->addRow("Votre â&ge", age);
```

La lettre « p » est désormais un raccourci vers le champ du prénom, « n » vers le champ nom et « g » vers le champ âge.

L'utilisation du raccourci dépend de votre système d'exploitation. Sous Windows, il faut appuyer sur la touche Alt puis la touche raccourci. Lorsque vous appuyez sur Alt, les lettres raccourcis apparaissent soulignées (figure 27.18).

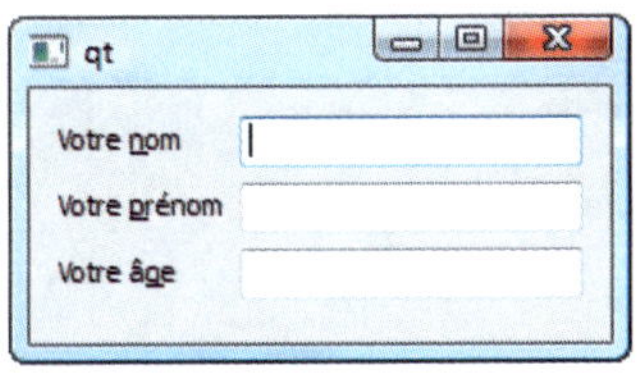

FIGURE 27.18 – Raccourcis dans un form layout

Faites Alt + N pour accéder directement au champ du nom !

Souvenez-vous de ce symbole &, il est très souvent utilisé en GUI Design (design de fenêtre) pour indiquer quelle lettre sert de raccourci. On le réutilisera notamment pour avoir des raccourcis dans les menus de la fenêtre.

Ah, et si vous voulez par contre vraiment afficher un symbole & dans un libellé, tapez-en deux : « && ». Exemple : « `Bonnie && Clyde` ».

Combiner les layouts

Avant de terminer ce chapitre, il me semble important que nous jetions un coup d'œil aux layouts combinés, une fonctionnalité qui va vous faire comprendre toute la puissance des layouts. Commençons comme il se doit par une question que vous devriez vous poser :

Les layouts c'est bien joli mais n'est-ce pas un peu limité ? Si je veux faire une fenêtre un peu complexe, ce n'est pas à grands coups de `QVBoxLayout` ou même de `QGridLayout` que je vais m'en sortir !

C'est vrai que mettre ses widgets les uns en-dessous des autres peut sembler limité. Même la grille fait un peu « rigide », je reconnais. Mais rassurez-vous, tout a été pensé. La magie apparaît lorsque nous commençons à combiner les layouts, c'est-à-dire à placer un layout dans un autre layout.

Un cas concret

Prenons par exemple notre joli formulaire. Supposons que l'on veuille ajouter un bouton « Quitter ». Si vous voulez placer ce bouton en bas du formulaire, comment faire ?

Il faut d'abord créer un layout vertical (`QVBoxLayout`) et placer à l'intérieur notre layout de formulaire *puis* notre bouton « Quitter ».

Cela donne le schéma de la figure 27.19.

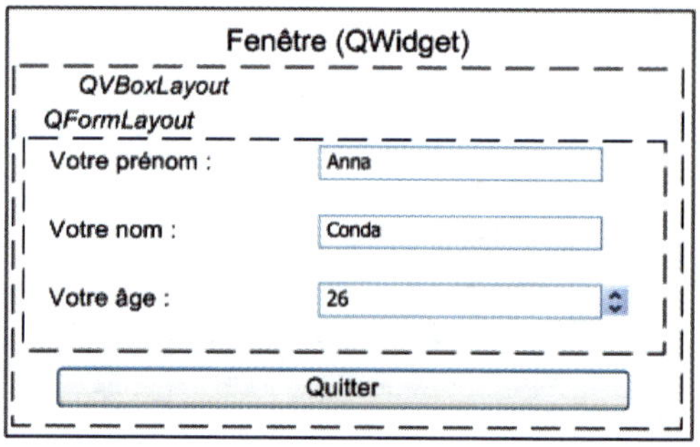

FIGURE 27.19 – Schéma des layouts combinés

On voit que notre `QVBoxLayout` contient deux choses, dans l'ordre :

1. Un `QFormLayout` (qui contient lui-même d'autres widgets) ;
2. Un `QPushButton`.

Un layout peut donc contenir aussi bien des layouts que des widgets.

Utilisation de addLayout

Pour insérer un layout dans un autre, on utilise `addLayout` au lieu de `addWidget` (c'est logique me direz-vous).

Voici un bon petit code pour se faire la main :

```
#include <QApplication>
#include <QLineEdit>
#include <QPushButton>
#include <QVBoxLayout>
#include <QFormLayout>
```

```
int main(int argc, char *argv[])
{
    QApplication app(argc, argv);

    QWidget fenetre;

    // Création du layout de formulaire et de ses widgets

    QLineEdit *nom = new QLineEdit;
    QLineEdit *prenom = new QLineEdit;
    QLineEdit *age = new QLineEdit;

    QFormLayout *formLayout = new QFormLayout;
    formLayout->addRow("Votre &nom", nom);
    formLayout->addRow("Votre &prénom", prenom);
    formLayout->addRow("Votre â&ge", age);

    // Création du layout principal de la fenêtre (vertical)

    QVBoxLayout *layoutPrincipal = new QVBoxLayout;
    layoutPrincipal->addLayout(formLayout); // Ajout du layout de formulaire

    QPushButton *boutonQuitter = new QPushButton("Quitter");
    QWidget::connect(boutonQuitter, SIGNAL(clicked()), &app, SLOT(quit()));
    layoutPrincipal->addWidget(boutonQuitter); // Ajout du bouton

    fenetre.setLayout(layoutPrincipal);

    fenetre.show();

    return app.exec();
}
```

▷ Copier ce code
Code web : 112310

J'ai surligné les ajouts au layout vertical principal :

- l'ajout du sous-layout de formulaire (`addLayout`) ;
- l'ajout du bouton (`addWidget`).

Vous remarquerez que je fais les choses un peu dans l'ordre inverse : d'abord je crée les widgets et layouts « enfants » (le `QFormLayout`) ; ensuite je crée le layout principal (le `QVBoxLayout`) et j'y insère le layout enfant que j'ai créé.

Au final, la fenêtre qui apparaît ressemble à la figure 27.20.

On ne le voit pas, mais la fenêtre contient d'abord un `QVBoxLayout`, qui contient lui-même un layout de formulaire et un bouton (figure 27.21).

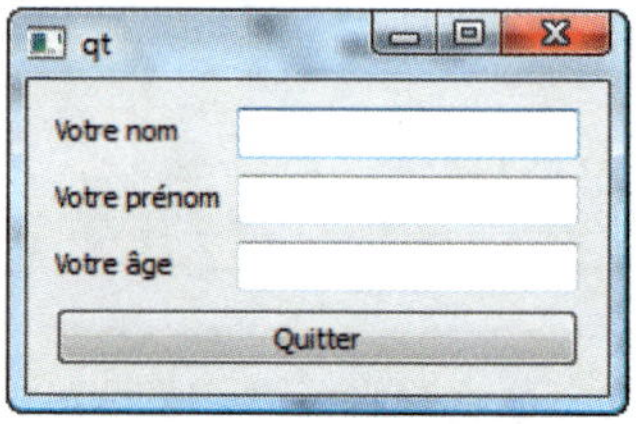

FIGURE 27.20 – Layouts combinés

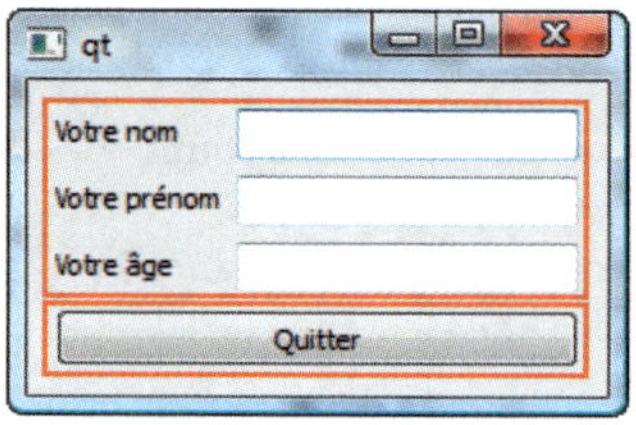

FIGURE 27.21 – Layouts combinés (schéma)

En résumé

- Pour placer des widgets sur une fenêtre, deux options s'offrent à nous : les positionner au pixel près (en absolu) ou les positionner de façon souple dans des layouts (en relatif).
- Le positionnement en layouts est conseillé : les widgets occupent automatiquement l'espace disponible suivant la taille de la fenêtre.
- Il existe plusieurs types de layouts selon l'organisation que l'on souhaite obtenir des widgets : `QVBoxLayout` (vertical), `QHBoxLayout` (horizontal), `QGridLayout` (en grille), `QFormLayout` (en formulaire).
- Il est possible d'imbriquer des layouts entre eux : un layout peut donc en contenir un autre. Cela nous permet de réaliser des positionnements très précis.

Chapitre 28

Les principaux widgets

Difficulté :

Voilà un moment que nous avons commencé à nous intéresser à Qt, je vous parle en long en large et en travers de widgets, mais jusqu'ici nous n'avions toujours pas pris le temps de faire un tour d'horizon rapide de ce qui existait.

Il est maintenant temps de faire une « pause » et de regarder ce qui existe en matière de widgets. Nous étudierons cependant seulement les principaux widgets ici. Pourquoi ne les verrons-nous pas tous ? Parce qu'il en existe un grand nombre et que certains sont rarement utilisés. D'autres sont parfois tellement complexes qu'ils nécessiteraient un chapitre entier pour les étudier.

Néanmoins, avec ce que vous allez voir, vous aurez largement de quoi faire pour créer la quasi-totalité des fenêtres que vous voulez !

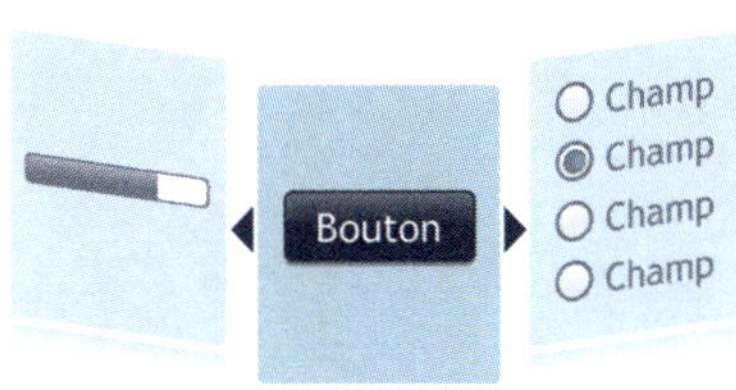

Les fenêtres

Avec Qt, tout élément de la fenêtre est appelé un widget. La fenêtre elle-même est considérée comme un widget.

Dans le code, les widgets sont des classes qui héritent toujours de `QWidget` (directement ou indirectement). C'est donc une classe de base très importante et vous aurez probablement très souvent besoin de lire la doc de cette classe.

Quelques rappels sur l'ouverture d'une fenêtre

Cela fait plusieurs chapitres que l'on crée une fenêtre dans nos programmes à l'aide d'un objet de type `QWidget`. Cela signifie-t-il que `QWidget` = Fenêtre ?

Non. En fait, un widget qui n'est contenu dans aucun autre widget est considéré comme une fenêtre. Donc quand on écrit juste ce code très simple :

```
#include <QApplication>
#include <QWidget>

int main(int argc, char *argv[])
{
    QApplication app(argc, argv);

    QWidget fenetre;
    fenetre.show();

    return app.exec();
}
```

... cela affiche une fenêtre vide (figure 28.1).

FIGURE 28.1 – Fenêtre vide

C'est comme cela que Qt fonctionne. C'est un peu déroutant au début, mais après on apprécie au contraire que cela ait été pensé ainsi.

Donc si je comprends bien, il n'y a pas de classe `QFenetre` ou quelque chose du genre ?

Tout à fait, il n'y a pas de classe du genre **`QFenetre`** car n'importe quel widget peut servir de fenêtre. Pour Qt, c'est le widget qui n'a pas de parent qui sera considéré comme étant la fenêtre. À ce titre, un **`QPushButton`** ou un **`QLineEdit`** peuvent être considérés comme des fenêtres s'ils n'ont pas de widget parent.

Toutefois, il y a deux classes de widgets que j'aimerais mettre en valeur :

- `QMainWindow` : c'est un widget spécial qui permet de créer la fenêtre principale de l'application. Une fenêtre principale peut contenir des menus, une barre d'outils, une barre d'état, etc.
- `QDialog` : c'est une classe de base utilisée par toutes les classes de boîtes de dialogue qu'on a vues il y a quelques chapitres. On peut aussi s'en servir directement pour ouvrir des boîtes de dialogue personnalisées.

La fenêtre principale `QMainWindow` mérite un chapitre entier à elle toute seule[1]. Nous pourrons alors tranquillement passer en revue la gestion des menus, de la barre d'outils et de la barre d'état.

La fenêtre `QDialog` peut être utilisée pour ouvrir une boîte de dialogue générique à personnaliser. Une boîte de dialogue est une fenêtre, généralement de petite taille, dans laquelle il y a peu d'informations. La classe `QDialog` hérite de `QWidget` comme tout widget qui se respecte et elle y est même très similaire. Elle y ajoute peu de choses, parmi lesquelles la gestion des fenêtres modales[2].

Nous allons ici étudier ce que l'on peut faire d'intéressant avec la classe de base `QWidget` qui permet déjà de réaliser la plupart des fenêtres que l'on veut. Nous verrons ensuite ce qu'on peut faire avec les fenêtres de type `QDialog`. Quant à `QMainWindow`, ce sera pour un autre chapitre, comme je vous l'ai dit.

Une fenêtre avec `QWidget`

Pour commencer, je vous invite à ouvrir la documentation de `QWidget` en même temps que vous lisez ce chapitre.

▷ Documentation de QWidget
Code web : 439938

Vous remarquerez que `QWidget` est la classe mère d'un grrrrand nombre d'autres classes. Les `QWidget` disposent de beaucoup de propriétés et de méthodes. Donc tous les widgets disposent de ces propriétés et méthodes.

On peut découper les propriétés en deux catégories :

- celles qui valent pour tous les types de widgets et pour les fenêtres ;

1. Et elle en aura un.
2. Une fenêtre par-dessus toutes les autres, qui doit être remplie avant de pouvoir accéder aux autres fenêtres de l'application.

– celles qui n'ont de sens que pour les fenêtres.

Jetons un coup d'œil à celles qui me semblent les plus intéressantes. Pour avoir la liste complète, il faudra recourir à la documentation, je ne compte pas tout répéter ici !

Les propriétés utilisables pour tous les types de widgets, y compris les fenêtres

Je vous fais une liste rapide pour extraire quelques propriétés qui pourraient vous intéresser. Pour savoir comment vous servir de toutes ces propriétés, lisez le prototype que vous donne la documentation.

N'oubliez pas qu'on peut modifier une propriété en appelant une méthode dont le nom est construit sur celui de la propriété, préfixé par `set`. Par exemple, si la propriété est `cursor`, la méthode sera `setCursor()`.

- `cursor` : curseur de la souris à afficher lors du survol du widget. La méthode `setCursor` attend que vous lui envoyiez un objet de type `QCursor`. Certains curseurs classiques (comme le sablier) sont prédéfinis dans une énumération. La documentation vous propose un lien vers cette énumération.
- `enabled` : indique si le widget est activé, si on peut le modifier. Un widget désactivé est généralement grisé. Si vous appliquez `setEnabled(false)` à toute la fenêtre, c'est toute la fenêtre qui devient inutilisable.
- `height` : hauteur du widget.
- `size` : dimensions du widget. Vous devrez indiquer la largeur et la hauteur.
- `visible` : contrôle la visibilité du widget.
- `width` : largeur.

N'oubliez pas : pour modifier une de ces propriétés, préfixez la méthode par un `set`. Exemple :

```
maFenetre.setWidth(200);
```

Ces propriétés sont donc valables pour tous les widgets, y compris les fenêtres. Si vous appliquez un `setWidth` sur un bouton, cela modifiera la largeur du bouton. Si vous appliquez cela sur une fenêtre, c'est la largeur de la fenêtre qui sera modifiée.

Les propriétés utilisables uniquement sur les fenêtres

Ces propriétés sont faciles à reconnaître, elles commencent toutes par `window`. Elles n'ont de sens que si elles sont appliquées aux fenêtres.

- `windowFlags` : une série d'options contrôlant le comportement de la fenêtre. Il faut consulter l'énumération `Qt::WindowType` pour connaître les différents types disponibles. Vous pouvez aussi consulter l'exemple Window Flags du programme « Qt Examples and Demos ».

Par exemple pour afficher une fenêtre de type « Outil » avec une petite croix et pas de possibilité d'agrandissement ou de réduction (figure 28.2) :
`fenetre.setWindowFlags(Qt::Tool);`
C'est par là aussi qu'on passe pour que la fenêtre reste par-dessus toutes les autres fenêtres du système (avec le flag `Qt::WindowStaysOnTopHint`).

- `windowIcon` : l'icône de la fenêtre. Il faut envoyer un objet de type `QIcon`, qui lui-même accepte un nom de fichier à charger. Cela donne le code suivant pour charger le fichier `icone.png` situé dans le même dossier que l'application (figure 28.3) :
`fenetre.setWindowIcon(QIcon("icone.png"));`
- `windowTitle` : le titre de la fenêtre, affiché en haut (figure 28.4).
`fenetre.setWindowTitle("Le Programme du Zéro v0.0");`

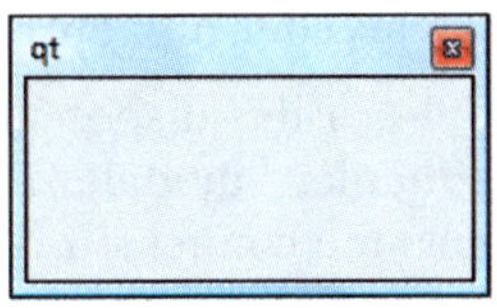

FIGURE 28.2 – Une fenêtre de type « Tool »

FIGURE 28.3 – Une icône pour la fenêtre

FIGURE 28.4 – Une fenêtre avec un titre

Une fenêtre avec QDialog

`QDialog` est un widget spécialement conçu pour générer des fenêtres de type « boîte de dialogue ».

Quelle est la différence avec une fenêtre créée à partir d'un `QWidget` ?

En général les `QDialog` sont des petites fenêtres secondaires : des boîtes de dialogue. Elles proposent le plus souvent un choix simple entre :

- Valider ;
- Annuler.

Les `QDialog` sont rarement utilisées pour gérer la fenêtre principale. Pour cette fenêtre, on préférera utiliser `QWidget` ou carrément `QMainWindow` si on a besoin de l'artillerie lourde.

Les `QDialog` peuvent être de 2 types :

- **modales** : on ne peut pas accéder aux autres fenêtres de l'application lorsqu'elles sont ouvertes ;
- **non modales** : on peut toujours accéder aux autres fenêtres.

Par défaut, les `QDialog` sont modales. Elles disposent en effet d'une méthode `exec()` qui ouvre la boîte de dialogue de manière modale. Il s'avère d'ailleurs qu'`exec()` est un slot (très pratique pour effectuer une connexion cela !).

Je vous propose d'essayer de pratiquer de la manière suivante : nous allons ouvrir une fenêtre principale `QWidget` qui contiendra un bouton. Lorsqu'on cliquera sur ce bouton, il ouvrira une fenêtre secondaire de type `QDialog`.

Notre objectif est d'ouvrir une fenêtre secondaire après un clic sur un bouton de la fenêtre principale. La fenêtre secondaire, de type `QDialog`, affichera seulement une image pour cet exemple.

```
#include <QApplication>
#include <QtGui>

int main(int argc, char *argv[])
{
    QApplication app(argc, argv);

    QWidget fenetre;
        QPushButton *bouton = new QPushButton("Ouvrir la fenêtre", &fenetre);

    QDialog secondeFenetre (&fenetre);
        QVBoxLayout *layout = new QVBoxLayout;
        QLabel *image = new QLabel(&secondeFenetre);
        image->setPixmap(QPixmap("icone.png"));
        layout->addWidget(image);
        secondeFenetre.setLayout(layout);

    QWidget::connect(bouton, SIGNAL(clicked()), &secondeFenetre, SLOT(exec()));
    fenetre.show();

    return app.exec();
}
```

Mon code est indenté de manière bizarroïde, je sais. Je trouve que c'est plus lisible : vous pouvez ainsi mieux voir à quelles fenêtres se rapportent les opérations que je fais. Vous voyez donc immédiatement que, dans la première fenêtre, je n'ai fait que placer un bouton, tandis que dans la seconde j'ai mis un `QLabel` affichant une image que j'ai placée dans un `QVBoxLayout`.

D'autre part, pour cet exemple, j'ai tout fait dans le `main`. Toutefois, dans la pratique, comme nous le verrons dans les TP, on a en général un fichier `.cpp` par fenêtre, c'est plus facile à gérer.

Au départ, la fenêtre principale s'affiche (figure 28.5).

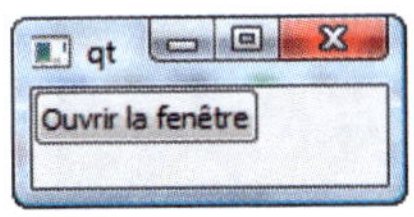

FIGURE 28.5 – La fenêtre principale

Si vous cliquez sur le bouton, la boîte de dialogue s'ouvre (figure 28.6).

FIGURE 28.6 – La boîte de dialogue

Comme elle est modale, vous remarquerez que vous ne pouvez pas accéder à la fenêtre principale tant qu'elle est ouverte.

Si vous voulez en savoir plus sur les `QDialog`, vous savez ce qu'il vous reste à faire : tout est dans la documentation.

Les boutons

Nous allons maintenant étudier la catégorie des widgets « boutons ». Nous allons passer en revue :

- `QPushButton` : un bouton classique, que vous avez déjà largement eu l'occasion de manipuler ;

- `QRadioButton` : un bouton « radio », pour un choix à faire parmi une liste ;
- `QCheckBox` : une case à cocher (on considère que c'est un bouton en GUI Design).

Tous ces widgets héritent de `QAbstractButton` qui lui-même hérite de `QWidget`, qui finalement hérite de `QObject` (figure 28.7).

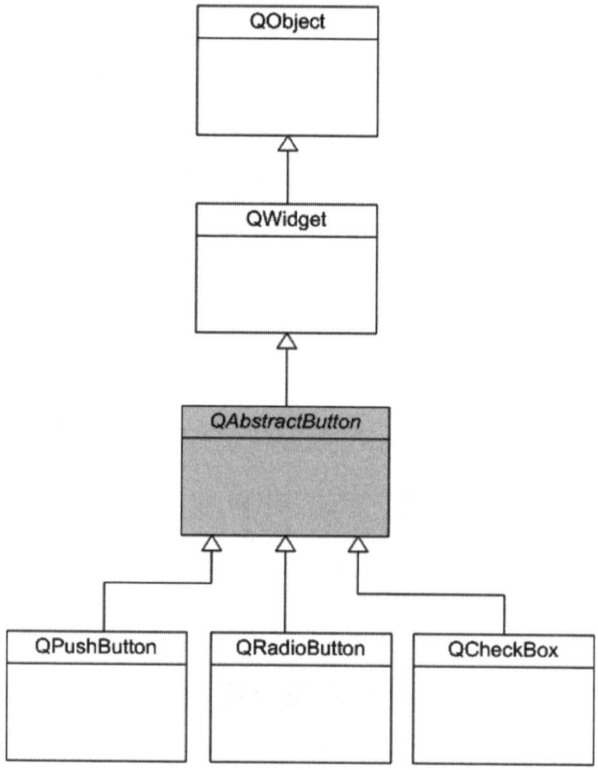

FIGURE 28.7 – L'héritage des boutons

Comme l'indique son nom, `QAbstractButton` est une classe abstraite. Si vous vous souvenez des épisodes précédents de notre passionnant feuilleton, une classe abstraite est une classe... qu'on ne peut pas instancier, bravo ! On ne peut donc pas créer d'objets de type `QAbstractButton`, il faut forcément utiliser une des classes filles. `QAbstractButton` sert donc juste de modèle de base pour ses classes filles.

`QPushButton` : un bouton

Le `QPushButton` est l'élément le plus classique et le plus commun des fenêtres [3] (figure 28.8).

Commençons par un rappel important, indiqué par la documentation : `QPushButton` hérite de `QAbstractButton`. Et c'est vraiment une info importante car vous serez peut-

3. Je ne vous fais pas l'offense de vous expliquer à quoi sert un bouton !

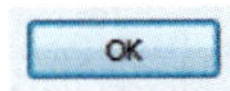

FIGURE 28.8 – QPushButton

être surpris de voir que **QPushButton** contient peu de méthodes qui lui sont propres. C'est normal, une grande partie d'entre elles se trouvt dans sa classe parente **QAbstractButton**.

> Il faut donc absolument consulter aussi `QAbstractButton`, et même sa classe mère `QWidget` (ainsi qu'éventuellement `QObject`, mais c'est plus rare), si vous voulez connaître toutes les possibilités offertes au final par un `QPushButton`. Par exemple, `setEnabled` permet d'activer/désactiver le bouton, et cette propriété se trouve dans `QWidget`.

Un bouton émet un signal **clicked()** quand on l'active. C'est le signal le plus communément utilisé.

On note aussi les signaux **pressed()** (bouton enfoncé) et **released()** (bouton relâché), mais ils sont plus rares.

QCheckBox : une case à cocher

Une case à cocher **QCheckBox** est généralement associée à un texte de libellé comme à la figure 28.9.

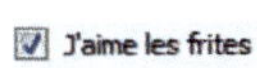

FIGURE 28.9 – Une case à cocher

On définit le libellé de la case lors de l'appel du constructeur :

```
#include <QApplication>
#include <QWidget>
#include <QCheckBox>

int main(int argc, char *argv[])
{
    QApplication app(argc, argv);

    QWidget fenetre;
    QCheckBox *checkbox = new QCheckBox("J'aime les frites", &fenetre);
    fenetre.show();

    return app.exec();
}
```

La case à cocher émet le signal `stateChanged(bool)` lorsqu'on modifie son état. Le booléen en paramètre nous permet de savoir si la case est maintenant cochée ou décochée.

Si vous voulez vérifier à un autre moment si la case est cochée, appelez `isChecked()` qui renvoie un booléen.

On peut aussi faire des cases à cocher à trois états (le troisième état étant l'état grisé). Renseignez-vous sur la propriété `tristate` pour apprendre comment faire. Notez que ce type de case à cocher est relativement rare.

Enfin, sachez que si vous avez plusieurs cases à cocher, vous pouvez les regrouper au sein d'une `QGroupBox`.

`QRadioButton` : les boutons radio

C'est une case à cocher particulière : une seule case peut être cochée à la fois parmi une liste (figure 28.10).

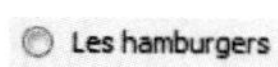

FIGURE 28.10 – Un bouton radio

Les boutons radio qui ont le même widget parent sont mutuellement exclusifs. Si vous en cochez un, les autres seront automatiquement décochés.

En général, on place les boutons radio dans une `QGroupBox`. Utiliser des `QGroupBox` différentes vous permet de séparer les groupes de boutons radio.

Voici un exemple d'utilisation d'une `QGroupBox` (qui contient un layout herbergeant les `QRadioButton`) :

```
#include <QApplication>
#include <QtGui>

int main(int argc, char *argv[])
{
    QApplication app(argc, argv);

    QWidget fenetre;
    QGroupBox *groupbox = new QGroupBox("Votre plat préféré", &fenetre);

    QRadioButton *steacks = new QRadioButton("Les steacks");
    QRadioButton *hamburgers = new QRadioButton("Les hamburgers");
    QRadioButton *nuggets = new QRadioButton("Les nuggets");

    steacks->setChecked(true);

    QVBoxLayout *vbox = new QVBoxLayout;
    vbox->addWidget(steacks);
    vbox->addWidget(hamburgers);
```

```
    vbox->addWidget(nuggets);

    groupbox->setLayout(vbox);
    groupbox->move(5, 5);

    fenetre.show();

    return app.exec();
}
```

J'en profite pour rappeler que vous pouvez inclure l'en-tête QtGui pour automatiquement inclure les en-têtes de tous les widgets, comme je l'ai fait ici.

Les boutons radio sont placés dans un layout qui est lui-même placé dans la groupbox, qui est elle-même placée dans la fenêtre (figure 28.11). Pfiou ! Le concept des widgets conteneurs est ici utilisé à fond ! Et encore, je n'ai pas fait de layout pour la fenêtre, ce qui fait que la taille initiale de la fenêtre est un peu petite. Mais ce n'est pas grave, c'est pour l'exemple [4].

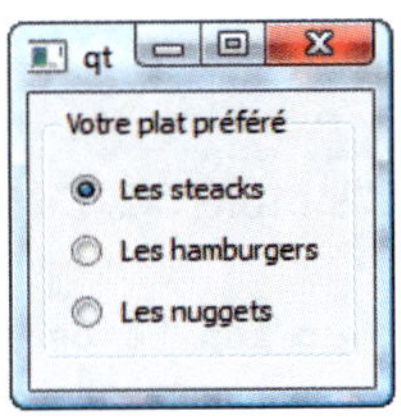

FIGURE 28.11 – Plusieurs boutons radio

Les afficheurs

Parmi les widgets afficheurs, on compte principalement :

- QLabel : le plus important, un widget permettant d'afficher du texte ou une image ;
- QProgressBar : une barre de progression.

Etudions-les en chœur, sans heurts, dans la joie et la bonne humeur !

QLabel : afficher du texte ou une image

C'est vraiment LE widget de base pour afficher du texte à l'intérieur de la fenêtre (figure 28.12). Nous l'avons déjà utilisé indirectement auparavant, *via* les cases à cocher ou encore les layouts de formulaire.

4. Nota : j'ai quand même une nourriture plus équilibrée que ne le laisse suggérer cette dernière capture d'écran, je vous rassure ! ;-)

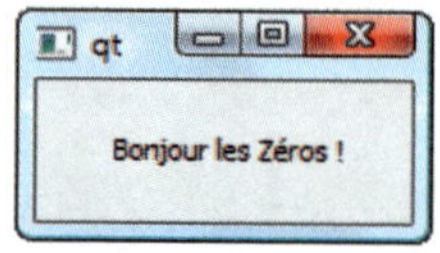

FIGURE 28.12 – QLabel

`QLabel` hérite de `QFrame`, qui est un widget de base permettant d'afficher des bordures. Renseignez-vous auprès de `QFrame` pour apprendre à gérer les différents types de bordure. Par défaut, un `QLabel` n'a pas de bordure.

Un `QLabel` peut afficher plusieurs types d'éléments :
- du texte (simple ou enrichi) ;
- une image.

Afficher un texte simple

Rien de plus simple, on utilise `setText()` :

```
label->setText("Bonjour les Zéros !");
```

Mais on peut aussi afficher un texte simple dès l'appel au constructeur, comme ceci :

```
QLabel *label = new QLabel("Bonjour les Zéros !", &fenetre);
```

Le résultat est le même que la capture d'écran que je vous ai montrée plus tôt (figure 28.12).

Vous pouvez jeter aussi un coup d'œil à la propriété `alignment`, qui permet de définir l'alignement du texte dans le libellé.

Sachez aussi qu'on peut écrire du code HTML dans le libellé pour lui appliquer une mise en forme (texte en gras, liens hypertexte, etc.).

Afficher une image

Vous pouvez demander à ce que le `QLabel` affiche une image. Comme il n'y a pas de constructeur qui accepte une image en paramètre, on va appeler le constructeur qui prend juste un pointeur vers la fenêtre parente.

Nous demanderons ensuite à ce que le libellé affiche une image à l'aide de `setPixmap`. Cette méthode attend un objet de type `QPixmap`. Après lecture de la documentation sur `QPixmap`, il s'avère que cette classe a un constructeur qui accepte le nom du fichier à charger sous forme de chaîne de caractères.

```
QLabel *label = new QLabel(&fenetre);
label->setPixmap(QPixmap("icone.png"));
```

Pour que cela fonctionne, l'icône doit se trouver dans le même dossier que l'exécutable (figure 28.13).

FIGURE 28.13 – Une image dans un label

`QProgressBar` : une barre de progression

Les barres de progression sont gérées par `QProgressBar`. Cela permet d'indiquer à l'utilisateur l'avancement des opérations (figure 28.14).

FIGURE 28.14 – `QProgressBar`

Voici quelques propriétés utiles de la barre de progression :

- `maximum` : la valeur maximale que peut prendre la barre de progression ;
- `minimum` : la valeur minimale que peut prendre la barre de progression ;
- `value` : la valeur actuelle de la barre de progression.

On utilisera donc `setValue` pour changer la valeur de la barre de progression. Par défaut les valeurs sont comprises entre 0 et 100%.

> Qt ne peut pas deviner où en sont vos opérations. C'est à vous de calculer leur pourcentage d'avancement. La `QProgressBar` se contente d'afficher le résultat.

Une `QProgressBar` envoie un signal `valueChanged()` lorsque sa valeur a été modifiée.

Les champs

Nous allons maintenant faire le tour des widgets qui permettent de saisir des données. C'est la catégorie de widgets la plus importante.

Encore une fois, nous ne verrons pas tout, seulement les principaux d'entre eux :

- `QLineEdit` : champ de texte à une seule ligne ;
- `QTextEdit` : champ de texte à plusieurs lignes pouvant afficher du texte mis en forme ;
- `QSpinBox` : champ de texte adapté à la saisie de nombre entiers ;
- `QDoubleSpinBox` : champ de texte adapté à la saisie de nombre décimaux ;
- `QSlider` : curseur qui permet de sélectionner une valeur ;
- `QComboBox` : liste déroulante.

`QLineEdit` : champ de texte à une seule ligne

Nous avons utilisé ce widget comme classe d'exemple lors du chapitre sur la lecture de la documentation de Qt, vous vous souvenez ?

Un `QLineEdit` est un champ de texte sur une seule ligne (figure 28.15).

FIGURE 28.15 – `QLineEdit`

Son utilisation est, dans la plupart des cas, assez simple. Voici quelques propriétés à connaître :

- `text` : permet de récupérer/modifier le texte contenu dans le champ.
- `alignment` : alignement du texte à l'intérieur.
- `echoMode` : type d'affichage du texte. Il faudra utiliser l'énumération `EchoMode` pour indiquer le type d'affichage. Par défaut, les lettres saisies sont affichées mais on peut aussi faire en sorte que les lettres soient masquées, pour les mots de passe par exemple.
  `lineEdit->setEchoMode(QLineEdit::Password);`
- `inputMask` : permet de définir un masque de saisie, pour obliger l'utilisateur à fournir une chaîne répondant à des critères précis (par exemple, un numéro de téléphone ne doit pas contenir de lettres). Vous pouvez aussi jeter un coup d'œil aux *validators* qui sont un autre moyen de valider la saisie de l'utilisateur.
- `maxLength` : le nombre de caractères maximum qui peuvent être saisis.
- `readOnly` : le contenu du champ de texte ne peut être modifié. Cette propriété ressemble à `enabled` (définie dans `QWidget`) mais, avec `readOnly`, on peut quand même copier-coller le contenu du `QLineEdit` tandis qu'avec `enabled`, le champ est complètement grisé et on ne peut pas récupérer son contenu.

On note aussi plusieurs slots qui permettent de couper/copier/coller/vider/annuler le champ de texte.

Enfin, certains signaux comme `returnPressed()` (l'utilisateur a appuyé sur `Entrée`) ou `textChanged()` (l'utilisateur a modifié le texte) peuvent être utiles dans certains cas.

QTextEdit : champ de texte à plusieurs lignes

Ce type de champ est similaire à celui qu'on vient de voir, à l'exception du fait qu'il gère l'édition sur plusieurs lignes et, en particulier, qu'il autorise l'affichage de texte enrichi (HTML). Voici un `QTextEdit` en figure 28.16.

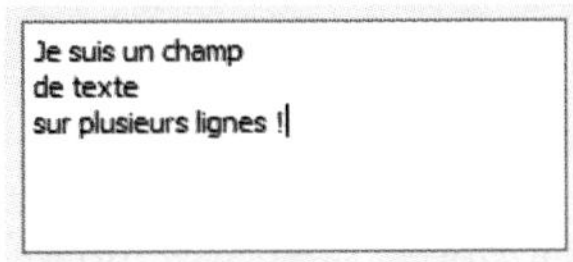

FIGURE 28.16 – `QTextEdit`

Il y a un certain nombre de choses que l'on pourrait voir sur les `QTextEdit` mais ce serait un peu trop long pour ce chapitre, qui vise plutôt à passer rapidement en revue les widgets.

Notez les propriétés `plainText` et `html` qui permettent de récupérer et modifier le contenu respectivement sous forme de texte simple et sous forme de texte enrichi en HTML. Tout dépend de l'utilisation que vous en faites : normalement, dans la plupart des cas, vous utiliserez plutôt `plainText`.

QSpinBox : champ de texte de saisie d'entiers

Une `QSpinBox` est un champ de texte (type `QLineEdit`) qui permet d'entrer uniquement un nombre entier et qui dispose de petits boutons pour augmenter ou diminuer la valeur (figure 28.17).

FIGURE 28.17 – `QSpinBox`

`QSpinBox` hérite de `QAbstractSpinBox`[5]. Vérifiez donc aussi la documentation de `QAbstractSpinBox` pour connaître toutes les propriétés de la spinbox.

Voici quelques propriétés intéressantes :

- `accelerated` : permet d'autoriser la spinbox a accélérer la modification du nombre si on appuie longtemps sur le bouton.
- `minimum` : valeur minimale que peut prendre la spinbox.
- `maximum` : valeur maximale que peut prendre la spinbox.
- `singleStep` : pas d'incrémentation (par défaut de 1). Si vous voulez que les boutons fassent varier la spinbox de 100 en 100, c'est cette propriété qu'il faut modifier !
- `value` : valeur contenue dans la spinbox.
- `prefix` : texte à afficher avant le nombre.
- `suffix` : texte à afficher après le nombre.

5. Tiens, encore une classe abstraite !

QDoubleSpinBox : champ de texte de saisie de nombres décimaux

Le QDoubleSpinBox (figure 28.18) est très similaire au QSpinBox, à la différence près qu'il travaille sur des nombres décimaux (des double).

FIGURE 28.18 – QDoubleSpinBox

On retrouve la plupart des propriétés de QSpinBox. On peut rajouter la propriété decimals qui gère le nombre de chiffres après la virgule affichés par le QDoubleSpinBox.

QSlider : un curseur pour sélectionner une valeur

Un QSlider se présente sous la forme d'un curseur permettant de sélectionner une valeur numérique (figure 28.19).

FIGURE 28.19 – QSlider

QSlider hérite de QAbstractSlider [6] qui propose déjà un grand nombre de fonctionnalités de base.

Beaucoup de propriétés sont les mêmes que QSpinBox, je ne les reprendrai donc pas ici. Notons la propriété orientation qui permet de définir l'orientation du slider (verticale ou horizontale).

Jetez un coup d'œil en particulier à ses signaux car on connecte en général le signal valueChanged(int) au slot d'autres widgets pour répercuter la saisie de l'utilisateur. Nous avions d'ailleurs manipulé ce widget lors du chapitre sur les signaux et les slots.

QComboBox : une liste déroulante

Une QComboBox est une liste déroulante (figure 28.20).

FIGURE 28.20 – QComboBox

On ajoute des valeurs à la liste déroulante avec la méthode addItem :

6. Damned, encore une classe abstraite !

```
QComboBox *liste = new QComboBox(&fenetre);
liste->addItem("Paris");
liste->addItem("Londres");
liste->addItem("Singapour");
liste->addItem("Tokyo");
```

On dispose de propriétés permettant de contrôler le fonctionnement de la `QComboBox` :

- `count` : nombre d'éléments dans la liste déroulante.
- `currentIndex` : numéro d'indice de l'élément actuellement sélectionné. Les indices commencent à 0. Ainsi, si `currentIndex` renvoie 2, c'est que « Singapour » a été sélectionné dans l'exemple précédent.
- `currentText` : texte correspondant à l'élément sélectionné. Si on a sélectionné « Singapour », cette propriété contient donc « Singapour ».
- `editable` : indique si le widget autorise l'ajout de valeurs personnalisées ou non. Par défaut, l'ajout de nouvelles valeurs est interdit. Si le widget est éditable, l'utilisateur pourra entrer de nouvelles valeurs dans la liste déroulante. Elle se comportera donc aussi comme un champ de texte. L'ajout d'une nouvelle valeur se fait en appuyant sur la touche « Entrée ». Les nouvelles valeurs sont placées par défaut à la fin de la liste.

La `QComboBox` émet des signaux comme `currentIndexChanged()` qui indique qu'un nouvel élément a été sélectionné et `highlighted()` qui indique l'élément survolé par la souris (ces signaux peuvent envoyer un `int` pour donner l'indice de l'élément ou un `QString` pour le texte).

Les conteneurs

Normalement, n'importe quel widget peut en contenir d'autres. Cependant, certains widgets ont été créés spécialement pour pouvoir en contenir d'autres :

- `QFrame` : un widget pouvant avoir une bordure ;
- `QGroupBox` : un widget (que nous avons déjà utilisé) adapté à la gestion des groupes de cases à cocher et de boutons radio ;
- `QTabWidget` : un widget gérant plusieurs pages d'onglets.

`QFrame` est simple à comprendre, je vous renvoie donc vers la documentation. Vous y apprendrez à choisir le type de bordure qui vous convient le mieux. À part cela, ce widget ne fait rien de particulier, on l'utilise simplement pour regrouper d'autres widgets à l'intérieur.

Quant à `QGroupBox`, nous l'avons déjà étudié un peu plus tôt (page 474), je vous renvoie donc aux exemples précédents.

Intéressons-nous ici plus précisément au `QTabWidget` (système d'onglets), qui est un peu plus délicat à manipuler.

Le `QTabWidget` propose une gestion de plusieurs pages de widgets, organisées sous forme d'onglets (figure 28.21).

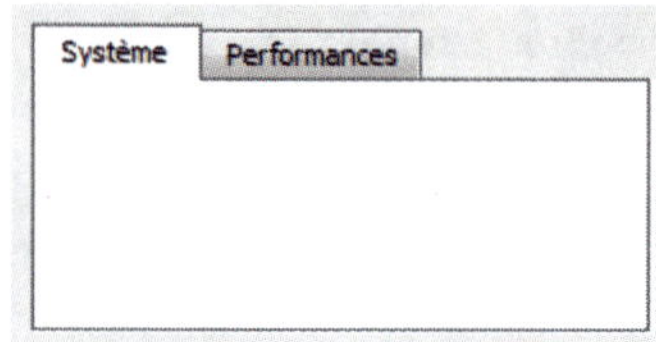

FIGURE 28.21 – `QTabWidget`

Ce widget-conteneur est sensiblement plus difficile à utiliser que les autres. En effet, il ne peut contenir qu'un widget par page.

Quoi ? On ne peut pas afficher plus d'un widget par page ?! Mais c'est tout nul !

Sauf... qu'un widget peut en contenir d'autres ! Et si on utilise un layout pour organiser le contenu de ce widget, on peut arriver rapidement à une super présentation. Le tout est de savoir combiner tout ce qu'on a appris jusqu'ici.

D'après le texte d'introduction de la doc de `QTabWidget`, ce conteneur doit être utilisé de la façon suivante :

1. Créer un `QTabWidget`.
2. Créer un `QWidget` pour chacune des pages (chacun des onglets) du `QTabWidget`, sans leur indiquer de widget parent.
3. Placer des widgets enfants dans chacun de ces `QWidget` pour peupler le contenu de chaque page. Utiliser un layout pour positionner les widgets de préférence.
4. Appeler plusieurs fois `addTab()` pour créer les pages d'onglets en indiquant l'adresse du `QWidget` qui contient la page à chaque fois.

Bon, c'est un peu plus délicat comme vous pouvez le voir, mais il faut bien un peu de difficulté, ce chapitre était trop facile. ;-)

Si on fait tout dans l'ordre, vous allez voir que l'on n'aura pas de problème. Je vous propose de lire ce code que j'ai créé, qui illustre l'utilisation du `QTabWidget`. Il est un peu long mais il est commenté et vous devriez arriver à le digérer.

```
#include <QApplication>
#include <QtGui>

int main(int argc, char *argv[])
{
    QApplication app(argc, argv);

    QWidget fenetre;

    // 1 : Créer le QTabWidget
```

```
    QTabWidget *onglets = new QTabWidget(&fenetre);
    onglets->setGeometry(30, 20, 240, 160);

    // 2 : Créer les pages, en utilisant un widget parent pour contenir chacune
↪ des pages
    QWidget *page1 = new QWidget;
    QWidget *page2 = new QWidget;
    QLabel *page3 = new QLabel; // Comme un QLabel est aussi un QWidget (il en
↪ hérite), on peut aussi s'en servir de page

    // 3 : Créer le contenu des pages de widgets

        // Page 1

        QLineEdit *lineEdit = new QLineEdit("Entrez votre nom");
        QPushButton *bouton1 = new QPushButton("Cliquez ici");
        QPushButton *bouton2 = new QPushButton("Ou là...");

        QVBoxLayout *vbox1 = new QVBoxLayout;
        vbox1->addWidget(lineEdit);
        vbox1->addWidget(bouton1);
        vbox1->addWidget(bouton2);

        page1->setLayout(vbox1);

        // Page 2

        QProgressBar *progress = new QProgressBar;
        progress->setValue(50);
        QSlider *slider = new QSlider(Qt::Horizontal);
        QPushButton *bouton3 = new QPushButton("Valider");

        QVBoxLayout *vbox2 = new QVBoxLayout;
        vbox2->addWidget(progress);
        vbox2->addWidget(slider);
        vbox2->addWidget(bouton3);

        page2->setLayout(vbox2);

        // Page 3 (je ne vais afficher qu'une image ici, pas besoin de layout)

        page3->setPixmap(QPixmap("icone.png"));
        page3->setAlignment(Qt::AlignCenter);

    // 4 : ajouter les onglets au QTabWidget, en indiquant la page qu'ils
↪ contiennent
    onglets->addTab(page1, "Coordonnées");
    onglets->addTab(page2, "Progression");
    onglets->addTab(page3, "Image");
```

```
    fenetre.show();

    return app.exec();
}
```

▷ Copier ce code
Code web : 913629

Vous devriez retrouver chacune des étapes que j'ai mentionnées plus haut :

1. Je crée d'abord le `QTabWidget` que je positionne ici de manière absolue sur la fenêtre (mais je pourrais aussi utiliser un layout).
2. Ensuite, je crée les pages pour chacun de mes onglets. Ces pages sont matérialisées par des `QWidget`. Vous noterez que, pour la dernière page, je n'utilise pas un `QWidget` mais un `QLabel`. Cela revient au même et c'est compatible car `QLabel` hérite de `QWidget`. Sur la dernière page, je me contenterai d'afficher une image.
3. Je crée ensuite le contenu de chacune de ces pages que je dispose à l'aide de layouts verticaux (sauf pour la page 3 qui n'est constituée que d'un widget). Là il n'y a rien de nouveau.
4. Enfin, j'ajoute les onglets avec la méthode `addTab()`. Je dois indiquer le libellé de l'onglet ainsi qu'un pointeur vers le « widget-page » de cette page.

Résultat, on a un super système comportant trois d'onglets avec tout plein de widgets dedans (figure 28.22) !

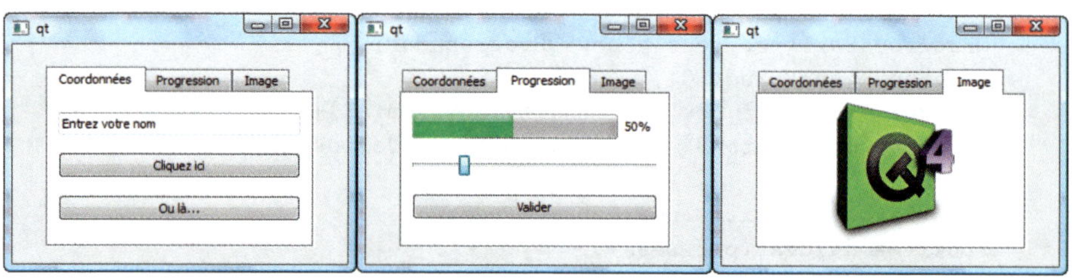

FIGURE 28.22 – Le `QTabWidget` en action

Je vous conseille de vous entraîner à créer vous aussi un `QTabWidget`. C'est un bon exercice, et c'est l'occasion de réutiliser la plupart des widgets que l'on a vus dans ce chapitre.

En résumé

- Avec Qt, tout est considéré comme un widget : les boutons, les champs de texte, les images... et même la fenêtre !
- Qt propose de très nombreux widgets. Pour apprendre à les utiliser, le plus simple est de lire leur page de documentation. Il est inutile d'essayer de retenir par cœur le nom de toutes les méthodes.

- Un widget peut en contenir un autre. Certains widgets sont spécifiquement conçus pour en contenir d'autres, on les appelle les conteneurs.
- Un widget qui n'a pas de parent s'affiche sous forme de fenêtre.

Chapitre 29

TP : ZeroClassGenerator

Difficulté :

Je pense que le moment est bien choisi de vous exercer avec un petit TP. En effet, vous avez déjà vu suffisamment de choses sur Qt pour être en mesure d'écrire dès maintenant des programmes intéressants.

Notre programme s'intitulera le ZeroClassGenerator... un programme qui génère le code de base des classes C++ automatiquement, en fonction des options que vous choisissez !

Notre objectif

Ne vous laissez pas impressionner par le nom « ZeroClassGenerator ». Ce TP ne sera pas bien difficile et réutilisera toutes les connaissances que vous avez apprises pour les mettre à profit dans un projet concret.

Ce TP est volontairement modulaire : je vais vous proposer de réaliser un programme de base assez simple, que je vous laisserai coder et que je corrigerai ensuite avec vous. Puis, je vous proposerai un certain nombre d'améliorations intéressantes (non corrigées) pour lesquelles il faudra vous creuser un peu plus les méninges si vous êtes motivés.

Notre ZeroClassGenerator est un programme qui génère le code de base des classes C++. Qu'est-ce que cela veut dire ?

Un générateur de classes C++

Ce programme est un outil graphique qui va créer automatiquement le code source d'une classe en fonction des options que vous aurez choisies.

Vous n'avez jamais remarqué que les classes avaient en général une structure de base similaire, qu'il fallait réécrire à chaque fois ? C'est un peu laborieux parfois. Par exemple :

```
#ifndef HEADER_MAGICIEN
#define HEADER_MAGICIEN

class Magicien : public Personnage
{
    public:
        Magicien();
        ~Magicien();

    protected:

    private:
};

#endif
```

Rien que pour cela, il serait pratique d'avoir un programme capable de générer le squelette de la classe, de définir les portées `public`, `protected` et `private`, de définir un constructeur par défaut et un destructeur, etc.

Nous allons réaliser une GUI (une fenêtre) contenant plusieurs options. Plutôt que de faire une longue liste, je vous propose une capture d'écran du programme final à réaliser (figure 29.1).

La fenêtre principale est en haut à gauche, en arrière-plan. L'utilisateur renseigne obligatoirement le champ « Nom », pour indiquer le nom de la classe. Il peut aussi donner le nom de la classe mère.

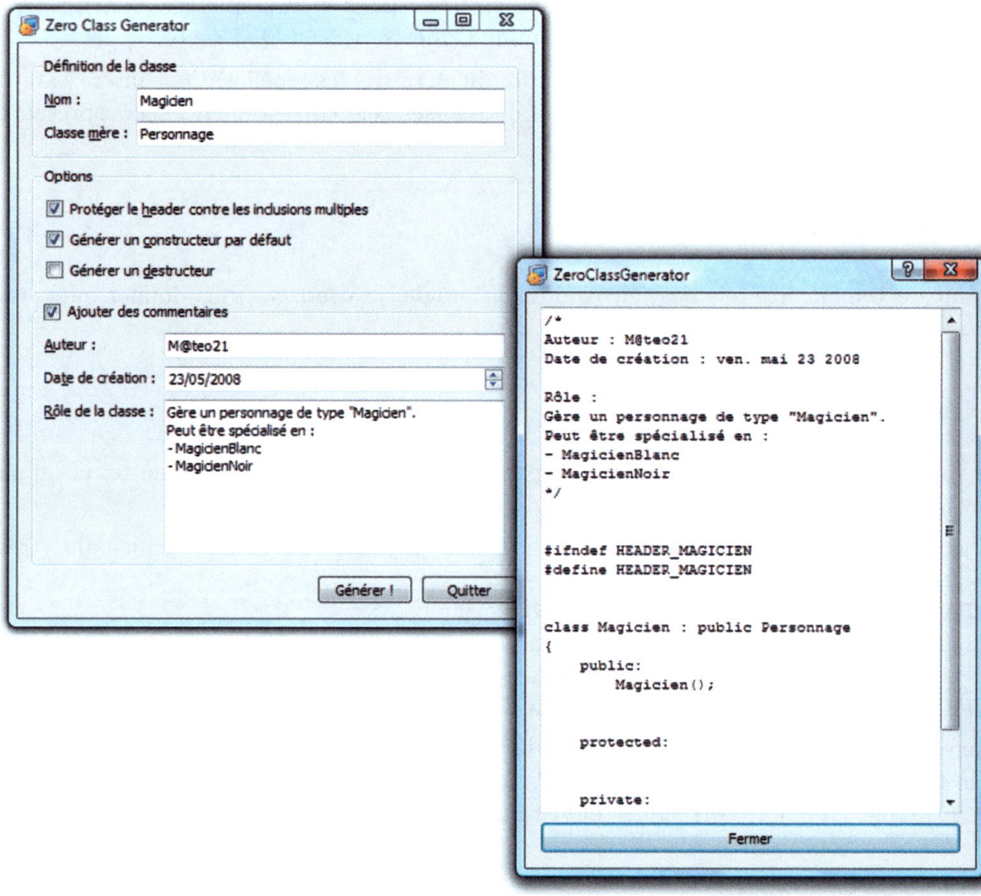

FIGURE 29.1 – Le ZeroClassGenerator

On propose quelques cases à cocher pour choisir des options comme « Protéger le header contre les inclusions multiples »[1].

Enfin, on donne la possibilité d'ajouter des commentaires en haut du fichier pour indiquer l'auteur, la date de création et le rôle de la classe. C'est une bonne habitude, en effet, que de commenter un peu le début de ses classes pour avoir une idée de ce à quoi elle sert.

Lorsqu'on clique sur le bouton « Générer » en bas, une nouvelle fenêtre s'ouvre (une `QDialog`). Elle affiche le code généré dans un `QTextEdit` et vous pouvez à partir de là copier/coller ce code dans votre IDE comme Code: :Blocksou Qt Creator.

C'est un début et je vous proposerai à la fin du chapitre des améliorations intéressantes à ajouter à ce programme. Essayez déjà de réaliser cela correctement, cela représente un peu de travail, je peux vous le dire !

Quelques conseils techniques

Avant de vous lâcher tels des fauves dans la jungle, je voudrais vous donner quelques conseils techniques pour vous guider un peu.

Architecture du projet

Je vous recommande de faire une classe par fenêtre. Comme on a deux fenêtres et qu'on met toujours le `main` à part, cela fait cinq fichiers :

- `main.cpp` : contiendra uniquement le `main` qui ouvre la fenêtre principale (très court) ;
- `FenPrincipale.h` : header de la fenêtre principale ;
- `FenPrincipale.cpp` : implémentation des méthodes de la fenêtre principale ;
- `FenCodeGenere.h` : header de la fenêtre secondaire qui affiche le code généré ;
- `FenCodeGenere.cpp` : implementation de ses méthodes.

Pour la fenêtre principale, vous pourrez hériter de `QWidget` comme on l'a toujours fait, cela me semble le meilleur choix. Pour la fenêtre secondaire, je vous conseille d'hériter de `QDialog`. La fenêtre principale ouvrira la `QDialog` en appelant sa méthode `exec()`.

La fenêtre principale

Je vous conseille très fortement d'utiliser des layouts. Mon layout principal, si vous regardez bien ma capture d'écran, est un layout vertical. Il contient des `QGroupBox`. À l'intérieur des `QGroupBox`, j'utilise à nouveau des layouts. Je vous laisse le choix du layout qui vous semble le plus adapté à chaque fois.

Pour le `QGroupBox` « Ajouter des commentaires », il faudra ajouter une case à cocher. Si cette case est cochée, les commentaires seront ajoutés. Sinon, on ne mettra pas de

1. Cela consiste à placer les lignes qui commencent par un `#` comme `#ifndef` et qui évitent que le même fichier `.h` puisse être inclus deux fois dans un même programme.

commentaires. Renseignez-vous sur l'utilisation des cases à cocher dans les `QGroupBox`.

Pour le champ « Date de création », je vous propose d'utiliser un `QDateEdit`. Nous n'avons pas vu ce widget au chapitre précédent mais je vous fais confiance, il est proche de la `QSpinBox` et, après lecture de la documentation, vous devriez savoir vous en servir sans problème.

Vous « dessinerez » le contenu de la fenêtre dans le constructeur de `FenPrincipale`. Pensez à faire de vos champs de formulaire des attributs de la classe (les `QLineEdit`, `QCheckbox`...), afin que toutes les autres méthodes de la classe aient accès à leur valeur.

Lors d'un clic sur le bouton « Générer ! », appelez un slot personnalisé. Dans ce slot personnalisé (qui ne sera rien d'autre qu'une méthode de `FenPrincipale`), vous récupérerez toutes les informations contenues dans les champs de la fenêtre pour générer le code dans une chaîne de caractères (de type `QString` de préférence). C'est là qu'il faudra un peu réfléchir sur la génération du code mais c'est tout à fait faisable.

Une fois le code généré, votre slot appellera la méthode `exec()` d'un objet de type `FenCodeGenere` que vous aurez créé pour l'occasion. La fenêtre du code généré s'affichera alors...

La fenêtre du code généré

Beaucoup plus simple, cette fenêtre est constituée d'un `QTextEdit` et d'un bouton de fermeture.

Pour le `QTextEdit`, essayez de définir une police à chasse fixe (comme « Courier ») pour que cela ressemble à du code. Personnellement, j'ai rendu le `QTextEdit` en mode `readOnly` pour qu'on ne puisse pas modifier son contenu (juste le copier), mais vous faites comme vous voulez.

Vous connecterez le bouton « Fermer » à un slot spécial de la `QDialog` qui demande la fermeture et qui indique que tout s'est bien passé. Je vous laisse trouver dans la documentation duquel il s'agit.

> ? Minute euh... Comment je passe le code généré (de type `QString` si j'ai bien compris) à la seconde fenêtre de type `QDialog` ?

Le mieux est de passer cette `QString` en paramètre du constructeur. Votre fenêtre récupèrera ainsi le code et n'aura plus qu'à l'afficher dans son `QTextEdit` !

Allez hop hop hop, au boulot, à vos éditeurs ! Vous aurez besoin de lire la documentation plusieurs fois pour trouver la bonne méthode à appeler à chaque fois, donc n'ayez pas peur d'y aller.

On se retrouve dans la partie suivante pour la... correction !

Correction

Ding ! C'est l'heure de ramasser les copies !

Bien que je vous aie donné quelques conseils techniques, je vous ai volontairement laissé le choix pour certains petits détails (comme « quelles cases sont cochées par défaut »). Vous pouviez même présenter la fenêtre un peu différemment si vous vouliez. Tout cela pour dire que ma correction n'est pas la correction ultime. Si vous avez fait différemment, ce n'est pas grave. Si vous n'avez pas réussi, ce n'est pas grave non plus, pas de panique : prenez le temps de bien lire mon code et d'essayer de comprendre ce que je fais. Vous devrez être capables par la suite de refaire ce TP sans regarder la correction.

main.cpp

Comme prévu, ce fichier est tout bête et ne mérite même pas d'explication.

```
#include <QApplication>
#include "FenPrincipale.h"

int main(int argc, char* argv[])
{
    QApplication app(argc, argv);

    FenPrincipale fenetre;
    fenetre.show();

    return app.exec();
}
```

Je signale simplement qu'on aurait pu charger la langue française comme on l'avait fait dans le chapitre sur les boîtes de dialogue, afin que les menus contextuels et certains boutons automatiques soient traduits en français. Mais c'est du détail, cela ne se verra pas vraiment sur ce projet.

FenPrincipale.h

La fenêtre principale hérite de `QWidget` comme prévu. Elle utilise la macro `Q_OBJECT` car nous définissons un slot personnalisé :

```
#ifndef HEADER_FENPRINCIPALE
#define HEADER_FENPRINCIPALE

#include <QtGui>

class FenPrincipale : public QWidget
{
```

```
    Q_OBJECT

    public:
        FenPrincipale();

    private slots:
        void genererCode();

    private:
        QLineEdit *nom;
        QLineEdit *classeMere;
        QCheckBox *protections;
        QCheckBox *genererConstructeur;
        QCheckBox *genererDestructeur;
        QGroupBox *groupCommentaires;
        QLineEdit *auteur;
        QDateEdit *date;
        QTextEdit *role;
        QPushButton *generer;
        QPushButton *quitter;

};

#endif
```

Ce qui est intéressant, ce sont tous les champs de formulaire que j'ai mis en tant qu'attributs (privés) de la classe. Il faudra les initialiser dans le constructeur. L'avantage d'avoir défini les champs en attributs, c'est que toutes les méthodes de la classe y auront accès et cela nous sera bien utile pour récupérer les valeurs des champs dans la méthode qui génèrera le code source.

Notre classe est constituée de deux méthodes, ce qui est ici largement suffisant :

- `FenPrincipale()` : c'est le constructeur. Il initialisera les champs de la fenêtre, jouera avec les layouts et placera les champs à l'intérieur. Il fera des connexions entre les widgets et indiquera la taille de la fenêtre, son titre, son icône...
- `genererCode()` : c'est une méthode (plus précisément un slot) qui sera connectée au signal « On a cliqué sur le bouton Générer ». Dès qu'on clique sur le bouton, cette méthode est appelée. J'ai mis le slot en privé car il n'y a pas de raison qu'une autre classe l'appelle, mais j'aurais aussi bien pu le mettre public.

FenPrincipale.cpp

Bon, là, c'est le plus gros morceau. Il n'y a que deux méthodes (le constructeur et celle qui génère le code) mais elles sont volumineuses.

Pour conserver la lisibilité de cet ouvrage et éviter de vous assommer avec un gros code source, je vais vous présenter uniquement le canevas du code qu'il fallait réaliser. Vous trouverez le détail complet en téléchargeant le code source à l'aide du code web présenté plus loin.

```
#include "FenPrincipale.h"
#include "FenCodeGenere.h"

FenPrincipale::FenPrincipale()
{

    // Création des layouts et des widgets
    // ...

    // Connexions des signaux et des slots
    connect(quitter, SIGNAL(clicked()), qApp, SLOT(quit()));
    connect(generer, SIGNAL(clicked()), this, SLOT(genererCode()));

}

void FenPrincipale::genererCode()
{
    // On vérifie que le nom de la classe n'est pas vide, sinon on arrête
    if (nom->text().isEmpty())
    {
        QMessageBox::critical(this, "Erreur", "Veuillez entrer au moins un nom
↪ de classe");
        return; // Arrêt de la méthode
    }

    // Si tout va bien, on génère le code
    QString code;

    // Génération du code à l'aide des informations de la fenêtre
    // ...

    // On crée puis affiche la fenêtre qui affichera le code généré, qu'on lui
↪ envoie en paramètre
    FenCodeGenere *fenetreCode = new FenCodeGenere(code, this);
    fenetreCode->exec();
}
```

Vous noterez que j'appelle directement la méthode `connect()` au lieu d'écrire `QWidget::connect()`. En effet, si on est dans une classe qui hérite de `QWidget` (et c'est le cas), on peut se passer de mettre le préfixe `QWidget::`.

Le constructeur n'est pas compliqué à écrire, il consiste juste à placer et organiser ses widgets. Par contre, le slot `genererCode` a demandé du travail de réflexion car il faut *construire* la chaîne du code source. Le slot récupère la valeur des champs de la fenêtre (*via* des méthodes comme `text()` pour les `QLineEdit`).

Un `QString code` est généré en fonction des choix que vous avez fait. Une erreur se produit et la méthode s'arrête s'il n'y a pas au moins un nom de classe défini.

Tout à la fin de genererCode(), on n'a plus qu'à appeler la fenêtre secondaire et à lui envoyer le code généré :

```
FenCodeGenere *fenetreCode = new FenCodeGenere(code, this);
fenetreCode->exec();
```

Le code est envoyé lors de la construction de l'objet. La fenêtre sera affichée lors de l'appel à exec().

FenCodeGenere.h

La fenêtre du code généré est beaucoup plus simple que sa parente :

```
#ifndef HEADER_FENCODEGENERE
#define HEADER_FENCODEGENERE

#include <QtGui>

class FenCodeGenere : public QDialog
{
        public:
                FenCodeGenere(QString &code, QWidget *parent);

        private:
        QTextEdit *codeGenere;
        QPushButton *fermer;
};

#endif
```

Il y a juste un constructeur et deux petits widgets de rien du tout. ;-)

FenCodeGenere.cpp

Le constructeur prend deux paramètres :

- une référence vers le QString qui contient le code ;
- un pointeur vers la fenêtre parente.

```
#include "FenCodeGenere.h"

FenCodeGenere::FenCodeGenere(QString &code, QWidget *parent = 0) :
↪ QDialog(parent)
{
    codeGenere = new QTextEdit();
    codeGenere->setPlainText(code);
```

```
    codeGenere->setReadOnly(true);
    codeGenere->setFont(QFont("Courier"));
    codeGenere->setLineWrapMode(QTextEdit::NoWrap);

    fermer = new QPushButton("Fermer");

    QVBoxLayout *layoutPrincipal = new QVBoxLayout;
    layoutPrincipal->addWidget(codeGenere);
    layoutPrincipal->addWidget(fermer);

    resize(350, 450);
    setLayout(layoutPrincipal);

    connect(fermer, SIGNAL(clicked()), this, SLOT(accept()));
}
```

C'est un rappel mais je pense qu'il ne fera pas de mal : le paramètre `parent` est transféré au constructeur de la classe-mère `QDialog` dans cette ligne :

```
FenCodeGenere::FenCodeGenere(QString &code, QWidget *parent = 0) :
↪ QDialog(parent)
```

Schématiquement, le transfert se fait comme à la figure 29.2.

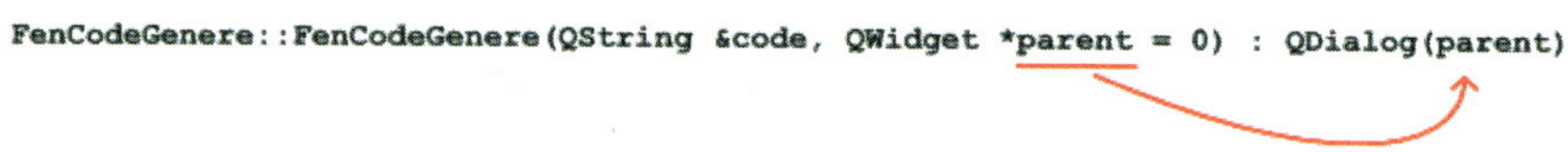

FIGURE 29.2 – Héritage et passage de paramètre

Télécharger le projet

Je vous invite à télécharger le projet zippé :

▷ Télécharger le projet ZeroClassGenerator
Code web : 934866

Ce zip contient :

- les fichiers source `.cpp` et `.h` ;
- le projet `.cbp` pour ceux qui utilisent Code::Blocks ;
- l'exécutable Windows et son icône (attention : il faudra mettre les DLL de Qt dans le même dossier si vous voulez que le programme puisse s'exécuter).

Des idées d'améliorations

Vous pensiez en avoir fini ? Que nenni ! Un tel TP n'attend qu'une seule chose : être amélioré !

Voici une liste de suggestions qui me passent par la tête pour améliorer le ZeroCodeGenerator mais vous pouvez inventer les vôtres :

- Lorsqu'on coche « Protéger le header contre les inclusions multiples », un define[2] est généré. Par défaut, ce header guard est de la forme `HEADER_NOMCLASSE`. Pourquoi ne pas l'afficher en temps réel dans un libellé lorsqu'on tape le nom de la classe ? Ou mieux, affichez-le en temps réel dans un `QLineEdit` pour que la personne puisse le modifier si elle le désire. Le but est de vous faire travailler les signaux et les slots.
- Ajoutez d'autres options de génération de code. Par exemple, vous pouvez proposer d'inclure le texte légal d'une licence libre (comme la GPL) dans les commentaires d'en-tête si la personne fait un logiciel libre ; vous pouvez demander quels headers inclure, la liste des attributs, générer automatiquement les accesseurs pour ces attributs, etc. Attention, il faudra peut-être utiliser des widgets de liste un peu plus complexes, comme le `QListWidget`.
- Pour le moment on ne génère que le code du fichier `.h`. Même s'il y a moins de travail, ce serait bien de générer aussi le `.cpp`. Je vous propose d'utiliser un `QTabWidget` (des onglets) pour afficher le code `.h` et le `.cpp` dans la boîte de dialogue du code généré (figure 29.3).
- On ne peut que voir et copier/coller le code généré. C'est bien, mais comme vous je pense que si on pouvait enregistrer le résultat dans des fichiers, ce serait du temps gagné pour l'utilisateur. Je vous propose d'ajouter dans la `QDialog` un bouton pour enregistrer le code dans des fichiers. Ce bouton ouvrira une fenêtre qui demandera dans quel dossier enregistrer les fichiers `.h` et `.cpp`. Le nom de ces fichiers sera automatiquement généré à partir du nom de la classe. Pour l'enregistrement dans des fichiers, regardez du côté de la classe `QFile`. Bon courage.
- C'est un détail mais les menus contextuels (quand on fait un clic-droit sur un champ de texte, par exemple) sont en anglais. Je vous avais parlé, dans un des chapitres précédents, d'une technique permettant de les avoir en français, un code à placer au début du `main()`. Je vous laisse le retrouver !
- On vérifie si le nom de la classe n'est pas vide mais on ne vérifie pas s'il contient des caractères invalides (comme un espace, des accents, des guillemets...). Il faudrait afficher une erreur si le nom de la classe n'est pas valide. Pour valider le texte saisi, vous avez deux techniques : utiliser un `inputMask()` ou un `validator()`. L'`inputMask()` est peut-être le plus simple mais cela vaut le coup d'avoir pratiqué les deux. Pour savoir faire cela, direction la documentation de `QLineEdit` !

Voilà pour un petit début d'idées d'améliorations. Il y a déjà de quoi faire pour que vous ne dormiez pas pendant quelques nuits[3].

Comme toujours pour les TP, si vous êtes bloqués, rendez-vous sur les forums du Site du Zéro pour demander de l'aide. Bon courage à tous !

2. Aussi appelé *header guard*
3. Ne me remerciez pas, c'est tout naturel ! ;-)

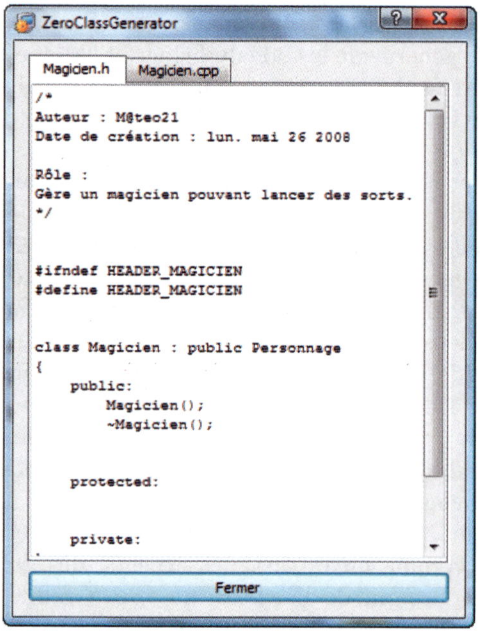

FIGURE 29.3 – ZeroClassGenerator et onglets

Chapitre 30

La fenêtre principale

Difficulté :

Intéressons-nous maintenant à la fenêtre principale de nos applications. Pour le moment, nous avons créé des fenêtres plutôt basiques en héritant de `QWidget`. C'est en effet largement suffisant pour de petites applications mais, au bout d'un moment, on a besoin de plus d'outils.

La classe `QMainWindow` a été spécialement conçue pour gérer la fenêtre principale de votre application quand celle-ci est complexe. Parmi les fonctionnalités qui nous sont offertes par la classe `QMainWindow`, on trouve notamment les menus, la barre d'outils et la barre d'état.

Voyons voir comment tout cela fonctionne !

Présentation de `QMainWindow`

La classe `QMainWindow` hérite directement de `QWidget`. C'est un widget généralement utilisé une seule fois par programme et qui sert uniquement à créer la fenêtre principale de l'application.

Certaines applications simples n'ont pas besoin de recourir à la `QMainWindow`. On va supposer ici que vous vous attaquez à un programme complexe et d'envergure.

Structure de la `QMainWindow`

Avant toute chose, il me semble indispensable de vous présenter l'organisation d'une `QMainWindow`. Commençons par analyser le schéma 30.1.

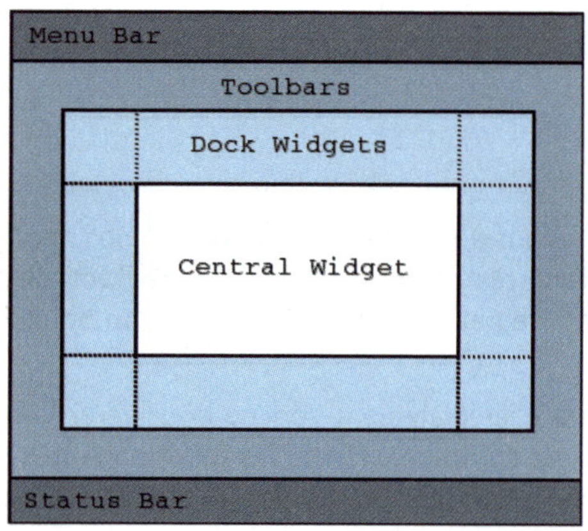

FIGURE 30.1 – Layout de la `QMainWindow`

Une fenêtre principale peut être constituée de tout ces éléments. Et j'ai bien dit *peut*, car rien ne vous oblige à utiliser à chaque fois chacun de ces éléments.

Détaillons-les :

- **Menu Bar** : c'est la barre de menus. C'est là que vous allez pouvoir créer votre menu Fichier, Édition, Affichage, Aide, etc.
- **Toolbars** : les barres d'outils. Dans un éditeur de texte, on a par exemple des icônes pour créer un nouveau fichier, pour enregistrer, etc.
- **Dock Widgets** : plus complexes et plus rarement utilisés, ces docks sont des conteneurs que l'on place autour de la fenêtre principale. Ils peuvent contenir des outils, par exemple les différents types de pinceaux que l'on peut utiliser quand on fait un logiciel de dessin.
- **Central Widget** : c'est le cœur de la fenêtre, là où il y aura le contenu proprement dit.
- **Status Bar** : c'est la barre d'état. Elle affiche en général l'état du programme (« Prêt/Enregistrement en cours », etc.).

Exemple de QMainWindow

Pour imaginer ces éléments en pratique, je vous propose de prendre pour exemple le programme Qt Designer (figure 30.2).

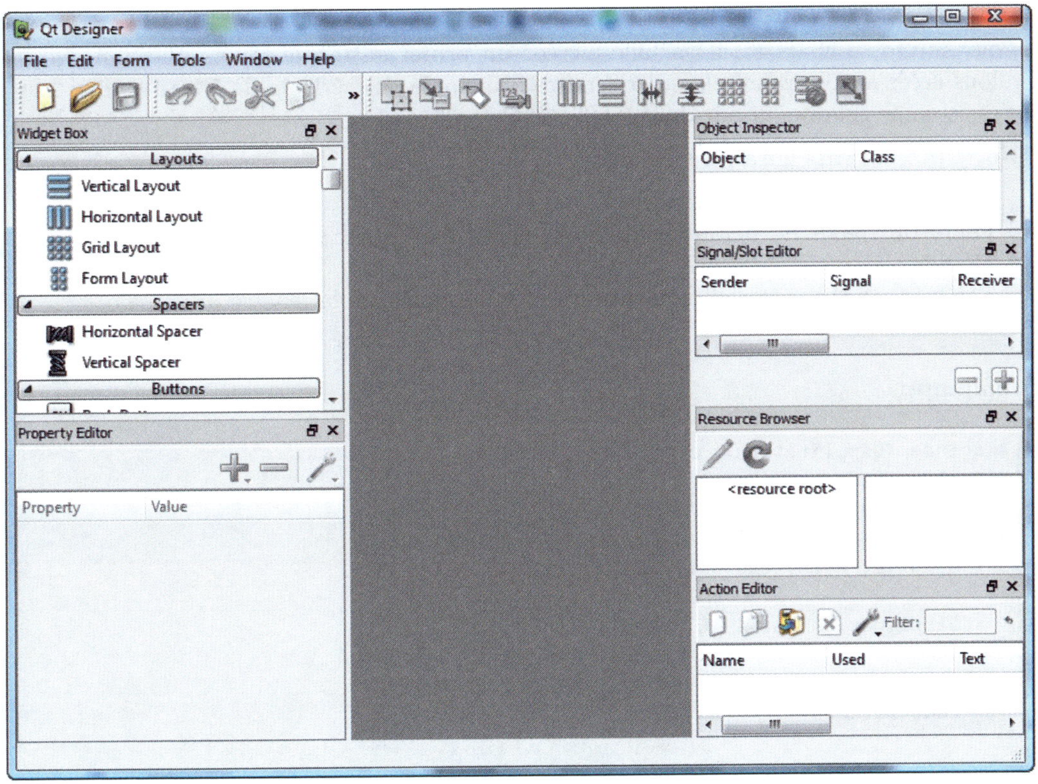

FIGURE 30.2 – Qt Designer et sa QMainWindow

Vous repérez en haut la **barre de menus** : File, Edit, Form...

En dessous, on a la **barre d'outils**, avec les icônes pour créer un nouveau projet, ouvrir un projet, enregistrer, annuler...

Autour (sur la gauche et la droite), on a les fameux **docks**. Ils servent ici à sélectionner le widget que l'on veut utiliser ou à éditer les propriétés du widget par exemple.

Au centre figure une partie grise où il n'y a rien, c'est la **zone centrale**. Lorsqu'un document est ouvert, cette zone l'affiche. La zone centrale peut afficher un ou plusieurs documents à la fois, comme on le verra plus loin.

Enfin, en bas, il y a normalement la **barre de statut** mais Qt Designer n'en utilise pas vraiment, visiblement (en tout cas rien n'est affiché en bas).

Dans ce chapitre, nous étudierons les éléments les plus utilisés et les plus importants : les menus, la barre d'outils et la zone centrale. Les docks sont vraiment plus rares et la barre de statut, quant à elle, est suffisamment simple à utiliser pour que vous n'ayez pas de problème, à votre niveau, à la lecture de sa documentation. ;-)

Le code de base

Pour suivre ce chapitre, il va falloir créer un projet en même temps que moi. Nous allons créer notre propre classe de fenêtre principale qui héritera de `QMainWindow`, car c'est comme cela qu'on fait dans 99,99 % des cas.

Notre projet contiendra trois fichiers :

- `main.cpp` : la fonction `main()` ;
- `FenPrincipale.h` : définition de notre classe `FenPrincipale`, qui héritera de `QMainWindow` ;
- `FenPrincipale.cpp` : implémentation des méthodes de la fenêtre principale.

main.cpp

```
#include <QApplication>
#include <QtGui>
#include "FenPrincipale.h"

int main(int argc, char *argv[])
{
    QApplication app(argc, argv);

    FenPrincipale fenetre;
    fenetre.show();

    return app.exec();
}
```

FenPrincipale.h

```
#ifndef HEADER_FENPRINCIPALE
#define HEADER_FENPRINCIPALE

#include <QtGui>

class FenPrincipale : public QMainWindow
{
        public:
                FenPrincipale();

        private:

};
```

```
#endif
```

FenPrincipale.cpp

```
#include "FenPrincipale.h"

FenPrincipale::FenPrincipale()
{

}
```

Résultat

Si tout va bien, ce code devrait avoir pour effet d'afficher une fenêtre vide, toute bête (figure 30.3).

FIGURE 30.3 – Une `QMainWindow` vide

Si c'est ce qui s'affiche chez vous, c'est bon, nous pouvons commencer.

La zone centrale (SDI et MDI)

La zone centrale de la fenêtre principale est prévue pour contenir un et un seul widget. C'est le même principe que les onglets. On y insère un `QWidget` (ou une de ses classes filles) et on s'en sert comme conteneur pour mettre d'autres widgets à l'intérieur, si besoin est.

Nous allons refaire la manipulation ici pour nous assurer que tout le monde comprend comment cela fonctionne.

Sachez tout d'abord qu'on distingue deux types de `QMainWindow` :

- **Les SDI** [1] : elles ne peuvent afficher qu'un document à la fois. C'est le cas du Bloc-Notes par exemple.
- **Les MDI** [2] : elles peuvent afficher plusieurs documents à la fois. Elles affichent des sous-fenêtres dans la zone centrale. C'est le cas par exemple de Qt Designer (figure 30.4).

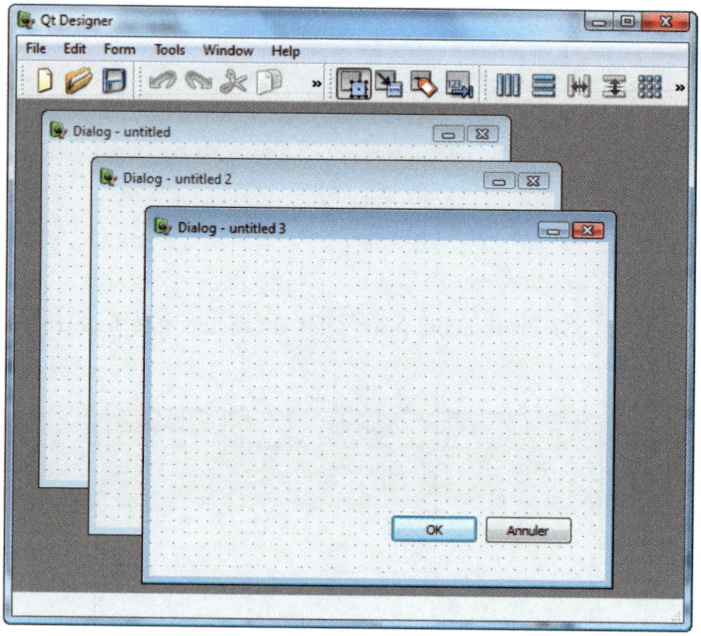

FIGURE 30.4 – Programme MDI : Qt Designer

Définition de la zone centrale (type SDI)

On utilise la méthode `setCentralWidget()` de la `QMainWindow` pour indiquer quel widget contiendra la zone centrale. Faisons cela dans le constructeur de `FenPrincipale` :

```
#include "FenPrincipale.h"

FenPrincipale::FenPrincipale()
{
    QWidget *zoneCentrale = new QWidget;
    setCentralWidget(zoneCentrale);
}
```

Visuellement, cela ne change rien pour le moment. Par contre, ce qui est intéressant, c'est qu'on a maintenant un `QWidget` qui sert de conteneur pour les autres widgets de

1. *Single Document Interface*
2. *Multiple Document Interface*

la zone centrale de la fenêtre.

On peut donc y insérer des widgets au milieu :

```
#include "FenPrincipale.h"

FenPrincipale::FenPrincipale()
{
    QWidget *zoneCentrale = new QWidget;

    QLineEdit *nom = new QLineEdit;
    QLineEdit *prenom = new QLineEdit;
    QLineEdit *age = new QLineEdit;

    QFormLayout *layout = new QFormLayout;
    layout->addRow("Votre nom", nom);
    layout->addRow("Votre prénom", prenom);
    layout->addRow("Votre âge", age);

    zoneCentrale->setLayout(layout);

    setCentralWidget(zoneCentrale);
}
```

Vous noterez que j'ai repris le code du chapitre sur les layouts.

Bon, je reconnais qu'on ne fait rien de bien excitant pour le moment. Mais maintenant, vous savez au moins comment définir un widget central pour une `QMainWindow` et cela, mine de rien, c'est important.

Définition de la zone centrale (type MDI)

Les choses se compliquent un peu si vous voulez créer un programme MDI... par exemple un éditeur de texte qui peut gérer plusieurs documents à la fois. Nous allons utiliser pour cela une `QMdiArea`, qui est une sorte de gros widget conteneur capable d'afficher plusieurs sous-fenêtres.

On peut se servir du `QMdiArea` comme de widget conteneur pour la zone centrale :

```
#include "FenPrincipale.h"

FenPrincipale::FenPrincipale()
{
    QMdiArea *zoneCentrale = new QMdiArea;
    setCentralWidget(zoneCentrale);
}
```

La fenêtre est maintenant prête à accepter des sous-fenêtres. On crée celles-ci en appelant la méthode `addSubWindow()` du `QMdiArea`. Cette méthode attend en paramètre le widget que la sous-fenêtre doit afficher à l'intérieur. Là encore, vous pouvez créer un `QWidget` générique qui contiendra d'autres widgets, eux-mêmes organisés selon un layout.

On vise plus simple dans notre exemple : on va faire en sorte que les sous-fenêtres contiennent juste un `QTextEdit` (pour notre éditeur de texte) :

```
#include "FenPrincipale.h"

FenPrincipale::FenPrincipale()
{
    QMdiArea *zoneCentrale = new QMdiArea;

    QTextEdit *zoneTexte1 = new QTextEdit;
    QTextEdit *zoneTexte2 = new QTextEdit;

    QMdiSubWindow *sousFenetre1 = zoneCentrale->addSubWindow(zoneTexte1);
    QMdiSubWindow *sousFenetre2 = zoneCentrale->addSubWindow(zoneTexte2);

    setCentralWidget(zoneCentrale);
}
```

Résultat, on a une fenêtre principale qui contient plusieurs sous-fenêtres à l'intérieur (figure 30.5).

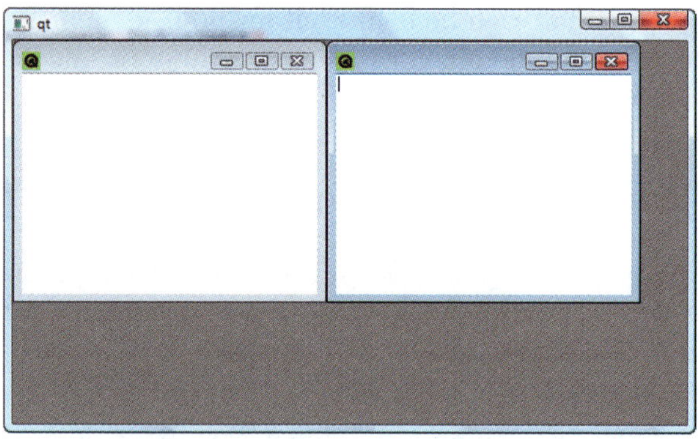

FIGURE 30.5 – Des sous-fenêtres

Ces fenêtres peuvent êtres réduites ou agrandies à l'intérieur même de la fenêtre principale. On peut leur attribuer un titre et une icône avec les bonnes vieilles méthodes `setWindowTitle`, `setWindowIcon`, etc.

C'est quand même dingue tout ce qu'on peut faire en quelques lignes de code avec Qt !

Vous remarquerez que `addSubWindow()` renvoie un pointeur sur une `QMdiSubWindow` : ce pointeur représente la sous-fenêtre qui a été créée. Cela peut être une bonne idée de garder ce pointeur pour la suite. Vous pourrez ainsi supprimer la fenêtre en appelant `removeSubWindow()`. Sinon, sachez que vous pouvez retrouver à tout moment la liste des sous-fenêtres créées en appelant `subWindowList()`. Cette méthode renvoie la liste des `QMdiSubWindow` contenues dans la `QMdiArea`.

Les menus

La `QMainWindow` peut afficher une barre de menus, comme par exemple : Fichier, Edition, Affichage, Aide... Comment fait-on pour les créer ?

Créer un menu pour la fenêtre principale

La barre de menus est accessible depuis la méthode `menuBar()`. Cette méthode renvoie un pointeur sur un `QMenuBar`, qui vous propose une méthode `addMenu()`. Cette méthode renvoie un pointeur sur le `QMenu` créé.

Puisqu'un petit code vaut tous les discours du monde, voici comment faire :

```
#include "FenPrincipale.h"

FenPrincipale::FenPrincipale()
{
    QMenu *menuFichier = menuBar()->addMenu("&Fichier");
    QMenu *menuEdition = menuBar()->addMenu("&Edition");
    QMenu *menuAffichage = menuBar()->addMenu("&Affichage");
}
```

Avec cela, nous avons créé trois menus dont nous gardons les pointeurs (`menuFichier`, `menuEdition`, `menuAffichage`). Vous noterez qu'on utilise ici aussi le symbole & pour définir des raccourcis clavier[3].

Nous avons maintenant trois menus dans notre fenêtre (figure 30.6).

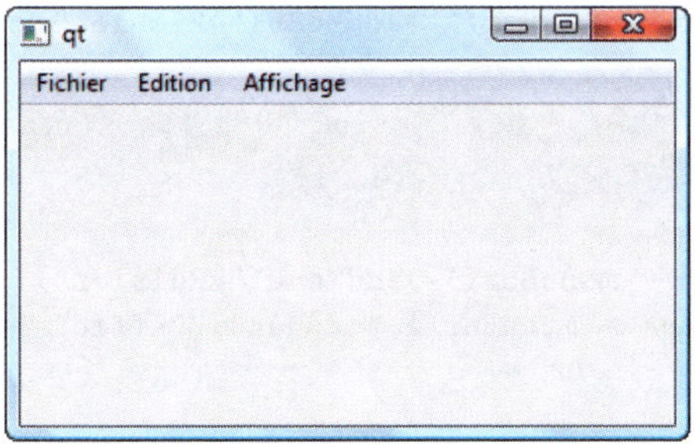

FIGURE 30.6 – Les menus

Mais... ces menus n'affichent rien ! En effet, ils ne contiennent pour le moment aucun élément.

3. Les lettres F, E et A seront donc des raccourcis vers leurs menus respectifs).

Création d'actions pour les menus

Un élément de menu est représenté par une **action**. C'est la classe `QAction` qui gère cela.

> Pourquoi avoir créé une classe `QAction` au lieu de... je sais pas moi... `QSubMenu` pour dire « sous-menu » ?

En fait, les `QAction` sont des éléments de menus génériques. Ils peuvent être utilisés à la fois pour les menus et pour la barre d'outils. Par exemple, imaginons l'élément « Nouveau » qui permet de créer un nouveau document. On peut en général y accéder depuis fruc endroits différents :

- le menu Fichier > Nouveau ;
- le bouton de la barre d'outils « Nouveau », généralement représenté par une icône de document vide.

Une seule `QAction` peut servir à définir ces 2 éléments à la fois. Les développeurs de Qt se sont en effet rendu compte que les actions des menus étaient souvent dupliquées dans la barre d'outils, d'où la création de la classe `QAction` que nous réutiliserons lorsque nous créerons la barre d'outils.

Pour créer une action vous avez deux possibilités :

- soit vous la créez d'abord, puis vous créez l'élément de menu qui correspond ;
- soit vous créez l'élément de menu directement et celui-ci vous renvoie un pointeur vers la `QAction` créée automatiquement.

Je vous propose d'essayer ici la première technique :

```
#include "FenPrincipale.h"

FenPrincipale::FenPrincipale()
{
    QMenu *menuFichier = menuBar()->addMenu("&Fichier");

    QAction *actionQuitter = new QAction("&Quitter", this);
    menuFichier->addAction(actionQuitter);

    QMenu *menuEdition = menuBar()->addMenu("&Edition");
    QMenu *menuAffichage = menuBar()->addMenu("&Affichage");

}
```

Dans l'exemple de code ci-dessus, nous créons d'abord une `QAction` correspondant à l'action « Quitter ». Nous définissons en second paramètre de son constructeur un pointeur sur la fenêtre principale (`this`), qui servira de parent à l'action. Puis, nous ajoutons l'action au menu « Fichier ».

Résultat, l'élément de menu est créé (figure 30.7).

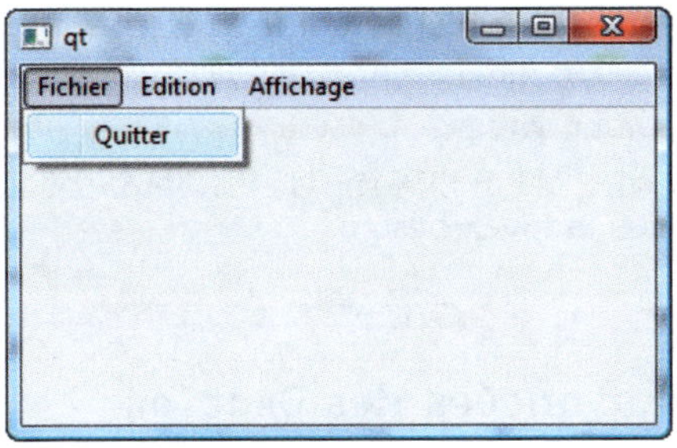

FIGURE 30.7 – Un élément de menu

Les sous-menus

Les sous-menus sont gérés par la classe QMenu.

Imaginons que nous voulions créer un sous-menu « Fichiers récents » dans le menu « Fichier ». Ce sous-menu affichera une liste de fichiers récemment ouverts par le programme.

Au lieu d'appeler addAction() de la QMenuBar, appelez cette fois addMenu() qui renvoie un pointeur vers un QMenu :

```
QMenu *fichiersRecents = menuFichier->addMenu("Fichiers &récents");
fichiersRecents->addAction("Fichier bidon 1.txt");
fichiersRecents->addAction("Fichier bidon 2.txt");
fichiersRecents->addAction("Fichier bidon 3.txt");
```

Vous voyez que j'ajoute ensuite de nouvelles actions pour peupler le sous-menu « Fichiers récents » (figure 30.8).

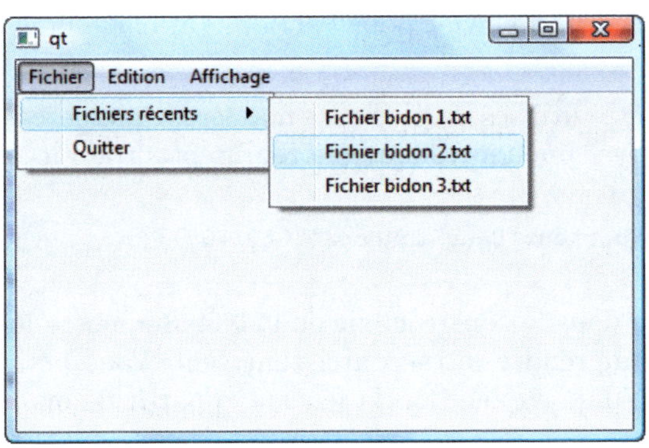

FIGURE 30.8 – Les sous-menus

Je n'ai pas récupéré de pointeur vers les QAction créées à chaque fois. J'aurais dû le faire si je voulais ensuite connecter les signaux des actions à des slots, mais je ne l'ai pas fait ici pour simplifier le code.

Vous pouvez créer des menus contextuels personnalisés de la même façon, avec des `QMenu`. Un menu contextuel est un menu qui s'affiche lorsqu'on fait un clic droit sur un widget. C'est un petit peu plus complexe. Je vous laisse lire la doc de `QWidget` à propos des menus contextuels pour savoir comment faire cela si vous en avez besoin.

Manipulations plus avancées des `QAction`

Une `QAction` est au minimum constituée d'un texte descriptif. Mais ce serait dommage de la limiter à cela. Voyons un peu ce qu'on peut faire avec les QAction...

Connecter les signaux et les slots

Le premier rôle d'une `QAction` est de générer des signaux, que l'on aura connectés à des slots. La `QAction` propose plusieurs signaux intéressants. Le plus utilisé d'entre eux est `triggered()` qui indique que l'action a été choisie par l'utilisateur.

On peut connecter notre action « Quitter » au slot `quit()` de l'application :

```
connect(actionQuitter, SIGNAL(triggered()), qApp, SLOT(quit()));
```

Désormais, un clic sur « Fichier > Quitter » fermera l'application.

Vous avez aussi un évènement `hovered()` qui s'active lorsqu'on passe la souris sur l'action. A tester !

Ajouter un raccourci

On peut définir un raccourci clavier pour l'action. On passe pour cela par la méthode `addShortcut()`.

Cette méthode peut être utilisée de plusieurs manières différentes. La technique la plus simple est de lui envoyer une `QKeySequence` représentant le raccourci clavier :

```
actionQuitter->setShortcut(QKeySequence("Ctrl+Q"));
```

Voilà, il suffit d'écrire dans le constructeur de la `QKeySequence` le raccourci approprié, Qt se chargera de comprendre le raccourci tout seul. Vous pouvez faire le raccourci clavier `Ctrl` + `Q` n'importe où dans la fenêtre, à partir de maintenant, cela activera l'action « Quitter » !

Ajouter une icône

Chaque action peut avoir une icône. Lorsque l'action est associée à un menu, l'icône est affichée à gauche de l'élément de menu. Mais, souvenez-vous, une action peut aussi être associée à une barre d'outils comme on le verra plus tard. L'icône peut donc être réutilisée dans la barre d'outils.

Pour ajouter une icône, appelez `setIcon()` et envoyez-lui un `QIcon` (figure 30.9) :

```
actionQuitter->setIcon(QIcon("quitter.png"));
```

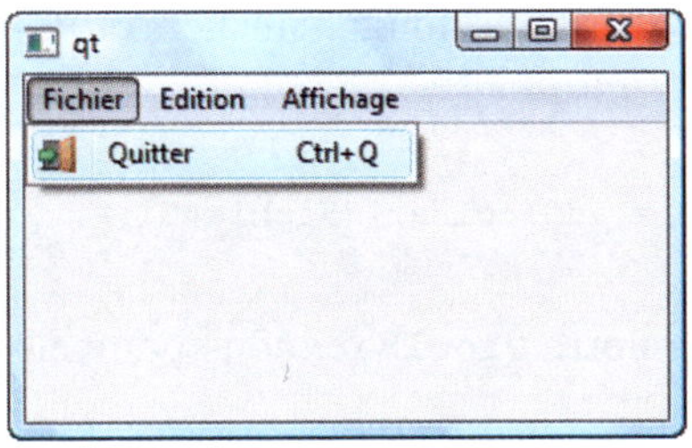

FIGURE 30.9 – Une icône dans un menu

Pouvoir cocher une action

Lorsqu'une action peut avoir deux états (activée, désactivée), vous pouvez la rendre « cochable » grâce à `setCheckable()`. Imaginons par exemple le menu Edition > Gras :

```
actionGras->setCheckable(true);
```

Le menu a maintenant deux états et peut être précédé d'une case à cocher (figure 30.10).

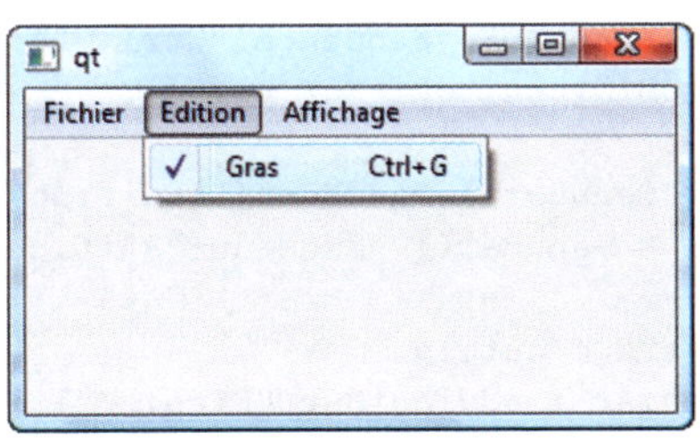

FIGURE 30.10 – Un menu cochable

On vérifiera dans le code si l'action est cochée avec `isChecked()`.

Lorsque l'action est utilisée sur une barre d'outils, le bouton reste enfoncé lorsque l'action est « cochée ». C'est ce que vous avez l'habitude de voir dans un traitement de texte par exemple.

Ah, puisqu'on parle de barre d'outils, il serait temps d'apprendre à en créer une !

La barre d'outils

La barre d'outils est généralement constituée d'icônes et située sous les menus. Avec Qt, la barre d'outils utilise des actions pour construire chacun des éléments de la barre. Étant donné que vous avez appris à manipuler des actions juste avant, vous devriez donc être capables de créer une barre d'outils très rapidement.

Pour ajouter une barre d'outils, vous devez tout d'abord appeler la méthode `addToolBar()` de la `QMainWindow`. Il faudra donner un nom à la barre d'outils, même s'il ne s'affiche pas. Vous récupérez un pointeur vers la `QToolBar` :

```
QToolBar *toolBarFichier = addToolBar("Fichier");
```

Maintenant que nous avons notre `QToolBar`, nous pouvons commencer !

Ajouter une action

Le plus simple est d'ajouter une action à la `QToolBar`. On utilise comme pour les menus une méthode appelée `addAction()` qui prend comme paramètre une `QAction`. Le gros intérêt que vous devriez saisir maintenant, c'est que vous pouvez réutiliser ici vos `QAction` créées pour les menus !

```
#include "FenPrincipale.h"

FenPrincipale::FenPrincipale()
{
    // Création des menus
    QMenu *menuFichier = menuBar()->addMenu("&Fichier");
    QAction *actionQuitter = menuFichier->addAction("&Quitter");
    actionQuitter->setShortcut(QKeySequence("Ctrl+Q"));
    actionQuitter->setIcon(QIcon("quitter.png"));

    QMenu *menuEdition = menuBar()->addMenu("&Edition");
    QMenu *menuAffichage = menuBar()->addMenu("&Affichage");

    // Création de la barre d'outils
    QToolBar *toolBarFichier = addToolBar("Fichier");
    toolBarFichier->addAction(actionQuitter);

    connect(actionQuitter, SIGNAL(triggered()), qApp, SLOT(quit()));
}
```

Dans ce code, on voit qu'on crée d'abord une `QAction` pour un menu, puis plus loin on réutilise cette action pour l'ajouter à la barre d'outils (figure 30.11).

Et voilà comment Qt fait d'une pierre deux coups grâce aux `QAction` !

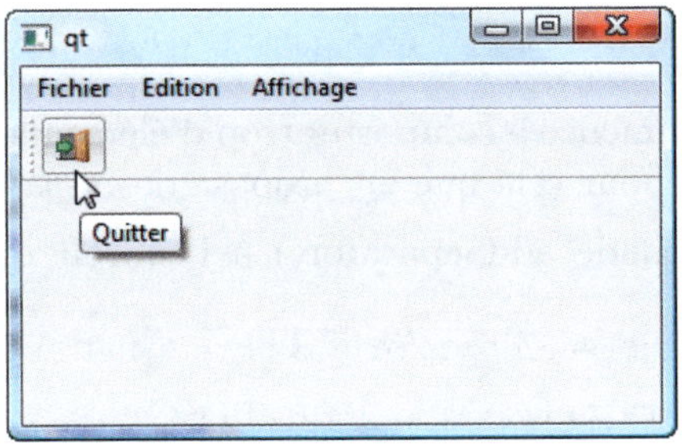

FIGURE 30.11 – Une barre d'outils

Ajouter un widget

Les barres d'outils contiennent le plus souvent des `QAction` mais il arrivera que vous ayez besoin d'insérer des éléments plus complexes. La `QToolBar` gère justement tous types de widgets.

Vous pouvez ajouter des widgets avec la méthode `addWidget()`, comme vous le faisiez avec les layouts :

```
QFontComboBox *choixPolice = new QFontComboBox;
toolBarFichier->addWidget(choixPolice);
```

Ici, on insère une liste déroulante. Le widget s'insère alors dans la barre d'outils (figure 30.12).

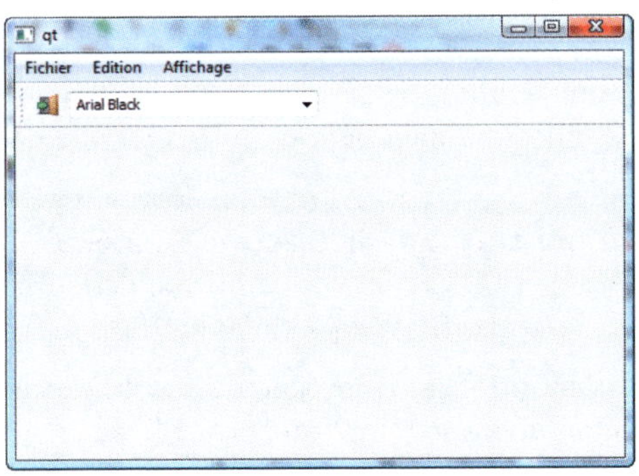

FIGURE 30.12 – Un widget dans une barre d'outils

La méthode `addWidget()` crée une `QAction` automatiquement. Elle renvoie un pointeur vers cette `QAction` créée. Ici, on n'a pas récupéré le pointeur mais vous pouvez le faire si vous avez besoin d'effectuer des opérations ensuite sur la `QAction`.

Ajouter un séparateur

Si votre barre d'outils commence à comporter trop d'éléments, cela peut être une bonne idée de les séparer. C'est pour cela que Qt propose des *separators* (séparateurs).

Il suffit d'appeler la méthode addSeparator() à l'endroit où vous voulez insérer un séparateur :

```
toolBarFichier->addSeparator();
```

En résumé

- Une `QMainWindow` est une fenêtre principale. Elle peut contenir des sous-fenêtres, des menus, une barre d'outils, une barre d'état, etc.
- Une fenêtre SDI ne peut afficher qu'un seul document à la fois. Une fenêtre MDI peut en afficher plusieurs sous la forme de sous-fenêtres.
- La barre d'outils peut contenir tous types de widgets.
- Menus et barres d'outils partagent le même élément générique : la `QAction`. Une même `QAction` peut être utilisée à la fois dans le menu et dans la barre d'outils.

Chapitre 31

Modéliser ses fenêtres avec Qt Designer

Difficulté :

À force d'écrire le code de vos fenêtres, vous devez peut-être commencer à trouver cela long et répétitif. C'est amusant au début mais, au bout d'un moment on en a un peu marre d'écrire des constructeurs de 3 kilomètres de long juste pour placer les widgets sur la fenêtre.

C'est là que Qt Designer vient vous sauver la vie. Il s'agit d'un programme livré avec Qt (vous l'avez donc déjà installé) qui permet de concevoir vos fenêtres visuellement. Mais plus encore, Qt Designer vous permet aussi de modifier les propriétés des widgets, d'utiliser des layouts et d'effectuer la connexion entre signaux et slots.

Nous commencerons par apprendre à manipuler Qt Designer lui-même. Vous verrez que c'est un outil complexe mais qu'on s'y fait vite car il est assez intuitif. Ensuite, nous apprendrons à utiliser les fenêtres générées avec Qt Designer dans notre code source.

C'est parti !

Qt Designer n'est pas un programme magique qui réfléchit à votre place. Il vous permet simplement de gagner du temps et d'éviter les tâches répétitives d'écriture du code de génération de la fenêtre. N'utilisez PAS Qt Designer et ne lisez PAS ce chapitre si vous ne savez pas coder vos fenêtres à la main.

Présentation de Qt Designer

Qt Designer existe sous forme de programme indépendant mais il est aussi intégré au sein de Qt Creator, dans la section `Design`. Il est plus simple de travailler directement à l'intérieur de Qt Creator et cela ne change strictement rien aux possibilités qui vous sont offertes. En effet, Qt Designer est complètement intégré *dans* Qt Creator !

Comme c'est le plus simple et que cette solution n'a que des avantages, nous allons donc travailler directement dans Qt Creator.

Je vais supposer que vous avez déjà créé un projet dans Qt Creator. Pour ajouter une fenêtre de Qt Designer, allez dans le menu `Fichier > Nouveau fichier ou projet` puis sélectionnez `Qt > Classe d'interface graphique Qt Designer` (figure 31.1).

Choix du type de fenêtre à créer

Lorsque vous demandez à créer une fenêtre, on vous propose de choisir le type de fenêtre (figure 31.2).

Les 3 premiers choix correspondent à des `QDialog`. Vous pouvez aussi créer une `QMainWindow` si vous avez besoin de gérer des menus et des barres d'outils. Enfin, le dernier choix correspond à une simple fenêtre de type `QWidget`.

Pour tester Qt Designer, peu importe le choix que vous ferez ici. On peut partir sur une `QDialog` si vous voulez (premier choix par exemple).

Dans la fenêtre suivante, on vous demande le nom des fichiers à créer (figure 31.3). Pour le moment vous pouvez laisser les valeurs par défaut.

Trois fichiers seront créés :

- `dialog.ui` : c'est le fichier qui contiendra l'interface graphique (de type XML). C'est ce fichier que nous modifierons avec l'éditeur Qt Designer ;
- `dialog.h` : permet de charger le fichier `.ui` dans votre projet C++ (en-tête de classe) ;
- `dialog.cpp` : permet de charger le fichier `.ui` dans votre projet C++ (code source de classe).

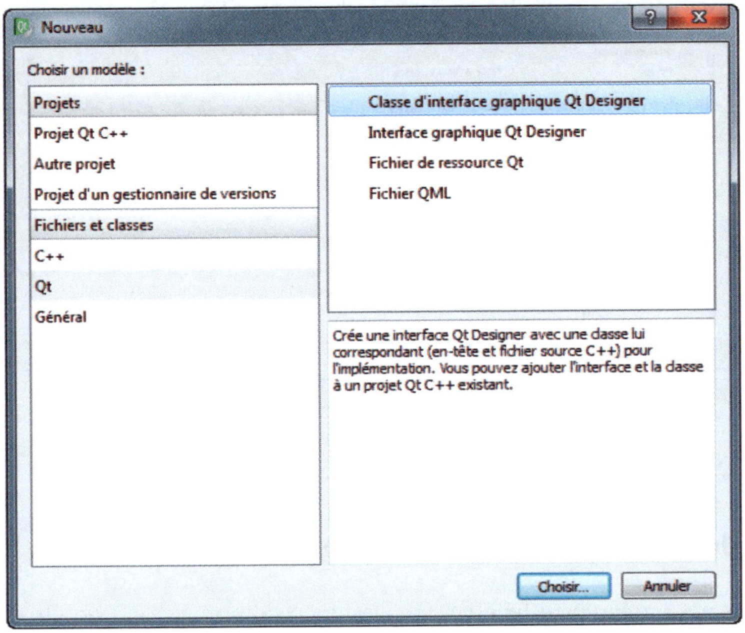

FIGURE 31.1 – Ajout d'une fenêtre

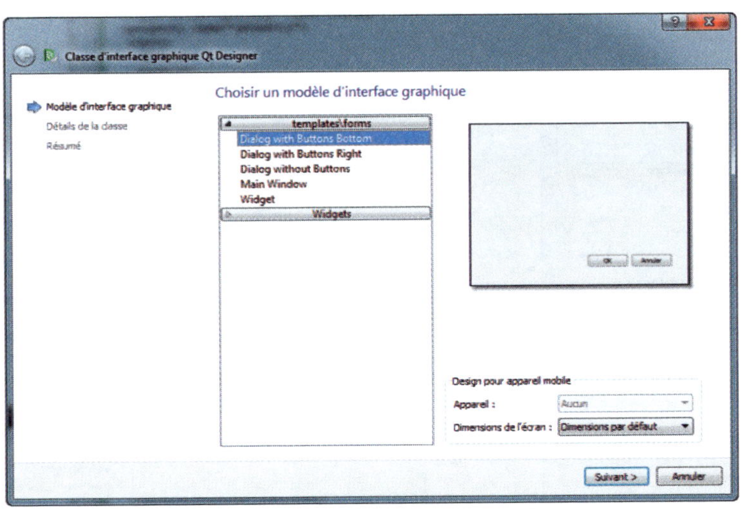

FIGURE 31.2 – Choix du type de fenêtre

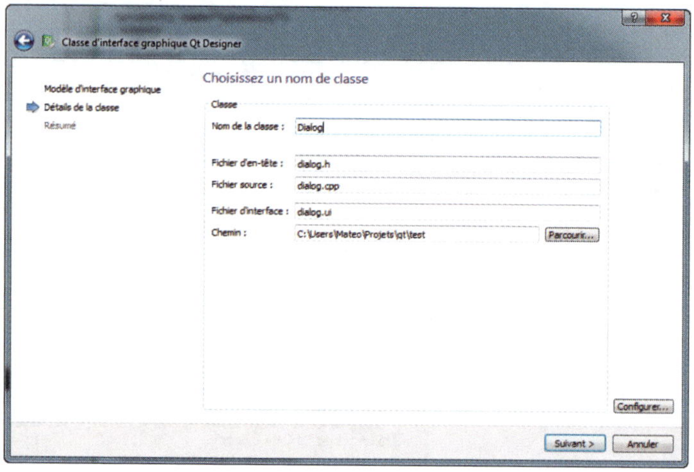

FIGURE 31.3 – Noms des fichiers

Analyse de la fenêtre de Qt Designer

Lorsque vous avez créé votre fenêtre, Qt Designer s'ouvre au sein de Qt Creator (voir figure 31.4).

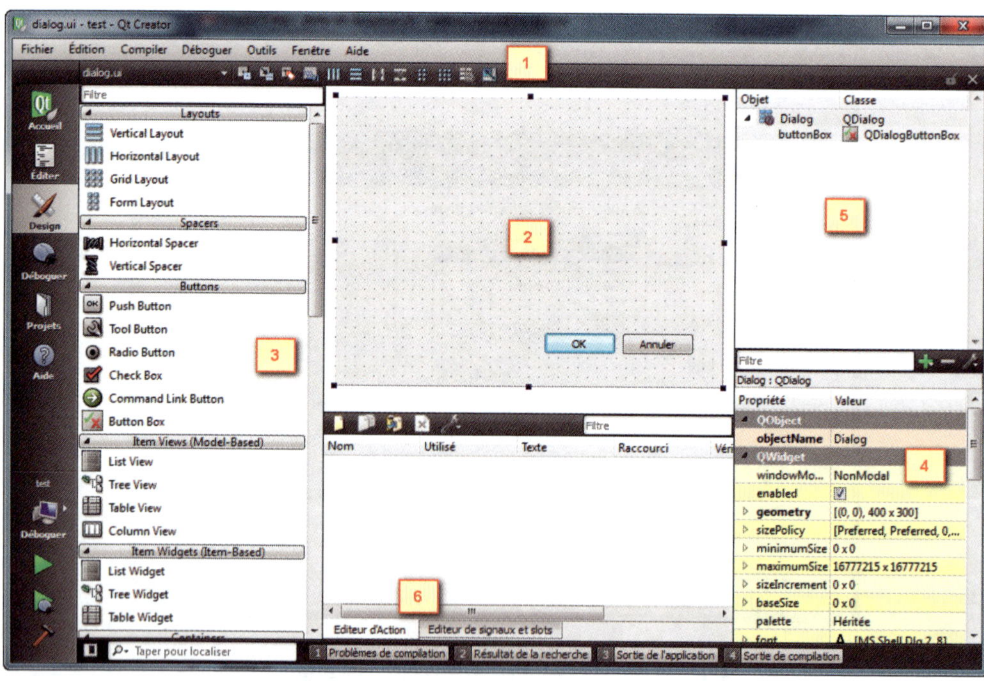

FIGURE 31.4 – Qt Designer dans Qt Creator

Notez que, d'après le ruban de gauche, nous sommes dans la section Design de Qt Creator. Vous pouvez retrouver les fichiers de votre projet en cliquant sur `Éditer`.

Wow ! Mais comment je vais faire pour m'y retrouver avec tous ces boutons ?

En y allant méthodiquement. Notez que la position des fenêtres peut être un peu différente chez vous, ne soyez pas surpris. Détaillons chacune des zones importantes dans l'ordre :

1. Sur la **barre d'outils** de Qt Designer, au moins quatre boutons méritent votre attention. Ce sont les quatre boutons situés sous la marque « **(1)** » rouge que j'ai placée sur la capture d'écran. Ils permettent de passer d'un mode d'édition à un autre. Qt Designer propose quatre modes d'édition :
   - **Éditer les widgets** : le mode par défaut, que vous utiliserez le plus souvent. Il permet d'insérer des widgets sur la fenêtre et de modifier leurs propriétés.
   - **Éditer signaux/slots** : permet de créer des connexions entre les signaux et les slots de vos widgets.
   - **Éditer les copains** : permet d'associer des `QLabel` avec leurs champs respectifs. Lorsque vous faites un layout de type `QFormLayout`, ces associations sont automatiquement créées.
   - **Éditer l'ordre des onglets** : permet de modifier l'ordre de tabulation entre les champs de la fenêtre, pour ceux qui naviguent au clavier et passent d'un champ à l'autre en appuyant sur la touche `Tab`.

   Nous ne verrons dans ce chapitre que les deux premiers modes (Éditer les widgets et Éditer signaux/slots). Les autres modes sont peu importants et je vous laisse les découvrir par vous-mêmes.
2. Au **centre** de Qt Designer, vous avez la fenêtre que vous êtes en train de dessiner. Pour le moment, celle-ci est vide. Si vous créez une `QMainWindow`, vous aurez en plus une barre de menus et une barre d'outils. Leur édition se fait à la souris, c'est très intuitif. Si vous créez une `QDialog`, vous aurez probablement des boutons « OK » et « Annuler » déjà disposés.
3. **Widget Box** : ce dock vous donne la possibilité de sélectionner un widget à placer sur la fenêtre. Vous pouvez constater qu'il y a un assez large choix ! Heureusement, ceux-ci sont organisés par groupes pour y voir plus clair. Pour placer un de ces widgets sur la fenêtre, il suffit de faire un glisser-déplacer. Simple et intuitif.
4. **Property Editor** : lorsqu'un widget est sélectionné sur la fenêtre principale, vous pouvez éditer ses propriétés. Vous noterez que les widgets possèdent en général beaucoup de propriétés, et que celles-ci sont organisées en fonction de la classe dans laquelle elles ont été définies. On peut ainsi modifier toutes les propriétés dont un widget hérite, en plus des propriétés qui lui sont propres.

   Si aucun widget n'est sélectionné, ce sont les propriétés de la fenêtre que vous éditerez. Vous pourrez donc par exemple modifier son titre avec la propriété `windowTitle`, son icône avec `windowIcon`, etc.

5. **Object Inspector** : affiche la liste des widgets placés sur la fenêtre, en fonction de leur relation de parenté, sous forme d'arbre. Cela peut être pratique si vous avez une fenêtre complexe et que vous commencez à vous perdre dedans.
6. **Éditeur de signaux/slots et éditeur d'action** : ils sont séparés par des onglets. L'éditeur de signaux/slots est utile si vous avez associé des signaux et des slots, les connexions du widget sélectionné apparaissant ici. Nous verrons tout à l'heure comment réaliser des connexions dans Qt Designer. L'éditeur d'actions permet de créer des `QAction`. C'est donc utile lorsque vous créez une `QMainWindow` avec des menus et une barre d'outils.

Comme toutes les classes héritent de `QObject`, vous aurez toujours la propriété `objectName`. C'est le nom de l'objet qui sera créé. N'hésitez pas à le personnaliser, afin d'y voir plus clair tout à l'heure dans votre code source [1].

Voilà qui devrait suffire pour une présentation générale de Qt Designer. Maintenant, pratiquons un peu.

Placer des widgets sur la fenêtre

Placer des widgets sur la fenêtre est en fait très simple : vous prenez le widget que vous voulez dans la liste à gauche et vous le faites glisser où vous voulez sur la fenêtre.

Ce qui est très important à savoir, c'est qu'on peut placer ses widgets de deux manières différentes :

- **De manière absolue** : vos widgets seront disposés au pixel près sur la fenêtre. C'est la méthode par défaut, la plus précise, mais la moins flexible aussi. Je vous avais parlé de ses défauts dans le chapitre sur les layouts.
- **Avec des layouts** (recommandé pour les fenêtres complexes) : vous pouvez utiliser tous les layouts que vous connaissez. Verticaux, horizontaux, en grille, en formulaire... Grâce à cette technique, les widgets s'adapteront automatiquement à la taille de votre fenêtre.

Commençons par les placer de manière absolue, puis nous verrons comment utiliser les layouts dans Qt Designer.

Placer les widgets de manière absolue

Je vous propose, pour vous entraîner, de faire une petite fenêtre simple composée de 3 widgets :

- `QSlider` ;
- `QLabel` ;
- `QProgressBar`.

1. Sinon vous aurez par exemple des boutons appelés `pushButton`, `pushButton_2`, `pushButton_3`, ce qui n'est pas très clair.

Votre fenêtre devrait maintenant ressembler à peu près à la figure 31.5.

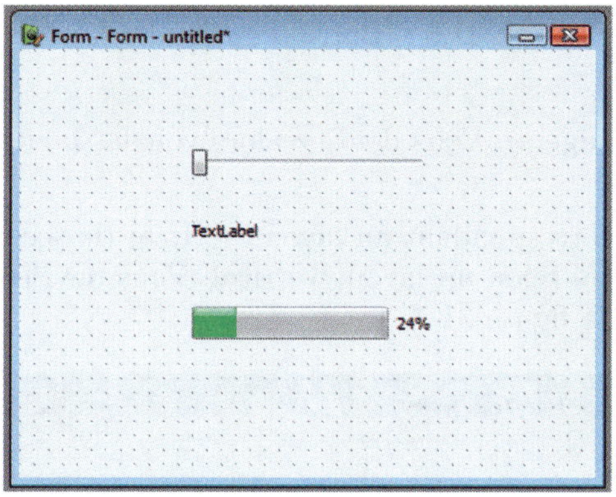

FIGURE 31.5 – Placement de widgets sur la fenêtre

Vous pouvez déplacer ces widgets comme bon vous semble sur la fenêtre. Vous pouvez les agrandir ou les rétrécir.

Quelques raccourcis à connaître :

- En maintenant la touche `Ctrl` appuyée, vous pouvez sélectionner plusieurs widgets en même temps.
- Faites `Suppr` pour supprimer les widgets sélectionnés.
- Si vous maintenez la touche `Ctrl` enfoncée lorsque vous déplacez un widget, celui-ci sera copié.
- Vous pouvez faire un double-clic sur un widget pour modifier son nom (il vaut mieux donner un nom personnalisé plutôt que laisser le nom par défaut). Sur certains widgets complexes, comme la `QComboBox` (liste déroulante), le double-clic vous permet d'éditer la liste des éléments contenus dans la liste déroulante.
- Pensez aussi à faire un clic droit sur les widgets pour modifier certaines propriétés, comme la bulle d'aide (`toolTip`).

Utiliser les layouts

Pour le moment, nous n'utilisons aucun layout. Si vous essayez de redimensionner la fenêtre, vous verrez que les widgets ne s'adaptent pas à la nouvelle taille et qu'ils peuvent même disparaître si on réduit trop la taille de la fenêtre !

Il y a deux façons d'utiliser des layouts :

- utiliser la barre d'outils en haut ;
- glisser-déplacer des layouts depuis le dock de sélection de widgets (« Widget Box »).

Pour une fenêtre simple comme celle-là, nous n'aurons besoin que d'un layout principal. Pour définir ce layout principal, le mieux est de passer par la barre d'outils (figure 31.6).

Cliquez sur une **zone vide** de la fenêtre (en clair, c'est la fenêtre qui doit être sélection-

FIGURE 31.6 – Barre d'outils des layouts

née et non un de ses widgets). Vous devriez alors voir les boutons de la barre d'outils des layouts s'activer.

Cliquez sur le bouton correspondant au layout vertical (le second) pour organiser automatiquement la fenêtre selon un layout vertical. Vous devriez alors voir vos widgets s'organiser comme sur la figure 31.7.

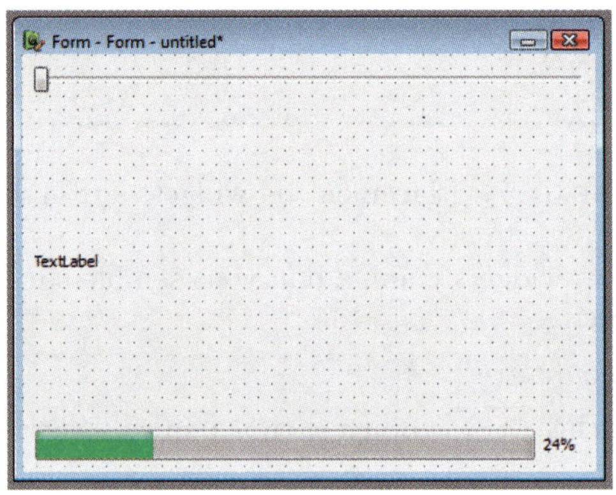

FIGURE 31.7 – Layout vertical

C'est le layout vertical qui les place ainsi afin qu'ils occupent toute la taille de la fenêtre. Bien sûr, vous pouvez réduire la taille de la fenêtre si vous le désirez. Vous pouvez aussi demander à ce que la fenêtre soit réduite à la taille minimale acceptable, en cliquant sur le bouton tout à droite de la barre d'outils, intitulé « Adjust Size ».

Maintenant que vous avez défini le layout principal de la fenêtre, sachez que vous pouvez insérer un sous-layout en plaçant par exemple un des layouts proposés dans la Widget Box.

Insérer des spacers

Vous trouvez que la fenêtre est un peu moche si on l'agrandit trop ? Moi aussi. Les widgets sont trop espacés, cela ne me convient pas.

Pour changer la position des widgets tout en conservant le layout, on peut insérer un spacer. Il s'agit d'un widget invisible qui sert à créer de l'espace sur la fenêtre.

Le mieux est encore d'essayer pour comprendre ce que cela fait. Dans la Widget Box, vous devriez avoir une section « Spacers » (figure 31.8).

Prenez un « Vertical Spacer », et insérez-le tout en bas de la fenêtre (figure 31.9).

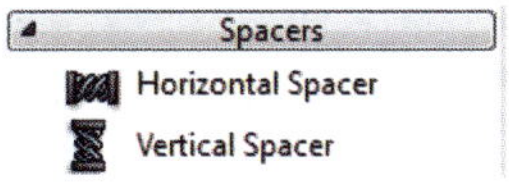

FIGURE 31.8 – Spacers

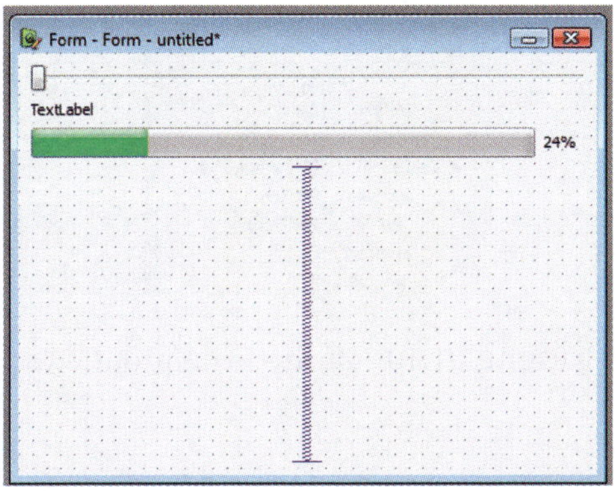

FIGURE 31.9 – Fenêtre avec spacer

Le spacer force les autres widgets à se coller tout en haut. Ils sont toujours organisés selon un layout, mais au moins, maintenant, nos widgets sont plus rapprochés les uns des autres. Essayez de déplacer le spacer sur la fenêtre pour voir. Placez-le entre le libellé et la barre de progression. Vous devriez voir que la barre de progression se colle maintenant tout en bas.

Le comportement du spacer est assez logique mais il faut l'essayer pour bien le comprendre.

Éditer les propriétés des widgets

Il nous reste une chose très importante à voir : l'édition des propriétés des widgets. Sélectionnez par exemple le libellé (`QLabel`). Regardez le dock intitulé « Property Editor ». Il affiche maintenant les propriétés du `QLabel` (figure 31.10).

Ces propriétés sont organisées en fonction de la classe dans laquelle elles ont été définies et c'est une bonne chose. Je m'explique. Vous savez peut-être qu'un `QLabel` hérite de `QFrame`, qui hérite de `QWidget`, qui hérite lui-même de `QObject` ?

Chacune de ces classes définit des propriétés. `QLabel` hérite donc des propriétés de `QFrame`, `QWidget` et `QObject`, mais a aussi des propriétés qui lui sont propres.

Sur ma capture d'écran, on peut voir une propriété de `QObject` : `objectName`. C'est le nom de l'objet qui sera créé dans le code. Je vous conseille de le personnaliser pour vous y retrouver dans le code source par la suite.

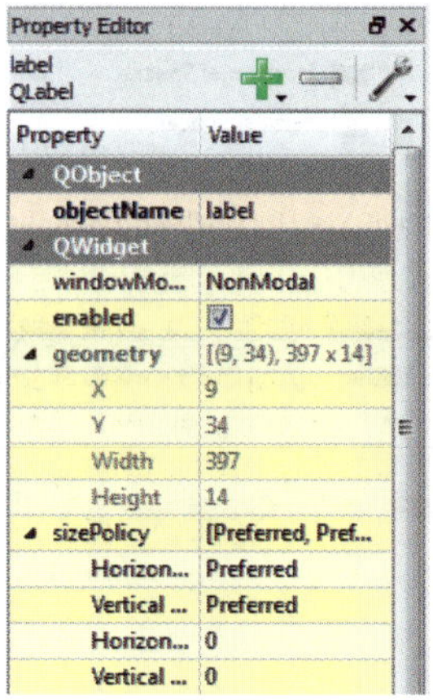

FIGURE 31.10 – Éditeur de propriétés

La plupart du temps, on peut éditer le nom d'un widget en faisant un double-clic dessus, sur la fenêtre.

Si vous descendez un peu plus bas dans la liste, vous devriez vous rendre compte qu'un grand nombre de propriétés sont proposées par `QWidget` (notamment la police, le style de curseur de la souris, etc.). Descendez encore plus bas. Vous devriez arriver sur les propriétés héritées de `QFrame`, puis celles propres à `QLabel`.

Vous devriez modifier la propriété `text`, pour changer le texte affiché dans le `QLabel`. Mettez par exemple « 0 ». Amusez-vous à changer la police (propriété `font` issue de `QWidget`) ou encore à mettre une bordure (propriété `frameShape` issue de `QFrame`).

Vous remarquerez que, lorsque vous éditez une propriété, son nom s'affiche en gras pour être mis en valeur. Cela vous permet par la suite de repérer du premier coup d'œil les propriétés que vous avez modifiées.

Modifiez aussi les propriétés de la `QProgressBar` pour qu'elle affiche 0% par défaut (propriété `value`).

Vous pouvez aussi modifier les propriétés de la fenêtre. Cliquez sur une zone vide de la fenêtre afin qu'aucun widget ne soit sélectionné. Le dock « Property Editor » vous affichera alors les propriétés de la fenêtre[2].

Astuce : si vous ne comprenez pas à quoi sert une propriété, cliquez dessus puis appuyez sur la touche F1. Qt Designer lancera automatiquement Qt Assistant pour afficher l'aide sur la propriété sélectionnée.

Essayez d'avoir une fenêtre qui, au final, ressemble *grosso modo* à la mienne (figure 31.11).

2. Ici, notre fenêtre est un `QWidget`, donc vous aurez juste les propriétés de `QWidget`.

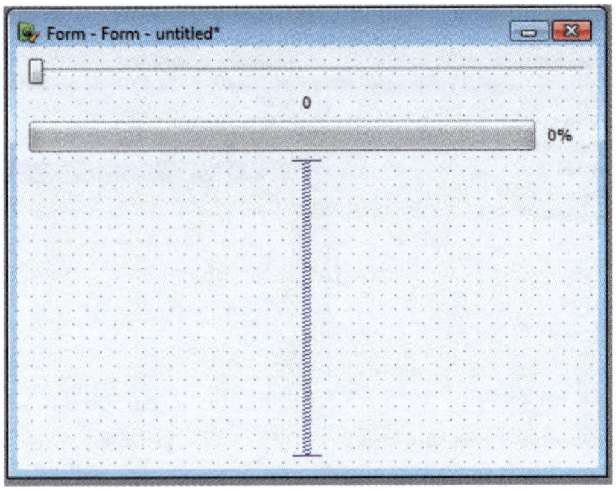

FIGURE 31.11 – Essayez de construire une fenêtre comme celle-ci !

Le libellé et la barre de progression doivent afficher 0 par défaut.

Bravo, vous savez maintenant insérer des widgets, les organiser selon un layout et personnaliser leurs propriétés dans Qt Designer ! Nous n'avons utilisé pour le moment que le mode « Edit Widgets ». Il nous reste à étudier le mode « Edit Signals/Slots »...

Configurer les signaux et les slots

Passez en mode « Edit Signals/Slots » en cliquant sur le second bouton de la barre d'outils (figure 31.12).

FIGURE 31.12 – Changement de mode

Dans ce mode, on ne peut pas ajouter, modifier, supprimer, ni déplacer de widgets. Par contre, si vous pointez sur les widgets de votre fenêtre, vous devriez les voir s'encadrer de rouge.

Vous pouvez, de manière très intuitive, associer les widgets entre eux pour créer des connexions simples entre leurs signaux et slots. Je vous propose par exemple d'associer le `QSlider` avec notre `QProgressBar`.

Pour cela, cliquez sur le `QSlider` et maintenez enfoncé le bouton gauche de la souris. Pointez sur la `QProgressBar` et relâchez le bouton. Une fenêtre apparaît alors pour que vous puissiez choisir le signal et le slot à connecter (figure 31.13).

- À gauche : les signaux disponibles dans le `QSlider`.
- À droite : les slots *compatibles* disponibles dans la `QProgressBar`.

Sélectionnez un signal à gauche, par exemple `sliderMoved(int)`. Ce signal est envoyé dès que l'on déplace un peu le slider. Vous verrez que la liste des slots compatibles

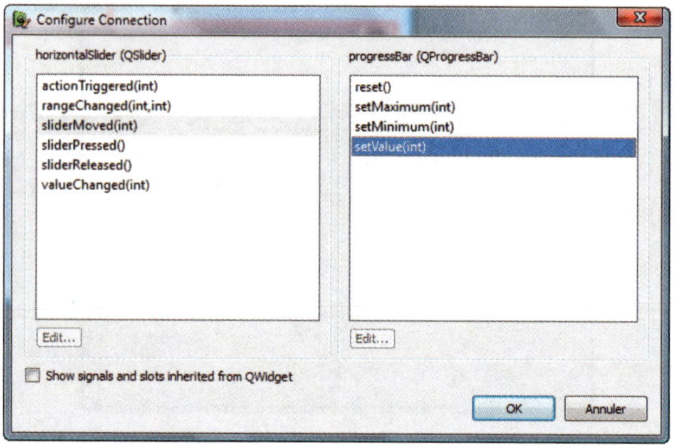

FIGURE 31.13 – Choix des signaux et slots

apparaît à droite.

Nous allons connecter `sliderMoved(int)` du `QSlider` avec `setValue(int)` de la `QProgressBar`. Faites OK pour valider une fois le signal et le slot choisis. C'est bon, la connexion est créée (figure 31.14) !

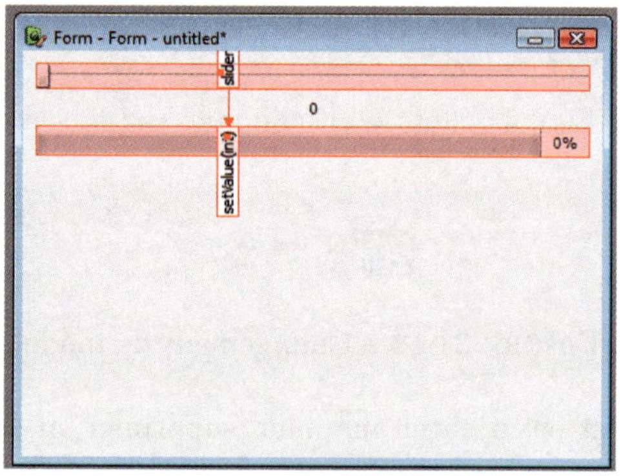

FIGURE 31.14 – Connexion établie !

Faites de même pour associer `sliderMoved(int)` du QSlider à `setNum(int)` du `QLabel`.

Notez que vous pouvez aussi connecter un widget à la fenêtre. Dans ce cas, visez une zone vide de la fenêtre. La flèche devrait se transformer en symbole de masse[3] (figure 31.15).

Cela vous permet d'associer un signal du widget à un slot de la fenêtre, ce qui peut vous être utile si vous voulez créer un bouton « Fermer la fenêtre » par exemple.

3. Bien connu par ceux qui font de l'électricité ou de l'électronique.

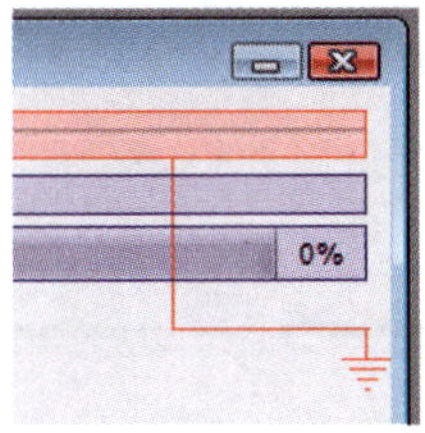

FIGURE 31.15 – Connexion à la masse

Attention : si dans la fenêtre du choix du signal et du slot vous ne voyez aucun slot s'afficher pour la fenêtre, c'est normal. Qt les masque par défaut car ils sont nombreux. Si on les affichait pour chaque connexion entre 2 widgets, on en aurait beaucoup trop (puisque tous les widgets héritent de `QWidget`). Pour afficher quand même les signaux et slots issus de `QWidget`, cochez la case « Show signals and slots inherited from QWidget ».

Pour des connexions simples entre les signaux et les slots des widgets, Qt Designer est donc très intuitif et convient parfaitement.

Eh, mais si je veux créer un slot personnalisé pour faire des manipulations un peu plus complexes, comment je fais ?

Qt Designer ne peut pas vous aider pour cela. Si vous voulez créer un signal ou un slot personnalisé, il faudra le faire tout à l'heure dans le code source (en modifiant les fichiers `.h` et `.cpp` qui ont été créés en même temps que le `.ui`). Comme vous pourrez le voir, néanmoins, c'est très simple à faire.

En y réfléchissant bien, c'est même la seule chose que vous aurez à coder ! En effet, tout le reste est automatiquement géré par Qt Designer. Vous n'avez plus qu'à vous concentrer sur la partie « réflexion » de votre code source. Qt Designer vous permet donc de gagner du temps en vous épargnant les tâches répétitives et basiques qu'on fait à chaque fois que l'on crée une fenêtre.

Utiliser la fenêtre dans votre application

Il reste une dernière étape et non des moindres : apprendre à utiliser la fenêtre ainsi créée dans votre application.

Notre nouvel exemple

Je vous propose de créer une nouvelle fenêtre. On va créer une mini-calculatrice (figure 31.16).

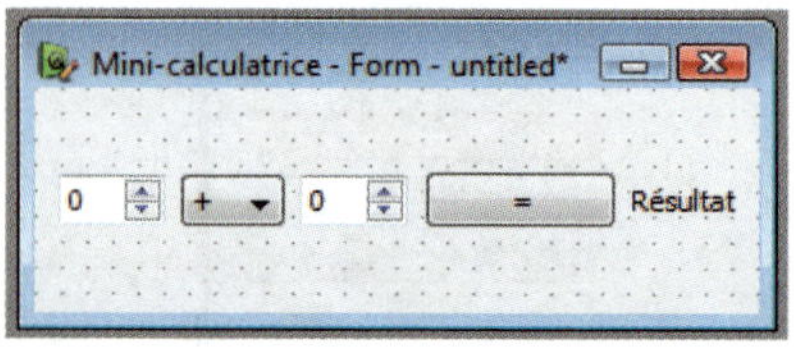

FIGURE 31.16 – Mini-calculatrice

Essayez de reproduire à peu près la même fenêtre que moi, de type Widget. Un layout principal horizontal suffira à organiser les widgets.

La fenêtre est constituée des widgets suivants, de gauche à droite :

Widget	Nom de l'objet
QSpinBox	nombre1
QComboBox	operation
QSpinBox	nombre2
QPushButton	boutonEgal
QLabel	resultat

Pensez à bien renommer les widgets afin que vous puissiez vous y retrouver dans votre code source par la suite. Pour la liste déroulante du choix de l'opération, je l'ai déjà pré-remplie avec quatre valeurs : +, -, * et /. Faites un double-clic sur la liste déroulante pour ajouter et supprimer des valeurs.

Il faudra donner un nom à la fenêtre lorsque vous la créerez dans Qt Creator (figure 31.17). Je l'ai appelée `FenCalculatrice` (de même que les fichiers qui seront créés).

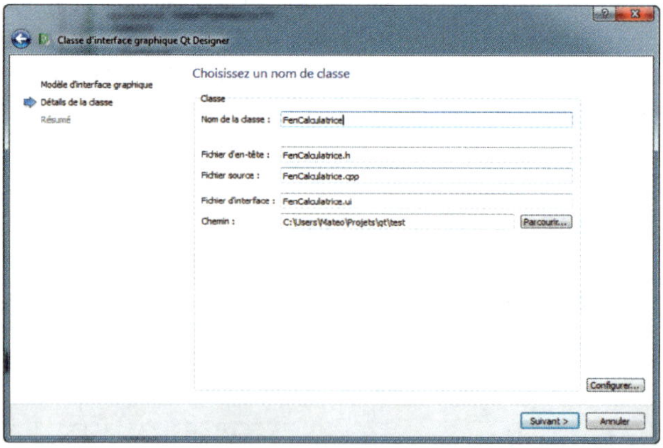

FIGURE 31.17 – Choix du nom de la classe

Utiliser la fenêtre dans notre application

Pour utiliser dans notre application la fenêtre créée à l'aide de Qt Designer, plusieurs méthodes s'offrent à nous. Le plus simple est encore de laisser Qt Creator nous guider !

Eh oui, souvenez-vous : Qt Creator a créé un fichier `.ui` mais aussi des fichiers `.cpp` et `.h` de classe ! Ce sont ces derniers fichiers qui vont appeler la fenêtre que nous avons créée.

En pratique, dans la déclaration de la classe générée par Qt Creator (fichier `FenCalculatrice.h`), on retrouve le code suivant :

```
#ifndef FENCALCULATRICE_H
#define FENCALCULATRICE_H

#include <QWidget>

namespace Ui {
    class FenCalculatrice;
}

class FenCalculatrice : public QWidget
{
    Q_OBJECT

public:
    explicit FenCalculatrice(QWidget *parent = 0);
    ~FenCalculatrice();

private:
    Ui::FenCalculatrice *ui;
};

#endif // FENCALCULATRICE_H
```

Le fichier `FenCalculatrice.cpp`, lui, contient le code suivant :

```
#include "FenCalculatrice.h"
#include "ui_FenCalculatrice.h"

FenCalculatrice::FenCalculatrice(QWidget *parent) :
    QWidget(parent),
    ui(new Ui::FenCalculatrice)
{
    ui->setupUi(this);
}

FenCalculatrice::~FenCalculatrice()
{
    delete ui;
}
```

Comment marche tout ce bazar ?

Vous avez une classe FenCalculatrice qui a été créée automatiquement par Qt Creator (fichiers FenCalculatrice.h et FenCalculatrice.cpp). Lorsque vous créez une nouvelle instance de cette classe, la fenêtre que vous avez dessinée tout à l'heure s'affiche !

Pourquoi ? Le fichier de la classe est tout petit et ne fait pas grand chose pourtant ?

Si, regardez bien : un fichier automatiquement généré par Qt Designer a été automatiquement inclus dans le .cpp : #include"ui_FenCalculatrice.h"

Par ailleurs le constructeur charge l'interface définie dans ce fichier auto-généré grâce à ui->setupUi(this);. C'est cette ligne qui lance la construction de la fenêtre.

Bien sûr, la fenêtre est encore une coquille vide : elle ne fait rien. Utilisez la classe FenCalculatrice pour compléter ses fonctionnalités et la rendre intelligente. Par exemple, dans le constructeur, pour modifier un élément de la fenêtre, vous pouvez faire ceci :

```
FenCalculatrice::FenCalculatrice(QWidget *parent) :
    QWidget(parent),
    ui(new Ui::FenCalculatrice)
{
    ui->setupUi(this);

    ui->boutonEgal->setText("Egal");
}
```

Le nom du bouton boutonEgal, nous l'avons défini dans Qt Designer tout à l'heure (propriété objectName de QObject). Retournez voir le petit tableau un peu plus haut pour vous souvenir de la liste des noms des widgets associés à la fenêtre.

Bon, en général, vous n'aurez pas besoin de personnaliser vos widgets vu que vous avez tout fait sous Qt Designer. Mais si vous avez besoin d'adapter leur contenu à l'exécution (pour afficher le nom de l'utilisateur par exemple), il faudra passer par là.

Maintenant ce qui est intéressant surtout, c'est d'effectuer une connexion :

```
FenCalculatrice::FenCalculatrice(QWidget *parent) :
    QWidget(parent),
    ui(new Ui::FenCalculatrice)
{
```

```
    ui->setupUi(this);

    connect(ui->boutonEgal, SIGNAL(clicked()), this, SLOT(calculerOperation()));
}
```

N'oubliez pas à chaque fois de préfixer chaque nom de widget par `ui` !

Ce code nous permet de faire en sorte que le slot `calculerOperation()` de la fenêtre soit appelé à chaque fois que l'on clique sur le bouton. Bien sûr, c'est à vous d'écrire le slot `calculerOperation()`.

Il ne vous reste plus qu'à adapter votre `main` pour appeler la fenêtre comme une fenêtre classique :

```
#include <QApplication>
#include <QtGui>
#include "FenCalculatrice.h"

int main(int argc, char *argv[])
{
    QApplication app(argc, argv);

    FenCalculatrice fenetre;
    fenetre.show();

    return app.exec();
}
```

Personnaliser le code et utiliser les Auto-Connect

Les fenêtres créées avec Qt Designer bénéficient du système « Auto-Connect » de Qt. C'est un système qui crée les connexions tout seul.

Par quelle magie ? Il vous suffit en fait de créer des slots en leur donnant un nom qui respecte une convention.

Prenons le widget `boutonEgal` et son signal `clicked()`. Si vous créez un slot appelé `on_boutonEgal_clicked()` dans votre fenêtre, ce slot sera automatiquement appelé lors d'un clic sur le bouton.

La convention à respecter est représentée sur le schéma 31.18.

Exercice[4] : complétez le code de la calculatrice pour effectuer l'opération correspondant à l'élément sélectionné dans la liste déroulante.

4. Ne me dites pas que vous ne l'avez pas vu venir !

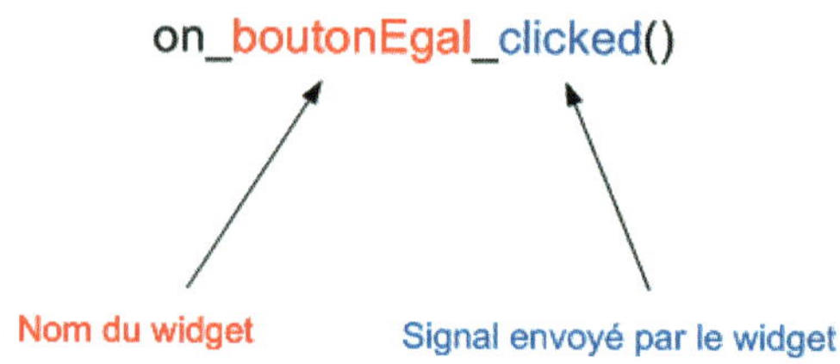

FIGURE 31.18 – Donnez un nom précis à votre slot et la connexion sera automatique !

En résumé

- Qt Designer est un programme qui permet de construire rapidement ses fenêtres à la souris. Il nous évite l'écriture de nombreuses lignes de code.
- Qt Designer est intégré à Qt Creator mais existe aussi sous forme de programme externe. Il est conseillé de l'utiliser dans Qt Creator car le fonctionnement est plus simple.
- Qt Designer ne nous épargne pas une certaine réflexion : il est toujours nécessaire de rédiger des lignes de code pour faire fonctionner sa fenêtre après l'avoir dessinée.
- Qt Designer crée automatiquement un fichier de code qui place les widgets sur la fenêtre. On travaille ensuite sur une classe qui hérite de ce code pour adapter la fenêtre à nos besoins.

Chapitre 32

TP : zNavigo, le navigateur web des Zéros !

Difficulté :

Depuis le temps que vous pratiquez Qt, vous avez acquis sans vraiment le savoir les capacités de base pour réaliser des programmes complexes. Le but d'un TP comme celui-ci, c'est de vous montrer justement que vous êtes capables de mener à bien des projets qui auraient pu vous sembler complètement fous il y a quelque temps.

Vous ne rêvez pas : le but de ce TP sera de... réaliser un navigateur web ! Et vous allez y arriver, c'est à votre portée !

Nous allons commencer par découvrir la notion de moteur web, pour bien comprendre comment fonctionnent les autres navigateurs. Puis, nous mettrons en place le plan du développement de notre programme afin de nous assurer que nous partons dans la bonne direction et que nous n'oublions rien.

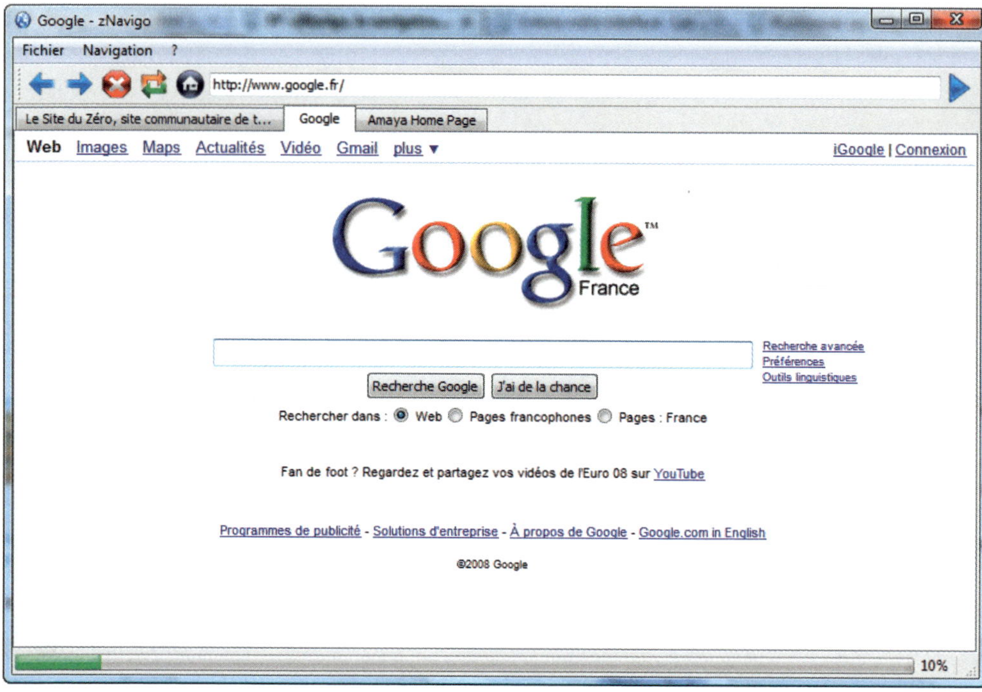

FIGURE 32.1 – zNavigo, le navigateur web que nous allons réaliser

Les navigateurs et les moteurs web

Comme toujours, il faut d'abord prendre le temps de réfléchir à son programme avant de foncer le coder tête baissée. C'est ce qu'on appelle la phase de *conception*.

Je sais, je me répète à chaque fois mais c'est vraiment parce que c'est très important. Si je vous dis « faites-moi un navigateur web » et que vous créez de suite un nouveau projet en vous demandant ce que vous allez bien pouvoir mettre dans le `main`... c'est l'échec assuré.

Pour moi, la conception est l'étape la plus difficile du projet. Plus difficile même que le codage. En effet, si vous concevez bien votre programme, si vous réfléchissez bien à la façon dont il doit fonctionner, vous aurez simplifié à l'avance votre projet et vous n'aurez pas à écrire inutilement des lignes de code difficiles.

Dans un premier temps, je vais vous expliquer comment fonctionne un navigateur web. Un peu de culture générale à ce sujet vous permettra de mieux comprendre ce que vous avez à faire (et ce que vous n'avez pas à faire). Je vous donnerai ensuite quelques conseils pour organiser votre code : quelles classes créer, par quoi commencer, etc.

Les principaux navigateurs

Commençons par le commencement : vous savez ce qu'est un navigateur web ? Bon, je ne me moque pas de vous mais il vaut mieux être sûr de ne perdre personne.

Un navigateur web est un programme qui permet de consulter des sites web. Parmi les plus connus d'entre eux, citons Internet Explorer, Mozilla Firefox, Google Chrome ou encore Safari. Mais il y en a aussi beaucoup d'autres, certes moins utilisés, comme Opera, Konqueror, Epiphany, Maxthon, Lynx...

Je vous rassure, il n'est pas nécessaire de tous les connaître pour pouvoir prétendre en créer un. Par contre, ce qu'il faut que vous sachiez, c'est que chacun de ces navigateurs est constitué de ce qu'on appelle un **moteur web**. Qu'est-ce que c'est que cette bête-là ?

Le moteur web

Tous les sites web sont écrits en langage HTML (ou XHTML). Voici un exemple de code HTML permettant de créer une page très simple :

```
<!DOCTYPE html PUBLIC "-//W3C//DTD XHTML 1.0 Strict//EN" "http://www.w3.org/TR/
↪ xhtml1/DTD/xhtml1-strict.dtd">
<html xmlns="http://www.w3.org/1999/xhtml" xml:lang="fr" >
   <head>
      <title>Bienvenue sur mon site !</title>
      <meta http-equiv="Content-Type" content="text/html; charset=iso-8859-1" />
   </head>
   <body>
   </body>
</html>
```

C'est bien joli tout ce code, mais cela ne ressemble pas au résultat visuel qu'on a l'habitude de voir lorsqu'on navigue sur le Web.

L'objectif est justement de transformer ce code en un résultat visuel : le site web. C'est le rôle du moteur web. La figure 32.2 présente son fonctionnement, résumé dans un schéma très simple.

Cela n'a l'air de rien mais c'est un travail difficile : réaliser un moteur web est très délicat. C'est généralement le fruit des efforts de nombreux programmeurs experts[1]. Certains moteurs sont meilleurs que d'autres mais aucun n'est parfait ni complet. Comme le Web est en perpétuelle évolution, il est peu probable qu'un moteur parfait sorte un jour.

Quand on programme un navigateur, on utilise généralement le moteur web sous forme de bibliothèque. Le moteur web n'est donc pas un programme mais il est utilisé par des programmes.

1. Et encore, ils avouent parfois avoir du mal !

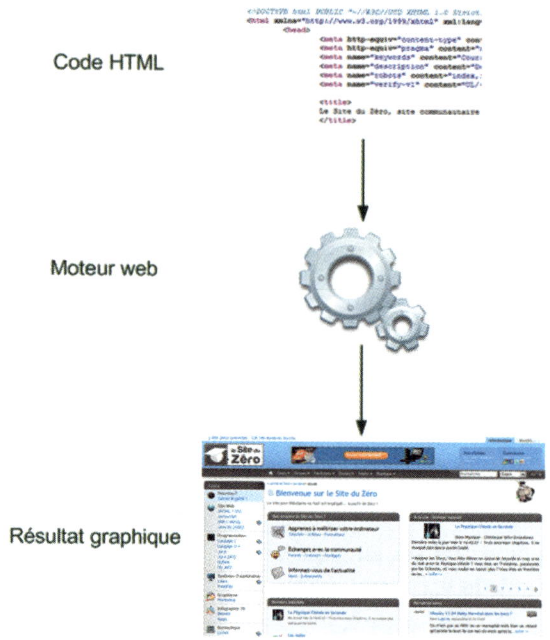

FIGURE 32.2 – Le rôle du moteur web

Ce sera peut-être plus clair avec un schéma. Regardons comment est constitué Firefox par exemple (figure 32.3).

FIGURE 32.3 – Schéma du navigateur web

On voit que le navigateur (en vert) « contient » le moteur web (en jaune au centre).

La partie en vert est habituellement appelée le « chrome », pour désigner l'interface.

Mais c'est nul ! Alors le navigateur web c'est juste les 2-3 boutons en haut et c'est tout ?

Oh non ! Loin de là. Le navigateur ne se contente pas de gérer les boutons « Page Précédente », « Page Suivante », « Actualiser », etc. C'est aussi lui qui gère les marque-pages (favoris), le système d'onglets, les options d'affichage, la barre de recherche, etc.

Tout cela représente déjà un énorme travail ! En fait, les développeurs de Firefox ne sont pas les mêmes que ceux qui développent son moteur web. Il y a des équipes séparées, tellement chacun de ces éléments représente du travail.

Un grand nombre de navigateurs ne s'occupent d'ailleurs pas du moteur web. Ils en utilisent un « tout prêt ». De nombreux navigateurs sont basés sur le même moteur web. L'un des plus célèbres s'appelle WebKit : il est utilisé par Safari, Google Chrome et Konqueror, notamment.

Créer un moteur web n'est pas de votre niveau[2]. Comme de nombreux navigateurs, nous en utiliserons un pré-existant.

Lequel ? Eh bien il se trouve que Qt vous propose depuis d'utiliser le moteur WebKit dans vos programmes. C'est donc ce moteur-là que nous allons utiliser pour créer notre navigateur.

Configurer son projet pour utiliser WebKit

WebKit est un des nombreux modules de Qt. Il ne fait pas partie du module « GUI », dédié à la création de fenêtres, il s'agit d'un module à part.

Pour pouvoir l'utiliser, il faudra modifier le fichier `.pro` du projet pour que Qt sache qu'il a besoin de charger WebKit. Voici un exemple de fichier `.pro` qui indique que le projet utilise WebKit :

```
######################################################################
# Automatically generated by qmake (2.01a) mer. 18. juin 11:49:49
######################################################################

TEMPLATE = app
QT += webkit
TARGET =
DEPENDPATH += .
```

2. Ni du mien !

```
INCLUDEPATH += .

# Input
HEADERS += FenPrincipale.h
SOURCES += FenPrincipale.cpp main.cpp
```

D'autre part, vous devrez rajouter l'`include` suivant dans les fichiers de votre code source faisant appel à WebKit :

```
#include <QtWebKit>
```

Enfin, il faudra joindre deux nouveaux DLL à votre programme pour qu'il fonctionne : `QtWebKit4.dll` et `QtNetwork4.dll`.

Ouf, tout est prêt.

Organisation du projet

Objectif

Avant d'aller plus loin, il est conseillé d'avoir en tête le programme que l'on cherche à créer. Reportez-vous à la figure 32.1 page 534.

Parmi les fonctionnalités de ce super navigateur, affectueusement nommé « zNavigo », on compte :

- accéder aux pages précédentes et suivantes ;
- arrêter le chargement de la page ;
- actualiser la page ;
- revenir à la page d'accueil ;
- saisir une adresse ;
- naviguer par onglets ;
- afficher le pourcentage de chargement dans la barre d'état.

Le menu `Fichier` permet d'ouvrir et de fermer un onglet, ainsi que de quitter le programme. Le menu `Navigation` reprend le contenu de la barre d'outils (ce qui est très facile à faire grâce aux `QAction`, je vous le rappelle). Le menu `?` (aide) propose d'afficher les fenêtres `À propos...` et `À propos de Qt...` qui donnent des informations respectivement sur notre programme et sur Qt.

Cela n'a l'air de rien comme cela, mais cela représente déjà un sacré boulot ! Si vous avez du mal dans un premier temps, vous pouvez vous épargner la gestion des onglets... mais moi j'ai trouvé que c'était un peu trop simple sans les onglets alors j'ai choisi de vous faire jouer avec, histoire de corser le tout. ;-)

Les fichiers du projet

J'ai l'habitude de faire une classe par fenêtre. Comme notre projet ne sera constitué (au moins dans un premier temps) que d'une seule fenêtre, nous aurons donc les fichiers suivants :

- `main.cpp` ;
- `FenPrincipale.h` ;
- `FenPrincipale.cpp`.

Si vous voulez utiliser les mêmes icônes que moi, utilisez le code web qui suit pour les télécharger [3].

▷ Télécharger les icônes
Code web : 497448

Utiliser `QWebView` pour afficher une page web

`QWebView` est le principal nouveau widget que vous aurez besoin d'utiliser dans ce chapitre. Il permet d'afficher une page web. C'est lui le moteur web.

Vous ne savez pas vous en servir mais vous savez maintenant lire la documentation. Vous allez voir, ce n'est pas bien difficile !

Regardez en particulier les signaux et slots proposés par le `QWebView`. Il y a tout ce qu'il faut savoir pour, par exemple, connaître le pourcentage de chargement de la page pour le répercuter sur la barre de progression de la barre d'état (signal `loadProgress(int)`).

Comme l'indique la documentation, pour créer le widget et charger une page, c'est très simple :

```
QWebView *pageWeb = new QWebView;
pageWeb->load(QUrl("http://www.siteduzero.com/"));
```

Voilà c'est tout ce que je vous expliquerai sur `QWebView`, pour le reste lisez la documentation. :-)

La navigation par onglets

Le problème de `QWebView`, c'est qu'il ne permet d'afficher qu'une seule page web à la fois. Il ne gère pas la navigation par onglets. Il va falloir implémenter le système d'onglets nous-mêmes.

Vous n'avez jamais entendu parler de `QTabWidget` ? Si si, souvenez-vous, nous l'avons découvert dans un des chapitres précédents. Ce widget-conteneur est capable d'accueillir n'importe quel widget... comme un `QWebView` ! En combinant un `QTabWidget`

3. Toutes ces icônes sont sous licence LGPL et proviennent du site `everaldo.com`

et des `QWebView` (un par onglet), vous pourrez reconstituer un véritable navigateur par onglets !

Une petite astuce toutefois, qui pourra vous être bien utile : savoir retrouver un widget contenu dans un widget parent. Comme vous le savez, le `QTabWidget` utilise des sous-widgets pour gérer chacune des pages. Ces sous-widgets sont généralement des `QWidget` génériques (invisibles), qui servent à contenir d'autres widgets.

Dans notre cas : `QTabWidget` *contient* des `QWidget` (pages d'onglets) qui eux-mêmes *contiennent* chacun un `QWebView` (la page web). Voyez la figure 32.4.

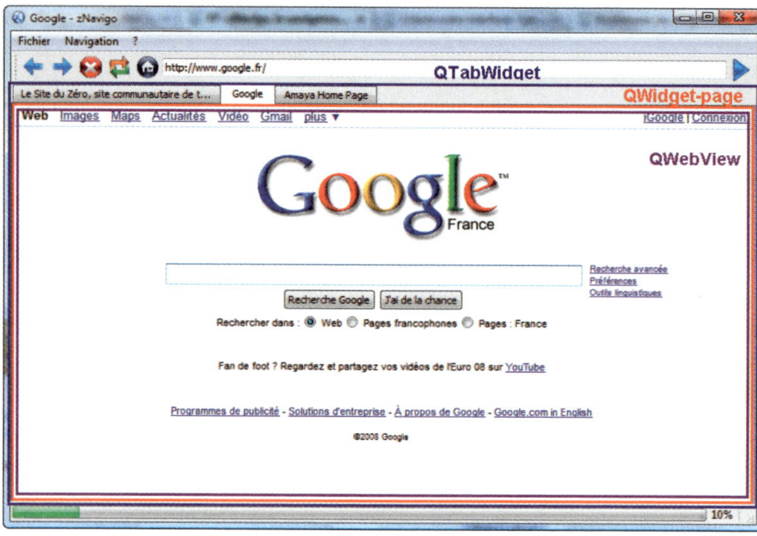

FIGURE 32.4 – Structure de zNavigo

La méthode `findChild` (définie dans `QObject`) permet de retrouver le widget enfant contenu dans le widget parent.

Par exemple, si je connais le `QWidget pageOnglet`, je peux retrouver le `QWebView` qu'il contient comme ceci :

```
QWebView *pageWeb = pageOnglet->findChild<QWebView *>();
```

Mieux encore, je vous donne la méthode toute faite qui permet de retrouver le `QWebView` actuellement visualisé par l'utilisateur (figure 32.5) :

```
QWebView *FenPrincipale::pageActuelle()
{
    return onglets->currentWidget()->findChild<QWebView *>();
}
```

`onglets` correspond au `QTabWidget`. Sa méthode `currentWidget()` permet d'obtenir un pointeur vers le `QWidget` qui sert de page pour la page actuellement affichée. On

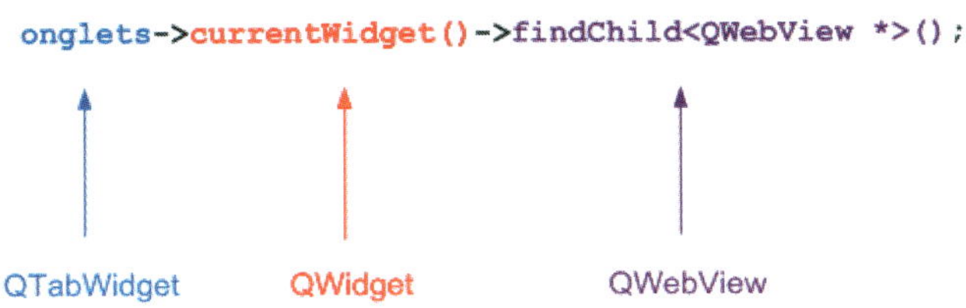

FIGURE 32.5 – Utilisation de findChild

demande ensuite à retrouver le QWebView que le QWidget contient à l'aide de la méthode findChild(). Cette méthode utilise les templates C++ [4] (avec <QWebView*>). Cela permet de faire en sorte que la méthode renvoie bien un QWebView* (sinon elle n'aurait pas su quoi renvoyer).

J'admets, c'est un petit peu compliqué, mais au moins cela pourra vous aider.

Let's go !

Voilà, vous savez déjà tout ce qu'il faut pour vous en sortir.

Notez que ce TP fait la part belle à la QMainWindow, n'hésitez donc pas à relire ce chapitre dans un premier temps pour bien vous remémorer son fonctionnement. Pour ma part, j'ai choisi de coder la fenêtre « à la main » (pas de Qt Designer donc) car celle-ci est un peu complexe.

Comme il y a beaucoup d'initialisations à faire dans le constructeur, je vous conseille de les placer dans des méthodes que vous appellerez depuis le constructeur pour améliorer la lisibilité globale :

```
FenPrincipale::FenPrincipale()
{
    creerActions();
    creerMenus();
    creerBarresOutils();

    /* Autres initialisations */

}
```

Bon courage !

Génération de la fenêtre principale

Je ne vous présente pas ici le fichier main.cpp, il est simple et classique. Intéressons-nous aux fichiers de la fenêtre.

4. Nous découvrirons en profondeur leur fonctionnement dans un prochain chapitre !

`FenPrincipale.h` (première version)

Dans un premier temps, je ne crée que le squelette de la classe et ses premières méthodes, j'en rajouterai d'autres au fur et à mesure si besoin est.

```
#ifndef HEADER_FENPRINCIPALE
#define HEADER_FENPRINCIPALE

#include <QtGui>
#include <QtWebKit>

class FenPrincipale : public QMainWindow
{
    Q_OBJECT

    public:
        FenPrincipale();

    private:
        void creerActions();
        void creerMenus();
        void creerBarresOutils();
        void creerBarreEtat();

    private slots:

    private:
        QTabWidget *onglets;

        QAction *actionNouvelOnglet;
        QAction *actionFermerOnglet;
        QAction *actionQuitter;
        QAction *actionAPropos;
        QAction *actionAProposQt;
        QAction *actionPrecedente;
        QAction *actionSuivante;
        QAction *actionStop;
        QAction *actionActualiser;
        QAction *actionAccueil;
        QAction *actionGo;

        QLineEdit *champAdresse;
        QProgressBar *progression;
};

#endif
```

La classe hérite de `QMainWindow` comme prévu. J'ai inclus `QtGui` et `QtWebKit` pour pouvoir utiliser le module GUI et le module WebKit (moteur web).

Mon idée c'est, comme je vous l'avais dit, de couper le constructeur en plusieurs sous-méthodes qui s'occupent chacune de créer une section différente de la `QMainWindow` : actions, menus, barre d'outils, barre d'état...

J'ai prévu une section pour les slots personnalisés mais je n'ai encore rien mis, je verrai au fur et à mesure.

Enfin, j'ai préparé les principaux attributs de la classe. En fin de compte, à part de nombreuses `QAction`, il n'y en a pas beaucoup. Je n'ai même pas eu besoin de mettre des objets de type `QWebView` : ceux-ci seront créés à la volée au cours du programme et on pourra les retrouver grâce à la méthode `pageActuelle()` que je vous ai donnée un peu plus tôt.

Voyons voir l'implémentation du constructeur et de ses sous-méthodes qui génèrent le contenu de la fenêtre.

Construction de la fenêtre

Direction `FenPrincipale.cpp`, on commence par le constructeur :

```
#include "FenPrincipale.h"

FenPrincipale::FenPrincipale()
{
    // Génération des widgets de la fenêtre principale
    creerActions();
    creerMenus();
    creerBarresOutils();
    creerBarreEtat();

    // Génération des onglets et chargement de la page d'accueil
    onglets = new QTabWidget;
    onglets->addTab(creerOngletPageWeb(tr("http://www.siteduzero.com")),
↪ tr("(Nouvelle page)"));
    connect(onglets, SIGNAL(currentChanged(int)), this, SLOT(changementOnglet(
↪ int)));
    setCentralWidget(onglets);

    // Définition de quelques propriétés de la fenêtre
    setMinimumSize(500, 350);
    setWindowIcon(QIcon("images/znavigo.png"));
    setWindowTitle(tr("zNavigo"));
}
```

Les méthodes `creerActions()`, `creerMenus()`, `creerBarresOutils()` et `creerBarreEtat()` ne seront pas présentées dans le livre car elles sont longues et répétitives [5]. Elles

5. Mais vous pourrez les retrouver en entier en téléchargeant le code web présenté à la fin de ce chapitre !

consistent simplement à mettre en place les éléments de la fenêtre principale comme nous avons appris à le faire.

Par contre, ce qui est intéressant ensuite dans le constructeur, c'est que l'on crée le `QTabWidget` et on lui ajoute un premier onglet. Pour la création d'un onglet, on va faire appel à une méthode « maison » `creerOngletPageWeb()` qui se charge de créer le QWidget-page de l'onglet, ainsi que de créer un `QWebView` et de lui faire charger la page web envoyée en paramètre[6].

Vous noterez que l'on utilise la fonction de `tr()` partout où on écrit du texte susceptible d'être affiché. Cela permet de faciliter la traduction ultérieure du programme dans d'autres langues, si on le souhaite. Son utilisation ne coûte rien et ne complexifie pas vraiment le programme, donc pourquoi s'en priver ?

On connecte enfin et surtout le signal `currentChanged()` du `QTabWidget` à un slot personnalisé `changementOnglet()` que l'on va devoir écrire. Ce slot sera appelé à chaque fois que l'utilisateur change d'onglet, pour, par exemple, mettre à jour l'URL dans la barre d'adresse ainsi que le titre de la page affiché en haut de la fenêtre.

Voyons maintenant quelques méthodes qui s'occupent de gérer les onglets...

Méthodes de gestion des onglets

En fait, il n'y a que 2 méthodes dans cette catégorie :

- `creerOngletPageWeb()` : je vous en ai parlé dans le constructeur, elle se charge de créer un QWidget-page ainsi qu'un `QWebView` à l'intérieur, et de renvoyer ce QWidget-page à l'appelant pour qu'il puisse créer le nouvel onglet.
- `pageActuelle()` : une méthode bien pratique que je vous ai donnée un peu plus tôt, qui permet à tout moment d'obtenir un pointeur vers le `QWebView` de l'onglet actuellement sélectionné.

Voici ces méthodes :

```
QWidget *FenPrincipale::creerOngletPageWeb(QString url)
{
    QWidget *pageOnglet = new QWidget;
    QWebView *pageWeb = new QWebView;

    QVBoxLayout *layout = new QVBoxLayout;
    layout->setContentsMargins(0,0,0,0);
    layout->addWidget(pageWeb);
    pageOnglet->setLayout(layout);

    if (url.isEmpty())
    {
        pageWeb->load(QUrl(tr("html/page_blanche.html")));
    }
```

6. `http://www.siteduzero.com` sera donc la page d'accueil par défaut, mais je vous promets que j'ai choisi ce site au hasard ! ;-)

```
    else
    {
        if (url.left(7) != "http://")
        {
            url = "http://" + url;
        }
        pageWeb->load(QUrl(url));
    }

    // Gestion des signaux envoyés par la page web
    connect(pageWeb, SIGNAL(titleChanged(QString)), this, SLOT(changementTitre(
↪ QString)));
    connect(pageWeb, SIGNAL(urlChanged(QUrl)), this, SLOT(changementUrl(QUrl)));
    connect(pageWeb, SIGNAL(loadStarted()), this, SLOT(chargementDebut()));
    connect(pageWeb, SIGNAL(loadProgress(int)), this, SLOT(chargementEnCours(int
↪ )));
    connect(pageWeb, SIGNAL(loadFinished(bool)), this, SLOT(chargementTermine(
↪ bool)));

    return pageOnglet;
}

QWebView *FenPrincipale::pageActuelle()
{
    return onglets->currentWidget()->findChild<QWebView *>();
}
```

Je ne commente pas `pageActuelle()`, je l'ai déjà fait auparavant.

Pour ce qui est de `creerOngletPageWeb()`, elle crée comme prévu un `QWidget` et elle place un nouveau `QWebView` à l'intérieur. La page web charge l'URL indiquée en paramètre et rajoute le préfixe `http://` si celui-ci a été oublié. Si aucune URL n'a été spécifiée, on charge une page blanche. J'ai pour l'occasion créé un fichier HTML vide, placé dans un sous-dossier `html` du programme.

On connecte plusieurs signaux intéressants envoyés par le `QWebView` qui, à mon avis, parlent d'eux-mêmes : « Le titre a changé », « L'URL a changé », « Début du chargement », « Chargement en cours », « Chargement terminé ».

Bref, rien de sorcier, mais cela fait encore tout plein de slots personnalisés à écrire ! ;-)

Les slots personnalisés

Bon, il y a de quoi faire. Il faut compléter `FenPrincipale.h` pour lui ajouter tous les slots que l'on a l'intention d'écrire : `precedente()`, `suivante()`, etc. Je vous laisse le soin de le faire, ce n'est pas difficile. Ce qui est intéressant, c'est de voir leur implémentation dans le fichier `.cpp`.

Implémentation des slots

Slots appelés par les actions de la barre d'outils

Commençons par les actions de la barre d'outils :

```
void FenPrincipale::precedente()
{
    pageActuelle()->back();
}

void FenPrincipale::suivante()
{
    pageActuelle()->forward();
}

void FenPrincipale::accueil()
{
    pageActuelle()->load(QUrl(tr("http://www.siteduzero.com")));
}

void FenPrincipale::stop()
{
    pageActuelle()->stop();
}

void FenPrincipale::actualiser()
{
    pageActuelle()->reload();
}
```

On utilise la (très) pratique fonction `pageActuelle()` pour obtenir un pointeur vers le `QWebView` que l'utilisateur est en train de regarder (histoire d'affecter la page web de l'onglet en cours et non pas les autres).

Toutes ces méthodes, comme `back()` et `forward()`, sont des slots. On les appelle ici comme si c'étaient de simples méthodes [7].

Pourquoi ne pas avoir connecté directement les signaux envoyés par les `QAction` aux slots du `QWebView` ?

On aurait pu, s'il n'y avait pas eu d'onglets. Le problème justement ici, c'est qu'on gère plusieurs onglets différents.

Par exemple, on ne pouvait pas connecter lors de sa création la `QAction` « actualiser » au `QWebView`... parce que le `QWebView` à actualiser dépend de l'onglet actuellement

7. Je vous rappelle que les slots sont en réalité des méthodes qui peuvent être connectées à des signaux.

sélectionné ! Voilà donc pourquoi on passe par un petit slot maison qui va d'abord chercher à savoir quel est le `QWebView` que l'on est en train de visualiser pour être sûr qu'on recharge la bonne page.

Slots appelés par d'autres actions des menus

Voici les slots appelés par les actions des menus suivants :

- Nouvel onglet ;
- Fermer l'onglet ;
- À propos...

```
void FenPrincipale::aPropos()
{
    QMessageBox::information(this, tr("A propos..."), tr("zNavigo est un projet
↪ réalisé pour illustrer les tutoriels C++ du <a href=\"http://www.siteduzero
↪ .com\">Site du Zéro</a>.<br />Les images de ce programme ont été créées
↪ par <a href=\"http://www.everaldo.com\">Everaldo Coelho</a>"));
}

void FenPrincipale::nouvelOnglet()
{
    int indexNouvelOnglet = onglets->addTab(creerOngletPageWeb(), tr("(Nouvelle
↪ page)"));
    onglets->setCurrentIndex(indexNouvelOnglet);

    champAdresse->setText("");
    champAdresse->setFocus(Qt::OtherFocusReason);
}

void FenPrincipale::fermerOnglet()
{
    // On ne doit pas fermer le dernier onglet
    if (onglets->count() > 1)
    {
        onglets->removeTab(onglets->currentIndex());
    }
    else
    {
        QMessageBox::critical(this, tr("Erreur"), tr("Il faut au moins un onglet
↪ !"));
    }
}
```

Le slot `aPropos()` se contente d'afficher une boîte de dialogue.

`nouvelOnglet()` rajoute un nouvel onglet à l'aide de la méthode `addTab()` du `QTabW idget`, comme on l'avait fait dans le constructeur. Pour que le nouvel onglet s'affiche immédiatement, on force son affichage avec `setCurrentIndex()` qui se sert de l'index (numéro) de l'onglet que l'on vient de créer. On vide la barre d'adresse et on lui donne le focus, c'est-à-dire que le curseur est directement placé dedans pour que l'utilisateur puisse écrire une URL.

L'action « Nouvel onglet » a comme raccourci `Ctrl + T`, ce qui permet d'ouvrir un onglet à tout moment à l'aide du raccourci clavier correspondant. Vous pouvez aussi ajouter un bouton dans la barre d'outils pour ouvrir un nouvel onglet ou, encore mieux, rajouter un mini-bouton dans un des coins du `QTabWidget`. Regardez du côté de la méthode `setCornerWidget()`.

`fermerOnglet()` supprime l'onglet actuellement sélectionné. Il vérifie au préalable que l'on n'est pas en train d'essayer de supprimer le dernier onglet, auquel cas le `QTabWidget` n'aurait plus lieu d'exister[8].

Slots de chargement d'une page et de changement d'onglet

Ces slots sont appelés respectivement lorsqu'on demande à charger une page (on appuie sur la touche `Entrée` après avoir écrit une URL ou on clique sur le bouton tout à droite de la barre d'outils) et lorsqu'on change d'onglet.

```
void FenPrincipale::chargerPage()
{
    QString url = champAdresse->text();

    // On rajoute le "http://" s'il n'est pas déjà dans l'adresse
    if (url.left(7) != "http://")
    {
        url = "http://" + url;
        champAdresse->setText(url);
    }

    pageActuelle()->load(QUrl(url));
}

void FenPrincipale::changementOnglet(int index)
{
    changementTitre(pageActuelle()->title());
    changementUrl(pageActuelle()->url());
}
```

On vérifie au préalable que l'utilisateur a mis le préfixe `http://` et, si ce n'est pas le cas on le rajoute (sinon l'adresse n'est pas valide).

Lorsque l'utilisateur change d'onglet, on met à jour deux éléments sur la fenêtre : le titre de la page, affiché tout en haut de la fenêtre et sur un onglet, et l'URL inscrite dans la barre d'adresse. `changementTitre()` et `changementUrl()` sont des slots personnalisés,

8. Un système à onglets sans onglets, cela fait désordre !

que l'on se permet d'appeler comme n'importe quelle méthode. Ces slots sont aussi automatiquement appelés lorsque le `QWebView` envoie les signaux correspondants.

Voyons voir comment implémenter ces slots...

Slots appelés lorsqu'un signal est envoyé par le `QWebView`

Lorsque le `QWebView` s'active, il va envoyer des signaux. Ceux-ci sont connectés à des slots personnalisés de notre fenêtre. Les voici :

```
void FenPrincipale::changementTitre(const QString & titreComplet)
{
    QString titreCourt = titreComplet;

    // On tronque le titre pour éviter des onglets trop larges
    if (titreComplet.size() > 40)
    {
        titreCourt = titreComplet.left(40) + "...";
    }

    setWindowTitle(titreCourt + " - " + tr("zNavigo"));
    onglets->setTabText(onglets->currentIndex(), titreCourt);
}

void FenPrincipale::changementUrl(const QUrl & url)
{
    if (url.toString() != tr("html/page_blanche.html"))
    {
        champAdresse->setText(url.toString());
    }
}

void FenPrincipale::chargementDebut()
{
    progression->setVisible(true);
}

void FenPrincipale::chargementEnCours(int pourcentage)
{
    progression->setValue(pourcentage);
}

void FenPrincipale::chargementTermine(bool ok)
{
    progression->setVisible(false);
    statusBar()->showMessage(tr("Prêt"), 2000);
}
```

Ces slots ne sont pas très complexes. Ils mettent à jour la fenêtre (par exemple la barre de progression en bas) lorsqu'il y a lieu.

Certains sont très utiles, comme `changementUrl()`. En effet, lorsque l'utilisateur clique sur un lien dans la page, l'URL change et il faut par conséquent mettre à jour le champ d'adresse.

Conclusion et améliorations possibles

Télécharger le code source et l'exécutable

Je vous propose de télécharger le code source ainsi que l'exécutable Windows du projet.

▷ Télécharger le programme
Code web : 316441

Pensez à ajouter les DLL nécessaires dans le même dossier que l'exécutable, si vous voulez que celui-ci fonctionne. Cette fois, comme je vous l'avais dit, il faut deux nouveaux DLL : `QtWebKit4.dll` et `QtNetwork4.dll`.

Améliorations possibles

Améliorer le navigateur, c'est possible ? Certainement ! Il fonctionne mais il est encore loin d'être parfait, et j'ai des tonnes d'idées pour l'améliorer. Bon, ces idées sont repompées des navigateurs qui existent déjà mais rien ne vous empêche d'en inventer de nouvelles, super-révolutionnaires bien sûr !

- **Afficher l'historique dans un menu** : il existe une classe `QWebHistory` qui permet de récupérer l'historique de toutes les pages visitées *via* un `QWebView`. Renseignez-vous ensuite sur la doc de `QWebHistory` pour essayer de trouver comment récupérer la liste des pages visitées.
- **Recherche dans la page** : rajoutez la possibilité de faire une recherche dans le texte de la page. Indice : `QWebView` dispose d'une méthode `findText()` !
- **Fenêtre d'options** : vous pourriez créer une nouvelle fenêtre d'options qui permet de définir la taille de police par défaut, l'URL de la page d'accueil, etc. Pour modifier la taille de la police par défaut, regardez du côté de `QWebSettings`. Pour enregistrer les options, vous pouvez passer par la classe `QFile` pour écrire dans un fichier. Mais j'ai mieux : utilisez la classe `QSettings` qui est spécialement conçue pour enregistrer des options. En général, les options sont enregistrées dans un fichier (`.ini`, `.conf`...), mais on peut aussi enregistrer les options dans la base de registre sous Windows.
- **Gestion des marque-pages (favoris)** : voilà une fonctionnalité très répandue sur la plupart des navigateurs. L'utilisateur aime bien pouvoir enregistrer les adresses de ses sites web préférés. Là encore, pour l'enregistrement, je vous recommande chaudement de passer par un `QSettings`.

Quatrième partie

Utilisez la bibliothèque standard

Chapitre 33

Qu'est-ce que la bibliothèque standard ?

Difficulté :

Maintenant que vous êtes des champions de Qt, découvrir une bibliothèque de fonctions ne devrait pas vous faire peur. Vous verrez qu'utiliser les outils standard n'est pas toujours de tout repos mais cela peut rendre vos programmes diablement plus simples à écrire et plus efficaces. La bibliothèque standard du C++ est la *bibliothèque officielle du langage*, c'est-à-dire qu'elle est disponible partout où l'on peut utiliser le C++. Apprendre à l'utiliser vous permettra de travailler même sur les plates-formes les plus excentriques où d'autres outils, comme Qt par exemple, n'existent tout simplement pas.

Ce chapitre d'introduction à la bibliothèque standard (la SL[1]) ne devrait pas vous poser de problèmes de compréhension. On va commencer en douceur par se cultiver un peu et revoir certains éléments dont vous avez déjà entendu parler. Nous allons au prochain chapitre nous plonger réellement dans la partie intéressante de la bibliothèque, la célèbre STL[2].

Un peu d'histoire

Dans l'introduction de ce cours, je vous ai déjà un petit peu parlé de l'histoire des langages de programmation en général, afin de situer le C++. Je vous propose d'entrer un peu plus dans les détails pour comprendre pourquoi un langage possède une bibliothèque standard.

La petite histoire raccourcie du C++

Prenons notre machine à remonter le temps et retournons à cette époque de l'informatique où le CD n'avait pas encore été inventé, où la souris n'existait pas, où les ordinateurs étaient moins puissants que les processeurs de votre lave-linge ou de votre four micro-ondes...

Nous sommes en 1979, Bjarne Stroustrup, un informaticien de chez AT&T, développe le *C with classes* à partir du C et en s'inspirant des langages plus modernes et innovants de l'époque comme le Simula. Il écrit lui-même le premier compilateur de son nouveau langage et l'utilise dans son travail. À l'époque, son langage n'était utilisé que par lui-même pour ses recherches personnelles. Il voulait en réalité améliorer le C en ajoutant les outils qui, selon lui, manquaient pour se simplifier la vie.

Petit à petit, des collègues et d'autres passionnés commencent à s'intéresser au *C with classes*. Et le besoin se fait sentir d'ajouter de nouvelles fonctionnalités. En 1983, les références, la surcharge d'opérateurs et les fonctions virtuelles sont ajoutées au langage qui s'appellera désormais C++. Le langage commence à ressembler un peu à ce que vous connaissez. En fait, quasiment tout ce que vous avez appris dans les parties I et II de ce cours est déjà présent dans le langage. Vous savez donc utiliser des notions qui ont de l'âge. Le C++ commence à intéresser les gens et Stroustrup finit par publier une version commerciale de son langage en 1985.

En 1989, la version 2.0 du C++ sort. Elle apporte en particulier l'héritage multiple, les classes abstraites et d'autres petites nouveautés pour les classes. Plus tard, les templates et les exceptions (deux notions que nous verrons dans la partie V de ce cours !) seront ajoutés au langage qui est quasiment équivalent à ce que l'on connaît aujourd'hui. En parallèle à cette évolution, une bibliothèque plus ou moins standard se crée, dans un premier temps pour remplacer les `printf` et autres choses peu pratiques du C par les `cout`, nettement plus faciles à utiliser. Cette partie de la SL, appelée `iostream` existe toujours et vous l'avez déjà utilisée.

1. *Standard Library*
2. *Standard Template Library*

Plus tard d'autres éléments seront ajoutés à la bibliothèque standard, comme par exemple la STL [3], reprise de travaux plus anciens d'Alexander Stepanov notamment et « traduits » de l'Ada vers le C++. Cet énorme ajout, qui va nous occuper dans la suite, est une avancée majeure pour le C++. C'est à ce moment-là que des choses très pratiques comme les `string` ou les `vector` apparaissent ! De nos jours, il est difficile d'imaginer un programme sans ces « briques » de base. Et je suis sûr que le reste de la STL va aussi vous plaire.

En 1998, un comité de normalisation se forme et décide de standardiser le langage au niveau international, c'est-à-dire que chaque implémentation du C++ devra fournir un certain nombre de fonctionnalités minimales. C'est dans ce cadre qu'est fixé le C++ actuel. C'est aussi à ce moment-là que la bibliothèque standard est figée et inscrite dans la norme. *Cela veut dire que l'on devrait obligatoirement retrouver la bibliothèque standard avec n'importe quel compilateur.* Et c'est cela qui fait sa force. Si vous avez un ordinateur avec un compilateur C++, il proposera forcément toutes les fonctions de la SL. Ce n'est pas forcément le cas d'autres bibliothèques qui n'existent que sous Windows ou que sous Linux, par exemple.

Enfin, en 2011, le C++ devrait subir une révision majeure qui lui apportera de nombreuses fonctionnalités attendues depuis longtemps. Parmi ces changements, on citera l'ajout de nouveaux mots-clés, la simplification des templates et l'ajout de nombreux éléments avancés à la bibliothèque standard [4]. Si la future norme, qu'on appelle C++1x, vous intéresse, je vous renvoie vers l'encyclopédie Wikipedia.

▷ C++1x sur Wikipedia
Code web : 565988

Pourquoi une bibliothèque standard ?

C'est une question que beaucoup de monde pose. Sans la SL, le C++ ne contient en réalité pratiquement rien. Essayez d'écrire un programme sans `string`, `vector`, `cout` ou même `new` (qui utilise en interne des parties de la SL) ! C'est absolument impossible ou alors, cela reviendrait à écrire nous-mêmes ces briques pour les utiliser par la suite, c'est-à-dire écrire notre propre version de `cout` ou de `vector`. Je vous assure que c'est très très compliqué à faire. Au lieu de réinventer la roue, les programmeurs se sont donc mis d'accord sur un ensemble de fonctionnalités de base utilisées par un maximum de personnes et les ont mises à disposition de tout le monde.

Tous les langages proposent des bibliothèques standard avec des éléments à disposition des utilisateurs. Le langage Java, par exemple, propose même des outils pour créer des fenêtres alors que le C, lui, ne propose quasiment rien. Quand on utilise ce langage, il faut donc souvent fabriquer ses propres fonctions de base. Le C++ est un peu entre les deux puisque sa SL met à disposition des objets `vector` ou `string` mais ne propose aucun moyen de créer des fenêtres. C'est pour cela que nous avons appris à utiliser Qt. Il fallait utiliser quelque chose d'externe.

3. *Standard Template Library*
4. Notamment des fonctionnalités venant de la célèbre bibliothèque `boost`.

Bon ! Assez parlé. Voyons ce qu'elle a dans le ventre, cette bibliothèque standard.

Le contenu de la SL

La bibliothèque standard est *grosso modo* composée de trois grandes parties que nous allons explorer plus ou moins en détail dans ce cours. Comme vous allez le voir, il y a des morceaux que vous connaissez déjà bien (ou que vous devriez connaître).

> Cette classification est assez arbitraire et selon les sources que l'on consulte, on trouve jusqu'à 5 parties.

L'héritage du C

L'ensemble de la bibliothèque standard du C est présente dans la SL. Les 15 fichiers d'en-tête du C (norme de 1990) sont disponibles quasiment à l'identique en C++. De cette manière, les programmes écrits en C peuvent (presque tous) être réutilisés tels quels en C++. Je vous présenterai ces vénérables éléments venus du C à la fin de ce chapitre.

Les flux

Dans une deuxième partie, on trouve tout ce qui a trait aux flux, c'est-à-dire l'ensemble des outils permettant de faire communiquer les programmes avec l'extérieur. Ce sont les classes permettant :

- d'afficher des messages dans la console ;
- d'écrire du texte dans la console ;
- ou encore d'effectuer des opérations sur les fichiers.

J'espère que cela vous rappelle quelque chose !

Cet aspect sera brièvement abordé dans la suite de cette partie mais, comme vous connaissez déjà bien ces choses, il ne sera pas nécessaire de détailler tout ce qu'on y trouve.

Nous avons déjà appris à utiliser `cout`, `cin` ainsi que les `fstream` pour communiquer avec des fichiers plus tôt dans ce cours. Je ne vais pas vous en apprendre beaucoup plus dans la suite. Mais nous allons quand même voir quelques fonctionnalités, comme la copie d'un fichier dans un tableau de mots. Vous verrez que certaines opérations fastidieuses peuvent être réalisées de manière très simple une fois que l'on connaît les bons concepts.

La STL

La **Standard Template Library** (STL) est certainement la partie la plus intéressante. On y trouve des conteneurs, tels que les `vector`, permettant de stocker des objets selon différents critères. On y trouve également quelques algorithmes standard comme la recherche d'éléments dans un conteneur ou le tri d'éléments. On y trouve des itérateurs, des foncteurs, des prédicats, des pointeurs intelligents et encore plein d'autres choses mystérieuses que nous allons découvrir en détail.

Vous vous en doutez peut-être, la suite de ce cours sera consacrée principalement à la description de la STL.

Le reste

Je vous avais dit qu'il y avait trois parties...

Mais comme souvent, les classifications ne sont pas réellement utilisables dans la réalité. Il y a donc quelques éléments de la SL qui sont inclassables, en particulier la classe `string`, qui est à la frontière entre la STL et les flux. De même, certains outils concernant la gestion fine de la mémoire, les paramètres régionaux ou encore les nombres complexes ne rentrent dans aucune des trois parties principales. Mais cela ne veut pas dire que je ne vous en parlerai pas.

Se documenter sur la SL

Dans le chapitre *Apprendre à lire la documentation de Qt* (page 431) vous avez appris à vous servir d'une documentation pour trouver les classes et fonctions utiles... Et vous vous dites sûrement qu'il en va de même pour la bibliothèque standard. Je vais vous décevoir, mais ce n'est pas le cas. Il n'existe pas de « documentation officielle » pour la SL. Et c'est bien dommage.

En fait, ce n'est pas tout à fait vrai. La description très détaillée de chaque fonctionnalité se trouve dans la norme du langage. C'est un gros document de près de 800 pages, entièrement en anglais, absolument indigeste. Par exemple, on y trouve la description suivante pour les objets `vector` :

> A vector is a kind of sequence that supports random access iterators. In addition, it supports (amortized) constant time insert and erase operations at the end; insert and erase in the middle take linear time. Storage management is handled automatically, though hints can be given to improve efficiency. The elements of a vector are stored contiguously, meaning that if v is a `vector<T,Allocator>` where T is some type other than bool, then it obeys the identity `&v[n]==&v[0]+n` for all `0<=n<v.size()`.

Même si vous parlez anglais couramment, vous n'avez certainement pas compris grand chose. Et pourtant, je vous ai choisi un passage pas trop obscur. Vous comprendrez donc que l'on ne peut pas travailler avec cela.

Des ressources sur le Web

Heureusement, il existe quelques sites web qui présentent le contenu de la SL. Mais manque de chance pour les anglophobes, toutes les références intéressantes sont en anglais.

Voici quatre sources que j'utilise régulièrement. Elles ne sont pas toutes complètes mais elles suffisent dans la plupart des cas. Je les ai classées de la plus simple à suivre à la plus compliquée.

- `cplusplus.com` - Une documentation plus simple qui présente l'ensemble de la SL. Les explications ne sont pas toujours complètes mais elles sont accompagnées d'exemples simples qui permettent de bien comprendre l'intérêt de chaque fonction et classe.
- `ApacheC++` - Une bonne documentation de la SL en général. Les fonctions sont accompagnées d'exemples simples permettant de comprendre le fonctionnement de chacune d'elles. Elle est surtout intéressante pour sa partie sur les flux.
- `sgi` - Une documentation très complète de la STL. La description n'est pas toujours aisée à lire pour un débutant et certains éléments présentés ne font pas partie de la STL standard mais seulement d'une version proposée par SGI. Présente uniquement la STL.
- `dinkumware.com` - Une référence très complète et très bien faite sur la SL au complet. Le site présente également de la documentation sur TR1, la future bibliothèque standard du C++. Probablement la meilleure documentation sur la SL.

▷ cplusplus.com
Code web : 114074

▷ Apache C++
Code web : 323299

▷ sgi
Code web : 304166

▷ dinkumware.com
Code web : 468656

Je vous conseille de naviguer un peu sur ces sites et de regarder celui qui vous plaît le plus.

L'autre solution est de me faire confiance et découvrir le tout *via* ce cours. Je ne pourrai bien sûr pas tout vous présenter mais on va faire le tour de l'essentiel.

L'héritage du C

Le C++ étant en quelque sorte un descendant du C, la totalité de la bibliothèque standard du C est disponible dans la SL. Il y a quelques outils qui sont toujours utilisés, d'autres qui ont été remplacés par des versions améliorées et finalement d'autres qui sont totalement obsolètes. J'espère ne pas vous décevoir en ne parlant que des éléments utiles. C'est déjà beaucoup !

Si vous avez fait du C, vous devriez reconnaître les en-têtes dont je vais vous parler. La principale différence réside dans le nom du fichier. En C, on utilise `math.h`, alors qu'en C++, c'est `cmath`. Le « .h » a disparu et un « c » a été ajouté devant le nom.

Comme tout le reste de la SL, la partie héritée du C est séparée en différents fichiers d'en-tête plus ou moins cohérents.

L'en-tête `cmath`

Celui-là, vous le connaissez déjà. Vous l'avez découvert tout au début du cours. C'est dans ce fichier que sont définies toutes les fonctions mathématiques usuelles. Comme je suis sympa, voici un petit rappel pour ceux qui dorment au fond de la classe.

```
#include<iostream>
#include<cmath>
using namespace std;

int main()
{
    double a(4.3), b(5.2);
    cout << pow(a,b) << endl;      //Calcul de a^b
    cout << sqrt(a) << endl;       //Calcul de la racine carrée de a
    cout << cos(b) << endl;        //Calcul du cosinus de b
    return 0;
}
```

Ah je vois que vous vous en souvenez encore. Parfait ! C'est donc le fichier à inclure lorsque vous avez des calculs mathématiques à effectuer. Je ne vais pas vous réécrire toute la liste des fonctions, vous les connaissez déjà. Pour vous habituer à la documentation, essayez donc de retrouver ces fonctions dans les différentes ressources que je vous ai indiquées.

▷ Documentation de `cmath`
Code web : 604920

L'en-tête `cctype`

Ce fichier propose quelques fonctions pour connaître la nature d'un `char`. Quand on manipule du texte, on doit souvent répondre à des questions comme :

- Cette lettre est-elle une majuscule ou une minuscule ?
- Ce caractère est-il un espace ?
- Ce symbole est-il un chiffre ?

Les fonctions présentes dans l'en-tête `cctype` sont là pour cela. Pour tester si un `char` donné est un chiffre, par exemple, on utilisera la fonction `isdigit()`. Comme dans l'exemple suivant :

```
#include <iostream>
#include <cctype>
using namespace std;

int main()
{
    cout << "Entrez un caractere : ";
    char symbole;
    cin >> symbole;

    if(isdigit(symbole))
        cout << "C'est un chiffre." << endl;
    else
        cout << "Ce n'est pas un chiffre." << endl;

    return 0;
}
```

Comme vous le voyez, c'est vraiment très simple à utiliser. Le tableau suivant présente les fonctions les plus utilisées de cet en-tête. Vous trouverez la liste complète dans votre documentation favorite.

Nom de la fonction	**Description**
`isalpha()`	Vérifie si le caractère est une lettre.
`isdigit()`	Vérifie si le caractère est un chiffre.
`islower()`	Vérifie si le caractère est une minuscule.
`isupper()`	Vérifie si le caractère est une majuscule.
`isspace()`	Vérifie si le caractère est un espace ou un retour à la ligne.

En plus de cela, il y a deux fonctions `tolower()` et `toupper()` qui convertissent une majuscule en minuscule et inversement. On peut ainsi aisément transformer un texte en majuscules :

```
#include <iostream>
#include <cctype>
#include <string>
using namespace std;

int main()
{
    cout << "Entrez une phrase : " << endl;
    string phrase;
    getline(cin, phrase);

```

```
    //On parcourt la chaîne pour la convertir en majuscules
    for(int i(0); i<phrase.size(); ++i)
    {
        phrase[i] = toupper(phrase[i]);
    }

    cout << "Votre phrase en majuscules est : " << phrase << endl;
    return 0;
}
```

À nouveau, rien de bien sorcier. Je vous laisse vous amuser un peu avec ces fonctions. Essayez par exemple de réaliser un programme qui remplace tous les espaces d'une `string` par le symbole #. Je suis sûr que c'est dans vos cordes.

L'en-tête `ctime`

Comme son nom l'indique, ce fichier d'en-tête contient plusieurs fonctions liées à la gestion du temps. La plupart sont assez bizarres à utiliser et donc peu utilisées. De toute façon, la plupart des autres bibliothèques, comme Qt, proposent des classes pour gérer les heures, les jours et les dates de manière plus aisée.

Personnellement, la seule fonction de `ctime` que j'utilise est la fonction `time()`. Elle renvoie le nombre de secondes qui se sont écoulées depuis le 1er janvier 1970. C'est ce qu'on appelle l'**heure UNIX**.

```
#include <iostream>
#include <ctime>
using namespace std;

int main()
{
    int secondes = time(0);
    cout << "Il s'est ecoule " << secondes << " secondes depuis le 01/01/1970."
↪ << endl;
    return 0;
}
```

La fonction attend en argument un pointeur sur une variable dans laquelle stocker le résultat. Mais bizarrement, elle renvoie aussi ce résultat comme valeur de retour. L'argument est donc en quelque sorte inutile. On fournit généralement à la fonction un pointeur ne pointant sur rien, d'où le 0 passé en argument.

Ce qui donne :

```
Il s'est ecoule 1302471754 secondes depuis le 01/01/1970.
```

Ce qui fait beaucoup de secondes !

Euh... À quoi cela sert-il ?

Il y a principalement trois raisons d'utiliser cette fonction :

- La première utilisation est bien sûr de calculer la date. Avec un petit peu d'arithmétique, on retrouve facilement la date et l'heure actuelle. Mais comme je vous l'ai dit, la plupart des bibliothèques proposent des outils plus simples pour cela.
- Deuxièmement, on peut l'utiliser pour calculer le temps que met le programme à s'exécuter. On appelle la fonction `time()` en début de programme puis une deuxième fois à la fin. Le temps passé dans le programme sera simplement la différence entre les deux valeurs obtenues !
- Le dernier cas d'utilisation de cette fonction, vous l'avez déjà vu ! On l'utilise pour générer des nombres aléatoires. Nous allons voir comment dans la suite.

L'en-tête `cstdlib`

Voici à nouveau une vieille connaissance. Souvenez-vous, dans le premier TP, je vous avais présenté un moyen de choisir un nombre au hasard. Il fallait utiliser les fonctions `srand()` et `rand()`.

C'est certainement l'en-tête le plus utile en C. Il contient toutes les briques de base et je crois qu'il n'y a pas un seul programme de C qui n'inclue pas `stdlib.h` (l'équivalent « C » de ce fichier). Par contre, en C++, eh bien... il ne sert quasiment à rien. Mise à part la génération de nombres aléatoires, tout a été remplacé en C++ par de nouvelles fonctionnalités.

Revoyons quand même en vitesse comment générer des nombres aléatoires. La fonction `rand()` renvoie un nombre au hasard entre 0 et `RAND_MAX` (un très grand nombre, généralement plus grand que 10^9). Si l'on souhaite obtenir un nombre au hasard entre 0 et 10, on utilise l'opérateur modulo (%).

```
nb = rand() % 10; //nb prendra une valeur au hasard entre 0 et 9 compris.
```

Jusque là, rien de bien compliqué. Le problème est qu'un ordinateur ne sait pas générer un nombre au hasard. Tout ce qu'il sait faire c'est créer des suites de nombres qui *ont l'air aléatoires*. Il faut donc spécifier un début pour la séquence. Et c'est là qu'intervient la fonction `srand()` : elle permet de spécifier le premier terme de la suite.

Il ne faut appeler qu'une seule et unique fois la fonction `srand()` par programme !

Le problème est que si l'on donne chaque fois le même premier terme à l'ordinateur, il génère à chaque fois la même séquence ! Il faut donc lui donner quelque chose de différent à chaque exécution du programme. Et qu'est-ce qui change à chaque fois que l'on exécute un programme ? La date et l'heure, bien sûr ! La solution est donc d'utiliser le résultat de la fonction `time()` comme premier terme de la série.

```
#include <iostream>
#include <ctime>
#include <cstdlib>
using namespace std;

int main()
{
    srand(time(0));     //On initialise la suite de nombres aléatoires

    for(int i(0); i<10; ++i)
        cout << rand() % 10 << endl;  //On génère des nombres au hasard

    return 0;
}
```

Libre à vous ensuite d'utiliser ces nombres pour mélanger des lettres comme dans le TP ou pour créer un jeu de casino. Le principe de base est toujours le même.

Les autres en-têtes

Mis à part `cassert` dont nous parlerons plus tard, le reste des 15 en-têtes du C n'est que très rarement utilisé en C++. Je ne vous en dirai donc pas plus dans ce cours.

Bon, assez travaillé avec les reliques du C ! Pour l'instant, je ne vous ai pas présenté de grandes révolutions pour vos programmes comme je vous l'avais promis. Ne le dites pas trop fort si vous rencontrez des amateurs de C mais c'est parce qu'on n'a pas encore utilisé la puissance du C++. Attachez vos ceintures, la suite du voyage va secouer.

En résumé

- La bibliothèque standard du C++ propose de nombreuses briques de base pour simplifier l'écriture de nos programmes.
- On peut considérer qu'elle est découpée en trois parties : la STL, les flux et tout ce qui a été repris du langage C.
- Parmi les éléments repris du C, on utilise principalement `cctype` pour analyser des lettres, `ctime` pour la mesure du temps et `cstdlib` pour générer des nombres aléatoires.

Chapitre 34

Les conteneurs

Difficulté :

Après cette brève introduction à la SL et aux éléments venus du C, il est temps de se plonger dans ce qui fait la force de la bibliothèque standard, la fameuse **STL**. Ce sigle signifie *Standard Template Library*, ce que l'on pourrait traduire par « Bibliothèque standard basée sur des templates ». Pour l'instant, vous ne savez pas ce que sont les **templates**, nous les découvrirons plus tard. Mais cela ne veut pas dire que vous n'avez pas le niveau requis ! Souvenez-vous de la classe `string`, vous avez appris à l'utiliser bien avant de savoir ce qu'était un objet. Il en sera de même ici, nous allons utiliser (beaucoup) de templates sans que vous ayez besoin d'en savoir plus à leur sujet.

L'élément de base de toute la STL est le conteneur. Un conteneur est un objet permettant de stocker d'autres objets. D'ailleurs, vous en connaissez déjà un : le `vector`. Dans ce premier vrai chapitre sur la SL, vous allez découvrir qu'il existe d'autres sortes de conteneurs pour tous les usages. La vraie difficulté sera alors de faire son choix parmi tous ces conteneurs. Mais ne vous en faites pas, je serai là pour vous guider.

Stocker des éléments

Vous l'avez vu tout au long de ce cours, stocker des objets dans d'autres objets est une opération très courante. Pensez par exemple aux collections hétérogènes, lorsque nous avons vu le polymorphisme, ou aux différents layouts dans Qt qui permettaient d'arranger les boutons et autres objets dans les widgets. En jargon informatique, ces moyens de stockage s'appellent des **conteneurs**. Ce sont des objets qui peuvent contenir toute une série d'autres objets et qui proposent des méthodes permettant de les manipuler. *A priori*, cette définition peut faire un peu peur. Mais ce ne devrait pas être le cas. Cela fait bien longtemps que vous avez appris à utiliser les `vector`, le membre le plus connu de la STL. Voici un petit rappel basique pour ceux qui dormaient au fond de la salle de cours.

```
#include <iostream>
#include <vector>
using namespace std;

int main()
{
    vector<int> tab(5,4); //Un tableau contenant 5 entiers dont la valeur est 4
    tab.pop_back();       //On supprime la dernière case du tableau.
    tab.push_back(6);     //On ajoute un 6 à la fin du tableau.

    for(int i(0); i<tab.size(); ++i) //On utilise size() pour connaître le
↪ nombre d'éléments dans le vector
        cout << tab[i] << endl;      //On utilise les crochets [] pour accéder
↪  aux éléments

    return 0;
}
```

Souvenez-vous, la première case d'un `vector` possède toujours l'indice 0.

Les `vector` sont des tableaux dynamiques. Autrement dit, les éléments qu'ils contiennent sont stockés les uns à coté des autres dans la mémoire. On pourrait se dire que c'est la seule manière de ranger des objets. En tout cas, c'est comme cela que la plupart des gens rangent leurs caves ou leurs étagères. Je suis sûr que vous faites de même.

Cette manière de ranger des livres sur une bibliothèque est sans doute la plus simple que l'on puisse imaginer. On peut accéder directement au troisième ou au huitième livre en tendant simplement le bras.

Mais pour d'autres opérations, cette méthode de rangement n'est pas forcément la meilleure. Si vous devez ajouter un livre au milieu de la collection, vous allez devoir décaler tous ceux situés à droite. Ici, ce n'est pas un gros travail. Mais imaginez que votre bibliothèque contienne des centaines de livres, tout décaler prendra du temps.

De même, ôter un livre au milieu de l'étagère sera coûteux, il va falloir à nouveau tout déplacer !

Ce ne sont pas les seules opérations difficiles à effectuer avec des livres. Trier les livres selon le nom de l'auteur est aussi quelque chose de long et difficile à réaliser. Si le tri avait été effectué au moment où les livres ont été posés pour la première fois, on n'aurait plus à le faire. Par contre, ajouter un livre dans la collection implique une réflexion préalable. Il faut, en effet, placer le bouquin au bon endroit pour que la collection reste triée. Inverser l'ordre des livres est aussi un long travail dans une grande bibliothèque. Bref, ranger des objets n'est pas aussi simple qu'on pourrait le penser.

Vous l'avez sûrement constaté, toutes les bibliothèques rangent leurs livres les uns à cotés des autres. Mais les informaticiens sont des gens malins. Ils ont inventé d'autres méthodes de rangement. Nous allons les découvrir à partir de maintenant.

Il n'existe pas de « conteneur ultime », pour lequel toutes les opérations sont rapides. Il faut choisir la méthode de stockage adaptée à chaque problème en fonction des opérations que l'on veut privilégier. Je vous donnerai quelques astuces à la fin de ce chapitre.

Les deux catégories de conteneurs

Les différents conteneurs peuvent être partagés en deux catégories selon que les éléments sont classés à la suite les uns des autres ou non. On parle dans un cas de séquences et dans l'autre de conteneurs associatifs. Les `vector` sont bien évidemment des séquences puisque, comme je vous l'ai dit, toutes les cases sont rangées de manière contiguë dans la mémoire. Nous allons voir tous ces conteneurs en détail. Pour l'instant, voici une liste de tous les conteneurs de la STL triés suivant leur catégorie.

- Séquences :
  - `vector`
  - `deque`
  - `list`
  - `stack`
  - `queue`
  - `priority_queue`
- Conteneurs associatifs :
  - `set`
  - `multiset`
  - `map`
  - `multimap`

Les noms des conteneurs sont en anglais et peut-être un peu bizarres, mais vous allez vite vous y faire. Et puis, les noms, bien que compliqués, décrivent plutôt bien à quoi ils servent.

> Pour utiliser ces conteneurs, il faut inclure le fichier d'en-tête correspondant. Et là, rien de bien sorcier. Pour utiliser des `list`, il faut ajouter la ligne `#include <list>` en haut de votre code. De même, pour utiliser une `map`, il faudra appeler `#include<map>` en début de fichier.

Vous vous dites peut-être qu'apprendre à utiliser 15 conteneurs différents va demander beaucoup de travail. Je vous rassure tout de suite, ils sont quand même très similaires. Après tout, ils sont tous là pour stocker des objets ! Et comme les concepteurs de la STL sont sympas, ils ont donné les mêmes noms aux méthodes communes de tous les conteneurs.

Par exemple, la méthode `size()` renvoie la taille d'un `vector`, d'une `list` ou d'une `map`. Magique !

Quelques méthodes communes

Connaître la taille, c'est bien mais on a parfois simplement besoin de savoir si le conteneur est vide ou pas. Pour cela, il existe la méthode `empty()` qui renvoie `true` si le conteneur est vide et `false` sinon.

```
list<double> a; //Une liste de double
if(a.empty())
    cout << "La liste est vide." << endl;
else
    cout << "La liste n'est pas vide." << endl;
```

Vous ne savez pas encore ce que sont les listes ni comment et quand les utiliser, mais je crois que vous n'avez pas eu de peine à comprendre cet extrait de code.

Une autre méthode bien pratique est celle qui permet de vider entièrement un conteneur. Il s'agit de `clear()`. Cela ne devrait pas surprendre les anglophones parmi vous !

```
set<string> a; //Un ensemble de chaînes de caractères
//Quelques actions...
a.clear();  //Et on vide le tout !
```

À nouveau, rien de bien difficile, même avec une classe dont vous ne savez rien.

Enfin, il arrive qu'on ait besoin d'échanger le contenu de deux conteneurs de même type. Et plutôt que de devoir copier un à un et à la main les éléments, les concepteurs de la STL ont créé une méthode `swap()` qui effectue cet échange de la manière la plus efficace possible.

```
vector<double> a(8,3.14);  //Un vector contenant 8 fois le nombre 3.14
vector<double> b(5,2.71);  //Un autre vector contenant 5 fois le nombre 2.71

a.swap(b); //On échange le contenu des deux tableaux.
//b a maintenant une taille de 8 et a une taille de 5.
```

Comme nous le verrons dans la partie suivante du cours, vector<int> et vector<double> sont des types différents. On ne peut donc pas échanger le contenu de deux conteneurs dont les éléments sont de types différents.

Bon bon, moi, tout cela m'a donné envie d'en savoir plus sur ces conteneurs. Tournons nous donc vers les séquences.

Les séquences et leurs adaptateurs

Commençons avec notre vieil ami, le `vector`.

Les `vector`, encore et toujours

Si vous parlez la langue de Shakespeare, vous aurez certainement reconnu dans le nom de ces objets, le mot « vecteur », ces drôles d'objets mathématiques que l'on représente par des flèches. Eh bien, ils n'ont pas énormément de choses en commun ! Les `vector` ne sont vraiment pas adaptés pour effectuer des opérations mathématiques. Et en plus, ils n'en ont même pas les caractéristiques. On pourrait dire que c'est un mauvais choix de nom de la part des concepteurs de la STL. Mais bon, il est trop tard pour en changer... Vous allez donc devoir vous habituer à ce faux-ami.

Comme vous l'avez vu depuis longtemps, les `vector` sont très simples à utiliser. On accède aux éléments *via* les crochets `[]`, comme pour les tableaux statiques, et l'ajout d'éléments à la fin se fait *via* la méthode `push_back()`. En réalité, cette méthode est une opération commune à toutes les séquences. Il en va de même pour `pop_back()`.

Il existe en plus de cela deux méthodes plus rarement utilisées permettant d'accéder au premier et au dernier élément d'un `vector` ou de toute autre séquence. Il s'agit des méthodes `front()` et `back()`. Mais comme il n'est que rarement utile d'accéder seulement au premier ou au dernier élément, ces méthodes ne présentent guère d'intérêt.

Finalement, il existe la méthode `assign()` permettant de remplir tous les éléments d'une séquence avec la même valeur.

Récapitulons tout cela dans un tableau.

Méthode	**Description**
`push_back()`	Ajout d'un élément à la fin du tableau.
`pop_back()`	Suppression de la dernière case du tableau.
`front()`	Accès à la première case du tableau.
`back()`	Accès à la dernière case du tableau.
`assign()`	Modification du contenu d'un tableau.

En plus des crochets, il est possible d'accéder aux éléments d'un `vector` en utilisant des **itérateurs**. C'est ce que nous allons découvrir dans le prochain chapitre. Pour l'instant, tournons-nous vers les autres types de séquences.

Les deque, ces drôles de tableaux

deque est en fait un acronyme (bizarre) pour *double ended queue*, ce qui donne en français, « queue à deux bouts ». Derrière ce nom un peu original se cache un concept très simple : c'est un tableau auquel on peut ajouter des éléments aux deux extrémités. Les vector proposent les méthodes push_back() et pop_back() pour manipuler ce qui se trouve à la fin du tableau. Modifier ce qui se trouve au début n'est pas possible. Les deque lèvent cette limitation en proposant des méthodes push_front() et pop_front(). Elles sont aussi très simples à utiliser. La seule difficulté vient du fait que le premier élément possède toujours l'indice 0. Les indices sont donc décalés à chaque ajout en début de deque.

```
#include <deque> //Ne pas oublier !
#include <iostream>
using namespace std;

int main()
{
    deque<int> d(4,5); //Une deque de 4 entiers valant 5

    d.push_front(2);    //On ajoute le nombre 2 au début
    d.push_back(8);     //Et le nombre 8 à la fin

    for(int i(0); i<d.size(); ++i)
        cout << d[i] << " ";     //Affiche 2 5 5 5 5 8

    return 0;
}
```

Et pour bien comprendre le tout, je vous propose un petit schéma (figure 34.1).

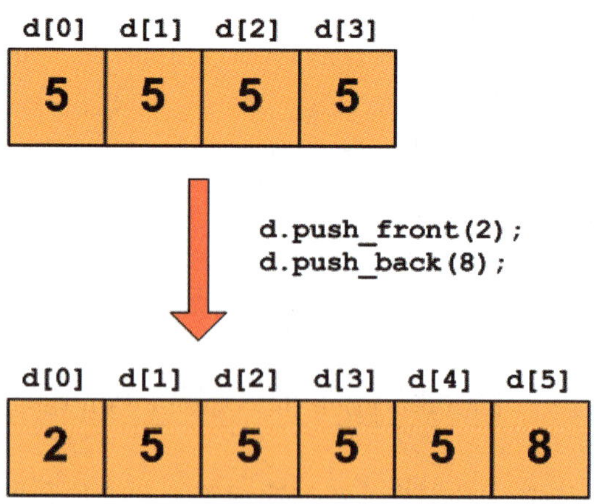

FIGURE 34.1 – Fonctionnement d'une deque

Même si l'on ajoute des éléments au début d'une deque, l'indice du premier élément est toujours 0. Je vous l'ai déjà dit mais je préfère vous éviter des soucis avec votre compilateur.

Bon, je crois que vous avez compris. Si vous avez survécu aux premiers chapitres de ce cours, tout cela doit vous sembler bien facile.

Les `stack`, une histoire de pile

La classe `stack` est la première structure de données un peu spéciale que vous rencontrez. C'est un conteneur qui n'autorise l'accès qu'au dernier élément ajouté. En fait, il n'y a que 3 opérations autorisées :

1. Ajouter un élément ;
2. Consulter le dernier élément ajouté ;
3. Supprimer le dernier élément ajouté.

Cela se fait *via* les trois méthodes `push()`, `top()` et `pop()`.

Je ne comprends pas bien l'intérêt d'un tel stockage !

En termes techniques, on parle de **structure LIFO**[1]. Le dernier élément ajouté est le premier à pouvoir être ôté. Comme sur une pile d'assiettes ! Vous ne pouvez accéder qu'à la dernière assiette posée sur la pile (figure 34.2).

Cela permet d'effectuer des traitements sur les données en ordre inverse de leur arrivée dans la pile, comme pour les assiettes. La dernière assiette sale sur la pile est la première à être lavée alors que celle arrivée en premier (et qui est donc tout en-bas de la pile) sera traitée en dernier. Un exemple plus informatique serait la gestion d'un stock. On ajoute à la pile le nombre d'articles vendus chaque mois et, pour créer le bilan trimestriel, on consulte les trois derniers ajouts sans s'occuper du reste.

```
#include <stack>
#include <iostream>
using namespace std;

int main()
{
    stack<int> pile;     //Une pile vide
    pile.push(3);        //On ajoute le nombre 3 à la pile
    pile.push(4);
    pile.push(5);
```

1. *Last In First Out*

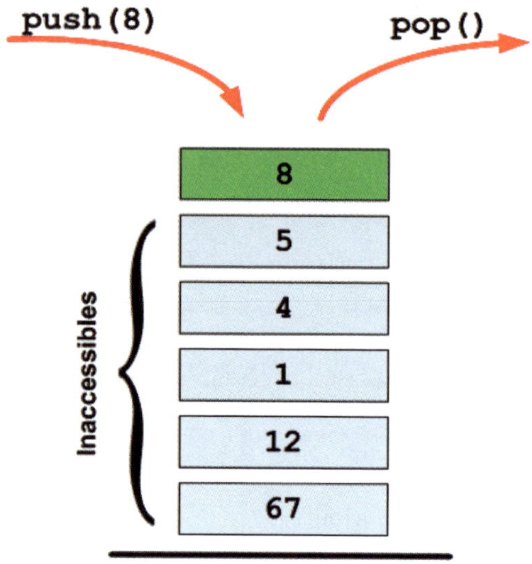

FIGURE 34.2 – Une pile d'éléments (stack)

```
    cout << pile.top() << endl; //On consulte le sommet de la pile (le nombre 5)

    pile.pop();          //On supprime le dernier élément ajouté (le nombre 5)

    cout << pile.top() << endl; //On consulte le sommet de la pile (le nombre 4)

    return 0;
}
```

Peut-être aurez-vous besoin de ce genre de structures un jour. Repensez alors à ce chapitre !

Les queue, une histoire de file

Les files sont très similaires aux piles (et pas que pour leurs noms !). En termes techniques, on parle de **structure FIFO** [2]. La différence ici est que l'on ne peut accéder qu'au premier élément ajouté, exactement comme dans une file de supermarché. Les gens attendent les uns derrière les autres et la caissière traite les courses de la première personne arrivée. Quand elle a terminé, elle s'occupe de la deuxième et ainsi de suite (figure 34.3).

Le fonctionnement est analogue à celui des piles. La seule différence est qu'on utilise `front()` pour accéder à ce qui se trouve à l'avant de la file au lieu de `top()`.

2. *First In First Out*

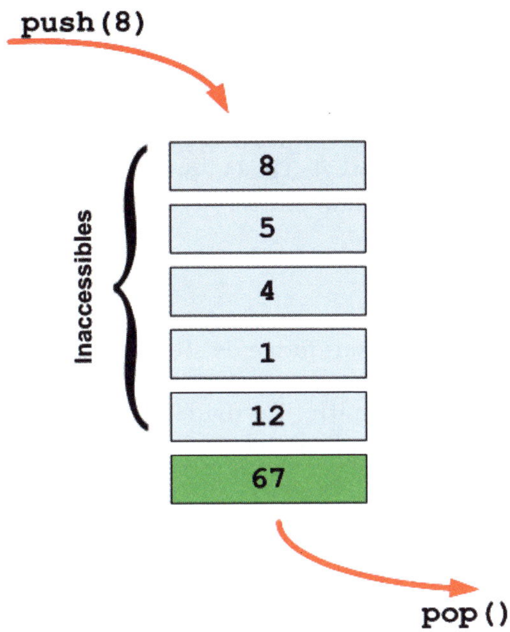

FIGURE 34.3 – Une file (queue)

Les priority_queue, la fin de l'égalité

Les priority_queue sont des queue qui ordonnent leurs éléments. Un peu comme si les clients avec les plus gros paquets de courses passaient avant les gens avec seulement un ou deux articles. Les méthodes sont exactement les mêmes que dans le cas des files simples.

```
#include <queue> //Attention ! queue et priority_queue sont définies dans le
↪ même fichier
#include <iostream>
using namespace std;

int main()
{
    priority_queue<int> file;
    file.push(5);
    file.push(8);
    file.push(3);

    cout << file.top() << endl;  //Affiche le plus grand des éléments insérés
↪ (le nombre 8)

    return 0;
}
```

Les objets stockés dans une priority_queue doivent avoir un opérateur de comparaison (<) surchargé afin de pouvoir être classés !

On utilise par exemple ce genre de structure pour gérer des évènements selon leur priorité. Pensez aux signaux et slots de Qt. On pourrait leur affecter une valeur pour traiter les évènements dans un certain ordre.

Les `list`, à voir plus tard

Finalement, le dernier conteneur sous forme de séquence est la liste. Cependant, pour les utiliser de manière efficace il faut savoir manipuler les itérateurs, ce que nous apprendrons à faire au prochain chapitre. De toute façon, je crois que je vous ai assez parlé de séquences pour le moment. Il est temps de parler d'une tout autre manière de ranger des objets.

Les tables associatives

Jusqu'à maintenant, vous êtes habitués à accéder aux éléments d'un conteneur en utilisant les crochets `[]`. Dans un `vector` ou une `deque`, les éléments sont accessibles *via* leur index, un nombre entier positif. Ce n'est pas toujours très pratique. Imaginez un dictionnaire : vous n'avez pas besoin de savoir que « banane » est le 832e mot pour accéder à sa définition. Les tables associatives sont des structures de données qui autorisent l'emploi de n'importe quel type comme index. En termes techniques, on dit qu'une `map` est une table associative permettant de stocker des paires clé-valeur.

Concrètement, cela veut dire que vous pouvez créer un conteneur où, par exemple, les indices sont des `string`. Comme le type des indices peut varier, il faut l'indiquer lors de la déclaration de l'objet :

```
#include <map>
#include <string>
using namespace std;

map<string, int> a;
```

Ce code déclare une table associative qui stocke des entiers mais dont les indices sont des chaînes de caractères. On peut alors accéder à un élément *via* les crochets `[]` comme ceci :

```
a["salut"] = 3; //La case "salut" de la map vaut maintenant 3
```

Si la case n'existe pas, elle est automatiquement créée. On peut utiliser ce que l'on veut comme clé. La seule condition est que l'objet utilisé possède un opérateur de comparaison « plus-petit-que » (<).

Avec ce nouvel outil, on peut très facilement compter le nombre d'occurrences d'un mot dans un fichier. Essayez par vous-même c'est un très bon exercice. Le principe est simple. On parcourt le fichier et pour chaque mot on incrémente la case correspondante dans la table associative. Voici ma solution :

```
#include <map>
#include <string>
#include <fstream>
using namespace std;

int main()
{
    ifstream fichier("texte.txt");
    string mot;
    map<string, int> occurrences;
    while(fichier >> mot)   //On lit le fichier mot par mot
    {
        ++occurrences[mot]; //On incrémente le compteur pour le mot lu
    }
    cout << "Le mot 'banane' est present " << occurences["banane"] << " fois
↪ dans le fichier" << endl;
    return 0;
}
```

On peut difficilement faire plus court ! Pour le moment en tout cas.

Les `map` ont un autre gros point fort : les éléments sont triés selon leur clé. Donc si l'on parcourt une `map` du début à la fin, on parcourt les clés de la plus petite à la plus grande. Le problème c'est que, pour parcourir une table associative du début à la fin, il faut utiliser les itérateurs et donc attendre le prochain chapitre.

Les autres tables associatives

Les autres tables sont des variations de la `map`. Le principe de fonctionnement de ces conteneurs est très similaire mais ,à nouveau, il nous faut utiliser les itérateurs pour exploiter la pleine puissance de ces structures de données. Je sens que vous allez bientôt avoir envie d'en savoir plus sur ces drôles de bêtes... En attendant, je vais quand même vous en dire quelques mots sur ces autres structures de données.

- Les `set` sont utilisés pour représenter les ensembles. On peut insérer des objets dans l'ensemble et y accéder *via* une méthode de recherche. Par contre, il n'est pas possible d'y accéder *via* les crochets. En fait, c'est comme si on avait une `map` où les clés et les éléments étaient confondus.
- Les `multiset` et `multimap` sont des copies des `set` et `map` où chaque clé peut exister en plusieurs exemplaires.

On reparlera un peu de tout cela mais ces trois derniers conteneurs sont quand même d'un usage plus rare.

Choisir le bon conteneur

La principale difficulté avec la STL est de choisir le bon conteneur ! Comme dans l'exemple de la bibliothèque de livres, faire le mauvais choix peut avoir des conséquences désastreuses en termes de performances. Et puis, tous les conteneurs n'offrent pas les mêmes services. Avez-vous besoin d'accéder aux éléments directement ? Ou préférez-vous les trier et n'accéder qu'à l'élément avec la plus grande priorité ? C'est à ce genre de questions qu'il faut répondre pour faire le bon choix. Et ce n'est pas facile !

Heureusement, je vais vous aider *via* un schéma (figure 34.4). En suivant les flèches et en répondant aux questions posées dans les losanges, on tombe sur le conteneur le plus approprié.

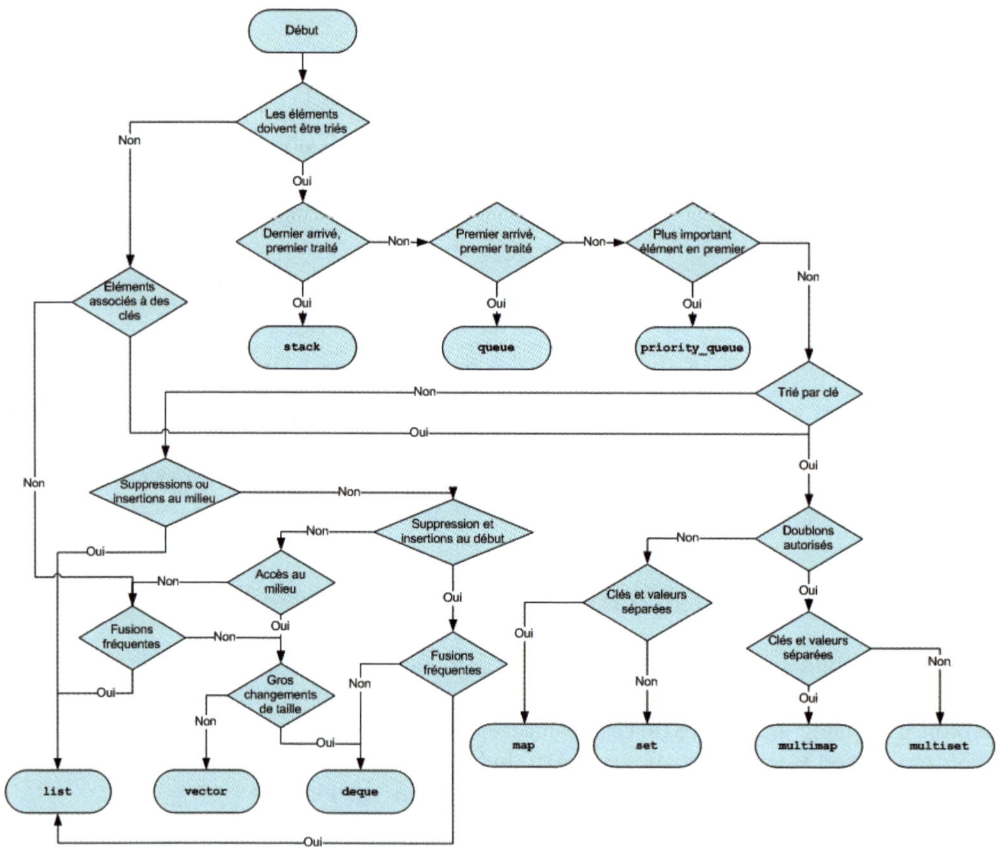

FIGURE 34.4 – Choisir le bon conteneur

Avec cela, pas moyen de se tromper ! Il est évidemment inutile d'apprendre ce schéma par cœur. Sachez simplement qu'il existe et où le trouver.

Au final, on utilise souvent des `vector`. Cet outil de base permet de résoudre bien des problèmes sans se poser trop de questions. Et on sort une `map` quand on a besoin d'utiliser autre chose que des entiers pour indexer les éléments. Utiliser ce schéma, c'est le niveau supérieur mais choisir le bon conteneur peut devenir essentiel quand on cherche à créer un programme vraiment optimisé.

En résumé

- La STL propose de nombreux conteneurs. Ils sont tous optimisés pour des usages différents.
- Les `deque` et `vector` permettent de stocker des objets côte-à-côte dans la mémoire.
- Les `map` et `set` sont à utiliser si l'on souhaite indexer les éléments contenus avec autre chose que des entiers.
- Choisir le bon conteneur est une tâche difficile. Sachez que `vector` est le plus fréquemment utilisé. Vous pourrez toujours revenir sur votre décision par la suite si vous avez besoin d'un conteneur plus adapté.

Chapitre 35

Itérateurs et foncteurs

Difficulté :

Au chapitre précédent, vous avez pu vous familiariser un peu avec les différents conteneurs de la STL.

Vous avez appris à ajouter des éléments à l'intérieur mais vous n'avez guère fait plus excitant. Vous avez dû rester un peu sur votre faim. Il faut bien sûr apprendre à parcourir les conteneurs et à appliquer des traitements aux éléments. Pour ce faire, nous allons avoir besoin de deux notions, les **itérateurs** et les **foncteurs**.

Les itérateurs sont des objets ressemblant aux pointeurs, qui vont nous permettre de parcourir les conteneurs. L'intérêt de ces objets est qu'on les utilise de la même manière quel que soit le conteneur ! Pas besoin de faire de distinction entre les `vector`, les `map` ou les `list`. Vous allez voir, c'est magique.

Les foncteurs, quant à eux, sont des objets que l'on utilise comme fonction. Nous allons alors pouvoir appliquer ces fonctions à tous les éléments d'un conteneur par exemple.

Itérateurs : des pointeurs boostés

Dans les premiers chapitres de ce cours, nous avions vu que les pointeurs peuvent être assimilés à des flèches pointant sur les cases de la mémoire de l'ordinateur. Ce n'est bien sûr qu'une image mais elle va nous aider par la suite. Un conteneur est un objet contenant des éléments, un peu comme la mémoire contient des variables. Les concepteurs de la STL ont donc eu l'idée de créer des pointeurs spéciaux pour se déplacer dans les conteneurs comme le ferait un pointeur dans la mémoire. Ces pointeurs spéciaux s'appellent des **itérateurs**.

Les itérateurs sont en réalité des objets plutôt complexes et non de simples pointeurs.

L'avantage de cette manière de faire est qu'elle réutilise quelque chose que l'on connaît bien. On peut déplacer l'itérateur en utilisant les opérateurs ++ et --, comme on pourrait le faire pour un pointeur. Mais l'analogie ne s'arrête pas là : on accède à l'élément pointé (ou itéré) *via* l'étoile *. Bref, cela nous rappelle de vieux souvenirs. Du moins j'espère !

Déclarer un itérateur...

Chaque conteneur possède son propre type d'itérateur mais la manière de les déclarer est toujours la même. Comme toujours, il faut un type et un nom. Choisir un nom, c'est votre problème mais, pour le type, je vais vous aider. Il faut indiquer le type du conteneur, suivi de l'opérateur `::` et du mot `iterator`. Par exemple, pour un itérateur sur un `vector` d'entiers, on a :

```
#include <vector>
using namespace std;

vector<int> tableau(5,4);      //Un tableau de 5 entiers valant 4
vector<int>::iterator it;      //Un itérateur sur un vector d'entiers
```

Voici encore quelques exemples :

```
map<string, int>::iterator it1; //Un itérateur sur les tables associatives
↪ string-int

deque<char>::iterator it2; //Un itérateur sur une deque de caractères

list<double>::iterator it3; //Un itérateur sur une liste de nombres à virgule
```

Bon. Je crois que vous avez compris.

. . . et itérer

Il ne nous reste plus qu'à les utiliser. Tous les conteneurs possèdent une méthode `begin()` renvoyant un itérateur sur le premier élément contenu. On peut ainsi faire pointer l'itérateur sur le premier élément. On avance alors dans le conteneur en utilisant l'opérateur ++. Il ne nous reste plus qu'à spécifier une condition d'arrêt. On ne veut pas aller en dehors du conteneur. Pour éviter cela, les conteneurs possèdent une méthode `end()` renvoyant un itérateur sur la fin du conteneur.

En réalité, `end()` renvoie un itérateur sur un élément en dehors du conteneur. Il faut donc itérer jusqu'à `end()` exclu.

On peut donc parcourir un conteneur en itérant dessus depuis `begin()` jusqu'à `end()`. Voyons cela avec un exemple :

```
#include<deque>
#include <iostream>
using namespace std;

int main()
{
    deque<int> d(5,6);          //Une deque de 5 éléments valant 6
    deque<int>::iterator it;    //Un itérateur sur une deque d'entiers

    //Et on itère sur la deque
    for(it = d.begin(); it!=d.end(); ++it)
    {
        cout << *it << endl;     //On accède à l'élément pointé via l'étoile
    }
    return 0;
}
```

Les itérateurs ne sont pas optimisés pour l'opérateur de comparaison. On ne devrait donc pas écrire `it<d.end()` comme on en a l'habitude avec les index de tableau. Utiliser `!=` est plus efficace.

Simple non ? Si vous avez aimé les pointeurs[1], vous allez adorer les itérateurs. Pour les `vector` et les `deque`, cela peut vous sembler inutile : on peut faire aussi bien avec les crochets `[]`. Mais pour les `map` et surtout les `list`, ce n'est pas vrai : les itérateurs sont le seul moyen que nous avons de les parcourir.

1. Si tant est que ce soit possible !

Des méthodes uniquement pour les itérateurs

Même pour les `vector` ou `deque`, il existe des méthodes qui nécessitent l'emploi d'itérateurs. Il s'agit en particulier des méthodes `insert()` et `erase()` qui, comme leur nom l'indique, permettent d'ajouter ou supprimer un élément au milieu d'un conteneur. Jusqu'à maintenant, vous ne pouviez qu'ajouter des éléments à la fin d'un conteneur, jamais au milieu. La raison en est simple : pour ajouter quelque chose au milieu, il faut indiquer *où* l'on souhaite insérer l'élément. Et cela, c'est justement le but d'un itérateur.

Un exemple vaut mieux qu'un long discours.

```
#include <vector>
#include <string>
#include <iostream>
using namespace std;

int main()
{
    vector<string> tab;     //Un tableau de mots

    tab.push_back("les"); //On ajoute deux mots dans le tableau
    tab.push_back("Zeros");

    tab.insert(tab.begin(), "Salut"); //On insère le mot "Salut" au début

    //Affiche les mots donc la chaîne "Salut les Zeros"
    for(vector<string>::iterator it=tab.begin(); it!=tab.end(); ++it)
    {
        cout << *it << " ";
    }

    tab.erase(tab.begin()); //On supprime le premier mot

    //Affiche les mots donc la chaîne "les Zeros"
    for(vector<string>::iterator it=tab.begin(); it!=tab.end(); ++it)
    {
        cout << *it << " ";
    }

    return 0;
}
```

Et c'est la même chose pour tous les types de conteneurs. Si vous avez un itérateur sur un élément, vous pouvez le supprimer *via* `erase()` ou ajouter un élément juste après grâce à `insert()`.

Souvenez-vous quand même que les `vector` ne sont pas optimisés pour l'insertion et la suppression au milieu. Le schéma du chapitre précédent vous aidera à faire un meilleur choix si vous avez vraiment besoin de réaliser ce genre de modifications sur votre conteneur.

Je vous avais dit que vous alliez adorer ce chapitre ! Et cela ne fait que commencer.

Les différents itérateurs

Terminons quand même avec quelques aspects un petit peu plus techniques. Il existe en réalité cinq sortes d'itérateurs. Lorsque l'on déclare un `vector::iterator` ou un `map::iterator`, on déclare en réalité un objet d'une de ces cinq catégories. Cela intervient *via* une redéfinition de type, chose que nous verrons dans la cinquième partie de ce cours. Parmi les cinq types d'itérateurs, seuls deux sont utilisés pour les conteneurs : les *bidirectional iterators* et les *random access iterators*. Voyons ce qu'ils nous proposent.

Les *bidirectional iterators*

Ce sont les plus simples des deux. *Bidirectional iterator* signifie itérateur bidirectionnel, mais cela ne nous avance pas beaucoup... Ce sont des itérateurs qui permettent d'avancer et de reculer sur le conteneur. Cela veut dire que vous pouvez utiliser aussi bien ++ que -. L'important étant que l'on ne peut avancer que d'*un seul* élément à la fois. Donc pour accéder au sixième élément d'un conteneur, il faut partir de la position `begin()` puis appeler cinq fois l'opérateur ++.

Ce sont les itérateurs utilisés pour les `list`, `set` et `map`. On ne peut donc pas utiliser ces itérateurs pour accéder directement au milieu d'un de ces conteneurs.

Les *random access iterators*

Au vu du nom, vous vous en doutez peut-être, ces itérateurs permettent d'accéder au hasard, ce qui dans un meilleur français veut dire que l'on peut accéder directement au milieu d'un conteneur. Techniquement, ces itérateurs proposent en plus de ++ et - des opérateurs + et - permettant d'avancer de plusieurs éléments d'un coup.

Par exemple pour accéder au huitième élément d'un `vector`, on peut utiliser la syntaxe suivante :

```
vector<int> tab(100,2);  //Un tableau de 100 entiers valant 2

vector<int>::iterator it = tab.begin() + 7; //Un itérateur sur le 8ème élément
```

En plus des `vector`, ces itérateurs sont ceux utilisés par les `deque`.

Le mécanisme exact des itérateurs est très compliqué, c'est pour cela que je ne vous présente que les éléments qui vous seront réellement nécessaires dans la suite. Savoir que certains itérateurs sont plus limités que d'autres nous sera utile au prochain chapitre puisque certains algorithmes ne sont utilisables qu'avec des *random access iterators.*

La pleine puissance des `list` et `map`

Je ne vous ai pas encore parlé des listes chaînées de type `list`. C'est un conteneur assez différent de ce que vous connaissez. Les éléments ne sont pas rangés les uns à côté des autres dans la mémoire. Chaque « case » contient un élément et un pointeur sur la case suivante, située ailleurs dans la mémoire, comme illustré à la figure 35.1.

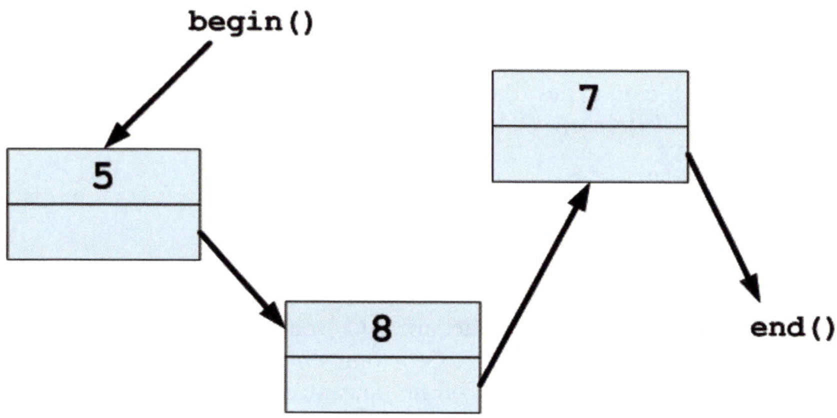

FIGURE 35.1 – Une liste chaînée (`list`)

L'avantage de cette structure de données est que l'on peut facilement ajouter des éléments au milieu. Il n'est pas nécessaire de décaler toute la suite comme dans l'exemple de la bibliothèque du chapitre précédent. Mais (il y a toujours un mais) on ne peut pas directement accéder à une case donnée... tout simplement parce qu'on ne sait pas où elle se trouve dans la mémoire. On est obligé de suivre toute la chaîne des éléments. Pour aller à la huitième case, il faut aller à la première case, suivre le pointeur jusqu'à la deuxième, suivre le pointeur jusqu'à la troisième et ainsi de suite jusqu'à la huitième. C'est donc très coûteux.

Passer de case en case, dans l'ordre, est une mission parfaite pour les itérateurs. Et puis, il n'y a pas d'opérateur `[]` pour les listes. On n'a donc pas le choix ! L'avantage c'est que tout se passe comme pour les autres conteneurs. C'est cela, la magie des itérateurs. On n'a pas besoin de connaître les spécificités du conteneur pour itérer dessus.

```
#include <list>
#include <iostream>
using namespace std;

int main()
{
```

```
    list<int> liste;          //Une liste d'entiers
    liste.push_back(5);       //On ajoute un entier dans la liste
    liste.push_back(8);       //Et un deuxième
    liste.push_back(7);       //Et encore un !

    //On itère sur la liste
    for(list<int>::iterator it = liste.begin(); it!=liste.end(); ++it)
    {
        cout << *it << endl;
    }
    return 0;
}
```

Super non ?

La même chose pour les map

La structure interne des map est encore plus compliquée que celle des list. Elles utilisent ce qu'on appelle des arbres binaires et se déplacer dans un tel arbre peut vite devenir un vrai casse-tête. Grâce aux itérateurs, ce n'est pas à vous de vous préoccuper de tout cela. Vous utilisez simplement les opérateurs ++ et - et l'itérateur saute d'élément en élément. Toutes les opérations complexes sont masquées à l'utilisateur.

Il y a juste une petite subtilité avec les tables associatives. Chaque élément est en réalité constitué d'une clé et d'une valeur. Un itérateur ne peut pointer que sur une seule chose à la fois. Il y a donc *a priori* un problème. Rien de grave je vous rassure. Les itérateurs pointent en réalité sur des pair. Ce sont des objets avec deux attributs publics appelés first et second. Les pair sont déclarées dans le fichier d'en-tête utility. Il est cependant très rare de devoir utiliser directement ce fichier puisqu'il est inclus par presque tous les autres. Créons quand même une paire, simplement pour essayer.

```
#include <utility>
#include <iostream>
using namespace std;

int main()
{
    pair<int, double> p(2, 3.14);     //Une paire contenant un entier valant 2 et
↪   un nombre à virgule valant 3.14

    cout << "La paire vaut (" << p.first << ", " << p.second << ")" << endl;

    return 0;
}
```

Et c'est tout ! On ne peut rien faire d'autre avec une paire. Elles servent juste à contenir deux objets.

Les deux attributs sont publics. Cela peut vous sembler bizarre puisque je vous ai conseillé de toujours déclarer vos attributs dans la partie privée de la classe. Les `pair` sont là uniquement pour contenir deux variables d'un coup. La classe ne contient donc ni méthode, ni rien d'autre. C'est juste un outil très basique et on n'a pas envie de s'embêter avec des méthodes `get()` et `set()`. C'est pour cela que les attributs sont publics.

Dans une `map`, les objets stockés sont en réalité des `pair`. Pour chaque paire, l'attribut `first` correspond à la clé alors que `second` est la valeur. Je vous ai dit au chapitre précédent que les `map` triaient leurs éléments selon leurs clés. Nous allons maintenant pouvoir le vérifier facilement.

```
#include <iostream>
#include <string>
#include <map>
using namespace std;

int main()
{
    map<string, double> poids; //Une table qui associe le nom d'un animal à son
↪ poids

    //On ajoute les poids de quelques animaux
    poids["souris"] = 0.05;
    poids["tigre"] = 200;
    poids["chat"] = 3;
    poids["elephant"] = 10000;

    //Et on parcourt la table en affichant le nom et le poids
    for(map<string, double>::iterator it=poids.begin(); it!=poids.end(); ++it)
    {
        cout << it->first << " pese " << it->second << " kg." << endl;
    }
    return 0;
}
```

Si vous testez, vous verrez que les animaux sont affichés par ordre alphabétique, même si on les a insérés dans un tout autre ordre :

```
chat pese 3 kg.
elephant pese 10000 kg.
souris pese 0.05 kg.
tigre pese 200 kg.
```

La `map` utilise l'opérateur < de la classe `string` pour trier ses éléments. Nous verrons dans la suite comment changer ce comportement.

Les itérateurs sont aussi utiles pour rechercher quelque chose dans une table associative. L'opérateur [] permet d'accéder à un élément donné mais il a un « défaut ». Si l'élément n'existe pas, l'opérateur [] le crée. On ne peut pas l'utiliser pour savoir si un élément donné est déjà présent dans la table ou pas.

C'est pour palier ce problème que les `map` proposent une méthode `find()` qui renvoie un itérateur sur l'élément recherché. Si l'élément n'existe pas, elle renvoie simplement `end()`. Vérifier si une clé existe déjà dans une table est donc très simple.

Reprenons la table de l'exemple précédent et vérifions si le poids d'un `chien` s'y trouve.

```
int main()
{
    map<string, double> poids; //Une table qui associe le nom d'un animal à son
↪ poids

    //On ajoute les poids de quelques animaux
    poids["souris"] = 0.05;
    poids["tigre"] = 200;
    poids["chat"] = 3;
    poids["elephant"] = 10000;

    map<string, double>::iterator trouve = poids.find("chien");

    if(trouve == poids.end())
    {
        cout << "Le poids du chien n'est pas dans la table" << endl;
    }
    else
    {
        cout << "Le chien pese " << trouve->second << " kg." << endl;
    }
    return 0;
}
```

Je crois ne pas avoir besoin d'en dire plus. Je sens que vous êtes déjà des fans des itérateurs.

Foncteur : la version objet des fonctions

Si vous suivez un cours d'informatique à l'université, on vous dira que les itérateurs sont des abstractions des pointeurs et que les foncteurs sont des abstractions des fonctions. Et généralement, le cours va s'arrêter là. Je pourrais faire de même et vous laisser vous débrouiller avec un ou deux exemples mais je ne pense pas que vous seriez très heureux.

Ce que l'on aimerait faire, c'est appliquer des changements sur des conteneurs, par exemple prendre un tableau de lettres et toutes les convertir en majuscule. Ou prendre une liste de nombres et ajouter 5 à tous les nombres pairs. Bref, on aimerait appliquer une fonction sur tous les éléments d'un conteneur. Le problème, c'est qu'il faudrait pouvoir passer cette fonction en argument d'une méthode du conteneur. Et cela, on ne sait pas le faire. On ne peut passer que des objets en argument et pas des fonctions.

Techniquement, ce n'est pas vrai. Il existe des pointeurs sur des fonctions et l'on pourrait utiliser ces pointeurs pour résoudre ce problème. Les foncteurs sont par contre plus simples d'utilisation et offrent plus de possibilités.

Les foncteurs sont des objets possédant une surcharge de l'opérateur `()`. Ils peuvent ainsi agir comme une fonction mais être passés en argument à une méthode ou à une autre fonction.

Créer un foncteur

Un foncteur est une classe possédant si nécessaire des attributs et des méthodes. Mais, en plus de cela, elle doit proposer un opérateur `()` qui effectue l'opération que l'on souhaite. Commençons avec un exemple simple, un foncteur qui additionne deux entiers.

```
class Addition{
public:

    int operator()(int a, int b)   //La surcharge de l'opérateur ()
    {
        return a+b;
    }
};
```

Cette classe ne possède pas d'attribut et juste une méthode, la fameuse surcharge de l'opérateur `()`. Comme il n'y a pas d'attribut et rien de spécial à effectuer, le constructeur généré par le compilateur est largement suffisant.

Vous aurez reconnu la syntaxe habituelle pour les opérateurs : le mot **operator** suivi de l'opérateur que l'on veut, ici les parenthèses. La particularité de cet opérateur est qu'il peut prendre autant d'arguments que l'on veut, au contraire de tous les autres qui ont un nombre d'arguments fixé.

On peut alors utiliser ce foncteur pour additionner deux nombres :

```
#include <iostream>
using namespace std;

int main()
{
    Addition foncteur;
    int a(2), b(3);
    cout << a << " + " << b << " = " << foncteur(a,b) << endl; //On utilise le
↪ foncteur comme s'il s'agissait d'une fonction
```

```
    return 0;
}
```

Ce code donne bien évidemment le résultat escompté :

```
2 + 3 = 5
```

Et l'on peut bien sûr créer tout ce que l'on veut comme foncteur. Par exemple, un foncteur ajoutant 5 aux nombres pairs peut être écrit comme suit :

```
class Ajout{
public:

    int operator()(int a)    //La surcharge de l'opérateur ()
    {
        if(a%2 == 0)
            return a+5;
        else
            return a;
    }
};
```

Rien de neuf, en somme !

Des foncteurs évolutifs

Les foncteurs sont des objets. Ils peuvent donc utiliser des attributs comme n'importe quelle autre classe. Cela nous permet en quelque sorte de créer une fonction avec une mémoire. Elle pourra donc effectuer une opération différente à chaque appel. Je pense qu'un exemple sera plus parlant.

```
class Remplir{
public:
    Remplir(int i)
        :m_valeur(i)
    {}

    int operator()()
    {
        ++m_valeur;
        return m_valeur;
    }

private:
    int m_valeur;
};
```

La première chose à remarquer est que notre foncteur possède un constructeur. Son but est simplement d'initialiser correctement l'attribut `m_valeur`. L'opérateur parenthèse renvoie simplement la valeur de cet attribut, mais ce n'est pas tout. Il incrémente cet attribut à chaque appel. Notre foncteur renvoie donc une valeur différente à chaque appel !

On peut par exemple l'utiliser pour remplir un `vector` avec les nombres de 1 à 100. Je vous laisse essayer.

Bon, comme c'est encore une notion récente pour vous, je vous propose quand même une solution :

```
int main()
{
    vector<int> tab(100,0); //Un tableau de 100 cases valant toutes 0

    Remplir f(0);

    for(vector<int>::iterator it=tab.begin(); it!=tab.end(); ++it)
    {
        *it = f(); //On appelle simplement le foncteur sur chacun des éléments
↪ du tableau
    }

    return 0;
}
```

Ceci n'est bien sûr qu'un exemple tout simple. On peut créer des foncteurs avec beaucoup d'attributs et des comportement bien plus complexes. On peut aussi ajouter d'autres méthodes pour réinitialiser `m_valeur`, par exemple. Comme ce sont des objets, tout ce que vous savez à leur sujet reste valable !

> Si vous connaissez le C, vous aurez peut-être pensé au mot-clé `static` qui autorise le même genre de choses pour les fonctions normales. Le foncteur avec des attributs constitue l'équivalent, en C++, de cette technique.

Les prédicats

Je sens que vous êtes un peu effrayés par ce nouveau nom barbare. C'est vrai que ce chapitre présente beaucoup de notions nouvelles et qu'il faut un peu de temps pour tout assimiler. Rien de bien compliqué ici, je vous rassure.

Les prédicats sont des foncteurs un peu particuliers. Ce sont des foncteurs prenant *un seul argument* et renvoyant un **booléen**. Ils servent à tester une propriété particulière de l'objet passé en argument. On les utilise pour répondre à des questions comme :

- Ce nombre est-il plus grand que 10 ?
- Cette chaîne de caractères contient-elle des voyelles ?

– Ce `Personnage` est-il encore vivant ?

Ces prédicats seront très utiles dans la suite. Nous verrons au prochain chapitre comment supprimer des objets qui vérifient une certaine propriété, et c'est bien sûr un foncteur de ce genre qu'il faudra utiliser ! Voyons quand même un petit code avant d'aller plus loin. Prenons le cas d'un prédicat qui teste si une chaîne de caractères contient des voyelles.

```
class TestVoyelles
{
public:
    bool operator()(string const& chaine) const
    {
        for(int i(0); i<chaine.size(); ++i)
        {
            switch (chaine[i])    //On teste les lettres une à une
            {
                case 'a':         //Si c'est une voyelle
                case 'e':
                case 'i':
                case 'o':
                case 'u':
                case 'y':
                    return true;  //On renvoie 'true'
                default:
                    break;        //Sinon, on continue
            }
        }
        return false;    //Si on arrive là, c'est qu'il n'y avait pas de voyelle du tout
    }
};
```

Nous verrons dans la suite comment écrire cela de manière plus simple !

Terminons cette section en jetant un coup d'œil à quelques foncteurs pré-définis dans la STL. Eh oui, il y en a même pour les fainéants !

Les foncteurs pré-définis

Pour les opérations les plus simples, le travail est pré-mâché. Tout se trouve dans le fichier d'en-tête `functional`. Je ne vais cependant pas vous présenter ici tout ce qui s'y trouve. Je vous propose de faire un tour dans la documentation [2].

2. Ce sera l'occasion de vous habituer à la lire !

Prenons tout de même un exemple. Le premier foncteur que je vous ai présenté prenait comme arguments deux entiers et renvoyait la somme de ces nombres. La STL propose un foncteur nommé `plus` (quelle originalité) pour faire cela.

```
#include <iostream>
#include <functional>    //Ne pas oublier !
using namespace std;

int main()
{
    plus<int> foncteur;    //On déclare le foncteur additionnant deux entiers
    int a(2), b(3);
    cout << a << " + " << b << " = " << foncteur(a,b) << endl; //On utilise le
↪ foncteur comme s'il s'agissait d'une fonction
    return 0;
}
```

Comme pour les conteneurs, il faut indiquer le type souhaité entre les chevrons. En utilisant ces foncteurs pré-définis, on s'économise un peu de travail.

Voyons finalement comment utiliser ces foncteurs avec des conteneurs.

Fusion des deux concepts

Les foncteurs sont au cœur de la STL. Ils sont très utilisés dans les algorithmes que nous verrons au prochain chapitre. Pour l'instant, nous allons modifier le critère de tri des `map` grâce à un foncteur.

Modifier le comportement d'une `map`

Le constructeur de la classe `map` prend en réalité un argument : le foncteur de comparaison entre les clés. Par défaut, si l'on ne spécifie rien, c'est un foncteur construit à partir de l'opérateur < qui sert de comparaison. La `map` que nous avons utilisée précédemment utilisait ce foncteur par défaut. L'opérateur < pour les `string` compare les chaînes par ordre alphabétique. Changeons ce comportement pour utiliser une comparaison des longueurs. Je vous laisse essayer d'écrire un foncteur comparant la longueur de deux `string`.

Voici ma solution :

```
#include <string>
using namespace std;

class CompareLongueur
{
public:
    bool operator()(const string& a, const string& b)
```

```
    {
        return a.length() < b.length();
    }
};
```

Je pense que vous avez écrit quelque chose de similaire.

Il ne reste maintenant plus qu'à indiquer à notre map que nous voulons utiliser ce foncteur.

```
int main()
{
  //Une table qui associe le nom d'un animal à son poids
  map<string, double,CompareLongueur> poids;  //On utilise le foncteur comme
↪ critère de comparaison


  //On ajoute les poids de quelques animaux
  poids["souris"] = 0.05;
  poids["tigre"] = 200;
  poids["chat"] = 3;
  poids["elephant"] = 10000;

  //Et on parcourt la table en affichant le nom et le poids
  for(map<string, double>::iterator it=poids.begin(); it!=poids.end(); ++it)
  {
      cout << it->first << " pese " << it->second << " kg." << endl;
  }
  return 0;
}
```

Et ce programme donne le résultat suivant :

```
chat pese 3 kg.
tigre pese 200 kg.
souris pese 0.05 kg.
elephant pese 10000 kg.
```

Les animaux ont été triés suivant la longueur de leur nom. Changer le comportement d'un conteneur est donc une opération très simple à réaliser.

Récapitulatif des conteneurs les plus courants

Au prochain chapitre, nous allons utiliser plusieurs conteneurs différents et comme tout cela est encore un peu nouveau pour vous, voici un petit récapitulatif des 5 conteneurs les plus courants.

vector

Exemple : `vector<int>`

- éléments stockés côte-à-côte ;
- optimisé pour l'ajout en fin de tableau ;
- éléments indexés par des entiers.

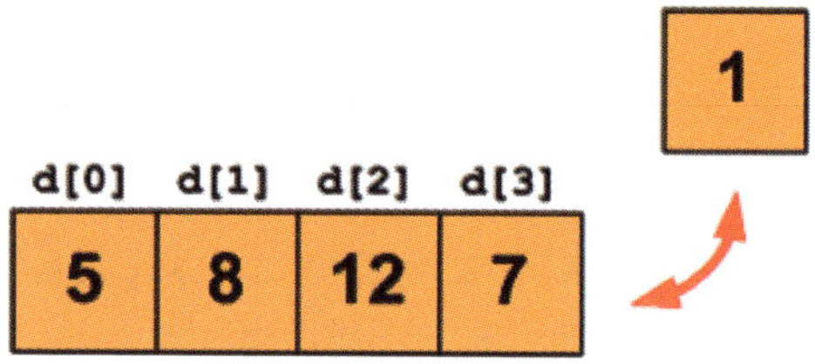

FIGURE 35.2 – `vector`

deque

Exemple : `deque<int>`

- éléments stockés côte-à-côte ;
- optimisé pour l'ajout en début et en fin de tableau ;
- éléments indexés par des entiers.

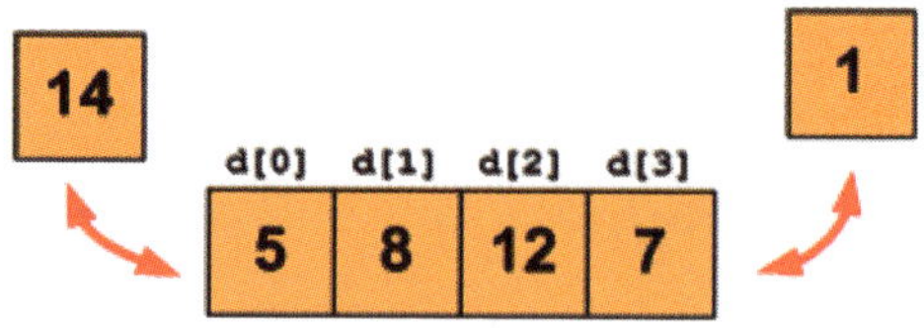

FIGURE 35.3 – `deque`

list

Exemple : `list<int>`

- éléments stockés de manière « aléatoire » dans la mémoire ;
- ne se parcourt qu'avec des itérateurs ;
- optimisé pour l'insertion et la suppression au milieu.

map

Exemple : `map<string,int>`

- éléments indexés par ce que l'on veut ;

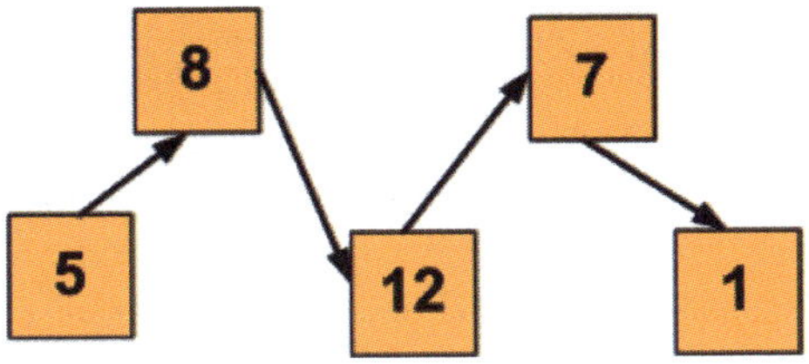

FIGURE 35.4 – `list`

- éléments triés selon leurs index ;
- ne se parcourt qu'avec des itérateurs.

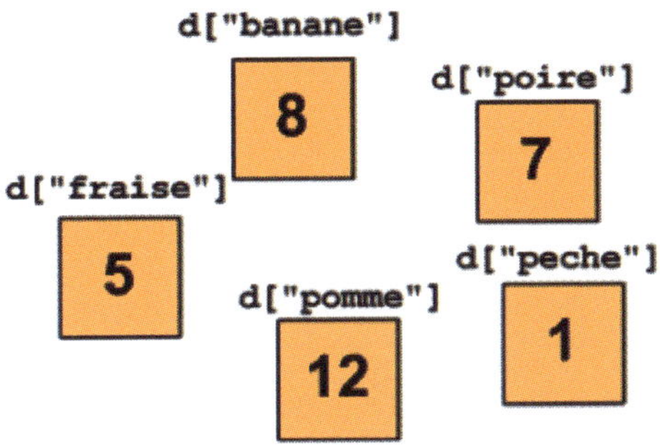

FIGURE 35.5 – `map`

set

Exemple : `set<int>`

- éléments triés ;
- ne se parcourt qu'avec des itérateurs.

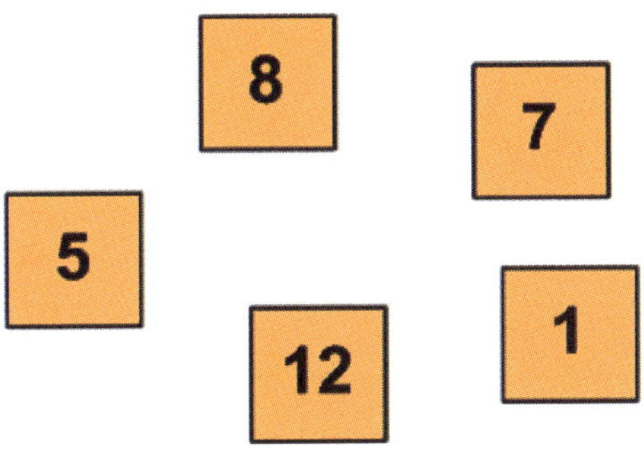

FIGURE 35.6 – `set`

En résumé

- Les itérateurs sont assimilables à des pointeurs limités à un conteneur.
- On utilise les opérateurs `++` et `-` pour les déplacer et l'opérateur `*` pour accéder à l'élément pointé.
- Les foncteurs sont des classes qui surchargent l'opérateur `()`. On les utilise comme des fonctions.
- La STL utilise beaucoup les foncteurs pour modifier le comportement de ses conteneurs.

Chapitre 36

La puissance des algorithmes

Difficulté :

Nous avons découvert les itérateurs qui nous permettent de parcourir des conteneurs, comme les `vector`. Dans ce chapitre, nous allons découvrir les **algorithmes** de la STL, des fonctions qui nous permettent d'effectuer des modifications sur les conteneurs.

Cela fait un moment que je vous parle de modifications mais qu'est-ce que cela veut dire ? Eh bien, par exemple on peut trier un tableau, supprimer les doublons, inverser une sélection, chercher, remplacer ou supprimer des éléments, etc.

Certains de ces algorithmes sont simples à écrire et vous ne voyez peut-être pas l'intérêt d'utiliser des fonctions toutes faites. L'avantage d'utiliser les algorithmes de la STL est qu'il n'y a pas besoin de réfléchir pour écrire ces fonctions. Il n'y a qu'à utiliser ce qui existe déjà. De plus, ces fonctions sont extrêmement optimisées. En bref, ne réinventez pas la roue et utilisez les algorithmes !

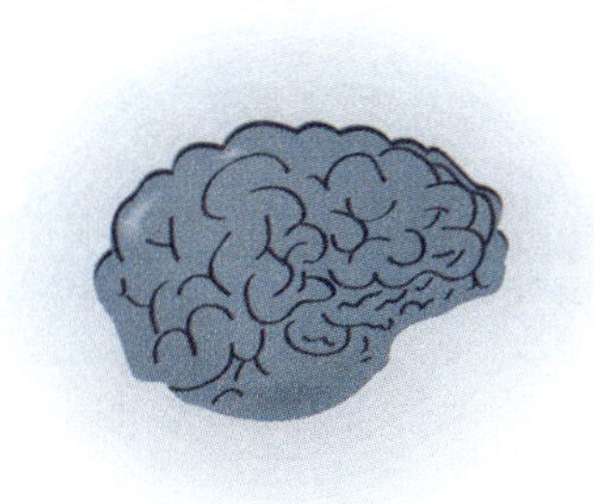

Il est nécessaire d'avoir bien compris le chapitre précédent, notamment les itérateurs et les foncteurs. Nous allons en utiliser beaucoup dans ce qui suit.

Un premier exemple

Je vous préviens tout de suite, nous n'allons pas étudier tous les algorithmes proposés par la STL. Il y en a une soixantaine et ils ne sont pas tous très utiles. Et puis, quand vous aurez compris le principe, vous saurez vous débrouiller seuls.

La première chose à faire est, comme toujours, l'inclusion du bon en-tête. Dans notre cas, il s'agit du fichier `algorithm`. Et croyez-moi, vous allez souvent en avoir besoin à partir de maintenant.

Un début en douceur

Au chapitre précédent, nous avions créé un foncteur nommé `Remplir` et nous l'avons appliqué à tous les éléments d'un `vector`. Nous utilisions pour cela une boucle `for` qui parcourait les éléments du tableau de la position `begin()` à la position `end()`.

Le plus simple des algorithmes s'appelle `generate` et il fait exactement la même chose, mais de façon plus optimisée. Il appelle un foncteur sur tous les éléments situés entre deux itérateurs. Grâce à cet algorithme, notre code de remplissage de tableau devient beaucoup plus court :

```
#include <algorithm>
#include <vector>
using namespace std;

//Définition de Remplir...

int main()
{
    vector<int> tab(100,0); //Un tableau de 100 cases valant toutes 0

    Remplir f(0);

    generate(tab.begin(), tab.end(), f);
    //On applique f à tout ce qui se trouve entre begin() et end()

    return 0;
}
```

Ce code a l'avantage d'être en plus très simple à comprendre. Si vous parlez la langue de Shakespeare, vous aurez compris que « to generate » signifie « générer ». La ligne mise en évidence se lit donc de la manière suivante : *Génère, grâce au foncteur f, tous* *les éléments situés entre **tab.begin()** et **tab.end()**.* On peut difficilement faire plus clair !

Mais pourquoi doit-on utiliser des itérateurs ? Pourquoi la fonction `generate()` ne prend-elle pas comme premier argument le `vector` ?

Excellente question ! Je vois que vous suivez. Il serait bien plus simple de pouvoir écrire quelque chose comme `generate(tab, f)` à la place des itérateurs. On s'éviterait toute la théorie sur les itérateurs ! En fait, c'est une fausse bonne idée de procéder ainsi. Imaginez que vous ne vouliez appliquer votre foncteur qu'aux dix premiers éléments du tableau et pas au tableau entier. Comment feriez-vous avec votre technique ? Ce ne serait tout simplement pas possible. L'avantage des itérateurs est clair dans ce cas : on peut se restreindre à une portion d'un conteneur. Tenez, pour remplir seulement les 10 premières cases, on ferait ceci :

```
int main()
{
    vector<int> tab(100,0); //Un tableau de 100 cases valant toutes 0

    Remplir f(0);

    generate(tab.begin(), tab.begin()+10, f); //On applique f aux 10 premières
↪ cases
    generate(tab.end()-5, tab.end(), f);      //Et aux 5 dernières

    return 0;
}
```

Plutôt sympa non ?

En fait, c'est une propriété importante des algorithmes, ils s'utilisent toujours sur une plage d'éléments situés entre deux itérateurs.

Application aux autres conteneurs

Autre avantage de l'utilisation des itérateurs : ils existent pour tous les conteneurs. On peut donc utiliser les algorithmes sur tous les types de conteneurs ou presque. Il existe quand même quelques restrictions selon que les itérateurs sont aléatoires ou bidirectionnels comme on l'a vu au chapitre précédent.

Par exemple, nous pouvons tout à fait utiliser notre foncteur sur un `set<int>`.

```
int main()
{
    set<int> tab; //Un ensemble d'entiers

    //Quelques manipulations pour créer des éléments...
```

```
    Remplir f(0);

    generate(tab.begin(), tab.end(), f); //On applique f aux éléments de l'ensemble

    return 0;
}
```

La syntaxe est strictement identique ! Il suffit donc de comprendre une fois le fonctionnement de tout ceci pour pouvoir effectuer des manipulations complexes sur n'importe quel type de conteneur !

Il faut quand même que le foncteur corresponde au type contenu. On ne peut bien sûr pas utiliser un foncteur manipulant des `string` sur une deque de nombres à virgule. Il faut rester raisonnable. Le compilateur génère parfois des erreurs très difficiles à interpréter quand on se trompe avec la STL. Soyez donc vigilants.

Compter, chercher, trier

Bon, plongeons-nous un peu plus en avant dans la documentation de l'en-tête `algorithm`. Commençons par quelques fonctions de comptage.

Compter des éléments

Compter des éléments est une opération très facile à réaliser. Utiliser la STL peut à nouveau vous sembler superflu, moi je trouve que cela rend le code plus clair et peut-être même plus optimisé dans certains cas.

Pour compter le nombre d'éléments égaux à une valeur donnée, on utilise l'algorithme `count` [1]. Pour compter le nombre d'éléments égaux au nombre 2, c'est très simple :

```
int nombre = count(tab.begin(), tab.end(), 2);
```

Et bien sûr, `tab` est le conteneur de votre choix. Et voilà, vous savez tout ! En tout cas pour cet algorithme...

Avant d'aller plus loin, faisons un petit exercice pour récapituler tout ce que nous savons sur les foncteurs, `generate()` et `count()`. Essayez d'écrire un programme qui génère un tableau de 100 nombres aléatoires entre 0 et 9 puis qui compte le nombre de 5 générés. Tout ceci en utilisant au maximum la STL bien sûr ! À vos claviers !

Vous avez réussi ? Voici une solution possible :

1. Oui, être anglophone aide beaucoup en programmation. Mais je crois que vous l'avez compris !

```
#include <iostream>
#include <cstdlib> //pour rand()
#include <ctime>   //pour time()
#include <vector>
#include <algorithm>
using namespace        std;

class Generer
{
public:
    int operator()() const
    {
        return rand() % 10;  //On renvoie un nombre entre 0 et 9
    }
};

int main()
{
    srand(time(0));

    vector<int> tab(100,-1); //Un tableau de 100 cases

    generate(tab.begin(), tab.end(), Generer());  //On génère les nombres
↪ aléatoires

    int const compteur = count(tab.begin(), tab.end(), 5); //Et on compte les
↪ occurrences du 5

    cout << "Il y a " << compteur << " elements valant 5." << endl;

    return 0;
}
```

Personnellement, je trouve ce code très clair. On voit rapidement ce qui se passe. Toutes les boucles nécessaires sont cachées dans les fonctions de la STL. Pas besoin de s'ennuyer à devoir tout écrire soi-même.

Le retour des prédicats

Si vous pensiez que vous pourriez vous en sortir sans ces drôles de foncteurs, vous vous trompiez ! Je vous avais dit au chapitre précédent que l'on utilisait des prédicats pour tester une propriété des éléments. On pourrait donc utiliser un prédicat pour ne compter que les éléments qui passent un certain test. Et si je vous en parle, c'est qu'un tel algorithme existe. Il s'appelle `count_if()`. La différence avec `count()` est que le troisième argument n'est pas une valeur mais un prédicat.

Au chapitre précédent, nous avions écrit un prédicat qui testait si une chaîne de caractères contenait des voyelles ou non. Essayons-le !

```
#include <algorithm>
#include <string>
#include <vector>
using namespace std;

class TestVoyelles
{
public:
    bool operator()(string const& chaine) const
    {
        for(int i(0); i<chaine.size(); ++i)
        {
            switch (chaine[i])   //On teste les lettres une à une
            {
                case 'a':        //Si c'est une voyelle
                case 'e':
                case 'i':
                case 'o':
                case 'u':
                case 'y':
                    return true;  //On renvoie 'true'
                default:
                    break;        //Sinon, on continue
            }
        }
        return false;   //Si on arrive là, c'est qu'il n'y avait pas de voyelle
↪  du tout
    }
};

int main()
{
    vector<string> tableau;

    //... On remplit le tableau en lisant un fichier, par exemple.

    int const compteur = count_if(tableau.begin(), tableau.end(), TestVoyelles()
↪ );

    //... Et on fait quelque chose avec 'compteur'

    return 0;
}
```

Voilà qui est vraiment puissant ! Le prédicat `TestVoyelles` s'active sur chacun des éléments du tableau et `count_if` indique combien de fois le prédicat a renvoyé « vrai ». On sait ainsi combien il y a de chaînes contenant des voyelles dans le tableau.

Chercher

Chercher un élément dans un tableau est aussi très facile. On utilise l'algorithme `find()` ou `find_if()`. Ils s'utilisent exactement comme les algorithmes de comptage, la seule différence est leur type de retour : ils renvoient un itérateur sur l'élément trouvé ou sur `end()` si l'objet cherché n'a pas été trouvé.

Pour chercher la lettre **a** dans une `deque` de `char`, on fera quelque chose comme :

```
#include <deque>
#include <algorithm>
#include <iostream>
using namespace std;

int main()
{
    deque<char> lettres;

    //On remplit la deque... avec generate() par exemple !

    deque<char>::iterator trouve = find(lettres.begin(), lettres.end(), 'a');

    if(trouve == lettres.end())
        cout << "La lettre 'a' n'a pas ete trouvee" << endl;
    else
        cout << "La lettre 'a' a ete trouvee" << endl;

    return 0;
}
```

Et je ne vous fais pas l'affront de vous montrer la version qui utilise un prédicat. Je suis convaincu que vous saurez vous débrouiller.

Puisque l'on parle de recherche d'éléments, je vous signale juste l'existence des fonctions `min_element()` et `max_element()` qui cherchent l'élément le plus petit ou le plus grand.

Trier !

Il arrive souvent que l'on doive trier une série d'éléments et ce n'est pas une mince affaire. En tout cas, c'est un problème avancé d'algorithmique (la science des algorithmes). Je vous assure qu'écrire une fonction de tri optimisée est une tâche qui n'est pas à la portée de beaucoup de monde.

Heureusement, la STL propose une fonction pour cela et je peux vous assurer qu'elle est très efficace et bien codée. Son nom est simplement `sort()`, ce qui signifie *trier* en anglais (au cas où je devrais le préciser).

On lui fournit deux itérateurs et la fonction trie dans l'ordre croissant tout ce qui se trouve entre ces deux éléments. Trions donc le tableau de nombres aléatoires utilisé précédemment.

```
int main()
{
    srand(time(0));

    vector<int> tab(100,-1); //Un tableau de 100 cases

    generate(tab.begin(), tab.end(), Generer()); //On génère les
↪ nombres aléatoires

    sort(tab.begin(), tab.end());                //On trie le tableau

    for(vector<int>::iterator it=tab.begin(); it!=tab.end(); ++it)
        cout << *it << endl;                     //On affiche le tableau trié

    return 0;
}
```

À nouveau, rien de bien sorcier.

La fonction `sort()` ne peut être utilisée qu'avec des conteneurs proposant des *random access iterators*, c'est-à-dire les `vector` et les deque uniquement. De toute façon, trier une `map` a peu de sens puisque ces conteneurs stockent directement leurs éléments dans le bon ordre.

Par défaut, la fonction `sort()` utilise l'opérateur < pour comparer les éléments avant de les trier. Mais il existe également une autre version de cette fonction qui prend un troisième argument : un foncteur comparant deux éléments. Nous avons déjà rencontré un tel foncteur au chapitre précédent, pour changer le comportement d'une table associative. C'est exactement le même principe ici : si l'on souhaite créer un tri spécifique, on doit fournir un foncteur expliquant à `sort()` comment trier.

Pour trier des chaînes de caractères selon leur longueur, nous pouvons réutiliser notre foncteur :

```
class ComparaisonLongueur
{
public:
    bool operator()(const string& a, const string& b)
    {
        return a.length() < b.length();
    }
};

int main()
{
    vector<string> tableau;

    //... On remplit le tableau en lisant un fichier par exemple.

```

```
    sort(tableau.begin(), tableau.end(), ComparaisonLongueur());

    //Le tableau est maintenant trié par longueur de chaîne

    return 0;
}
```

Puissant, simple et efficace. Que demander de mieux ?

Encore plus d'algos

Ne nous arrêtons pas en si bon chemin. On est encore loin d'avoir fait le tour de tout ce qui existe.

Dans l'exemple du tri, j'affichais le contenu du `vector` *via* une boucle `for`. Employer pour cela un algorithme serait plus élégant. Concrètement, afficher les éléments revient à les passer en argument à une fonction (ou un foncteur) qui les affiche. Écrire un foncteur qui affiche l'argument reçu ne devrait pas vous poser de problèmes à ce stade du cours.

```
class Afficher
{
public:
    void operator()(int a) const
    {
        cout << a << endl;
    }
};
```

Il ne nous reste plus qu'à appliquer ce foncteur sur tous les éléments. L'algorithme permettant cela s'appelle `for_each()`, ce qui signifie « pour tout ».

```
int main()
{
    srand(time(0));
    vector<int> tab(100, -1);
    generate(tab.begin(), tab.end(), Generer());  //On génère des nombres
↪ aléatoires
    sort(tab.begin(), tab.end());

    for_each(tab.begin(), tab.end(), Afficher());   //Et on affiche les éléments

    return 0;
}
```

Le code a encore été raccourci. Il existe une autre manière d'envoyer des valeurs dans un flux mais il faudra attendre encore un peu. C'est le sujet du prochain chapitre.

À partir de cet algorithme, on peut faire énormément de choses. Un des premiers cas qui me vient à l'esprit est le calcul de la somme des éléments d'un conteneur. Vous voyez comment ? Comme `for_each()` appelle le foncteur sur tous les éléments de la plage spécifiée, on peut demander au foncteur d'additionner les éléments dans un de ses attributs.

```
class Sommer
{
public:
    Sommer()
        :m_somme(0)
    {}

    void operator()(int n)
    {
        m_somme += n;
    }

    int resultat() const
    {
        return m_somme;
    }

private:
    int m_somme;

};
```

L'opérateur `()` ajoute simplement la valeur de l'élément courant à l'attribut `m_somme`. Après l'appel à l'algorithme, on peut consulter la valeur de `m_somme` en utilisant la méthode `resultat()`.

```
int main()
{
    srand(time(0));
    vector<int> tab(100, -1);
    generate(tab.begin(), tab.end(), Generer());  //On génère des nombres
↪ aléatoires

    Sommer somme;

    for_each(tab.begin(), tab.end(), somme);   //Et on affiche les éléments

    cout << "La somme des elements generes est : " << somme.resultat() << endl;

    return 0;
}
```

Si vous voulez un exercice, je peux vous proposer de réécrire la fonction qui calculait la moyenne d'un tableau de notes. Nous avions vu ce problème au tout début de ce cours (page 134). Un petit foncteur pour le calcul de la moyenne, un `for_each()` et le tour est joué.

Utiliser deux séries à la fois

Terminons cette courte présentation par un dernier algorithme bien pratique pour traiter deux conteneurs à la fois. Imaginons que nous voulions calculer la somme des éléments de deux tableaux et stocker le résultat dans un troisième `vector`. Pour cela, il va nous falloir un foncteur qui effectue l'addition. Mais cela, on l'a déjà vu, existe dans l'en-tête `functional`. Pour le reste, il nous faut parcourir en parallèle deux tableaux et écrire les résultats dans un troisième. C'est ce que fait la fonction `transform()`. Elle prend cinq arguments : le début et la fin du premier tableau, le début du deuxième, le début de celui où seront stockés les résultats et bien sûr le foncteur.

```
#include <vector>
#include <algorithm>
#include <functional>
using namespace std;

int main()
{
    vector<double> a(50, 0.);    //Trois tableaux de 50 nombres à virgule
    vector<double> b(50, 0.);
    vector<double> c(50, 0.);

    //Remplissage des vectors 'a' et 'b'....

    transform(a.begin(), a.end(), b.begin(), c.begin(), plus<double>());

    //À partir d'ici les cases de 'c' contiennent la somme des cases de 'a' et 'b'

    return 0;
}
```

Il faut tout de même que les tableaux b et c soient assez grands. S'ils ont moins de 50 cases (la taille de a), ce code plantera lors de l'exécution puisque l'algorithme va tenter de remplir des cases inexistantes.

Arrêtons-nous là pour ce chapitre. Je vous ai parlé des algorithmes les plus utilisés et je pense que vous avez compris comment tout cela fonctionnait. Vous commencez à avoir une bonne expérience du langage.

En résumé

- Les algorithmes de la STL permettent d'effectuer des traitements sur des données.

- On les utilise en spécifiant les éléments à modifier grâce à deux itérateurs.
- Certains algorithmes utilisent des foncteurs, par exemple pour les appliquer à tous les éléments du conteneur ou pour chercher un élément correspondant à un critère donné.

Chapitre 37

Utiliser les itérateurs sur les flux

Difficulté :

Si l'on retourne au tout début de votre apprentissage du C++, on découvre que le premier objet que vous avez manipulé (sans le savoir !) est l'objet `cout`. Avec son acolyte habituel `cin`, vous avez pu interagir avec les utilisateurs de la console. Mais que savez-vous réellement sur ces objets ? Que peut-on faire d'autre qu'utiliser les chevrons et la fonction `getline()` ? Il est enfin temps d'aller plus loin et de découvrir la vraie nature des flux.

Dans ce chapitre, nous allons apprendre à utiliser des itérateurs sur les flux. À nouveau, cela va nous ouvrir grand les portes du monde des algorithmes et nous allons pouvoir utiliser tout ce que nous savons déjà sur les flux, par exemple pour simplifier l'écriture d'un `vector` dans la console ou dans un fichier.

Finalement, nous verrons qu'il existe aussi des flux sur les `string`. Encore une nouvelle découverte sur ce type vraiment particulier !

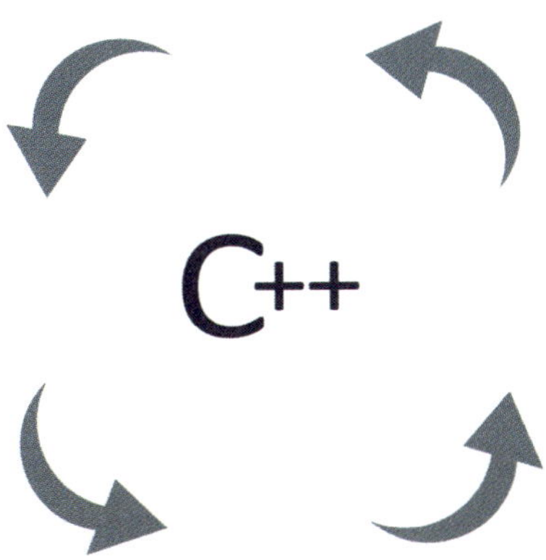

Les itérateurs de flux

Au chapitre sur les itérateurs, je vous avais présenté deux catégories d'itérateurs :

- les *random access iterators*, qui permettent d'accéder directement à n'importe quelle case d'un tableau ;
- les *bidirectional iterators* qui, eux, ne peuvent avancer et reculer que d'une case à la fois sans pouvoir aller directement à une position donnée.

En réalité, j'avais simplifié les choses. Il existe encore deux autres catégories d'itérateurs. Et si je vous en parle, c'est que nous allons en avoir besoin dans ce chapitre.

Une des propriétés importantes des flux est qu'ils ne peuvent être lus et modifiés que dans un seul sens. On ne peut pas lire un fichier à l'envers ou écrire une phrase dans la console en sens inverse. Les itérateurs sur les flux ont donc la propriété de ne pouvoir qu'avancer. Par conséquent, ils ne possèdent que l'opérateur `++` et pas le `--` comme ceux que nous avons rencontrés jusque-là.

En plus de cette importante restriction, les itérateurs sur les flux entrants (`cin`, les fichiers `ifstream`,...) ne peuvent pas modifier les éléments sur lesquels ils pointent. C'est normal : on ne peut que lire dans `cin`, pas y écrire. Les itérateurs respectent cette logique. De même, les itérateurs sur les flux sortants (`cout`, les fichiers `ofstream`,...) ne peuvent pas lire la valeur des éléments, seulement y écrire.

Déclarer un itérateur sur un flux sortant

Comme toujours, la première question qui se pose est celle du fichier d'en-tête contenant ce que l'on cherche. Les itérateurs de flux (et plus généralement tous les itérateurs) sont déclarés dans l'en-tête `iterator` de la SL. Pour une fois, c'est un nom facile à retenir !

Déclarons pour commencer un itérateur sur le flux sortant `cout`.

```
#include <iostream>
#include <iterator>
using namespace std;

int main()
{
    ostream_iterator<double> it(cout);

    return 0;
}
```

Ce code déclare un itérateur sur le flux sortant `cout`, permettant d'écrire des `double`. Vous remarquerez deux choses différentes de ce qu'on a vu jusqu'à maintenant :

- on n'utilise pas la syntaxe `conteneur::iterator` ;
- il faut indiquer entre les chevrons le type des éléments envoyés dans le flux.

Mais, à part cela, tout fonctionne comme d'habitude. On peut utiliser l'itérateur *via* son opérateur `*`, ce qui aura pour effet d'écrire dans la console :

```
#include <iostream>
#include <iterator>
using namespace std;

int main()
{
    ostream_iterator<double> it(cout);
    *it = 3.14;
    *it = 2.71;

    return 0;
}
```

Testez ce code, vous devriez obtenir ceci :

```
3.142.71
```

Les deux nombres ont bien été écrits. Le seul problème, c'est que nous n'avons pas inséré d'espace entre eux. C'est là qu'intervient le deuxième argument du constructeur de l'itérateur. On peut spécifier ce qu'on appelle un délimiteur, c'est-à-dire le ou les symboles qui seront insérés entre chaque écriture faite *via* l'opérateur `*`. Essayons de mettre une virgule et un espace pour voir.

```
#include <iostream>
#include <iterator>
using namespace std;

int main()
{
    ostream_iterator<double> it(cout, ", ");
    *it = 3.14;
    *it = 2.71;

    return 0;
}
```

Ce qui donne :

```
3.14, 2.71,
```

Parfait ! Juste ce que l'on voulait.

Pour obtenir un retour à la ligne entre chaque écriture, il faut spécifier le délimiteur "\n".

Je vous propose, comme exercice, de reprendre le tout premier code C++, le fameux « Hello World ! ». Essayez de le réécrire en utilisant un itérateur de flux sur `cout`, permettant d'écrire des chaînes de caractères séparées par des espaces.

Déclarer un itérateur sur un flux entrant

Les itérateurs sur les flux entrants s'utilisent exactement de la même manière. On déclare l'itérateur en spécifiant entre les chevrons le type d'objet et en passant en argument du constructeur le flux à lire. Pour lire depuis un fichier, on aurait ainsi la déclaration suivante :

```
ifstream fichier("C:/Nanoc/data.txt");
istream_iterator<double> it(fichier);    //Un itérateur
↪ lisant des doubles depuis le fichier
```

La différence avec les `ostream_iterator` est qu'il faut explicitement les faire avancer après chaque lecture. Et bien sûr, cela se fait grâce à l'opérateur ++.

```
#include <fstream>
#include <iterator>
using namespace std;

int main()
{
    ifstream fichier("C:/Nanoc/data.txt");
    istream_iterator<double> it(fichier);

    double a,b;
    a = *it;     //On lit le premier nombre du fichier
    ++it;        //On passe au suivant
    b = *it;     //On lit le deuxième nombre

    return 0;
}
```

Bref, ce n'est pas très complexe. Il faut cependant savoir s'arrêter à la fin du fichier. Heureusement, les concepteurs de la SL ont pensé à tout ! Pour les conteneurs, il y avait la méthode `end()` qui nous renvoyait un itérateur indiquant la fin du conteneur. Il existe un mécanisme similaire ici. Si l'on déclare un `istream_iterator` sans lui passer d'argument à la construction, alors il pointe directement vers ce qu'on appelle un *end-of-stream iterator*, une sorte de signal de fin de flux. On peut ainsi utiliser ce signal comme limite pour la lecture. Pour lire un fichier du début à la fin et l'afficher dans la console on procéder ainsi :

```
#include <fstream>
#include <iterator>
#include <iostream>
```

```
using namespace std;

int main()
{
    ifstream fichier("data.txt");
    istream_iterator<double> it(fichier); //Un itérateur sur le fichier
    istream_iterator<double> end;         //Le signal de fin

    while(it != end)   //Tant qu'on a pas atteint la fin
    {
        cout << *it << endl;  //On lit
        ++it;                 //Et on avance
    }
    return 0;
}
```

Tiens, cela me donne une idée. Plutôt que d'utiliser directement `cout` pour afficher les valeurs lues, essayez de réécrire ce code avec un itérateur sur un flux sortant !

Le retour des algorithmes

Bon, jusque là, utiliser ces nouveaux itérateurs n'a rien amené de vraiment intéressant. À part pour frimer dans les discussions de programmeurs, tout cela est un peu inutile. C'est parce que nous n'avons pas encore appris à utiliser les algorithmes ! Comme nous avons des itérateurs, il ne nous reste qu'à les utiliser à bon escient !

Tous les algorithmes ne sont pas utilisables. Par exemple, ceux qui nécessitent des accès aléatoires comme `sort` ne peuvent pas être employés.

L'algorithme `copy`

Commençons avec l'algorithme qui est très certainement le plus utilisé dans ce contexte : `copy()`. Il arrive très souvent que l'on doive lire des valeurs depuis un fichier pour les stocker dans un `vector` par exemple. Il s'agit simplement de lire les éléments depuis le flux et de les insérer dans le tableau créé au préalable.

La fonction `copy()` reçoit trois arguments. Les deux premiers correspondent au début et à la fin de la zone à lire et le troisième est un itérateur sur le début de la zone à écrire.

Pour copier depuis un fichier vers un `vector`, on ferait donc ceci :

```
#include <algorithm>
#include <vector>
#include <iterator>
```

```
#include <fstream>
using namespace std;

int main()
{
  vector<int> tab(100,0);
  ifstream fichier("C:/Nanoc/data.txt");
  istream_iterator<int> it(fichier);
  istream_iterator<int> fin;
  copy(it, fin, tab.begin());      //On copie le contenu du fichier du debut à la fin dans le vector

  return 0;
}
```

Il faut absolument que votre `vector` soit assez grand pour contenir tous les nombres lus.

On peut bien sûr utiliser `copy()` pour écrire dans un fichier ou dans la console. On peut donc reprendre les exemples des chapitres précédents et remplacer la boucle d'affichage des valeurs par un appel à `copy()`, comme ceci :

```
int main()
{
    srand(time(0));
    vector<int> tab(100,-1); //Un tableau de 100 cases

    //On génère les nombres aléatoires
    generate(tab.begin(), tab.end(), Generer());
    //On trie le tableau
    sort(tab.begin(), tab.end());
    //Et on l'affiche
    copy(tab.begin(), tab.end(), ostream_iterator<int>(cout, "\n");
    return 0;
}
```

C'est simple et efficace. On ne s'embête plus avec des boucles. Tout est caché derrière des noms de fonctions qui décrivent bien ce qui se passe. Le code est ainsi devenu plus lisible et compréhensible, et il n'a bien sûr rien perdu en efficacité.

Le problème de la taille

Lorsqu'on lit des données dans un fichier pour les insérer dans un tableau, il y a un problème qui survient assez souvent : celui de la taille à donner au tableau. On ne sait pas forcément, avant de lire le fichier, combien de valeurs il contient. Et ce serait dommage de le lire deux fois simplement pour obtenir cette information ! Il serait judicieux d'avoir des itérateurs un peu plus évolués permettant de faire grandir le `vector`, la `list` ou la `deque` à chaque lecture. C'est ce qu'on appelle des `back_inserters`. Pour déclarer un de ces itérateurs sur un `vector`, on écrit ceci :

```
vector<string> tableau; //Un tableau vide de chaînes de caractères
back_inserter it(tableau); //Un itérateur capable de faire grandir le tableau
```

Cet itérateur s'utilise alors comme n'importe quel autre itérateur. La seule différence se ressent au moment de l'appel à l'opérateur `*`. Au lieu de modifier une case, l'itérateur en ajoute une nouvelle à la fin du tableau. Nous pouvons donc reprendre le code qui copiait un fichier dans un tableau pour l'améliorer :

```
#include <algorithm>
#include <vector>
#include <iterator>
#include <fstream>
using namespace std;

int main()
{
  vector<int> tab;   //Un tableau vide
  ifstream fichier("C:/Nanoc/data.txt");
  istream_iterator<int> it(fichier);
  istream_iterator<int> fin;
  //L'algorithme ajoute les cases nécessaires au tableau
  copy(it, fin, back_inserter(tab));

  return 0;
}
```

Pour vous exercer, je vous propose d'essayer de refaire le tout premier TP : le tirage au sort d'un mot dans le dictionnaire devrait maintenant en être grandement simplifié !

Voyons rapidement quelques autres algorithmes utilisables avec des fichiers.

D'autres algorithmes

Au chapitre précédent, nous avions vu l'algorithme `count()` qui permettait de compter les occurrences d'une valeur dans un conteneur. On peut aussi l'utiliser pour compter dans les fichiers, ou employer `min_element()` ou `max_element()` pour chercher la plus petite ou la plus grande des valeurs contenues. Cela ne devrait pas être trop difficile à utiliser. Voici par exemple les lignes permettant de trouver le minimum des valeurs dans un fichier :

```
ifstream fichier("C:/Nanoc/data.txt");
cout << *min_element(istream_iterator<int>(fichier), istream_iterator<int>())
↪ << endl;
```

Encore un retour sur les strings !

Les flux sont un concept tellement puissant que les créateurs de la SL ont décidé de l'appliquer également aux chaînes de caractères. Jusqu'à maintenant, vous avez appris à modifier les `string` *via* l'opérateur `[]`, mais vous n'avez jamais vu comment insérer un nombre dans une chaîne de caractères. Les flux sur les chaînes de caractères permettent d'écrire un `double` ou n'importe quel autre type dans un `string` sous forme de texte. Les flux sur les `string` s'appellent `ostringstream` et `istringstream` selon qu'on lit la chaîne ou qu'on y écrit. Pour créer de tels objets, rien de plus simple : il suffit de passer en argument au constructeur la chaîne sur laquelle le flux va travailler. On peut alors récupérer la chaîne de caractère en utilisant la méthode `str()`. Auparavant, il faut, comme toujours, inclure le bon fichier d'en-tête : `sstream`.

```
#include <string>
#include <sstream>
#include <iostream>
using namespace std;

int main()
{
  ostringstream flux;     //Un flux permettant d'écrire dans une chaîne

  flux << "Salut les";    //On écrit dans le flux grâce à l'opérateur <<
  flux << " zeros";
  flux << " !";

  string const chaine = flux.str(); //On récupère la chaine

  cout << chaine << endl;  //Affiche 'Salut les zeros !'
  return 0;
}
```

Une fois que le flux est déclaré, on utilise simplement les chevrons pour écrire dans la chaîne. Si vous souhaitez insérer un nombre dans un `string`, il n'y a aucune différence. Tout se passe comme si on utilisait `cout` :

```
string chaine("Le nombre pi vaut: ");
double const pi(3.1415);

ostringstream flux;
flux << chaine;
flux << pi;

cout << flux.str() << endl;
```

C'est à la fois très simple et très puissant. On combine la simplicité d'utilisation des `string` à la liberté sur l'écriture des types que donne l'utilisation des flux. C'est assez magique, je trouve ! C'est cette technique que l'on utilise à chaque fois l'on cherche à convertir un nombre en une chaîne de caractères. Souvenez-vous de cela.

On peut bien sûr faire cela dans l'autre sens, c'est-à-dire extraire des nombres depuis une chaîne de caractères. Il faudra alors utiliser les flux de lecture `istringstream`. Mais vous êtes doués maintenant, vous pouvez essayer tous seuls. ;-)

Enfin, sachez que l'on peut tout à fait utiliser les itérateurs sur les `ostringstream` et `istringstream` comme sur n'importe quel autre flux. Vous pouvez ainsi coupler la puissance des itérateurs et algorithmes à tout ce que vous savez sur les `string`. Mais personne ne procède ainsi : la solution correcte est présentée au prochain chapitre !

En résumé

- Il existe des itérateurs sur les flux.
- Ces itérateurs ne peuvent qu'avancer. Ils ne possèdent donc que l'opérateur `++` et l'opérateur `*`.
- On peut utiliser ces itérateurs avec les algorithmes pour simplifier nos programmes.
- On peut écrire et lire dans les chaînes de caractères grâce aux `istringstream` et `ostringstream`. Cela permet de combiner la puissance des flux à la simplicité des `string`.
- On utilise les `stringstream` pour convertir des nombres en chaîne et vice-versa.

Chapitre 38

Aller plus loin avec la SL

Difficulté :

Dès le premier chapitre sur la SL, je vous ai prévenus que le sujet était très vaste et qu'il serait difficile d'en faire le tour. Nous avons étudié les principaux éléments repris du langage C puis nous nous sommes concentrés sur la STL et sur les flux. Il faut quand même que je vous présente les autres possibilités de la bibliothèque standard.

Ce chapitre présente trois domaines différents où la SL va nous aider à améliorer nos programmes. Pour commencer, nous allons reparler des chaînes de caractères et voir comment, là aussi, utiliser des itérateurs. Puis, nous reviendrons sur les tableaux statiques. Nous les avions un peu abandonnés au profit des autres conteneurs mais il est temps d'en reparler et d'utiliser nos nouveaux meilleurs amis : les itérateurs bien sûr ! Enfin, la troisième partie sera assez différente puisque nous y découvrirons quelque chose de complètement nouveau : les outils dédiés au calcul scientifique. Le C++ est en effet très utilisé par les chercheurs en tous genres pour faire des simulations, que ce soit sur un ordinateur classique ou sur un super-calculateur.

Plus loin avec les strings

Bon, les `string`, on commence à connaître depuis le temps ! Cependant, vous êtes encore loin de tout savoir. Et puisque nous parlons de la STL depuis quelques chapitres, vous vous doutez probablement que nous allons avoir affaire à des itérateurs. Nous avions vu que les `string` se comportaient comme des tableaux grâce à la surcharge de l'opérateur `[]`. Mais ce n'est pas leur seul point commun avec les `vector`, ils possèdent aussi les méthodes `begin()` et `end()` renvoyant un itérateur sur le début et la fin de la chaîne.

```
string chaine("Salut les zeros!");    //Une chaîne

string::iterator it = chaine.begin(); //Un itérateur sur le début
```

Bref, que des choses déjà bien connues. Je vous avais présenté, dans le chapitre d'introduction à la SL, les fonctions `toupper()` et `tolower()` qui permettent de convertir une minuscule en majuscule et vice-versa. Il est possible d'utiliser ces fonctions dans les algorithmes. Ici, c'est bien sûr l'algorithme `transform()` qu'il faut utiliser. Il parcourt la chaîne, applique la fonction sur chaque élément et écrit le résultat au même endroit.

```
#include <iostream>
#include <string>
#include <algorithm>
#include <cctype>
using namespace std;

class Convertir
{
public:
    char operator()(char c) const
    {
        return toupper(c);
    }
};

int main()
{
    string chaine("Salut les zeros !");
    transform(chaine.begin(), chaine.end(), chaine.begin(), Convertir());
    cout << chaine << endl;
    return 0;
}
```

Ce code affiche donc le résultat suivant :

```
SALUT LES ZEROS !
```

Il n'y pas grand chose de plus à dire sur le sujet. En fait, vous savez déjà presque tout. Sachez seulement que les `string` possèdent aussi des méthodes `insert()` et `erase()`

qui fonctionnent de manière similaire à celles de `vector`. Vous pouvez, grâce à elles, insérer et supprimer des lettres au milieu d'une chaîne.

Passons maintenant à une autre vieille connaissance : le tableau statique.

Manipuler les tableaux statiques

Commençons par un bref rappel. Un tableau statique est un tableau dont la taille ne peut *pas* varier. Il se déclare en utilisant les crochets `[]` entre lesquels on spécifie le nombre de cases désirées. Par exemple, pour un tableau de 10 entiers nommé `tab`, on aurait la déclaration suivante :

```
int tab[10];
```

Et on peut bien sûr créer des tableaux de n'importe quel type : `double`, `string` ou même `Personnage`[1]. Il y a une seule obligation : les objets doivent posséder un constructeur par défaut.

Comme ces tableaux ne sont pas des objets (comme `vector` ou `deque`), ils ne possèdent aucune méthode. Il n'est donc pas possible, par exemple, de connaître leur taille. Il faut toujours stocker la taille du tableau dans une variable supplémentaire. Mais cela, vous le saviez déjà.

Les itérateurs

Ces tableaux ont beau ne pas être des objets, on aimerait quand même bien pouvoir utiliser des itérateurs puisque cela nous ouvrirait la porte des algorithmes. Cependant, il n'existe pas d'itérateur spécifique et bien sûr pas de méthode `begin()` ou `end()`. Je vous avais dit que les itérateurs étaient la « version objet » des pointeurs, tout comme `vector` est la « version objet » des tableaux statiques. Et là, je vous sens frémir. Effectivement, nous allons utiliser des pointeurs comme itérateurs sur ces tableaux. Que demande-t-on à un itérateur ? Principalement de pouvoir avancer, reculer et de nous renvoyer la valeur pointée grâce à l'opérateur `*`. Ce sont justement des opérations qui existent pour les pointeurs. Il n'y a donc plus qu'à se jeter à l'eau.

Dans la plupart des cas, on a besoin d'un itérateur sur le premier élément. Dans notre nouveau langage, on dirait qu'on a besoin de l'adresse de la première case. On pourrait donc écrire ceci pour notre itérateur :

```
int tab[10];  //Un tableau de 10 entiers

int* it(&tab[0]); //On récupère l'adresse de la première case
```

Ah, je vois que cela vous fait peur. Rappelez-vous que l'esperluette (`&`) renvoie l'adresse d'une variable, ici la première case du tableau. On initialise ensuite notre pointeur d'entiers à cette valeur. Nous avons donc un itérateur.

1. La fameuse classe que nous avions créée lorsque nous avions découvert la POO !

Heureusement, il existe une manière plus simple d'écrire cela. Il faut savoir que `tab` est lui aussi, en réalité, un pointeur [2] ! Ce pointeur pointe sur la première case, justement ce qu'il nous faut. On écrit donc généralement plutôt ceci :

```
int tab[10];  //Un tableau de 10 entiers

int* it(tab); //Un itérateur sur ce tableau
```

L'itérateur de fin

Comme toujours, on a besoin de spécifier la fin du tableau *via* un deuxième itérateur. La solution est de réfléchir aux cases qui sont accessibles. Dans l'exemple précédent, `it` pointe sur la première case. Donc, `it+1` pointera sur la deuxième, `it+2` sur la troisième, etc. Un itérateur pointant sur la première case en dehors du tableau sera, en suivant cette logique, `it+10`. Si on itère de `it` à `it+10` exclu, on aura parcouru toutes les cases du tableau. En règle générale, on stocke la taille du tableau dans une variable et on écrirait le code suivant pour obtenir le début et la fin d'un tableau :

```
int const taille(10);
int tab[taille]; //Un tableau de 10 entiers

int* debut(tab); //Un itérateur sur le début
int* fin(tab+taille); //Un itérateur sur la fin
```

Nous avons ainsi un équivalent de `begin()` et un équivalent de `end()`. Il ne nous reste plus qu'à utiliser les algorithmes. Mais cela, vous savez déjà le faire. En tout cas je l'espère... Bon, je vous donne quand même un exemple. Pour trier un tableau de nombres, on peut écrire ceci :

```
#include <algorithm>
using namespace std;

int main()
{
    int const taille(1000);
    double tableau[taille];      //On déclare un tableau

    //Remplissage du tableau...

    double* debut(tableau);      //Les deux itérateurs
    double* fin(tableau+taille);

    sort(debut, fin);            //Et on trie

    return 0;
}
```

2. On n'avait jamais eu besoin de cette information jusqu'ici et j'espère que vous ne m'en voudrez pas de ne pas l'avoir dit plus tôt.

Il est possible d'accéder directement à n'importe quel élément du tableau grâce à cette technique. Les pointeurs se comportent donc comme des *random access iterators*.

Je crois que vous auriez trouvé par vous-mêmes. Vous êtes devenu des pros de la STL depuis le temps. ;-)

Faire du calcul scientifique

Dans tous les programmes scientifiques, il y a, vous vous en doutez, beaucoup de calculs. Ce sont des programmes qui manipulent énormément de nombres en tous genres. Vous connaissez déjà les `int` et les `double` ainsi que les fractions mais, dans certains projets, on utilise également des nombres complexes[3].

Les nombres complexes

Comme c'est une brique de base, la SL se devait de fournir un moyen de manipuler ces nombres. C'est pour cela qu'il existe l'en-tête `complex`, dans lequel se trouve la définition de la classe du même nom. Pour déclarer un nombre complexe $2 + 3i$ et l'afficher, on utilise le code suivant :

```
#include <complex>
#include <iostream>
using namespace std;

int main()
{
    complex<double> c(2,3);
    cout << c << endl;
    return 0;
}
```

Ce code produit le résultat suivant :

```
(2., 3.)
```

Il faut spécifier le type des nombres à utiliser pour représenter la partie réelle et la partie imaginaire des nombres complexes. Il est très rare d'utiliser pour cela autre chose que des `double`, mais on ne sait jamais... À partir de là, on peut utiliser les opérateurs usuels pour faire des additions, multiplications, divisions, etc. avec ces nombres. La force de la surcharge des opérateurs est à nouveau visible. En plus des opérations arithmétiques de base, il existe aussi quelques fonctions mathématiques bien pratiques comme la racine carrée ou les fonctions trigonométriques.

3. Si vous ne savez pas ce que c'est, ce n'est pas grave, vous pouvez simplement sauter cette section pour attaquer celle parlant des `valarray`.

```
complex<double> a(1., 2.), b(-2, 4), c;
c = sqrt(a+b);

a = cos(c/b) + sin(b/c);
```

Bref, tout ce qui est nécessaire pour faire des maths un peu poussées. Enfin, il existe des fonctions spécifiques aux nombres complexes comme la norme ou le conjugué. Vous trouverez une liste complète des possibilités dans votre documentation préférée.

```
complex<double> a(3,4);
cout << norm(conj(a)) << endl; //Affiche '5'
```

Toutes les fonctions ont leur nom habituel en maths, il n'y a donc aucune difficulté. Il faut juste savoir qu'elles existent, ce qui est chose faite maintenant. ;-)

Les valarray

L'autre élément que l'on retrouve dans beaucoup de programmes de simulation est bien sûr le tableau de nombres. Vous en connaissez déjà beaucoup mais il y a une forme particulièrement bien adaptée aux calculs : les `valarray`. Ils sont plus restrictifs que les `vector` dans le sens où l'on ne peut pas facilement ajouter des cases à la fin mais, comme ce n'est pas une opération très courante, ce n'est pas un problème. La grande force des `valarray` est la possibilité d'effectuer des opérations mathématiques directement avec l'ensemble du tableau. On peut par exemple calculer la somme de deux tableaux élément par élément simplement en utilisant l'opérateur `+`.

```
#include<valarray>
using namespace std;

int main()
{
    valarray<int> a(10, 5);  //5 éléments valant 10
    valarray<int> b(8, 5);   //5 éléments valant 8

    valarray<int> c = a + b;  //Chaque élément de c vaut 18
    return 0;
}
```

On n'a ainsi pas besoin d'écrire des boucles pour effectuer ces opérations de base. Remarquez au passage que le constructeur des `valarray` prend ses arguments dans l'ordre inverse des `vector`. Il faut d'abord indiquer la valeur que l'on souhaite *puis* le nombre de cases. Faites attention, on se trompe souvent !

Tous les opérateurs usuels sont surchargés de sorte qu'ils travaillent sur tous les éléments séparément. Par exemple, l'opérateur `==` compare un par un tous les éléments du tableau et renvoie un tableau de `bool`. On peut alors savoir quels sont les éléments identiques et ceux qui sont différents en lisant la case correspondante de ce tableau.

Enfin, on peut aussi utiliser la méthode `apply()` pour appliquer un foncteur aux éléments du tableau. On s'économise ainsi l'utilisation d'un algorithme et des itérateurs. C'est un confort de notation supplémentaire. Pour calculer le cosinus de tous les éléments d'un `valarray`, on écrirait ceci :

```
#include<valarray>
#include<cmath>
using namespace std;

class Cosinus   //Un foncteur pour le calcul du cosinus
{
public:
    double operator()(double x) const
    {
        return cos(x);
    }
};

int main()
{
    valarray<double> a(10);  //10 éléments

    //Remplissage du tableau...

    a.apply(Cosinus);

    //Chaque case contient maintenant le cosinus de son ancienne valeur

    return 0;
}
```

À nouveau, faites un tour dans votre documentation favorite pour découvrir toutes les fonctionnalités de ces tableaux. Ils sont vraiment pratiques.

La SL ne propose pas de fonctionnalités pour faire du calcul matriciel, même si c'est très courant. On doit alors se tourner vers des bibliothèques externes comme `lapack`, `MTL` ou `blas`.

En résumé

- Les `string` proposent eux aussi des itérateurs. On peut donc utiliser les algorithmes également sur les chaînes de caractères.
- Les tableaux statiques ne possèdent pas d'itérateurs mais on utilise pour les remplacer les pointeurs.
- La SL propose quelques outils pour le calcul scientifique, notamment une classe de nombres complexes et des tableaux optimisés pour effectuer des opérations mathématiques.

Cinquième partie

Notions avancées

Chapitre 39

La gestion des erreurs avec les exceptions

Difficulté :

Jusqu'ici , nous avons toujours supposé que tout se déroulait bien dans nos programmes. Mais ce n'est pas toujours le cas, des problèmes peuvent survenir. Pensez par exemple aux cas suivants : un fichier qui ne peut pas être ouvert, la mémoire qui est saturée, un tableau trop petit pour ce que l'on souhaite y stocker, etc.

Les exceptions sont un moyen de gérer efficacement les erreurs qui pourraient survenir dans votre programme ; on peut alors tenter de traiter ces erreurs, remettre le programme dans un état normal et reprendre l'exécution du programme.

Dans ce chapitre, je vais vous apprendre à créer des exceptions, à les traiter et à sécuriser vos programmes en les rendant plus robustes.

Un problème bien ennuyeux

En programmation, quel que soit le langage utilisé (et donc en C++), il existe plusieurs types d'erreurs pouvant survenir. Parmi les erreurs possibles, on connaît déjà les erreurs de syntaxe qui surviennent lorsque l'on fait une faute dans le code source, par exemple si l'on oublie un point-virgule à la fin d'une ligne. Ces erreurs sont faciles à corriger car le compilateur peut les signaler.

Un autre type de problème peut survenir si le programme est écrit correctement mais qu'il exécute une action interdite. On peut citer comme exemple le cas où l'on essaye de lire la 10e case d'un tableau de 8 éléments ou encore le calcul de la racine carrée d'un nombre négatif. On appelle ces erreurs les **erreurs d'implémentation**.

La gestion des exceptions permet, si elle est réalisée correctement, de traiter les erreurs d'implémentation en les prévoyant à l'avance. Cela n'est pas toujours réalisable de manière exhaustive car il faudrait penser à toutes les erreurs susceptibles de survenir, mais on peut facilement en éviter une grande partie. Pour comprendre le but de la gestion des exceptions ,le plus simple est de prendre un exemple concret.

Exemple d'erreur d'implémentation

Cet exemple n'est pas très original[1] mais c'est certainement parce que c'est un des cas les plus simples.

Imaginons que vous ayez décidé de réaliser une calculatrice. Vous auriez par exemple pu coder la division de deux nombres entiers de cette manière :

```
int division(int a,int b) // Calcule a divisé par b.
{
   return a/b;
}

int main()
{
   int a,b;
   cout << "Valeur pour a : ";
   cin >> a;
   cout << "Valeur pour b : ";
   cin >> b;

   cout << a << " / " << b << " = " << division(a,b) << endl;

   return 0;
}
```

Ce code est tout à fait correct et fonctionne parfaitement, sauf dans un cas : si b vaut 0. En effet, la division par 0 n'est pas une opération arithmétique valide. Si on lance le programme avec b=0, on obtient une erreur et le message suivant s'affiche :

1. On le trouve dans presque tous les livres !

```
Valeur pour a : 3
Valeur pour b : 0
Exception en point flottant (core dumped)
```

Il faudrait donc éviter de réaliser le calcul si b vaut 0, mais que faire à la place ?

Quelques solutions inadéquates

Une première possibilité serait de renvoyer, à la place du résultat, un nombre prédéfini. Cela donnerait par exemple :

```
int division(int a,int b) // Calcule a divisé par b.
{
   if(b!=0)    // Si b ne vaut pas 0.
      return a/b;
   else         // Sinon.
      return ERREUR;
}
```

Il faudrait spécifier une valeur précise pour ERREUR. Mais cela pose un nouveau problème : quelle valeur choisir pour ERREUR ? On ne peut pas renvoyer un nombre puisque, dans un cas normal, tous les nombres sont susceptibles d'être renvoyés par la fonction. Ce n'est donc pas une bonne solution.

Une autre idée que l'on rencontre souvent consiste à afficher un message d'erreur, ce qui donnerait quelque chose comme :

```
int division(int a,int b) // Calcule a divisé par b.
{
   if( b!=0)    // Si b ne vaut pas 0.
      return a/b;
   else          // Sinon.
      cout << "ERREUR : Division par 0 !" << endl;
}
```

Mais cela pose deux nouveaux problèmes : non seulement la fonction ne renvoie aucune valeur en cas d'erreur mais, de surcroît, elle génère alors sur un effet de bord. Il faut comprendre que la fonction division n'est pas forcément censée utiliser cout, surtout si, par exemple, on a réalisé un programme avec une GUI [2] comme Qt.

La troisième et dernière solution, que l'on rencontre parfois dans certaines bibliothèques, consiste à modifier la signature et le type de retour de la fonction de la manière suivante :

2. *Graphical User Interface*

```
bool division(int a,int b, int& resultat)
{
   if(b!=0)      // Si b est différent de 0.
   {
       resultat = a/b;    // On effectue le calcul et on met le résultat dans la variable passée en argument.
       return true;          // On renvoie vrai pour montrer que tout s'est bien passé.
   }
   else        // Sinon
       return false;         // On renvoie false pour montrer qu'une erreur s'est produite.
}
```

Cette solution est la meilleure des 3 proposées (ceux qui connaissent le C sont habitués à ces choses), mais elle souffre d'un gros problème : son utilisation n'est pas du tout évidente. Il est en particulier impossible de réaliser le calcul $a/(b\ /\ c)$ de manière simple et intuitive.

Ces 3 solutions proposées sont présentées à titre d'illustration de ce qu'il ne faut pas faire. La solution correcte est présentée dans la suite.

La gestion des exceptions

Voyons comment résoudre ce problème de manière élégante en C++.

Principe général

Le principe général des exceptions est le suivant :

- on crée des zones où l'ordinateur va *essayer* le code en sachant qu'une erreur peut survenir ;
- si une erreur survient, on la signale en *lançant* un *objet* qui contient des informations sur l'erreur ;
- à l'endroit où l'on souhaite gérer les erreurs survenues, on *attrape* l'objet et on gère l'erreur.

C'est un peu comme si vous étiez coincés sur une île déserte. Vous lanceriez à la mer une bouteille contenant avec des informations qui permettent de vous retrouver. Il n'y aurait alors plus qu'à espérer que quelqu'un attrape votre bouteille [3]. C'est la même chose ici, on lance un objet en espérant qu'un autre bout de code le rattrapera, sinon le programme plantera.

Les mot-clés du C++ qui correspondent à ces actions sont les suivants :

3. Sinon vous mourrez de faim.

- `try{ ... }` (en français *essaye*) signale une portion de code où une erreur peut survenir ;
- `throw` (en français *lance*) signale l'erreur en lançant un objet ;
- `catch(...){...}` (en français *attrape*) introduit la portion de code qui récupère l'objet et gère l'erreur.

Voyons cela plus en détail.

Les trois mot-clés en détail

Commençons par `try`, il est très simple d'utilisation. Il permet d'introduire un bloc sensible aux exceptions, c'est-à-dire qu'on indique au compilateur qu'une certaine portion du code source pourrait lancer un objet (la bouteille à la mer).

On l'utilise comme ceci :

```
// Du code sans risque.
try
{
    // Du code qui pourrait créer une erreur.
}
```

Entre les accolades du bloc `try` on peut trouver *n'importe quelle instruction C++*, notamment un autre bloc `try`.

Le mot-clé `throw` est lui aussi très simple d'utilisation. C'est grâce à lui qu'on lance la bouteille à la mer. La syntaxe est la suivante : `throw expression`

On peut lancer n'importe quoi comme objet, par exemple un `int` qui correspond au numéro de l'erreur ou un `string` contenant le texte de l'erreur. On verra plus loin un type d'objet particulièrement utile pour les erreurs.

```
throw 123;    // On lance l'entier 123, par exemple si l'erreur 123 est survenue

throw string("Erreur fatale. Contactez un administrateur"); // On peut lancer
↪ un string.

throw Personnage; // On peut tout à fait lancer une instance d'une classe.

throw 3.14 * 5.12; // Ou même le résultat d'un calcul
```

`throw` peut se trouver n'importe où dans le code mais, s'il n'est pas dans un bloc `try`, l'erreur ne pourra pas être rattrapée et le programme plantera.

Terminons avec le mot-clé `catch`. Il permet de créer un bloc de gestion d'une exception survenue. Il faut créer un bloc `catch` par type d'objet lancé. Chaque bloc `try` doit obligatoirement être suivi d'un bloc `catch`. Inversement, tout bloc `catch` doit être précédé d'un bloc `try` ou d'un autre bloc `catch`.

La syntaxe est la suivante : `catch (type const& e){}`

On attrape les exceptions par référence constante (d'où la présence du &) et pas par valeur, ceci afin d'éviter une copie et de préserver le polymorphisme de l'objet reçu. Souvenez-vous des ingrédients du polymorphisme : une référence ou un pointeur sont nécessaires. Comme l'objet lancé pourrait avoir des fonctions virtuelles, on l'attrape *via* une référence, de sorte que les deux ingrédients soient réunis.

Cela donne par exemple :

```
try
{
     // Le bloc sensible aux erreurs.
}
catch(int e) //On rattrape les entiers lancés (pour les entiers, une référence
↪ n'a pas de sens)
{
   //On gère l'erreur
}
catch(string const& e) //On rattrape les strings lancés
{
   // On gère l'erreur
}
catch(Personnage const& e) //On rattrape les personnages
{
   //On gère l'erreur
}
```

Vous pouvez mettre autant de blocs `catch` que vous voulez. Il en faut *au moins un* par type d'objet pouvant être lancé.

Qu'est-ce que cela va changer durant l'exécution du programme ?

À l'exécution, le programme se déroule normalement comme si les instructions `try` et les blocs `catch` n'étaient pas là. Par contre, au moment où l'ordinateur arrive sur une instruction `throw`, il saute toutes les instructions suivantes et appelle le destructeur de tous les objets déclarés à l'intérieur du bloc `try`. Il cherche le bloc `catch` correspondant à l'objet lancé. Arrivé au bloc `catch`, il exécute ce qui se trouve dans le bloc et reprend l'exécution du programme *après* le bloc `catch`.

Je me répète mais c'est une erreur courante : l'exécution reprend *après le bloc `catch`* et pas à l'endroit où se trouve le `throw`.

Le mieux pour comprendre le fonctionnement est encore de reprendre l'exemple de la calculatrice et de la division par 0.

La bonne solution

Reprenons donc notre fonction de calculatrice.

```
int division(int a, int b)
{
    return a/b;
}
```

Nous savons qu'une erreur peut survenir si `b` vaut 0, il faut donc lancer une exception dans ce cas. J'ai choisi, arbitrairement, de lancer une chaîne de caractères. C'est néanmoins un choix intéressant, puisque l'on peut ainsi décrire le problème survenu.

```
int division(int a,int b)
{
    if(b == 0)
       throw string("ERREUR : Division par zéro !");
    else
       return a/b;
}
```

Souvenez-vous, un `throw` doit toujours se trouver dans un bloc `try` qui doit lui-même être suivi d'un bloc `catch`. Cela donne la structure suivante :

```
int division(int a,int b)
{
    try
    {
        if(b == 0)
           throw string("Division par zéro !");
        else
           return a/b;
    }
    catch(string const& chaine)
    {
        // On gère l'exception.
    }
}
```

Il ne reste plus alors qu'à gérer l'erreur, c'est-à-dire par exemple afficher un message d'erreur.

```
int division(int a,int b)
{
    try
    {
        if(b == 0)
           throw string("Division par zéro !");
        else
           return a/b;
    }
    catch(string const& chaine)
    {
        cerr << chaine << endl;
    }
}
```

Cela donne le résultat suivant :

```
Valeur pour a : 3
Valeur pour b : 0
ERREUR : Division par zéro !
```

Plutôt que cout, on utilise dans le cas des erreurs le flux standard d'erreur nommé cerr. Il s'utilise exactement de la même manière que cout. On peut ainsi séparer les informations qui doivent s'afficher dans la console et les informations qui sont dues à des erreurs.

Cette manière de faire est correcte. Cependant, cela ressemble un peu au mauvais exemple numéro 2 ci-dessus. En effet, la fonction est susceptible d'écrire dans la console alors que ce n'est pas son rôle. De plus, le programme continue alors qu'une erreur est survenue. Le mieux à faire serait alors de lancer l'exception dans la fonction et de récupérer l'erreur, si elle se produit, dans le main. De cette manière, celui qui appelle la fonction a conscience qu'une erreur s'est produite.

```
int division(int a,int b) // Calcule a divisé par b.
{
   if(b==0)
      throw string("ERREUR : Division par zéro !");
   else
      return a/b;
}

int main()
{
    int a,b;
    cout << "Valeur pour a : ";
    cin >> a;
    cout << "Valeur pour b : ";
```

```
    cin >> b;

    try
    {
        cout << a << " / " << b << " = " << division(a,b) << endl;
    }
    catch(string const& chaine)
    {
        cerr << chaine << endl;
    }
    return 0;
}
```

Vous pouvez remarquer que le `throw` ne se trouve pas directement à l'intérieur du bloc `try` mais qu'il se trouve à l'intérieur d'une fonction qui est appelée, elle, dans un bloc `try`.

Le `else` dans la fonction division n'est pas nécessaire puisque si l'exception est levée, le reste du code jusqu'au `catch` n'est pas exécuté.

Cette fois, le programme ne plante plus et la fonction n'a plus d'effet de bord. C'est la meilleure solution.

Les exceptions standard

Maintenant que l'on sait gérer les exceptions, la question principale est de savoir quel type d'objet lancer.

Je vous ai présenté auparavant la possibilité de lancer des exceptions de type entier ou `string`. On peut aussi, par exemple, lancer un objet qui contiendrait plusieurs attributs comme :

- une phrase décrivant l'erreur ;
- le numéro de l'erreur ;
- le niveau de l'erreur (erreur fatale, erreur mineure...) ;
- l'heure à laquelle l'erreur est survenue ;
- etc.

Un bon moyen de réaliser ceci est de dériver la classe `exception` de la bibliothèque standard du C++. Eh oui, là aussi la SL vient à notre secours.

On parle d'exception et pas d'erreur puisque, si on la traite, ce n'est plus une erreur.

La classe exception

La classe `exception` est la classe de base de toutes les exceptions lancées par la bibliothèque standard. Elle est aussi spécialement pensée pour qu'on puisse la dériver afin de réaliser notre propre type d'exception. La définition de cette classe est :

```
class exception
{
public:
    exception() throw(){ } //Constructeur.
    virtual ~exception() throw(); //Destructeur.

    virtual const char* what() const throw(); //Renvoie une chaîne "à la C"
↪ contenant des infos sur l'erreur.
};
```

Pour l'utiliser, il faut inclure le fichier d'en-tête correspondant soit, ici, le fichier `exception`.

Vous pouvez remarquer que la classe possède des fonctions virtuelles et donc également un destructeur virtuel. C'est un bon exemple de polymorphisme.

Les méthodes de la classe sont suivies du mot-clé `throw`. Cela sert à indiquer que ces méthodes ne vont pas lancer d'exceptions... ce qui est plutôt judicieux parce que, si la classe `exception` commence à lancer des exceptions, on n'est pas sorti de l'auberge. Indiquer qu'une méthode ne lance pas d'exception est un mécanisme du C++ très rarement utilisé. En fait, cette classe est à peu près le seul endroit où vous verrez cela.

On peut alors créer sa propre classe d'exception en la dérivant grâce à un héritage. Cela donnerait par exemple :

```
#include <exception>
using namespace std;

class Erreur: public exception
{
public:
    Erreur(int numero=0, string const& phrase="", int niveau=0) throw()
         :m_numero(numero),m_phrase(phrase),m_niveau(niveau)
    {}

     virtual const char* what() const throw()
     {
         return m_phrase.c_str();
     }
```

```
      int getNiveau() const throw()
      {
           return m_niveau;
      }

     virtual ~Erreur() throw()
     {}

private:
    int m_numero;                  //Numéro de l'erreur
    string m_phrase;               //Description de l'erreur
    int m_niveau;                  //Niveau de l'erreur
};
```

On pourrait alors réécrire la fonction de division de 2 entiers de la manière suivante :

```
int division(int a,int b) // Calcule a divisé par b.
{
   if(b==0)
      throw Erreur(1,"Division par zéro",2);
   else
      return a/b;
}

int main()
{
   int a,b;
   cout << "Valeur pour a : ";
   cin >> a;
   cout << "Valeur pour b : ";
   cin >> b;

   try
   {
       cout << a << " / " << b << " = " << division(a,b) << endl;
   }
   catch(std::exception const& e)
   {
       cerr << "ERREUR : " << e.what() << endl;
   }

   return 0;
}
```

Cela donne à l'exécution :

```
Valeur pour a : 3
Valeur pour b : 0
ERREUR : Division par zéro
```

Quel est l'intérêt de dériver la classe `exception` alors qu'on pourrait faire sa propre classe sans aucun héritage ?

Excellente question. Il faut savoir que vous n'êtes pas les seuls à lancer des exceptions. Certaines fonctions standard lancent elles aussi des exceptions. Toutes les exceptions lancées par les fonctions standard dérivent de la classe `exception` ce qui permet, avec un code générique, de rattraper toutes les erreurs qui pourraient arriver. Ce code générique est le suivant :

```
catch(std::exception const& e)
{
   cerr << "ERREUR : " << e.what() << endl;
}
```

Cette possibilité résulte du polymorphisme. On attrape un objet de type `exception` mais, grâce aux fonctions virtuelles et à la référence (les deux ingrédients !), c'est la méthode `what()` de la classe fille qui sera appelée, ce qui est justement ce que l'on souhaite.

La bibliothèque standard peut lancer 5 types d'exceptions différents résumés dans le tableau suivant :

Nom de la classe	**Description**
`bad_alloc`	Lancée s'il se produit une erreur en mémoire.
`bad_cast`	Lancée s'il se produit une erreur lors d'un *dynamic_ cast*.
`bad_exception`	Lancée si aucun `catch` ne correspond à un objet lancé.
`bad_typeid`	Lancée s'il se produit une erreur lors d'un `typeid`.
`ios_base::failure`	Lancée s'il se produit une erreur avec un flux.

On peut par exemple observer un exemple de `bad_alloc` avec le code suivant :

```
#include <iostream>
#include <vector>
using namespace std;

int main()
{
    try
    {
        vector<int> a(1000000000,1); //Un tableau bien trop grand
    }
    catch(exception const& e) //On rattrape les exceptions standard
↪ de tous types
    {
        cerr << "ERREUR : " << e.what() << endl; //On affiche la description
↪ de l'erreur
    }
```

```
    return 0;
}
```

Cela donne le résultat suivant dans la console :

```
ERREUR : std::bad_alloc
```

Si l'on avait attrapé l'exception par valeur et pas par référence (c'est-à-dire sans le &), le message aurait été `std::exception` car le polymorphisme n'est pas conservé. C'est pour cela que l'on attrape toujours les exceptions par référence. Il est fort quand même ce polymorphisme !

Le travail pré-mâché

Si comme moi (et beaucoup de programmeurs) vous êtes des fainéants et que vous n'avez pas envie de créer votre propre classe d'exception, sachez qu'il existe un fichier standard qui contient des classes d'exception pour les cas les plus courants. Le fichier `stdexcept` contient 9 classes d'exceptions séparées en 2 catégories, les exceptions « logiques » (*logic errors* en anglais) et les exceptions « d'exécution » (*runtime errors* en anglais).

Toutes les exceptions présentées dérivent de la classe `exception` et possèdent un constructeur prenant en argument une chaîne de caractères qui décrit le problème.

Nom de la classe	**Catégorie**	**Description**
`domain_error`	logique	Erreur de domaine mathématique.
`invalid_argument`	logique	Argument invalide passé à une fonction.
`length_error`	logique	Taille invalide.
`out_of_range`	logique	Erreur d'indice de tableau.
`logic_error`	logique	Autre problème de logique.
`range_error`	exécution	Erreur de domaine.
`overflow_error`	exécution	Erreur d'*overflow*.
`underflow_error`	exécution	Erreur d'*underflow*.
runtime_error	exécution	Autre type d'erreur.

Si vous ne savez pas quoi choisir, prenez simplement `runtime_error`, cela n'a de toute façon que peu d'importance.

Et comment les utilise-t-on ?

Reprenons une dernière fois notre exemple de division. Nous avons une erreur de domaine mathématique si l'argument `b` est nul. Choisissons donc de lancer une `domain_error`.

```
int division(int a,int b) // Calcule a divisé par b.
{
   if(b==0)
      throw domain_error("Division par zéro");
   else
      return a/b;
}
```

On aurait très bien pu choisir une `argument_error` ou encore une `runtime_error`. Cela n'a que peu d'importance puisque, en général, on attrape les exceptions par la méthode indiquée plus haut.

Les exceptions de `vector`

Je vous ai dit dans l'introduction qu'une erreur possible (et courante !) était le cas où un utilisateur cherche à accéder à la 10e case d'un `vector` de 8 éléments. Accéder aux objets stockés dans un tableau, vous savez le faire depuis longtemps : on utilise bien sûr les crochets `[]`. Or ces crochets ne font aucun test. Si vous fournissez un index invalide, le programme va planter et c'est tout. Et après ce chapitre, on pourrait se demander si c'est vraiment une bonne idée. Utiliser une exception en cas d'erreur d'index vous paraît peut-être une bonne idée... et aux concepteurs de la STL aussi ! C'est pour cela que les `vector` (et les `deque`) proposent une méthode appelée `at()` qui fait exactement la même chose que les crochets mais qui lance une exception en cas d'indice erroné.

```
#include <vector>
#include <iostream>
using namespace std;

int main()
{
    vector<double> tab(5, 3.14);  //Un tableau de 5 nombres à virgule

    try
    {
        tab.at(8) = 4.;  //On essaye de modifier la 8ème case
    }
    catch(exception const& e)
    {
        cerr << "ERREUR : " << e.what() << endl;
    }
    return 0;
}
```

Cela nous donne :

```
ERREUR : vector::_M_range_check
```

Encore un nouveau type d'exception ! Oui, oui, mais ce n'est pas grave car, comme je vous l'ai dit, tous les types d'exceptions utilisés dérivent de la classe `exception` et notre `catch` « standard » est donc suffisant. Par conséquent, il n'y a qu'une seule syntaxe à apprendre. Plutôt sympa non ?

> ⚠ En pratique, on utilise très rarement, voire même jamais la méthode `at()`. On considère plutôt que c'est à l'utilisateur de `vector` d'utiliser le tableau correctement.

Terminons avec un point qui pourrait vous sauver la vie lors de la lecture de codes sources obscurs.

Relancer une exception

Il est possible de relancer une exception reçue par un bloc `catch` afin de la traiter une deuxième fois, plus loin dans le code. Pour ce faire, il faut utiliser le mot-clé `throw` sans expression derrière.

```
catch(exception const& e) // Rattrape toutes les exceptions
{
   //On traite une première fois l'exception
   cerr << "ERREUR: " << e.what() << endl;

   throw; // Et on relance l'exception reçue pour la retraiter
          // dans un autre bloc catch plus loin dans le code.
}
```

Les assertions

Les exceptions c'est bien mais il y a des cas où mettre en place tous ces blocs `try` / `catch` est fastidieux. Ce n'est pas pour rien que `vector` propose les `[]` pour accéder aux éléments. On n'a pas toujours envie d'avoir à traiter les exceptions. Il existe un autre mécanisme de détection et de gestion qui vient du langage C : les assertions.

Claquer une assertion

Pour utiliser les assertions, il faut inclure le fichier d'en-tête `cassert`. Et c'est certainement l'étape la plus difficile.

Une assertion permet de tester si une expression est vraie ou non. Si c'est vrai, rien ne se passe et le programme continue. Par contre, si le test est négatif, le programme s'arrête brutalement et un message d'erreur s'affiche dans le terminal.

```
#include <cassert>
using namespace std;
```

```
int main()
{
    int a(5);
    int b(5);

    assert(a == b) ; //On vérifie que a et b sont égaux

    //reste du programme
    return 0;
}
```

Lors de l'exécution, rien ne se passe. Normal, les deux variables sont égales. Par contre, si vous modifiez la valeur de `b`, le message suivant s'affiche alors à l'exécution :

```
monProg: main.cpp:9: int main(): Assertion 'a == b' failed.
Abandon
```

C'est super : le message d'erreur indique le fichier où se situe l'erreur, le nom de la fonction et même la ligne ! Avec cela, impossible de ne pas trouver la cause d'erreur. Je vous avais bien dit que c'était simple !

Mais pourquoi utiliser des exceptions si les assertions sont mieux ?

Attention, je n'ai pas dit que les assertions étaient mieux ! Les deux méthodes de gestion des erreurs ont leur domaine d'application. Si vous claquez une assertion, le programme s'arrête brutalement. Il n'y a aucun moyen de réparer l'erreur et tenter de continuer. Si vous avez un programme de *chat* et qu'il n'arrive pas à se connecter au serveur, c'est une erreur. Vous aimeriez bien que votre programme réessaye de se connecter plusieurs fois. Il faut donc utiliser une exception pour tenter de réparer l'erreur. Une assertion aurait complètement tué le programme. Ce n'est clairement pas la bonne solution dans ce cas ! À vous de choisir ce dont vous avez besoin au cas par cas.

Désactiver les assertions

Un autre point fort des assertions est la possibilité de les *désactiver totalement*. Dans ce cas, le compilateur ignore simplement les lignes `assert(...)` et n'effectue pas le test qui se trouve entre les parenthèses. Ainsi, le code sera (légèrement) plus rapide, mais aucun test ne sera effectué. Il faut donc choisir.

Pour désactiver les assertions, il faut ajouter l'option `-DNDEBUG` à la ligne de compilation.

Si vous utilisez Code: :Blocks, cela se fait *via* le menu `project` > `build options`. Dans la fenêtre qui s'ouvre, sélectionnez l'onglet `Compiler settings` puis, dans le champ

`Other options`, ajoutez simplement `-DNDEBUG` comme à la figure 39.1.

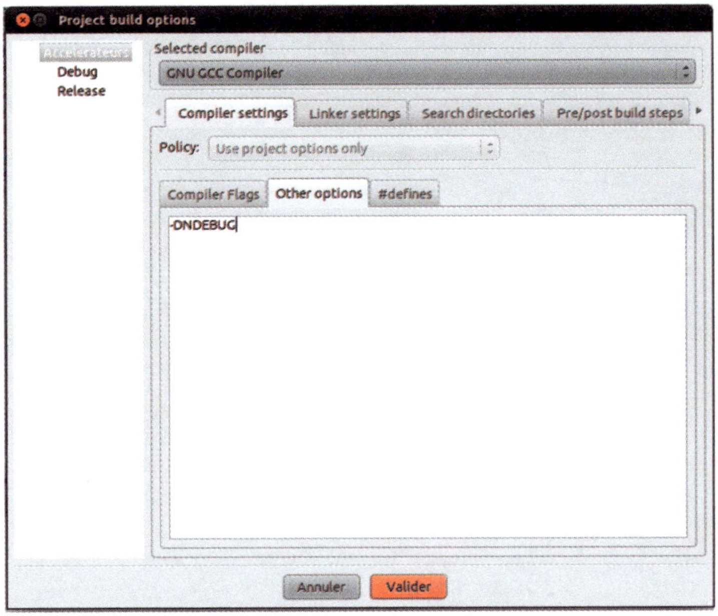

FIGURE 39.1 – Désactiver les assertions

Avec cette option activée, le code d'exemple précédent s'exécute sans problème même si `a` est différent de `b`. La ligne de test a simplement été ignorée par le compilateur.

Les assertions sont souvent utilisées durant la phase de création d'un programme pour tester si tout se passe bien. Une fois que l'on sait que le programme fonctionne, on les désactive, on compile et on vend le programme au client. Ce dernier ne veut pas de message d'erreur et il veut un programme rapide. Si par contre il découvre un bug, on réactive les assertions et on cherche l'erreur. C'est vraiment un outil destiné aux développeurs, au contraire des exceptions.

En résumé

- Dans tous les programmes, des erreurs peuvent survenir. Les exceptions servent à réparer ces erreurs.
- Les exceptions sont lancées grâce au mot-clé `throw`, placé dans un bloc `try`, et rattrapées par un bloc `catch`.
- La bibliothèque standard propose la classe `exception` comme base pour créer ses exceptions personnalisées.
- Les assertions permettent aux développeurs de trouver facilement les erreurs en faisant des tests lors de la phase de création d'un programme.

Chapitre 40

Créer des templates

Difficulté :

Le but de la programmation, en tout cas à l'origine, est de simplifier les tâches répétitives en les faisant s'exécuter sur votre ordinateur plutôt que devoir faire tous les calculs à la main. On veut donc s'éviter du travail à la chaîne.

Nous allons voir comment faire s'exécuter un même code pour différents types de variables ou classes. Cela nous permettra d'éviter la tâche répétitive de réécriture de portions de code semblables pour différents types. Pensez à la classe `vector` : quel que soit le type d'objets que l'on y stocke, le tableau aura le même comportement et permettra d'ajouter et supprimer des éléments, de renvoyer sa taille, etc. Finalement, peu importe que ce soit un tableau d'entiers ou de nombres réels.

La force des **templates** est d'autoriser une fonction ou une classe à utiliser des types différents. Leur marque de fabrique est la présence des chevrons < et > et, vous l'aurez remarqué, la STL utilise énormément ce concept.

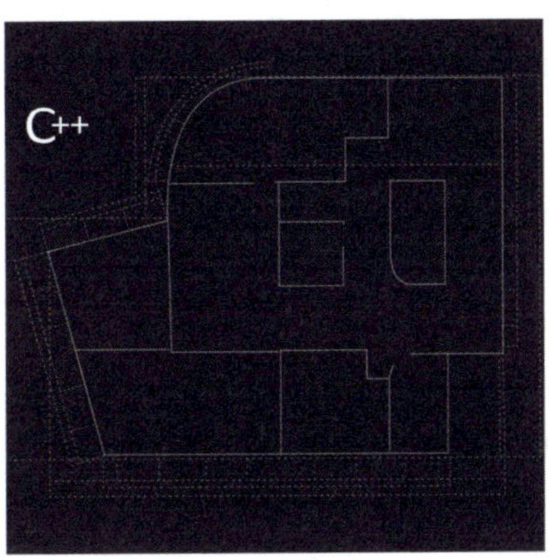

L'utilisation des templates est un sujet très vaste. Il y a même des livres entiers qui y sont consacrés tellement cela peut devenir complexe. Ce chapitre n'est qu'une brève introduction au domaine.

Les fonctions templates

Ce que l'on aimerait faire

Il arrive souvent qu'on ait besoin d'opérations mathématiques dans un programme. Une opération toute simple est celle qui consiste à trouver le plus grand de deux nombres. Dans le cas des nombres entiers, on pourrait écrire une fonction comme suit :

```
int maximum(int a,int b)
{
    if(a>b)
        return a;
    else
        return b;
}
```

Une telle fonction existe bien sûr dans la SL. Elle se trouve dans l'en-tête `algorithm` et s'appelle `max()`

Cette fonction est très bien et elle n'a pas de problème. Cependant, si un utilisateur de votre fonction aimerait utiliser des `double` à la place des `int`, il risque d'avoir un problème. Il faudrait donc fournir également une version de cette fonction utilisant des nombres réels. Cela ne devrait pas vous poser de problème à ce stade du cours.

Pour être rigoureux, il faudrait également fournir une fonction de ce type pour les `char`, les `unsigned int`, les nombres rationnels, etc. On se rend vite compte que la tâche est très répétitive. Cependant, il y a un point commun à toutes ces fonctions : le *corps de la fonction est strictement identique*. Quel que soit le type, le traitement que l'on effectue est le même. On se rend compte que l'algorithme utilisé dans la fonction est *générique*.

Il serait donc intéressant de pouvoir écrire une seule fois la fonction en disant au compilateur : « Cette fonction est la même pour tous les types, fais le sale boulot de recopie du code toi-même. » Eh bien, cela tombe bien parce que c'est ce que permettent les **templates** en C++ et c'est ce que nous allons apprendre à utiliser dans la suite.

Le terme français pour **template** est **modèle**. Le nom est bien choisi car il décrit précisément ce que nous allons faire. Nous allons écrire un modèle de fonction et le compilateur va utiliser ce modèle dans les différents cas qui nous intéressent.

Une première fonction template

Pour indiquer au compilateur que l'on veut faire une fonction générique, on déclare un « type variable » qui peut représenter n'importe quel autre type. On parle de type générique. Cela se fait de la manière suivante :

```
template<typename T>
```

Vous pouvez remarquer quatre choses importantes :

1. Tout d'abord, le mot-clé `template` prévient le compilateur que la prochaine chose dont on va lui parler sera générique ;
2. Ensuite, les symboles « < » et « > », que vous avez certainement déjà aperçus dans le chapitre sur les `vector` et sur la SL, constituent la marque de fabrique des templates ;
3. Puis le mot-clé `typename` indique au compilateur que `T` sera le nom que l'on va utiliser pour notre « type spécial » qui remplace n'importe quoi ;
4. Enfin, il n'y a PAS de point-virgule à la fin de la ligne.

La ligne de code précédente indique au compilateur que dans la suite, `T` sera un type générique pouvant représenter n'importe quel autre type. On pourra donc utiliser ce `T` dans notre fonction comme type pour les arguments et pour le type de retour.

```
template <typename T>
T maximum(const T& a, const T& b)
{
   if(a>b)
      return a;
   else
      return b;
}
```

Quand il voit cela, le compilateur génère automatiquement une série de fonctions `maximum()` pour tous les types dont vous avez besoin. Cela veut dire que si vous avez besoin de cette fonction pour des entiers, le compilateur crée la fonction :

```
int maximum(const int& a,const int& b)
{
   if(a>b)
      return a;
   else
      return b;
}
```

... et de même pour les `double`, `char`, etc. C'est le compilateur qui se farcit le travail de recopie ! Parfait, on peut aller faire la sieste pendant ce temps. :-)

On peut écrire un petit programme de test :

```
#include <iostream>
using namespace std;

template <typename T>
T maximum(const T& a,const T& b)
{
   if(a>b)
      return a;
   else
      return b;
}

int main()
{
     double pi(3.14);
     double e(2.71);

     cout << maximum<double>(pi,e) << endl; //Utilise la "version double"
↪ de la fonction

     int cave(-1);
     int dernierEtage(12);

     cout << maximum<int>(cave,dernierEtage) << endl; //Utilise la "version int"
↪ de la fonction

     unsigned int a(43);
     unsigned int b(87);

     cout << maximum<unsigned int>(a,b) << endl; //Utilise la "version unsigned
↪ int" de la fonction.

     return 0;
}
```

Et tout cela se passe sans que l'on ait besoin d'écrire plus de code. Il faut juste indiquer entre des chevrons quelle « version » de la fonction on souhaite utiliser, comme pour les `vector` en somme : on devait indiquer quelle « version » du tableau on souhaitait utiliser.

Il n'est pas toujours utile d'indiquer entre chevrons quel type on souhaite utiliser pour les fonctions templates. Le compilateur est assez intelligent pour *deviner* ce que vous souhaitez faire. Mais dans des cas compliqués ou s'il y a plusieurs arguments de types différents, alors il devient nécessaire de spécifier la version.

```
int main()
{
    double pi(3.14);
    double e(2.71);

```

```
    cout << maximum(pi,e) << endl; //Utilise la "version double" de la fonction
    return 0;
}
```

Le compilateur voit dans ce cas que l'on souhaite utiliser la version `double` de la fonction. À vous de voir si votre compilateur comprend vos intentions.

Si vous êtes attentifs, vous avez peut-être remarqué que, pour les arguments, j'ai remplacé le passage par valeur par des références constantes. En effet, on ne sait pas quel type l'utilisateur va utiliser avec notre fonction `maximum()`. La taille en mémoire de ce type sera peut-être très grande : on passe donc une référence constante pour éviter une copie coûteuse et inutile.

Où mettre la fonction ?

Habituellement, un programme est subdivisé en plusieurs fichiers que l'on classe en deux catégories : les fichiers de code (les `.cpp`) et les fichiers d'en-tête (les `.h`). Généralement, on met le prototype de la fonction dans un `.h` et la définition dans le `.cpp`, comme on l'a vu tout au début ce ce cours. Pour les fonctions templates, c'est différent. TOUT doit obligatoirement se trouver dans le fichier `.h`, sinon votre programme ne pourra pas compiler.

Je le répète encore une fois car c'est une erreur classique, le prototype ET la définition d'une fonction template doivent obligatoirement se trouver dans un fichier d'en-tête.

Tous les types sont-ils utilisables ?

J'ai dit plus haut que le compilateur allait générer toutes les fonctions nécessaires. Cependant, il y a quand même une contrainte : le type que l'on passe à la fonction doit posséder un `operator>`. Par exemple, on ne peut pas utiliser cette fonction avec un `Personnage` ou un `Magicien` des chapitres précédents : ils ne possèdent pas de surcharge de >. Tant mieux, puisque prendre le maximum de deux personnages n'a pas de sens !

Des fonctions plus compliquées

Vous aviez appris à écrire une fonction qui calcule la moyenne d'un tableau. À nouveau, les opérations à effectuer sont les mêmes quel que soit le type contenu. Écrivons donc cette fonction sous forme de template.

Voici ma version :

```
template<typename T>
T moyenne(T tableau[], int taille)
```

```
{
   T somme(0);                    //La somme des éléments du tableau
   for(int i(0); i<taille; ++i)
      somme += tableau[i];

   return somme/taille;
}
```

Tous les arguments d'une fonction ne doivent pas forcément être des templates. Ici, `taille` est un entier tout ce qu'il y a de plus normal, dans toutes les versions de la fonction.

Le souci que nous avions était que pour le type `int`, nous nous retrouvions avec une division entière qui posait problème (les moyennes étaient arrondies vers le bas). Ce problème serait résolu si l'on pouvait utiliser un type différent de `int` pour la somme et donc la moyenne.

Pas de problème. Ajoutons donc un deuxième paramètre template pour le type de retour et utilisons-le.

```
template<typename T, typename S>
S moyenne(T tableau[], int taille)
{
   S somme(0);                    //La somme des éléments du tableau
   for(int i(0); i<taille; ++i)
      somme += tableau[i];

   return somme/taille;
}
```

Avec cela, il est enfin possible de calculer correctement la moyenne. Par contre, il faut explicitement indiquer les types à utiliser lors de l'appel de la fonction. Le compilateur ne peut pas deviner quel type vous aimeriez pour `S` :

```
#include<iostream>
using namespace std;

template<typename T, typename S>
S moyenne(T tableau[], int taille)
{
  S somme(0);                    //La somme des éléments du tableau
  for(int i(0); i<taille; ++i)
    somme += tableau[i];

  return somme/taille;
}

int main()
```

```
{
  int tab[5];
  //Remplissage du tableau

  cout << "Moyenne : " << moyenne<int,double>(tab,5) << endl;

  return 0;
}
```

De cette manière, on peut spécifier le type utilisé pour le calcul de la moyenne tout en préservant la liberté totale sur le type contenu dans le tableau. Pour bien assimiler le tout, je ne peux que vous inviter à faire quelques exercices, par exemple :

- écrire une fonction renvoyant le plus petit de deux éléments ;
- réécrire la fonction `moyenne()` pour qu'elle reçoive en argument un `std::vector<T>` au lieu d'un tableau statique ;
- écrire une fonction template renvoyant un nombre aléatoire d'un type donné.

La spécialisation

Pour l'instant, nous n'avons essayé la fonction `maximum()` qu'avec des types de base. Essayons-la donc avec une chaîne de caractères :

```
int main()
{
  cout << "Le plus grand est: " << maximum<std::string>("elephant","souris") <<
↪ endl;

  return 0;
}
```

Le résultat de ce petit programme est :

```
Le plus grand est: souris
```

On l'a déjà vu, l'opérateur < pour les chaînes de caractères compare suivant l'ordre lexicographique. Mais imaginons (comme précédemment) que le critère de comparaison qui nous intéresse est la longueur de la chaîne. Cela se fait en **spécialisant** la fonction template.

La spécialisation

La spécialisation emploie la syntaxe suivante :

```
template <>
string maximum<string>(const string& a, const string& b)
{
  if(a.size()>b.size())
    return a;
  else
    return b;
}
```

Vous remarquerez deux choses :

- la première ligne ne comporte *aucun* type entre < et > ;
- le prototype de la fonction utilise cette fois le type que l'on veut et plus le type générique T.

Avec cette spécialisation, on obtient le comportement voulu :

```
int main()
{
  cout << "Le plus grand est: " << maximum<std::string>("elephant","souris") <<
↪ endl;

  return 0;
}
```

qui donne :

```
Le plus grand est: elephant
```

La seule difficulté de la spécialisation est la syntaxe qui commence par la ligne `template<`
Si vous vous souvenez de cela, vous savez tout.

Vous pouvez évidemment spécialiser la fonction pour plusieurs types différents. Il vous faudra alors créer une spécialisation par type.

L'ordre des fonctions

Pour pouvoir compiler et avoir le comportement voulu, votre programme devra être organisé d'une manière spéciale. Il faut respecter un ordre particulier :

1. la fonction générique ;
2. les fonctions spécialisées.

L'ordre est essentiel. Lors de la compilation, le compilateur cherche une fonction spécialisée. S'il n'en trouve pas, alors il utilise la fonction générique déclarée au-dessus.

Les classes templates

Voyons maintenant comment réaliser des classes template, c'est-à-dire des classes dont le type des arguments peut varier. Cela peut vous sembler effrayant, mais vous en avez déjà utilisé beaucoup. Pensez à `vector` ou `deque` par exemple. Il est temps de savoir réaliser des modèles de classes utilisables avec différents types.

Je vous propose de travailler sur un exemple que l'on pourrait trouver dans une bibliothèque comme Qt. Lorsque l'on veut dessiner des choses à l'écran, on utilise quelques formes de base qui servent à décomposer les objets plus complexes. L'une de ces formes est le rectangle qui, comme vous l'aurez certainement remarqué, est la forme des fenêtres ou des boutons, entre autres.

Quelles sont les propriétés d'un rectangle ?

Un rectangle a quatre côtés, une surface et un périmètre. Les deux derniers éléments peuvent être calculés si l'on connaît sa longueur et sa largeur. Voilà pour les attributs.

Quelles sont les actions qu'on peut associer à un rectangle ?

Ici, il y a beaucoup de choix. Nous opterons donc pour les actions suivantes : vérifier si un point est contenu dans le rectangle et déplacer le rectangle.

Nous pourrions donc modéliser notre classe comme illustré à la figure 40.1.

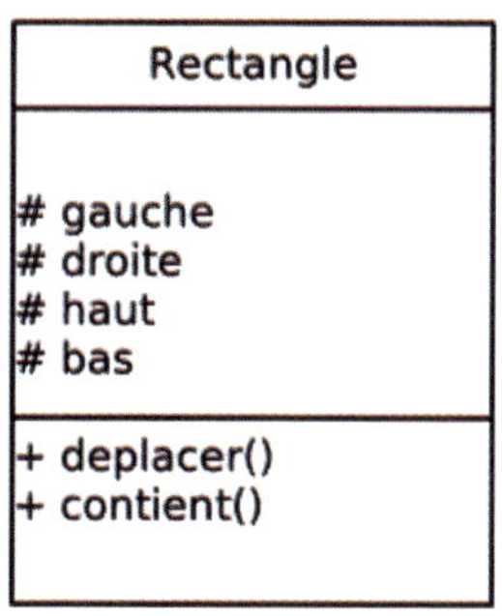

FIGURE 40.1 – Modélisation de la classe `Rectangle`

> On considère ici un rectangle parallèle aux bords de l'écran, ce qui permet de simplifier les positions en utilisant un seul et unique nombre par côté.

Le type des attributs

Maintenant que nous avons modélisé la classe, il est temps de réfléchir aux types des attributs, en l'occurrence la position des côtés.

Si l'on veut avoir une bonne précision, alors il faut utiliser des `double` ou des `float`. Si par contre on considère que, de toute façon, l'écran est composé de pixels, on peut se dire que l'utilisation d'`int` est largement suffisante.

Les deux options sont possibles et on peut très bien avoir besoin des deux approches dans un seul et même programme. Et c'est là que vous devriez tous me dire : « Mais alors, utilisons donc des templates ! ». Vous avez bien raison. Nous allons écrire une seule classe qui pourra être instanciée par le compilateur avec différents types.

Création de la classe

Je suis sûr que vous connaissez la syntaxe même si je ne vous l'ai pas encore donnée. Comme d'habitude, on déclare un type générique `T`. Puis on déclare notre classe.

```
template <typename T>
class Rectangle{
    //...
};
```

Notre type générique est reconnu par le compilateur à l'intérieur de la classe. Utilisons-le donc pour déclarer nos quatre attributs.

```
template <typename T>
class Rectangle{

   //...

private:

   //Les côtés du Rectangle
   T m_gauche;
   T m_droite;
   T m_haut;
   T m_bas;

};
```

Voilà. Jusque là, ce n'était pas bien difficile. Il ne nous reste plus qu'à écrire les méthodes.

Les méthodes

Les fonctions les plus simples à écrire sont certainement les accesseurs qui permettent de connaître la valeur des attributs. La hauteur d'un rectangle est évidemment la différence entre la position du haut et la position du bas. Comme vous vous en doutez, cette fonction est template puisque le type de retour de la fonction sera un `T`.

Une première méthode

Nous pouvons donc écrire la méthode suivante :

```
template <typename T>
class Rectangle{
public:
    //...

   T hauteur() const
   {
      return m_haut-m_bas;
   }

private:

   //Les cotes du Rectangle
   T m_gauche;
   T m_droite;
   T m_haut;
   T m_bas;
};
```

Vous remarquerez qu'il n'y a pas besoin de redéclarer le type template `T` juste avant la fonction membre puisque celui que nous avons déclaré avant la classe reste valable pour tout ce qui se trouve à l'intérieur.

Et si je veux mettre le corps de ma fonction à l'extérieur de ma classe ?

Bonne question. On prend souvent l'habitude de séparer le prototype de la définition. Et cela peut se faire aussi ici. Pour cela, on mettra le prototype dans la classe et la définition à l'extérieur mais il faut indiquer à nouveau qu'on utilise un type variable `T` :

```
template <typename T>
class Rectangle{
public:
    //...

   T hauteur() const;

    //...
};

template<typename T>
T Rectangle<T>::hauteur() const
```

```
{
   return m_haut-m_bas;
}
```

Vous remarquerez aussi l'utilisation du type template dans le nom de la classe puisque cette fonction sera instanciée de manière différente pour chaque `T`.

Souvenez-vous que tout doit se trouver dans le fichier `.h` !

Une fonction un peu plus complexe

Une des fonctions que nous voulions écrire est celle permettant de vérifier si un point est contenu dans le rectangle ou pas. Pour cela, on doit passer un point $(x; y)$ en argument à la fonction. Le type de ces arguments doit évidemment être `T`, de sorte que l'on puisse comparer les coordonnées sans avoir de conversions.

```
template <typename T>
class Rectangle{
public:

   //...

   bool estContenu(T x, T y) const
   {
      return (x >= m_gauche) && (x <= m_droite) && (y >= m_bas) && (y <=
↪ m_haut);
   }

private:
    //...
};
```

Vous remarquerez à nouveau l'absence de redéfinition du type `T`. Quoi, je me répète ? C'est sûrement que cela devient clair pour vous. ;-)

Constructeur

Il ne nous reste plus qu'à traiter le cas du constructeur. À nouveau, rien de bien compliqué, on utilise simplement le type `T` défini avant la classe.

```
template <typename T>
class Rectangle{
public:

```

```
    Rectangle(T gauche, T droite, T haut, T bas)
         :m_gauche(gauche),
          m_droite(droite),
          m_haut(haut),
          m_bas(bas)
    {}

    //...
};
```

Et comme pour toutes les autres méthodes, on peut définir le constructeur à l'extérieur de la classe. Vous êtes bientôt des pros, je vous laisse donc essayer seuls.

On pourrait ajouter une fonction appelée dans le constructeur qui vérifie que le haut se trouve bien au-dessus du bas et de même pour droite et gauche.

Finalement, voyons comment utiliser cette classe.

Instanciation d'une classe template

Il fallait bien y arriver un jour ! Comment crée-t-on un objet d'une classe template et en particulier de notre classe Rectangle ?

En fait, je suis sûr que vous le savez déjà. Cela fait longtemps que vous créez des objets à partir de la classe template `vector` ou `map`. Si l'on veut un `Rectangle` composé de `double`, on devra écrire :

```
int main()
{
   Rectangle<double> monRectangle(1.0, 4.5, 3.1, 5.2);

   return 0;
}
```

L'utilisation des fonctions se fait ensuite comme d'habitude :

```
int main()
{
   Rectangle<double> monRectangle(1.0, 4.5, 3.1, 5.2);

   cout << monRectangle.hauteur() << endl;

   return 0;
}
```

Pour terminer ce chapitre, je vous propose d'ajouter quelques méthodes à cette classe. Je vous parlais d'une méthode `deplacer()` qui change la position du rectangle. Essayez aussi d'écrire les méthodes `surface()` et `perimetre()`.

Enfin, pour bien tester tous ces concepts, vous pouvez refaire la classe `ZFraction` de sorte que l'on puisse spécifier le type à utiliser pour stocker le numérateur et le dénominateur. Bonne chance !

En résumé

- Les templates sont utilisés pour créer différentes versions d'une fonction ou d'une classe pour des types différents.
- Pour créer une fonction ou une classe template, il faut déclarer un type générique en utilisant la syntaxe template<typename T>.
- Pour utiliser une fonction ou une classe template, on indique le type désiré entre les chevrons < et >.
- Il est possible de spécialiser les templates pour leur imposer un comportement particulier pour certains types.

Chapitre 41

Ce que vous pouvez encore apprendre

Difficulté :

Qu'on se le dise : bien que cet ouvrage sur le C++ s'arrête là, vous ne savez pas tout sur tout. D'ailleurs, personne ne peut vraiment prétendre tout savoir sur le C++ et toutes ses bibliothèques.

En fait, l'objectif n'est pas de tout savoir mais d'être capables d'apprendre ce dont vous avez besoin lorsque c'est nécessaire.

Si je devais moi-même vous apprendre tout sur le C++, j'y passerais toute une vie (et encore, cela serait toujours incomplet). Du coup, plutôt que de tout vous apprendre, j'ai choisi de vous enseigner de bonnes bases tout au long du cours. Ce chapitre a pour but, maintenant que le cours est fini, de vous donner un certain nombre de pistes pour continuer votre apprentissage.

Ce chapitre est seulement là pour vous *présenter* de nouvelles notions, pas pour vous les expliquer. Ne soyez donc pas surpris si je suis beaucoup plus succinct que d'habitude. Imaginez ce chapitre comme un sommaire de ce qu'il vous reste à apprendre.

Plus loin avec le langage C++

Le langage C++ est suffisamment riche pour qu'il vous reste encore de nombreuses notions à découvrir. Certaines d'entre elles sont particulièrement complexes, je ne vous le cache pas, et vous n'en aurez pas besoin tout le temps.

Toutefois, au cas où vous en ayez besoin un jour, je vais vous présenter rapidement ces notions. À vous ensuite d'approfondir vos connaissances, par exemple en lisant des cours écrits par d'autres membres du Site du Zéro sur le C++, en lisant des livres dédiés au C++, ou tout simplement en faisant une recherche Google.

▷ Liste des cours de C++ sur le Site du Zéro
Code web : **683663**

Voici les notions que je vais vous présenter ici :

- l'héritage multiple ;
- les espaces de noms ;
- les types énumérés ;
- les `typedef`.

L'héritage multiple

L'héritage multiple consiste à hériter de plusieurs classes à la fois (figure 41.1). Nous avons déjà fait cela dans la partie sur Qt, pour pouvoir utiliser une interface dessinée dans Qt Designer.

Pour hériter de plusieurs classes, il suffit de mettre une virgule entre les noms de classe, comme on l'avait fait :

```
class FenCalculatrice : public QWidget, public Ui::FenCalculatrice
{

};
```

C'est une notion qui paraît simple mais qui, en réalité, est très complexe.

En fait, la plupart des langages de programmation plus récents, comme Java et Ruby, ont carrément décidé de ne pas gérer l'héritage multiple. Pourquoi ? Parce que cela peut être utile dans certaines conditions assez rares mais, si on l'utilise mal (quand on débute) cela peut devenir un cauchemar à gérer.

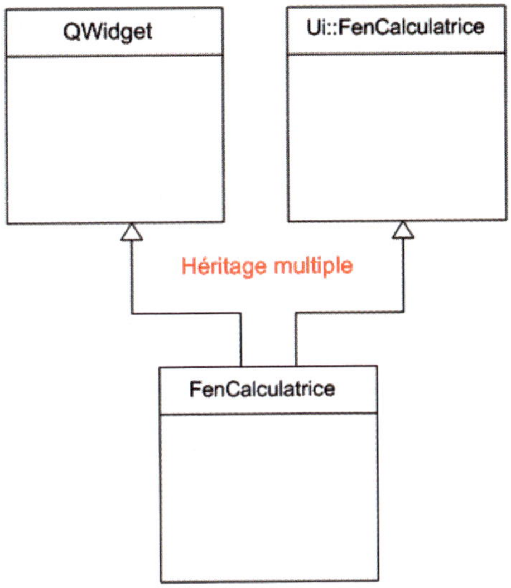

FIGURE 41.1 – Héritage multiple

Bref, jetez un coup d'œil à cette notion mais juste un coup d'œil de préférence, car vous ne devriez pas y avoir recours très souvent.

Les namespaces

Souvenez-vous : dès le début du tutoriel C++, je vous ai fait utiliser les objets `cout` et `cin` qui permettent d'afficher un message dans la console et de récupérer le texte saisi au clavier.

Voici le tout premier code source C++ que vous aviez découvert mais avec le vrai nom des objets :

```
#include <iostream>

int main()
{
        std::cout << "Hello world!" << std::endl;
        return 0;
}
```

Le préfixe `std::` correspond à ce qu'on appelle un **namespace**, c'est-à-dire en français un *espace de noms*. Les namespaces sont utiles dans de très gros programmes où il y a beaucoup de noms différents de classes et de variables.

Quand vous avez beaucoup de noms différents dans un programme, il y a un risque que deux classes aient le même nom. Par exemple, vous pourriez utiliser deux classes `Couleur` dans votre programme : une dans votre bibliothèque « Jeu3D » et une autre dans votre bibliothèque « Fenetre ». Normalement, avoir 2 classes du même nom est interdit... sauf si ces classes sont chacune dans un namespace différent ! Imaginez que les namespaces sont comme des « boîtes » qui évitent de mélanger les noms de classes et de variables (figure 41.2).

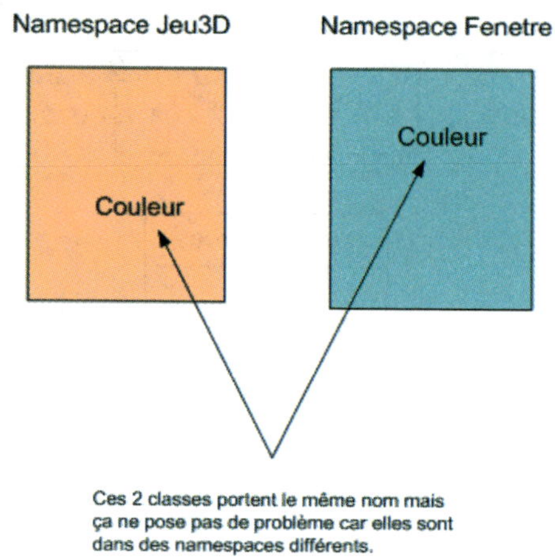

FIGURE 41.2 – Namespaces

Si la classe est dans un namespace, on doit préfixer son intitulé par le nom du namespace :

```
Jeu3D::Couleur rouge; // Utilisation de la classe Couleur située dans le
↪ namespace Jeu3D
Fenetre::Couleur vert; // Utilisation d'une AUTRE classe appelée elle aussi
↪ Couleur, dans le namespace Fenetre
```

Les espaces de noms sont vraiment comme des noms de famille pour les noms de variables.

Le namespace « std » est utilisé par toute la bibliothèque standard du C++. Il faut donc mettre ce préfixe devant chaque nom issu de la bibliothèque standard (`cout`, `cin`, `vector`, `string`. ..). Il est aussi possible, comme on le fait depuis le début, d'utiliser la directive `using namespace` au début du fichier :

```
using namespace std;
```

Grâce à cela, dans tout le fichier, le compilateur saura que vous faites référence à des noms définis dans l'espace de noms `std`. Cela vous évite d'avoir à répéter `std::` partout.

Certains programmeurs préfèrent éviter d'utiliser « using namespace » car, en lisant le code ensuite, on ne sait plus vraiment à quel namespace le nom se rapporte.

Les types énumérés

Dans un programmes, on a parfois besoin de manipuler des variables qui ne peuvent prendre qu'un petit nombre de valeurs différentes. Tenez, si vous devez décrire les trois niveaux de difficulté de votre jeu, vous pourriez utiliser un `int` valant 1, 2 ou 3. Mais ce n'est pas très sécurisé, on n'est pas sûr que l'entier prendra toujours une de ces trois valeurs. Il serait bien d'avoir un type qui ne peut prendre *que* ces trois valeurs.

Un type énuméré se déclare comme ceci :

```
enum Niveau{Facile, Moyen, Difficile};
```

On l'utilise alors comme n'importe quelle autre variable.

```
int main()
{
    Niveau level;

    //...

    if(level == Moyen)
        cout << "Vous avez choisi le niveau moyen" << endl;
    //...

    return 0;
}
```

C'est bien pratique. En plus, cela rend le code plus lisible : la ligne `if(level == Moyen)` est plus claire à lire que `if(level == 2)`, on n'a pas besoin de réfléchir à ce que représente ce 2.

On retrouve souvent les types énumérés dans des codes employant les tests `switch`. Voici un exemple utilisant un type énuméré pour les directions d'un personnage sur une carte :

```
enum Direction{Nord, Sud, Est, Ouest};

int main()
{
    Direction dir;
    Personnage p;

    //...

    switch(dir)
    {
        case Nord: p.avancerNord(); break;
        case Sud: p.avancerSud(); break;
        case Est: p.avancerEst(); break;
```

```
        case Ouest: p.avancerOuest(); break;
    }

    //...

    return 0;
}
```

Les typedefs

Vous en voulez encore ? Voyons donc une petite astuce bien pratique pour économiser du texte. Certains types sont vraiment longs à écrire. Prenez par exemple un itérateur sur une table associative de chaînes de caractères et de vector d'entiers. Un objet de ce type se déclare comme ceci :

```
std::map<std::string, std::vector<int> >::iterator it;
```

C'est un peu long !

Les typedefs (redéfinition de type en français) permettent de créer des alias sur des noms de types pour éviter de devoir en taper l'intitulé à rallonge. Par exemple, si l'on souhaite renommer le type précédent en Iterateur, on écrit :

```
typedef std::map<std::string, std::vector<int> >::iterator Iterateur
```

À partir de là, on peut déclarer des objets de ce type en utilisant l'alias :

```
Iterateur it;
```

Évidemment, si on n'utilise qu'une seule fois un objet de ce type, on ne gagne rien mais dans de longs codes, cela peut devenir pratique.

Plus loin avec d'autres bibliothèques

Vous en avez fait l'expérience dans ce cours avec Qt, on utilise souvent des bibliothèques externes en C++. Le problème, c'est qu'il y en a des milliers et que l'on ne sait pas forcément laquelle choisir. Tenez, rien que pour créer des fenêtres, je pourrais vous citer une dizaine de bibliothèques performantes. Heureusement, je suis là pour vous aider un peu dans cette jungle.

Créer des jeux en 2D

Si vous avez lu le cours sur le langage C [1], vous avez certainement appris à utiliser la bibliothèque SDL pour créer des jeux en 2D, comme par exemple le « Mario Sokoban ».

1. *Apprenez à programmer en C* dans la même collection

On peut tout à fait utiliser la SDL en C++ mais il existe d'autres bibliothèques utilisant la force de la programmation orientée objet, qui sont plus adaptées à notre langage favori.

Allegro est une bibliothèque multiplateforme dédiée aux jeux vidéo. Ses créateurs ont particulièrement optimisé leurs fonctions de sorte que les jeux réalisés soient aussi rapides que possible. Elle gère tout ce qui est nécessaire à la création d'un jeu, les joysticks, le son, les images, les boutons et autres cases à cocher. Son principal défaut, pour nous francophones, est que sa documentation est en anglais.

▷ Allegro
Code web : 290667

La SFML[2] se décrit elle-même comme étant une alternative orientée objet à la SDL. Cette bibliothèque est très simple d'utilisation et propose également tous les outils nécessaires à la création de jeux, sous forme de classes. Un autre avantage est qu'elle est découpée en petits modules indépendants, ce qui permet de se restreindre à la partie dédiée au son ou à la partie dédiée à la communication sur le réseau, par exemple. Enfin, tout est documenté en français et son créateur, Laurent Gomila, passe souvent sur les forums du Site du Zéro pour aider les débutants. C'est donc un bon choix pour se lancer dans le domaine passionnant des jeux vidéo.

▷ SFML
Code web : 505197

Faire de la 3D

Encore un domaine très vaste et très intéressant. De nos jours, la plupart des jeux vidéo sont réalisés en 3D et beaucoup de monde se lance dans la programmation C++ justement dans le but de réaliser des jeux en trois dimensions. De base, il existe deux APIs[3] pour manipuler les cartes graphiques : DirectX et OpenGL, la première n'étant disponible que sous Windows. Vous avez certainement déjà dû entendre ces deux noms. Avec cela, on peut tout faire, tout dessiner, tout réaliser. Le problème, c'est que ces deux APIs ne proposent que des fonctionnalités de base comme dessiner un triangle ou un point. Réaliser une scène complète avec un personnage qui bouge et des animations demande donc beaucoup de travail. C'est pour cela qu'il existe ce qu'on appelle des « moteurs 3D », qui proposent des fonctionnalités de plus haut niveau et donc plus simples à utiliser. Tous les jeux vidéo que vous connaissez utilisent des moteurs 3D, c'est la vraie boîte à outils qu'utilisent les programmeurs.

Parmi tous les moteurs existants, je vous en cite deux qui sont bien connus et simples d'utilisation : Irrlicht et Ogre3D.

▷ Irrlicht
Code web : 270197

2. *Simple and Fast Multimedia Library*
3. *Application Programming Interface* (interface de programmation)

▷ Ogre3D
Code web : 737298

Ces deux bibliothèques proposent globalement le même lot de classes et de fonctions. Comme bien souvent, les documentations de ces moteurs sont en anglais mais, vous avez de la chance, il existe sur le Site du Zéro deux cours d'introduction à ces outils.

▷ Cours sur les moteurs 3D
Code web : 947099

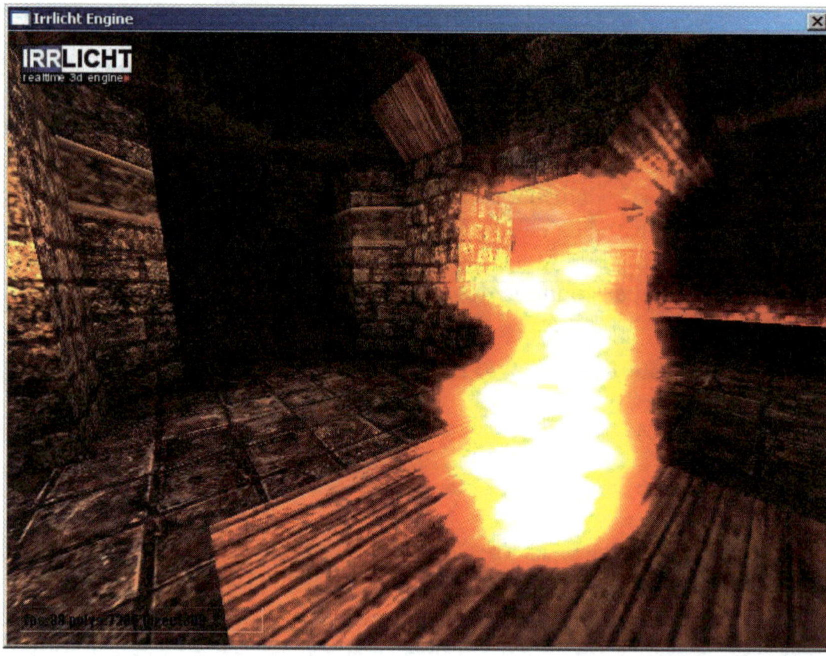

FIGURE 41.3 – Aperçu d'un jeu réalisé avec Irrlicht

Pour choisir entre ces deux bibliothèques (ou parmi d'autres encore), je vous conseille de regarder quelques codes sources d'exemple et le début des cours d'introduction. Vous serez alors plus à même de décider laquelle vous plaît le plus.

Plus de GUI

Vous avez appris à utiliser Qt dans ce cours mais, bien entendu, il n'y a pas que ce framework pour réaliser des applications avec des fenêtres. En fait, le choix est gigantesque ! Je vais ici vous présenter brièvement deux bibliothèques que l'on voit dans de nombreux projets.

wxWidgets

wxWidgets ressemble beaucoup à Qt dans sa manière de créer les fenêtres et les widgets qui s'y trouvent. On y retrouve aussi la notion de signaux, de slots et de connexions entre eux. Vous devriez donc facilement vous y retrouver. L'éditeur Code: :Blocks que nous utilisons depuis le début du cours est, par exemple, basé sur wxWidgets. On peut donc réaliser de belles choses.

▷ wxWidgets
Code web : 394010

.NET

.NET[4] est le framework de création de fenêtres développé par Microsoft. En plus des fonctionnalités liées aux GUIs, .NET permet d'interagir complètement avec Windows et d'accéder à de nombreux services comme la communication sur le réseau ou la gestion du son. Bref, c'est une bibliothèque vraiment très complète. Presque tous les logiciels que vous connaissez sous Windows l'utilisent aujourd'hui. C'est vraiment un outil incontournable. De plus, elle est très bien documentée, ce qui permet de trouver rapidement et facilement les informations nécessaires. Son seul défaut est qu'elle n'est disponible entièrement que sous Windows. Il existe des projets comme Mono qui tentent d'en proposer une version sous Mac et Linux, mais tout n'est pas encore disponible.

▷ .NET
Code web : 593241

Manipuler du son

Alors là, c'est plus simple de faire son choix. Il y a bien sûr beaucoup de bibliothèques qui permettent de manipuler du son, mais il y en a une qui écrase tellement la concurrence que je vais m'y limiter. Il s'agit de FMOD Ex. Presque tous les jeux vidéo que vous connaissez l'utilisent, c'est dire !

Cette bibliothèque permet de lire à peu près tous les formats de fichiers sonores : du `wav` au `mp3`, tout y est. On peut ensuite jouer ces sons, les transformer, les filtrer, les distordre, y ajouter des effets, etc. Il n'y a presque aucune limite. Je crois que vous l'avez compris, c'est le choix à faire dans le domaine.

▷ FMOD Ex
Code web : 890683

`boost`

Je ne pouvais pas terminer ce chapitre sans vous parler de `boost`. C'est la bibliothèque incontournable de ces dernières années. Elle propose près d'une centaine de modules dédiés à des tâches bien spécifiques. On peut vraiment la voir comme une extension

4. Prononcez « dot net »

de la SL. Chaque module de boost a été écrit avec grand soin souvent dans le cadre de la recherche en informatique. C'est donc un vrai gage de fiabilité et d'optimisation. Je ne peux pas vous présenter ici tout ce qu'on y trouve. Il me faudrait pour cela un deuxième livre au moins aussi long que celui-ci. Mais je vous invite à jeter un œil à la liste complète des fonctionnalités, sur son site web. En résumé, on y trouve :

- de nombreux outils mathématiques (générateurs aléatoires, fonctions compliquées, matrices, nombres hyper-complexes, outils pour les statistiques, ...) ;
- des pointeurs intelligents : ce sont des outils qui gèrent intelligemment la mémoire et évitent les problèmes qui surviennent quand on manipule dangereusement des pointeurs ;
- des outils dédiés à la communication sur le réseau ;
- des fonctions pour la mesure du temps et de la date ;
- des outils pour naviguer dans l'arborescence des fichiers ;
- des outils pour la manipulation d'images de tout format ;
- des outils pour utiliser dans un programme plusieurs cœurs d'un processeur ;
- des outils pour exécuter un code source Python en C++ ;
- ...

Vous voyez, il y a vraiment de tout. La plupart des fonctionnalités sont proposées sous forme de templates et donc entièrement optimisées pour votre utilisation lors de la compilation. C'est vraiment du grand art ! Je ne peux que vous recommander d'user et même d'abuser de boost.

▷ boost
Code web : 253657

Vous n'êtes pas seuls !

Comme je vous l'ai dit, cette liste n'est bien sûr pas complète. L'important est de choisir un outil avec lequel vous vous sentez à l'aise. N'hésitez pas à surfer sur le Web pour trouver d'autres options ou d'autres utilisateurs qui présentent leurs préférences. Vous pouvez aussi poser des questions sur le forum C++ du Site du Zéro. La communauté se fera un plaisir de vous répondre et de vous guider dans vos choix !

▷ Forum C++ du Site du Zéro
Code web : 722593

Bonne continuation ! :-)

Index

Notes

Notes

Notes

Notes

Notes

Notes

Notes

Dépôt légal : juillet 2011
ISBN : 978-2-9535278-5-8
Code éditeur : 978-2-9535278
Imprimé en France

Achevé d'imprimer le 4 juillet 2011
sur les presses de Corlet Imprimeur (Condé-sur-Noireau)
Numéro imprimeur : 138673

Mentions légales :
Crédit photo Mathieu Nebra 4e de couverture : Xavier Granet - 2009
Conception couverture : Fan Jiyong
Illustrations chapitres : Fan Jiyong
Illustrations p.191 : Nab